工业副产石膏综合利用
政策法规汇编

一夫科技股份有限公司
国家环境保护工业副产石膏资源化利用工程技术中心　编
中国建筑材料联合会石膏建材分会

中国建材工业出版社

图书在版编目（CIP）数据

工业副产石膏综合利用政策法规汇编 / 一夫科技股份有限公司，国家环境保护工业副产石膏资源化利用工程技术中心，中国建筑材料联合会石膏建材分会编. -- 北京：中国建材工业出版社，2023.2
ISBN 978-7-5160-3568-9

Ⅰ. ①工… Ⅱ. ①一… ②国… ③中… Ⅲ. ①工业废物－石膏－废物综合利用－环境保护法－汇编－中国 Ⅳ. ①D922.689

中国版本图书馆CIP数据核字（2022）第155917号

工业副产石膏综合利用政策法规汇编
Gongye Fuchan Shigao Zonghe Liyong Zhengce Fagui Huibian

一 夫 科 技 股 份 有 限 公 司
国家环境保护工业副产石膏资源化利用工程技术中心　编
中 国 建 筑 材 料 联 合 会 石 膏 建 材 分 会

出版发行：中国建材工业出版社
地　　址：北京市海淀区三里河路11号
邮　　编：100831
经　　销：全国各地新华书店
印　　刷：北京印刷集团有限责任公司
开　　本：889mm×1194mm　1/16
印　　张：27
字　　数：700千字
版　　次：2023年2月第1版
印　　次：2023年2月第1次
定　　价：135.00元

本社网址：www.jccbs.com，微信公众号：zgjcgycbs
请选用正版图书，采购、销售盗版图书属违法行为
版权专有，盗版必究。本社法律顾问：北京天驰君泰律师事务所，张杰律师
举报信箱：zhangjie@tiantailaw.com　　举报电话：（010）57811389
本书如有印装质量问题，由我社市场营销部负责调换，联系电话：（010）57811387

前　言

开展大宗工业固体废弃物综合利用，是我国深入实施可持续发展战略的重要内容，对提高资源综合利用效率、改善环境质量、促进社会经济全面绿色转型发展具有重要意义。

工业副产石膏是指工业生产中因化学反应生成的以硫酸钙为主要成分的副产物，也称化学石膏，是我国当下八大工业固废的重要组成部分。其主要包括脱硫石膏、磷石膏、柠檬酸石膏、钛石膏、氟石膏、盐石膏、味精石膏、铜石膏等，其中脱硫石膏和磷石膏的产生量约占工业副产石膏总量的70%。磷石膏由于集中产生、大量堆存、复杂难用，已成为长江经济带大宗固废综合利用的痛点和难点。

加快工业副产石膏综合利用，是深入贯彻习近平生态文明思想，坚定不移贯彻新发展理念的主要内容之一。"十四五"期间，大力推动重点行业工业固废源头减量和大量化高效综合利用是该项工作的核心，以加快推进磷石膏为代表的工业副产石膏的规模化、高质化、高值化循环利用为目标，着力推动磷石膏综合利用实现量效齐增，着力提升工业副产石膏资源利用效率，助力如期实现碳达峰、碳中和目标。

近年来，我国工业副产石膏的利用途径不断拓宽、规模不断扩大、技术水平不断提高，但随着生态文明建设的深入发展，绿色转型高质量发展的迫切需要，全面提高工业副产石膏综合利用效率的任务更加迫切。受资源禀赋、发展阶段等因素影响，在今后相当长一段时期内我国工业副产石膏仍将面临产生强度高、利用不充分、产业规模不相适应、综合利用产品附加值低等严重挑战。

要实现以磷石膏为典型代表的工业副产石膏的规模化、高质化、高值化利用，离不开持之以恒的技术创新，需要不断研发适销对路的综合利用产品路线，需要全面推行各领域绿色消费转型，扩大绿色低碳产品供给，同时更需要各级政府的支持和优惠的政策环境。为了便于大家及时掌握国家大政方针，准确分析发展趋势，全面了解资源综合利用的具体要求，我们收集汇编了近期中共中央、国务院、国家各有关部委以及省、市政府发布的有关工业副产石膏资源综合利用方面的政策法规、文件、做法要求，按照文件的重要性排序，以便于规范和指导工业副产石膏资源化综合利用各相关工作。

由于时间仓促，水平有限，疏漏之处在所难免，敬请批评指正。

编者

2022年3月

目 录

中共中央、国务院文件

国务院办公厅关于印发《"无废城市"建设试点工作方案》的通知（国办发〔2018〕128号） ········· 3

推动长江经济带发展领导小组办公室关于印发《关于加强长江经济带尾矿库
　污染防治的指导意见》的通知（推长办〔2019〕94号） ················ 9

中共中央　国务院关于构建现代环境治理体系的指导意见（2020年3月） ·············· 13

中共中央　国务院关于深入打好污染防治攻坚战的意见（2021年11月2日） ············· 17

国务院关于印发《"十四五"节能减排综合工作方案》的通知（国发〔2021〕33号） ········· 24

国务院关于支持贵州在新时代西部大开发上闯新路的意见（国发〔2022〕2号） ··········· 30

中华人民共和国环境保护法（自2015年1月1日起施行） ···················· 37

中华人民共和国固体废物污染环境防治法（自2020年9月1日起施行） ··············· 45

中华人民共和国循环经济促进法（2018修正）（中华人民共和国主席令第16号） ··········· 61

中华人民共和国长江保护法（自2021年3月1日起施行） ···················· 69

部委联合发布文件

生态环境部　发展改革委关于印发《长江保护修复攻坚战行动计划》的
　通知（环水体〔2018〕181号） ····························· 85

住房和城乡建设部　国家发展改革委　教育部　工业和信息化部　人民银行　国管局　银保监会
　关于印发《绿色建筑创建行动方案》的通知（建标〔2020〕65号） ··············· 94

国家发展改革委办公厅　工业和信息化部办公厅关于推进大宗固体废弃物综合利用
　产业集聚发展的通知（发改办环资〔2019〕44号） ····················· 97

国家发改委等七部委关于印发《绿色产业指导目录（2019年版）》的
　通知（发改环资〔2019〕293号） ···························· 101

财政部　税务总局关于资源综合利用增值税政策的公告（财政部　税务总局
　公告2019年第90号） ································· 105

财政部　税务总局关于完善资源综合利用增值税政策的公告（财政部　税务总局
　公告2021年第40号） ································· 106

关于"十四五"大宗固体废弃物综合利用的指导意见（发改环资〔2021〕381号） ·········· 117

国家税务总局　国家发展改革委　生态环境部关于落实从事污染防治的第三方企业所得税政策
　　有关问题的公告（国家税务总局　国家发展改革委　生态环境部公告2021年第11号）………… 122
关于公布《环境保护、节能节水项目企业所得税优惠目录（2021年版）》以及《资源综合利用
　　企业所得税优惠目录（2021年版）》的公告（财政部　税务总局　发展改革委　生态环境部
　　公告2021年第36号）……………………………………………………………………………… 124
生态环境部等18个部门关于印发《"十四五"时期"无废城市"建设工作方案》的
　　通知（环固体〔2021〕114号）…………………………………………………………………… 125
国家发展改革委等部门关于印发《促进绿色消费实施方案》的通知（发改就业〔2022〕107号）… 141
工业和信息化部等8部门关于印发《关于加快推动工业资源综合利用的实施方案》的
　　通知（工信部联节〔2022〕9号）………………………………………………………………… 149
国家发展改革委等部门关于做好今后一段时间国内化肥保供稳价工作的
　　通知（发改经贸〔2021〕1351号）………………………………………………………………… 154

国家发展改革委文件

国家发展改革委办公厅关于组织开展绿色产业示范基地建设的
　　通知（发改办环资〔2020〕519号）………………………………………………………………… 159
国家发展改革委办公厅关于开展大宗固体废弃物综合利用示范的
　　通知（发改办环资〔2021〕438号）………………………………………………………………… 162
国家发展改革委办公厅关于加快推进大宗固体废弃物综合利用示范建设的
　　通知（发改办环资〔2021〕1045号）……………………………………………………………… 165
国家发展改革委　国家能源局关于完善能源绿色低碳转型体制机制和政策措施的
　　意见（发改能源〔2022〕206号）…………………………………………………………………… 170

工业和信息化部文件

工业和信息化部关于工业副产石膏综合利用的指导意见（工信部节〔2011〕73号）…………… 181
工业和信息化部　发展改革委　科技部　财政部　环境保护部关于加强长江经济带工业绿色
　　发展的指导意见（工信部联节〔2017〕178号）…………………………………………………… 185
中华人民共和国工业和信息化部公告（2018年第26号）………………………………………… 190

有关省份文件

贵州省

贵州省人民政府关于加快磷石膏资源综合利用的意见（黔府发〔2018〕10号）………………… 209

贵州省人民政府关于《贵州省深化磷污染防治专项行动方案》的批复
（黔府函〔2022〕29号） ··215

关于印发《贵州省磷石膏资源综合利用工作考核方案（试行）》的
通知（黔磷石膏利用办〔2018〕4号） ··221

关于做好2019年磷石膏"以用定产"工作的通知（黔磷石膏利用办〔2019〕2号） ··········228

省住房城乡建设厅等七部门关于印发《贵州省磷石膏建材推广应用工作方案》的
通知（黔建科通〔2018〕276号） ···229

贵州省住房和城乡建设厅关于开展贵州省磷石膏建材应用试点示范工作的
通知（黔建科通〔2019〕43号） ··233

关于印发贵州省工业及省属国有企业绿色发展基金管理办法的通知（黔工信规划〔2019〕6号） ···235

关于公布贵州省第一批磷石膏建材推广应用建筑示范项目的通知（黔建科字〔2018〕856号） ····240

贵州省住房和城乡建设厅关于进一步贯彻《水污染防治行动计划》《贵州省民用建筑节能条例》和
《关于加快磷石膏资源综合利用的意见》的通知（黔建设字〔2019〕270号） ···············242

关于印发贵州省住房城乡建设领域"十三五"推广应用和限制、禁止使用技术目录（第一批）的
通知（黔建科通〔2018〕303号） ···243

关于发布贵州省住房城乡建设领域"十三五"推广应用和限制、禁止使用技术目录（第二批）的
公告（黔建科通〔2020〕65号） ··244

省财政厅 省工业和信息化厅 省住房城乡建设厅关于印发《贵州省磷石膏资源综合利用
资金管理办法》的通知（黔财工〔2021〕88号） ······································245

省住房城乡建设厅关于印发磷石膏资源综合利用专项资金申报指南的
通知（黔建科字〔2021〕126号） ···250

省工业和信息化厅关于印发《贵州省"十四五"大宗工业固体废物综合利用规划》的
通知（黔工信节能〔2021〕90号） ··252

贵阳市人民政府办公厅关于印发《贵阳市磷石膏资源综合利用十条措施（2018—2020）
（试行）》的通知（筑府办发〔2018〕29号） ··268

黔南州人民政府办公室关于印发《黔南州"以用定产"推动磷化工产业转型升级实施方案》的
通知（黔南府办发〔2018〕14号） ··270

贵州省经信委关于《省人民政府关于加快磷石膏资源综合利用的意见》政策解读（2018年9月） ···276

贵州省黔南州人民政府办公室关于印发《黔南州支持磷石膏资源综合利用奖补方案》的
通知（黔南府办函〔2022〕23号） ··279

湖北省

湖北省人民政府关于印发《湖北省城市建设绿色发展三年行动方案》的
　　通知（鄂政发〔2017〕67号） ··283

湖北省人民政府关于印发《湖北省固体废物污染治理工作方案》的通知 ············287

省人民政府办公厅关于印发《支持全省沿江化工产业转型升级实施意见》的
　　通知（鄂政办发〔2018〕83号） ···291

省委办公厅　省政府办公厅关于印发《关于加强磷石膏综合治理促进磷化工产业高质量
　　发展的意见》的通知 ··295

湖北省发改委办公室关于加快推进大宗固废综合利用示范建设的通知（鄂发改办环资〔2022〕2号）···299

关于印发《湖北省新型墙材推广应用实施方案》的通知（鄂建文〔2017〕67号） ······301

中共宜昌市委　宜昌市人民政府关于化工产业专项整治及转型升级的意见（宜发〔2017〕15号） ···307

宜昌市人民政府办公室关于促进磷石膏综合利用的意见（宜府办发〔2018〕40号） ······311

宜昌市人民政府办公室关于加强磷石膏建材推广应用工作的通知（宜府办发〔2020〕25号）······314

宜昌市住房和城乡建设委关于印发《宜昌市建设领域磷石膏综合利用奖励办法（试行）》的
　　通知（2018年12月4日） ···317

宜昌市人民政府办公厅关于印发《宜昌市磷石膏综合利用三年行动计划（2018—2020年）》的
　　通知（宜府办发〔2018〕39号） ···319

宜昌市住房和城乡建设局关于发布《宜昌市建设领域磷石膏综合利用产品目录（第三批）》的
　　通知 ···322

宜昌市住房和城乡建设局关于印发《宜昌市磷石膏基混凝土制品应用技术导则（试行）》和
　　《宜昌市磷石膏建筑材料应用技术导则（试行）》的通知 ·································324

宜昌市经济和信息化局关于《2020年度宜昌市磷石膏综合利用奖补资金支持企业名单》公示 ···325

宜都市人民政府办公室关于印发《宜都市加快推进磷石膏综合利用实施方案》的通知 ···328

荆门市人民政府关于印发《荆门市支持磷石膏综合利用政策措施》的通知（荆政发〔2021〕7号）···331

钟祥市磷石膏"以用定产"工作推进方案（征求意见稿）（2019年3月） ·················333

荆门市东宝区人民政府办公室关于印发《东宝区磷石膏"以用定产"实施方案》的
　　通知（东政办发〔2019〕8号） ···337

襄阳市人民政府办公室关于《支持磷石膏综合利用的意见》的通知（襄政办发〔2019〕10号） ···340

襄阳市2020年磷石膏综合利用专项资金政策兑现企业公示 ································343

襄阳市经信局等12个部门联合发文关于支持磷石膏综合利用的实施细则（2020年6月2日） ······345

襄阳市住房和城乡建设局关于加快推进我市建筑垃圾再生利用产品和磷石膏建材产品推广应用的
　　通知（襄住建〔2021〕94号） ···346

市住建委　市经信委　市水利局　市交通局　市城管委关于在建设领域推广应用磷石膏综合利用产品的通知（宜市住建文〔2017〕111号） ……………………………………………………349

云南省

云南省生态环境厅关于印发《云南省固体废物污染治理攻坚战实施方案》的通知（云环发〔2018〕46号） ……………………………………………………………352

安宁市人民政府办公室关于印发《安宁市加快磷石膏资源综合利用实施意见》的通知 ………356

安宁市人民政府办公室关于印发《安宁市工业资源综合利用基地建设实施方案》的通知（安政办〔2020〕63号） …………………………………………………………361

关于印发《安宁工业园区落实中央环保督察整改要求切实做好磷石膏建材推广应用工作方案》的通知（安园区通〔2022〕5号） …………………………………………370

四川省

四川省经济和信息化委员会关于印发《关于推进工业固体废物综合利用工作方案（2017—2020年）》的通知（川经信环资〔2017〕207号） ……………………373

四川省住房和城乡建设厅关于印发《2020年全省推进装配式建筑发展工作要点》的通知（川建建发〔2020〕34号） ……………………………………………………376

德阳市人民政府办公室关于印发《加快推进磷石膏综合利用工作的实施意见》的通知 ………380

什邡市经济和信息化局关于印发《什邡市磷石膏产消平衡和综合利用实施方案》的通知（什经信〔2016〕123号） ……………………………………………………383

绵竹市磷石膏综合利用领导小组办公室关于印发《绵竹市磷石膏"产消平衡"限产方案》的通知（竹磷石膏综合利用办发〔2018〕16号） ………………………………385

重庆市

重庆市人民代表大会常务委员会关于重庆市环境保护税其他固体废物具体范围的决定（重庆市五届人大常委会第十一次会议通过）（2019年8月6日） ……………389

重庆市南川区人民政府办公室关于印发《南川区加快磷石膏综合利用工作方案》的通知（南川府办发〔2018〕68号） …………………………………………………390

山东省

山东省经济和信息化委员会　山东省人民政府节约能源办公室关于加快资源综合利用产业发展的意见（2021年11月9日） ……………………………………………393

山东省工业和信息化厅关于印发《山东省工业固体废物资源综合利用评价管理实施细则》的

  通知（鲁工信循〔2018〕14号） ··· 398

安徽省

安徽省人民政府关于建立固体废物污染防控长效机制的意见 ··· 402

广东省

广东省环境保护厅　广东省工业和信息化厅关于加强工业固体废物污染防治工作的指导意见

  （粤环发〔2018〕10号） ··· 407

广西壮族自治区

广西壮族自治区人民政府广西主要大宗工业固废综合利用实施方案（2020年3月） ················· 412

河北省

河北省土壤污染防治工作领导小组办公室关于印发《河北省工业固体废物堆存场所环境

  整治方案（2018—2020年）》的通知（冀土领办〔2018〕18号） ······························· 419

中共中央、国务院文件

国务院办公厅
关于印发《"无废城市"建设试点工作方案》的通知

(国办发〔2018〕128号)

各省、自治区、直辖市人民政府，国务院各部委、各直属机构：

《"无废城市"建设试点工作方案》已经国务院同意，现印发给你们，请认真贯彻执行。

国务院办公厅
2018年12月29日

"无废城市"建设试点工作方案

"无废城市"是以创新、协调、绿色、开放、共享的新发展理念为引领，通过推动形成绿色发展方式和生活方式，持续推进固体废物源头减量和资源化利用，最大限度减少填埋量，将固体废物环境影响降至最低的城市发展模式。"无废城市"并不是没有固体废物产生，也不意味着固体废物能完全资源化利用，而是一种先进的城市管理理念，旨在最终实现整个城市固体废物产生量最小、资源化利用充分、处置安全的目标，需要长期探索与实践。现阶段，要通过"无废城市"建设试点，统筹经济社会发展中的固体废物管理，大力推进源头减量、资源化利用和无害化处置，坚决遏制非法转移倾倒，探索建立量化指标体系，系统总结试点经验，形成可复制、可推广的建设模式。为指导地方开展"无废城市"建设试点工作，制定本方案。

一、总体要求

（一）重大意义。党的十八大以来，党中央、国务院深入实施大气、水、土壤污染防治行动计划，把禁止洋垃圾入境作为生态文明建设标志性举措，持续推进固体废物进口管理制度改革，加快垃圾处理设施建设，实施生活垃圾分类制度，固体废物管理工作迈出坚实步伐。同时，我国固体废物产生强度高、利用不充分，非法转移倾倒事件仍呈高发频发态势，既污染环境，又浪费资源，与人民日益增长的优美生态环境需要还有较大差距。开展"无废城市"建设试点是深入落实党中央、国务院决策部署的具体行动，是从城市整体层面深化固体废物综合管理改革和推动"无废社会"建设的有力抓手，是提升生态文明、建设美丽中国的重要举措。

（二）指导思想。以习近平新时代中国特色社会主义思想为指导，全面贯彻党的十九大和十九届二中、三中全会精神，紧紧围绕统筹推进"五位一体"总体布局和协调推进"四个全面"战略布局，深入贯彻习近平生态文明思想和全国生态环境保护大会精神，认真落实党中央、国务院决策部署，坚持绿色低碳循环发展，以大宗工业固体废物、主要农业废弃物、生活垃圾和建筑垃圾、危险废物为重点，实现源头大幅减量、充分资源化利用和安全处置，选择典型城市先行先试，稳步推进"无废城市"建设，为全面加强生态环境保护、建设美丽中国做出贡献。

（三）基本原则。坚持问题导向，注重创新驱动。着力解决当前固体废物产生量大、利用不畅、非法转移倾倒、处置设施选址难等突出问题，统筹解决本地实际问题与共性难题，加快制度、机制和模式创新，推动实现重点突破与整体创新，促进形成"无废城市"建设长效机制。

坚持因地制宜，注重分类施策。试点城市根据区域产业结构、发展阶段，重点识别主要固体废物在产生、收集、转移、利用、处置等过程中的薄弱点和关键环节，紧密结合本地实际，明确目标，细化任务，完善措施，精准发力，持续提升城市固体废物减量化、资源化、无害化水平。

坚持系统集成，注重协同联动。围绕"无废城市"建设目标，系统集成固体废物领域相关试点示范经验做法。坚持政府引导和市场主导相结合，提升固体废物综合管理水平与推进供给侧结构性改革相衔接，推动实现生产、流通、消费各环节绿色化、循环化。

坚持理念先行，倡导全民参与。全面增强生态文明意识，将绿色低碳循环发展作为"无废城市"建设重要理念，推动形成简约适度、绿色低碳、文明健康的生活方式和消费模式。强化企业自我约束，杜绝资源浪费，提高资源利用效率。充分发挥社会组织和公众监督作用，形成全社会共同参与的良好氛围。

（四）试点目标。到2020年，系统构建"无废城市"建设指标体系，探索建立"无废城市"建设综合管理制度和技术体系，试点城市在固体废物重点领域和关键环节取得明显进展，大宗工业固体废物贮存处置总量趋零增长、主要农业废弃物全量利用、生活垃圾减量化资源化水平全面提升、危险废物全面安全管控、非法转移倾倒固体废物事件零发生，培育一批固体废物资源化利用骨干企业。通过在试点城市深化固体废物综合管理改革，总结试点经验做法，形成一批可复制、可推广的"无废城市"建设示范模式，为推动建设"无废社会"奠定良好基础。

（五）试点范围。在全国范围内选择10个左右有条件、有基础、规模适当的城市，在全市域范围内开展"无废城市"建设试点。综合考虑不同地域、不同发展水平及产业特点、地方政府积极性等因素，优先选取国家生态文明试验区省份具备条件的城市、循环经济示范城市、工业资源综合利用示范基地、已开展或正在开展各类固体废物回收利用无害化处置试点并取得积极成效的城市。

二、主要任务

（一）强化顶层设计引领，发挥政府宏观指导作用。建立"无废城市"建设指标体系，发挥导向引领作用。2019年6月底前，研究建立以固体废物减量化和循环利用率为核心指标的"无废城市"建设指标体系，并与绿色发展指标体系、生态文明建设考核目标体系衔接融合。健全固体废物统计制度，统一工业固体废物数据统计范围、口径和方法，完善农业废弃物、建筑垃圾统计方法。（生态环境部牵头，国家发展改革委、工业和信息化部、住房城乡建设部、农业农村部、国家统计局参与）

优化固体废物管理体制机制，强化部门分工协作。根据城市经济社会发展实际，以深化地方机构改革为契机，建立部门责任清单，进一步明确各类固体废物产生、收集、转移、利用、处置等环节的部门职责边界，提升监管能力，形成分工明确、权责清晰、协同增效的综合管理体制机制。（生态环境

部指导，试点城市政府负责落实。以下均需试点城市政府落实，不再列出）

加强制度政策集成创新，增强试点方案系统性。落实《生态文明体制改革总体方案》相关改革举措，围绕"无废城市"建设目标，集成目前已开展的有关循环经济、清洁生产、资源化利用、乡村振兴等方面改革和试点示范政策、制度与措施。在继承与创新基础上，试点城市制定"无废城市"建设试点实施方案，和城市建设与管理有机融合，明确改革试点的任务措施，增强相关领域改革系统性、协同性和配套性。（生态环境部、国家发展改革委、工业和信息化部、财政部、自然资源部、住房城乡建设部、农业农村部、商务部、国家卫生健康委、国家统计局指导）

统筹城市发展与固体废物管理，优化产业结构布局。组织开展区域内固体废物利用处置能力调查评估，严格控制新建、扩建固体废物产生量大、区域难以实现有效综合利用和无害化处置的项目。构建工业、农业、生活等领域间资源和能源梯级利用、循环利用体系。以物质流分析为基础，推动构建产业园区企业内、企业间和区域内的循环经济产业链运行机制。明确规划期内城市基础设施保障能力需求，将生活垃圾、城镇污水污泥、建筑垃圾、废旧轮胎、危险废物、农业废弃物、报废汽车等固体废物分类收集及无害化处置设施纳入城市基础设施和公共设施范围，保障设施用地。（国家发展改革委、工业和信息化部、自然资源部、生态环境部、住房城乡建设部、农业农村部、商务部指导）

（二）实施工业绿色生产，推动大宗工业固体废物贮存处置总量趋零增长。全面实施绿色开采，减少矿业固体废物产生和贮存处置量。以煤炭、有色金属、黄金、冶金、化工、非金属矿等行业为重点，按照绿色矿山建设要求，因矿制宜采用充填采矿技术，推动利用矿业固体废物生产建筑材料或治理采空区和塌陷区等。到 2020 年，试点城市的大中型矿山达到绿色矿山建设要求和标准，其中煤矸石、煤泥等固体废物实现全部利用。（自然资源部、工业和信息化部指导）

开展绿色设计和绿色供应链建设，促进固体废物减量和循环利用。大力推行绿色设计，提高产品可拆解性、可回收性，减少有毒有害原辅料使用，培育一批绿色设计示范企业；大力推行绿色供应链管理，发挥大企业及大型零售商带动作用，培育一批固体废物产生量小、循环利用率高的示范企业。（工业和信息化部、商务部、生态环境部指导）以铅酸蓄电池、动力电池、电器电子产品、汽车为重点，落实生产者责任延伸制，到 2020 年，基本建成废弃产品逆向回收体系。（国家发展改革委、工业和信息化部、生态环境部、商务部、市场监管总局指导）

健全标准体系，推动大宗工业固体废物资源化利用。以尾矿、煤矸石、粉煤灰、冶炼渣、工业副产石膏等大宗工业固体废物为重点，完善综合利用标准体系，分类别制定工业副产品、资源综合利用产品等产品技术标准。（市场监管总局、工业和信息化部负责）推广一批先进适用技术装备，推动大宗工业固体废物综合利用产业规模化、高值化、集约化发展。（工业和信息化部指导）

严格控制增量，逐步解决工业固体废物历史遗留问题。以磷石膏等为重点，探索实施"以用定产"政策，实现固体废物产消平衡。全面摸底调查和整治工业固体废物堆存场所，逐步减少历史遗留固体废物贮存处置总量。（生态环境部、工业和信息化部指导）

（三）推行农业绿色生产，促进主要农业废弃物全量利用。以规模养殖场为重点，以建立种养循环发展机制为核心，逐步实现畜禽粪污就近就地综合利用。在肉牛、羊和家禽等养殖场鼓励采用固体粪便堆肥或建立集中处置中心生产有机肥，在生猪和奶牛等养殖场推广快速低排放的固体粪便堆肥技术、粪便垫料回用和水肥一体化施用技术，加强二次污染管控。推广"果沼畜""菜沼畜""茶沼畜"等畜禽粪污综合利用、种养循环的多种生态农业技术模式。到 2020 年，规模养殖场粪污处理设施装备配套

率达到95%以上，畜禽粪污综合利用率达到75%以上。（农业农村部指导）

以收集、利用等环节为重点，坚持因地制宜、农用优先、就地就近原则，推动区域农作物秸秆全量利用。以秸秆就地还田，生产秸秆有机肥、优质粗饲料产品、固化成型燃料、沼气或生物天然气、食用菌基料和育秧、育苗基料，以秸秆板材和墙体材料生产为主要技术路线，建立肥料化、饲料化、燃料化、基料化、原料化等多途径利用模式。到2020年，秸秆综合利用率达到85%以上。（国家发展改革委、农业农村部指导）

以回收、处理等环节为重点，提升废旧农膜及农药包装废弃物再利用水平。建立政府引导、企业主体、农户参与的回收利用体系。推广一膜多用、行间覆盖等技术，减少地膜使用。推广应用标准地膜，禁止生产和使用厚度低于0.01毫米的地膜。有条件的城市，将地膜回收作为生产全程机械化的必要环节，全面推进机械化回收。到2020年，重点用膜区当季地膜回收率达到80%以上。（农业农村部、市场监管总局指导）按照"谁购买谁交回、谁销售谁收集"原则，探索建立农药包装废弃物回收奖励或使用者押金返还等制度，对农药包装废弃物实施无害化处理。（生态环境部、农业农村部、财政部指导）

（四）践行绿色生活方式，推动生活垃圾源头减量和资源化利用。以绿色生活方式为引领，促进生活垃圾减量。通过发布绿色生活方式指南等，引导公众在衣食住行等方面践行简约适度、绿色低碳的生活方式。（生态环境部、住房城乡建设部指导）支持发展共享经济，减少资源浪费。限制生产、销售和使用一次性不可降解塑料袋、塑料餐具，扩大可降解塑料产品应用范围。加快推进快递业绿色包装应用，到2020年，基本实现同城快递环境友好型包装材料全面应用。（国家发展改革委、商务部、国家邮政局、市场监管总局指导）推动公共机构无纸化办公。在宾馆、餐饮等服务性行业，推广使用可循环利用物品，限制使用一次性用品。创建绿色商场，培育一批应用节能技术、销售绿色产品、提供绿色服务的绿色流通主体。（商务部、文化和旅游部、国管局指导）

多措并举，加强生活垃圾资源化利用。全面落实生活垃圾收费制度，推行垃圾计量收费。建设资源循环利用基地，加强生活垃圾分类，推广可回收物利用、焚烧发电、生物处理等资源化利用方式。（国家发展改革委、住房城乡建设部指导）垃圾焚烧发电企业实施"装、树、联"（垃圾焚烧企业依法依规安装污染物排放自动监测设备、在厂区门口树立电子显示屏实时公布污染物排放和焚烧炉运行数据、自动监测设备与生态环境部门联网），强化信息公开，提升运营水平，确保达标排放。（生态环境部指导）以餐饮企业、酒店、机关事业单位和学校食堂等为重点，创建绿色餐厅、绿色餐饮企业，倡导"光盘行动"。促进餐厨垃圾资源化利用，拓宽产品出路。（国家发展改革委、商务部、国管局指导）

开展建筑垃圾治理，提高源头减量及资源化利用水平。摸清建筑垃圾产生现状和发展趋势，加强建筑垃圾全过程管理。强化规划引导，合理布局建筑垃圾转运调配、消纳处置和资源化利用设施。加快设施建设，形成与城市发展需求相匹配的建筑垃圾处理体系。开展存量治理，对堆放量比较大、比较集中的堆放点，经评估达到安全稳定要求后，开展生态修复。在有条件的地区，推进资源化利用，提高建筑垃圾资源化再生产品质量。（住房城乡建设部、国家发展改革委、工业和信息化部指导）

（五）提升风险防控能力，强化危险废物全面安全管控。筑牢危险废物源头防线。新建涉危险废物建设项目，严格落实建设项目危险废物环境影响评价指南等管理要求，明确管理对象和源头，预防二次污染，防控环境风险。以有色金属冶炼、石油开采、石油加工、化工、焦化、电镀等行业为重点，实施强制性清洁生产审核。（生态环境部指导）

夯实危险废物过程严控基础。开展排污许可"一证式"管理，探索将固体废物纳入排污许可证管理范围，掌握危险废物产生、利用、转移、贮存、处置情况。严格落实危险废物规范化管理考核要求，强化事中事后监管。（生态环境部指导）全面实施危险废物电子转移联单制度，依法加强道路运输安全管理，及时掌握流向，大幅提升危险废物风险防控水平。（生态环境部、交通运输部指导）开展废铅酸蓄电池等危险废物收集经营许可证制度试点。（生态环境部指导）落实《医疗废物管理条例》，强化地方政府医疗废物集中处置设施建设责任，推动医疗废物集中处置体系覆盖各级各类医疗机构。加强医疗废物分类管理，做好源头分类，促进规范处置。（生态环境部、国家卫生健康委指导）

完善危险废物相关标准规范。以全过程环境风险防控为基本原则，明确危险废物处置过程二次污染控制要求及资源化利用过程环境保护要求，规定资源化利用产品中有毒有害物质含量限值，促进危险废物安全利用。（生态环境部、市场监管总局指导）建立多部门联合监管执法机制，将危险废物检查纳入环境执法"双随机"监管，严厉打击非法转移、非法利用、非法处置危险废物。（生态环境部指导）

（六）激发市场主体活力，培育产业发展新模式。提高政策有效性。将固体废物产生、利用处置企业纳入企业环境信用评价范围，根据评价结果实施跨部门联合惩戒。（生态环境部、国家发展改革委、人民银行、银保监会指导）落实好现有资源综合利用增值税等税收优惠政策，促进固体废物综合利用。（财政部、税务总局指导）构建工业固体废物资源综合利用评价机制，制定国家工业固体废物资源综合利用产品目录，对依法综合利用固体废物、符合国家和地方环境保护标准的，免征环境保护税。（工业和信息化部、财政部、税务总局指导）按照市场化和商业可持续原则，探索开展绿色金融支持畜禽养殖业废弃物处置和无害化处理试点，支持固体废物利用处置产业发展。到2020年，在试点城市危险废物经营单位全面推行环境污染责任保险。（人民银行、财政部、国家发展改革委、生态环境部、农业农村部、银保监会指导）在农业支持保护补贴中，加大对畜禽粪污、秸秆综合利用生产有机肥的补贴力度，同步减少化肥补贴。（农业农村部、财政部指导）增加政府绿色采购中循环利用产品种类，加大采购力度。（财政部、国家发展改革委、生态环境部指导）加快建立有利于促进固体废物减量化、资源化、无害化处理的激励约束机制。在政府投资公共工程中，优先使用以大宗工业固体废物等为原料的综合利用产品，推广新型墙材等绿色建材应用；探索实施建筑垃圾资源化利用产品强制使用制度，明确产品质量要求、使用范围和比例。（国家发展改革委、工业和信息化部、住房城乡建设部、市场监管总局、国管局指导）

发展"互联网+"固体废物处理产业。推广回收新技术新模式，鼓励生产企业与销售商合作，优化逆向物流体系建设，支持再生资源回收企业建立在线交易平台，完善线下回收网点，实现线上交废与线下回收有机结合。（商务部指导，供销合作总社参与）建立政府固体废物环境管理平台与市场化固体废物公共交易平台信息交换机制，充分运用物联网、全球定位系统等信息技术，实现固体废物收集、转移、处置环节信息化、可视化，提高监督管理效率和水平。（生态环境部指导）

积极培育第三方市场。鼓励专业化第三方机构从事固体废物资源化利用、环境污染治理与咨询服务，打造一批固体废物资源化利用骨干企业。（工业和信息化部指导）以政府为责任主体，推动固体废物收集、利用与处置工程项目和设施建设运行，在不增加地方政府债务前提下，依法合规探索采用第三方治理或政府和社会资本合作（PPP）等模式，实现与社会资本风险共担、收益共享。（财政部、国家发展改革委、生态环境部指导）

三、实施步骤

（一）确定试点城市。试点城市由省级有关部门推荐，生态环境部会同国家发展改革委、工业和信息化部、财政部、自然资源部、住房城乡建设部、农业农村部、商务部、文化和旅游部、国家卫生健康委、国家统计局、国家邮政局等部门筛选确定。

（二）制定实施方案。试点城市负责编制"无废城市"建设试点实施方案，明确试点目标，确定任务清单和分工，做好年度任务分解，明确每项任务的目标成果、进度安排、保障措施等。实施方案按程序报送生态环境部，经生态环境部会同有关部门组织专家评审通过后实施。2019 年上半年，试点城市政府印发实施方案。

（三）组织开展试点。试点城市政府是"无废城市"建设试点责任主体，要围绕试点内容，有力有序开展试点，确保实施方案规定任务落地见效。生态环境部会同有关部门对试点工作进行指导和成效评估，发现问题及时调整和改进，适时组织开展"无废城市"建设试点经验交流。

（四）开展评估总结。2021 年 3 月底前，试点城市政府对本地区试点总体情况、主要做法和成效、存在的问题及建议等进行评估总结，形成试点工作总结报告报送生态环境部。生态环境部会同有关部门组织开展"无废城市"建设试点工作成效评估，对成效突出的城市给予通报表扬，把试点城市行之有效的改革创新举措制度化。

四、保障措施

（一）加强组织领导。生态环境部会同有关部门组建协调小组和专家委员会，建立工作协调机制，共同指导推进"无废城市"建设试点工作，统筹研究重大问题，协调重大政策，指导各地试点实践，确保试点工作取得实效。各试点城市政府要高度重视，把试点工作列为政府年度重点工作任务，作为深化城市管理体制改革的重要内容，成立领导小组，健全工作机制，明确部门职责，强化激励措施。正在开展固体废物相关领域试点工作的，要做好与"无废城市"建设试点工作的统筹衔接，加强系统集成，发挥综合效益。

（二）加大资金支持。鼓励地方政府统筹运用相关政策，支持建设固体废物处置等公共设施。试点城市政府要加大各级财政资金统筹整合力度，明确"无废城市"建设试点资金范围和规模。加大科技投入，加快固体废物减量化、高质化利用关键技术、工艺和设备研发制造。鼓励金融机构在风险可控前提下，加大对"无废城市"建设试点的金融支持力度。

（三）严格监管执法。强化对试点城市绿色矿山建设、建筑垃圾处置、固体废物资源化利用工作的督导检查。鼓励试点城市制定相关地方性法规和规章。依法严厉打击各类固体废物非法转移、倾倒行为，以及无证从事危险废物收集、利用与处置经营活动。持续打击非法收集和拆解废铅酸蓄电池、报废汽车、废弃电器电子产品行为。加大对生产和销售超薄塑料购物袋、农膜的查处力度。加强固体废物集散地综合整治。对固体废物监管责任落实不到位、工作任务未完成的，依纪依法严肃追究责任。

（四）强化宣传引导。面向学校、社区、家庭、企业开展生态文明教育，凝聚民心、汇集民智，推动生产生活方式绿色化。加大固体废物环境管理宣传教育，有效化解"邻避效应"，引导形成"邻利效应"。将绿色生产生活方式等内容纳入有关教育培训体系。依法加强固体废物产生、利用与处置信息公开，充分发挥社会组织和公众监督作用。

推动长江经济带发展领导小组办公室
关于印发《关于加强长江经济带尾矿库污染防治的指导意见》的通知

(推长办〔2019〕94号)

江苏省、浙江省、安徽省、江西省、湖北省、湖南省、重庆市、四川省、贵州省、云南省生态环境厅(局):

现将《关于加强长江经济带尾矿库污染防治的指导意见》印发给你们,请认真贯彻执行。

推动长江经济带发展领导小组办公室

2019年1月12日

关于加强长江经济带尾矿库污染防治的指导意见

长江流域经济发达、人口密集、矿产资源丰富、尾矿库数量众多,部分尾矿库污染隐患突出,对长江生态环境安全构成威胁。做好长江经济带尾矿库污染防治工作,事关长江流域生态文明建设和人民群众切身利益。为贯彻落实推动长江经济带发展领导小组工作部署,依据相关法律法规,提出以下意见。

一、总体要求

(一)指导思想

以习近平新时代中国特色社会主义思想为指导,全面贯彻落实党的十九大和十九届二中、三中全会精神,牢固树立创新、协调、绿色、开放、共享发展理念,坚持共抓大保护、不搞大开发的基本方略,坚持分类施策、防治并举、分步实施的总体思路,着力构建长江经济带尾矿库污染防治体制机制,消除尾矿库环境安全隐患,为推动长江经济带生态文明建设和实现绿色发展提供有力支撑。

(二)基本原则

明确责任,分类施策。按照"中央统筹、省负总责、市县抓落实"的要求,落实尾矿库污染防治主体责任,采取差异化的防护措施,"一库一策"解决尾矿库环境污染问题。

源头防治,全程管控。控制增量,减少存量,严格新建尾矿库项目准入,加大闭库力度。完善并落实已有尾矿库环境污染防治措施,加强尾矿库全过程监管,有效防控尾矿库环境污染风险。

突出重点,全面推进。优先治理长江干流和重要支流岸线一公里范围内,以及有色、化工(含磷石膏库)、黄金、电解锰行业的尾矿库(以下简称"重点尾矿库"),以点带面,统筹推进尾矿库污染防治工作。

（三）工作目标

到 2019 年 6 月，完成重点尾矿库"一库一策"污染防治方案编制。到 2020 年年底，基本完成尾矿库整治工作，尾矿库污染防治措施全部落实到位，消除尾矿库重大环境污染隐患。到 2025 年年底，建立健全长江经济带尾矿库污染防治长效机制，杜绝非不可抗力因素导致的尾矿库突发类环境事件。

二、开展风险评估和方案编制

（一）开展尾矿库环境状况调查及风险评估

尾矿库所属企业及时开展尾矿库环境状况调查，在全面掌握污染产生环节、现有防范措施、特征污染物排放情况及周边环境敏感目标状况的基础上，按照相关管理和技术规范，进行尾矿库环境风险评估，编制或修订尾矿库突发环境事件应急预案，建立尾矿库风险管理档案，实现"一库一档"。各省（市）（除上海外，下同）要督促辖区内尾矿库所属企业在 2019 年 4 月底前完成重点尾矿库突发环境事件应急预案备案，6 月底前完成其他尾矿库突发环境事件应急预案备案。

（二）编制尾矿库污染防治方案

尾矿库所属企业要依据现状调查及环境风险评估结果，及时编制尾矿库污染防治方案，明确尾矿库污染防治目标、措施及进度安排。各省（市）要督促辖区内尾矿库所属企业在 2019 年 6 月底前编制完成重点尾矿库污染防治方案，10 月底前编制完成其他尾矿库污染防治方案。

三、加强尾矿库污染防治

（一）严格尾矿库建设项目准入

严把新（改、扩）建尾矿库立项、用地、环保、安全准入关，严控新增环境污染风险。发展改革部门要严格尾矿库建设项目立项审批，对生态环境、公众利益和社会稳定可能造成重大影响的，原则上不予核准或备案。自然资源部门要严格审查尾矿库建设用地条件，不符合土地利用总体规划的，一律不予办理建设用地手续。生态环境部门要严格执行环境影响评价制度，不符合建设项目环境影响评价审批要求的，一律不予批准其环评文件，未经环保验收或验收不合格的尾矿库不得投入运行或使用。应急管理部门要严格安全许可制度，对于达不到安全生产条件的，一律不予颁发安全生产许可证。从 2019 年 2 月份起，严禁在长江干流岸线 3 公里、重要支流岸线 1 公里范围内新（改、扩）建尾矿库。

（二）强化尾矿库闭库治理

各省（市）要在 2019 年年底前，对没有生产经营主体的尾矿库和位于自然保护区、风景名胜区、饮用水水源保护区、基本农田保护区的尾矿库完成闭库；在 2020 年年底前，对长江干流和重要支流岸线 1 公里范围内停用时间超过 3 年的尾矿库完成闭库，并及时对库区进行生态修复。

（三）完善尾矿库污染防治措施

杜绝尾矿库超总量和超标排放，完善防渗漏和防扬散措施。一是完善尾水回用系统，提升改造回水泵站、回水管道、浓缩池及回收池等设施，提高尾水回用率。二是完善尾水处理设施，提升改造尾矿库截渗设施、渗水回收泵站、渗水回收管线、水处理站等设施，严格执行总量控制，严禁尾水超标排放。杜绝尾矿废水灌溉。三是完善截排水系统，建设和完善库区雨污分流设施，减少雨水入库量，严禁其他肥水进入尾矿库。四是完善尾矿排放管线防渗漏设施，杜绝"跑、冒、滴、漏"造成的环境污染。五是完善防扬散措施，做好库体绿化植皮。六是严格尾矿库日常管理。定期开展尾矿库隐患排查，治理并排除环境污染隐患,提高环境风险防控能力。七是采取措施提高尾矿库防排洪能力和坝体稳定性,严防溃坝事件发生。八是对达到闭库条件的尾矿库抓紧实施闭库并开展生态修复,加强对停用尾矿库的日常管理,防范污染风险。

(四)严格排污许可制度

按照《控制污染物排放许可制实施方案》(国办发〔2016〕81号)要求,将尾矿库纳入排污许可证核发范围。尾矿库所属企业应向当地生态环境部门依法申领排污许可证,按照许可证的规定排污,落实污染物排放控制措施和其他环境管理要求。2020年年底前,实现长江经济带范围内尾矿库持证排污、按证排污全覆盖。

(五)源头减少尾矿排放

推进绿色矿山建设。严格按照绿色矿山建设相关标准规范要求,加快推进长江经济带范围内传统矿业转型升级,重点推进有色、化工(含磷石膏)、黄金、电解锰等行业开展绿色矿山建设,从2019年2月份起,新建矿山要达到绿色矿山相关标准。

鼓励尾矿综合利用。在符合安全和环境要求前提下,通过提取有价组分、生产建材、井下充填等途径开展尾矿综合利用。落实尾矿资源综合利用的各项优惠政策,鼓励优先采购符合相关要求的尾矿综合利用产品。严禁未经批准擅自回采尾矿。

四、完善监测、预警和应急体系

(一)建立健全监测网络

重点尾矿库所属企业按照有关规定,开展污染状况自行监测。各省(市)生态环境部门要把重点尾矿库纳入重点排污单位名录,加强对重点尾矿库尾水排放及下游监测断面的监督性监测,将尾矿库及下游水质断面环境监测纳入区域生态环境监测网络,提高尾矿库环境污染检测能力。

(二)提升综合应急能力

各地政府要建设重点尾矿库预警系统,提高污染源追踪与解析、污染物运移预测能力,提升尾矿库突发环境事件预警水平。尾矿库所属企业要定期开展尾矿库突发环境事件应急预案的培训与演练,要完善尾矿库通行道路、照明、通信等应急必备的基础设施,自行储备或委托第三方储备适应其环境风险水平的应急物资,加强环境应急队伍建设,提升应急监测能力。

(三)强化区域应急联动

进一步深化区域尾矿库突发环境事件应急联动机制建设,加强信息共享和联合执法。尾矿库可能导致跨区突发环境事件的,相关区域政府协商编制应急联动工作方案。发生尾矿库突发环境事件的地方政府必须及时通报下游地方政府发生事件的时间、地点、污染物、污染团当前位置等信息,第一时间协同开展应急救援和污染处置工作,确保下游饮用水安全。

五、保障措施

(一)加强组织领导

生态环境部牵头推进长江经济带尾矿库污染防治工作,发展改革委加强综合协调,应急管理部等相关部门按职责分工积极参与,形成工作合力。省级人民政府要积极推进长江经济带尾矿库污染防治工作,结合本指导意见,根据地区实际,抓紧制定出台2019—2020年本地区尾矿库污染防治工作方案。

地方各级生态环境、应急管理、发展改革、水利、自然资源、工信、气象等部门要加强协调，有效推进行政区域内尾矿库污染防治工作。

（二）落实主体责任

省级人民政府对本行政区域内尾矿库污染防治负总责，地市级人民政府是尾矿库污染防治工作的组织实施主体，应将尾矿库污染防治工作纳入本行政区域污染防治攻坚战实施方案，按照"一库一策"要求，组织行政区域内尾矿库所属企业编制并实施尾矿库污染防治方案，切实推动尾矿库污染防治取得实效。有生产经营单位管理主体的尾矿库，由地方政府承担主体责任。

（三）加大资金投入

加大中央财政资金对尾矿库污染防治的支持力度，地方政府要安排财政转型资金支持和引导尾矿库污染防治工作。研究税收、信贷等激励政策，支持尾矿库污染防治。创新治理模式，通过第三方治理、政府购买服务等方式，鼓励和引导各类经营主体参与长江经济带尾矿库污染防治。

（四）强化科技支撑

加强尾矿库环境污染防治共性关键性技术的攻关研究，重点突破污染物源头减量化、尾矿安全化、无害堆存等关键技术。加快尾矿综合利用、地下矿山尾矿充填、尾矿库防渗、尾矿干堆、尾矿废水与扬尘污染防治、生态修复等技术及成套装备的研发、成果转化和推广应用。

（五）强化监督考核

对长江经济带尾矿库污染防治工作推进不力，且导致环境污染和安全风险突出的地方，可视情纳入中央生态环境保护督察范畴。各相关部门要依据部门职责，严格尾矿库日常监管，对存在的违法行为依法严肃处理。对不履行治理责任、未完成整改任务的，特别是因尾矿库污染防治不到位造成的尾矿库严重环境污染的，有关部门和地方政府要严肃追责。

中共中央 国务院
关于构建现代环境治理体系的指导意见

（2020年3月）

为贯彻落实党的十九大部署，构建党委领导、政府主导、企业主体、社会组织和公众共同参与的现代环境治理体系，现提出如下意见。

一、总体要求

（一）指导思想。以习近平新时代中国特色社会主义思想为指导，全面贯彻党的十九大和十九届二中、三中、四中全会精神，深入贯彻习近平生态文明思想，紧紧围绕统筹推进"五位一体"总体布局和协调推进"四个全面"战略布局，认真落实党中央、国务院决策部署，牢固树立绿色发展理念，以坚持党的集中统一领导为统领，以强化政府主导作用为关键，以深化企业主体作用为根本，以更好动员社会组织和公众共同参与为支撑，实现政府治理和社会调节、企业自治良性互动，完善体制机制，强化源头治理，形成工作合力，为推动生态环境根本好转、建设生态文明和美丽中国提供有力制度保障。

（二）基本原则

——坚持党的领导。贯彻党中央关于生态环境保护的总体要求，实行生态环境保护党政同责、一岗双责。

——坚持多方共治。明晰政府、企业、公众等各类主体权责，畅通参与渠道，形成全社会共同推进环境治理的良好格局。

——坚持市场导向。完善经济政策，健全市场机制，规范环境治理市场行为，强化环境治理诚信建设，促进行业自律。

——坚持依法治理。健全法律法规标准，严格执法、加强监管，加快补齐环境治理体制机制短板。

（三）主要目标。到2025年，建立健全环境治理的领导责任体系、企业责任体系、全民行动体系、监管体系、市场体系、信用体系、法律法规政策体系，落实各类主体责任，提高市场主体和公众参与的积极性，形成导向清晰、决策科学、执行有力、激励有效、多元参与、良性互动的环境治理体系。

二、健全环境治理领导责任体系

（四）完善中央统筹、省负总责、市县抓落实的工作机制。党中央、国务院统筹制定生态环境保护的大政方针，提出总体目标，谋划重大战略举措。制定实施中央和国家机关有关部门生态环境保护责任清单。省级党委和政府对本地区环境治理负总体责任，贯彻执行党中央、国务院各项决策部署，组织落实目标任务、政策措施，加大资金投入。市县党委和政府承担具体责任，统筹做好监管执法、市场规范、资金安排、宣传教育等工作。

（五）明确中央和地方财政支出责任。制定实施生态环境领域中央与地方财政事权和支出责任划分改革方案，除全国性、重点区域流域、跨区域、国际合作等环境治理重大事务外，主要由地方财政承担环境治理支出责任。按照财力与事权相匹配的原则，在进一步理顺中央与地方收入划分和完善转移支付制度改革中统筹考虑地方环境治理的财政需求。

（六）开展目标评价考核。着眼环境质量改善，合理设定约束性和预期性目标，纳入国民经济和社会发展规划、国土空间规划以及相关专项规划。各地区可制定符合实际、体现特色的目标。完善生态文明建设目标评价考核体系，对相关专项考核进行精简整合，促进开展环境治理工作。

（七）深化生态环境保护督察。实行中央和省（自治区、直辖市）两级生态环境保护督察体制。以解决突出生态环境问题、改善生态环境质量、推动经济高质量发展为重点，推进例行督察，加强专项督察，严格督察整改。进一步完善排查、交办、核查、约谈、专项督察"五步法"工作模式，强化监督帮扶，压实生态环境保护责任。

三、健全环境治理企业责任体系

（八）依法实行排污许可管理制度。加快排污许可管理条例立法进程，完善排污许可制度，加强对企业排污行为的监督检查。按照新老有别、平稳过渡原则，妥善处理排污许可与环评制度的关系。

（九）推进生产服务绿色化。从源头防治污染，优化原料投入，依法依规淘汰落后生产工艺技术。积极践行绿色生产方式，大力开展技术创新，加大清洁生产推行力度，加强全过程管理，减少污染物排放。提供资源节约、环境友好的产品和服务。落实生产者责任延伸制度。

（十）提高治污能力和水平。加强企业环境治理责任制度建设，督促企业严格执行法律法规，接受社会监督。重点排污企业要安装使用监测设备并确保正常运行，坚决杜绝治理效果和监测数据造假。

（十一）公开环境治理信息。排污企业应通过企业网站等途径依法公开主要污染物名称、排放方式、执行标准以及污染防治设施建设和运行情况，并对信息真实性负责。鼓励排污企业在确保安全生产前提下，通过设立企业开放日、建设教育体验场所等形式，向社会公众开放。

四、健全环境治理全民行动体系

（十二）强化社会监督。完善公众监督和举报反馈机制，充分发挥"12369"环保举报热线作用，畅通环保监督渠道。加强舆论监督，鼓励新闻媒体对各类破坏生态环境问题、突发环境事件、环境违法行为进行曝光。引导具备资格的环保组织依法开展生态环境公益诉讼等活动。

（十三）发挥各类社会团体作用。工会、共青团、妇联等群团组织要积极动员广大职工、青年、妇女参与环境治理。行业协会、商会要发挥桥梁纽带作用，促进行业自律。加强对社会组织的管理和指导，积极推进能力建设，大力发挥环保志愿者作用。

（十四）提高公民环保素养。把环境保护纳入国民教育体系和党政领导干部培训体系，组织编写环境保护读本，推进环境保护宣传教育进学校、进家庭、进社区、进工厂、进机关。加大环境公益广告宣传力度，研发推广环境文化产品。引导公民自觉履行环境保护责任，逐步转变落后的生活风俗习惯，积极开展垃圾分类，践行绿色生活方式，倡导绿色出行、绿色消费。

五、健全环境治理监管体系

（十五）完善监管体制。整合相关部门污染防治和生态环境保护执法职责、队伍，统一实行生态环境保护执法。全面完成省以下生态环境机构监测监察执法垂直管理制度改革。实施"双随机、一公开"环境监管模式。推动跨区域跨流域污染防治联防联控。除国家组织的重大活动外,各地不得因召开会议、论坛和举办大型活动等原因,对企业采取停产、限产措施。

（十六）加强司法保障。建立生态环境保护综合行政执法机关、公安机关、检察机关、审判机关信息共享、案情通报、案件移送制度。强化对破坏生态环境违法犯罪行为的查处侦办,加大对破坏生态环境案件起诉力度,加强检察机关提起生态环境公益诉讼工作。在高级人民法院和具备条件的中基层人民法院调整设立专门的环境审判机构,统一涉生态环境案件的受案范围、审理程序等。探索建立"恢复性司法实践＋社会化综合治理"审判结果执行机制。

（十七）强化监测能力建设。加快构建陆海统筹、天地一体、上下协同、信息共享的生态环境监测网络,实现环境质量、污染源和生态状况监测全覆盖。实行"谁考核、谁监测",不断完善生态环境监测技术体系,全面提高监测自动化、标准化、信息化水平,推动实现环境质量预报预警,确保监测数据"真、准、全"。推进信息化建设,形成生态环境数据一本台账、一张网络、一个窗口。加大监测技术装备研发与应用力度,推动监测装备精准、快速、便携化发展。

六、健全环境治理市场体系

（十八）构建规范开放的市场。深入推进"放管服"改革,打破地区、行业壁垒,对各类所有制企业一视同仁,平等对待各类市场主体,引导各类资本参与环境治理投资、建设、运行。规范市场秩序,减少恶性竞争,防止恶意低价中标,加快形成公开透明、规范有序的环境治理市场环境。

（十九）强化环保产业支撑。加强关键环保技术产品自主创新,推动环保首台（套）重大技术装备示范应用,加快提高环保产业技术装备水平。做大做强龙头企业,培育一批专业化骨干企业,扶持一批专特优精中小企业。鼓励企业参与绿色"一带一路"建设,带动先进的环保技术、装备、产能走出去。

（二十）创新环境治理模式。积极推行环境污染第三方治理,开展园区污染防治第三方治理示范,探索统一规划、统一监测、统一治理的一体化服务模式。开展小城镇环境综合治理托管服务试点,强化系统治理,实行按效付费。对工业污染地块,鼓励采用"环境修复＋开发建设"模式。

（二十一）健全价格收费机制。严格落实"谁污染、谁付费"政策导向,建立健全"污染者付费＋第三方治理"等机制。按照补偿处理成本并合理盈利原则,完善并落实污水垃圾处理收费政策。综合考虑企业和居民承受能力,完善差别化电价政策。

七、健全环境治理信用体系

（二十二）加强政务诚信建设。建立健全环境治理政务失信记录,将地方各级政府和公职人员在环境保护工作中因违法违规、失信违约被司法判决、行政处罚、纪律处分、问责处理等信息纳入政务失信记录,并归集至相关信用信息共享平台,依托"信用中国"网站等依法依规逐步公开。

（二十三）健全企业信用建设。完善企业环保信用评价制度,依据评价结果实施分级分类监管。建立排污企业黑名单制度,将环境违法企业依法依规纳入失信联合惩戒对象名单,将其违法信息记入信用记录,并按照国家有关规定纳入全国信用信息共享平台,依法向社会公开。建立完善上市公司和发债企业强制性环境治理信息披露制度。

八、健全环境治理法律法规政策体系

（二十四）完善法律法规。制定修订固体废物污染防治、长江保护、海洋环境保护、生态环境监测、环境影响评价、清洁生产、循环经济等方面的法律法规。鼓励有条件的地方在环境治理领域先于国家进行立法。严格执法，对造成生态环境损害的，依法依规追究赔偿责任；对构成犯罪的，依法追究刑事责任。

（二十五）完善环境保护标准。立足国情实际和生态环境状况，制定修订环境质量标准、污染物排放（控制）标准以及环境监测标准等。推动完善产品环保强制性国家标准。做好生态环境保护规划、环境保护标准与产业政策的衔接配套，健全标准实施信息反馈和评估机制。鼓励开展各类涉及环境治理的绿色认证制度。

（二十六）加强财税支持。建立健全常态化、稳定的中央和地方环境治理财政资金投入机制。健全生态保护补偿机制。制定出台有利于推进产业结构、能源结构、运输结构和用地结构调整优化的相关政策。严格执行环境保护税法，促进企业降低大气污染物、水污染物排放浓度，提高固体废物综合利用率。贯彻落实好现行促进环境保护和污染防治的税收优惠政策。

（二十七）完善金融扶持。设立国家绿色发展基金。推动环境污染责任保险发展，在环境高风险领域研究建立环境污染强制责任保险制度。开展排污权交易，研究探索对排污权交易进行抵质押融资。鼓励发展重大环保装备融资租赁。加快建立省级土壤污染防治基金。统一国内绿色债券标准。

九、强化组织领导

（二十八）加强组织实施。地方各级党委和政府要根据本意见要求，结合本地区发展实际，进一步细化落实构建现代环境治理体系的目标任务和政策措施，确保本意见确定的重点任务及时落地见效。国家发展改革委要加强统筹协调和政策支持，生态环境部要牵头推进相关具体工作，有关部门各负其责、密切配合，重大事项及时向党中央、国务院报告。

中共中央 国务院
关于深入打好污染防治攻坚战的意见

（2021年11月2日）

良好生态环境是实现中华民族永续发展的内在要求，是增进民生福祉的优先领域，是建设美丽中国的重要基础。党的十八大以来，以习近平同志为核心的党中央全面加强对生态文明建设和生态环境保护的领导，开展了一系列根本性、开创性、长远性工作，推动污染防治的措施之实、力度之大、成效之显著前所未有，污染防治攻坚战阶段性目标任务圆满完成，生态环境明显改善，人民群众获得感显著增强，厚植了全面建成小康社会的绿色底色和质量成色。同时应该看到，我国生态环境保护结构性、根源性、趋势性压力总体上尚未根本缓解，重点区域、重点行业污染问题仍然突出，实现碳达峰、碳中和任务艰巨，生态环境保护任重道远。为进一步加强生态环境保护，深入打好污染防治攻坚战，现提出如下意见。

一、总体要求

（一）指导思想。以习近平新时代中国特色社会主义思想为指导，全面贯彻党的十九大和十九届二中、三中、四中、五中全会精神，深入贯彻习近平生态文明思想，坚持以人民为中心的发展思想，立足新发展阶段，完整、准确、全面贯彻新发展理念，构建新发展格局，以实现减污降碳协同增效为总抓手，以改善生态环境质量为核心，以精准治污、科学治污、依法治污为工作方针，统筹污染治理、生态保护、应对气候变化，保持力度、延伸深度、拓宽广度，以更高标准打好蓝天、碧水、净土保卫战，以高水平保护推动高质量发展、创造高品质生活，努力建设人与自然和谐共生的美丽中国。

（二）工作原则

——坚持方向不变、力度不减。保持战略定力，坚定不移走生态优先、绿色发展之路，巩固拓展"十三五"时期污染防治攻坚成果，继续打好一批标志性战役，接续攻坚、久久为功。

——坚持问题导向、环保为民。把人民群众反映强烈的突出生态环境问题摆上重要议事日程，不断加以解决，增强广大人民群众的获得感、幸福感、安全感，以生态环境保护实际成效取信于民。

——坚持精准科学、依法治污。遵循客观规律，抓住主要矛盾和矛盾的主要方面，因地制宜、科学施策，落实最严格制度，加强全过程监管，提高污染治理的针对性、科学性、有效性。

——坚持系统观念、协同增效。推进山水林田湖草沙一体化保护和修复，强化多污染物协同控制和区域协同治理，注重综合治理、系统治理、源头治理，保障国家重大战略实施。

——坚持改革引领、创新驱动。深入推进生态文明体制改革，完善生态环境保护领导体制和工作机制，加大技术、政策、管理创新力度，加快构建现代环境治理体系。

（三）主要目标。到2025年，生态环境持续改善，主要污染物排放总量持续下降，单位国内生产总值二氧化碳排放比2020年下降18%，地级及以上城市细颗粒物（PM2.5）浓度下降10%，空气质量优良天数比率达到 87.5%，地表水Ⅰ～Ⅲ类水体比例达到 85%，近岸海域水质优良（一、二类）比例达到 79% 左右，重污染天气、城市黑臭水体基本消除，土壤污染风险得到有效管控，固体废物和新污染物治理能力明显增强，生态系统质量和稳定性持续提升，生态环境治理体系更加完善，生态文明建设取得新进步。

到 2035 年，广泛形成绿色生产生活方式，碳排放达峰后稳中有降，生态环境根本好转，美丽中国建设目标基本实现。

二、加快推动绿色低碳发展

（四）深入推进碳达峰行动。处理好减污降碳和能源安全、产业链供应链安全、粮食安全、群众正常生活的关系，落实 2030 年应对气候变化国家自主贡献目标，以能源、工业、城乡建设、交通运输等领域和钢铁、有色金属、建材、石化化工等行业为重点，深入开展碳达峰行动。在国家统一规划的前提下，支持有条件的地方和重点行业、重点企业率先达峰。统筹建立二氧化碳排放总量控制制度。建设完善全国碳排放权交易市场，有序扩大覆盖范围，丰富交易品种和交易方式，并纳入全国统一公共资源交易平台。加强甲烷等非二氧化碳温室气体排放管控。制定国家适应气候变化战略 2035。大力推进低碳和适应气候变化试点工作。健全排放源统计调查、核算核查、监管制度，将温室气体管控纳入环评管理。

（五）聚焦国家重大战略打造绿色发展高地。强化京津冀协同发展生态环境联建联防联治，打造雄安新区绿色高质量发展"样板之城"。积极推动长江经济带成为我国生态优先绿色发展主战场，深化长三角地区生态环境共保联治。扎实推动黄河流域生态保护和高质量发展。加快建设美丽粤港澳大湾区。加强海南自由贸易港生态环境保护和建设。

（六）推动能源清洁低碳转型。在保障能源安全的前提下，加快煤炭减量步伐，实施可再生能源替代行动。"十四五"时期，严控煤炭消费增长，非化石能源消费比重提高到 20% 左右，京津冀及周边地区、长三角地区煤炭消费量分别下降 10%、5% 左右，汾渭平原煤炭消费量实现负增长。原则上不再新增自备燃煤机组，支持自备燃煤机组实施清洁能源替代，鼓励自备电厂转为公用电厂。坚持"增气减煤"同步，新增天然气优先保障居民生活和清洁取暖需求。提高电能占终端能源消费比重。重点区域的平原地区散煤基本清零。有序扩大清洁取暖试点城市范围，稳步提升北方地区清洁取暖水平。

（七）坚决遏制高耗能高排放项目盲目发展。严把高耗能高排放项目准入关口，严格落实污染物排放区域削减要求，对不符合规定的项目坚决停批停建。依法依规淘汰落后产能和化解过剩产能。推动高炉—转炉长流程炼钢转型为电炉短流程炼钢。重点区域严禁新增钢铁、焦化、水泥熟料、平板玻璃、电解铝、氧化铝、煤化工产能，合理控制煤制油气产能规模，严控新增炼油产能。

（八）推进清洁生产和能源资源节约高效利用。引导重点行业深入实施清洁生产改造，依法开展自愿性清洁生产评价认证。大力推行绿色制造，构建资源循环利用体系。推动煤炭等化石能源清洁高效利用。加强重点领域节能，提高能源使用效率。实施国家节水行动，强化农业节水增效、工业节水减排、城镇节水降损。推进污水资源化利用和海水淡化规模化利用。

（九）加强生态环境分区管控。衔接国土空间规划分区和用途管制要求，将生态保护红线、环境质量底线、资源利用上线的硬约束落实到环境管控单元，建立差别化的生态环境准入清单，加强"三线一单"成果在政策制定、环境准入、园区管理、执法监管等方面的应用。健全以环评制度为主体的源头预防体系，严格规划环评审查和项目环评准入，开展重大经济技术政策的生态环境影响分析和重大生态环境政策的社会经济影响评估。

（十）加快形成绿色低碳生活方式。把生态文明教育纳入国民教育体系，增强全民节约意识、环保意识、生态意识。因地制宜推行垃圾分类制度，加快快递包装绿色转型，加强塑料污染全链条防治。深入开展绿色生活创建行动。建立绿色消费激励机制，推进绿色产品认证、标识体系建设，营造绿色低碳生活新时尚。

三、深入打好蓝天保卫战

（十一）着力打好重污染天气消除攻坚战。聚焦秋冬季细颗粒物污染，加大重点区域、重点行业结构调整和污染治理力度。京津冀及周边地区、汾渭平原持续开展秋冬季大气污染综合治理专项行动。东北地区加强秸秆禁烧管控和采暖燃煤污染治理。天山北坡城市群加强兵地协作，钢铁、有色金属、化工等行业参照重点区域执行重污染天气应急减排措施。科学调整大气污染防治重点区域范围，构建省市县三级重污染天气应急预案体系，实施重点行业企业绩效分级管理，依法严厉打击不落实应急减排措施行为。到2025年，全国重度及以上污染天数比率控制在1%以内。

（十二）着力打好臭氧污染防治攻坚战。聚焦夏秋季臭氧污染，大力推进挥发性有机物和氮氧化物协同减排。以石化、化工、涂装、医药、包装印刷、油品储运销等行业领域为重点，安全高效推进挥发性有机物综合治理，实施原辅材料和产品源头替代工程。完善挥发性有机物产品标准体系，建立低挥发性有机物含量产品标识制度。完善挥发性有机物监测技术和排放量计算方法，在相关条件成熟后，研究适时将挥发性有机物纳入环境保护税征收范围。推进钢铁、水泥、焦化行业企业超低排放改造，重点区域钢铁、燃煤机组、燃煤锅炉实现超低排放。开展涉气产业集群排查及分类治理，推进企业升级改造和区域环境综合整治。到2025年，挥发性有机物、氮氧化物排放总量比2020年分别下降10%以上，臭氧浓度增长趋势得到有效遏制，实现细颗粒物和臭氧协同控制。

（十三）持续打好柴油货车污染治理攻坚战。深入实施清洁柴油车（机）行动，全国基本淘汰国三及以下排放标准汽车，推动氢燃料电池汽车示范应用，有序推广清洁能源汽车。进一步推进大中城市公共交通、公务用车电动化进程。不断提高船舶靠港岸电使用率。实施更加严格的车用汽油质量标准。加快大宗货物和中长途货物运输"公转铁""公转水"，大力发展公铁、铁水等多式联运。"十四五"时期，铁路货运量占比提高0.5个百分点，水路货运量年均增速超过2%。

（十四）加强大气面源和噪声污染治理。强化施工、道路、堆场、裸露地面等扬尘管控，加强城市保洁和清扫。加大餐饮油烟污染、恶臭异味治理力度。强化秸秆综合利用和禁烧管控。到2025年，京津冀及周边地区大型规模化养殖场氨排放总量比2020年下降5%。深化消耗臭氧层物质和氢氟碳化物环境管理。实施噪声污染防治行动，加快解决群众关心的突出噪声问题。到2025年，地级及以上城市全面实现功能区声环境质量自动监测，全国声环境功能区夜间达标率达到85%。

四、深入打好碧水保卫战

（十五）持续打好城市黑臭水体治理攻坚战。统筹好上下游、左右岸、干支流、城市和乡村，系统推进城市黑臭水体治理。加强农业农村和工业企业污染防治，有效控制入河污染物排放。强化溯源整治，杜绝污水直接排入雨水管网。推进城镇污水管网全覆盖，对进水情况出现明显异常的污水处理厂，开展片区管网系统化整治。因地制宜开展水体内源污染治理和生态修复，增强河湖自净功能。充分发挥河长制、湖长制作用，巩固城市黑臭水体治理成效，建立防止返黑返臭的长效机制。2022年6月底前，县级城市政府完成建成区内黑臭水体排查并制定整治方案，统一公布黑臭水体清单及达标期限。到2025年，县级城市建成区基本消除黑臭水体，京津冀、长三角、珠三角等区域力争提前1年完成。

（十六）持续打好长江保护修复攻坚战。推动长江全流域按单元精细化分区管控。狠抓突出生态环境问题整改，扎实推进城镇污水垃圾处理和工业、农业面源、船舶、尾矿库等污染治理工程。加强渝湘黔交界武陵山区"锰三角"污染综合整治。持续开展工业园区污染治理、"三磷"行业整治等专项行动。推进长江岸线生态修复，巩固小水电清理整改成果。实施好长江流域重点水域十年禁渔，有效恢复长江水生生物多样性。建立健全长江流域水生态环境考核评价制度并抓好组织实施。加强太湖、巢湖、滇池等重要湖泊蓝藻水华防控，开展河湖水生植被恢复、氮磷通量监测等试点。到2025年，长江流域总体水质保持为优，干流水质稳定达到Ⅱ类，重要河湖生态用水得到有效保障，水生态质量明显提升。

（十七）着力打好黄河生态保护治理攻坚战。全面落实以水定城、以水定地、以水定人、以水定产要求，实施深度节水控水行动，严控高耗水行业发展。维护上游水源涵养功能，推动以草定畜、定牧。加强中游水土流失治理，开展汾渭平原、河套灌区等农业面源污染治理。实施黄河三角洲湿地保护修复，强化黄河河口综合治理。加强沿黄河城镇污水处理设施及配套管网建设，开展黄河流域"清废行动"，基本完成尾矿库污染治理。到2025年，黄河干流上中游（花园口以上）水质达到Ⅱ类，干流及主要支流生态流量得到有效保障。

（十八）巩固提升饮用水安全保障水平。加快推进城市水源地规范化建设，加强农村水源地保护。基本完成乡镇级水源保护区划定、立标并开展环境问题排查整治。保障南水北调等重大输水工程水质安全。到2025年，全国县级及以上城市集中式饮用水水源水质达到或优于Ⅲ类比例总体高于93%。

（十九）着力打好重点海域综合治理攻坚战。巩固深化渤海综合治理成果，实施长江口—杭州湾、珠江口邻近海域污染防治行动，"一湾一策"实施重点海湾综合治理。深入推进入海河流断面水质改善、沿岸直排海污染源整治、海水养殖环境治理，加强船舶港口、海洋垃圾等污染防治。推进重点海域生态系统保护修复，加强海洋伏季休渔监管执法。推进海洋环境风险排查整治和应急能力建设。到2025年，重点海域水质优良比例比2020年提升2个百分点左右，省控及以上河流入海断面基本消除劣Ⅴ类，滨海湿地和岸线得到有效保护。

（二十）强化陆域海域污染协同治理。持续开展入河入海排污口"查、测、溯、治"，到2025年，基本完成长江、黄河、渤海及赤水河等长江重要支流排污口整治。完善水污染防治流域协同机制，深化海河、辽河、淮河、松花江、珠江等重点流域综合治理，推进重要湖泊污染防治和生态修复。沿海城市加强固定污染源总氮排放控制和面源污染治理，实施入海河流总氮削减工程。建成一批具有全国示范价值的美丽河湖、美丽海湾。

五、深入打好净土保卫战

（二十一）持续打好农业农村污染治理攻坚战。注重统筹规划、有效衔接，因地制宜推进农村厕所革命、生活污水治理、生活垃圾治理，基本消除较大面积的农村黑臭水体，改善农村人居环境。实施化肥农药减量增效行动和农膜回收行动。加强种养结合，整县推进畜禽粪污资源化利用。规范工厂化水产养殖尾水排污口设置，在水产养殖主产区推进养殖尾水治理。到2025年，农村生活污水治理率达到40%，化肥农药利用率达到43%，全国畜禽粪污综合利用率达到80%以上。

（二十二）深入推进农用地土壤污染防治和安全利用。实施农用地土壤镉等重金属污染源头防治行动。依法推行农用地分类管理制度，强化受污染耕地安全利用和风险管控，受污染耕地集中的县级行政区开展污染溯源，因地制宜制定实施安全利用方案。在土壤污染面积较大的 100 个县级行政区推进农用地安全利用示范。严格落实粮食收购和销售出库质量安全检验制度和追溯制度。到 2025 年，受污染耕地安全利用率达到 93% 左右。

（二十三）有效管控建设用地土壤污染风险。严格建设用地土壤污染风险管控和修复名录内地块的准入管理。未依法完成土壤污染状况调查和风险评估的地块，不得开工建设与风险管控和修复无关的项目。从严管控农药、化工等行业的重度污染地块规划用途，确需开发利用的，鼓励用于拓展生态空间。完成重点地区危险化学品生产企业搬迁改造，推进腾退地块风险管控和修复。

（二十四）稳步推进"无废城市"建设。健全"无废城市"建设相关制度、技术、市场、监管体系，推进城市固体废物精细化管理。"十四五"时期，推进 100 个左右地级及以上城市开展"无废城市"建设，鼓励有条件的省份全域推进"无废城市"建设。

（二十五）加强新污染物治理。制定实施新污染物治理行动方案。针对持久性有机污染物、内分泌干扰物等新污染物，实施调查监测和环境风险评估，建立健全有毒有害化学物质环境风险管理制度，强化源头准入，动态发布重点管控新污染物清单及其禁止、限制、限排等环境风险管控措施。

（二十六）强化地下水污染协同防治。持续开展地下水环境状况调查评估，划定地下水型饮用水水源补给区并强化保护措施，开展地下水污染防治重点区划定及污染风险管控。健全分级分类的地下水环境监测评价体系。实施水土环境风险协同防控。在地表水、地下水交互密切的典型地区开展污染综合防治试点。

六、切实维护生态环境安全

（二十七）持续提升生态系统质量。实施重要生态系统保护和修复重大工程、山水林田湖草沙一体化保护和修复工程。科学推进荒漠化、石漠化、水土流失综合治理和历史遗留矿山生态修复，开展大规模国土绿化行动，实施河口、海湾、滨海湿地、典型海洋生态系统保护修复。推行草原森林河流湖泊休养生息，加强黑土地保护。有效应对气候变化对冰冻圈融化的影响。推进城市生态修复。加强生态保护修复监督评估。到 2025 年，森林覆盖率达到 24.1%，草原综合植被盖度稳定在 57% 左右，湿地保护率达到 55%。

（二十八）实施生物多样性保护重大工程。加快推进生物多样性保护优先区域和国家重大战略区域调查、观测、评估。完善以国家公园为主体的自然保护地体系，构筑生物多样性保护网络。加大珍稀濒危野生动植物保护拯救力度。加强生物遗传资源保护和管理，严格外来入侵物种防控。

（二十九）强化生态保护监管。用好第三次全国国土调查成果，构建完善生态监测网络，建立全国生态状况评估报告制度，加强重点区域流域海域、生态保护红线、自然保护地、县域重点生态功能区等生态状况监测评估。加强自然保护地和生态保护红线监管，依法加大生态破坏问题监督和查处力度，持续推进"绿盾"自然保护地强化监督专项行动。深入推动生态文明建设示范创建、"绿水青山就是金山银山"实践创新基地建设和美丽中国地方实践。

（三十）确保核与辐射安全。坚持安全第一、质量第一，实行最严格的安全标准和最严格的监管，持续强化在建和运行核电厂安全监管，加强核安全监管制度、队伍、能力建设，督促营运单位落实全面核安全责任。严格研究堆、核燃料循环设施、核技术利用等安全监管，积极稳妥推进放射性废物、伴生放射性废物处置，加强电磁辐射污染防治。强化风险预警监测和应急响应，不断提升核与辐射安全保障能力。

（三十一）严密防控环境风险。开展涉危险废物涉重金属企业、化工园区等重点领域环境风险调查评估，完成重点河流突发水污染事件"一河一策一图"全覆盖。开展涉铊企业排查整治行动。加强重金属污染防控，到2025年，全国重点行业重点重金属污染物排放量比2020年下降5%。强化生态环境与健康管理。健全国家环境应急指挥平台，推进流域及地方环境应急物资库建设，完善环境应急管理体系。

七、提高生态环境治理现代化水平

（三十二）全面强化生态环境法治保障。完善生态环境保护法律法规和适用规则，在法治轨道上推进生态环境治理，依法对生态环境违法犯罪行为严惩重罚。推进重点区域协同立法，探索深化区域执法协作。完善生态环境标准体系，鼓励有条件的地方制定出台更加严格的标准。健全生态环境损害赔偿制度。深化环境信息依法披露制度改革。加强生态环境保护法律宣传普及。强化生态环境行政执法与刑事司法衔接，联合开展专项行动。

（三十三）健全生态环境经济政策。扩大环境保护、节能节水等企业所得税优惠目录范围，完善绿色电价政策。大力发展绿色信贷、绿色债券、绿色基金，加快发展气候投融资，在环境高风险领域依法推行环境污染强制责任保险，强化对金融机构的绿色金融业绩评价。加快推进排污权、用能权、碳排放权市场化交易。全面实施环保信用评价，发挥环境保护综合名录的引导作用。完善市场化多元化生态保护补偿，推动长江、黄河等重要流域建立全流域生态保护补偿机制，建立健全森林、草原、湿地、沙化土地、海洋、水流、耕地等领域生态保护补偿制度。

（三十四）完善生态环境资金投入机制。各级政府要把生态环境作为财政支出的重点领域，把生态环境资金投入作为基础性、战略性投入予以重点保障，确保与污染防治攻坚任务相匹配。加快生态环境领域省以下财政事权和支出责任划分改革。加强有关转移支付分配与生态环境质量改善相衔接。综合运用土地、规划、金融、税收、价格等政策，引导和鼓励更多社会资本投入生态环境领域。

（三十五）实施环境基础设施补短板行动。构建集污水、垃圾、固体废物、危险废物、医疗废物处理处置设施和监测监管能力于一体的环境基础设施体系，形成由城市向建制镇和乡村延伸覆盖的环境基础设施网络。开展污水处理厂差别化精准提标。优先推广运行费用低、管护简便的农村生活污水治理技术，加强农村生活污水处理设施长效化运行维护。推动省域内危险废物处置能力与产废情况总体匹配，加快完善医疗废物收集转运处置体系。

（三十六）提升生态环境监管执法效能。全面推行排污许可"一证式"管理，建立基于排污许可证的排污单位监管执法体系和自行监测监管机制。建立健全以污染源自动监控为主的非现场监管执法体系，强化关键工况参数和用水用电等控制参数自动监测。加强移动源监管能力建设。深入开展生活垃圾焚烧发电行业达标排放专项整治。全面禁止进口"洋垃圾"。依法严厉打击危险废物非法转移、倾倒、处置等环境违法犯罪，严肃查处环评、监测等领域弄虚作假行为。

（三十七）建立完善现代化生态环境监测体系。构建政府主导、部门协同、企业履责、社会参与、公众监督的生态环境监测格局，建立健全基于现代感知技术和大数据技术的生态环境监测网络，优化监测站网布局，实现环境质量、生态质量、污染源监测全覆盖。提升国家、区域流域海域和地方生态环境监测基础能力，补齐细颗粒物和臭氧协同控制、水生态环境、温室气体排放等监测短板。加强监测质量监督检查，确保数据真实、准确、全面。

（三十八）构建服务型科技创新体系。组织开展生态环境领域科技攻关和技术创新，规范布局建设各类创新平台。加快发展节能环保产业，推广生态环境整体解决方案、托管服务和第三方治理。构建智慧高效的生态环境管理信息化体系。加强生态环境科技成果转化服务，组织开展百城千县万名专家生态环境科技帮扶行动。

八、加强组织实施

（三十九）加强组织领导。全面加强党对生态环境保护工作的领导，进一步完善中央统筹、省负总责、市县抓落实的攻坚机制。强化地方各级生态环境保护议事协调机制作用，研究推动解决本地区生态环境保护重要问题，加强统筹协调，形成工作合力，确保日常工作机构有场所、有人员、有经费。加快构建减污降碳一体谋划、一体部署、一体推进、一体考核的制度机制。研究制定强化地方党政领导干部生态环境保护责任有关措施。

（四十）强化责任落实。地方各级党委和政府要坚决扛起生态文明建设政治责任，深入打好污染防治攻坚战，把解决群众身边的生态环境问题作为"我为群众办实事"实践活动的重要内容，列出清单、建立台账、长期坚持、确保实效。各有关部门要全面落实生态环境保护责任，细化实化污染防治攻坚政策措施，分工协作、共同发力。各级人大及其常委会加强生态环境保护立法和监督。各级政协加大生态环境保护专题协商和民主监督力度。各级法院和检察院加强环境司法。生态环境部要做好任务分解，加强调度评估，重大情况及时向党中央、国务院报告。

（四十一）强化监督考核。完善中央生态环境保护督察制度，健全中央和省级两级生态环境保护督察体制，将污染防治攻坚战任务落实情况作为重点，深化例行督察，强化专项督察。深入开展重点区域、重点领域、重点行业监督帮扶。继续开展污染防治攻坚战成效考核，完善相关考核措施，强化考核结果运用。

（四十二）强化宣传引导。创新生态环境宣传方式方法，广泛传播生态文明理念。构建生态环境治理全民行动体系，发展壮大生态环境志愿服务力量，深入推动环保设施向公众开放，完善生态环境信息公开和有奖举报机制。积极参与生态环境保护国际合作，讲好生态文明建设"中国故事"。

（四十三）强化队伍建设。完善省以下生态环境机构监测监察执法垂直管理制度，全面推进生态环境监测监察执法机构能力标准化建设。将生态环境保护综合执法机构列入政府行政执法机构序列，统一保障执法用车和装备。持续加强生态环境保护铁军建设，锤炼过硬作风，严格对监督者的监督管理。注重选拔在生态文明建设和生态环境保护工作中敢于负责、勇于担当、善于作为、实绩突出的干部。按照有关规定表彰在污染防治攻坚战中成绩显著、贡献突出的先进单位和个人。

国务院
关于印发《"十四五"节能减排综合工作方案》的通知

（国发〔2021〕33号）

各省、自治区、直辖市人民政府，国务院各部委、各直属机构：

现将《"十四五"节能减排综合工作方案》印发给你们，请结合本地区、本部门实际，认真贯彻落实。

国务院

2021年12月28日

"十四五"节能减排综合工作方案

为认真贯彻落实党中央、国务院重大决策部署，大力推动节能减排，深入打好污染防治攻坚战，加快建立健全绿色低碳循环发展经济体系，推进经济社会发展全面绿色转型，助力实现碳达峰、碳中和目标，制定本方案。

一、总体要求

以习近平新时代中国特色社会主义思想为指导，全面贯彻党的十九大和十九届历次全会精神，深入贯彻习近平生态文明思想，坚持稳中求进工作总基调，立足新发展阶段，完整、准确、全面贯彻新发展理念，构建新发展格局，推动高质量发展，完善实施能源消费强度和总量双控（以下称能耗双控）、主要污染物排放总量控制制度，组织实施节能减排重点工程，进一步健全节能减排政策机制，推动能源利用效率大幅提高、主要污染物排放总量持续减少，实现节能降碳减污协同增效、生态环境质量持续改善，确保完成"十四五"节能减排目标，为实现碳达峰、碳中和目标奠定坚实基础。

二、主要目标

到2025年，全国单位国内生产总值能源消耗比2020年下降13.5%，能源消费总量得到合理控制，化学需氧量、氨氮、氮氧化物、挥发性有机物排放总量比2020年分别下降8%、8%、10%以上、10%以上。节能减排政策机制更加健全，重点行业能源利用效率和主要污染物排放控制水平基本达到国际先进水平，经济社会发展绿色转型取得显著成效。

三、实施节能减排重点工程

（一）重点行业绿色升级工程。以钢铁、有色金属、建材、石化化工等行业为重点，推进节能改造和污染物深度治理。推广高效精馏系统、高温高压干熄焦、富氧强化熔炼等节能技术，鼓励将高炉—转炉长流程炼钢转型为电炉短流程炼钢。推进钢铁、水泥、焦化行业及燃煤锅炉超低排放改造，到2025年，完成5.3亿吨钢铁产能超低排放改造，大气污染防治重点区域燃煤锅炉全面实现超低排放。加强行业工艺革新，实施涂装类、化工类等产业集群分类治理，开展重点行业清洁生产和工业废水资源化利用改造。推进新型基础设施能效提升，加快绿色数据中心建设。"十四五"时期，规模以上工业单位增加值能耗下降13.5%，万元工业增加值用水量下降16%。到2025年，通过实施节能降碳行动，钢铁、电解铝、水泥、平板玻璃、炼油、乙烯、合成氨、电石等重点行业产能和数据中心达到能效标杆水平的比例超过30%。（工业和信息化部、国家发展改革委、生态环境部、市场监管总局、国家能源局等按职责分工负责，地方各级人民政府负责落实。以下均需地方各级人民政府落实，不再列出）

（二）园区节能环保提升工程。引导工业企业向园区集聚，推动工业园区能源系统整体优化和污染综合整治，鼓励工业企业、园区优先利用可再生能源。以省级以上工业园区为重点，推进供热、供电、污水处理、中水回用等公共基础设施共建共享，对进水浓度异常的污水处理厂开展片区管网系统化整治，加强一般固体废物、危险废物集中贮存和处置，推动挥发性有机物、电镀废水及特征污染物集中治理等"绿岛"项目建设。到2025年，建成一批节能环保示范园区。（国家发展改革委、工业和信息化部、生态环境部等按职责分工负责）

（三）城镇绿色节能改造工程。全面推进城镇绿色规划、绿色建设、绿色运行管理，推动低碳城市、韧性城市、海绵城市、"无废城市"建设。全面提高建筑节能标准，加快发展超低能耗建筑，积极推进既有建筑节能改造、建筑光伏一体化建设。因地制宜推动北方地区清洁取暖，加快工业余热、可再生能源等在城镇供热中的规模化应用。实施绿色高效制冷行动，以建筑中央空调、数据中心、商务产业园区、冷链物流等为重点，更新升级制冷技术、设备，优化负荷供需匹配，大幅提升制冷系统能效水平。实施公共供水管网漏损治理工程。到2025年，城镇新建建筑全面执行绿色建筑标准，城镇清洁取暖比例和绿色高效制冷产品市场占有率大幅提升。（住房城乡建设部、生态环境部、国家发展改革委、自然资源部、交通运输部、市场监管总局、国家能源局等按职责分工负责）

（四）交通物流节能减排工程。推动绿色铁路、绿色公路、绿色港口、绿色航道、绿色机场建设，有序推进充换电、加注（气）、加氢、港口机场岸电等基础设施建设。提高城市公交、出租、物流、环卫清扫等车辆使用新能源汽车的比例。加快大宗货物和中长途货物运输"公转铁""公转水"，大力发展铁水、公铁、公水等多式联运。全面实施汽车国六排放标准和非道路移动柴油机械国四排放标准，基本淘汰国三及以下排放标准汽车。深入实施清洁柴油机行动，鼓励重型柴油货车更新替代。实施汽车排放检验与维护制度，加强机动车排放召回管理。加强船舶清洁能源动力推广应用，推动船舶岸电受电设施改造。提升铁路电气化水平，推广低能耗运输装备，推动实施铁路内燃机车国一排放标准。大力发展智能交通，积极运用大数据优化运输组织模式。加快绿色仓储建设，鼓励建设绿色物流园区。加快标准化物流周转箱推广应用。全面推广绿色快递包装，引导电商企业、邮政快递企业选购使用获得绿色认证的快递包装产品。到2025年，新能源汽车新车销售量达到汽车新车销售总量的20%左右，铁路、水路货运量占比进一步提升。（交通运输部、国家发展改革委牵头，工业和信息化部、公安部、财政部、生态环境部、住房城乡建设部、商务部、市场监管总局、国家能源局、国家铁路局、中国民航局、国家邮政局、中国国家铁路集团有限公司等按职责分工负责）

（五）农业农村节能减排工程。加快风能、太阳能、生物质能等可再生能源在农业生产和农村生活中的应用，有序推进农村清洁取暖。推广应用农用电动车辆、节能环保农机和渔船，发展节能农业大棚，推进农房节能改造和绿色农房建设。强化农业面源污染防治，推进农药化肥减量增效、秸秆综合利用，加快农膜和农药包装废弃物回收处理。深入推进规模养殖场污染治理，整县推进畜禽粪污资源化利用。整治提升农村人居环境，提高农村污水垃圾处理能力，基本消除较大面积的农村黑臭水体。到2025年，农村生活污水治理率达到40%，秸秆综合利用率稳定在86%以上，主要农作物化肥、农药利用率均达到43%以上，畜禽粪污综合利用率达到80%以上，绿色防控、统防统治覆盖率分别达到55%、45%，京津冀及周边地区大型规模化养殖场氨排放总量削减5%。（农业农村部、生态环境部、国家能源局、国家乡村振兴局牵头，国家发展改革委、工业和信息化部、住房城乡建设部、水利部、市场监管总局等按职责分工负责）

（六）公共机构能效提升工程。加快公共机构既有建筑围护结构、供热、制冷、照明等设施设备节能改造，鼓励采用能源费用托管等合同能源管理模式。率先淘汰老旧车，率先采购使用节能和新能源汽车，新建和既有停车场要配备电动汽车充电设施或预留充电设施安装条件。推行能耗定额管理，全面开展节约型机关创建行动。到2025年，创建2000家节约型公共机构示范单位，遴选200家公共机构能效领跑者。（国管局、中直管理局等按职责分工负责）

（七）重点区域污染物减排工程。持续推进大气污染防治重点区域秋冬季攻坚行动，加大重点行业结构调整和污染治理力度。以大气污染防治重点区域及珠三角地区、成渝地区等为重点，推进挥发性有机物和氮氧化物协同减排，加强细颗粒物和臭氧协同控制。持续打好长江保护修复攻坚战，扎实推进城镇污水垃圾处理和工业、农业面源、船舶、尾矿库等污染治理工程，到2025年，长江流域总体水质保持为优，干流水质稳定达到Ⅱ类。着力打好黄河生态保护治理攻坚战，实施深度节水控水行动，加强重要支流污染治理，开展入河排污口排查整治，到2025年，黄河干流上中游（花园口以上）水质达到Ⅱ类。（国家发展改革委、生态环境部、工业和信息化部、水利部牵头，住房城乡建设部、交通运输部、国家能源局等按职责分工负责）

（八）煤炭清洁高效利用工程。要立足以煤为主的基本国情，坚持先立后破，严格合理控制煤炭消费增长，抓好煤炭清洁高效利用，推进存量煤电机组节煤降耗改造、供热改造、灵活性改造"三改联动"，持续推动煤电机组超低排放改造。稳妥有序推进大气污染防治重点区域燃料类煤气发生炉、燃煤热风炉、加热炉、热处理炉、干燥炉（窑）以及建材行业煤炭减量，实施清洁电力和天然气替代。推广大型燃煤电厂热电联产改造，充分挖掘供热潜力，推动淘汰供热管网覆盖范围内的燃煤锅炉和散煤。加大落后燃煤锅炉和燃煤小热电退出力度，推动以工业余热、电厂余热、清洁能源等替代煤炭供热（蒸汽）。到2025年，非化石能源占能源消费总量比重达到20%左右。"十四五"时期，京津冀及周边地区、长三角地区煤炭消费量分别下降10%、5%左右，汾渭平原煤炭消费量实现负增长。（国家发展改革委、生态环境部、工业和信息化部、住房城乡建设部、市场监管总局、国家能源局等按职责分工负责）

（九）挥发性有机物综合整治工程。推进原辅材料和产品源头替代工程，实施全过程污染物治理。以工业涂装、包装印刷等行业为重点，推动使用低挥发性有机物含量的涂料、油墨、胶黏剂、清洗剂。深化石化化工等行业挥发性有机物污染治理，全面提升废气收集率、治理设施同步运行率和去除率。

对易挥发有机液体储罐实施改造，对浮顶罐推广采用全接液浮盘和高效双重密封技术，对废水系统高浓度废气实施单独收集处理。加强油船和原油、成品油码头油气回收治理。到2025年，溶剂型工业涂料、油墨使用比例分别降低20个百分点、10个百分点，溶剂型胶黏剂使用量降低20%。（工业和信息化部、生态环境部等按职责分工负责）

（十）环境基础设施水平提升工程。加快构建集污水、垃圾、固体废物、危险废物、医疗废物处理处置设施和监测监管能力于一体的环境基础设施体系，推动形成由城市向建制镇和乡村延伸覆盖的环境基础设施网络。推进城市生活污水管网建设和改造，实施混错接管网改造、老旧破损管网更新修复，加快补齐处理能力缺口，推行污水资源化利用和污泥无害化处置。建设分类投放、分类收集、分类运输、分类处理的生活垃圾处理系统。到2025年，新增和改造污水收集管网8万公里，新增污水处理能力2000万立方米/日，城市污泥无害化处置率达到90%，城镇生活垃圾焚烧处理能力达到80万吨/日左右，城市生活垃圾焚烧处理能力占比65%左右。（国家发展改革委、住房城乡建设部、生态环境部等按职责分工负责）

四、健全节能减排政策机制

（一）优化完善能耗双控制度。坚持节能优先，强化能耗强度降低约束性指标管理，有效增强能源消费总量管理弹性，加强能耗双控政策与碳达峰、碳中和目标任务的衔接。以能源产出率为重要依据，综合考虑发展阶段等因素，合理确定各地区能耗强度降低目标。国家对各省（自治区、直辖市）"十四五"能耗强度降低实行基本目标和激励目标双目标管理，由各省（自治区、直辖市）分解到每年。完善能源消费总量指标确定方式，各省（自治区、直辖市）根据地区生产总值增速目标和能耗强度降低基本目标确定年度能源消费总量目标，经济增速超过预期目标的地区可相应调整能源消费总量目标。对能耗强度降低达到国家下达的激励目标的地区，其能源消费总量在当期能耗双控考核中免予考核。各地区"十四五"时期新增可再生能源电力消费量不纳入地方能源消费总量考核。原料用能不纳入全国及地方能耗双控考核。有序实施国家重大项目能耗单列，支持国家重大项目建设。加强节能形势分析预警，对高预警等级地区加强工作指导。推动科学有序实行用能预算管理，优化能源要素合理配置。（国家发展改革委牵头，国家统计局、国家能源局等按职责分工负责）

（二）健全污染物排放总量控制制度。坚持精准治污、科学治污、依法治污，把污染物排放总量控制制度作为加快绿色低碳发展、推动结构优化调整、提升环境治理水平的重要抓手，推进实施重点减排工程，形成有效减排能力。优化总量减排指标分解方式，按照可监测、可核查、可考核的原则，将重点工程减排量下达地方，污染治理任务较重的地方承担相对较多的减排任务。改进总量减排核算方法，制定核算技术指南，加强与排污许可、环境影响评价审批等制度衔接，提升总量减排核算信息化水平。完善总量减排考核体系，健全激励约束机制，强化总量减排监督管理，重点核查重复计算、弄虚作假特别是不如实填报削减量和削减来源等问题。（生态环境部负责）

（三）坚决遏制高耗能高排放项目盲目发展。根据国家产业规划、产业政策、节能审查、环境影响评价审批等政策规定，对在建、拟建、建成的高耗能高排放项目（以下称"两高"项目）开展评估检查，建立工作清单，明确处置意见，严禁违规"两高"项目建设、运行，坚决拿下不符合要求的"两高"项目。加强对"两高"项目节能审查、环境影响评价审批程序和结果执行的监督评估，对审批能力不适应的依法依规调整上收审批权。对年综合能耗5万吨标准煤及以上的"两高"项目加强工作指导。严肃财经纪律，指导金融机构完善"两高"项目融资政策。（国家发展改革委、工业和信息化部、生态环境部牵头，人民银行、市场监管总局、银保监会、国家能源局等按职责分工负责）

（四）健全法规标准。推动制定修订资源综合利用法、节约能源法、循环经济促进法、清洁生产促进法、环境影响评价法及生态环境监测条例、民用建筑节能条例、公共机构节能条例等法律法规，完善固定资产投资项目节能审查、电力需求侧管理、非道路移动机械污染防治管理等办法。对标国际先进水平制定修订一批强制性节能标准，深入开展能效、水效领跑者引领行动。制定修订居民消费品挥发性有机物含量限制标准和涉挥发性有机物重点行业大气污染物排放标准，进口非道路移动机械执行国内排放标准。研究制定下一阶段轻型车、重型车排放标准和油品质量标准。（国家发展改革委、生态环境部、司法部、工业和信息化部、财政部、住房城乡建设部、交通运输部、市场监管总局、国管局等按职责分工负责）

（五）完善经济政策。各级财政加大节能减排支持力度，统筹安排相关专项资金支持节能减排重点工程建设，研究对节能目标责任评价考核结果为超额完成等级的地区给予奖励。逐步规范和取消低效化石能源补贴。扩大中央财政北方地区冬季清洁取暖政策支持范围。建立农村生活污水处理设施运维费用地方各级财政投入分担机制。扩大政府绿色采购覆盖范围。健全绿色金融体系，大力发展绿色信贷，支持重点行业领域节能减排，用好碳减排支持工具和支持煤炭清洁高效利用专项再贷款，加强环境和社会风险管理。鼓励有条件的地区探索建立绿色贷款财政贴息、奖补、风险补偿、信用担保等配套支持政策。加快绿色债券发展，支持符合条件的节能减排企业上市融资和再融资。积极推进环境高风险领域企业投保环境污染责任保险。落实环境保护、节能节水、资源综合利用税收优惠政策。完善挥发性有机物监测技术和排放量计算方法，在相关条件成熟后，研究适时将挥发性有机物纳入环境保护税征收范围。强化电价政策与节能减排政策协同，持续完善高耗能行业阶梯电价等绿色电价机制，扩大实施范围，加大实施力度，落实落后"两高"企业的电价上浮政策。深化供热体制改革，完善城镇供热价格机制。建立健全城镇污水处理费征收标准动态调整机制，具备条件的东部地区、中西部城市近郊区探索建立受益农户污水处理付费机制。（国家发展改革委、财政部、人民银行、银保监会、证监会、工业和信息化部、生态环境部、住房城乡建设部、税务总局、国家能源局等按职责分工负责）

（六）完善市场化机制。深化用能权有偿使用和交易试点，加强用能权交易与碳排放权交易的统筹衔接，推动能源要素向优质项目、企业、产业及经济发展条件好的地区流动和集聚。培育和发展排污权交易市场，鼓励有条件的地区扩大排污权交易试点范围。推广绿色电力证书交易。全面推进电力需求侧管理。推行合同能源管理，积极推广节能咨询、诊断、设计、融资、改造、托管等"一站式"综合服务模式。规范开放环境治理市场，推行环境污染第三方治理，探索推广生态环境导向的开发、环境托管服务等新模式。强化能效标识管理制度，扩大实施范围。健全统一的绿色产品标准、认证、标识体系，推行节能低碳环保产品认证。（国家发展改革委、生态环境部、工业和信息化部、财政部、市场监管总局、国家能源局等按职责分工负责）

（七）加强统计监测能力建设。严格实施重点用能单位能源利用状况报告制度，健全能源计量体系，加强重点用能单位能耗在线监测系统建设和应用。完善工业、建筑、交通运输等领域能源消费统计制度和指标体系，探索建立城市基础设施能源消费统计制度。优化污染源统计调查范围，调整污染物统计调查指标和排放计算方法。构建覆盖排污许可持证单位的固定污染源监测体系，加强工业园区污染源监测，推动涉挥发性有机物排放的重点排污单位安装在线监控监测设施。加强统计基层队伍建设，强化统计数据审核，防范统计造假、弄虚作假，提升统计数据质量。（国家统计局、国家发展改革委、生态环境部、工业和信息化部、住房城乡建设部、交通运输部、市场监管总局等按职责分工负责）

（八）壮大节能减排人才队伍。健全省、市、县三级节能监察体系，加强节能监察能力建设。重点用能单位按要求设置能源管理岗位和负责人。加强县级及乡镇基层生态环境监管队伍建设，重点排污单位设置专职环保人员。加大政府有关部门及监察执法机构、企业等节能减排工作人员培训力度，通过业务培训、比赛竞赛、经验交流等方式提高业务水平。开发节能环保领域新职业，组织制定相应职业标准。（国家发展改革委、生态环境部、工业和信息化部、人力资源社会保障部等按职责分工负责）

五、强化工作落实

（一）加强组织领导。各地区、各部门和各有关单位要充分认识节能减排工作的重要性和紧迫性，把思想和行动统一到党中央、国务院关于节能减排的决策部署上来，立足经济社会发展大局，坚持系统观念，明确目标责任，制定实施方案，狠抓工作落实，确保完成"十四五"节能减排各项任务。地方各级人民政府对本行政区域节能减排工作负总责，主要负责同志是第一责任人，要切实加强组织领导和部署推进，将本地区节能减排目标与国民经济和社会发展五年规划及年度计划充分衔接，科学明确下一级政府、有关部门和重点单位责任。要科学考核，防止简单层层分解。中央企业要带头落实节能减排目标责任，鼓励实行更严格的目标管理。国家发展改革委、生态环境部要加强统筹协调，做好工作指导，推动任务有序有效落实，及时防范化解风险，重大情况及时向国务院报告。（国家发展改革委、生态环境部牵头，各有关部门按职责分工负责）

（二）强化监督考核。开展"十四五"省级人民政府节能减排目标责任评价考核，科学运用考核结果，对工作成效显著的地区加强激励，对工作不力的地区加强督促指导，考核结果经国务院审定后，交由干部主管部门作为对省级人民政府领导班子和领导干部综合考核评价的重要依据。完善能耗双控考核措施，增加能耗强度降低约束性指标考核权重，加大对坚决遏制"两高"项目盲目发展、推动能源资源优化配置措施落实情况的考核力度，统筹目标完成进展、经济形势及跨周期因素，优化考核频次。继续开展污染防治攻坚战成效考核，把总量减排目标任务完成情况作为重要考核内容，压实减排工作责任。完善中央生态环境保护督察制度，深化例行督察，强化专项督察。（国家发展改革委、生态环境部牵头，中央组织部等按职责分工负责）

（三）开展全民行动。深入开展绿色生活创建行动，增强全民节约意识，倡导简约适度、绿色低碳、文明健康的生活方式，坚决抵制和反对各种形式的奢侈浪费，营造绿色低碳社会风尚。推行绿色消费，加大绿色低碳产品推广力度，组织开展全国节能宣传周、世界环境日等主题宣传活动，通过多种传播渠道和方式广泛宣传节能减排法规、标准和知识。加大先进节能减排技术研发和推广力度。发挥行业协会、商业团体、公益组织的作用，支持节能减排公益事业。畅通群众参与生态环境监督渠道。开展节能减排自愿承诺，引导市场主体、社会公众自觉履行节能减排责任。（中央宣传部、中直管理局、国家发展改革委、科技部、生态环境部、国管局、全国妇联等按职责分工负责）

国务院
关于支持贵州在新时代西部大开发上闯新路的意见

(国发〔2022〕2号)

各省、自治区、直辖市人民政府，国务院各部委、各直属机构：

西部大开发战略实施特别是党的十八大以来，贵州经济社会发展取得重大成就，脱贫攻坚任务如期完成，生态环境持续改善，高质量发展迈出新步伐。同时，贵州发展也面临一些突出困难和问题。为深入贯彻落实习近平总书记重要讲话和指示批示精神，支持贵州在新时代西部大开发上闯新路，现提出如下意见。

一、总体要求

（一）指导思想。以习近平新时代中国特色社会主义思想为指导，全面贯彻党的十九大和十九届历次全会精神，按照党中央、国务院决策部署，坚持稳中求进工作总基调，完整、准确、全面贯彻新发展理念，加快构建新发展格局，推动高质量发展，坚持以人民为中心的发展思想，守好发展和生态两条底线，统筹发展和安全，支持贵州在新时代西部大开发上闯新路，在乡村振兴上开新局，在实施数字经济战略上抢新机，在生态文明建设上出新绩，努力开创百姓富、生态美的多彩贵州新未来，在全面建设社会主义现代化国家新征程中贡献更大力量。

（二）战略定位。

——西部大开发综合改革示范区。发挥改革的先导和突破作用，大胆试、大胆闯、主动改，解决深层次体制机制问题，激发各类市场主体活力，增强高质量发展内生动力，保障和改善民生，为推进西部大开发形成新格局探索路径。

——巩固拓展脱贫攻坚成果样板区。推动巩固拓展脱贫攻坚成果同乡村振兴有效衔接，全面推进乡村产业、人才、文化、生态、组织振兴，加快农业农村现代化，走具有贵州特色的乡村振兴之路。

——内陆开放型经济新高地。统筹国内国际两个市场两种资源，统筹对外开放通道和平台载体建设，深入推动制度型开放，打造内陆开放型经济试验区升级版。

——数字经济发展创新区。深入实施数字经济战略，强化科技创新支撑，激活数据要素潜能，推动数字经济与实体经济融合发展，为产业转型升级和数字中国建设探索经验。

——生态文明建设先行区。坚持生态优先、绿色发展，筑牢长江、珠江上游生态安全屏障，科学推进石漠化综合治理，构建完善生态文明制度体系，不断做好绿水青山就是金山银山这篇大文章。

（三）发展目标。到2025年，西部大开发综合改革取得明显进展，开放型经济水平显著提升；脱贫攻坚成果巩固拓展，乡村振兴全面推进；现代产业体系加快形成，数字经济增速保持领先；生态文明建设成果丰富，绿色转型成效明显；公共服务水平持续提高，城乡居民收入稳步增长；防范化解债务风险取得实质性进展。到2035年，经济实力迈上新台阶，参与国际经济合作和竞争新优势明显增强，基本公共服务质量、基础设施通达程度、人民生活水平显著提升，生态环境全面改善，与全国同步基本实现社会主义现代化。

二、建设西部大开发综合改革示范区

（四）加快要素市场化配置改革。推动贵州建立健全城乡统一的建设用地市场，稳妥有序推进农村集体经营性建设用地入市，加快建立产权流转和增值收益分配制度。完善城乡建设用地增减挂钩节余指标省内调剂机制，开展节余指标跨省域调剂。深化农村资源变资产、资金变股金、农民变股东"三变"改革，推进息烽、湄潭、金沙等农村宅基地制度改革试点。开展集体石漠化土地市场化改革试点。深化产业用地市场化配置改革，支持产业用地实行"标准地"出让，探索批而未供土地和闲置土地有效处置方式。深化矿产资源管理体制改革，建立"矿业权出让＋登记"制度，完善"净矿出让"机制，建立健全共伴生矿产资源综合开发利用减免出让收益和相关税收等激励机制。探索战略性矿产资源矿业权出让收益征收新机制。鼓励分区分类探索国有林场经营性收入分配激励机制。允许贵州结合农业结构调整将符合条件的园地、灌木林恢复为耕地，新增耕地可用于占补平衡。加快推进电价市场化改革，研究完善"西电东送"电价形成机制。推进数据确权，推动数据资源化、资产化改革，建立数据要素市场化配置和收益分配机制。

（五）深化国企国资改革。支持指导贵州推动国有企业聚焦主责主业进行战略性重组和专业化整合，调整盘活存量资产，优化增量资本配置。深化效率导向的国资经营评价制度改革，推动国资监管切实从管企业向管资本转变。积极稳妥推进国有企业混合所有制改革，有序推进能源、矿产等行业竞争性环节市场化改革。落实国有科技型企业股权和分红激励政策。稳妥推进白酒企业营销体制改革。

（六）全面优化营商环境。深化"放管服"改革，严格执行市场准入负面清单，加快建立全方位、多层次、立体化监管体系。加快打造政务服务"一张网"，打通部门间数据壁垒，实现政务服务更大范围"一网通办"。全面实施不动产登记、交易和缴税线上线下一窗受理、并行办理。加快完善社会信用体系，强化信用信息共享开放，完善信用承诺、修复和异议机制。提升金融对实体经济服务质效，促进中小微企业融资增量扩面，切实帮助企业纾困解难。切实优化民营经济发展环境，强化竞争政策基础地位，落实公平竞争审查制度，破除招投标隐性壁垒。

三、全面推进乡村振兴和新型城镇化

（七）接续推进脱贫地区发展。推动巩固拓展脱贫攻坚成果同乡村振兴有效衔接，严格落实过渡期"四个不摘"要求，坚决守住防止规模性返贫底线。细化落实国家乡村振兴重点帮扶县政策，支持贵州确定一批省重点帮扶县。将城乡建设用地增减挂钩节余指标跨省域调剂所得收益专项用于巩固拓展脱贫攻坚成果和乡村振兴，探索基于国土空间规划"一张图"建立农村存量建设用地通过增减挂钩实现跨村组区位调整机制。加大易地扶贫搬迁后续扶持力度，完善安置区基础设施和公共服务设施，支持发展特色产业，开展劳动技能培训，加大劳务输出和就地就近就业支持力度，拓宽搬迁群众就业渠道。支持广东与贵州建立更加紧密的结对帮扶关系，打造东西部协作的典范。

（八）深入实施乡村建设行动。强化规划引领，分类推进村庄建设。充分考虑贵州农村公路建设实施情况，深化"四好农村路"示范创建，车购税资金通过"以奖代补"方式予以支持。加强农村水源地保护，实施农村供水保障工程，推进规模化供水工程建设和小型工程标准化改造。升级改造农村电网，加快农村光纤宽带、移动互联网、数字电视网和下一代互联网发展。接续实施农村人居环境整治提升五年行动，因地制宜开展农村生活污水处理与资源化利用。推动民族村寨、传统村落和历史文化名村名镇保护发展，创建一批民族团结进步示范乡镇、示范村。鼓励国有企业和民营企业参与贵州乡村振兴。依法依规探索以投资入股等多种方式吸引人才入乡，允许入乡就业创业人员在原籍地或就业创业地落户。

（九）大力发展现代山地特色高效农业。严格落实全省耕地保护任务与责任，强化耕地数量保护和质量提升，调整优化耕地布局，核实整改补划永久基本农田，促进优质耕地集中连片，到2030年建成高标准农田2800万亩以上。做优做精特色优势农产品，提高重要农产品标准化、规模化、品牌化水平。深入实施品牌强农战略，打造一批区域公用品牌、农业企业品牌和农产品品牌。加快现代种业、特色优势杂粮、优质稻推广，推动山地适用小型农机研发推广应用，推进丘陵山区农田宜机化改造。支持建设产地冷链物流设施，鼓励农业产业化龙头企业、农产品流通企业和大型商超在贵州建设绿色农产品供应基地，推动"黔货出山"。

（十）全面推进以人为核心的新型城镇化。培育发展黔中城市群，增强要素集聚能力，打造区域高质量发展增长极。支持贵安新区深化改革创新，培育和发挥体制机制优势。深入推进毕节贯彻新发展理念示范区建设。加快发展区域中心城市，引导人口和经济合理分布，促进大中小城市和小城镇协调发展。建立基本公共服务同常住人口挂钩、由常住地提供的机制。将新增城镇人口纳入中央财政"人钱挂钩"相关政策给予支持。增强县城综合承载能力，推进县城基础设施向乡村延伸、公共服务向乡村覆盖。加强市政设施和防灾减灾能力建设，推进燃气等城市管道建设和更新改造。

四、推动内陆开放型经济试验区建设提档升级

（十一）促进贸易投资自由便利。支持贵州主动对标高标准经贸规则，积极参与区域全面经济伙伴关系协定（RCEP）实施。进一步完善国际贸易"单一窗口"功能，推进全流程无纸化。支持发展数字贸易，探索建设数字丝绸之路国际数据港，重点面向共建"一带一路"国家提供数据服务。加快发展跨境电商、外贸综合服务、海外仓等新业态新模式。研究探索放宽特定服务领域自然人移动模式下的服务贸易市场准入限制措施。积极推动中欧班列开行。推动扩大机电产品、绿色低碳化工产品、特色农产品等出口。

（十二）畅通对内对外开放通道。巩固提升贵州在西部陆海新通道中的地位，加快主通道建设，推进贵阳至南宁、黄桶至百色铁路和黔桂铁路增建二线等建设，研究建设重庆至贵阳高铁。开工建设铜仁至吉首等铁路，实施贵广铁路提质改造工程，适时开展兴义至永州至郴州至赣州、泸州至遵义、盘州经六盘水至威宁至昭通等铁路前期工作。研究建设重庆经遵义至贵阳至柳州至广州港、深圳港、北部湾港等铁路集装箱货运大通道。加快兰海、沪昆等国家高速公路繁忙路段扩容改造，研究推进厦蓉、杭瑞、蓉遵、贵阳环城等国家高速公路扩容改造。积极开展与周边省份公路通道项目建设，加快打通省际瓶颈路段。推进乌江、南北盘江—红水河航道提等升级，稳步实施乌江思林、沙沱、红水河龙滩枢纽1000吨级通航设施项目，推进望谟港、播州港、开阳港、思南港等港口建设，打通北上长江、南下珠江的水运通道。加快贵阳、遵义全国性综合交通枢纽建设，完善提升贵阳区域枢纽机场功能。加快威宁、黔北、盘州等支线机场建设。

（十三）推进开放平台建设。加大贵阳航空口岸开放力度，实施144小时过境免签政策。加快遵义新舟机场、铜仁凤凰机场口岸建设。支持广州港、深圳港、北部湾港在贵州设立无水港。不断提升中

国国际大数据产业博览会、中国（贵州）国际酒类博览会、中国—东盟教育交流周等展会活动的影响力。高标准、高水平办好生态文明贵阳国际论坛。加快国际山地旅游目的地建设，发展国际山地旅游联盟，办好国际山地旅游暨户外运动大会。

（十四）加强区域互动合作。支持贵州积极对接融入粤港澳大湾区建设，探索"大湾区总部＋贵州基地""大湾区研发＋贵州制造"等合作模式，支持粤黔合作共建产业园区。推动贵州深度融入长江经济带发展，加强与其他沿江省份在环境污染联防联控、产业创新协同发展、公共服务共建共享等方面合作。积极对接成渝地区双城经济圈建设，推进交通、能源、大数据、文化和旅游等领域合作。

五、加快构建以数字经济为引领的现代产业体系

（十五）提升科技创新能力。支持贵州参与国家重点实验室体系重组，在数字技术、空天科技、节能降碳、绿色农药等优势前沿领域培育建设国家级重大创新平台。进一步完善"中国天眼"（FAST）数据资源整合能力，国家科技计划对 FAST 核心科学目标给予支持。加强南方喀斯特地区绿色发展与生态服务整体提升技术研究与示范。实施"科技入黔"，加强公共大数据、智能采掘、非常规油气勘探开发、新能源动力电池等领域关键核心技术攻关。支持贵州培育壮大战略性新兴产业，加快新能源动力电池及材料研发生产基地建设，有序发展轻量化材料、电机电控、充换电设备等新能源汽车配套产业，支持以装备制造及维修服务为重点的航空航天产业发展。强化企业创新主体地位，培育一批"专精特新"企业。支持贵州符合条件的省级高新技术产业开发区升级为国家级高新技术产业开发区。积极吸引数字经济、清洁能源、高端制造、山地农业等行业领军人才，探索多元化柔性引才机制。

（十六）实施数字产业强链行动。推进国家大数据综合试验区和贵阳大数据科创城建设，培育壮大人工智能、大数据、区块链、云计算等新兴数字产业。加快推进"东数西算"工程，布局建设主数据中心和备份数据中心，建设全国一体化算力网络国家枢纽节点，打造面向全国的算力保障基地。支持贵阳大数据交易所建设，促进数据要素流通。建设国家大数据安全靶场，开展数据跨境传输安全管理试点。推动在矿产、轻工、新材料、航天航空等产业领域建设国家级、行业级工业互联网平台，促进产业数字化转型。适度超前布局新型基础设施，推动交通、能源等基础设施智能化改造升级。

（十七）推进传统产业提质升级。落实新一轮找矿突破战略行动，支持贵州加大磷、铝、锰、金、萤石、重晶石等资源绿色勘探开发利用，加快磷化工精细化、有色冶金高端化发展，打造全国重要的资源精深加工基地。支持布局建设关键零部件、关键材料、关键设备等产业备份基地。发挥赤水河流域酱香型白酒原产地和主产区优势，建设全国重要的白酒生产基地。推进特色食品、中药材精深加工产业发展，支持将符合要求的贵州苗药等民族医药列入《中华人民共和国药典》。推动传统产业全方位、全链条数字化转型，引导传统业态积极开展线上线下、全渠道、定制化、精准化营销创新。

（十八）促进文化产业和旅游产业繁荣发展。围绕推进长征国家文化公园建设，加强贵州红色文化资源保护传承弘扬，实施中国工农红军长征纪念馆等重大项目，打造一批红色旅游精品线路。做优做强黄果树、荔波樟江、赤水丹霞、百里杜鹃等高品质旅游景区，提升"山地公园省·多彩贵州风"旅游品牌影响力。支持培育创建国家级文化产业示范园区（基地）、国家文化产业和旅游产业融合发展示范区。积极发展民族、乡村特色文化产业和旅游产业，加强民族传统手工艺保护与传承，打造民族文化创意产品和旅游商品品牌。加快优秀文化和旅游资源的数字化转化和开发，推动景区、博物馆等发展线上数字化体验产品，培育一批具有广泛影响力的数字文化和旅游品牌。

六、持之以恒推进生态文明建设

（十九）改善提升自然生态系统质量。科学推进岩溶地区石漠化、水土流失综合治理，支持苗岭、武陵山区、赤水河流域等一体化保护修复。加大对乌江、南北盘江、红水河、清水江生态保护修复的支持力度，实施重要河湖湿地生态保护修复工程，对易地扶贫搬迁迁出地和历史遗留矿山实施生态恢复。优先支持贵州开展地质灾害综合防治体系建设，对处于地质灾害风险隐患区的人员分批实施避险搬迁。实施重点流域水环境综合治理，做好马尾河流域水环境综合治理与可持续发展试点工作。实施森林质量精准提升工程，深入开展国家储备林建设，加快低效林改造，稳妥探索开展人工商品纯林树种结构优化调整试点，大力发展林下经济。研究设立梵净山、大苗山国家公园。加强生物多样性保护，落实长江十年禁渔，建设有害生物风险防控治理体系、野生动物疫源疫病监测防控体系，实施黔金丝猴、楠木等珍稀濒危野生动植物拯救保护工程。

（二十）深入打好污染防治攻坚战。坚持最严格生态环境保护制度，加强细颗粒物和臭氧协同控制，强化重点行业挥发性有机物综合治理。实施磷、锰、赤泥、煤矸石污染专项治理，推动磷石膏、锰渣等无害化资源化利用技术攻关和工程应用示范。加强农业面源污染综合防治，推进化肥农药减量化和土壤污染治理。实施城镇生活污水处理设施提升工程，全面消除城市建成区黑臭水体。实施生活垃圾焚烧发电和飞灰利用处置示范工程。提高危险废物和医疗废物收集处置能力，加强新污染物治理。

（二十一）健全生态文明试验区制度体系。支持赤水河流域等创新生态产品价值实现机制，探索与长江、珠江中下游地区建立健全横向生态保护补偿机制，推进市场化、多元化生态保护补偿机制建设，拓宽生态保护补偿资金渠道。支持贵州探索开展生态资源权益交易和生态产品资产证券化路径，健全排污权有偿使用制度，研究建立生态产品交易中心。健全生态环境损害赔偿制度。探索将生态产品总值指标纳入相关绩效考核体系，实施经济发展与生态产品总值"双考核"。探索创新山地生态系统保护利用模式，建立健全用途管制规则，在此基础上探索促进山地特色农业和山地旅游发展的政策。

（二十二）积极推进低碳循环发展。加快推动煤炭清洁高效利用，积极发展新能源，扩大新能源在交通运输、数据中心等领域的应用。强化能源消费强度和总量双控，落实重点领域节能降碳要求，力争新建项目能效达到标杆水平，引导存量项目分类有序开展节能改造升级。巩固森林生态系统碳汇能力，发挥森林固碳效益。探索实施碳捕获、利用与封存（CCUS）示范工程，有序开展煤炭地下气化、规模化碳捕获利用和岩溶地质碳捕获封存等试点。推进工业资源综合利用基地建设，推动工业固体废物和再生资源规模化、高值化利用。稳步推进"无废城市"建设。

七、提高保障和改善民生水平

（二十三）提升劳动者就业能力和收入水平。全面实施就业优先战略。建设一批就业帮扶基地、返乡入乡创业园、创业孵化示范基地。大规模多层次开展职业技能培训，完善职业技能培训基础设施，加强公共实训基地建设，加大对农民工职业技能培训的支持力度，做强职业技能服务品牌。健全最低工资标准调整机制，加强劳动者权益保障。加强创新型、技能型人才培养，壮大高水平工程师和高技能人才队伍，提高技术工人待遇水平。落实失业保险稳岗返还及社保补贴、培训补贴等减负稳岗扩就业政策，支持中小企业稳定岗位，更多吸纳高校毕业生等重点群体就业。

（二十四）推动教育高质量发展。推进学前教育普及普惠安全优质发展、义务教育优质均衡发展、加强县域高中建设。推进职业教育扩容提质，推动职业院校与技工院校融合发展，支持建设本科层次职业学校。支持贵州围绕发展急需探索设立大数据类、工业类、文化和旅游类高校，推进部属高校结对帮扶贵州地方高校，支持省部共建贵州地方高校、协同创新中心，鼓励教育部直属高校招生计划增量向贵州适度倾斜，稳步扩大贵州地方高校研究生培养规模。支持贵州深入实施"国培计划""特岗计划"。

（二十五）推进健康贵州建设。支持在贵州建设国家区域医疗中心、省级区域医疗中心，推动市级医院提质扩能和县级医院提质达标，提升基层卫生健康综合保障能力。实施重点人群健康服务补短板工程，提升产前筛查诊断和出生缺陷防治、危重孕产妇救治、儿童和新生儿救治等能力。支持建设国家中医疫病防治基地。健全公共卫生应急管理体系，完善重大疫情防控体制机制，提高应对重大突发公共卫生事件的能力和水平。实施"黔医人才计划"，拓展"医疗卫生援黔专家团"范围。完善远程医疗体系，推进国家健康医疗大数据西部中心建设。

（二十六）完善公共服务体系。坚持尽力而为、量力而行，围绕落实国家基本公共服务标准，完善并动态调整贵州基本公共服务具体实施标准。建立社会保险公共服务平台，完善以社会保障卡为载体的"一卡通"服务管理模式。扩大保障性租赁住房供给，着力解决新市民、青年人等群体住房困难问题。扩大住房公积金制度覆盖范围，租购并举有力保障缴存人基本住房需求。制定基本养老服务清单，对不同老年人群体分类提供养老保障、生活照料、康复照护、社会救助等适宜服务。全面构建育儿友好型社会，实施健康儿童行动提升计划，大力发展普惠托育服务。

八、强化重点领域安全保障和风险防范

（二十七）提高水安全保障和洪涝灾害防治水平。加强水利基础设施建设，提升水资源优化配置和水旱灾害防御能力，有效解决长期困扰贵州发展的工程性缺水难题。推进凤山水库、观音水库等重点水源工程建设，力争开工建设花滩子、石龙、英武、宣威、车坝河、玉龙、美女山等水源工程和贵阳乌江供水工程，加快推进德隆等中型水库建设，力争到2030年全省水利工程设计供水能力达到170亿立方米以上。充分考虑地形条件，研究对贵州小型水库建设以打捆方式给予定额补助。加快病险水库除险加固，推进堤防和控制性枢纽等工程建设，持续深化兴仁、岩口等控制性枢纽工程论证。实施乌江、清水江、舞阳河等防洪提升工程。强化山洪灾害监测预报预警，继续实施重点山洪沟防洪治理。水利工程坝区和淹没区用地按建设时序分期报批，研究对淹没区按农用地管理。推进水利工程供水价格改革，完善水价水费形成机制和水利工程长效运营机制。

（二十八）提升能源安全保障能力。加强清洁能源开发利用，建设新型综合能源基地。在毕节、六盘水、黔西南布局建设大型煤炭储配基地，打造西南地区煤炭保供中心。加快现役煤电机组节能升级和灵活性改造，推动以原址扩能升级改造及多能互补方式建设清洁高效燃煤机组。推进川气入黔、海气入黔等工作。加快煤层气、页岩气等勘探开发利用，推进黔西南、遵义等煤矿瓦斯规模化抽采利用。推进川滇黔桂水风光综合基地建设，加快实施大型风电、光伏、抽水蓄能项目，在开阳等县（市、区）开展屋顶分布式光伏开发试点。开展源网荷储一体化、能源数字化试点，研究建设能源数据中心。

（二十九）防范化解债务风险。严格政府投资项目管理，依法从严遏制新增隐性债务。加大财政资源统筹力度，积极盘活各类资金资产，稳妥化解存量隐性债务。按照市场化、法治化原则，在落实地方政府化债责任和不新增地方政府隐性债务的前提下，允许融资平台公司对符合条件的存量隐性债务，

与金融机构协商采取适当的展期、债务重组等方式维持资金周转。完善地方政府债务风险应急处置机制。在确保债务风险可控的前提下，对贵州适度分配新增地方政府债务限额，支持符合条件的政府投资项目建设。研究支持在部分高风险地区开展降低债务风险等级试点。

九、保障措施

（三十）坚持党的全面领导。充分发挥党总揽全局、协调各方的领导核心作用，落实新时代党的建设总要求，把党的领导始终贯穿于贵州在新时代西部大开发上闯新路的全过程和各领域各方面各环节，继承发扬长征精神和遵义会议精神，引导激励广大党员、干部勇于推进改革创新，提升全局性、系统性思维，提高干事创业的本领能力，走好新时代的长征路。

（三十一）强化政策支持。研究以清单式批量申请授权方式，依法依规赋予贵州更大改革自主权。中央财政继续加大对贵州均衡性转移支付和国家重点生态功能区、县级基本财力保障、民族地区、革命老区等转移支付力度。中央预算内投资、地方政府专项债券积极支持贵州符合条件的基础设施、生态环保、社会民生等领域项目建设。支持发展绿色金融，深入推进贵安新区绿色金融改革创新试验区建设。支持开展基础设施领域不动产投资信托基金（REITs）试点。

（三十二）完善实施机制。贵州省要落实主体责任，大力弘扬团结奋进、拼搏创新、苦干实干、后发赶超的精神，完善工作机制，细化实施方案，明确工作分工，主动作为、大胆探索，以敢闯敢干的姿态在新时代西部大开发上闯出一条新路。国务院有关部门要按照职责分工，根据本意见确定的目标任务，加强指导协调，出台配套政策，对贵州改革发展给予大力支持。国家发展改革委要加强对本意见实施的跟踪评估，依托西部大开发省部联席落实推进工作机制，协调解决突出问题，重要情况及时向党中央、国务院报告。

国务院

2022 年 1 月 18 日

中华人民共和国环境保护法

（自 2015 年 1 月 1 日起施行）

（1989 年 12 月 26 日第七届全国人民代表大会常务委员会第十一次会议通过 2014 年 4 月 24 日第十二届全国人民代表大会常务委员会第八次会议修订）

第一章　总则

第一条　为保护和改善环境，防治污染和其他公害，保障公众健康，推进生态文明建设，促进经济社会可持续发展，制定本法。

第二条　本法所称环境，是指影响人类生存和发展的各种天然的和经过人工改造的自然因素的总体，包括大气、水、海洋、土地、矿藏、森林、草原、湿地、野生生物、自然遗迹、人文遗迹、自然保护区、风景名胜区、城市和乡村等。

第三条　本法适用于中华人民共和国领域和中华人民共和国管辖的其他海域。

第四条　保护环境是国家的基本国策。

国家采取有利于节约和循环利用资源、保护和改善环境、促进人与自然和谐的经济、技术政策和措施，使经济社会发展与环境保护相协调。

第五条　环境保护坚持保护优先、预防为主、综合治理、公众参与、损害担责的原则。

第六条　一切单位和个人都有保护环境的义务。

地方各级人民政府应当对本行政区域的环境质量负责。

企业事业单位和其他生产经营者应当防止、减少环境污染和生态破坏，对所造成的损害依法承担责任。

公民应当增强环境保护意识，采取低碳、节俭的生活方式，自觉履行环境保护义务。

第七条　国家支持环境保护科学技术研究、开发和应用，鼓励环境保护产业发展，促进环境保护信息化建设，提高环境保护科学技术水平。

第八条　各级人民政府应当加大保护和改善环境、防治污染和其他公害的财政投入，提高财政资金的使用效益。

第九条　各级人民政府应当加强环境保护宣传和普及工作，鼓励基层群众性自治组织、社会组织、环境保护志愿者开展环境保护法律法规和环境保护知识的宣传，营造保护环境的良好风气。

教育行政部门、学校应当将环境保护知识纳入学校教育内容，培养学生的环境保护意识。

新闻媒体应当开展环境保护法律法规和环境保护知识的宣传，对环境违法行为进行舆论监督。

第十条　国务院环境保护主管部门，对全国环境保护工作实施统一监督管理；县级以上地方人民政府环境保护主管部门，对本行政区域环境保护工作实施统一监督管理。

县级以上人民政府有关部门和军队环境保护部门，依照有关法律的规定对资源保护和污染防治等环境保护工作实施监督管理。

第十一条　对保护和改善环境有显著成绩的单位和个人，由人民政府给予奖励。

第十二条　每年6月5日为环境日。

第二章　监督管理

第十三条　县级以上人民政府应当将环境保护工作纳入国民经济和社会发展规划。

国务院环境保护主管部门会同有关部门，根据国民经济和社会发展规划编制国家环境保护规划，报国务院批准并公布实施。

县级以上地方人民政府环境保护主管部门会同有关部门，根据国家环境保护规划的要求，编制本行政区域的环境保护规划，报同级人民政府批准并公布实施。

环境保护规划的内容应当包括生态保护和污染防治的目标、任务、保障措施等，并与主体功能区规划、土地利用总体规划和城乡规划等相衔接。

第十四条　国务院有关部门和省、自治区、直辖市人民政府组织制定经济、技术政策，应当充分考虑对环境的影响，听取有关方面和专家的意见。

第十五条　国务院环境保护主管部门制定国家环境质量标准。

省、自治区、直辖市人民政府对国家环境质量标准中未作规定的项目，可以制定地方环境质量标准；对国家环境质量标准中已作规定的项目，可以制定严于国家环境质量标准的地方环境质量标准。地方环境质量标准应当报国务院环境保护主管部门备案。

国家鼓励开展环境基准研究。

第十六条　国务院环境保护主管部门根据国家环境质量标准和国家经济、技术条件，制定国家污染物排放标准。

省、自治区、直辖市人民政府对国家污染物排放标准中未作规定的项目，可以制定地方污染物排放标准；对国家污染物排放标准中已作规定的项目，可以制定严于国家污染物排放标准的地方污染物排放标准。地方污染物排放标准应当报国务院环境保护主管部门备案。

第十七条　国家建立、健全环境监测制度。国务院环境保护主管部门制定监测规范，会同有关部门组织监测网络，统一规划国家环境质量监测站（点）的设置，建立监测数据共享机制，加强对环境监测的管理。

有关行业、专业等各类环境质量监测站（点）的设置应当符合法律法规规定和监测规范的要求。

监测机构应当使用符合国家标准的监测设备，遵守监测规范。监测机构及其负责人对监测数据的真实性和准确性负责。

第十八条　省级以上人民政府应当组织有关部门或者委托专业机构，对环境状况进行调查、评价，建立环境资源承载能力监测预警机制。

第十九条　编制有关开发利用规划，建设对环境有影响的项目，应当依法进行环境影响评价。

未依法进行环境影响评价的开发利用规划，不得组织实施；未依法进行环境影响评价的建设项目，不得开工建设。

第二十条　国家建立跨行政区域的重点区域、流域环境污染和生态破坏联合防治协调机制，实行统一规划、统一标准、统一监测、统一的防治措施。

前款规定以外的跨行政区域的环境污染和生态破坏的防治，由上级人民政府协调解决，或者由有关地方人民政府协商解决。

第二十一条 国家采取财政、税收、价格、政府采购等方面的政策和措施，鼓励和支持环境保护技术装备、资源综合利用和环境服务等环境保护产业的发展。

第二十二条 企业事业单位和其他生产经营者，在污染物排放符合法定要求的基础上，进一步减少污染物排放的，人民政府应当依法采取财政、税收、价格、政府采购等方面的政策和措施予以鼓励和支持。

第二十三条 企业事业单位和其他生产经营者，为改善环境，依照有关规定转产、搬迁、关闭的，人民政府应当予以支持。

第二十四条 县级以上人民政府环境保护主管部门及其委托的环境监察机构和其他负有环境保护监督管理职责的部门，有权对排放污染物的企业事业单位和其他生产经营者进行现场检查。被检查者应当如实反映情况，提供必要的资料。实施现场检查的部门、机构及其工作人员应当为被检查者保守商业秘密。

第二十五条 企业事业单位和其他生产经营者违反法律法规规定排放污染物，造成或者可能造成严重污染的，县级以上人民政府环境保护主管部门和其他负有环境保护监督管理职责的部门，可以查封、扣押造成污染物排放的设施、设备。

第二十六条 国家实行环境保护目标责任制和考核评价制度。县级以上人民政府应当将环境保护目标完成情况纳入对本级人民政府负有环境保护监督管理职责的部门及其负责人和下级人民政府及其负责人的考核内容，作为对其考核评价的重要依据。考核结果应当向社会公开。

第二十七条 县级以上人民政府应当每年向本级人民代表大会或者人民代表大会常务委员会报告环境状况和环境保护目标完成情况，对发生的重大环境事件应当及时向本级人民代表大会常务委员会报告，依法接受监督。

第三章 保护和改善环境

第二十八条 地方各级人民政府应当根据环境保护目标和治理任务，采取有效措施，改善环境质量。

未达到国家环境质量标准的重点区域、流域的有关地方人民政府，应当制定限期达标规划，并采取措施按期达标。

第二十九条 国家在重点生态功能区、生态环境敏感区和脆弱区等区域划定生态保护红线，实行严格保护。

各级人民政府对具有代表性的各种类型的自然生态系统区域，珍稀、濒危的野生动植物自然分布区域，重要的水源涵养区域，具有重大科学文化价值的地质构造、著名溶洞和化石分布区、冰川、火山、温泉等自然遗迹，以及人文遗迹、古树名木，应当采取措施予以保护，严禁破坏。

第三十条 开发利用自然资源，应当合理开发，保护生物多样性，保障生态安全，依法制定有关生态保护和恢复治理方案并予以实施。

引进外来物种以及研究、开发和利用生物技术，应当采取措施，防止对生物多样性的破坏。

第三十一条 国家建立、健全生态保护补偿制度。

国家加大对生态保护地区的财政转移支付力度。有关地方人民政府应当落实生态保护补偿资金，确保其用于生态保护补偿。

国家指导受益地区和生态保护地区人民政府通过协商或者按照市场规则进行生态保护补偿。

第三十二条 国家加强对大气、水、土壤等的保护，建立和完善相应的调查、监测、评估和修复制度。

第三十三条 各级人民政府应当加强对农业环境的保护，促进农业环境保护新技术的使用，加强对农业污染源的监测预警，统筹有关部门采取措施，防治土壤污染和土地沙化、盐渍化、贫瘠化、石漠化、地面沉降以及防治植被破坏、水土流失、水体富营养化、水源枯竭、种源灭绝等生态失调现象，推广植物病虫害的综合防治。

县级、乡级人民政府应当提高农村环境保护公共服务水平，推动农村环境综合整治。

第三十四条 国务院和沿海地方各级人民政府应当加强对海洋环境的保护。向海洋排放污染物、倾倒废弃物，进行海岸工程和海洋工程建设，应当符合法律法规规定和有关标准，防止和减少对海洋环境的污染损害。

第三十五条 城乡建设应当结合当地自然环境的特点，保护植被、水域和自然景观，加强城市园林、绿地和风景名胜区的建设与管理。

第三十六条 国家鼓励和引导公民、法人和其他组织使用有利于保护环境的产品和再生产品，减少废弃物的产生。

国家机关和使用财政资金的其他组织应当优先采购和使用节能、节水、节材等有利于保护环境的产品、设备和设施。

第三十七条 地方各级人民政府应当采取措施，组织对生活废弃物的分类处置、回收利用。

第三十八条 公民应当遵守环境保护法律法规，配合实施环境保护措施，按照规定对生活废弃物进行分类放置，减少日常生活对环境造成的损害。

第三十九条 国家建立、健全环境与健康监测、调查和风险评估制度；鼓励和组织开展环境质量对公众健康影响的研究，采取措施预防和控制与环境污染有关的疾病。

第四章 防治污染和其他公害

第四十条 国家促进清洁生产和资源循环利用。

国务院有关部门和地方各级人民政府应当采取措施，推广清洁能源的生产和使用。

企业应当优先使用清洁能源，采用资源利用率高、污染物排放量少的工艺、设备以及废弃物综合利用技术和污染物无害化处理技术，减少污染物的产生。

第四十一条 建设项目中防治污染的设施，应当与主体工程同时设计、同时施工、同时投产使用。防治污染的设施应当符合经批准的环境影响评价文件的要求，不得擅自拆除或者闲置。

第四十二条 排放污染物的企业事业单位和其他生产经营者，应当采取措施，防治在生产建设或者其他活动中产生的废气、废水、废渣、医疗废物、粉尘、恶臭气体、放射性物质以及噪声、振动、光辐射、电磁辐射等对环境的污染和危害。

排放污染物的企业事业单位，应当建立环境保护责任制度，明确单位负责人和相关人员的责任。

重点排污单位应当按照国家有关规定和监测规范安装使用监测设备，保证监测设备正常运行，保存原始监测记录。

严禁通过暗管、渗井、渗坑、灌注或者篡改、伪造监测数据，或者不正常运行防治污染设施等逃避监管的方式违法排放污染物。

第四十三条 排放污染物的企业事业单位和其他生产经营者，应当按照国家有关规定缴纳排污费。排污费应当全部专项用于环境污染防治，任何单位和个人不得截留、挤占或者挪作他用。

依照法律规定征收环境保护税的，不再征收排污费。

第四十四条 国家实行重点污染物排放总量控制制度。重点污染物排放总量控制指标由国务院下达，省、自治区、直辖市人民政府分解落实。企业事业单位在执行国家和地方污染物排放标准的同时，应当遵守分解落实到本单位的重点污染物排放总量控制指标。

对超过国家重点污染物排放总量控制指标或者未完成国家确定的环境质量目标的地区，省级以上人民政府环境保护主管部门应当暂停审批其新增重点污染物排放总量的建设项目环境影响评价文件。

第四十五条 国家依照法律规定实行排污许可管理制度。

实行排污许可管理的企业事业单位和其他生产经营者应当按照排污许可证的要求排放污染物；未取得排污许可证的，不得排放污染物。

第四十六条 国家对严重污染环境的工艺、设备和产品实行淘汰制度。任何单位和个人不得生产、销售或者转移、使用严重污染环境的工艺、设备和产品。

禁止引进不符合我国环境保护规定的技术、设备、材料和产品。

第四十七条 各级人民政府及其有关部门和企业事业单位，应当依照《中华人民共和国突发事件应对法》的规定，做好突发环境事件的风险控制、应急准备、应急处置和事后恢复等工作。

县级以上人民政府应当建立环境污染公共监测预警机制，组织制定预警方案；环境受到污染，可能影响公众健康和环境安全时，依法及时公布预警信息，启动应急措施。

企业事业单位应当按照国家有关规定制定突发环境事件应急预案，报环境保护主管部门和有关部门备案。在发生或者可能发生突发环境事件时，企业事业单位应当立即采取措施处理，及时通报可能受到危害的单位和居民，并向环境保护主管部门和有关部门报告。

突发环境事件应急处置工作结束后，有关人民政府应当立即组织评估事件造成的环境影响和损失，并及时将评估结果向社会公布。

第四十八条 生产、储存、运输、销售、使用、处置化学物品和含有放射性物质的物品，应当遵守国家有关规定，防止污染环境。

第四十九条 各级人民政府及其农业等有关部门和机构应当指导农业生产经营者科学种植和养殖，科学合理施用农药、化肥等农业投入品，科学处置农用薄膜、农作物秸秆等农业废弃物，防止农业面源污染。

禁止将不符合农用标准和环境保护标准的固体废物、废水施入农田。施用农药、化肥等农业投入品及进行灌溉，应当采取措施，防止重金属和其他有毒有害物质污染环境。

畜禽养殖场、养殖小区、定点屠宰企业等的选址、建设和管理应当符合有关法律法规规定。从事畜禽养殖和屠宰的单位和个人应当采取措施，对畜禽粪便、尸体和污水等废弃物进行科学处置，防止污染环境。

县级人民政府负责组织农村生活废弃物的处置工作。

第五十条 各级人民政府应当在财政预算中安排资金，支持农村饮用水水源地保护、生活污水和其他废弃物处理、畜禽养殖和屠宰污染防治、土壤污染防治和农村工矿污染治理等环境保护工作。

第五十一条 各级人民政府应当统筹城乡建设污水处理设施及配套管网，固体废物的收集、运输和处置等环境卫生设施,危险废物集中处置设施、场所以及其他环境保护公共设施,并保障其正常运行。

第五十二条 国家鼓励投保环境污染责任保险。

第五章　信息公开和公众参与

第五十三条 公民、法人和其他组织依法享有获取环境信息、参与和监督环境保护的权利。

各级人民政府环境保护主管部门和其他负有环境保护监督管理职责的部门,应当依法公开环境信息、完善公众参与程序,为公民、法人和其他组织参与和监督环境保护提供便利。

第五十四条 国务院环境保护主管部门统一发布国家环境质量、重点污染源监测信息及其他重大环境信息。省级以上人民政府环境保护主管部门定期发布环境状况公报。

县级以上人民政府环境保护主管部门和其他负有环境保护监督管理职责的部门,应当依法公开环境质量、环境监测、突发环境事件以及环境行政许可、行政处罚、排污费的征收和使用情况等信息。

县级以上地方人民政府环境保护主管部门和其他负有环境保护监督管理职责的部门,应当将企业事业单位和其他生产经营者的环境违法信息记入社会诚信档案,及时向社会公布违法者名单。

第五十五条 重点排污单位应当如实向社会公开其主要污染物的名称、排放方式、排放浓度和总量、超标排放情况,以及防治污染设施的建设和运行情况,接受社会监督。

第五十六条 对依法应当编制环境影响报告书的建设项目,建设单位应当在编制时向可能受影响的公众说明情况,充分征求意见。

负责审批建设项目环境影响评价文件的部门在收到建设项目环境影响报告书后,除涉及国家秘密和商业秘密的事项外,应当全文公开;发现建设项目未充分征求公众意见的,应当责成建设单位征求公众意见。

第五十七条 公民、法人和其他组织发现任何单位和个人有污染环境和破坏生态行为的,有权向环境保护主管部门或者其他负有环境保护监督管理职责的部门举报。

公民、法人和其他组织发现地方各级人民政府、县级以上人民政府环境保护主管部门和其他负有环境保护监督管理职责的部门不依法履行职责的,有权向其上级机关或者监察机关举报。

接受举报的机关应当对举报人的相关信息予以保密,保护举报人的合法权益。

第五十八条 对污染环境、破坏生态,损害社会公共利益的行为,符合下列条件的社会组织可以向人民法院提起诉讼:

(一)依法在设区的市级以上人民政府民政部门登记;

(二)专门从事环境保护公益活动连续五年以上且无违法记录。

符合前款规定的社会组织向人民法院提起诉讼,人民法院应当依法受理。

提起诉讼的社会组织不得通过诉讼牟取经济利益。

第六章　法律责任

第五十九条 企业事业单位和其他生产经营者违法排放污染物,受到罚款处罚,被责令改正,拒不改正的,依法作出处罚决定的行政机关可以自责令改正之日的次日起,按照原处罚数额按日连续处罚。

前款规定的罚款处罚,依照有关法律法规按照防治污染设施的运行成本、违法行为造成的直接损失或者违法所得等因素确定的规定执行。

地方性法规可以根据环境保护的实际需要，增加第一款规定的按日连续处罚的违法行为的种类。

第六十条 企业事业单位和其他生产经营者超过污染物排放标准或者超过重点污染物排放总量控制指标排放污染物的，县级以上人民政府环境保护主管部门可以责令其采取限制生产、停产整治等措施；情节严重的，报经有批准权的人民政府批准，责令停业、关闭。

第六十一条 建设单位未依法提交建设项目环境影响评价文件或者环境影响评价文件未经批准，擅自开工建设的，由负有环境保护监督管理职责的部门责令停止建设，处以罚款，并可以责令恢复原状。

第六十二条 违反本法规定，重点排污单位不公开或者不如实公开环境信息的，由县级以上地方人民政府环境保护主管部门责令公开，处以罚款，并予以公告。

第六十三条 企业事业单位和其他生产经营者有下列行为之一，尚不构成犯罪的，除依照有关法律法规规定予以处罚外，由县级以上人民政府环境保护主管部门或者其他有关部门将案件移送公安机关，对其直接负责的主管人员和其他直接责任人员，处十日以上十五日以下拘留；情节较轻的，处五日以上十日以下拘留：

（一）建设项目未依法进行环境影响评价，被责令停止建设，拒不执行的；

（二）违反法律规定，未取得排污许可证排放污染物，被责令停止排污，拒不执行的；

（三）通过暗管、渗井、渗坑、灌注或者篡改、伪造监测数据，或者不正常运行防治污染设施等逃避监管的方式违法排放污染物的；

（四）生产、使用国家明令禁止生产、使用的农药，被责令改正，拒不改正的。

第六十四条 因污染环境和破坏生态造成损害的，应当依照《中华人民共和国侵权责任法》的有关规定承担侵权责任。

第六十五条 环境影响评价机构、环境监测机构以及从事环境监测设备和防治污染设施维护、运营的机构，在有关环境服务活动中弄虚作假，对造成的环境污染和生态破坏负有责任的，除依照有关法律法规规定予以处罚外，还应当与造成环境污染和生态破坏的其他责任者承担连带责任。

第六十六条 提起环境损害赔偿诉讼的时效期间为三年，从当事人知道或者应当知道其受到损害时起计算。

第六十七条 上级人民政府及其环境保护主管部门应当加强对下级人民政府及其有关部门环境保护工作的监督。发现有关工作人员有违法行为，依法应当给予处分的，应当向其任免机关或者监察机关提出处分建议。

依法应当给予行政处罚，而有关环境保护主管部门不给予行政处罚的，上级人民政府环境保护主管部门可以直接作出行政处罚的决定。

第六十八条 地方各级人民政府、县级以上人民政府环境保护主管部门和其他负有环境保护监督管理职责的部门有下列行为之一的，对直接负责的主管人员和其他直接责任人员给予记过、记大过或者降级处分；造成严重后果的，给予撤职或者开除处分，其主要负责人应当引咎辞职：

（一）不符合行政许可条件准予行政许可的；

（二）对环境违法行为进行包庇的；

（三）依法应当作出责令停业、关闭的决定而未作出的；

（四）对超标排放污染物、采用逃避监管的方式排放污染物、造成环境事故以及不落实生态保护措施造成生态破坏等行为，发现或者接到举报未及时查处的；

（五）违反本法规定，查封、扣押企业事业单位和其他生产经营者的设施、设备的；

（六）篡改、伪造或者指使篡改、伪造监测数据的；

（七）应当依法公开环境信息而未公开的；

（八）将征收的排污费截留、挤占或者挪作他用的；

（九）法律法规规定的其他违法行为。

第六十九条 违反本法规定，构成犯罪的，依法追究刑事责任。

第七章 附　　则

第七十条 本法自 2015 年 1 月 1 日起施行。

中华人民共和国固体废物污染环境防治法

（自 2020 年 9 月 1 日起施行）

（1995 年 10 月 30 日第八届全国人民代表大会常务委员会第十六次会议通过　2004 年 12 月 29 日第十届全国人民代表大会常务委员会第十三次会议第一次修订　根据 2013 年 6 月 29 日第十二届全国人民代表大会常务委员会第三次会议《关于修改〈中华人民共和国文物保护法〉等十二部法律的决定》第一次修正　根据 2015 年 4 月 24 日第十二届全国人民代表大会常务委员会第十四次会议《关于修改〈中华人民共和国港口法〉等七部法律的决定》第二次修正　根据 2016 年 11 月 7 日第十二届全国人民代表大会常务委员会第二十四次会议《关于修改〈中华人民共和国对外贸易法〉等十二部法律的决定》第三次修正　2020 年 4 月 29 日第十三届全国人民代表大会常务委员会第十七次会议第二次修订）

目　　录

第一章　总　　则
第二章　监督管理
第三章　工业固体废物
第四章　生活垃圾
第五章　建筑垃圾、农业固体废物等
第六章　危险废物
第七章　保障措施
第八章　法律责任
第九章　附　　则

第一章　总　　则

第一条　为了保护和改善生态环境，防治固体废物污染环境，保障公众健康，维护生态安全，推进生态文明建设，促进经济社会可持续发展，制定本法。

第二条　固体废物污染环境的防治适用本法。

固体废物污染海洋环境的防治和放射性固体废物污染环境的防治不适用本法。

第三条　国家推行绿色发展方式，促进清洁生产和循环经济发展。

国家倡导简约适度、绿色低碳的生活方式，引导公众积极参与固体废物污染环境防治。

第四条　固体废物污染环境防治坚持减量化、资源化和无害化的原则。

任何单位和个人都应当采取措施，减少固体废物的产生量，促进固体废物的综合利用，降低固体废物的危害性。

第五条　固体废物污染环境防治坚持污染担责的原则。

产生、收集、贮存、运输、利用、处置固体废物的单位和个人，应当采取措施，防止或者减少固体废物对环境的污染，对所造成的环境污染依法承担责任。

第六条 国家推行生活垃圾分类制度。

生活垃圾分类坚持政府推动、全民参与、城乡统筹、因地制宜、简便易行的原则。

第七条 地方各级人民政府对本行政区域固体废物污染环境防治负责。

国家实行固体废物污染环境防治目标责任制和考核评价制度，将固体废物污染环境防治目标完成情况纳入考核评价的内容。

第八条 各级人民政府应当加强对固体废物污染环境防治工作的领导，组织、协调、督促有关部门依法履行固体废物污染环境防治监督管理职责。

省、自治区、直辖市之间可以协商建立跨行政区域固体废物污染环境的联防联控机制，统筹规划制定、设施建设、固体废物转移等工作。

第九条 国务院生态环境主管部门对全国固体废物污染环境防治工作实施统一监督管理。国务院发展改革、工业和信息化、自然资源、住房城乡建设、交通运输、农业农村、商务、卫生健康、海关等主管部门在各自职责范围内负责固体废物污染环境防治的监督管理工作。

地方人民政府生态环境主管部门对本行政区域固体废物污染环境防治工作实施统一监督管理。地方人民政府发展改革、工业和信息化、自然资源、住房城乡建设、交通运输、农业农村、商务、卫生健康等主管部门在各自职责范围内负责固体废物污染环境防治的监督管理工作。

第十条 国家鼓励、支持固体废物污染环境防治的科学研究、技术开发、先进技术推广和科学普及，加强固体废物污染环境防治科技支撑。

第十一条 国家机关、社会团体、企业事业单位、基层群众性自治组织和新闻媒体应当加强固体废物污染环境防治宣传教育和科学普及，增强公众固体废物污染环境防治意识。

学校应当开展生活垃圾分类以及其他固体废物污染环境防治知识普及和教育。

第十二条 各级人民政府对在固体废物污染环境防治工作以及相关的综合利用活动中做出显著成绩的单位和个人，按照国家有关规定给予表彰、奖励。

第二章 监督管理

第十三条 县级以上人民政府应当将固体废物污染环境防治工作纳入国民经济和社会发展规划、生态环境保护规划，并采取有效措施减少固体废物的产生量、促进固体废物的综合利用、降低固体废物的危害性，最大限度降低固体废物填埋量。

第十四条 国务院生态环境主管部门应当会同国务院有关部门根据国家环境质量标准和国家经济、技术条件，制定固体废物鉴别标准、鉴别程序和国家固体废物污染环境防治技术标准。

第十五条 国务院标准化主管部门应当会同国务院发展改革、工业和信息化、生态环境、农业农村等主管部门，制定固体废物综合利用标准。

综合利用固体废物应当遵守生态环境法律法规，符合固体废物污染环境防治技术标准。使用固体废物综合利用产物应当符合国家规定的用途、标准。

第十六条 国务院生态环境主管部门应当会同国务院有关部门建立全国危险废物等固体废物污染环境防治信息平台，推进固体废物收集、转移、处置等全过程监控和信息化追溯。

第十七条 建设产生、贮存、利用、处置固体废物的项目，应当依法进行环境影响评价，并遵守国家有关建设项目环境保护管理的规定。

第十八条 建设项目的环境影响评价文件确定需要配套建设的固体废物污染环境防治设施，应当与主体工程同时设计、同时施工、同时投入使用。建设项目的初步设计，应当按照环境保护设计规范的要求，将固体废物污染环境防治内容纳入环境影响评价文件，落实防治固体废物污染环境和破坏生态的措施以及固体废物污染环境防治设施投资概算。

建设单位应当依照有关法律法规的规定，对配套建设的固体废物污染环境防治设施进行验收，编制验收报告，并向社会公开。

第十九条 收集、贮存、运输、利用、处置固体废物的单位和其他生产经营者，应当加强对相关设施、设备和场所的管理和维护，保证其正常运行和使用。

第二十条 产生、收集、贮存、运输、利用、处置固体废物的单位和其他生产经营者，应当采取防扬散、防流失、防渗漏或者其他防止污染环境的措施，不得擅自倾倒、堆放、丢弃、遗撒固体废物。

禁止任何单位或者个人向江河、湖泊、运河、渠道、水库及其最高水位线以下的滩地和岸坡以及法律法规规定的其他地点倾倒、堆放、贮存固体废物。

第二十一条 在生态保护红线区域、永久基本农田集中区域和其他需要特别保护的区域内，禁止建设工业固体废物、危险废物集中贮存、利用、处置的设施、场所和生活垃圾填埋场。

第二十二条 转移固体废物出省、自治区、直辖市行政区域贮存、处置的，应当向固体废物移出地的省、自治区、直辖市人民政府生态环境主管部门提出申请。移出地的省、自治区、直辖市人民政府生态环境主管部门应当及时商经接受地的省、自治区、直辖市人民政府生态环境主管部门同意后，在规定期限内批准转移该固体废物出省、自治区、直辖市行政区域。未经批准的，不得转移。

转移固体废物出省、自治区、直辖市行政区域利用的，应当报固体废物移出地的省、自治区、直辖市人民政府生态环境主管部门备案。移出地的省、自治区、直辖市人民政府生态环境主管部门应当将备案信息通报接受地的省、自治区、直辖市人民政府生态环境主管部门。

第二十三条 禁止中华人民共和国境外的固体废物进境倾倒、堆放、处置。

第二十四条 国家逐步实现固体废物零进口，由国务院生态环境主管部门会同国务院商务、发展改革、海关等主管部门组织实施。

第二十五条 海关发现进口货物疑似固体废物的，可以委托专业机构开展属性鉴别，并根据鉴别结论依法管理。

第二十六条 生态环境主管部门及其环境执法机构和其他负有固体废物污染环境防治监督管理职责的部门，在各自职责范围内有权对从事产生、收集、贮存、运输、利用、处置固体废物等活动的单位和其他生产经营者进行现场检查。被检查者应当如实反映情况，并提供必要的资料。

实施现场检查，可以采取现场监测、采集样品、查阅或者复制与固体废物污染环境防治相关的资料等措施。检查人员进行现场检查，应当出示证件。对现场检查中知悉的商业秘密应当保密。

第二十七条 有下列情形之一，生态环境主管部门和其他负有固体废物污染环境防治监督管理职责的部门，可以对违法收集、贮存、运输、利用、处置的固体废物及设施、设备、场所、工具、物品予以查封、扣押：

（一）可能造成证据灭失、被隐匿或者非法转移的；

（二）造成或者可能造成严重环境污染的。

第二十八条　生态环境主管部门应当会同有关部门建立产生、收集、贮存、运输、利用、处置固体废物的单位和其他生产经营者信用记录制度，将相关信用记录纳入全国信用信息共享平台。

第二十九条　设区的市级人民政府生态环境主管部门应当会同住房城乡建设、农业农村、卫生健康等主管部门，定期向社会发布固体废物的种类、产生量、处置能力、利用处置状况等信息。

产生、收集、贮存、运输、利用、处置固体废物的单位，应当依法及时公开固体废物污染环境防治信息，主动接受社会监督。

利用、处置固体废物的单位，应当依法向公众开放设施、场所，提高公众环境保护意识和参与程度。

第三十条　县级以上人民政府应当将工业固体废物、生活垃圾、危险废物等固体废物污染环境防治情况纳入环境状况和环境保护目标完成情况年度报告，向本级人民代表大会或者人民代表大会常务委员会报告。

第三十一条　任何单位和个人都有权对造成固体废物污染环境的单位和个人进行举报。

生态环境主管部门和其他负有固体废物污染环境防治监督管理职责的部门应当将固体废物污染环境防治举报方式向社会公布，方便公众举报。

接到举报的部门应当及时处理并对举报人的相关信息予以保密；对实名举报并查证属实的，给予奖励。

举报人举报所在单位的，该单位不得以解除、变更劳动合同或者其他方式对举报人进行打击报复。

第三章　工业固体废物

第三十二条　国务院生态环境主管部门应当会同国务院发展改革、工业和信息化等主管部门对工业固体废物对公众健康、生态环境的危害和影响程度等作出界定，制定防治工业固体废物污染环境的技术政策，组织推广先进的防治工业固体废物污染环境的生产工艺和设备。

第三十三条　国务院工业和信息化主管部门应当会同国务院有关部门组织研究开发、推广减少工业固体废物产生量和降低工业固体废物危害性的生产工艺和设备，公布限期淘汰产生严重污染环境的工业固体废物的落后生产工艺、设备的名录。

生产者、销售者、进口者、使用者应当在国务院工业和信息化主管部门会同国务院有关部门规定的期限内分别停止生产、销售、进口或者使用列入前款规定名录中的设备。生产工艺的采用者应当在国务院工业和信息化主管部门会同国务院有关部门规定的期限内停止采用列入前款规定名录中的工艺。

列入限期淘汰名录被淘汰的设备，不得转让给他人使用。

第三十四条　国务院工业和信息化主管部门应当会同国务院发展改革、生态环境等主管部门，定期发布工业固体废物综合利用技术、工艺、设备和产品导向目录，组织开展工业固体废物资源综合利用评价，推动工业固体废物综合利用。

第三十五条　县级以上地方人民政府应当制定工业固体废物污染环境防治工作规划，组织建设工业固体废物集中处置等设施，推动工业固体废物污染环境防治工作。

第三十六条　产生工业固体废物的单位应当建立健全工业固体废物产生、收集、贮存、运输、利用、处置全过程的污染环境防治责任制度，建立工业固体废物管理台账，如实记录产生工业固体废物的种类、数量、流向、贮存、利用、处置等信息，实现工业固体废物可追溯、可查询，并采取防治工业固体废物污染环境的措施。

禁止向生活垃圾收集设施中投放工业固体废物。

第三十七条 产生工业固体废物的单位委托他人运输、利用、处置工业固体废物的，应当对受托方的主体资格和技术能力进行核实，依法签订书面合同，在合同中约定污染防治要求。

受托方运输、利用、处置工业固体废物，应当依照有关法律法规的规定和合同约定履行污染防治要求，并将运输、利用、处置情况告知产生工业固体废物的单位。

产生工业固体废物的单位违反本条第一款规定的，除依照有关法律法规的规定予以处罚外，还应当与造成环境污染和生态破坏的受托方承担连带责任。

第三十八条 产生工业固体废物的单位应当依法实施清洁生产审核，合理选择和利用原材料、能源和其他资源，采用先进的生产工艺和设备，减少工业固体废物的产生量，降低工业固体废物的危害性。

第三十九条 产生工业固体废物的单位应当取得排污许可证。排污许可的具体办法和实施步骤由国务院规定。

产生工业固体废物的单位应当向所在地生态环境主管部门提供工业固体废物的种类、数量、流向、贮存、利用、处置等有关资料，以及减少工业固体废物产生、促进综合利用的具体措施，并执行排污许可管理制度的相关规定。

第四十条 产生工业固体废物的单位应当根据经济、技术条件对工业固体废物加以利用；对暂时不利用或者不能利用的，应当按照国务院生态环境等主管部门的规定建设贮存设施、场所，安全分类存放，或者采取无害化处置措施。贮存工业固体废物应当采取符合国家环境保护标准的防护措施。

建设工业固体废物贮存、处置的设施、场所，应当符合国家环境保护标准。

第四十一条 产生工业固体废物的单位终止的，应当在终止前对工业固体废物的贮存、处置的设施、场所采取污染防治措施，并对未处置的工业固体废物作出妥善处置，防止污染环境。

产生工业固体废物的单位发生变更的，变更后的单位应当按照国家有关环境保护的规定对未处置的工业固体废物及其贮存、处置的设施、场所进行安全处置或者采取有效措施保证该设施、场所安全运行。变更前当事人对工业固体废物及其贮存、处置的设施、场所的污染防治责任另有约定的，从其约定；但是，不得免除当事人的污染防治义务。

对 2005 年 4 月 1 日前已经终止的单位未处置的工业固体废物及其贮存、处置的设施、场所进行安全处置的费用，由有关人民政府承担；但是，该单位享有的土地使用权依法转让的，应当由土地使用权受让人承担处置费用。当事人另有约定的，从其约定；但是，不得免除当事人的污染防治义务。

第四十二条 矿山企业应当采取科学的开采方法和选矿工艺，减少尾矿、煤矸石、废石等矿业固体废物的产生量和贮存量。

国家鼓励采取先进工艺对尾矿、煤矸石、废石等矿业固体废物进行综合利用。

尾矿、煤矸石、废石等矿业固体废物贮存设施停止使用后，矿山企业应当按照国家有关环境保护等规定进行封场，防止造成环境污染和生态破坏。

第四章 生活垃圾

第四十三条 县级以上地方人民政府应当加快建立分类投放、分类收集、分类运输、分类处理的生活垃圾管理系统，实现生活垃圾分类制度有效覆盖。

县级以上地方人民政府应当建立生活垃圾分类工作协调机制，加强和统筹生活垃圾分类管理能力建设。

各级人民政府及其有关部门应当组织开展生活垃圾分类宣传，教育引导公众养成生活垃圾分类习惯，督促和指导生活垃圾分类工作。

第四十四条 县级以上地方人民政府应当有计划地改进燃料结构，发展清洁能源，减少燃料废渣等固体废物的产生量。

县级以上地方人民政府有关部门应当加强产品生产和流通过程管理，避免过度包装，组织净菜上市，减少生活垃圾的产生量。

第四十五条 县级以上人民政府应当统筹安排建设城乡生活垃圾收集、运输、处理设施，确定设施厂址，提高生活垃圾的综合利用和无害化处置水平，促进生活垃圾收集、处理的产业化发展，逐步建立和完善生活垃圾污染环境防治的社会服务体系。

县级以上地方人民政府有关部门应当统筹规划，合理安排回收、分拣、打包网点，促进生活垃圾的回收利用工作。

第四十六条 地方各级人民政府应当加强农村生活垃圾污染环境的防治，保护和改善农村人居环境。

国家鼓励农村生活垃圾源头减量。城乡结合部、人口密集的农村地区和其他有条件的地方，应当建立城乡一体的生活垃圾管理系统；其他农村地区应当积极探索生活垃圾管理模式，因地制宜，就近就地利用或者妥善处理生活垃圾。

第四十七条 设区的市级以上人民政府环境卫生主管部门应当制定生活垃圾清扫、收集、贮存、运输和处理设施、场所建设运行规范，发布生活垃圾分类指导目录，加强监督管理。

第四十八条 县级以上地方人民政府环境卫生等主管部门应当组织对城乡生活垃圾进行清扫、收集、运输和处理，可以通过招标等方式选择具备条件的单位从事生活垃圾的清扫、收集、运输和处理。

第四十九条 产生生活垃圾的单位、家庭和个人应当依法履行生活垃圾源头减量和分类投放义务，承担生活垃圾产生者责任。

任何单位和个人都应当依法在指定的地点分类投放生活垃圾。禁止随意倾倒、抛撒、堆放或者焚烧生活垃圾。

机关、事业单位等应当在生活垃圾分类工作中起示范带头作用。

已经分类投放的生活垃圾，应当按照规定分类收集、分类运输、分类处理。

第五十条 清扫、收集、运输、处理城乡生活垃圾，应当遵守国家有关环境保护和环境卫生管理的规定，防止污染环境。

从生活垃圾中分类并集中收集的有害垃圾，属于危险废物的，应当按照危险废物管理。

第五十一条 从事公共交通运输的经营单位，应当及时清扫、收集运输过程中产生的生活垃圾。

第五十二条 农贸市场、农产品批发市场等应当加强环境卫生管理，保持环境卫生清洁，对所产生的垃圾及时清扫、分类收集、妥善处理。

第五十三条 从事城市新区开发、旧区改建和住宅小区开发建设、村镇建设的单位，以及机场、码头、车站、公园、商场、体育场馆等公共设施、场所的经营管理单位，应当按照国家有关环境卫生的规定，配套建设生活垃圾收集设施。

县级以上地方人民政府应当统筹生活垃圾公共转运、处理设施与前款规定的收集设施的有效衔接，并加强生活垃圾分类收运体系和再生资源回收体系在规划、建设、运营等方面的融合。

第五十四条 从生活垃圾中回收的物质应当按照国家规定的用途、标准使用，不得用于生产可能危害人体健康的产品。

第五十五条 建设生活垃圾处理设施、场所，应当符合国务院生态环境主管部门和国务院住房城乡建设主管部门规定的环境保护和环境卫生标准。

鼓励相邻地区统筹生活垃圾处理设施建设，促进生活垃圾处理设施跨行政区域共建共享。

禁止擅自关闭、闲置或者拆除生活垃圾处理设施、场所；确有必要关闭、闲置或者拆除的，应当经所在地的市、县级人民政府环境卫生主管部门商所在地生态环境主管部门同意后核准，并采取防止污染环境的措施。

第五十六条 生活垃圾处理单位应当按照国家有关规定，安装使用监测设备，实时监测污染物的排放情况，将污染排放数据实时公开。监测设备应当与所在地生态环境主管部门的监控设备联网。

第五十七条 县级以上地方人民政府环境卫生主管部门负责组织开展厨余垃圾资源化、无害化处理工作。

产生、收集厨余垃圾的单位和其他生产经营者，应当将厨余垃圾交由具备相应资质条件的单位进行无害化处理。

禁止畜禽养殖场、养殖小区利用未经无害化处理的厨余垃圾饲喂畜禽。

第五十八条 县级以上地方人民政府应当按照产生者付费原则，建立生活垃圾处理收费制度。

县级以上地方人民政府制定生活垃圾处理收费标准，应当根据本地实际，结合生活垃圾分类情况，体现分类计价、计量收费等差别化管理，并充分征求公众意见。生活垃圾处理收费标准应当向社会公布。

生活垃圾处理费应当专项用于生活垃圾的收集、运输和处理等，不得挪作他用。

第五十九条 省、自治区、直辖市和设区的市、自治州可以结合实际，制定本地方生活垃圾具体管理办法。

第五章　建筑垃圾、农业固体废物等

第六十条 县级以上地方人民政府应当加强建筑垃圾污染环境的防治，建立建筑垃圾分类处理制度。

县级以上地方人民政府应当制定包括源头减量、分类处理、消纳设施和场所布局及建设等在内的建筑垃圾污染环境防治工作规划。

第六十一条 国家鼓励采用先进技术、工艺、设备和管理措施，推进建筑垃圾源头减量，建立建筑垃圾回收利用体系。

县级以上地方人民政府应当推动建筑垃圾综合利用产品应用。

第六十二条 县级以上地方人民政府环境卫生主管部门负责建筑垃圾污染环境防治工作，建立建筑垃圾全过程管理制度，规范建筑垃圾产生、收集、贮存、运输、利用、处置行为，推进综合利用，加强建筑垃圾处置设施、场所建设，保障处置安全，防止污染环境。

第六十三条 工程施工单位应当编制建筑垃圾处理方案，采取污染防治措施，并报县级以上地方人民政府环境卫生主管部门备案。

工程施工单位应当及时清运工程施工过程中产生的建筑垃圾等固体废物，并按照环境卫生主管部门的规定进行利用或者处置。

工程施工单位不得擅自倾倒、抛撒或者堆放工程施工过程中产生的建筑垃圾。

第六十四条 县级以上人民政府农业农村主管部门负责指导农业固体废物回收利用体系建设，鼓励和引导有关单位和其他生产经营者依法收集、贮存、运输、利用、处置农业固体废物，加强监督管理，防止污染环境。

第六十五条 产生秸秆、废弃农用薄膜、农药包装废弃物等农业固体废物的单位和其他生产经营者，应当采取回收利用和其他防止污染环境的措施。

从事畜禽规模养殖应当及时收集、贮存、利用或者处置养殖过程中产生的畜禽粪污等固体废物，避免造成环境污染。

禁止在人口集中地区、机场周围、交通干线附近以及当地人民政府划定的其他区域露天焚烧秸秆。

国家鼓励研究开发、生产、销售、使用在环境中可降解且无害的农用薄膜。

第六十六条 国家建立电器电子、铅蓄电池、车用动力电池等产品的生产者责任延伸制度。

电器电子、铅蓄电池、车用动力电池等产品的生产者应当按照规定以自建或者委托等方式建立与产品销售量相匹配的废旧产品回收体系，并向社会公开，实现有效回收和利用。

国家鼓励产品的生产者开展生态设计，促进资源回收利用。

第六十七条 国家对废弃电器电子产品等实行多渠道回收和集中处理制度。

禁止将废弃机动车船等交由不符合规定条件的企业或者个人回收、拆解。

拆解、利用、处置废弃电器电子产品、废弃机动车船等，应当遵守有关法律法规的规定，采取防止污染环境的措施。

第六十八条 产品和包装物的设计、制造，应当遵守国家有关清洁生产的规定。国务院标准化主管部门应当根据国家经济和技术条件、固体废物污染环境防治状况以及产品的技术要求，组织制定有关标准，防止过度包装造成环境污染。

生产经营者应当遵守限制商品过度包装的强制性标准，避免过度包装。县级以上地方人民政府市场监督管理部门和有关部门应当按照各自职责，加强对过度包装的监督管理。

生产、销售、进口依法被列入强制回收目录的产品和包装物的企业，应当按照国家有关规定对该产品和包装物进行回收。

电子商务、快递、外卖等行业应当优先采用可重复使用、易回收利用的包装物，优化物品包装，减少包装物的使用，并积极回收利用包装物。县级以上地方人民政府商务、邮政等主管部门应当加强监督管理。

国家鼓励和引导消费者使用绿色包装和减量包装。

第六十九条 国家依法禁止、限制生产、销售和使用不可降解塑料袋等一次性塑料制品。

商品零售场所开办单位、电子商务平台企业和快递企业、外卖企业应当按照国家有关规定向商务、邮政等主管部门报告塑料袋等一次性塑料制品的使用、回收情况。

国家鼓励和引导减少使用、积极回收塑料袋等一次性塑料制品，推广应用可循环、易回收、可降解的替代产品。

第七十条 旅游、住宿等行业应当按照国家有关规定推行不主动提供一次性用品。

机关、企业事业单位等的办公场所应当使用有利于保护环境的产品、设备和设施，减少使用一次性办公用品。

第七十一条 城镇污水处理设施维护运营单位或者污泥处理单位应当安全处理污泥，保证处理后的污泥符合国家有关标准，对污泥的流向、用途、用量等进行跟踪、记录，并报告城镇排水主管部门、生态环境主管部门。

县级以上人民政府城镇排水主管部门应当将污泥处理设施纳入城镇排水与污水处理规划，推动同步建设污泥处理设施与污水处理设施，鼓励协同处理，污水处理费征收标准和补偿范围应当覆盖污泥处理成本和污水处理设施正常运营成本。

第七十二条 禁止擅自倾倒、堆放、丢弃、遗撒城镇污水处理设施产生的污泥和处理后的污泥。

禁止重金属或者其他有毒有害物质含量超标的污泥进入农用地。

从事水体清淤疏浚应当按照国家有关规定处理清淤疏浚过程中产生的底泥，防止污染环境。

第七十三条 各级各类实验室及其设立单位应当加强对实验室产生的固体废物的管理，依法收集、贮存、运输、利用、处置实验室固体废物。实验室固体废物属于危险废物的，应当按照危险废物管理。

第六章　危险废物

第七十四条 危险废物污染环境的防治，适用本章规定；本章未作规定的，适用本法其他有关规定。

第七十五条 国务院生态环境主管部门应当会同国务院有关部门制定国家危险废物名录，规定统一的危险废物鉴别标准、鉴别方法、识别标志和鉴别单位管理要求。国家危险废物名录应当动态调整。

国务院生态环境主管部门根据危险废物的危害特性和产生数量，科学评估其环境风险，实施分级分类管理，建立信息化监管体系，并通过信息化手段管理、共享危险废物转移数据和信息。

第七十六条 省、自治区、直辖市人民政府应当组织有关部门编制危险废物集中处置设施、场所的建设规划，科学评估危险废物处置需求，合理布局危险废物集中处置设施、场所，确保本行政区域的危险废物得到妥善处置。

编制危险废物集中处置设施、场所的建设规划，应当征求有关行业协会、企业事业单位、专家和公众等方面的意见。

相邻省、自治区、直辖市之间可以开展区域合作，统筹建设区域性危险废物集中处置设施、场所。

第七十七条 对危险废物的容器和包装物以及收集、贮存、运输、利用、处置危险废物的设施、场所，应当按照规定设置危险废物识别标志。

第七十八条 产生危险废物的单位，应当按照国家有关规定制定危险废物管理计划；建立危险废物管理台账，如实记录有关信息，并通过国家危险废物信息管理系统向所在地生态环境主管部门申报危险废物的种类、产生量、流向、贮存、处置等有关资料。

前款所称危险废物管理计划应当包括减少危险废物产生量和降低危险废物危害性的措施以及危险废物贮存、利用、处置措施。危险废物管理计划应当报产生危险废物的单位所在地生态环境主管部门备案。

产生危险废物的单位已经取得排污许可证的，执行排污许可管理制度的规定。

第七十九条 产生危险废物的单位，应当按照国家有关规定和环境保护标准要求贮存、利用、处置危险废物，不得擅自倾倒、堆放。

第八十条 从事收集、贮存、利用、处置危险废物经营活动的单位，应当按照国家有关规定申请取得许可证。许可证的具体管理办法由国务院制定。

禁止无许可证或者未按照许可证规定从事危险废物收集、贮存、利用、处置的经营活动。

禁止将危险废物提供或者委托给无许可证的单位或者其他生产经营者从事收集、贮存、利用、处置活动。

第八十一条 收集、贮存危险废物，应当按照危险废物特性分类进行。禁止混合收集、贮存、运输、处置性质不相容而未经安全性处置的危险废物。

贮存危险废物应当采取符合国家环境保护标准的防护措施。禁止将危险废物混入非危险废物中贮存。

从事收集、贮存、利用、处置危险废物经营活动的单位，贮存危险废物不得超过一年；确需延长期限的，应当报经颁发许可证的生态环境主管部门批准；法律、行政法规另有规定的除外。

第八十二条 转移危险废物的，应当按照国家有关规定填写、运行危险废物电子或者纸质转移联单。

跨省、自治区、直辖市转移危险废物的，应当向危险废物移出地省、自治区、直辖市人民政府生态环境主管部门申请。移出地省、自治区、直辖市人民政府生态环境主管部门应当及时商经接受地省、自治区、直辖市人民政府生态环境主管部门同意后，在规定期限内批准转移该危险废物，并将批准信息通报相关省、自治区、直辖市人民政府生态环境主管部门和交通运输主管部门。未经批准的，不得转移。

危险废物转移管理应当全程管控、提高效率，具体办法由国务院生态环境主管部门会同国务院交通运输主管部门和公安部门制定。

第八十三条 运输危险废物，应当采取防止污染环境的措施，并遵守国家有关危险货物运输管理的规定。

禁止将危险废物与旅客在同一运输工具上载运。

第八十四条 收集、贮存、运输、利用、处置危险废物的场所、设施、设备和容器、包装物及其他物品转作他用时，应当按照国家有关规定经过消除污染处理，方可使用。

第八十五条 产生、收集、贮存、运输、利用、处置危险废物的单位，应当依法制定意外事故的防范措施和应急预案，并向所在地生态环境主管部门和其他负有固体废物污染环境防治监督管理职责的部门备案；生态环境主管部门和其他负有固体废物污染环境防治监督管理职责的部门应当进行检查。

第八十六条 因发生事故或者其他突发性事件，造成危险废物严重污染环境的单位，应当立即采取有效措施消除或者减轻对环境的污染危害，及时通报可能受到污染危害的单位和居民，并向所在地生态环境主管部门和有关部门报告，接受调查处理。

第八十七条 在发生或者有证据证明可能发生危险废物严重污染环境、威胁居民生命财产安全时，生态环境主管部门或者其他负有固体废物污染环境防治监督管理职责的部门应当立即向本级人民政府和上一级人民政府有关部门报告，由人民政府采取防止或者减轻危害的有效措施。有关人民政府可以根据需要责令停止导致或者可能导致环境污染事故的作业。

第八十八条 重点危险废物集中处置设施、场所退役前，运营单位应当按照国家有关规定对设施、场所采取污染防治措施。退役的费用应当预提，列入投资概算或者生产成本，专门用于重点危险废物集中处置设施、场所的退役。具体提取和管理办法，由国务院财政部门、价格主管部门会同国务院生态环境主管部门规定。

第八十九条 禁止经中华人民共和国过境转移危险废物。

第九十条 医疗废物按照国家危险废物名录管理。县级以上地方人民政府应当加强医疗废物集中处置能力建设。

县级以上人民政府卫生健康、生态环境等主管部门应当在各自职责范围内加强对医疗废物收集、贮存、运输、处置的监督管理，防止危害公众健康、污染环境。

医疗卫生机构应当依法分类收集本单位产生的医疗废物，交由医疗废物集中处置单位处置。医疗废物集中处置单位应当及时收集、运输和处置医疗废物。

医疗卫生机构和医疗废物集中处置单位，应当采取有效措施，防止医疗废物流失、泄漏、渗漏、扩散。

第九十一条 重大传染病疫情等突发事件发生时，县级以上人民政府应当统筹协调医疗废物等危险废物收集、贮存、运输、处置等工作，保障所需的车辆、场地、处置设施和防护物资。卫生健康、生态环境、环境卫生、交通运输等主管部门应当协同配合，依法履行应急处置职责。

第七章　保障措施

第九十二条 国务院有关部门、县级以上地方人民政府及其有关部门在编制国土空间规划和相关专项规划时，应当统筹生活垃圾、建筑垃圾、危险废物等固体废物转运、集中处置等设施建设需求，保障转运、集中处置等设施用地。

第九十三条 国家采取有利于固体废物污染环境防治的经济、技术政策和措施，鼓励、支持有关方面采取有利于固体废物污染环境防治的措施，加强对从事固体废物污染环境防治工作人员的培训和指导，促进固体废物污染环境防治产业专业化、规模化发展。

第九十四条 国家鼓励和支持科研单位、固体废物产生单位、固体废物利用单位、固体废物处置单位等联合攻关，研究开发固体废物综合利用、集中处置等的新技术，推动固体废物污染环境防治技术进步。

第九十五条 各级人民政府应当加强固体废物污染环境的防治，按照事权划分的原则安排必要的资金用于下列事项：

（一）固体废物污染环境防治的科学研究、技术开发；

（二）生活垃圾分类；

（三）固体废物集中处置设施建设；

（四）重大传染病疫情等突发事件产生的医疗废物等危险废物应急处置；

（五）涉及固体废物污染环境防治的其他事项。

使用资金应当加强绩效管理和审计监督，确保资金使用效益。

第九十六条 国家鼓励和支持社会力量参与固体废物污染环境防治工作，并按照国家有关规定给予政策扶持。

第九十七条 国家发展绿色金融，鼓励金融机构加大对固体废物污染环境防治项目的信贷投放。

第九十八条 从事固体废物综合利用等固体废物污染环境防治工作的，依照法律、行政法规的规定，享受税收优惠。

国家鼓励并提倡社会各界为防治固体废物污染环境捐赠财产，并依照法律、行政法规的规定，给予税收优惠。

第九十九条 收集、贮存、运输、利用、处置危险废物的单位，应当按照国家有关规定，投保环境污染责任保险。

第一百条 国家鼓励单位和个人购买、使用综合利用产品和可重复使用产品。

县级以上人民政府及其有关部门在政府采购过程中，应当优先采购综合利用产品和可重复使用产品。

第八章　法律责任

第一百零一条 生态环境主管部门或者其他负有固体废物污染环境防治监督管理职责的部门违反本法规定，有下列行为之一，由本级人民政府或者上级人民政府有关部门责令改正，对直接负责的主管人员和其他直接责任人员依法给予处分：

（一）未依法作出行政许可或者办理批准文件的；

（二）对违法行为进行包庇的；

（三）未依法查封、扣押的；

（四）发现违法行为或者接到对违法行为的举报后未予查处的；

（五）有其他滥用职权、玩忽职守、徇私舞弊等违法行为的。

依照本法规定应当作出行政处罚决定而未作出的，上级主管部门可以直接作出行政处罚决定。

第一百零二条 违反本法规定，有下列行为之一，由生态环境主管部门责令改正，处以罚款，没收违法所得；情节严重的，报经有批准权的人民政府批准，可以责令停业或者关闭：

（一）产生、收集、贮存、运输、利用、处置固体废物的单位未依法及时公开固体废物污染环境防治信息的；

（二）生活垃圾处理单位未按照国家有关规定安装使用监测设备、实时监测污染物的排放情况并公开污染排放数据的；

（三）将列入限期淘汰名录被淘汰的设备转让给他人使用的；

（四）在生态保护红线区域、永久基本农田集中区域和其他需要特别保护的区域内，建设工业固体废物、危险废物集中贮存、利用、处置的设施、场所和生活垃圾填埋场的；

（五）转移固体废物出省、自治区、直辖市行政区域贮存、处置未经批准的；

（六）转移固体废物出省、自治区、直辖市行政区域利用未报备案的；

（七）擅自倾倒、堆放、丢弃、遗撒工业固体废物，或者未采取相应防范措施，造成工业固体废物扬散、流失、渗漏或者其他环境污染的；

（八）产生工业固体废物的单位未建立固体废物管理台账并如实记录的；

（九）产生工业固体废物的单位违反本法规定委托他人运输、利用、处置工业固体废物的；

（十）贮存工业固体废物未采取符合国家环境保护标准的防护措施的；

（十一）单位和其他生产经营者违反固体废物管理其他要求，污染环境、破坏生态的。

有前款第一项、第八项行为之一，处五万元以上二十万元以下的罚款；有前款第二项、第三项、第四项、第五项、第六项、第九项、第十项、第十一项行为之一，处十万元以上一百万元以下的罚款；有前款第七项行为，处所需处置费用一倍以上三倍以下的罚款，所需处置费用不足十万元的，按十万元计算。对前款第十一项行为的处罚，有关法律、行政法规另有规定的，适用其规定。

第一百零三条 违反本法规定，以拖延、围堵、滞留执法人员等方式拒绝、阻挠监督检查，或者在接受监督检查时弄虚作假的，由生态环境主管部门或者其他负有固体废物污染环境防治监督管理职责的部门责令改正，处五万元以上二十万元以下的罚款；对直接负责的主管人员和其他直接责任人员，处二万元以上十万元以下的罚款。

第一百零四条 违反本法规定，未依法取得排污许可证产生工业固体废物的，由生态环境主管部门责令改正或者限制生产、停产整治，处十万元以上一百万元以下的罚款；情节严重的，报经有批准权的人民政府批准，责令停业或者关闭。

第一百零五条 违反本法规定，生产经营者未遵守限制商品过度包装的强制性标准的，由县级以上地方人民政府市场监督管理部门或者有关部门责令改正；拒不改正的，处二千元以上二万元以下的罚款；情节严重的，处二万元以上十万元以下的罚款。

第一百零六条 违反本法规定，未遵守国家有关禁止、限制使用不可降解塑料袋等一次性塑料制品的规定，或者未按照国家有关规定报告塑料袋等一次性塑料制品的使用情况的，由县级以上地方人民政府商务、邮政等主管部门责令改正，处一万元以上十万元以下的罚款。

第一百零七条 从事畜禽规模养殖未及时收集、贮存、利用或者处置养殖过程中产生的畜禽粪污等固体废物的，由生态环境主管部门责令改正，可以处十万元以下的罚款；情节严重的，报经有批准权的人民政府批准，责令停业或者关闭。

第一百零八条 违反本法规定，城镇污水处理设施维护运营单位或者污泥处理单位对污泥流向、用途、用量等未进行跟踪、记录，或者处理后的污泥不符合国家有关标准的，由城镇排水主管部门责令改正，给予警告；造成严重后果的，处十万元以上二十万元以下的罚款；拒不改正的，城镇排水主管部门可以指定有治理能力的单位代为治理，所需费用由违法者承担。

违反本法规定，擅自倾倒、堆放、丢弃、遗撒城镇污水处理设施产生的污泥和处理后的污泥的，由城镇排水主管部门责令改正，处二十万元以上二百万元以下的罚款，对直接负责的主管人员和其他直接责任人员处二万元以上十万元以下的罚款；造成严重后果的，处二百万元以上五百万元以下的罚款，对直接负责的主管人员和其他直接责任人员处五万元以上五十万元以下的罚款；拒不改正的，城镇排水主管部门可以指定有治理能力的单位代为治理，所需费用由违法者承担。

第一百零九条 违反本法规定，生产、销售、进口或者使用淘汰的设备，或者采用淘汰的生产工艺的，由县级以上地方人民政府指定的部门责令改正，处十万元以上一百万元以下的罚款，没收违法所得；情节严重的，由县级以上地方人民政府指定的部门提出意见，报经有批准权的人民政府批准，责令停业或者关闭。

第一百一十条 尾矿、煤矸石、废石等矿业固体废物贮存设施停止使用后，未按照国家有关环境保护规定进行封场的，由生态环境主管部门责令改正，处二十万元以上一百万元以下的罚款。

第一百一十一条 违反本法规定，有下列行为之一，由县级以上地方人民政府环境卫生主管部门责令改正，处以罚款，没收违法所得：

（一）随意倾倒、抛撒、堆放或者焚烧生活垃圾的；

（二）擅自关闭、闲置或者拆除生活垃圾处理设施、场所的；

（三）工程施工单位未编制建筑垃圾处理方案报备案，或者未及时清运施工过程中产生的固体废物的；

（四）工程施工单位擅自倾倒、抛撒或者堆放工程施工过程中产生的建筑垃圾，或者未按照规定对施工过程中产生的固体废物进行利用或者处置的；

（五）产生、收集厨余垃圾的单位和其他生产经营者未将厨余垃圾交由具备相应资质条件的单位进行无害化处理的；

（六）畜禽养殖场、养殖小区利用未经无害化处理的厨余垃圾饲喂畜禽的；

（七）在运输过程中沿途丢弃、遗撒生活垃圾的。

单位有前款第一项、第七项行为之一，处五万元以上五十万元以下的罚款；单位有前款第二项、第三项、第四项、第五项、第六项行为之一，处十万元以上一百万元以下的罚款；个人有前款第一项、第五项、第七项行为之一，处一百元以上五百元以下的罚款。

违反本法规定，未在指定的地点分类投放生活垃圾的，由县级以上地方人民政府环境卫生主管部门责令改正；情节严重的，对单位处五万元以上五十万元以下的罚款，对个人依法处以罚款。

第一百一十二条 违反本法规定，有下列行为之一，由生态环境主管部门责令改正，处以罚款，没收违法所得；情节严重的，报经有批准权的人民政府批准，可以责令停业或者关闭：

（一）未按照规定设置危险废物识别标志的；

（二）未按照国家有关规定制定危险废物管理计划或者申报危险废物有关资料的；

（三）擅自倾倒、堆放危险废物的；

（四）将危险废物提供或者委托给无许可证的单位或者其他生产经营者从事经营活动的；

（五）未按照国家有关规定填写、运行危险废物转移联单或者未经批准擅自转移危险废物的；

（六）未按照国家环境保护标准贮存、利用、处置危险废物或者将危险废物混入非危险废物中贮存的；

（七）未经安全性处置，混合收集、贮存、运输、处置具有不相容性质的危险废物的；

（八）将危险废物与旅客在同一运输工具上载运的；

（九）未经消除污染处理，将收集、贮存、运输、处置危险废物的场所、设施、设备和容器、包装物及其他物品转作他用的；

（十）未采取相应防范措施，造成危险废物扬散、流失、渗漏或者其他环境污染的；

（十一）在运输过程中沿途丢弃、遗撒危险废物的；

（十二）未制定危险废物意外事故防范措施和应急预案的；

（十三）未按照国家有关规定建立危险废物管理台账并如实记录的。

有前款第一项、第二项、第五项、第六项、第七项、第八项、第九项、第十二项、第十三项行为之一，处十万元以上一百万元以下的罚款；有前款第三项、第四项、第十项、第十一项行为之一，处所需处置费用三倍以上五倍以下的罚款，所需处置费用不足二十万元的，按二十万元计算。

第一百一十三条 违反本法规定，危险废物产生者未按照规定处置其产生的危险废物被责令改正后拒不改正的，由生态环境主管部门组织代为处置，处置费用由危险废物产生者承担；拒不承担代为处置费用的，处代为处置费用一倍以上三倍以下的罚款。

第一百一十四条 无许可证从事收集、贮存、利用、处置危险废物经营活动的，由生态环境主管部门责令改正，处一百万元以上五百万元以下的罚款，并报经有批准权的人民政府批准，责令停业或者关闭；对法定代表人、主要负责人、直接负责的主管人员和其他责任人员，处十万元以上一百万元以下的罚款。

未按照许可证规定从事收集、贮存、利用、处置危险废物经营活动的,由生态环境主管部门责令改正,限制生产、停产整治,处五十万元以上二百万元以下的罚款;对法定代表人、主要负责人、直接负责的主管人员和其他责任人员,处五万元以上五十万元以下的罚款;情节严重的,报经有批准权的人民政府批准,责令停业或者关闭,还可以由发证机关吊销许可证。

第一百一十五条 违反本法规定,将中华人民共和国境外的固体废物输入境内的,由海关责令退运该固体废物,处五十万元以上五百万元以下的罚款。

承运人对前款规定的固体废物的退运、处置,与进口者承担连带责任。

第一百一十六条 违反本法规定,经中华人民共和国过境转移危险废物的,由海关责令退运该危险废物,处五十万元以上五百万元以下的罚款。

第一百一十七条 对已经非法入境的固体废物,由省级以上人民政府生态环境主管部门依法向海关提出处理意见,海关应当依照本法第一百一十五条的规定作出处罚决定;已经造成环境污染的,由省级以上人民政府生态环境主管部门责令进口者消除污染。

第一百一十八条 违反本法规定,造成固体废物污染环境事故的,除依法承担赔偿责任外,由生态环境主管部门依照本条第二款的规定处以罚款,责令限期采取治理措施;造成重大或者特大固体废物污染环境事故的,还可以报经有批准权的人民政府批准,责令关闭。

造成一般或者较大固体废物污染环境事故的,按照事故造成的直接经济损失的一倍以上三倍以下计算罚款;造成重大或者特大固体废物污染环境事故的,按照事故造成的直接经济损失的三倍以上五倍以下计算罚款,并对法定代表人、主要负责人、直接负责的主管人员和其他责任人员处上一年度从本单位取得的收入百分之五十以下的罚款。

第一百一十九条 单位和其他生产经营者违反本法规定排放固体废物,受到罚款处罚,被责令改正的,依法作出处罚决定的行政机关应当组织复查,发现其继续实施该违法行为的,依照《中华人民共和国环境保护法》的规定按日连续处罚。

第一百二十条 违反本法规定,有下列行为之一,尚不构成犯罪的,由公安机关对法定代表人、主要负责人、直接负责的主管人员和其他责任人员处十日以上十五日以下的拘留;情节较轻的,处五日以上十日以下的拘留:

(一)擅自倾倒、堆放、丢弃、遗撒固体废物,造成严重后果的;

(二)在生态保护红线区域、永久基本农田集中区域和其他需要特别保护的区域内,建设工业固体废物、危险废物集中贮存、利用、处置的设施、场所和生活垃圾填埋场的;

(三)将危险废物提供或者委托给无许可证的单位或者其他生产经营者堆放、利用、处置的;

(四)无许可证或者未按照许可证规定从事收集、贮存、利用、处置危险废物经营活动的;

(五)未经批准擅自转移危险废物的;

(六)未采取防范措施,造成危险废物扬散、流失、渗漏或者其他严重后果的。

第一百二十一条 固体废物污染环境、破坏生态,损害国家利益、社会公共利益的,有关机关和组织可以依照《中华人民共和国环境保护法》、《中华人民共和国民事诉讼法》、《中华人民共和国行政诉讼法》等法律的规定向人民法院提起诉讼。

第一百二十二条 固体废物污染环境、破坏生态给国家造成重大损失的,由设区的市级以上地方人民政府或者其指定的部门、机构组织与造成环境污染和生态破坏的单位和其他生产经营者进行磋商，要求其承担损害赔偿责任；磋商未达成一致的，可以向人民法院提起诉讼。

对于执法过程中查获的无法确定责任人或者无法退运的固体废物，由所在地县级以上地方人民政府组织处理。

第一百二十三条 违反本法规定，构成违反治安管理行为的，由公安机关依法给予治安管理处罚；构成犯罪的，依法追究刑事责任；造成人身、财产损害的，依法承担民事责任。

第九章 附 则

第一百二十四条 本法下列用语的含义：

（一）固体废物，是指在生产、生活和其他活动中产生的丧失原有利用价值或者虽未丧失利用价值但被抛弃或者放弃的固态、半固态和置于容器中的气态的物品、物质以及法律、行政法规规定纳入固体废物管理的物品、物质。经无害化加工处理，并且符合强制性国家产品质量标准，不会危害公众健康和生态安全，或者根据固体废物鉴别标准和鉴别程序认定为不属于固体废物的除外。

（二）工业固体废物，是指在工业生产活动中产生的固体废物。

（三）生活垃圾，是指在日常生活中或者为日常生活提供服务的活动中产生的固体废物，以及法律、行政法规规定视为生活垃圾的固体废物。

（四）建筑垃圾，是指建设单位、施工单位新建、改建、扩建和拆除各类建筑物、构筑物、管网等，以及居民装饰装修房屋过程中产生的弃土、弃料和其他固体废物。

（五）农业固体废物，是指在农业生产活动中产生的固体废物。

（六）危险废物，是指列入国家危险废物名录或者根据国家规定的危险废物鉴别标准和鉴别方法认定的具有危险特性的固体废物。

（七）贮存，是指将固体废物临时置于特定设施或者场所中的活动。

（八）利用，是指从固体废物中提取物质作为原材料或者燃料的活动。

（九）处置，是指将固体废物焚烧和用其他改变固体废物的物理、化学、生物特性的方法，达到减少已产生的固体废物数量、缩小固体废物体积、减少或者消除其危险成分的活动，或者将固体废物最终置于符合环境保护规定要求的填埋场的活动。

第一百二十五条 液态废物的污染防治，适用本法；但是，排入水体的废水的污染防治适用有关法律，不适用本法。

第一百二十六条 本法自 2020 年 9 月 1 日起施行。

中华人民共和国循环经济促进法（2018 修正）

（中华人民共和国主席令第 16 号）

（2008 年 8 月 29 日第十一届全国人民代表大会常务委员会第四次会议通过 根据 2018 年 10 月 26 日第十三届全国人民代表大会常务委员会第六次会议《关于修改〈中华人民共和国野生动物保护法〉等十五部法律的决定》修正）

第一章 总 则

第一条 为了促进循环经济发展，提高资源利用效率，保护和改善环境，实现可持续发展，制定本法。

第二条 本法所称循环经济，是指在生产、流通和消费等过程中进行的减量化、再利用、资源化活动的总称。

本法所称减量化，是指在生产、流通和消费等过程中减少资源消耗和废物产生。

本法所称再利用，是指将废物直接作为产品或者经修复、翻新、再制造后继续作为产品使用，或者将废物的全部或者部分作为其他产品的部件予以使用。

本法所称资源化，是指将废物直接作为原料进行利用或者对废物进行再生利用。

第三条 发展循环经济是国家经济社会发展的一项重大战略，应当遵循统筹规划、合理布局，因地制宜、注重实效，政府推动、市场引导，企业实施、公众参与的方针。

第四条 发展循环经济应当在技术可行、经济合理和有利于节约资源、保护环境的前提下，按照减量化优先的原则实施。

在废物再利用和资源化过程中，应当保障生产安全，保证产品质量符合国家规定的标准，并防止产生再次污染。

第五条 国务院循环经济发展综合管理部门负责组织协调、监督管理全国循环经济发展工作；国务院生态环境等有关主管部门按照各自的职责负责有关循环经济的监督管理工作。

县级以上地方人民政府循环经济发展综合管理部门负责组织协调、监督管理本行政区域的循环经济发展工作；县级以上地方人民政府生态环境等有关主管部门按照各自的职责负责有关循环经济的监督管理工作。

第六条 国家制定产业政策，应当符合发展循环经济的要求。

县级以上人民政府编制国民经济和社会发展规划及年度计划，县级以上人民政府有关部门编制环境保护、科学技术等规划，应当包括发展循环经济的内容。

第七条 国家鼓励和支持开展循环经济科学技术的研究、开发和推广，鼓励开展循环经济宣传、教育、科学知识普及和国际合作。

第八条 县级以上人民政府应当建立发展循环经济的目标责任制，采取规划、财政、投资、政府采购等措施，促进循环经济发展。

第九条 企业事业单位应当建立健全管理制度，采取措施，降低资源消耗，减少废物的产生量和排放量，提高废物的再利用和资源化水平。

第十条 公民应当增强节约资源和保护环境意识，合理消费，节约资源。

国家鼓励和引导公民使用节能、节水、节材和有利于保护环境的产品及再生产品，减少废物的产生量和排放量。

公民有权举报浪费资源、破坏环境的行为，有权了解政府发展循环经济的信息并提出意见和建议。

第十一条 国家鼓励和支持行业协会在循环经济发展中发挥技术指导和服务作用。县级以上人民政府可以委托有条件的行业协会等社会组织开展促进循环经济发展的公共服务。

国家鼓励和支持中介机构、学会和其他社会组织开展循环经济宣传、技术推广和咨询服务，促进循环经济发展。

第二章　基本管理制度

第十二条 国务院循环经济发展综合管理部门会同国务院生态环境等有关主管部门编制全国循环经济发展规划，报国务院批准后公布施行。设区的市级以上地方人民政府循环经济发展综合管理部门会同本级人民政府生态环境等有关主管部门编制本行政区域循环经济发展规划，报本级人民政府批准后公布施行。

循环经济发展规划应当包括规划目标、适用范围、主要内容、重点任务和保障措施等，并规定资源产出率、废物再利用和资源化率等指标。

第十三条 县级以上地方人民政府应当依据上级人民政府下达的本行政区域主要污染物排放、建设用地和用水总量控制指标，规划和调整本行政区域的产业结构，促进循环经济发展。

新建、改建、扩建建设项目，必须符合本行政区域主要污染物排放、建设用地和用水总量控制指标的要求。

第十四条 国务院循环经济发展综合管理部门会同国务院统计、生态环境等有关主管部门建立和完善循环经济评价指标体系。

上级人民政府根据前款规定的循环经济主要评价指标，对下级人民政府发展循环经济的状况定期进行考核，并将主要评价指标完成情况作为对地方人民政府及其负责人考核评价的内容。

第十五条 生产列入强制回收名录的产品或者包装物的企业，必须对废弃的产品或者包装物负责回收；对其中可以利用的，由各该生产企业负责利用；对因不具备技术经济条件而不适合利用的，由各该生产企业负责无害化处置。

对前款规定的废弃产品或者包装物，生产者委托销售者或者其他组织进行回收的，或者委托废物利用或者处置企业进行利用或者处置的，受托方应当依照有关法律、行政法规的规定和合同的约定负责回收或者利用、处置。

对列入强制回收名录的产品和包装物，消费者应当将废弃的产品或者包装物交给生产者或者其委托回收的销售者或者其他组织。

强制回收的产品和包装物的名录及管理办法，由国务院循环经济发展综合管理部门规定。

第十六条 国家对钢铁、有色金属、煤炭、电力、石油加工、化工、建材、建筑、造纸、印染等行业年综合能源消费量、用水量超过国家规定总量的重点企业，实行能耗、水耗的重点监督管理制度。

重点能源消费单位的节能监督管理，依照《中华人民共和国节约能源法》的规定执行。

重点用水单位的监督管理办法，由国务院循环经济发展综合管理部门会同国务院有关部门规定。

第十七条 国家建立健全循环经济统计制度，加强资源消耗、综合利用和废物产生的统计管理，并将主要统计指标定期向社会公布。

国务院标准化主管部门会同国务院循环经济发展综合管理和生态环境等有关主管部门建立健全循环经济标准体系，制定和完善节能、节水、节材和废物再利用、资源化等标准。

国家建立健全能源效率标识等产品资源消耗标识制度。

第三章 减量化

第十八条 国务院循环经济发展综合管理部门会同国务院生态环境等有关主管部门，定期发布鼓励、限制和淘汰的技术、工艺、设备、材料和产品名录。

禁止生产、进口、销售列入淘汰名录的设备、材料和产品，禁止使用列入淘汰名录的技术、工艺、设备和材料。

第十九条 从事工艺、设备、产品及包装物设计，应当按照减少资源消耗和废物产生的要求，优先选择采用易回收、易拆解、易降解、无毒无害或者低毒低害的材料和设计方案，并应当符合有关国家标准的强制性要求。

对在拆解和处置过程中可能造成环境污染的电器电子等产品，不得设计使用国家禁止使用的有毒有害物质。禁止在电器电子等产品中使用的有毒有害物质名录，由国务院循环经济发展综合管理部门会同国务院生态环境等有关主管部门制定。

设计产品包装物应当执行产品包装标准，防止过度包装造成资源浪费和环境污染。

第二十条 工业企业应当采用先进或者适用的节水技术、工艺和设备，制定并实施节水计划，加强节水管理，对生产用水进行全过程控制。

工业企业应当加强用水计量管理，配备和使用合格的用水计量器具，建立水耗统计和用水状况分析制度。

新建、改建、扩建建设项目，应当配套建设节水设施。节水设施应当与主体工程同时设计、同时施工、同时投产使用。

国家鼓励和支持沿海地区进行海水淡化和海水直接利用，节约淡水资源。

第二十一条 国家鼓励和支持企业使用高效节油产品。

电力、石油加工、化工、钢铁、有色金属和建材等企业，必须在国家规定的范围和期限内，以洁净煤、石油焦、天然气等清洁能源替代燃料油，停止使用不符合国家规定的燃油发电机组和燃油锅炉。

内燃机和机动车制造企业应当按照国家规定的内燃机和机动车燃油经济性标准，采用节油技术，减少石油产品消耗量。

第二十二条 开采矿产资源，应当统筹规划，制定合理的开发利用方案，采用合理的开采顺序、方法和选矿工艺。采矿许可证颁发机关应当对申请人提交的开发利用方案中的开采回采率、采矿贫化率、选矿回收率、矿山水循环利用率和土地复垦率等指标依法进行审查；审查不合格的，不予颁发采矿许可证。采矿许可证颁发机关应当依法加强对开采矿产资源的监督管理。

矿山企业在开采主要矿种的同时，应当对具有工业价值的共生和伴生矿实行综合开采、合理利用；对必须同时采出而暂时不能利用的矿产以及含有用组分的尾矿，应当采取保护措施，防止资源损失和生态破坏。

第二十三条 建筑设计、建设、施工等单位应当按照国家有关规定和标准，对其设计、建设、施工的建筑物及构筑物采用节能、节水、节地、节材的技术工艺和小型、轻型、再生产品。有条件的地区，应当充分利用太阳能、地热能、风能等可再生能源。

国家鼓励利用无毒无害的固体废物生产建筑材料，鼓励使用散装水泥，推广使用预拌混凝土和预拌砂浆。

禁止损毁耕地烧砖。在国务院或者省、自治区、直辖市人民政府规定的期限和区域内，禁止生产、销售和使用粘土砖。

第二十四条 县级以上人民政府及其农业等主管部门应当推进土地集约利用，鼓励和支持农业生产者采用节水、节肥、节药的先进种植、养殖和灌溉技术，推动农业机械节能，优先发展生态农业。

在缺水地区，应当调整种植结构，优先发展节水型农业，推进雨水集蓄利用，建设和管护节水灌溉设施，提高用水效率，减少水的蒸发和漏失。

第二十五条 国家机关及使用财政性资金的其他组织应当厉行节约、杜绝浪费，带头使用节能、节水、节地、节材和有利于保护环境的产品、设备和设施，节约使用办公用品。国务院和县级以上地方人民政府管理机关事务工作的机构会同本级人民政府有关部门制定本级国家机关等机构的用能、用水定额指标，财政部门根据该定额指标制定支出标准。

城市人民政府和建筑物的所有者或者使用者，应当采取措施，加强建筑物维护管理，延长建筑物使用寿命。对符合城市规划和工程建设标准，在合理使用寿命内的建筑物，除为了公共利益的需要外，城市人民政府不得决定拆除。

第二十六条 餐饮、娱乐、宾馆等服务性企业，应当采用节能、节水、节材和有利于保护环境的产品，减少使用或者不使用浪费资源、污染环境的产品。

本法施行后新建的餐饮、娱乐、宾馆等服务性企业，应当采用节能、节水、节材和有利于保护环境的技术、设备和设施。

第二十七条 国家鼓励和支持使用再生水。在有条件使用再生水的地区，限制或者禁止将自来水作为城市道路清扫、城市绿化和景观用水使用。

第二十八条 国家在保障产品安全和卫生的前提下，限制一次性消费品的生产和销售。具体名录由国务院循环经济发展综合管理部门会同国务院财政、生态环境等有关主管部门制定。

对列入前款规定名录中的一次性消费品的生产和销售，由国务院财政、税务和对外贸易等主管部门制定限制性的税收和出口等措施。

第四章 再利用和资源化

第二十九条 县级以上人民政府应当统筹规划区域经济布局，合理调整产业结构，促进企业在资源综合利用等领域进行合作，实现资源的高效利用和循环使用。

各类产业园区应当组织区内企业进行资源综合利用，促进循环经济发展。

国家鼓励各类产业园区的企业进行废物交换利用、能量梯级利用、土地集约利用、水的分类利用和循环使用，共同使用基础设施和其他有关设施。

新建和改造各类产业园区应当依法进行环境影响评价，并采取生态保护和污染控制措施，确保本区域的环境质量达到规定的标准。

第三十条 企业应当按照国家规定，对生产过程中产生的粉煤灰、煤矸石、尾矿、废石、废料、废气等工业废物进行综合利用。

第三十一条 企业应当发展串联用水系统和循环用水系统，提高水的重复利用率。

企业应当采用先进技术、工艺和设备，对生产过程中产生的废水进行再生利用。

第三十二条 企业应当采用先进或者适用的回收技术、工艺和设备，对生产过程中产生的余热、余压等进行综合利用。

建设利用余热、余压、煤层气以及煤矸石、煤泥、垃圾等低热值燃料的并网发电项目，应当依照法律和国务院的规定取得行政许可或者报送备案。电网企业应当按照国家规定，与综合利用资源发电的企业签订并网协议，提供上网服务，并全额收购并网发电项目的上网电量。

第三十三条 建设单位应当对工程施工中产生的建筑废物进行综合利用；不具备综合利用条件的，应当委托具备条件的生产经营者进行综合利用或者无害化处置。

第三十四条 国家鼓励和支持农业生产者和相关企业采用先进或者适用技术，对农作物秸秆、畜禽粪便、农产品加工业副产品、废农用薄膜等进行综合利用，开发利用沼气等生物质能源。

第三十五条 县级以上人民政府及其林业草原主管部门应当积极发展生态林业，鼓励和支持林业生产者和相关企业采用木材节约和代用技术，开展林业废弃物和次小薪材、沙生灌木等综合利用，提高木材综合利用率。

第三十六条 国家支持生产经营者建立产业废物交换信息系统，促进企业交流产业废物信息。

企业对生产过程中产生的废物不具备综合利用条件的，应当提供给具备条件的生产经营者进行综合利用。

第三十七条 国家鼓励和推进废物回收体系建设。

地方人民政府应当按照城乡规划，合理布局废物回收网点和交易市场，支持废物回收企业和其他组织开展废物的收集、储存、运输及信息交流。

废物回收交易市场应当符合国家环境保护、安全和消防等规定。

第三十八条 对废电器电子产品、报废机动车船、废轮胎、废铅酸电池等特定产品进行拆解或者再利用，应当符合有关法律、行政法规的规定。

第三十九条 回收的电器电子产品，经过修复后销售的，必须符合再利用产品标准，并在显著位置标识为再利用产品。

回收的电器电子产品，需要拆解和再生利用的，应当交售给具备条件的拆解企业。

第四十条 国家支持企业开展机动车零部件、工程机械、机床等产品的再制造和轮胎翻新。

销售的再制造产品和翻新产品的质量必须符合国家规定的标准，并在显著位置标识为再制造产品或者翻新产品。

第四十一条 县级以上人民政府应当统筹规划建设城乡生活垃圾分类收集和资源化利用设施，建立和完善分类收集和资源化利用体系，提高生活垃圾资源化率。

县级以上人民政府应当支持企业建设污泥资源化利用和处置设施，提高污泥综合利用水平，防止产生再次污染。

第五章　激励措施

第四十二条　国务院和省、自治区、直辖市人民政府设立发展循环经济的有关专项资金，支持循环经济的科技研究开发、循环经济技术和产品的示范与推广、重大循环经济项目的实施、发展循环经济的信息服务等。具体办法由国务院财政部门会同国务院循环经济发展综合管理等有关主管部门制定。

第四十三条　国务院和省、自治区、直辖市人民政府及其有关部门应当将循环经济重大科技攻关项目的自主创新研究、应用示范和产业化发展列入国家或者省级科技发展规划和高技术产业发展规划，并安排财政性资金予以支持。

利用财政性资金引进循环经济重大技术、装备的，应当制定消化、吸收和创新方案，报有关主管部门审批并由其监督实施；有关主管部门应当根据实际需要建立协调机制，对重大技术、装备的引进和消化、吸收、创新实行统筹协调，并给予资金支持。

第四十四条　国家对促进循环经济发展的产业活动给予税收优惠，并运用税收等措施鼓励进口先进的节能、节水、节材等技术、设备和产品，限制在生产过程中耗能高、污染重的产品的出口。具体办法由国务院财政、税务主管部门制定。

企业使用或者生产列入国家清洁生产、资源综合利用等鼓励名录的技术、工艺、设备或者产品的，按照国家有关规定享受税收优惠。

第四十五条　县级以上人民政府循环经济发展综合管理部门在制定和实施投资计划时，应当将节能、节水、节地、节材、资源综合利用等项目列为重点投资领域。

对符合国家产业政策的节能、节水、节地、节材、资源综合利用等项目，金融机构应当给予优先贷款等信贷支持，并积极提供配套金融服务。

对生产、进口、销售或者使用列入淘汰名录的技术、工艺、设备、材料或者产品的企业，金融机构不得提供任何形式的授信支持。

第四十六条　国家实行有利于资源节约和合理利用的价格政策，引导单位和个人节约和合理使用水、电、气等资源性产品。

国务院和省、自治区、直辖市人民政府的价格主管部门应当按照国家产业政策，对资源高消耗行业中的限制类项目，实行限制性的价格政策。

对利用余热、余压、煤层气以及煤矸石、煤泥、垃圾等低热值燃料的并网发电项目，价格主管部门按照有利于资源综合利用的原则确定其上网电价。

省、自治区、直辖市人民政府可以根据本行政区域经济社会发展状况，实行垃圾排放收费制度。收取的费用专项用于垃圾分类、收集、运输、贮存、利用和处置，不得挪作他用。

国家鼓励通过以旧换新、押金等方式回收废物。

第四十七条　国家实行有利于循环经济发展的政府采购政策。使用财政性资金进行采购的，应当优先采购节能、节水、节材和有利于保护环境的产品及再生产品。

第四十八条　县级以上人民政府及其有关部门应当对在循环经济管理、科学技术研究、产品开发、示范和推广工作中做出显著成绩的单位和个人给予表彰和奖励。

企业事业单位应当对在循环经济发展中做出突出贡献的集体和个人给予表彰和奖励。

第六章 法律责任

第四十九条 县级以上人民政府循环经济发展综合管理部门或者其他有关主管部门发现违反本法的行为或者接到对违法行为的举报后不予查处，或者有其他不依法履行监督管理职责行为的，由本级人民政府或者上一级人民政府有关主管部门责令改正，对直接负责的主管人员和其他直接责任人员依法给予处分。

第五十条 生产、销售列入淘汰名录的产品、设备的，依照《中华人民共和国产品质量法》的规定处罚。

使用列入淘汰名录的技术、工艺、设备、材料的，由县级以上地方人民政府循环经济发展综合管理部门责令停止使用，没收违法使用的设备、材料，并处五万元以上二十万元以下的罚款；情节严重的，由县级以上人民政府循环经济发展综合管理部门提出意见，报请本级人民政府按照国务院规定的权限责令停业或者关闭。

违反本法规定，进口列入淘汰名录的设备、材料或者产品的，由海关责令退运，可以处十万元以上一百万元以下的罚款。进口者不明的，由承运人承担退运责任，或者承担有关处置费用。

第五十一条 违反本法规定，对在拆解或者处置过程中可能造成环境污染的电器电子等产品，设计使用列入国家禁止使用名录的有毒有害物质的，由县级以上地方人民政府市场监督管理部门责令限期改正；逾期不改正的，处二万元以上二十万元以下的罚款；情节严重的，依法吊销营业执照。

第五十二条 违反本法规定，电力、石油加工、化工、钢铁、有色金属和建材等企业未在规定的范围或者期限内停止使用不符合国家规定的燃油发电机组或者燃油锅炉的，由县级以上地方人民政府循环经济发展综合管理部门责令限期改正；逾期不改正的，责令拆除该燃油发电机组或者燃油锅炉，并处五万元以上五十万元以下的罚款。

第五十三条 违反本法规定，矿山企业未达到经依法审查确定的开采回采率、采矿贫化率、选矿回收率、矿山水循环利用率和土地复垦率等指标的，由县级以上人民政府地质矿产主管部门责令限期改正，处五万元以上五十万元以下的罚款；逾期不改正的，由采矿许可证颁发机关依法吊销采矿许可证。

第五十四条 违反本法规定，在国务院或者省、自治区、直辖市人民政府规定禁止生产、销售、使用粘土砖的期限或者区域内生产、销售或者使用粘土砖的，由县级以上地方人民政府指定的部门责令限期改正；有违法所得的，没收违法所得；逾期继续生产、销售的，由地方人民政府市场监督管理部门依法吊销营业执照。

第五十五条 违反本法规定，电网企业拒不收购企业利用余热、余压、煤层气以及煤矸石、煤泥、垃圾等低热值燃料生产的电力的，由国家电力监管机构责令限期改正；造成企业损失的，依法承担赔偿责任。

第五十六条 违反本法规定，有下列行为之一的，由地方人民政府市场监督管理部门责令限期改正，可以处五千元以上五万元以下的罚款；逾期不改正的，依法吊销营业执照；造成损失的，依法承担赔偿责任：

（一）销售没有再利用产品标识的再利用电器电子产品的；

（二）销售没有再制造或者翻新产品标识的再制造或者翻新产品的。

第五十七条　违反本法规定,构成犯罪的,依法追究刑事责任。

第七章　附　　则

第五十八条　本法自 2009 年 1 月 1 日起施行。

中华人民共和国长江保护法

（自 2021 年 3 月 1 日起施行）

2020 年 12 月 26 日，中华人民共和国第十三届全国人民代表大会常务委员会第二十四次会议通过《中华人民共和国长江保护法》，自 2021 年 3 月 1 日起施行。

目　录

第一章　总　　则
第二章　规划与管控
第三章　资源保护
第四章　水污染防治
第五章　生态环境修复
第六章　绿色发展
第七章　保障与监督
第八章　法律责任
第九章　附　　则

第一章　总　　则

第一条　为了加强长江流域生态环境保护和修复，促进资源合理高效利用，保障生态安全，实现人与自然和谐共生、中华民族永续发展，制定本法。

第二条　在长江流域开展生态环境保护和修复以及长江流域各类生产生活、开发建设活动，应当遵守本法。

本法所称长江流域，是指由长江干流、支流和湖泊形成的集水区域所涉及的青海省、四川省、西藏自治区、云南省、重庆市、湖北省、湖南省、江西省、安徽省、江苏省、上海市，以及甘肃省、陕西省、河南省、贵州省、广西壮族自治区、广东省、浙江省、福建省的相关县级行政区域。

第三条　长江流域经济社会发展，应当坚持生态优先、绿色发展，共抓大保护、不搞大开发；长江保护应当坚持统筹协调、科学规划、创新驱动、系统治理。

第四条　国家建立长江流域协调机制，统一指导、统筹协调长江保护工作，审议长江保护重大政策、重大规划，协调跨地区跨部门重大事项，督促检查长江保护重要工作的落实情况。

第五条　国务院有关部门和长江流域省级人民政府负责落实国家长江流域协调机制的决策，按照职责分工负责长江保护相关工作。

长江流域地方各级人民政府应当落实本行政区域的生态环境保护和修复、促进资源合理高效利用、优化产业结构和布局、维护长江流域生态安全的责任。

长江流域各级河湖长负责长江保护相关工作。

第六条 长江流域相关地方根据需要在地方性法规和政府规章制定、规划编制、监督执法等方面建立协作机制，协同推进长江流域生态环境保护和修复。

第七条 国务院生态环境、自然资源、水行政、农业农村和标准化等有关主管部门按照职责分工，建立健全长江流域水环境质量和污染物排放、生态环境修复、水资源节约集约利用、生态流量、生物多样性保护、水产养殖、防灾减灾等标准体系。

第八条 国务院自然资源主管部门会同国务院有关部门定期组织长江流域土地、矿产、水流、森林、草原、湿地等自然资源状况调查，建立资源基础数据库，开展资源环境承载能力评价，并向社会公布长江流域自然资源状况。

国务院野生动物保护主管部门应当每十年组织一次野生动物及其栖息地状况普查，或者根据需要组织开展专项调查，建立野生动物资源档案，并向社会公布长江流域野生动物资源状况。

长江流域县级以上地方人民政府农业农村主管部门会同本级人民政府有关部门对水生生物产卵场、索饵场、越冬场和洄游通道等重要栖息地开展生物多样性调查。

第九条 国家长江流域协调机制应当统筹协调国务院有关部门在已经建立的台站和监测项目基础上，健全长江流域生态环境、资源、水文、气象、航运、自然灾害等监测网络体系和监测信息共享机制。

国务院有关部门和长江流域县级以上地方人民政府及其有关部门按照职责分工，组织完善生态环境风险报告和预警机制。

第十条 国务院生态环境主管部门会同国务院有关部门和长江流域省级人民政府建立健全长江流域突发生态环境事件应急联动工作机制，与国家突发事件应急体系相衔接，加强对长江流域船舶、港口、矿山、化工厂、尾矿库等发生的突发生态环境事件的应急管理。

第十一条 国家加强长江流域洪涝干旱、森林草原火灾、地质灾害、地震等灾害的监测预报预警、防御、应急处置与恢复重建体系建设，提高防灾、减灾、抗灾、救灾能力。

第十二条 国家长江流域协调机制设立专家咨询委员会，组织专业机构和人员对长江流域重大发展战略、政策、规划等开展科学技术等专业咨询。

国务院有关部门和长江流域省级人民政府及其有关部门按照职责分工，组织开展长江流域建设项目、重要基础设施和产业布局相关规划等对长江流域生态系统影响的第三方评估、分析、论证等工作。

第十三条 国家长江流域协调机制统筹协调国务院有关部门和长江流域省级人民政府建立健全长江流域信息共享系统。国务院有关部门和长江流域省级人民政府及其有关部门应当按照规定，共享长江流域生态环境、自然资源以及管理执法等信息。

第十四条 国务院有关部门和长江流域县级以上地方人民政府及其有关部门应当加强长江流域生态环境保护和绿色发展的宣传教育。

新闻媒体应当采取多种形式开展长江流域生态环境保护和绿色发展的宣传教育，并依法对违法行为进行舆论监督。

第十五条 国务院有关部门和长江流域县级以上地方人民政府及其有关部门应当采取措施，保护长江流域历史文化名城名镇名村，加强长江流域文化遗产保护工作，继承和弘扬长江流域优秀特色文化。

第十六条 国家鼓励、支持单位和个人参与长江流域生态环境保护和修复、资源合理利用、促进绿色发展的活动。

对在长江保护工作中做出突出贡献的单位和个人，县级以上人民政府及其有关部门应当按照国家有关规定予以表彰和奖励。

第二章 规划与管控

第十七条 国家建立以国家发展规划为统领，以空间规划为基础，以专项规划、区域规划为支撑的长江流域规划体系，充分发挥规划对推进长江流域生态环境保护和绿色发展的引领、指导和约束作用。

第十八条 国务院和长江流域县级以上地方人民政府应当将长江保护工作纳入国民经济和社会发展规划。

国务院发展改革部门会同国务院有关部门编制长江流域发展规划，科学统筹长江流域上下游、左右岸、干支流生态环境保护和绿色发展，报国务院批准后实施。

长江流域水资源规划、生态环境保护规划等依照有关法律、行政法规的规定编制。

第十九条 国务院自然资源主管部门会同国务院有关部门组织编制长江流域国土空间规划，科学有序统筹安排长江流域生态、农业、城镇等功能空间，划定生态保护红线、永久基本农田、城镇开发边界，优化国土空间结构和布局，统领长江流域国土空间利用任务，报国务院批准后实施。涉及长江流域国土空间利用的专项规划应当与长江流域国土空间规划相衔接。

长江流域县级以上地方人民政府组织编制本行政区域的国土空间规划，按照规定的程序报经批准后实施。

第二十条 国家对长江流域国土空间实施用途管制。长江流域县级以上地方人民政府自然资源主管部门依照国土空间规划，对所辖长江流域国土空间实施分区、分类用途管制。

长江流域国土空间开发利用活动应当符合国土空间用途管制要求，并依法取得规划许可。对不符合国土空间用途管制要求的，县级以上人民政府自然资源主管部门不得办理规划许可。

第二十一条 国务院水行政主管部门统筹长江流域水资源合理配置、统一调度和高效利用，组织实施取用水总量控制和消耗强度控制管理制度。

国务院生态环境主管部门根据水环境质量改善目标和水污染防治要求，确定长江流域各省级行政区域重点污染物排放总量控制指标。长江流域水质超标的水功能区，应当实施更严格的污染物排放总量削减要求。企业事业单位应当按照要求，采取污染物排放总量控制措施。

国务院自然资源主管部门负责统筹长江流域新增建设用地总量控制和计划安排。

第二十二条 长江流域省级人民政府根据本行政区域的生态环境和资源利用状况，制定生态环境分区管控方案和生态环境准入清单，报国务院生态环境主管部门备案后实施。生态环境分区管控方案和生态环境准入清单应当与国土空间规划相衔接。

长江流域产业结构和布局应当与长江流域生态系统和资源环境承载能力相适应。禁止在长江流域重点生态功能区布局对生态系统有严重影响的产业。禁止重污染企业和项目向长江中上游转移。

第二十三条 国家加强对长江流域水能资源开发利用的管理。因国家发展战略和国计民生需要，在长江流域新建大中型水电工程，应当经科学论证，并报国务院或者国务院授权的部门批准。

对长江流域已建小水电工程，不符合生态保护要求的，县级以上地方人民政府应当组织分类整改或者采取措施逐步退出。

第二十四条 国家对长江干流和重要支流源头实行严格保护，设立国家公园等自然保护地，保护国家生态安全屏障。

第二十五条 国务院水行政主管部门加强长江流域河道、湖泊保护工作。长江流域县级以上地方人民政府负责划定河道、湖泊管理范围，并向社会公告，实行严格的河湖保护，禁止非法侵占河湖水域。

第二十六条 国家对长江流域河湖岸线实施特殊管制。国家长江流域协调机制统筹协调国务院自然资源、水行政、生态环境、住房和城乡建设、农业农村、交通运输、林业和草原等部门和长江流域省级人民政府划定河湖岸线保护范围，制定河湖岸线保护规划，严格控制岸线开发建设，促进岸线合理高效利用。

禁止在长江干支流岸线一公里范围内新建、扩建化工园区和化工项目。

禁止在长江干流岸线三公里范围内和重要支流岸线一公里范围内新建、改建、扩建尾矿库；但是以提升安全、生态环境保护水平为目的的改建除外。

第二十七条 国务院交通运输主管部门会同国务院自然资源、水行政、生态环境、农业农村、林业和草原主管部门在长江流域水生生物重要栖息地科学划定禁止航行区域和限制航行区域。

禁止船舶在划定的禁止航行区域内航行。因国家发展战略和国计民生需要，在水生生物重要栖息地禁止航行区域内航行的，应当由国务院交通运输主管部门商国务院农业农村主管部门同意，并应当采取必要措施，减少对重要水生生物的干扰。

严格限制在长江流域生态保护红线、自然保护地、水生生物重要栖息地水域实施航道整治工程；确需整治的，应当经科学论证，并依法办理相关手续。

第二十八条 国家建立长江流域河道采砂规划和许可制度。长江流域河道采砂应当依法取得国务院水行政主管部门有关流域管理机构或者县级以上地方人民政府水行政主管部门的许可。

国务院水行政主管部门有关流域管理机构和长江流域县级以上地方人民政府依法划定禁止采砂区和禁止采砂期，严格控制采砂区域、采砂总量和采砂区域内的采砂船舶数量。禁止在长江流域禁止采砂区和禁止采砂期从事采砂活动。

国务院水行政主管部门会同国务院有关部门组织长江流域有关地方人民政府及其有关部门开展长江流域河道非法采砂联合执法工作。

第三章 资源保护

第二十九条 长江流域水资源保护与利用，应当根据流域综合规划，优先满足城乡居民生活用水，保障基本生态用水，并统筹农业、工业用水以及航运等需要。

第三十条 国务院水行政主管部门有关流域管理机构商长江流域省级人民政府依法制定跨省河流水量分配方案，报国务院或者国务院授权的部门批准后实施。制定长江流域跨省河流水量分配方案应当征求国务院有关部门的意见。长江流域省级人民政府水行政主管部门制定本行政区域的长江流域水量分配方案，报本级人民政府批准后实施。

国务院水行政主管部门有关流域管理机构或者长江流域县级以上地方人民政府水行政主管部门依据批准的水量分配方案，编制年度水量分配方案和调度计划，明确相关河段和控制断面流量水量、水位管控要求。

第三十一条 国家加强长江流域生态用水保障。国务院水行政主管部门会同国务院有关部门提出长江干流、重要支流和重要湖泊控制断面的生态流量管控指标。其他河湖生态流量管控指标由长江流域县级以上地方人民政府水行政主管部门会同本级人民政府有关部门确定。

国务院水行政主管部门有关流域管理机构应当将生态水量纳入年度水量调度计划，保证河湖基本生态用水需求，保障枯水期和鱼类产卵期生态流量、重要湖泊的水量和水位，保障长江河口咸淡水平衡。

长江干流、重要支流和重要湖泊上游的水利水电、航运枢纽等工程应当将生态用水调度纳入日常运行调度规程，建立常规生态调度机制，保证河湖生态流量；其下泄流量不符合生态流量泄放要求的，由县级以上人民政府水行政主管部门提出整改措施并监督实施。

第三十二条 国务院有关部门和长江流域地方各级人民政府应当采取措施，加快病险水库除险加固，推进堤防和蓄滞洪区建设，提升洪涝灾害防御工程标准，加强水工程联合调度，开展河道泥沙观测和河势调查，建立与经济社会发展相适应的防洪减灾工程和非工程体系，提高防御水旱灾害的整体能力。

第三十三条 国家对跨长江流域调水实行科学论证，加强控制和管理。实施跨长江流域调水应当优先保障调出区域及其下游区域的用水安全和生态安全，统筹调出区域和调入区域用水需求。

第三十四条 国家加强长江流域饮用水水源地保护。国务院水行政主管部门会同国务院有关部门制定长江流域饮用水水源地名录。长江流域省级人民政府水行政主管部门会同本级人民政府有关部门制定本行政区域的其他饮用水水源地名录。

长江流域省级人民政府组织划定饮用水水源保护区，加强饮用水水源保护，保障饮用水安全。

第三十五条 长江流域县级以上地方人民政府及其有关部门应当合理布局饮用水水源取水口，制定饮用水安全突发事件应急预案，加强饮用水备用应急水源建设，对饮用水水源的水环境质量进行实时监测。

第三十六条 丹江口库区及其上游所在地县级以上地方人民政府应当按照饮用水水源地安全保障区、水质影响控制区、水源涵养生态建设区管理要求，加强山水林田湖草整体保护，增强水源涵养能力，保障水质稳定达标。

第三十七条 国家加强长江流域地下水资源保护。长江流域县级以上地方人民政府及其有关部门应当定期调查评估地下水资源状况，监测地下水水量、水位、水环境质量，并采取相应风险防范措施，保障地下水资源安全。

第三十八条 国务院水行政主管部门会同国务院有关部门确定长江流域农业、工业用水效率目标，加强用水计量和监测设施建设；完善规划和建设项目水资源论证制度；加强对高耗水行业、重点用水单位的用水定额管理，严格控制高耗水项目建设。

第三十九条 国家统筹长江流域自然保护地体系建设。国务院和长江流域省级人民政府在长江流域重要典型生态系统的完整分布区、生态环境敏感区以及珍贵野生动植物天然集中分布区和重要栖息地、重要自然遗迹分布区等区域，依法设立国家公园、自然保护区、自然公园等自然保护地。

第四十条 国务院和长江流域省级人民政府应当依法在长江流域重要生态区、生态状况脆弱区划定公益林，实施严格管理。国家对长江流域天然林实施严格保护，科学划定天然林保护重点区域。

长江流域县级以上地方人民政府应当加强对长江流域草原资源的保护，对具有调节气候、涵养水源、保持水土、防风固沙等特殊作用的基本草原实施严格管理。

国务院林业和草原主管部门和长江流域省级人民政府林业和草原主管部门会同本级人民政府有关部门，根据不同生态区位、生态系统功能和生物多样性保护的需要，发布长江流域国家重要湿地、地方重要湿地名录及保护范围，加强对长江流域湿地的保护和管理，维护湿地生态功能和生物多样性。

第四十一条　国务院农业农村主管部门会同国务院有关部门和长江流域省级人民政府建立长江流域水生生物完整性指数评价体系，组织开展长江流域水生生物完整性评价，并将结果作为评估长江流域生态系统总体状况的重要依据。长江流域水生生物完整性指数应当与长江流域水环境质量标准相衔接。

第四十二条　国务院农业农村主管部门和长江流域县级以上地方人民政府应当制定长江流域珍贵、濒危水生野生动植物保护计划，对长江流域珍贵、濒危水生野生动植物实行重点保护。

国家鼓励有条件的单位开展对长江流域江豚、白鱀豚、白鲟、中华鲟、长江鲟、鲸、鲥、四川白甲鱼、川陕哲罗鲑、胭脂鱼、鳡、圆口铜鱼、多鳞白甲鱼、华鲮、鲈鲤和葛仙米、弧形藻、眼子菜、水菜花等水生野生动植物生境特征和种群动态的研究，建设人工繁育和科普教育基地，组织开展水生生物救护。

禁止在长江流域开放水域养殖、投放外来物种或者其他非本地物种种质资源。

第四章　水污染防治

第四十三条　国务院生态环境主管部门和长江流域地方各级人民政府应当采取有效措施，加大对长江流域的水污染防治、监管力度，预防、控制和减少水环境污染。

第四十四条　国务院生态环境主管部门负责制定长江流域水环境质量标准，对国家水环境质量标准中未作规定的项目可以补充规定；对国家水环境质量标准中已经规定的项目，可以作出更加严格的规定。制定长江流域水环境质量标准应当征求国务院有关部门和有关省级人民政府的意见。长江流域省级人民政府可以制定严于长江流域水环境质量标准的地方水环境质量标准，报国务院生态环境主管部门备案。

第四十五条　长江流域省级人民政府应当对没有国家水污染物排放标准的特色产业、特有污染物，或者国家有明确要求的特定水污染源或者水污染物，补充制定地方水污染物排放标准，报国务院生态环境主管部门备案。

有下列情形之一的，长江流域省级人民政府应当制定严于国家水污染物排放标准的地方水污染物排放标准，报国务院生态环境主管部门备案：

（一）产业密集、水环境问题突出的；

（二）现有水污染物排放标准不能满足所辖长江流域水环境质量要求的；

（三）流域或者区域水环境形势复杂，无法适用统一的水污染物排放标准的。

第四十六条　长江流域省级人民政府制定本行政区域的总磷污染控制方案，并组织实施。对磷矿、磷肥生产集中的长江干支流，有关省级人民政府应当制定更加严格的总磷排放管控要求，有效控制总磷排放总量。

磷矿开采加工、磷肥和含磷农药制造等企业，应当按照排污许可要求，采取有效措施控制总磷排放浓度和排放总量；对排污口和周边环境进行总磷监测，依法公开监测信息。

第四十七条　长江流域县级以上地方人民政府应当统筹长江流域城乡污水集中处理设施及配套管

网建设，并保障其正常运行，提高城乡污水收集处理能力。

长江流域县级以上地方人民政府应当组织对本行政区域的江河、湖泊排污口开展排查整治，明确责任主体，实施分类管理。

在长江流域江河、湖泊新设、改设或者扩大排污口，应当按照国家有关规定报经有管辖权的生态环境主管部门或者长江流域生态环境监督管理机构同意。对未达到水质目标的水功能区，除污水集中处理设施排污口外，应当严格控制新设、改设或者扩大排污口。

第四十八条 国家加强长江流域农业面源污染防治。长江流域农业生产应当科学使用农业投入品，减少化肥、农药施用，推广有机肥使用，科学处置农用薄膜、农作物秸秆等农业废弃物。

第四十九条 禁止在长江流域河湖管理范围内倾倒、填埋、堆放、弃置、处理固体废物。长江流域县级以上地方人民政府应当加强对固体废物非法转移和倾倒的联防联控。

第五十条 长江流域县级以上地方人民政府应当组织对沿河湖垃圾填埋场、加油站、矿山、尾矿库、危险废物处置场、化工园区和化工项目等地下水重点污染源及周边地下水环境风险隐患开展调查评估，并采取相应风险防范和整治措施。

第五十一条 国家建立长江流域危险货物运输船舶污染责任保险与财务担保相结合机制。具体办法由国务院交通运输主管部门会同国务院有关部门制定。

禁止在长江流域水上运输剧毒化学品和国家规定禁止通过内河运输的其他危险化学品。长江流域县级以上地方人民政府交通运输主管部门会同本级人民政府有关部门加强对长江流域危险化学品运输的管控。

第五章　生态环境修复

第五十二条 国家对长江流域生态系统实行自然恢复为主、自然恢复与人工修复相结合的系统治理。国务院自然资源主管部门会同国务院有关部门编制长江流域生态环境修复规划，组织实施重大生态环境修复工程，统筹推进长江流域各项生态环境修复工作。

第五十三条 国家对长江流域重点水域实行严格捕捞管理。在长江流域水生生物保护区全面禁止生产性捕捞；在国家规定的期限内，长江干流和重要支流、大型通江湖泊、长江河口规定区域等重点水域全面禁止天然渔业资源的生产性捕捞。具体办法由国务院农业农村主管部门会同国务院有关部门制定。

国务院农业农村主管部门会同国务院有关部门和长江流域省级人民政府加强长江流域禁捕执法工作，严厉查处电鱼、毒鱼、炸鱼等破坏渔业资源和生态环境的捕捞行为。

长江流域县级以上地方人民政府应当按照国家有关规定做好长江流域重点水域退捕渔民的补偿、转产和社会保障工作。

长江流域其他水域禁捕、限捕管理办法由县级以上地方人民政府制定。

第五十四条 国务院水行政主管部门会同国务院有关部门制定并组织实施长江干流和重要支流的河湖水系连通修复方案，长江流域省级人民政府制定并组织实施本行政区域的长江流域河湖水系连通修复方案，逐步改善长江流域河湖连通状况，恢复河湖生态流量，维护河湖水系生态功能。

第五十五条 国家长江流域协调机制统筹协调国务院自然资源、水行政、生态环境、住房和城乡建设、农业农村、交通运输、林业和草原等部门和长江流域省级人民政府制定长江流域河湖岸线修复规范，确定岸线修复指标。

长江流域县级以上地方人民政府按照长江流域河湖岸线保护规划、修复规范和指标要求，制定并组织实施河湖岸线修复计划，保障自然岸线比例，恢复河湖岸线生态功能。

禁止违法利用、占用长江流域河湖岸线。

第五十六条 国务院有关部门会同长江流域有关省级人民政府加强对三峡库区、丹江口库区等重点库区消落区的生态环境保护和修复，因地制宜实施退耕还林还草还湿，禁止施用化肥、农药，科学调控水库水位，加强库区水土保持和地质灾害防治工作，保障消落区良好生态功能。

第五十七条 长江流域县级以上地方人民政府林业和草原主管部门负责组织实施长江流域森林、草原、湿地修复计划，科学推进森林、草原、湿地修复工作，加大退化天然林、草原和受损湿地修复力度。

第五十八条 国家加大对太湖、鄱阳湖、洞庭湖、巢湖、滇池等重点湖泊实施生态环境修复的支持力度。

长江流域县级以上地方人民政府应当组织开展富营养化湖泊的生态环境修复，采取调整产业布局规模、实施控制性水工程统一调度、生态补水、河湖连通等综合措施，改善和恢复湖泊生态系统的质量和功能；对氮磷浓度严重超标的湖泊，应当在影响湖泊水质的汇水区，采取措施削减化肥用量，禁止使用含磷洗涤剂，全面清理投饵、投肥养殖。

第五十九条 国务院林业和草原、农业农村主管部门应当对长江流域数量急剧下降或者极度濒危的野生动植物和受到严重破坏的栖息地、天然集中分布区、破碎化的典型生态系统制定修复方案和行动计划，修建迁地保护设施，建立野生动植物遗传资源基因库，进行抢救性修复。

在长江流域水生生物产卵场、索饵场、越冬场和洄游通道等重要栖息地应当实施生态环境修复和其他保护措施。对鱼类等水生生物洄游产生阻隔的涉水工程应当结合实际采取建设过鱼设施、河湖连通、生态调度、灌江纳苗、基因保存、增殖放流、人工繁育等多种措施，充分满足水生生物的生态需求。

第六十条 国务院水行政主管部门会同国务院有关部门和长江河口所在地人民政府按照陆海统筹、河海联动的要求，制定实施长江河口生态环境修复和其他保护措施方案，加强对水、沙、盐、潮滩、生物种群的综合监测，采取有效措施防止海水入侵和倒灌，维护长江河口良好生态功能。

第六十一条 长江流域水土流失重点预防区和重点治理区的县级以上地方人民政府应当采取措施，防治水土流失。生态保护红线范围内的水土流失地块，以自然恢复为主，按照规定有计划地实施退耕还林还草还湿；划入自然保护地核心保护区的永久基本农田，依法有序退出并予以补划。

禁止在长江流域水土流失严重、生态脆弱的区域开展可能造成水土流失的生产建设活动。确因国家发展战略和国计民生需要建设的，应当经科学论证，并依法办理审批手续。

长江流域县级以上地方人民政府应当对石漠化的土地因地制宜采取综合治理措施，修复生态系统，防止土地石漠化蔓延。

第六十二条 长江流域县级以上地方人民政府应当因地制宜采取消除地质灾害隐患、土地复垦、恢复植被、防治污染等措施，加快历史遗留矿山生态环境修复工作，并加强对在建和运行中矿山的监督管理，督促采矿权人切实履行矿山污染防治和生态环境修复责任。

第六十三条 长江流域中下游地区县级以上地方人民政府应当因地制宜在项目、资金、人才、管理等方面，对长江流域江河源头和上游地区实施生态环境修复和其他保护措施给予支持，提升长江流域生态脆弱区实施生态环境修复和其他保护措施的能力。

国家按照政策支持、企业和社会参与、市场化运作的原则，鼓励社会资本投入长江流域生态环境修复。

第六章　绿色发展

第六十四条　国务院有关部门和长江流域地方各级人民政府应当按照长江流域发展规划、国土空间规划的要求，调整产业结构，优化产业布局，推进长江流域绿色发展。

第六十五条　国务院和长江流域地方各级人民政府及其有关部门应当协同推进乡村振兴战略和新型城镇化战略的实施，统筹城乡基础设施建设和产业发展，建立健全全民覆盖、普惠共享、城乡一体的基本公共服务体系，促进长江流域城乡融合发展。

第六十六条　长江流域县级以上地方人民政府应当推动钢铁、石油、化工、有色金属、建材、船舶等产业升级改造，提升技术装备水平；推动造纸、制革、电镀、印染、有色金属、农药、氮肥、焦化、原料药制造等企业实施清洁化改造。企业应当通过技术创新减少资源消耗和污染物排放。

长江流域县级以上地方人民政府应当采取措施加快重点地区危险化学品生产企业搬迁改造。

第六十七条　国务院有关部门会同长江流域省级人民政府建立开发区绿色发展评估机制，并组织对各类开发区的资源能源节约集约利用、生态环境保护等情况开展定期评估。

长江流域县级以上地方人民政府应当根据评估结果对开发区产业产品、节能减排等措施进行优化调整。

第六十八条　国家鼓励和支持在长江流域实施重点行业和重点用水单位节水技术改造，提高水资源利用效率。

长江流域县级以上地方人民政府应当加强节水型城市和节水型园区建设，促进节水型行业产业和企业发展，并加快建设雨水自然积存、自然渗透、自然净化的海绵城市。

第六十九条　长江流域县级以上地方人民政府应当按照绿色发展的要求，统筹规划、建设与管理，提升城乡人居环境质量，建设美丽城镇和美丽乡村。

长江流域县级以上地方人民政府应当按照生态、环保、经济、实用的原则因地制宜组织实施厕所改造。

国务院有关部门和长江流域县级以上地方人民政府及其有关部门应当加强对城市新区、各类开发区等使用建筑材料的管理，鼓励使用节能环保、性能高的建筑材料，建设地下综合管廊和管网。

长江流域县级以上地方人民政府应当建设废弃土石渣综合利用信息平台，加强对生产建设活动废弃土石渣收集、清运、集中堆放的管理，鼓励开展综合利用。

第七十条　长江流域县级以上地方人民政府应当编制并组织实施养殖水域滩涂规划，合理划定禁养区、限养区、养殖区，科学确定养殖规模和养殖密度；强化水产养殖投入品管理，指导和规范水产养殖、增殖活动。

第七十一条　国家加强长江流域综合立体交通体系建设，完善港口、航道等水运基础设施，推动交通设施互联互通，实现水陆有机衔接、江海直达联运，提升长江黄金水道功能。

第七十二条　长江流域县级以上地方人民政府应当统筹建设船舶污染物接收转运处置设施、船舶液化天然气加注站，制定港口岸电设施、船舶受电设施建设和改造计划，并组织实施。具备岸电使用条件的船舶靠港应当按照国家有关规定使用岸电，但使用清洁能源的除外。

第七十三条　国务院和长江流域县级以上地方人民政府对长江流域港口、航道和船舶升级改造，液化天然气动力船舶等清洁能源或者新能源动力船舶建造，港口绿色设计等按照规定给予资金支持或者政策扶持。

国务院和长江流域县级以上地方人民政府对长江流域港口岸电设施、船舶受电设施的改造和使用按照规定给予资金补贴、电价优惠等政策扶持。

第七十四条　长江流域地方各级人民政府加强对城乡居民绿色消费的宣传教育，并采取有效措施，支持、引导居民绿色消费。

长江流域地方各级人民政府按照系统推进、广泛参与、突出重点、分类施策的原则，采取回收押金、限制使用易污染不易降解塑料用品、绿色设计、发展公共交通等措施，提倡简约适度、绿色低碳的生活方式。

第七章　保障与监督

第七十五条　国务院和长江流域县级以上地方人民政府应当加大长江流域生态环境保护和修复的财政投入。

国务院和长江流域省级人民政府按照中央与地方财政事权和支出责任划分原则，专项安排长江流域生态环境保护资金，用于长江流域生态环境保护和修复。国务院自然资源主管部门会同国务院财政、生态环境等有关部门制定合理利用社会资金促进长江流域生态环境修复的政策措施。

国家鼓励和支持长江流域生态环境保护和修复等方面的科学技术研究开发和推广应用。

国家鼓励金融机构发展绿色信贷、绿色债券、绿色保险等金融产品，为长江流域生态环境保护和绿色发展提供金融支持。

第七十六条　国家建立长江流域生态保护补偿制度。

国家加大财政转移支付力度，对长江干流及重要支流源头和上游的水源涵养地等生态功能重要区域予以补偿。具体办法由国务院财政部门会同国务院有关部门制定。

国家鼓励长江流域上下游、左右岸、干支流地方人民政府之间开展横向生态保护补偿。

国家鼓励社会资金建立市场化运作的长江流域生态保护补偿基金；鼓励相关主体之间采取自愿协商等方式开展生态保护补偿。

第七十七条　国家加强长江流域司法保障建设，鼓励有关单位为长江流域生态环境保护提供法律服务。

长江流域各级行政执法机关、人民法院、人民检察院在依法查处长江保护违法行为或者办理相关案件过程中，发现存在涉嫌犯罪行为的，应当将犯罪线索移送具有侦查、调查职权的机关。

第七十八条　国家实行长江流域生态环境保护责任制和考核评价制度。上级人民政府应当对下级人民政府生态环境保护和修复目标完成情况等进行考核。

第七十九条　国务院有关部门和长江流域县级以上地方人民政府有关部门应当依照本法规定和职责分工，对长江流域各类保护、开发、建设活动进行监督检查，依法查处破坏长江流域自然资源、污染长江流域环境、损害长江流域生态系统等违法行为。

公民、法人和非法人组织有权依法获取长江流域生态环境保护相关信息，举报和控告破坏长江流域自然资源、污染长江流域环境、损害长江流域生态系统等违法行为。

国务院有关部门和长江流域地方各级人民政府及其有关部门应当依法公开长江流域生态环境保护相关信息，完善公众参与程序，为公民、法人和非法人组织参与和监督长江流域生态环境保护提供便利。

第八十条 国务院有关部门和长江流域地方各级人民政府及其有关部门对长江流域跨行政区域、生态敏感区域和生态环境违法案件高发区域以及重大违法案件，依法开展联合执法。

第八十一条 国务院有关部门和长江流域省级人民政府对长江保护工作不力、问题突出、群众反映集中的地区，可以约谈所在地区县级以上地方人民政府及其有关部门主要负责人，要求其采取措施及时整改。

第八十二条 国务院应当定期向全国人民代表大会常务委员会报告长江流域生态环境状况及保护和修复工作等情况。

长江流域县级以上地方人民政府应当定期向本级人民代表大会或者其常务委员会报告本级人民政府长江流域生态环境保护和修复工作等情况。

第八章 法律责任

第八十三条 国务院有关部门和长江流域地方各级人民政府及其有关部门违反本法规定，有下列行为之一的，对直接负责的主管人员和其他直接责任人员依法给予警告、记过、记大过或者降级处分；造成严重后果的，给予撤职或者开除处分，其主要负责人应当引咎辞职：

（一）不符合行政许可条件准予行政许可的；

（二）依法应当作出责令停业、关闭等决定而未作出的；

（三）发现违法行为或者接到举报不依法查处的；

（四）有其他玩忽职守、滥用职权、徇私舞弊行为的。

第八十四条 违反本法规定，有下列行为之一的，由有关主管部门按照职责分工，责令停止违法行为，给予警告，并处一万元以上十万元以下罚款；情节严重的，并处十万元以上五十万元以下罚款：

（一）船舶在禁止航行区域内航行的；

（二）经同意在水生生物重要栖息地禁止航行区域内航行，未采取必要措施减少对重要水生生物干扰的；

（三）水利水电、航运枢纽等工程未将生态用水调度纳入日常运行调度规程的；

（四）具备岸电使用条件的船舶未按照国家有关规定使用岸电的。

第八十五条 违反本法规定，在长江流域开放水域养殖、投放外来物种或者其他非本地物种种质资源的，由县级以上人民政府农业农村主管部门责令限期捕回，处十万元以下罚款；造成严重后果的，处十万元以上一百万元以下罚款；逾期不捕回的，由有关人民政府农业农村主管部门代为捕回或者采取降低负面影响的措施，所需费用由违法者承担。

第八十六条 违反本法规定，在长江流域水生生物保护区内从事生产性捕捞，或者在长江干流和重要支流、大型通江湖泊、长江河口规定区域等重点水域禁捕期间从事天然渔业资源的生产性捕捞的，由县级以上人民政府农业农村主管部门没收渔获物、违法所得以及用于违法活动的渔船、渔具和其他工具，并处一万元以上五万元以下罚款；采取电鱼、毒鱼、炸鱼等方式捕捞，或者有其他严重情节的，并处五万元以上五十万元以下罚款。

收购、加工、销售前款规定的渔获物的，由县级以上人民政府农业农村、市场监督管理等部门按照职责分工，没收渔获物及其制品和违法所得，并处货值金额十倍以上二十倍以下罚款；情节严重的，吊销相关生产经营许可证或者责令关闭。

第八十七条　违反本法规定，非法侵占长江流域河湖水域，或者违法利用、占用河湖岸线的，由县级以上人民政府水行政、自然资源等主管部门按照职责分工，责令停止违法行为，限期拆除并恢复原状，所需费用由违法者承担，没收违法所得，并处五万元以上五十万元以下罚款。

第八十八条　违反本法规定，有下列行为之一的，由县级以上人民政府生态环境、自然资源等主管部门按照职责分工，责令停止违法行为，限期拆除并恢复原状，所需费用由违法者承担，没收违法所得，并处五十万元以上五百万元以下罚款，对直接负责的主管人员和其他直接责任人员处五万元以上十万元以下罚款；情节严重的，报经有批准权的人民政府批准，责令关闭：

（一）在长江干支流岸线一公里范围内新建、扩建化工园区和化工项目的；

（二）在长江干流岸线三公里范围内和重要支流岸线一公里范围内新建、改建、扩建尾矿库的；

（三）违反生态环境准入清单的规定进行生产建设活动的。

第八十九条　长江流域磷矿开采加工、磷肥和含磷农药制造等企业违反本法规定，超过排放标准或者总量控制指标排放含磷水污染物的，由县级以上人民政府生态环境主管部门责令停止违法行为，并处二十万元以上二百万元以下罚款，对直接负责的主管人员和其他直接责任人员处五万元以上十万元以下罚款；情节严重的，责令停产整顿，或者报经有批准权的人民政府批准，责令关闭。

第九十条　违反本法规定，在长江流域水上运输剧毒化学品和国家规定禁止通过内河运输的其他危险化学品的，由县级以上人民政府交通运输主管部门或者海事管理机构责令改正，没收违法所得，并处二十万元以上二百万元以下罚款，对直接负责的主管人员和其他直接责任人员处五万元以上十万元以下罚款；情节严重的，责令停业整顿，或者吊销相关许可证。

第九十一条　违反本法规定，在长江流域未依法取得许可从事采砂活动，或者在禁止采砂区和禁止采砂期从事采砂活动的，由国务院水行政主管部门有关流域管理机构或者县级以上地方人民政府水行政主管部门责令停止违法行为，没收违法所得以及用于违法活动的船舶、设备、工具，并处货值金额二倍以上二十倍以下罚款；货值金额不足十万元的，并处二十万元以上二百万元以下罚款；已经取得河道采砂许可证的，吊销河道采砂许可证。

第九十二条　对破坏长江流域自然资源、污染长江流域环境、损害长江流域生态系统等违法行为，本法未作行政处罚规定的，适用有关法律、行政法规的规定。

第九十三条　因污染长江流域环境、破坏长江流域生态造成他人损害的，侵权人应当承担侵权责任。

违反国家规定造成长江流域生态环境损害的，国家规定的机关或者法律规定的组织有权请求侵权人承担修复责任、赔偿损失和有关费用。

第九十四条　违反本法规定，构成犯罪的，依法追究刑事责任。

第九章　附　　则

第九十五条　本法下列用语的含义：

（一）本法所称长江干流，是指长江源头至长江河口，流经青海省、四川省、西藏自治区、云南省、重庆市、湖北省、湖南省、江西省、安徽省、江苏省、上海市的长江主河段；

（二）本法所称长江支流，是指直接或者间接流入长江干流的河流，支流可以分为一级支流、二级支流等；

（三）本法所称长江重要支流，是指流域面积一万平方公里以上的支流，其中流域面积八万平方公里以上的一级支流包括雅砻江、岷江、嘉陵江、乌江、湘江、沅江、汉江和赣江等。

第九十六条 本法自 2021 年 3 月 1 日起施行。

部委联合发布文件

生态环境部 发展改革委
关于印发《长江保护修复攻坚战行动计划》的通知

(环水体〔2018〕181号)

上海、江苏、浙江、安徽、江西、湖北、湖南、重庆、四川、贵州、云南省（市）人民政府，国务院有关部委、直属机构：

经国务院同意，现将《长江保护修复攻坚战行动计划》印发给你们，请认真贯彻落实。

生态环境部
发展改革委
2018年12月31日

长江保护修复攻坚战行动计划

长江是中华民族的母亲河，也是中华民族发展的重要支撑。推动长江经济带发展必须从中华民族长远利益考虑，把修复长江生态环境摆在压倒性位置，共抓大保护、不搞大开发。为深入贯彻全国生态环境保护大会精神，打好长江保护修复攻坚战，制定本行动计划。

一、总体要求

（一）指导思想。以习近平新时代中国特色社会主义思想为指导，全面贯彻党的十九大和十九届二中、三中全会精神，深入贯彻习近平生态文明思想和习近平总书记关于长江经济带发展重要讲话精神，认真落实党中央、国务院决策部署，以改善长江生态环境质量为核心，以长江干流、主要支流及重点湖库为突破口，统筹山水林田湖草系统治理，坚持污染防治和生态保护"两手发力"，推进水污染治理、水生态修复、水资源保护"三水共治"，突出工业、农业、生活、航运污染"四源齐控"，深化和谐长江、健康长江、清洁长江、安全长江、优美长江"五江共建"，创新体制机制，强化监督执法，落实各方责任，着力解决突出生态环境问题，确保长江生态功能逐步恢复，环境质量持续改善，为中华民族的母亲河永葆生机活力奠定坚实基础。

（二）基本原则。

——生态优先、统筹兼顾。树立绿水青山就是金山银山的理念，把修复长江生态环境摆在压倒性位置，融入长江经济带发展的各方面和全过程。以长江保护修复推动形成节约资源和保护生态环境的文化理念、产业结构、生产和生活方式，以高质量发展成果提升长江保护修复水平，努力实现长江发展与保护和谐共赢。

——空间管控、严守红线。坚持山水林田湖草系统治理，强化"三线一单"（生态保护红线、环境质量底线、资源利用上线，生态环境准入清单）硬约束，健全生态环境空间管控体系，划定河湖生态缓冲带，实施流域控制单元精细化管理，分解落实各级责任，用最严格制度最严密法治保护生态环境，坚决遏止沿河环湖各类无序开发活动。

——突出重点、带动全局。以长江干流、主要支流及重点湖库为重点,加快入河（湖、库）排污口（以下简称排污口）排查整治，强化工业、农业、生活、航运污染治理，加强生态系统保护修复，全面推动长江经济带大保护工作，为全国生态环境保护形成示范带动作用。

——齐抓共管、形成合力。坚持生态环境保护"党政同责""一岗双责"，落实地方生态环境保护责任。通过更好发挥政府的作用，激发和保障市场的决定性作用，完善"政府统领、企业施治、市场驱动、公众参与"的生态环境保护机制,构建齐抓共管大格局，着力解决长江大保护突出生态环境问题。

（三）工作目标。通过攻坚，长江干流、主要支流及重点湖库的湿地生态功能得到有效保护，生态用水需求得到基本保障，生态环境风险得到有效遏制，生态环境质量持续改善。到2020年年底，长江流域水质优良（达到或优于Ⅲ类）的国控断面比例达到85%以上，丧失使用功能（劣于Ⅴ类）的国控断面比例低于2%；长江经济带地级及以上城市建成区黑臭水体消除比例达90%以上，地级及以上城市集中式饮用水水源水质优良比例高于97%。

（四）重点区域范围。在长江经济带覆盖的上海、江苏、浙江、安徽、江西、湖北、湖南、重庆、四川、云南、贵州等11省市（以下称沿江11省市）范围内，以长江干流、主要支流及重点湖库为重点开展保护修复行动。长江干流主要指四川省宜宾市至入海口江段；主要支流包含岷江、沱江、赤水河、嘉陵江、乌江、清江、湘江、汉江、赣江等河流；重点湖库包含洞庭湖、鄱阳湖、巢湖、太湖、滇池、丹江口、洱海等湖库。

二、主要任务

（一）强化生态环境空间管控，严守生态保护红线。

完善生态环境空间管控体系。编制实施长江经济带国土空间规划，划定管制范围，严格管控空间开发利用。根据流域生态环境功能需要，明确生态环境保护要求，加快确定生态保护红线、环境质量底线、资源利用上线，制定生态环境准入清单。原则上在长江干流、主要支流及重点湖库周边一定范围划定生态缓冲带，依法严厉打击侵占河湖水域岸线、围垦湖泊、填湖造地等行为，各地可根据河湖周边实际情况对范围进行合理调整。开展生态缓冲带综合整治，严格控制与长江生态保护无关的开发活动，积极腾退受侵占的高价值生态区域，大力保护修复沿河环湖湿地生态系统，提高水环境承载能力。2019年年底前，基本建成长江经济带"三线一单"信息共享系统。2020年年底前，完成生态保护红线勘界定标工作。（生态环境部、自然资源部按职责分工牵头，发展改革委、住房城乡建设部、交通运输部、水利部、林草局等参与，地方各级人民政府负责落实。以下均需地方各级人民政府落实，不再列出）

实施流域控制单元精细化管理。坚持山水林田湖草系统治理，按流域整体推进水生态环境保护，强化水功能区水质目标管理，细化控制单元，明确考核断面，将流域生态环境保护责任层层分解到各级行政区域，结合实施河长制湖长制，构建以改善生态环境质量为核心的流域控制单元管理体系。2020年年底前，沿江11省市完成控制单元划分，确定控制单元考核断面和生态环境管控目标。（生态

环境部牵头，自然资源部、住房城乡建设部、水利部、农业农村部等参与）

整治劣Ⅴ类水体。以湖北省十堰市神定河口、泗河口断面，荆门市马良龚家湾、拖市、运粮湖同心队断面；四川省成都市二江寺断面，自贡市碳研所断面，内江市球溪河口断面；云南省昆明市通仙桥、富民大桥断面，楚雄州西观桥断面；贵州省黔南州凤山桥边断面等12个国控断面为重点，综合施策，力争2020年年底前长江流域国控断面基本消除劣Ⅴ类水体。（生态环境部牵头，有关部门参与）

（二）排查整治排污口，推进水陆统一监管。

按照水陆统筹、以水定岸的原则，有效管控各类入河排污口。统筹衔接前期长江入河排污口专项检查和整改提升工作安排，对于已查明的问题，加快推进整改工作。及时总结整改提升经验，为进一步深入排查奠定基础。选择有代表性的地级城市深入开展各类排污口排查整治试点，综合利用卫星遥感、无人机航拍、无人船和智能机器人探测等先进技术，全面查清各类排污口情况和存在的问题，实施分类管理，落实整治措施。通过试点工作，探索出排污口排查和整治经验，建立健全一整套排污口排查整治标准规范体系。2019年完成试点工作，之后在长江干流及主要支流全面开展排污口排查整治，并持续推进。（生态环境部牵头，有关部门参与）

（三）加强工业污染治理，有效防范生态环境风险。

优化产业结构布局。加快重污染企业搬迁改造或关闭退出，严禁污染产业、企业向长江中上游地区转移。长江干流及主要支流岸线1公里范围内不准新增化工园区，依法淘汰取缔违法违规工业园区。以长江干流、主要支流及重点湖库为重点，全面开展"散乱污"涉水企业综合整治，分类实施关停取缔、整合搬迁、提升改造等措施，依法淘汰涉及污染的落后产能。加强腾退土地污染风险管控和治理修复，确保腾退土地符合规划用地土壤环境质量标准。2020年年底前，沿江11省市有序开展"散乱污"涉水企业排查，积极推进清理和综合整治工作。（工业和信息化部、生态环境部牵头，发展改革委等参与）

规范工业园区环境管理。新建工业企业原则上都应在工业园区内建设并符合相关规划和园区定位，现有重污染行业企业要限期搬入产业对口园区。工业园区应按规定建成污水集中处理设施并稳定达标运行，禁止偷排漏排。加大现有工业园区整治力度，完善污染治理设施，实施雨污分流改造。组织评估依托城镇生活污水处理设施处理园区工业废水对出水的影响，导致出水不能稳定达标的，要限期退出城镇污水处理设施并另行专门处理。依法整治园区内不符合产业政策、严重污染环境的生产项目。2020年年底前，国家级开发区中的工业园区（产业园区）完成集中整治和达标改造。（生态环境部牵头，发展改革委、科技部、工业和信息化部、住房城乡建设部、商务部等参与）

强化工业企业达标排放。制定造纸、焦化、氮肥、有色金属、印染、农副食品加工、原料药制造、制革、农药、电镀等十大重点行业专项治理方案，推动工业企业全面达标排放。深入推进排污许可证制度，2020年年底前，完成覆盖所有固定污染源的排污许可证核发工作。（生态环境部、工业和信息化部等按职责分工负责）

推进"三磷"综合整治。组织湖北、四川、贵州、云南、湖南、重庆等省市开展"三磷"（即磷矿、磷肥和含磷农药制造等磷化工企业、磷石膏库）专项排查整治行动，磷矿重点排查矿井水等污水处理回用和监测监管，磷化工重点排查企业和园区的初期雨水、含磷农药母液收集处理以及磷酸生产环节磷回收，磷石膏库重点排查规范化建设管理和综合利用等情况。2019年上半年，相关省市完成排查，制定限期整改方案，并实施整改。2020年年底前，对排查整治情况进行监督检查和评估。（生态环境部牵头，有关部门参与）

加强固体废物规范化管理。实施打击固体废物环境违法行为专项行动，持续深入推动长江沿岸固体废物大排查，对发现的问题督促地方政府限期整改，对发现的违法行为依法查处，全面公开问题清单和整改进展情况。建立部门和区域联防联控机制，建立健全环保有奖举报制度，严厉打击固体废物非法转移和倾倒等活动。2020年年底前，有效遏制非法转移、倾倒、处置固体废物案件高发态势。深入落实《禁止洋垃圾入境推进固体废物进口管理制度改革实施方案》。（生态环境部牵头，工业和信息化部、公安部、住房城乡建设部、交通运输部、卫生健康委、海关总署等参与）

严格环境风险源头防控。开展长江生态隐患和环境风险调查评估，从严实施环境风险防控措施。深化沿江石化、化工、医药、纺织、印染、化纤、危化品和石油类仓储、涉重金属和危险废物等重点企业环境风险评估，限期治理风险隐患。在主要支流组织调查，摸清尾矿库底数，按照"一库一策"开展整治工作。（生态环境部牵头，发展改革委、工业和信息化部、应急部、自然资源部等参与）

（四）持续改善农村人居环境，遏制农业面源污染。

加快推进美丽宜居村庄建设。持续开展农村人居环境整治行动，推进农村"厕所革命"，探索建立符合农村实际的生活污水、垃圾处理处置体系，有条件的地区可开展农村生活垃圾分类减量化试点，推行垃圾就地分类和资源化利用。加快推进农村生态清洁小流域建设。加强农村饮用水水源环境状况调查评估和保护区（保护范围）划定。2020年年底前，有基础、有条件的地区基本实现农村生活垃圾处置体系全覆盖，农村生活污水治理率明显提高。（农业农村部牵头，生态环境部、住房城乡建设部、水利部、卫生健康委等参与）

实施化肥、农药施用量负增长行动。开展化肥、农药减量利用和替代利用，加大测土配方施肥推广力度，引导科学合理施肥施药。推进有机肥替代化肥和废弃农膜回收，完善废旧地膜和包装废弃物等回收处理制度。2020年年底前，化肥利用率提高到40%以上，测土配方施肥技术推广覆盖率达到93%以上，鄱阳湖和洞庭湖周边地区化肥、农药使用量比2015年减少10%以上。（农业农村部牵头，生态环境部等参与）

着力解决养殖业污染。推进畜禽粪污资源化利用，鼓励第三方处理企业开展畜禽粪污专业化集中处理，因地制宜推广粪污全量收集还田利用等技术模式。着力提升粪污处理设施装备配套率。2020年年底前，所有规模养殖场粪污处理设施装备配套率达到95%以上，生猪等畜牧大县整县实现畜禽粪污资源化利用。持续推进渔业绿色发展，发布实施养殖水域滩涂规划，依法划定禁止养殖区、限制养殖区和养殖区，禁止超规划养殖。积极引导渔民退捕转产，加快禁捕区域划定，实施水生生物保护区全面禁捕。严厉打击"电毒炸"和违反禁渔期禁渔区规定等非法捕捞行为，全面清理取缔"绝户网"等严重破坏水生生态系统的禁用渔具和涉渔"三无"船舶。2020年年底前，长江流域重点水域实现常年禁捕；重点湖库非法围网养殖完成全面整治。（农业农村部牵头，发展改革委、财政部、自然资源部、生态环境部、水利部、林草局等参与）

（五）补齐环境基础设施短板，保障饮用水水源水质安全。

加强饮用水水源保护。推动饮用水水源地规范化建设，划定饮用水水源保护区，规范保护区标志及交通警示标志设置，建设一级保护区隔离防护工程。全面推进长江经济带饮用水水源地环境保护专项行动，重点排查和整治县级及以上城市饮用水水源保护区内的违法违规问题。2020年年底前，城市饮用水水源地规范化建设比例达到60%以上，乡镇及以上集中式饮用水水源保护区划定工作基本完成。（生态环境部牵头，住房城乡建设部、水利部、交通运输部、林草局等参与）

推动城镇污水收集处理。加快推进沿江地级及以上城市建成区黑臭水体治理，以黑臭水体整治为契机，加快补齐生活污水收集和处理设施短板，推进老旧污水管网改造和破损修复，提升城镇污水处理水平。对污水处理设施产生的污泥进行稳定化、无害化和资源化处理处置，禁止处理处置不达标的污泥进入耕地，非法污泥堆放点一律予以取缔。2020年年底前，沿江地级及以上城市基本无生活污水直排口，基本消除城中村、老旧城区和城乡结合部生活污水收集处理设施空白区，城市生活污水集中收集效能显著提高，污泥无害化处理处置率达到90%以上。（住房城乡建设部牵头，发展改革委、生态环境部等参与）

全力推进垃圾收集转运及处理处置。建立健全城镇垃圾收集转运及处理处置体系，推动生活垃圾分类，统筹布局生活垃圾转运站，淘汰敞开式收运设施，在城市建成区推广密闭压缩式收运方式，加快建设生活垃圾处理设施。对于无渗滤液处理设施、渗滤液处理不达标的生活垃圾处理设施，加快完成改造。2020年年底前，完成城市水体蓝线范围内的非正规垃圾堆放点整治，实现沿江城镇垃圾全收集全处理。（住房城乡建设部牵头，发展改革委、生态环境部等参与）

（六）加强航运污染防治，防范船舶港口环境风险。

深入推进非法码头整治。巩固长江干线非法码头整治成果，研究建立监督管理长效机制，坚决防止反弹和死灰复燃。按照长江干线非法码头治理标准和生态保护红线管控等要求，开展长江主要支流非法码头整治，推进砂石集散中心建设，促进沿江港口码头科学布局。2020年年底前，全面完成长江主要支流非法码头清理取缔。（推动长江经济带发展领导小组办公室牵头制定长效机制的指导意见；交通运输部牵头推进相关工作，发展改革委、工业和信息化部、财政部、生态环境部、水利部等参与）

完善港口码头环境基础设施。优化沿江码头布局，严格危险化学品港口码头建设项目审批管理。推进生活污水、垃圾、含油污水、化学品洗舱水接收设施建设。加快港口码头岸电设施建设，逐步提高三峡、葛洲坝过闸船舶待闸期间岸电使用率。港口、船舶修造厂所在地市、县级人民政府切实落实《中华人民共和国水污染防治法》要求，统筹规划建设船舶污染物接收、转运及处理处置设施。2020年年底前，完成港口、船舶修造厂污染物接收设施建设，做好与城市公共转运、处置设施的衔接；主要港口和排放控制区港口50%以上已建的集装箱、客滚、邮轮、3千吨级以上客运和5万吨级以上干散货专业化泊位，具备向船舶供应岸电的能力。（交通运输部牵头，发展改革委、工业和信息化部、财政部、生态环境部、住房城乡建设部、国家电网、三峡集团等参与）

加强船舶污染防治及风险管控。积极治理船舶污染，严格执行《船舶水污染物排放控制标准》，加快淘汰不符合标准要求的高污染、高能耗、老旧落后船舶，推进现有不达标船舶升级改造。2020年年底前，完成现有船舶改造，经改造仍不能达到标准要求的，加快淘汰。尽快制定化学品运输船舶强制洗舱规定，促进化学品洗舱水达标处理。强化长江干流及主要支流水上危险化学品运输环境风险防范，严厉打击危险化学品非法水上运输及油污水、化学品洗舱水等非法转运处置等行为。2020年年底前，严禁单壳化学品船和600载重吨以上的单壳油船进入长江干线、京杭运河、长江三角洲等高等级航道网以及乌江、湘江、沅水、赣江、信江、合裕航道、江汉运河。（交通运输部牵头，工业和信息化部、生态环境部、商务部、市场监管总局等参与）

（七）优化水资源配置，有效保障生态用水需求。

实行水资源消耗总量和强度双控。严格用水总量指标管理，健全覆盖省、市、县三级行政区域的用水总量控制指标体系，加快完成跨省江河流域水量分配，严格取用水管控。严格用水强度指标管理，建立重点用水单位监控名录，对纳入取水许可管理的单位和其他用水大户实行计划用水管理。2020年年底前，长江经济带用水总量控制在2922亿立方米以内；万元工业增加值用水量比2015年下降25%以上。（水利部牵头，发展改革委、工业和信息化部等参与）

严格控制小水电开发。严格控制长江干流及主要支流小水电、引水式水电开发。沿江11省市组织开展摸底排查，科学评估，建立台账，实施分类清理整顿，依法退出涉及自然保护区核心区或缓冲区、严重破坏生态环境的违法违规建设项目，进行必要的生态修复。全面整改审批手续不全、影响生态环境的小水电项目。对保留的小水电项目加强监管，完善生态环境保护措施。2020年年底前，基本完成小水电清理整顿工作。（水利部牵头，发展改革委、自然资源部、生态环境部、能源局、农业农村部等参与）

切实保障生态流量。加强流域水量统一调度，切实保障长江干流、主要支流和重点湖库基本生态用水需求。深化河湖水系连通运行管理，实施长江上中游水库群联合调度，增加枯水期下泄流量，确保生态用水比例只增不减。2020年年底前，长江干流及主要支流主要控制节点生态基流占多年平均流量比例在15%左右。（水利部牵头，发展改革委、生态环境部、交通运输部、农业农村部、统计局、国家电网、三峡集团等参与）

（八）强化生态系统管护，严厉打击生态破坏行为。

严格岸线保护修复。实施长江岸线保护和开发利用总体规划，统筹规划长江岸线资源，严格分区管理与用途管制。落实河长制湖长制，编制"一河一策""一湖一策"方案，针对突出问题，开展专项整治行动，严厉打击筑坝围堰等违法违规行为。推进长江干流两岸城市规划范围内滨水绿地等生态缓冲带建设。落实岸线规划分区管控要求，组织开展长江干流岸线保护和利用专项检查行动。2020年年底前，基本完成岸线修复工作，恢复岸线生态功能。（水利部、住房城乡建设部按职责分工牵头，自然资源部、交通运输部、林草局等参与）

严禁非法采砂。沿江11省市严格落实禁采区、可采区、保留区和禁采期管理措施，加强对非法采砂行为的监督执法。2019年年底前，组织跨部门联合监督检查和执法专项行动，严厉打击非法采砂行为。2020年年底前，建立长江干流及主要支流非法采砂跨区域联动执法机制。（水利部牵头，公安部、自然资源部、交通运输部等参与）

实施生态保护修复。从生态系统整体性和长江流域系统性出发，开展长江生态环境大普查，摸清资源环境本底情况，系统梳理和掌握各类生态环境风险隐患。（生态环境部会同自然资源部、水利部、林草局等部门负责）开展退耕还林还草还湿、天然林资源保护、河湖与湿地保护恢复、矿山生态修复、水土流失和石漠化综合治理、森林质量精准提升、长江防护林体系建设、野生动植物保护及自然保护区建设、生物多样性保护等生态保护修复工程。因地制宜实施排污口下游、主要入河（湖）口等区域人工湿地水质净化工程。强化以中华鲟、长江鲟、长江江豚为代表的珍稀濒危物种拯救工作，加大长江水生生物重要栖息地保护力度，实施水生生物产卵场、索饵场、越冬场和洄游通道等关键生境保护修复工程，开展长江干流、主要支流及重点湖库水生生物保护区监督检查。2020年年底前，以国际重要湿地和国家级湿地自然保护区为重点，完成10处左右湿地保护与修复工程建设。（发展改革委、自然资源部、生态环境部、水利部、农业农村部、林草局等按照职责分工负责）

强化自然保护区生态环境监管。持续开展自然保护区监督检查专项行动，重点排查自然保护区内采矿（石）、采砂、设立码头、开办工矿企业、挤占河（湖）岸、侵占湿地以及核心区缓冲区内旅游开发、水电开发等对生态环境影响较大的活动,坚决查处各种违法违规行为。2019年6月底前,沿江11省市完成长江干流、主要支流和重点湖库各级自然保护区自查,制定限期整改方案。对自查和整改情况,开展监督检查。(生态环境部牵头,自然资源部、交通运输部、农业农村部、水利部、林草局等参与)

三、保障措施

(一)加强党的领导。

全面落实生态环境保护"党政同责""一岗双责"。地方政府要把打好长江保护修复攻坚战放在突出位置,主要领导是本行政区域第一责任人,组织制定本地区工作方案,细化分解目标任务,明确部门分工,落实各级河长湖长责任,确保各项工作有力有序完成。各有关部门切实履行生态环境保护职责,主动对表、积极作为、分工协作、共同发力,构建长江保护修复齐抓共管大格局。(生态环境部牵头,有关部门参与)

严格考核问责。将长江保护修复攻坚战年度和终期目标任务完成情况作为重要内容,纳入污染防治攻坚战成效考核,做好考核结果应用。发现篡改、伪造监测数据的地区,考核结果认定为不合格,并依法依纪追究责任。对工作不力、责任不落实、环境污染严重、问题突出的地区,由生态环境部公开约谈当地政府主要负责人。按照国家有关规定,对在长江保护修复攻坚战工作中涌现出的先进典型予以表彰奖励。(生态环境部牵头,中央组织部、人力资源社会保障部等参与)

(二)完善政策法规标准。

强化长江保护法律保障。推动制定出台长江保护法,为长江经济带实现绿色发展,全面系统解决空间管控、防洪减灾、水资源开发利用与保护、水污染防治、水生态保护、航运管理、产业布局等重大问题提供法律保障。(司法部、生态环境部、发展改革委、交通运输部、水利部、自然资源部、林草局等部门参与)

推动制定地方性环境标准。根据流域生态环境功能目标,明确流域生态环境管控要求,有针对性制定地方水污染物排放标准。岷江、沱江、乌江等总磷污染重点区域应研究制定针对总磷控制的地方水污染物排放标准。(生态环境部牵头,有关部门参与)

(三)健全投资与补偿机制。

拓宽投融资渠道。各级财政支出要向长江保护修复攻坚战倾斜,增加中央水污染防治专项投入。采取多种方式拓宽融资渠道,鼓励、引导和吸引政府与社会资本合作(PPP)项目参与长江生态环境保护修复。完善资源环境价格收费政策,探索将生态环境成本纳入经济运行成本,逐步建立完善污水垃圾处理收费制度,城镇污水处理收费标准原则上应补偿到污水处理和污泥处置设施正常运营并合理盈利。扩大差别电价、阶梯电价执行的行业范围,拉大峰谷电价价差,探索建立基于单位产值能耗、污染物排放的差别化电价政策。完善高耗水行业用水价格机制,提高火电、钢铁、纺织、造纸、化工、食品发酵等高耗水行业用水价格,鼓励发展节水高效现代农业。全面清理取消对高污染排放行业的各种不合理价格优惠政策,研究完善有机肥生产销售运输使用等环节的支持政策和长江港口、水上服务区、待闸锚地岸电电价扶持政策。(发展改革委、财政部、人民银行按职责分工牵头,生态环境部、住房城乡建设部、水利部等参与)

完善流域生态补偿。健全长江流域生态补偿机制,深入实施长江经济带生态保护修复奖励政策,进一步加大中央财政支持长江经济带及源头地区生态补偿资金投入,推进沿江11省市实施市场化、多元化的横向生态补偿。实行国家重点生态功能区转移支付资金与补偿地区生态环境保护绩效挂钩。沿江 11 省市加快建立行政区域内与水生态环境质量挂钩的财政资金奖惩机制。（财政部牵头，发展改革委、生态环境部、水利部、农业农村部、自然资源部、林草局等参与）

（四）强化科技支撑。

加强科学研究和成果转化。加快开展长江生态保护修复技术研发，系统推进区域污染源头控制、过程削减、末端治理等技术集成创新与风险管理创新，尽快形成一批可复制可推广的区域生态环境治理技术模式。加强珍稀濒危物种保护及其关键生境修复技术攻关。整合各方科技资源，创新科技服务模式，促进水体污染控制与治理科技重大专项、水资源高效开发利用、重大有害生物灾害防治、农业面源和重金属污染农田综合防治与修复技术研发等科研项目成果转化。（科技部、生态环境部、住房城乡建设部按职责分工牵头，水利部、农业农村部、林草局等参与）

大力发展节能环保产业。积极发展节能环保技术、装备、服务等产业，完善支持政策。构建市场导向的绿色技术创新体系。创新环境治理服务模式，拓展环境服务托管、第三方监测治理等服务市场。培育农业农村环境治理市场主体，推动建立政府主导、市场主体、农户参与的农业生产和农村生活废弃物收集、转化、利用三级网络体系。（发展改革委牵头，工业和信息化部、科技部、生态环境部、水利部、农业农村部等参与）

（五）严格生态环境监督执法。

建立完善长江环境污染联防联控机制和预警应急体系，建立健全跨部门、跨区域突发环境事件应急响应机制和执法协作机制，加强长江流域环境违法违规企业信息共享，构建环保信用评价结果互认互用机制。（生态环境部牵头，最高人民法院、最高人民检察院、发展改革委、公安部、司法部、交通运输部、水利部、农业农村部、林草局等参与）

加大生态环境执法力度。加快组建长江流域环境监管执法机构，增强环境监管和行政执法合力。统一实行生态环境保护执法，从严处罚生态环境违法行为，着力解决长江流域环境违法、生态破坏、风险隐患突出等问题。坚持铁腕治污，对非法排污、违法处置固体废物特别是危险废物等行为，综合运用按日连续处罚、查封扣押、限产停产等手段依法从严查处。强化排污者责任，对未依法取得排污许可证、未按证排污的排污单位，依法依规从严处罚。加强涉生态环境保护的司法力量建设，健全行政执法与刑事司法、行政检察衔接机制，完善信息共享、案情通报、案件移送等制度。（生态环境部、中央编办按职责分工牵头，最高人民法院、最高人民检察院、公安部、司法部、交通运输部、水利部、农业农村部等参与）

深入开展生态环境保护督察。将长江保护修复攻坚战目标任务完成情况纳入中央生态环境保护督察及其"回头看"范畴，对污染治理不力、保护修复进展缓慢、存在突出环境问题、生态环境质量改善达不到进度要求甚至恶化的地区，视情组织专项督察，进一步压实地方政府及有关部门责任，杜绝敷衍整改、表面整改、假装整改。全面开展省级生态环境保护督察，实现对地市督察全覆盖。建立完善排查、交办、核查、约谈、专项督察"五步法"监管机制。（生态环境部负责）

提升监测预警能力。开展天地一体化长江水生态环境监测调查评估，完善水生态监测指标体系，开展水生生物多样性监测试点，逐步完善水生态环境监测评估方法。制定实施长江经济带排污口监测体系建设方案。落实水环境质量监测预警办法，对水环境质量达标滞后地区开展预警工作。完成长江干流岸线生态环境无人机遥感调查，摸清长江干流岸线排污口、固体废物堆放、岸线开发利用、生态

本底、企业空间分布等情况。（生态环境部牵头，有关部门参与）

（六）促进公众参与。

加强环境信息公开。定期公开国控断面水质状况、水环境质量达标滞后地区等信息。地方各级人民政府及时公开本行政区域内生态环境质量、"三线一单"划定及落实、饮用水水源地保护及水质、黑臭水体整治等攻坚战相关任务完成情况等信息。重点企业定期公开污染物排放、治污设施运行情况等环境信息。各地要建立宣传引导和群众投诉反馈机制，发布权威信息，及时回应群众关心的热点、难点问题。（生态环境部牵头，有关部门参与）

构建全民行动格局。增强人民群众的获得感，聚焦群众身边的突出生态环境问题，引导群众建言献策，鼓励群众通过多种渠道举报生态环境违法行为，接受群众监督，群策群力，群防群治，让全社会参与到保护母亲河行动中来。鼓励有条件的地区选择环境监测、城市污水和垃圾处理等设施向公众开放，拓宽公众参与渠道。新闻媒体充分发挥监督引导作用，全面阐释长江保护修复的重要意义，积极宣传各地生态环境管理法律法规、政策文件、工作动态和经验做法。（生态环境部牵头，中央宣传部、教育部等参与）

住房和城乡建设部 国家发展改革委 教育部 工业和信息化部 人民银行 国管局 银保监会 关于印发《绿色建筑创建行动方案》的通知

(建标〔2020〕65号)

各省、自治区、直辖市住房和城乡建设厅（委、管委）、发展改革委、教育厅（委）、工业和信息化主管部门、机关事务主管部门，人民银行上海总部、各分行、营业管理部、省会（首府）城市中心支行、副省级城市中心支行，各银保监局，新疆生产建设兵团住房和城乡建设局、发展改革委、教育局、工业和信息化局、机关事务管理局：

为贯彻落实习近平生态文明思想和党的十九大精神，依据《国家发展改革委关于印发〈绿色生活创建行动总体方案〉的通知》（发改环资〔2019〕1696号）要求，决定开展绿色建筑创建行动。现将《绿色建筑创建行动方案》印发给你们，请结合本地区实际，认真贯彻执行。

中华人民共和国住房和城乡建设部
中华人民共和国国家发展和改革委员会
中华人民共和国教育部
中华人民共和国工业和信息化部
中国人民银行
国家机关事务管理局
中国银行保险监督管理委员会
2020年7月15日

绿色建筑创建行动方案

为全面贯彻党的十九大和十九届二中、三中、四中全会精神，深入贯彻习近平生态文明思想，按照《国家发展改革委关于印发〈绿色生活创建行动总体方案〉的通知》（发改环资〔2019〕1696号）要求，推动绿色建筑高质量发展，制定本方案。

一、创建对象

绿色建筑创建行动以城镇建筑作为创建对象。绿色建筑指在全寿命期内节约资源、保护环境、减少污染，为人们提供健康、适用、高效的使用空间，最大限度实现人与自然和谐共生的高质量建筑。

二、创建目标

到 2022 年，当年城镇新建建筑中绿色建筑面积占比达到 70%，星级绿色建筑持续增加，既有建筑能效水平不断提高，住宅健康性能不断完善，装配化建造方式占比稳步提升，绿色建材应用进一步扩大，绿色住宅使用者监督全面推广，人民群众积极参与绿色建筑创建活动，形成崇尚绿色生活的社会氛围。

三、重点任务

（一）推动新建建筑全面实施绿色设计。制修订相关标准，将绿色建筑基本要求纳入工程建设强制规范，提高建筑建设底线控制水平。推动绿色建筑标准实施，加强设计、施工和运行管理。推动各地绿色建筑立法，明确各方主体责任，鼓励各地制定更高要求的绿色建筑强制性规范。

（二）完善星级绿色建筑标识制度。根据国民经济和社会发展第十三个五年规划纲要、国务院办公厅《绿色建筑行动方案》（国办发〔2013〕1号）等相关规定，规范绿色建筑标识管理，由住房和城乡建设部、省级政府住房和城乡建设部门、地市级政府住房和城乡建设部门分别授予三星、二星、一星绿色建筑标识。完善绿色建筑标识申报、审查、公示制度，统一全国认定标准和标识式样。建立标识撤销机制，对弄虚作假行为给予限期整改或直接撤销标识处理。建立全国绿色建筑标识管理平台，提高绿色建筑标识工作效率和水平。

（三）提升建筑能效水效水平。结合北方地区清洁取暖、城镇老旧小区改造、海绵城市建设等工作，推动既有居住建筑节能节水改造。开展公共建筑能效提升重点城市建设，建立完善运行管理制度，推广合同能源管理与合同节水管理，推进公共建筑能耗统计、能源审计及能效公示。鼓励各地因地制宜提高政府投资公益性建筑和大型公共建筑绿色等级，推动超低能耗建筑、近零能耗建筑发展，推广可再生能源应用和再生水利用。

（四）提高住宅健康性能。结合疫情防控和各地实际，完善实施住宅相关标准，提高建筑室内空气、水质、隔声等健康性能指标，提升建筑视觉和心理舒适性。推动一批住宅健康性能示范项目，强化住宅健康性能设计要求，严格竣工验收管理，推动绿色健康技术应用。

（五）推广装配化建造方式。大力发展钢结构等装配式建筑，新建公共建筑原则上采用钢结构。编制钢结构装配式住宅常用构件尺寸指南，强化设计要求，规范构件选型，提高装配式建筑构配件标准化水平。推动装配式装修。打造装配式建筑产业基地，提升建造水平。

（六）推动绿色建材应用。加快推进绿色建材评价认证和推广应用，建立绿色建材采信机制，推动建材产品质量提升。指导各地制定绿色建材推广应用政策措施，推动政府投资工程率先采用绿色建材，逐步提高城镇新建建筑中绿色建材应用比例。打造一批绿色建材应用示范工程，大力发展新型绿色建材。

（七）加强技术研发推广。加强绿色建筑科技研发，建立部省科技成果库，促进科技成果转化。积极探索 5G、物联网、人工智能、建筑机器人等新技术在工程建设领域的应用，推动绿色建造与新技术融合发展。结合住房和城乡建设部科学技术计划和绿色建筑创新奖，推动绿色建筑新技术应用。

（八）建立绿色住宅使用者监督机制。制定《绿色住宅购房人验房指南》，向购房人提供房屋绿色性能和全装修质量验收方法，引导绿色住宅开发建设单位配合购房人做好验房工作。鼓励各地将住宅绿色性能和全装修质量相关指标纳入商品房买卖合同、住宅质量保证书和住宅使用说明书，明确质量保修责任和纠纷处理方式。

四、组织实施

（一）加强组织领导。省级政府住房和城乡建设、发展改革、教育、工业和信息化、机关事务管理等部门，要在各省（区、市）党委和政府直接指导下，认真落实绿色建筑创建行动方案，制定本地区创建实施方案，细化目标任务，落实支持政策，指导市、县编制绿色建筑创建行动实施计划，确保创建工作落实到位。各省（区、市）和新疆生产建设兵团住房和城乡建设部门应于 2020 年 8 月底前将本地区绿色建筑创建行动实施方案报住房和城乡建设部。

（二）加强财政金融支持。各地住房和城乡建设部门要加强与财政部门沟通，争取资金支持。各地要积极完善绿色金融支持绿色建筑的政策环境，推动绿色金融支持绿色建筑发展，用好国家绿色发展基金，鼓励采用政府和社会资本合作（PPP）等方式推进创建工作。

（三）强化绩效评价。住房和城乡建设部会同相关部门按照本方案，对各省（区、市）和新疆生产建设兵团绿色建筑创建行动工作落实情况和取得的成效开展年度总结评估，及时推广先进经验和典型做法。省级政府住房和城乡建设等部门负责组织本地区绿色建筑创建成效评价，及时总结当年进展情况和成效，形成年度报告，并于每年 11 月底前报住房和城乡建设部。

（四）加大宣传推广力度。各地要组织多渠道、多种形式的宣传活动，普及绿色建筑知识，宣传先进经验和典型做法，引导群众用好各类绿色设施，合理控制室内采暖空调温度，推动形成绿色生活方式。发挥街道、社区等基层组织作用，积极组织群众参与，通过共谋共建共管共评共享，营造有利于绿色建筑创建的社会氛围。

国家发展改革委办公厅 工业和信息化部办公厅关于推进大宗固体废弃物综合利用产业集聚发展的通知

(发改办环资〔2019〕44号)

各省、自治区、直辖市及计划单列市、新疆生产建设兵团发展改革委、工业和信息化主管部门：

为落实《中华人民共和国国民经济和社会发展第十三个五年规划纲要》《循环发展引领行动》和《工业绿色发展规划》，促进产业集聚，提高资源综合利用水平，推动资源综合利用产业高质量发展，拟开展大宗固体废弃物综合利用基地建设。

一、重要意义

改革开放40年来，我国经济快速发展，煤炭、电力、冶金、化工等行业迅猛发展，产业水平不断提高、规模不断扩大、能力不断增强。随之而来的环境和资源压力也在不断加大，其中，大宗固体废弃物排放已影响和制约着产业经济的高质量发展。因此，不断提高大宗固体废弃物综合利用水平、提高资源利用效率，对缓解资源瓶颈压力、培育新的经济增长点具有重要意义。

开展大宗固体废弃物综合利用基地建设，有助于推进大宗固体废弃物综合利用产业集聚发展，是不断提高和扩大大宗固体废弃物综合利用技术水平、装备能力、应用规模和领域、品质和效益等的有效途径和重要保障。

二、总体要求

（一）指导思想。按照生态文明建设的总体要求，以集聚化、产业化、市场化、生态化为导向，以提高资源利用效率为核心，着力技术创新和制度创新，探索大宗固体废弃物区域整体协同解决方案，推动大宗固体废弃物由"低效、低值、分散利用"向"高效、高值、规模利用"转变，带动资源综合利用水平的全面提升，推动经济高质量可持续发展。

（二）基本原则。坚持政府引导与市场主导相结合。坚持节约资源和环境保护的基本国策，充分发挥市场配置资源的决定性作用，促使大宗固体废弃物资源化利用成为企业降低成本、提高效益、持续发展的内生动力。

坚持源头减量与综合利用相结合。通过优化设计、科学管理，从源头减少固体废弃物排放量；通过提高品质、扩大品种和拓展应用领域，提高资源综合利用水平，不断增加大宗固体废弃物利用量，最终实现大宗固体废弃物增量和存量总和的负增长。

坚持创新驱动与政策激励相结合。创新驱动，鼓励技术创新与模式创新，攻克关键技术、加强平台建设、促进技术集成、推广示范产业。完善政策，研究制定有效推动资源综合利用的产业政策、财税政策和金融政策等。

坚持重点突破与因地制宜相结合。重点突破产生大宗固体废弃物的重点行业和领域；从技术、标准、政策和管理等多个方面，因地制宜，研究和推动大宗固体废弃物综合利用产业发展。

（三）总体目标。探索建设一批具有示范和引领作用的综合利用产业基地，到2020年，建设50个大宗固体废弃物综合利用基地、50个工业资源综合利用基地，基地废弃物综合利用率达到75%以上，形成多途径、高附加值的综合利用发展新格局。

三、重点任务

以尾矿（共伴生矿）、煤矸石、粉煤灰、冶金渣（赤泥）、化工渣（工业副产石膏）、工业废弃料（建筑垃圾）、农林废弃物及其他类大宗固体废弃物为重点，选择废弃物产生量大且相对集中、具备资源综合利用基础、产业创新能力强、产品市场前景好、规模带动效益明显的地区，通过政策协同、机制创新和项目牵引等综合措施，开发和推广一批大宗固体废弃物综合利用先进技术、装备及高附加值产品；制（修）订一系列大宗固体废弃物综合利用标准和规范；实施一批具有示范作用的重点项目；培育一批具有较强竞争力的骨干企业；构建和延伸跨企业、跨行业、跨区域的综合利用产业链条，促进大宗固体废弃物综合利用产业高质量发展。

（一）尾矿（共伴生矿）。开展尾矿、共伴生矿、非金属矿、废石有用组分高效分离提取和高值化利用，协同生产建筑材料，实现尾矿有效替代水泥原料。鼓励资源枯竭矿区开展尾矿回填和尾矿库复垦，推广低成本高效胶结填充。深化尾矿在农业领域无害化利用、生态环境修复治理方面的利用。鼓励提取有价组分项目与剩余废渣综合利用项目"捆绑式"建设模式，大力推进多种固体废弃物协同利用。

（二）煤矸石。因地制宜，注重煤矸石的整体规划与资源整合；加大采空区煤矸石回填、煤矸石充填和筑基修路的力度；合理推动煤矸石发电、生产建材、复垦绿化等规模化利用。开展煤矸石多元素、多组分梯级利用，推进煤矸石高值化利用，提取有用矿物元素，重点研发煤矸石生产农业肥料、净水材料、胶结充填专用胶凝材料等高附加值产品。

（三）粉煤灰。大力发展粉煤灰规模化利用和高值化利用，重点解决粉煤灰综合利用区域瓶颈问题。开发应用大掺量粉煤灰混凝土技术，改造提升粉煤灰生产砌块等新型建材的技术水平、产品质量，继续扩大在建材领域的应用规模。持续推动粉煤灰有用组分提取及农业领域应用。加强精细化、高科技化产品的研发，推广粉煤灰分离提取高附加值产品，推动高铝粉煤灰提取氧化铝及其配套项目建设。积极培育市场和专业化企业，大幅提高粉煤灰的规模化应用比例。逐步淘汰粉煤灰湿排，强化粉煤灰安全堆存管理。

（四）冶金渣（赤泥）。鼓励冶金渣规模化、高质化利用，加强冶金渣技术研发和装备制造，研究和制定冶金渣综合利用技术标准和工艺规范，高质量发展以冶金渣综合利用为核心的综合利用产业。积极推动高炉渣、钢渣及尾渣深度研究、分级利用、优质优用和规模化利用。推动有色冶金渣提取有用组分整体利用、含重金属冶金渣无害化处理及深度综合利用；推广技术先进、能耗低、耗渣量大、附加值高的产品，全面实现钢渣"零排放"和有色冶金渣清洁化利用。大力推广低成本赤泥脱碱技术和成套设备的应用。

（五）化工渣（工业副产石膏）。推动电石渣、氨碱废渣、铬盐废渣、黄磷渣、盐泥无害化处置与深度综合利用，强化工业脱硫、生产化工产品等应用，加强化工废渣与水泥、室内装饰等建材方面的应用相结合，提高综合利用水平。推广脱硫石膏、磷石膏等工业副产石膏替代天然石膏的资源化利用，推动副产石膏分级利用，扩大副产石膏生产高强石膏粉、纸面石膏板等高附加值产品规模，鼓励工业副产石膏综合利用产业集约发展。

（六）工业废弃料（建筑垃圾）。推动工业生产中废钢铁、废有色金属、废塑料、废轮胎、化工废弃料等工业废弃料资源化利用。积极推动建筑垃圾的精细化分类及分质利用，推动建筑垃圾生产再生骨料等建材制品、筑路材料和回填利用，推广成分复杂的建筑垃圾资源化成套工艺及装备的应用，完善收集、清运、分拣和再利用的一体化回收系统。

（七）农林废弃物。有效推动农作物秸秆综合利用，强化技术研发和装备制造，完善秸秆处理工艺和收储运体系。鼓励林业"三剩物"、次小薪材、制糖蔗渣、废竹、尾菜及其他农林废弃物的综合利用。推进畜禽养殖废弃物处理和资源化利用。推进废旧农膜、灌溉器材等以及农林产品加工副产物综合利用。

（八）其他类。合理推动伴随着新的生产、流通和生活方式而产生且对国民经济和人民生活影响较大的固体废弃物的综合利用。例如：快递包装废弃物、废弃共享单车、废旧电池（锂电池、蓄电池等）、废弃水处理膜组件、废太阳能板、风力发电机组的废叶片、大型装备（设备）拆解废弃物等。

四、组织方式

（一）推荐范围和条件。

1. 推荐范围：

大宗固体废弃物综合利用基地，主要以利用各类产业在生产、流通及使用过程中产生的大宗固体废弃物为主；工业资源综合利用基地，主要以利用工业生产过程中产生的粉煤灰、冶金渣、赤泥、化工渣、工业副产石膏以及新能源汽车动力电池等再生资源类工业固体废弃物为主。基地建设均以地方自主实施为主要建设方式，原则上不新增建设用地。

2. 申报基地应满足以下条件：

（1）大宗固体废弃物综合利用基地。符合国家法律法规和产业政策规定，符合相关产业、土地、区域和城市等总体规划；已制定大宗固体废弃物资源综合利用相关规划或工作方案，并纳入地方经济和社会发展规划，具有区位、产业、技术、人才、市场等优势；建设运营责任主体，具有良好的经济效益和社会环境效益，固体废弃物处理量达到一定规模，综合利用率超过65%；具有一定数量的骨干企业，工艺技术和装备先进，主导产品在行业中有重要影响；近3年未发生重大环保、安全事故；鼓励京津冀及周边地区、长江经济带、东北地区老工业基地等重点区域开展跨区域基地建设和协同发展。

（2）工业资源综合利用基地。已制定工业资源综合利用相关规划或工作方案，并纳入当地总体发展规划。具有良好产业发展环境，近三年未发生重大环保、安全事故。工业资源年综合利用总量1000万吨以上，综合利用率65%以上，综合利用年产值超过10亿元。拥有3家以上工业资源综合利用龙头企业，形成协作配套的综合利用产业体系。实施或拟实施跨企业、跨行业、跨区域工业资源综合利用产业化项目，形成一批综合利用产品标准，建立工业资源综合利用技术创新、检验检测、信息咨询、人才培训、融资服务等平台。

（二）工作程序

1. 编制实施方案。基地应结合区域发展实际需求，提出基地三年建设方案，出台相应保障政策（具体编制要求见附件）。

2. 备案申请。备案申请应包括：备案申请文件、基地建设方案和证明材料（一式两份，并附电子版光盘）。备案申请单位应当对备案信息的真实性、合法性和完整性负责。其中，大宗固体废弃物综合利用基地以发展改革部门为主组织报送，工业资源综合利用基地以工业和信息化主管部门为主组织报送。大宗固体废弃物综合利用基地由省级发展改革部门组织报送国家发展改革委，工业资源综合利用基地由省级工业和信息化主管部门组织报送工业和信息化部。各省级发展改革、工业和信息化主管部门于2019年3月31日前报送基地备案申请。

3. 备案确认。国家发展改革委、工业和信息化部将组织专家对各地报送的基地实施方案等材料进行审核并公示确认。国家发展改革委发布大宗固体废弃物综合利用基地名单，工业和信息化部发布工业资源综合利用基地名单。工业和信息化部开展的第一批工业资源综合利用产业基地无须再次备案。

（三）中后期监管。省级发展改革、工业和信息化主管部门应对基地建设加强指导和管理，对基地规划设计、土地保障、资金拨付、项目审批、环保达标等方面出现的问题，及时协调解决。

基地建设期满前，省级发展改革、工业和信息化主管部门应对基地建设运营情况进行评估或验收，提出明确的评估或验收结论，并将评估或验收情况、建设经验和运营成效报送国家发展改革委、工业和信息化部，对评估结果不合格的将取消基地资格。

五、支持政策

（一）支持重点项目建设。经备案的基地，国家发展改革委将依据相关管理办法，对基地公共基础设施及公共平台建设等予以适当支持。鼓励符合条件的基地重点项目积极申报绿色制造、技术改造、工业转型升级等中央财政资金支持的事项。项目申报等事项，国家发展改革委、工业和信息化部将另行发文。

（二）鼓励体制机制创新。创新融资方式，积极支持社会资本参与、发行绿色债券等，用于基地基础设施及重大综合利用项目建设。积极支持基地组建产业联盟，形成整体优势，提高市场竞争力。

（三）加强典型经验推广。国家发展改革委、工业和信息化部将适时总结基地建设经验，通过模式分析、宣传报道、召开现场会等方式对基地进行宣传推广。

六、联系方式

联系人：国家发展改革委环资司杨尚宝，电话：010-68505568

联系人：工业和信息化部节能司罗晓丽，电话：010-68205339

附件：综合利用基地建设实施方案编制大纲（略）

国家发展改革委办公厅
工业和信息化部办公厅
2019年1月9日

国家发改委等七部委
关于印发《绿色产业指导目录（2019年版）》的通知

（发改环资〔2019〕293号）

各省、自治区、直辖市发展改革委、工信和信息化委（厅）、自然资源厅、生态环境厅、住房和城乡建设厅、能源局，人民银行上海总部、各分行、营业管理部、省会（首府）城市中心支行、副省级城市中心支行：

加强生态文明建设、推进绿色发展，需要强有力的技术支撑和产业基础。发展绿色产业，既是推进生态文明建设、打赢污染防治攻坚战的有力支撑，也是培育绿色发展新动能、实现高质量发展的重要内容。近年来，各地区、各部门对发展绿色产业高度重视，出台了一系列政策措施，有力促进了绿色产业的发展壮大。但同时也面临概念泛化、标准不一、监管不力等问题。为进一步厘清产业边界，将有限的政策和资金引导到对推动绿色发展最重要、最关键、最紧迫的产业上，有效服务于重大战略、重大工程、重大政策，为打赢污染防治攻坚战、建设美丽中国奠定坚实的产业基础，国家发展改革委会同有关部门研究制定了《绿色产业指导目录（2019年版）》（以下简称《目录》）。现印发你们，并就有关事项通知如下。

一、各地方、各部门要以《目录》为基础，根据各自领域、区域发展重点，出台投资、价格、金融、税收等方面政策措施，着力壮大节能环保、清洁生产、清洁能源等绿色产业。

二、国家发展改革委将联合相关部门，根据投资、价格、金融等不同支持政策的实际需要，逐步制定以《目录》为基础的细化目录或子目录，指导各机关、团体、企业、社会组织更好支持绿色产业发展，着力提高《目录》的可操作性。

三、国家发展改革委将会同相关部门，依托社会力量，设立绿色产业专家委员会，为《目录》在各领域的落实、细化目录和子目录的制定、绿色产业标准制定等工作提供相关专业意见。逐步建立绿色产业认定机制，有序引入社会中介组织开展相关服务。

四、各地方、各部门要进一步加强国际国内经验交流，推广壮大绿色产业的经验做法，推动建立《目录》同相关国际绿色标准之间的互认机制。国家发展改革委将联合各部门，在权限范围内对各地区和从事相关工作的协会、委员会、认证机构、企业等进行指导或检查。各地方在贯彻执行《目录》的过程中，如遇新情况、新问题，请及时向相关部门报告。

五、各地方、各部门要加强《目录》与既有绿色产业支持政策的衔接，妥善处理存量资金和项目，逐步根据《目录》调整政策支持范围。既有政策的数据统计可按《目录》公布前、《目录》公布后分别进行统计。

六、国家发展改革委将会同有关部门，根据国家生态文明建设重大任务、资源环境状况、污染防治攻坚重点、科学技术进步、产业市场发展等因素，适时对《目录》进行调整和修订。

附件：1. 绿色产业指导目录（2019年版）（部分）
     2.《绿色产业指导目录（2019年版）》的解释说明（略）

国家发展改革委
工业和信息化部
自然资源部
生态环境部
住房城乡建设部
人民银行
国家能源局
2019年2月14日

附件1

绿色产业指导目录（2019年版）（部分）

1 节能环保产业
- 1.1 高效节能装备制造
  - 1.1.1 节能锅炉制造
  - 1.1.2 节能窑炉制造
  - 1.1.3 节能型泵及真空设备制造
  - 1.1.4 节能型气体压缩设备制造
  - 1.1.5 节能型液压气压元件制造
  - 1.1.6 节能风机风扇制造
  - 1.1.7 高效发电机及发电机组制造
  - 1.1.8 节能电机制造
  - 1.1.9 节能型变压器、整流器、电感器和电焊机制造
  - 1.1.10 余热余压余气利用设备制造
  - 1.1.11 高效节能家用电器制造
  - 1.1.12 高效节能商用设备制造
  - 1.1.13 高效照明产品及系统制造
  - 1.1.14 绿色建筑材料制造
  - 1.1.15 能源计量、监测、控制设备制造
- 1.2 先进环保装备制造
  - 1.2.1 水污染防治装备制造
  - 1.2.2 大气污染防治装备制造
  - 1.2.3 土壤污染治理与修复装备制造
  - 1.2.4 固体废物处理处置装备制造
  - 1.2.5 减振降噪设备制造
  - 1.2.6 放射性污染防治和处理设备制造
  - 1.2.7 环境污染处理药剂、材料制造
  - 1.2.8 环境监测仪器与应急处理设备制造
- 1.3 资源循环利用装备制造
  - 1.3.1 矿产资源综合利用装备制造
  - 1.3.2 工业固体废物综合利用装备制造
  - 1.3.3 建筑废弃物、道路废弃物资源化无害化利用装备制造
  - 1.3.4 餐厨废弃物资源化无害化利用装备制造
  - 1.3.5 汽车零部件及机电产品再制造装备制造
  - 1.3.6 资源再生利用装备制造
  - 1.3.7 非常规水源利用装备制造
  - 1.3.8 农林废物资源化无害化利用装备制造
  - 1.3.9 城镇污水处理厂污泥处置综合利用装备制造

1.4 新能源汽车和绿色船舶制造

  1.4.1 新能源汽车关键零部件制造和产业化

  1.4.2 充电、换电及加氢设施制造

  1.4.3 绿色船舶制造

1.5 节能改造

  1.5.1 锅炉（窑炉）节能改造和能效提升

  1.5.2 电机系统能效提升

  1.5.3 余热余压利用

  1.5.4 能量系统优化

  1.5.5 绿色照明改造

  1.5.6 汽轮发电机组系统能效提升

1.6 污染治理

  1.6.1 良好水体保护及地下水环境防治

  1.6.2 重点流域海域水环境治理

  1.6.3 城市黑臭水体整治

财政部 税务总局
关于资源综合利用增值税政策的公告

(财政部 税务总局公告 2019 年第 90 号)

经研究,现将磷石膏资源综合利用等增值税政策公告如下:

一、自 2019 年 9 月 1 日起,纳税人销售自产磷石膏资源综合利用产品,可享受增值税即征即退政策,退税比例为 70%。

本公告所称磷石膏资源综合利用产品,包括墙板、砂浆、砌块、水泥添加剂、建筑石膏、α 型高强石膏、Ⅱ型无水石膏、嵌缝石膏、粘结石膏、现浇混凝土空心结构用石膏模盒、抹灰石膏、机械喷涂抹灰石膏、土壤调理剂、喷筑墙体石膏、装饰石膏材料、磷石膏制硫酸,且产品原料 40% 以上来自磷石膏。

纳税人利用磷石膏生产水泥、水泥熟料,继续按照《财政部 国家税务总局关于印发〈资源综合利用产品和劳务增值税优惠目录〉的通知》(财税〔2015〕78 号,以下称财税〔2015〕78 号文件)附件《资源综合利用产品和劳务增值税优惠目录》2.2"废渣"项目执行。

纳税人适用磷石膏资源综合利用增值税即征即退政策的其他有关事项,按照财税〔2015〕78 号文件执行。

二、自 2019 年 9 月 1 日起,将财税〔2015〕78 号文件附件《资源综合利用产品和劳务增值税优惠目录》3.12"废玻璃"项目退税比例调整为 70%。

三、《财政部 国家税务总局关于新型墙体材料增值税政策的通知》(财税〔2015〕73 号,以下称财税〔2015〕73 号文件)第二条第一项和财税〔2015〕78 号文件第二条第二项中,《产业结构调整指导目录》中的禁止类、限制类项目修改为《产业结构调整指导目录》中的淘汰类、限制类项目。

四、财税〔2015〕73 号文件第二条第二项和财税〔2015〕78 号文件第二条第三项中"高污染、高环境风险"产品,是指在《环境保护综合名录》中标注特性为"GHW/GHF"的产品,但纳税人生产销售的资源综合利用产品满足"GHW/GHF"例外条款规定的技术和条件的除外。

特此公告。

财政部
税务总局
2019 年 10 月 24 日

财政部　税务总局
关于完善资源综合利用增值税政策的公告

（财政部　税务总局公告 2021 年第 40 号）

为推动资源综合利用行业持续健康发展，现将有关增值税政策公告如下：

一、从事再生资源回收的增值税一般纳税人销售其收购的再生资源，可以选择适用简易计税方法依照 3% 征收率计算缴纳增值税，或适用一般计税方法计算缴纳增值税。

（一）本公告所称再生资源，是指在社会生产和生活消费过程中产生的，已经失去原有全部或部分使用价值，经过回收、加工处理，能够使其重新获得使用价值的各种废弃物。其中，加工处理仅限于清洗、挑选、破碎、切割、拆解、打包等改变再生资源密度、湿度、长度、粗细、软硬等物理性状的简单加工。

（二）纳税人选择适用简易计税方法，应符合下列条件之一：

1.从事危险废物收集的纳税人，应符合国家危险废物经营许可证管理办法的要求，取得危险废物经营许可证。

2.从事报废机动车回收的纳税人，应符合国家商务主管部门出台的报废机动车回收管理办法要求，取得报废机动车回收拆解企业资质认定证书。

3.除危险废物、报废机动车外，其他再生资源回收纳税人应符合国家商务主管部门出台的再生资源回收管理办法要求，进行市场主体登记，并在商务部门完成再生资源回收经营者备案。

（三）各级财政、主管部门及其工作人员，存在违法违规给予从事再生资源回收业务的纳税人财政返还、奖补行为的，依法追究相应责任。

二、除纳税人聘用的员工为本单位或者雇主提供的再生资源回收不征收增值税外，纳税人发生的再生资源回收并销售的业务，均应按照规定征免增值税。

三、增值税一般纳税人销售自产的资源综合利用产品和提供资源综合利用劳务（以下称销售综合利用产品和劳务），可享受增值税即征即退政策。

（一）综合利用的资源名称、综合利用产品和劳务名称、技术标准和相关条件、退税比例等按照本公告所附《资源综合利用产品和劳务增值税优惠目录（2022 年版）》（以下称《目录》）的相关规定执行。

（二）纳税人从事《目录》所列的资源综合利用项目，其申请享受本公告规定的增值税即征即退政策时，应同时符合下列条件：

1.纳税人在境内收购的再生资源，应按规定从销售方取得增值税发票；适用免税政策的，应按规定从销售方取得增值税普通发票。销售方为依法依规无法申领发票的单位或者从事小额零星经营业务的自然人，应取得销售方开具的收款凭证及收购方内部凭证，或者税务机关代开的发票。本款所称小额零星经营业务是指自然人从事应税项目经营业务的销售额不超过增值税按次起征点的业务。

纳税人从境外收购的再生资源，应按规定取得海关进口增值税专用缴款书，或者从销售方取得具有发票性质的收款凭证、相关税费缴纳凭证。

纳税人应当取得上述发票或凭证而未取得的,该部分再生资源对应产品的销售收入不得适用本公告的即征即退规定。

不得适用本公告即征即退规定的销售收入 = 当期销售综合利用产品和劳务的销售收入 ×（纳税人应当取得发票或凭证而未取得的购入再生资源成本 ÷ 当期购进再生资源的全部成本）。

纳税人应当在当期销售综合利用产品和劳务销售收入中剔除不得适用即征即退政策部分的销售收入后,计算可申请的即征即退税额:

可申请退税额 = [（当期销售综合利用产品和劳务的销售收入 − 不得适用即征即退规定的销售收入）× 适用税率 − 当期即征即退项目的进项税额] × 对应的退税比例

各级税务机关要加强发票开具相关管理工作,纳税人应按规定及时开具、取得发票。

2. 纳税人应建立再生资源收购台账,留存备查。台账内容包括：再生资源供货方单位名称或个人姓名及身份证号、再生资源名称、数量、价格、结算方式、是否取得增值税发票或符合规定的凭证等。纳税人现有账册、系统能够包括上述内容的,无须单独建立台账。

3. 销售综合利用产品和劳务,不属于发展改革委《产业结构调整指导目录》中的淘汰类、限制类项目。

4. 销售综合利用产品和劳务,不属于生态环境部《环境保护综合名录》中的"高污染、高环境风险"产品或重污染工艺。"高污染、高环境风险"产品,是指在《环境保护综合名录》中标注特性为"GHW/GHF"的产品,但纳税人生产销售的资源综合利用产品满足"GHW/GHF"例外条款规定的技术和条件的除外。

5. 综合利用的资源,属于生态环境部《国家危险废物名录》列明的危险废物的,应当取得省级或市级生态环境部门颁发的《危险废物经营许可证》,且许可经营范围包括该危险废物的利用。

6. 纳税信用级别不为 C 级或 D 级。

7. 纳税人申请享受本公告规定的即征即退政策时,申请退税税款所属期前 6 个月（含所属期当期）不得发生下列情形:

（1）因违反生态环境保护的法律法规受到行政处罚（警告、通报批评或单次 10 万元以下罚款、没收违法所得、没收非法财物除外；单次 10 万元以下含本数,下同）。

（2）因违反税收法律法规被税务机关处罚（单次 10 万元以下罚款除外）,或发生骗取出口退税、虚开发票的情形。

纳税人在办理退税事宜时,应向主管税务机关提供其符合本条规定的上述条件以及《目录》规定的技术标准和相关条件的书面声明,并在书面声明中如实注明未取得发票或相关凭证以及接受环保、税收处罚等情况。未提供书面声明的,税务机关不得给予退税。

（三）已享受本公告规定的增值税即征即退政策的纳税人,自不符合本公告"三"中第"（二）"部分规定的条件以及《目录》规定的技术标准和相关条件的当月起,不再享受本公告规定的增值税即征即退政策。

（四）已享受本公告规定的增值税即征即退政策的纳税人,在享受增值税即征即退政策后,出现本公告"三"中第"（二）"部分第"7"点规定情形的,自处罚决定作出的当月起 6 个月内不得享受本公告规定的增值税即征即退政策。如纳税人连续 12 个月内发生两次以上本公告"三"中第"（二）"部分第"7"点规定的情形,自第二次处罚决定作出的当月起 36 个月内不得享受本公告规定的增值税即征即退政策。相关处罚决定被依法撤销、变更、确认违法或者确认无效的,符合条件的纳税人可以重新申请办理退税事宜。

（五）各省、自治区、直辖市、计划单列市税务机关应于每年 3 月底之前在其网站上，将本地区上一年度所有享受本公告规定的增值税即征即退或免税政策的纳税人，按下列项目予以公示：纳税人名称、纳税人识别号、综合利用的资源名称、综合利用产品和劳务名称。各省、自治区、直辖市、计划单列市税务机关在对本地区上一年度享受本公告规定的增值税即征即退或免税政策的纳税人进行公示前，应会同本地区生态环境部门，再次核实纳税人受环保处罚情况。

四、纳税人从事《目录》2.15"污水处理厂出水、工业排水（矿井水）、生活污水、垃圾处理厂渗透（滤）液等"项目、5.1"垃圾处理、污泥处理处置劳务"、5.2"污水处理劳务"项目，可适用本公告"三"规定的增值税即征即退政策，也可选择适用免征增值税政策；一经选定，36 个月内不得变更。选择适用免税政策的纳税人，应满足本公告"三"有关规定以及《目录》规定的技术标准和相关条件，相关资料留存备查。

五、按照本公告规定单个所属期退税金额超过 500 万元的，主管税务机关应在退税完成后 30 个工作日内，将退税资料送同级财政部门复查，财政部门逐级复查后，由省级财政部门送财政部当地监管局出具最终复查意见。复查工作应于退税后 3 个月内完成，具体复查程序由财政部当地监管局会同省级财税部门制定。

六、再生资源回收、利用纳税人应依法履行纳税义务。各级税务机关要加强纳税申报、发票开具、即征即退等事项的管理工作，保障纳税人按规定及时办理相关纳税事项。

七、本公告自 2022 年 3 月 1 日起执行。《财政部　国家税务总局关于印发〈资源综合利用产品和劳务增值税优惠目录〉的通知》（财税〔2015〕78 号）、《财政部 税务总局关于资源综合利用增值税政策的公告》（财政部 税务总局公告 2019 年第 90 号）除"技术标准和相关条件"外同时废止，"技术标准和相关条件"有关规定可继续执行至 2022 年 12 月 31 日止。《目录》所列的资源综合利用项目适用的国家标准、行业标准，如在执行过程中有更新、替换，统一按新的国家标准、行业标准执行。

此前已发生未处理的事项，按本公告规定执行。已处理的事项，如执行完毕则不再调整；如纳税人受到环保、税收处罚已停止享受即征即退政策的时间超过 6 个月但尚未执行完毕的，则自本公告执行的当月起，可重新申请享受即征即退政策；如纳税人受到环保、税收处罚已停止享受即征即退政策的时间未超过 6 个月，则自 6 个月期满后的次月起，可重新申请享受即征即退政策。

特此公告。

附件：资源综合利用产品和劳务增值税优惠目录（2022 年版）

财政部　税务总局
2021 年 12 月 30 日

附件

资源综合利用产品和劳务增值税优惠目录（2022年版）

类别	序号	综合利用的资源名称	综合利用产品和劳务名称	技术标准和相关条件	退税比例
一、共、伴生矿产资源	1.1	油母页岩	页岩油	产品原料95%以上来自所列资源	70%
	1.2	煤炭开采过程中产生的煤层气（煤矿瓦斯）	电力	产品燃料95%以上来自所列资源	100%
	1.3	油田采油过程中产生的油污泥（浮渣）	乳化油调和剂、防水卷材辅料产品	产品原料70%以上来自所列资源	70%
二、废渣、废水（液）、废气	2.1	废渣	砖瓦（不含烧结普通砖）、砌块、陶粒、墙板、管材（管桩）、混凝土、砂浆、道路井盖、道路护栏、Ⅱ型无机防火材料（镁铬砖除外）、保温材料、矿（岩）棉、微晶玻璃、U型玻璃	产品原料70%以上来自所列资源	70%
	2.2	废渣	水泥、水泥熟料	1.42.5及以上等级水泥的原料20%以上来自所列资源，其他水泥、水泥熟料的原料40%以上来自所列资源； 2.纳税人符合《水泥工业大气污染物排放标准》（GB 4915—2013）规定的技术要求	70%
	2.3	磷石膏	墙板、砂浆、砌块、水泥添加剂、建筑石膏、α型高强石膏、Ⅱ型无水石膏、嵌缝石膏、粘结石膏、现浇混凝土空心结构用石膏模盒、抹灰石膏、机械喷涂抹灰石膏、土壤调理剂、磷石膏制硫酸材料、磷石膏制硫酸	产品原料40%以上来自磷石膏	70%

- 109 -

续表

类别	序号	综合利用的资源名称	综合利用产品和劳务名称	技术标准和相关条件	退税比例
二、废渣、废水（液）、废气	2.4	建筑垃圾、煤矸石	建设用再生骨料，建筑垃圾制作烧结制品、道路材料、建设用回填材料	1. 产品原料70%以上来自所列资源； 2. 产品以建筑垃圾为原料的，符合《混凝土用再生粗骨料》（GB/T 25177—2010）或《混凝土用再生细骨料》（GB/T 25176—2010）或《烧结普通砖》（GB/T 5101—2017）或《道路用建筑垃圾再生骨料无机混合料》（CJ/T 400—2012）或《再生骨料地面砖和透水砖》（CJ/T 2281—2014）或《再生骨料透水混凝土应用技术规程》（CJJ/T 253—2016）或《水泥基回填材料》（JC/T 2468—2018）或《建筑垃圾再生骨料实心砖》（JC/T 505—2016）或《玻璃纤维增强水泥轻质多孔隔墙条板》（GB/T 19631—2005）或《混凝土和砂浆用再生微粉》（JG/T 573—2020）或《建筑固废再生砂粉》（JC/T 2548—2019）的技术要求；以煤矸石为原料的，符合《建设用砂》（GB/T 14684—2011）或《建设用卵石、碎石》（GB/T 14685—2011）规定的技术要求； 3. 建筑垃圾资源化项目年处置生产能力不低于25万吨	50%
	2.5	粉煤灰、煤矸石	氧化铝、活性硅酸钙、瓷绝缘子、煅烧高岭土	氧化铝、活性硅酸钙生产原料25%以上来自所列资源，瓷绝缘子生产料中煤矸石所占比重30%以上，煅烧高岭土生产原料中煤矸石所占比重90%以上	50%
	2.6	煤矸石、煤泥、石煤、油母页岩	电力、热力	1. 产品燃料60%以上来自所列资源； 2. 纳税人符合《火电厂大气污染物排放标准》（GB 13223—2011）和《电力（燃煤发电企业）行业清洁生产评价指标体系》规定的技术要求	50%
	2.7	氧化铝赤泥、电石渣	氧化铁、氢氧化钠溶液、铝酸钠、铝酸三钙、脱硫剂	1. 产品原料90%以上来自所列资源； 2. 生产过程中不产生二次废渣	50%
	2.8	废旧石墨	石墨异型件、石墨块、石墨粉、石墨增碳剂	1. 产品原料90%以上来自所列资源； 2. 纳税人符合《工业炉窑大气污染物排放标准》（GB 9078—1996）规定的技术要求	50%
	2.9	垃圾以及利用垃圾发酵产生的沼气	电力、热力	1. 产品燃料80%以上来自所列资源； 2. 纳税人符合《火电厂大气污染物排放标准》（GB 13223—2011）或《生活垃圾焚烧污染控制标准》（GB 18485—2014）规定的技术要求	100%

续表

类别	序号	综合利用的资源名称	综合利用产品和劳务名称	技术标准和相关条件	退税比例
二、废渣（液）、废水、废气	2.10	退役军用发射药	涂料用硝化棉粉	产品原料90%以上来自所列资源	50%
	2.11	废旧沥青混凝土	再生沥青混凝土	1. 产品原料30%以上来自所列资源； 2. 产品符合《再生沥青混凝土》（GB/T 25033—2010）规定的技术要求	50%
	2.12	蔗渣	蔗渣浆、蔗渣刨花板和纸	1. 产品原料70%以上来自所列资源； 2. 生产蔗渣浆及各类纸的纳税人符合《制浆造纸行业清洁生产评价指标体系》规定的技术要求	50%
	2.13	废矿物油	润滑油基础油、汽油、柴油等工业油料	1. 产品原料90%以上来自所列资源； 2. 纳税人符合《废矿物油回收利用污染控制技术规范》（HJ 607—2011）规定的技术要求； 3. 已建废矿物油综合利用单个建设项目的废矿物油年利用能力不得低于1万吨（已审批的地方危废中心除外）。新建、改扩建企业单个建设项目年利用能力不得低于3万吨。年利用油田采油过程中产生的废矿物油依据该项目环境评价报告书和相应环评批文上批准的数量； 4. 废矿物油提炼再生润滑基础油综合能源消耗应于900千瓦时/吨	50%
	2.14	环己烷氧化废液（包括轻质油、皂化液、浓缩液等）	环氧环己烷、正戊醇、醇醚溶剂、水泥生料助磨剂	1. 产品原料90%以上来自所列资源； 2. 纳税人必须通过ISO 9000、ISO14000认证	50%
	2.15	污水处理厂出水、工业排水（矿井水）、生活污水、垃圾处理厂渗透（滤）液等	再生水	1. 产品原料100%来自所列资源； 2. 产品应达到相关用途的再生水水质标准	70%
	2.16	废弃酒糟和酿酒底锅水、淀粉、粉丝加工废液、废渣	蒸汽、活性炭、白炭黑、乳酸钙、沼气、饲料、植物蛋白	产品原料80%以上来自所列资源	70%
	2.17	含油污水、有机废水、污水处理后产生的污泥、油田采油过程中产生的油污泥（浮渣），包括利用上述资源发酵产生的沼气	微生物蛋白、燃料、土壤调理剂、电力、热力	产品原料或燃料90%以上来自所列资源，其中利用油田采油过程中产生的油污泥（浮渣）生产燃料的原料60%以上来自所列资源	90%

续表

类别	序号	综合利用的资源名称	综合利用产品和劳务名称	技术标准和相关条件	退税比例
二、废渣、废水（液）、废气	2.18	煤焦油，荒煤气（焦炉煤气）	柴油，石脑油	1.产品原料95%以上来自所列资源； 2.纳税人必须通过ISO 9000、ISO14000认证	50%
	2.19	燃煤发电厂及各类工业企业生产过程中产生的烟气、高硫天然气	石膏、硫酸、硫酸铵、硫磺	1.产品原料95%以上来自所列资源； 2.石膏的二水硫酸钙含量85%以上，硫酸的浓度15%以上，硫酸铵的总氮含量18%以上	50%
	2.20	工业废气、氯化氢废气、工业副产氢	燃料电池用氢、纯氢、高纯氢和超纯氢、高纯度二氧化碳、工业氢气、甲烷、（液）氯气	1.产品原料95%以上来自所列资源； 2.高纯度二氧化碳符合《高纯二氧化碳》（GB/T 23938—2009）工业二氧化碳符合《工业二氧化碳》（GB/T 3634.1—2006），甲烷符合《纯甲烷和高纯甲烷》（GB/T 33102—2016），（液）氯气符合《氯气安全规程》（GB 11984—2008）规定的技术要求，燃料电池用氢符合《质子交换膜燃料电池汽车用燃料氢气》（GB/T 37244—2018），纯氢、高纯氢和超纯电氢气符合《氢气 第2部分：纯氢、高纯氢和超纯氢》（GB/T 3634.2—2011）	70%
	2.21	转炉煤气、高炉煤气等、化工尾气，生物质气化合成气，垃圾气化合成气等	变性燃料乙醇（纯度≥99.5%）	1.产品原料85%以上来自所列资源； 2.乙醇等符合《变性燃料乙醇》（GB 18350—2013）规定的技术要求	70%
	2.22	工业生产过程中产生的余热、余压	电力、热力	产品原料100%来自所列资源	100%
三、再生资源	3.1	废旧电池及其拆解物	金属及镍钴锰氢氧化物、镍钴锰酸锂、金属盐（碳酸锂、氯化锂、氟化锂、氯化钴、硫酸钴、硫酸镍、精制硫酸钴、氢氧化锂、硫酸铁锂、硫酸锰）	1.产品原料95%以上来自所列资源； 2.镍钴锰氢氧化物符合《镍钴锰三元素复合氢氧化物》（GB/T 26300—2020），碳酸锂符合《碳酸锂》（GB/T 11075—2013），氯化锂符合《无水氯化锂》（GB/T 10575—2007），氟化锂符合《氟化锂》（GB/T 22666—2008），氯化钴符合《氯化钴》（GB/T 26525—2011），硫酸钴《精制硫酸钴》（GB/T 26523—2011），硫酸镍符合《精制硫酸镍》（GB/T 26524—2011），氢氧化锂符合《单水氢氧化锂》（GB/T 8766—2013）规定的技术要求； 3.从事再生利用的企业，镍、钴、锰、稀土等其他主要有价金属综合回收率应不低于98%，锂的回收率不低于85%，稀土等其他主要有价金属综合回收率不低于97%。采用材料修复工艺的，材料回收利用率不低于90%，工艺废水循环利用率应达90%以上	50%

续表

类别	序号	综合利用的资源名称	综合利用产品和劳务名称	技术标准和相关条件	退税比例
三、再生资源	3.2	废显（定）影液、废胶片纸、废感光剂等废感光材料	银	1. 产品原料95%以上来自所列资源； 2. 纳税人必须通过 ISO 9000、ISO 14000 认证	30%
	3.3	废旧电机，废旧电线电缆，废铝制易拉罐，报废汽车、报废摩托车，报废船舶，废旧电器电子产品，废旧太阳能光伏器件、废旧灯泡（管）及其拆解物	经冶炼、提纯生产的金属及合金（不包括铁及铁合金）	1. 产品原料70%以上来自所列资源； 2. 法律、法规规章对相关废旧产品拆解规定了资质条件的，纳税人应当取得相应的资质	30%
	3.4	废催化剂，电解废杂物、电镀废弃物，废旧线路板、烟尘灰、湿法泥、熔炼渣、线路板蚀刻废液、锡箱纸灰	经冶炼、提纯或化合生产的金属合金及金属化合物（不包括铁及铁合金）、冰晶石	1. 产品原料70%以上来自所列资源； 2. 纳税人必须通过 ISO 9000、ISO 14000 认证	30%
	3.5	报废汽车、报废摩托车、报废船舶、报废旧电器电子产品、报废机器设备、机具、工业边角余料、建筑拆解物等产生或拆解出来的废钢铁	炼钢炉料	1. 产品原料95%以上来自所列资源； 2. 炼钢炉料符合《废钢铁》（GB 4223—2017）规定的技术要求； 3. 法律、法规规章对相关废旧产品拆解规定了资质条件的，纳税人应当取得相应的资质； 4. 纳税人符合工业和信息化部《废钢铁加工行业准入条件》的相关规定； 5. 炼钢炉料的销售对象应为符合工业和信息化部《钢铁行业规范条件》并公告的钢铁企业（不包含铸造企业）	30%
	3.6	稀土产品加工废料、废弃稀土产品及拆解物	稀土金属及稀土氧化物	1. 产品原料95%以上来自所列资源； 2. 纳税人符合《稀土冶炼行业清洁生产评价指标体系》规定的技术要求；	30%
	3.7	废塑料、废的塑料复合材料	改性再生塑料、再生塑料颗粒、再生瓶片、塑料粉碎料、再生塑料制品、废的塑料复合材料化学再生的产物	1. 产品原料70%以上来自所列资源； 2. 化纤用再生聚酯专用料杂质含量低于0.5mg/g，水分含量低于1%，瓶用再生聚对苯二甲酸乙二醇酯（PET）树脂乙醛质量分数小于等于1μg/g； 3. 纳税人必须通过 ISO 9000、ISO 14000 认证； 4. 聚对苯二甲酸乙二醇酯（PET）再生瓶片类企业年废塑料处理能力不低于20000吨； 5. 塑料再生造粒类企业年废塑料处理能力不低于3000吨； 6. 塑料再生加工相关环节的综合能耗低于500千瓦时/吨废塑料破碎、清洗、分选各类企业的综合新水消耗低于0.2吨/吨废塑料。塑料再生造粒类企业聚对苯二甲酸乙二醇酯（PET）再生瓶片类企业新水消耗低于1.5吨/吨废塑料	70%

续表

类别	序号	综合利用的资源名称	综合利用产品和劳务名称	技术标准和相关条件	退税比例
三、再生资源	3.8	废农膜	再生塑料制品、再生塑料颗粒	1. 产品原料70%以上来自所列资源； 2. 纳税人必须通过ISO 9000、ISO 14000认证	100%
	3.9	废纸、农作物秸秆	纸浆、秸秆浆和纸	1. 产品原料70%以上来自所列资源； 2. 废水排放应符合《制浆造纸工业水污染物排放标准》（GB 3544—2008）规定的技术要求； 3. 纳税人符合《制浆造纸行业清洁生产评价指标体系》规定的技术要求； 4. 纳税人必须通过ISO 9000、ISO 14000认证	50%
	3.10	废旧轮胎、废橡胶制品	橡胶粉、翻新轮胎、再生橡胶、废旧轮胎/橡胶再生油、废轮胎/橡胶热裂解炭黑、废橡胶热裂解裂化气	1. 产品原料70%以上来自所列资源； 2. 橡胶粉符合《硫化橡胶粉》（GB/T 19208—2020）；翻新轮胎符合《载重汽车翻新轮胎》（GB 14646—2007）或《轿车翻新轮胎》（GB 7037—2007）或《工程机械翻新轮胎》（HG/T 3979—2007），再生橡胶符合《再生橡胶 通用规范》（GB/T 13460—2016），废轮胎/橡胶再生油符合《废轮胎/橡胶热裂解炭黑》（T/CTRA 01—2020），《废轮胎、废橡胶热裂解技术规范》（GB/T 40009—2021）规定的技术要求； 3. 纳税人必须通过ISO 9000、ISO 14000认证； 4. 废旧轮胎综合利用企业厂区土地使用手续合法（租用合同应不少于15年）； 5. 轮胎翻新综合能源消耗：预硫化法综合能源消耗低于15千瓦时/标准折算条，模压法综合能源消耗低于18千瓦时/标准折算条。废轮胎加工处理能源消耗：从整胎破碎起计，再生橡胶生产综合能源消耗低于850千瓦时/吨（新型塑化装备除外）；橡胶粉生产综合能源消耗低于350千瓦时/吨（40目以上除外）；热裂解处理综合能源消耗低于200千瓦时/吨，其中破碎工序能源消耗低于120千瓦时/吨，热裂解工序能源消耗低于80千瓦时/吨	70%
	3.11	废弃天然纤维及其制品、化学纤维及其制品、多种废弃纤维混合物及其制品	再生纤维纱及织布、无纺布、毡、黏合剂及再生聚酯产品、浆粕、再生纤维复合板材、生态修复复合材料	1. 生产再生聚酯产品原料100%来自所列资源； 2. 生产其他产品原料70%以上来自所列资源	70%
	3.12	人发	档发	产品原料90%以上来自所列资源	70%

- 114 -

续表

类别	序号	综合利用的资源名称	综合利用产品和劳务名称	技术标准和相关条件	退税比例
三、再生资源	3.13	废玻璃	玻璃熟料	1. 产品原料90%以上来自所列资源； 2. 产品符合《废玻璃分类及代码》（GB/T 36577—2018）的技术要求； 3. 废玻璃分拣不得采用水洗方式	90%
	3.14	镉渣	金属镉	产品原料99%以上来自所列资源	100%
四、农林剩余物及其他	4.1	厨余垃圾、畜禽粪污、稻壳、花生壳、玉米芯、油茶壳、棉籽壳、三剩物、次小薪材、农作物秸秆、蔗渣，以及利用上述资源发酵产生的沼气	生物质压块、生物质破碎料、生物油、热解气、沼气、生物油、天然气、热解燃气、沼气、生物油、纤维素、木糖、阿拉伯糖、糠醛、电力、热力	1. 产品原料或者燃料80%以上来自所列资源； 2. 纳税人符合《锅炉大气污染物排放标准》（GB 13271—2014）、《火电厂大气污染物排放标准》（GB 13223—2011）或《生活垃圾焚烧污染控制标准》（GB 18485—2014）规定的技术要求	100%
	4.2	三剩物、次小薪材、农作物秸秆、沙柳、玉米芯	纤维板、刨花板、细木工板、活性炭、栲胶、水解酒精、纤维素、木质素、木糖、阿拉伯糖、糠醛、箱板纸	产品原料95%以上来自所列资源	90%
	4.3	废弃动物油和植物油	生物柴油、工业级混合油	1. 产品原料70%以上来自所列资源； 2. 工业级混合油销售对象须为化工企业	70%
五、资源综合利用劳务	5.1	垃圾处理、污泥处理处置劳务		生活垃圾加工处理后应满足《生活垃圾焚烧污染控制标准》（GB 18485—2014）或《生活垃圾填埋场污染控制标准》（GB 16889—2008）规定的技术要求	70%
	5.2	污水处理劳务		污水经加工处理后符合《城镇污水处理厂污染物排放标准》（GB 18918—2002）规定的技术要求或达到相应的国家或地方水污染物排放标准中的直接排放限值	70%
	5.3	工业废气处理劳务		工业废气经治理，处理后符合《大气污染物综合排放标准》（GB 16297—1996）规定的技术要求或达到相应的国家或地方大气污染物排放标准中的直接排放限值	70%

备注：

1. 概念和定义。

"纳税人"，是指从事本表中所列的资源综合利用项目的增值税一般纳税人。

"废渣"，是指采矿选矿废渣、冶炼废渣、化工废渣和其他废渣。其中，采矿选矿废渣（不包括石灰石废渣），是指在矿产资源开采加工过程中产生的煤矸石、粉末、粉尘和污泥；冶炼废渣，是指转炉渣、电炉渣、铁合金炉渣、氧化铝赤泥、电解金属锰浸出渣和有色金属废渣，但不包括高炉水渣、化工废渣，是指硫铁矿渣、硫铁矿烧渣、硫酸渣、硫石膏、磷石膏、磷渣、磷肥渣、含氰废渣、电石渣、含铬废渣、碱渣、盐泥、铬渣、黄磷渣、柠檬酸渣、脱硫石膏、氟石膏、钛石膏和废石膏模、锰渣；其他废渣，是指粉煤灰、燃煤炉渣、江河（湖、海、渠）道淤泥、淤沙、建筑垃圾、废玻璃，污水处理厂处理污水产生的污泥。

"蔗渣"，是指以甘蔗为原料制糖生产过程中产生的含纤维50%左右的固体废弃物。

"再生水"，是指对污水处理厂出水、工业排水（矿井水）、生活污水、垃圾处理厂渗透（滤）液等水源进行回收，经适当处理后达到一定水质标准，并在一定范围内重复利用的水资源。

"冶炼"，是指通过熔烧、熔炼、电解以及使用化学药剂等方法把原料中的金属提取出来，减少金属中所含的杂质或增加金属中某种成分，炼成所需要的金属。冶炼包括火法冶炼、湿法冶炼和或电化学冶炼。

"烟尘灰"，是指金属冶炼厂火法冶炼过程中，为保护环境经除尘器（塔）收集的粉尘状废弃物。

"湿法泥"，是指湿法冶炼生产过程产生的污泥，经集中环保处置后产生的污泥状废弃物。

"熔炼渣"，是指有色金属火法冶炼过程中，金属成分因密度大沉底形成金属锭，铁、钙等化合物浮在金属表层形成的废渣。

"农作物秸秆"，是指农业生产过程中，收获了粮食作物（指稻谷、小麦、玉米、薯类等）、油料作物（指油菜籽、花生、大豆、葵花籽、芝麻籽、胡麻籽等）、棉花、麻类、糖料、烟叶、花卉、药材、蔬菜和水果以后残留的茎秆。

"三剩物"，是指采伐剩余物（指枝丫、树梢、树皮、树叶、树根及藤条、灌木等）、造材剩余物（指板皮、板条、木竹截头）和加工剩余物（指造材截头、板皮、木芯、刨花、锯末、碎单板、木块、蔑黄、边角余料等）。

"次小薪材"，是指次加工材[指材质低于针、阔叶树加工用原木最低等级但具有一定利用价值的次加工原木，按《次加工原木》（LY/T 1369—2011）标准执行]、小径材（指长度在2米以下或径级8厘米以下的小原木条、农作物秸秆、脚手杆、杂木杆、短原木等）和薪材。

"垃圾"，是指城市生活垃圾、农作物秸秆、焚烧、综合处理等废弃物，对垃圾进行减量化、资源化和无害化处理的业务，病死畜禽等养殖废弃物，合成革及化纤废弃物、污泥，综合处理城镇污水和农村污水的废弃物等垃圾。

"垃圾处理"，是指运用填埋、焚烧、综合处理（包括城镇污水、农村污水和工业污水处理）处理后达到《城镇污水处理厂污染物排放标准》（GB 18918—2002），或达到相应的国家或地方水污染物排放标准中的直接排放限值的业务。其中，城镇污水是指城镇居民生活污水、机关、学校、医院、商业服务机构及各种公共设施排水，以及允许排入城镇污水收集系统的工业废水和初期雨水。农村污水主要是指农村居民生活产生的污水，主要包括厕所污水和生活杂排水。工业废水是指工业生产过程中产生的，不允许排入城镇污水收集系统的废水和废液。

"污泥处理处置"，是指对污泥处理后产生稳定化、减量化和无害化处理处置。

2. 综合利用的资源占比例计算方式。

（1）对经生料烧制和熟料研磨阶段占生产的水泥，水泥、水泥熟料原料中掺兑废渣的比重，按以下方法计算公式为：

①对经生料烧制和熟料研磨阶段掺兑的水泥：掺兑废渣比例 = (生料烧制阶段掺兑废渣数量 + 熟料研磨阶段掺兑废渣数量)÷（除废渣以外的生料数量 + 生料烧制阶段掺兑废渣数量 + 熟料研磨阶段掺兑废渣数量 + 其他材料数量）× 100%；

②对外购经水泥熟料采用研磨工艺生产的水泥，其掺兑废渣比例计算公式为：掺兑废渣比例 = 熟料研磨阶段掺兑废渣数量÷（熟料数量 + 熟料研磨阶段掺兑废渣数量 + 其他材料数量）× 100%；

③生料烧制的水泥比例计算为：掺兑废渣比例 = 生料烧制阶段掺兑废渣数量÷（除废渣以外的生料数量 + 生料烧制阶段掺兑废渣数量 + 其他材料数量）× 100%。

（2）综合利用的资源为余热、余压、余热产品，应当符合相应的能源利用计算。

3. 表中所列综合利用产品，应当符合相应国家或行业标准。既有国家标准或行业标准的，应当符合相对较高的标准；没有国家标准或行业标准，又有行业标准的，应当符合行业标准的，应当符合按规定向质量技术监督部门备案的企业标准。

4. 表中所称"以上"均含本数。

关于"十四五"大宗固体废弃物综合利用的指导意见

(发改环资〔2021〕381号)

各省、自治区、直辖市及计划单列市、新疆生产建设兵团发展改革委、科技厅(委)、工信厅(委)、财政厅(局)、自然资源主管部门、生态环境厅(局)、住建厅(委、局)、农业农村(农牧)厅(局、委)、市场监督局、机关事务管理部门:

开展资源综合利用是我国深入实施可持续发展战略的重要内容。大宗固体废弃物(以下简称"大宗固废")量大面广、环境影响突出、利用前景广阔,是资源综合利用的核心领域。推进大宗固废综合利用对提高资源利用效率、改善环境质量、促进经济社会发展全面绿色转型具有重要意义。为深入贯彻落实党的十九届五中全会精神,进一步提升大宗固废综合利用水平,全面提高资源利用效率,推动生态文明建设,促进高质量发展,制定本指导意见。

一、现状与形势

(一)"十三五"取得的成效。党的十八大以来,我国把资源综合利用纳入生态文明建设总体布局,不断完善法规政策、强化科技支撑、健全标准规范,推动资源综合利用产业发展壮大,各项工作取得积极进展。2019年,大宗固废综合利用率达到55%,比2015年提高5个百分点;其中,煤矸石、粉煤灰、工业副产石膏、秸秆的综合利用率分别达到70%、78%、70%、86%。"十三五"期间,累计综合利用各类大宗固废约130亿吨,减少占用土地超过100万亩,提供了大量资源综合利用产品,促进了煤炭、化工、电力、钢铁、建材等行业高质量发展,资源环境和经济效益显著,对缓解我国部分原材料紧缺、改善生态环境质量发挥了重要作用。

(二)"十四五"面临的形势。"十四五"时期,我国将开启全面建设社会主义现代化国家新征程,围绕推动高质量发展主题,全面提高资源利用效率的任务更加迫切。受资源禀赋、能源结构、发展阶段等因素影响,未来我国大宗固废仍将面临产生强度高、利用不充分、综合利用产品附加值低的严峻挑战。目前,大宗固废累计堆存约600亿吨,年新增堆存量近30亿吨,其中,赤泥、磷石膏、钢渣等固废利用率仍较低,占用大量土地资源,存在较大的生态环境安全隐患。要深入贯彻落实《中华人民共和国固体废物污染环境防治法》等法律法规,大力推进大宗固废源头减量、资源化利用和无害化处置,强化全链条治理,着力解决突出矛盾和问题,推动资源综合利用产业实现新发展。

二、总体要求

(三)指导思想。以习近平新时代中国特色社会主义思想为指导,深入贯彻党的十九大和十九届二中、三中、四中、五中全会精神,坚定不移贯彻新发展理念,以全面提高资源利用效率为目标,以推动资源综合利用产业绿色发展为核心,加强系统治理,创新利用模式,实施专项行动,促进大宗固废实现绿色、高效、高质、高值、规模化利用,提高大宗固废综合利用水平,助力生态文明建设,为经济社会高质量发展提供有力支撑。

（四）基本原则。

——坚持政府引导与市场主导相结合。完善综合性政策措施，激发各类市场主体活力，充分发挥市场配置资源的决定性作用，更好发挥政府作用，加快发展壮大大宗固废综合利用产业。

——坚持规模利用与高值利用相结合。积极拓宽大宗固废综合利用渠道，进一步扩大利用规模，力争"吃干榨尽"，不断提高资源综合利用产品附加值，增强产业核心竞争力。

——坚持消纳存量与控制增量相结合。依法依规、科学有序消纳存量大宗固废；因地制宜、综合施策，有效降低大宗固废产排强度，加大综合利用力度，严控新增大宗固废堆存量。

——坚持突出重点与系统治理相结合。加强大宗固废综合利用全过程管理，协同推进产废、利废和规范处置各环节，严守大宗固废综合利用和安全处置的环境底线。

——坚持技术创新与模式创新相结合。强化创新引领，突破大宗固废综合利用技术瓶颈，加快先进适用技术推广应用，加强示范引领，培育大宗固废综合利用新模式。

（五）主要目标。到2025年，煤矸石、粉煤灰、尾矿（共伴生矿）、冶炼渣、工业副产石膏、建筑垃圾、农作物秸秆等大宗固废的综合利用能力显著提升，利用规模不断扩大，新增大宗固废综合利用率达到60%，存量大宗固废有序减少。大宗固废综合利用水平不断提高，综合利用产业体系不断完善；关键瓶颈技术取得突破，大宗固废综合利用技术创新体系逐步建立；政策法规、标准和统计体系逐步健全，大宗固废综合利用制度基本完善；产业间融合共生、区域间协同发展模式不断创新；集约高效的产业基地和骨干企业示范引领作用显著增强，大宗固废综合利用产业高质量发展新格局基本形成。

三、提高大宗固废资源利用效率

（六）煤矸石和粉煤灰。持续提高煤矸石和粉煤灰综合利用水平，推进煤矸石和粉煤灰在工程建设、塌陷区治理、矿井充填以及盐碱地、沙漠化土地生态修复等领域的利用，有序引导利用煤矸石、粉煤灰生产新型墙体材料、装饰装修材料等绿色建材，在风险可控前提下深入推动农业领域应用和有价组分提取，加强大掺量和高附加值产品应用推广。

（七）尾矿（共伴生矿）。稳步推进金属尾矿有价组分高效提取及整体利用，推动采矿废石制备砂石骨料、陶粒、干混砂浆等砂源替代材料和胶凝回填利用，探索尾矿在生态环境治理领域的利用。加快推进黑色金属、有色金属、稀贵金属等共伴生矿产资源综合开发利用和有价组分梯级回收，推动有价金属提取后剩余废渣的规模化利用。依法依规推动已闭库尾矿库生态修复，未经批准不得擅自回采尾矿。

（八）冶炼渣。加强产业协同利用，扩大赤泥和钢渣利用规模，提高赤泥在道路材料中的掺用比例，扩大钢渣微粉作混凝土掺合料在建设工程等领域的利用。不断探索赤泥和钢渣的其他规模化利用渠道。鼓励从赤泥中回收铁、碱、氧化铝，从冶炼渣中回收稀有稀散金属和稀贵金属等有价组分，提高矿产资源利用效率，保障国家资源安全，逐步提高冶炼渣综合利用率。

（九）工业副产石膏。拓宽磷石膏利用途径，继续推广磷石膏在生产水泥和新型建筑材料等领域的利用，在确保环境安全的前提下，探索磷石膏在土壤改良、井下充填、路基材料等领域的应用。支持利用脱硫石膏、柠檬酸石膏制备绿色建材、石膏晶须等新产品新材料，扩大工业副产石膏高值化利用规模。积极探索钛石膏、氟石膏等复杂难用工业副产石膏的资源化利用途径。

（十）建筑垃圾。加强建筑垃圾分类处理和回收利用，规范建筑垃圾堆存、中转和资源化利用场所建设和运营，推动建筑垃圾综合利用产品应用。鼓励建筑垃圾再生骨料及制品在建筑工程和道路工程中的应用，以及将建筑垃圾用于土方平衡、林业用土、环境治理、烧结制品及回填等，不断提高利用质量、扩大资源化利用规模。

（十一）农作物秸秆。大力推进秸秆综合利用，推动秸秆综合利用产业提质增效。坚持农用优先，持续推进秸秆肥料化、饲料化和基料化利用，发挥好秸秆耕地保育和种养结合功能。扩大秸秆清洁能源利用规模，鼓励利用秸秆等生物质能供热供气供暖，优化农村用能结构，推进生物质天然气在工业领域应用。不断拓宽秸秆原料化利用途径，鼓励利用秸秆生产环保板材、炭基产品、聚乳酸、纸浆等，推动秸秆资源转化为高附加值的绿色产品。建立健全秸秆收储运体系，开展专业化、精细化的运管服务，打通秸秆产业发展的"最初一公里"。

四、推进大宗固废综合利用绿色发展

（十二）推进产废行业绿色转型，实现源头减量。开展产废行业绿色设计，在生产过程充分考虑后续综合利用环节，切实从源头削减大宗固废。大力发展绿色矿业，推广应用矸石不出井模式，鼓励采矿企业利用尾矿、共伴生矿填充采空区、治理塌陷区，推动实现尾矿就地消纳。开展能源、冶金、化工等重点行业绿色化改造，不断优化工艺流程、改进技术装备，降低大宗固废产生强度。推动煤矸石、尾矿、钢铁渣等大宗固废产生过程自消纳，推动提升磷石膏、赤泥等复杂难用大宗固废净化处理水平，为综合利用创造条件。在工程建设领域推行绿色施工，推广废弃路面材料和拆除垃圾原地再生利用，实施建筑垃圾分类管理、源头减量和资源化利用。

（十三）推动利废行业绿色生产，强化过程控制。持续提升利废企业技术装备水平，加大小散乱污企业整治力度。强化大宗固废综合利用全流程管理，严格落实全过程环境污染防治责任。推行大宗固废绿色运输，鼓励使用专用运输设备和车辆，加强大宗固废运输过程管理。鼓励利废企业开展清洁生产审核，严格执行污染物排放标准，完善环境保护措施，防止二次污染。

（十四）强化大宗固废规范处置，守住环境底线。加强大宗固废贮存及处置管理，强化主体责任，推动建设符合有关国家标准的贮存设施，实现安全分类存放，杜绝混排混堆。统筹兼顾大宗固废增量消纳和存量治理，加大重点流域和重点区域大宗固废的综合整治力度，健全环保长效监督管理制度。

五、推动大宗固废综合利用创新发展

（十五）创新大宗固废综合利用模式。在煤炭行业推广"煤矸石井下充填+地面回填"，促进煤矸石减量；在矿山行业建立"梯级回收+生态修复+封存保护"体系，推动绿色矿山建设；在钢铁冶金行业推广"固废不出厂"，加强全量化利用；在建筑建造行业推动建筑垃圾"原地再生+异地处理"，提高利用效率；在农业领域开展"工农复合"，推动产业协同；针对退役光伏组件、风电机组叶片等新兴产业固废，探索规范回收以及可循环、高值化的再生利用途径；在重点区域推广大宗固废"公铁水联运"的区域协同模式，强化资源配置。因地制宜推动大宗固废多产业、多品种协同利用，形成可复制、可推广的大宗固废综合利用发展新模式。

（十六）创新大宗固废综合利用关键技术。鼓励企业建立技术研发平台，加大关键技术研发投入力度，重点突破源头减量减害与高质综合利用关键核心技术和装备，推动大宗固废利用过程风险控制的关键技术研发。依托国家级创新平台，支持产学研用有机融合，鼓励建设产业技术创新联盟等基础研发平台。

加大科技支撑力度，将大宗固废综合利用关键技术、大规模高质综合利用技术研发等纳入国家重点研发计划。适时修订资源综合利用技术政策大纲，强化先进适用技术推广应用与集成示范。

（十七）创新大宗固废协同利用机制。鼓励多产业协同利用，推进大宗固废综合利用产业与上游煤电、钢铁、有色、化工等产业协同发展，与下游建筑、建材、市政、交通、环境治理等产品应用领域深度融合，打通部门间、行业间堵点和痛点。推动跨区域协同利用，建立跨区域、跨部门联动协调机制，推动京津冀协同发展、长江经济带发展、粤港澳大湾区建设、长三角一体化发展、黄河流域生态保护和高质量发展等国家重大战略区域的大宗固废协同处置利用。

（十八）创新大宗固废管理方式。充分利用大数据、互联网等现代化信息技术手段，推动大宗固废产生量大的行业、地区和产业园区建立"互联网+大宗固废"综合利用信息管理系统，提高大宗固废综合利用信息化管理水平。充分依托已有资源，鼓励社会力量开展大宗固废综合利用交易信息服务，为产废和利废企业提供信息服务，分品种及时发布大宗固废产生单位、产生量、品质及利用情况等，提高资源配置效率，促进大宗固废综合利用率整体提升。

六、实施资源高效利用行动

（十九）骨干企业示范引领行动。在煤矸石、粉煤灰、尾矿（共伴生矿）、冶炼渣、工业副产石膏、建筑垃圾、农作物秸秆等大宗固废综合利用领域，培育50家具有较强上下游产业带动能力、掌握核心技术、市场占有率高的综合利用骨干企业。支持骨干企业开展高效、高质、高值大宗固废综合利用示范项目建设，形成可复制、可推广的实施范例，发挥带动引领作用。

（二十）综合利用基地建设行动。聚焦煤炭、电力、冶金、化工等重点产废行业，围绕国家重大战略实施，建设50个大宗固废综合利用基地和50个工业资源综合利用基地，推广一批大宗固废综合利用先进适用技术装备，不断促进资源利用效率提升。在粮棉主产区，以农业废弃物为重点，建设50个工农复合型循环经济示范园区，不断提升农林废弃物综合利用水平。

（二十一）资源综合利用产品推广行动。将推广使用资源综合利用产品纳入节约型机关、绿色学校等绿色生活创建行动。加大政府绿色采购力度，鼓励党政机关和学校、医院等公共机构优先采购秸秆环保板材等资源综合利用产品，发挥公共机构示范作用。鼓励绿色建筑使用以煤矸石、粉煤灰、工业副产石膏、建筑垃圾等大宗固废为原料的新型墙体材料、装饰装修材料。结合乡村建设行动，引导在乡村公共基础设施建设中使用新型墙体材料。

（二十二）大宗固废系统治理能力提升行动。加快完善大宗固废综合利用标准体系，推动上下游产业间标准衔接。加强大宗固废综合利用行业统计能力建设，明确统计口径、统计标准和统计方法，提高统计的及时性和准确性。鼓励企业积极开展工业固体废物资源综合利用评价，不断健全评价机制，加强评价机构能力建设，规范评价机构运行管理，积极推动评价结果采信，引导企业提高资源综合利用产品质量。

七、保障措施

（二十三）加强组织协调。各地发展改革部门要会同科技、工业和信息化、财政、自然资源、生态环境、住房城乡建设、农业农村、市场监管、机关事务管理等部门，切实履行职责，按照职能分工，建立责任明确、协调有序、监管有力的工作协调机制，强化政策联动，统筹推动本地区大宗固废综合利用工作。各地应对本地区政策执行情况和产业发展情况进行跟踪评估，每年定期上报本地区大宗固废综合利用情况。

（二十四）强化法治保障。积极推动资源综合利用立法，研究制定建筑垃圾、农作物秸秆等大宗固废综合利用管理办法，鼓励地方制定大宗固废综合利用法规。强化执法监管，发挥好生态环境、市场监管、自然资源等部门职能，严格执行固体废物污染防治相关法规，形成综合监管执法合力，对相关违法违规主体和行为加大处罚力度。

（二十五）完善支持政策。继续落实增值税、所得税、环境保护税等优惠政策。鼓励绿色信贷，支持大宗固废综合利用企业发放绿色债券。鼓励地方支持资源综合利用产业发展。完善市场准入制度，加强事中事后监管，营造公平竞争市场环境，有效增强资源综合利用产业投资吸引力，引导社会资本加大大宗固废综合利用投入，不断探索依靠市场机制推动大宗固废综合利用的路径和模式。

（二十六）加强宣传推广。组织开展形式多样的宣传活动，通过传统新闻媒体和新媒体等多种途径宣传普及大宗固废综合利用有关知识，提高全民节约资源和保护环境的意识。充分发挥各有关部门、行业协会指导作用，宣传大宗固废综合利用典型案例，推广典型经验，激发社会投资动力和活力，营造全社会积极参与的良好氛围。

国家发展改革委
科技部
工业和信息化部
财政部
自然资源部
生态环境部
住房和城乡建设部
农业农村部
市场监管总局
国管局
2021年3月18日

国家税务总局　国家发展改革委　生态环境部
关于落实从事污染防治的第三方企业所得税政策有关问题的公告

（国家税务总局　国家发展改革委　生态环境部公告2021年第11号）

根据《中华人民共和国企业所得税法》及其实施条例、《财政部 税务总局 国家发展改革委 生态环境部关于从事污染防治的第三方企业所得税政策问题的公告》（2019年第60号，以下简称60号公告）的规定，为落实好从事污染防治的第三方企业（以下简称第三方防治企业）所得税优惠政策，现将有关问题公告如下：

一、优惠事项办理方式

第三方防治企业依照60号公告规定享受优惠政策时，按照《国家税务总局关于发布修订后的〈企业所得税优惠政策事项办理办法〉的公告》（2018年第23号）的规定，采取"自行判别、申报享受、相关资料留存备查"的方式办理。

二、主要留存备查资料

第三方防治企业依照60号公告规定享受优惠政策的，主要留存备查资料为：

（一）连续从事环境污染治理设施运营实践一年以上的情况说明，与环境污染治理设施运营有关的合同、收入凭证。

（二）当年有效的技术人员的职称证书或执（职）业资格证书、劳动合同及工资发放记录等材料。

（三）从事环境保护设施运营服务的年度营业收入、总收入及其占比等情况说明。

（四）可说明当年企业具备检验能力，拥有自有实验室，仪器配置可满足运行服务范围内常规污染物指标的检测需求的有关材料：

1.污染物检测仪器清单，其中列入《实施强制管理计量器具目录》的检测仪器需同时留存备查相关检定证书；

2.当年常规理化指标的化验检测全部原始记录，其中污染治理类别为危险废物的利用与处置的，还需留存备查危险废物转移联单。

（五）可说明当年企业能保证其运营的环境保护设施正常运行，使污染物排放指标能够连续稳定达到国家或者地方规定的排放标准要求的有关材料：

1.环境污染治理运营项目清单、项目简介。

2.反映污染治理设施运营期间主要污染物排放连续稳定达标的所有自动监测日均值等记录，由具备资质的生态环境监测机构出具的全部检测报告。从事机动车船、非道路移动机械、餐饮油烟治理的，如未进行在线数据监测，也可不留存备查在线监测数据记录。

3.运营期内能够反映环境污染治理设施日常运行情况的全部记录、能够说明自动监测仪器设备符合生态环境保护相关标准规范要求的材料。

（六）仅从事自动连续监测运营服务的第三方企业，提供反映运营服务期间自动监测故障后及时修复、监测数据"真、准、全"等相关证明材料，无须提供反映污染物排放连续稳定达标相关材料。

三、相关后续管理

（一）第三方防治企业享受 60 号公告优惠政策后，税务部门将按照规定开展后续管理。

（二）税务部门在后续管理过程中，对享受优惠的企业是否符合 60 号公告第二条第五项、第六项规定条件有疑义的，可转请《环境污染治理范围》（见附件）所列的同级生态环境或发展改革部门核查。

（三）生态环境或发展改革部门收到同级税务部门转来的核查资料后，应组织专家或者委托第三方机构进行核查。核查可以采取案头审核或实地核查等方式。需要实地核查的，相关部门应协同进行，涉及异地核查的，企业运营项目所在地相关部门应予以配合。生态环境或发展改革部门应在收到核查要求后两个月内，将核查结果反馈同级税务部门。

本公告自 2021 年 6 月 1 日起施行。

特此公告。

附件（略）

国家税务总局
国家发展改革委
生态环境部
2021 年 4 月 29 日

关于公布《环境保护、节能节水项目企业所得税优惠目录（2021年版）》以及《资源综合利用企业所得税优惠目录（2021年版）》的公告

（财政部　税务总局　发展改革委　生态环境部公告2021年第36号）

为培育壮大节能环保产业，推动资源节约高效利用，现发布《环境保护、节能节水项目企业所得税优惠目录（2021年版）》和《资源综合利用企业所得税优惠目录（2021年版）》，有关事项公告如下：

一、《环境保护、节能节水项目企业所得税优惠目录（2021年版）》和《资源综合利用企业所得税优惠目录（2021年版）》自2021年1月1日起施行。

二、企业从事属于《财政部 国家税务总局 国家发展改革委关于公布环境保护节能节水项目企业所得税优惠目录（试行）的通知》（财税〔2009〕166号）和《财政部 国家税务总局 国家发展改革委关于垃圾填埋沼气发电列入〈环境保护、节能节水项目企业所得税优惠目录（试行）〉的通知》（财税〔2016〕131号）中目录规定范围的项目，2021年12月31日前已进入优惠期的，可按政策规定继续享受至期满为止；企业从事属于《环境保护、节能节水项目企业所得税优惠目录（2021年版）》规定范围的项目，若2020年12月31日前已取得第一笔生产经营收入，可在剩余期限享受政策优惠至期满为止。

三、企业从事资源综合利用属于《财政部 国家税务总局 国家发展改革委关于公布资源综合利用企业所得税优惠目录（2008年版）的通知》（财税〔2008〕117号）中目录规定范围，但不属于《资源综合利用企业所得税优惠目录（2021年版）》规定范围的，可按政策规定继续享受优惠至2021年12月31日止。

四、税务机关在后续管理中，如不能准确判定企业从事的项目是否属于《环境保护、节能节水项目企业所得税优惠目录（2021年版）》，以及资源综合利用是否属于《资源综合利用企业所得税优惠目录（2021年版）》规定的范围，可提请省级以上（含省级）发展改革和生态环境等部门出具意见。

五、《财政部 国家税务总局 国家发展改革委关于公布环境保护节能节水项目企业所得税优惠目录（试行）的通知》（财税〔2009〕166号）、《财政部 国家税务总局 国家发展改革委关于公布资源综合利用企业所得税优惠目录（2008年版）的通知》（财税〔2008〕117号）以及《财政部 国家税务总局 国家发展改革委关于垃圾填埋沼气发电列入〈环境保护、节能节水项目企业所得税优惠目录（试行）〉的通知》（财税〔2016〕131号）自2022年1月1日起废止。

财政部　国家税务总局
国家发展改革委　生态环境部
2021年12月16日

生态环境部等 18 个部门
关于印发《"十四五"时期"无废城市"建设工作方案》的通知

(环固体〔2021〕114 号)

各省、自治区、直辖市及新疆生产建设兵团生态环境厅（局）、发展改革委、工业和信息化主管部门、财政厅（局）、自然资源主管部门、住房和城乡建设厅（委、局、城管委、城管局、绿化市容局）、农业农村（农牧、畜牧、兽医、渔业）厅（局、委）、商务主管部门、文化和旅游厅（局）、卫生健康委、市场监管局（厅、委）、统计局、机关事务管理部门、邮政局、供销合作社；中国人民银行上海总部，各分行、营业管理部，各省会（首府）城市中心支行；国家税务总局各省、自治区、直辖市、计划单列市税务局；各银保监局：

  为深入贯彻落实《中共中央 国务院关于深入打好污染防治攻坚战的意见》，稳步推进"无废城市"建设，我们制定了《"十四五"时期"无废城市"建设工作方案》，现予印发，请认真组织实施。

生态环境部　发展改革委　工业和信息化部
财政部　自然资源部　住房城乡建设部
农业农村部　商务部　文化和旅游部
卫生健康委　人民银行　税务总局
市场监管总局　统计局　国管局　银保监会
邮政局　全国供销总社
2021 年 12 月 10 日

"十四五"时期"无废城市"建设工作方案

  开展"无废城市"建设，是深入贯彻落实习近平生态文明思想的具体行动，是推动减污降碳协同增效的重要举措，是实现美丽中国建设目标的内在要求。党中央、国务院高度重视"无废城市"建设工作。自 2018 年国务院办公厅印发《"无废城市"建设试点工作方案》（国办发〔2018〕128 号）以来，深圳等 11 个城市和雄安新区等 5 个特殊地区积极开展改革试点，取得明显成效。2021 年 11 月，《中共中央 国务院关于深入打好污染防治攻坚战的意见》印发实施，明确提出要稳步推进"无废城市"建设。为指导地方做好"十四五"时期"无废城市"建设工作，在总结改革试点经验基础上，制定本方案。

一、总体要求

（一）指导思想。以习近平新时代中国特色社会主义思想为指导，全面贯彻党的十九大和十九届二中、三中、四中、五中、六中全会精神，深入贯彻习近平生态文明思想，立足新发展阶段、贯彻新发展理念、构建新发展格局、实现高质量发展，统筹城市发展与固体废物管理，强化制度、技术、市场、监管等保障体系建设，大力推进减量化、资源化、无害化，发挥减污降碳协同效应，提升城市精细化管理水平，推动城市全面绿色转型，为深入打好污染防治攻坚战、推动实现碳达峰碳中和、建设美丽中国做出贡献。

（二）基本原则。坚持系统谋划、一体推进。把实现减污降碳协同增效作为促进经济社会发展全面绿色转型的总抓手，充分发挥固体废物污染防治一头连着减污，一头连着降碳的重要作用，在深入打好污染防治攻坚战和碳达峰碳中和等重大战略部署下系统谋划"无废城市"建设，一体推进。

坚持问题导向、目标导向。以固体废物产生强度高、回收利用水平低、处置缺口大等突出问题为突破口，按照优先源头减量、充分资源化利用、全过程无害化原则，推动形成绿色生产和生活方式，加快补齐相关治理体系和基础设施短板，持续提升固体废物综合治理能力。

坚持依法治理、深化改革。落实新修订《固体废物污染环境防治法》等法律法规要求，健全固体废物污染环境防治长效机制。深化体制机制改革，建立健全相关制度、技术、市场、监管四大体系，为"无废城市"建设提供支撑保障。鼓励地方主动创新、先行先试，积累好经验和好做法。

坚持党政主导、多元共治。构建党委领导、政府主导、企业主体、社会组织和公众共同参与的"无废城市"建设工作格局。建立分工明确、权责清晰、协同增效的管理体制机制。发挥园区、骨干企业的引领和支撑作用。发动群众，依靠群众，形成全社会户户知晓、人人参与的良好氛围。

（三）工作目标。推动100个左右地级及以上城市开展"无废城市"建设，到2025年，"无废城市"固体废物产生强度较快下降，综合利用水平显著提升，无害化处置能力有效保障，减污降碳协同增效作用充分发挥，基本实现固体废物管理信息"一张网"，"无废"理念得到广泛认同，固体废物治理体系和治理能力得到明显提升。

二、主要任务

（一）科学编制实施方案，强化顶层设计引领。将"无废城市"建设目标任务纳入城市或区域国民经济和社会发展"十四五"规划及生态环境保护规划等相关专项规划。因地制宜编制"无废城市"建设实施方案，与深入打好污染防治攻坚战相关要求、碳达峰碳中和等国家重大战略以及城市建设管理有机融合，明确任务措施，一体谋划、一体部署、一体推进。建立完善"无废城市"建设评估机制，推动将建设成效纳入当地党委、政府绩效考核。锚定广泛形成绿色生产生活方式的目标要求，着力优化产业结构、能源结构和运输结构，大幅降低固体废物产生强度。统筹市域范围内固体废物利用处置设施布局，鼓励跨区域合作，加强设施共建共享。将生活垃圾、市政污泥、建筑垃圾、再生资源、工业固体废物、农业固体废物、危险废物、医疗废物等固体废物分类收集及无害化处置设施纳入环境基础设施和公共设施范围，保障设施用地和资金投入。构建集污水、垃圾、固体废物、危险废物、医疗废物处理处置设施和监测监管能力于一体的环境基础设施体系，形成由城市向建制镇和乡村延伸覆盖的环境基础设施网络。

（二）加快工业绿色低碳发展，降低工业固体废物处置压力。以"三线一单"为抓手，严控高耗能、高排放项目盲目发展，大力发展绿色低碳产业，推行产品绿色设计，构建绿色供应链，实现源头减量。结合工业领域减污降碳要求，加快探索钢铁、有色、化工、建材等重点行业工业固体废物减量化路径，全面推行清洁生产。全面推进绿色矿山、"无废"矿区建设，推广尾矿等大宗工业固体废物环境友好型井下充填回填，减少尾矿库贮存量。推动大宗工业固体废物在提取有价组分、生产建材、筑路、生态修复、土壤治理等领域的规模化利用。以锰渣、赤泥、废盐等难利用冶炼渣、化工渣为重点，加强贮存处置环节环境管理，推动建设符合国家有关标准的贮存处置设施。支持金属冶炼、造纸、汽车制造等龙头企业与再生资源回收加工企业合作，建设一体化废钢铁、废有色金属、废纸等绿色分拣加工配送中心和废旧动力电池回收中心。加快绿色园区建设，推动园区企业内、企业间和产业间物料闭路循环，实现固体废物循环利用。推动利用水泥窑、燃煤锅炉等协同处置固体废物。开展历史遗留固体废物排查、分类整治，加快历史遗留问题解决。

（三）促进农业农村绿色低碳发展，提升主要农业固体废物综合利用水平。发展生态种植、生态养殖，建立农业循环经济发展模式，促进农业固体废物综合利用。鼓励和引导农民采用增施有机肥、秸秆还田、种植绿肥等技术，持续减少化肥农药使用比例。加大畜禽粪污和秸秆资源化利用先进技术和新型市场模式的集成推广，推动形成长效运行机制。探索推动农膜、农药包装等生产者责任延伸制度，着力构建回收体系。以龙头企业带动工农复合型产业发展。统筹农业固体废物能源化利用和农村清洁能源供应，推动农村发展生物质能。

（四）推动形成绿色低碳生活方式，促进生活源固体废物减量化、资源化。以节约型机关、绿色采购、绿色饭店、绿色学校、绿色商场、绿色快递网点（分拨中心）、"无废"景区等为抓手，大力倡导"无废"理念，推动形成简约适度、绿色低碳、文明健康的生活方式和消费模式。坚决制止餐饮浪费行为，推广"光盘行动"，引导消费者合理消费。积极发展共享经济，推动二手商品交易和流通。深入推进生活垃圾分类工作，建立完善分类投放、分类收集、分类运输、分类处理系统。构建城乡融合的农村生活垃圾治理体系，推动城乡环卫制度并轨。加快构建废旧物资循环利用体系，推进垃圾分类收运与再生资源回收"两网融合"，促进玻璃等低值可回收物回收利用。完善废旧家电回收处理管理制度和支持政策，畅通家电生产消费回收处理全产业链条。提升城市垃圾中转站建设水平，建设环保达标的垃圾中转站。提升厨余垃圾资源化利用能力，着力解决好堆肥、沼液、沼渣等产品应用的"梗阻"问题，加强餐厨垃圾收运处置监管。提高生活垃圾焚烧能力，大幅减少生活垃圾填埋处置，规范生活垃圾填埋场管理，减少甲烷等温室气体排放。推进市政污泥源头减量，压减填埋规模，推进资源化利用。推进塑料污染全链条治理，大幅减少一次性塑料制品使用，推动可降解替代产品应用，加强废弃塑料制品回收利用。加快快递包装绿色转型，推广可循环绿色包装应用。开展海洋塑料垃圾清理整治。

（五）加强全过程管理，推进建筑垃圾综合利用。大力发展节能低碳建筑，全面推广绿色低碳建材，推动建筑材料循环利用。落实建设单位建筑垃圾减量化的主体责任，将建筑垃圾减量化措施费用纳入工程概算。以保障性住房、政策投资或以政府投资为主的公建项目为重点，大力发展装配式建筑，有序提高绿色建筑占新建建筑的比例。推行全装修交付，减少施工现场建筑垃圾产生。各地制定完善施工现场建筑垃圾分类、收集、统计、处置和再生利用等相关标准。鼓励建筑垃圾再生骨料及制品在建筑工程和道路工程中应用。推动在土方平衡、林业用土、环境治理、烧结制品及回填等领域大量利用经处理后的建筑垃圾。开展存量建筑垃圾治理，对堆放量较大、较集中的堆放点，经治理、评估后达到安全稳定要求，进行生态修复。

（六）强化监管和利用处置能力，切实防控危险废物环境风险。支持研发、推广减少工业危险废物产生量和降低工业危险废物危害性的生产工艺和设备，从源头减少危险废物产生量、降低危害性。以废矿物油、废铅蓄电池、实验室废物等为重点，开展小微企业、科研机构、学校等产生的危险废物收集转运服务。开展工业园区危险废物集中收集贮存试点，推动收集转运贮存专业化。强化危险废物利用处置企业的土壤地下水污染预防和风险管控，督促企业依法落实土壤污染隐患排查等义务；促进规模化发展、专业化运营，提升集中处置基础保障能力。在环境风险可控的前提下，探索"点对点"定向利用豁免管理。完善医疗废物收集转运处置体系，保障重大疫情医疗废物应急处理能力，完善应急处置机制。加强区域难处置危险废物暂存设施建设。建立危险废物环境风险区域联防联控机制，强化部门间信息共享、监管协作和联动执法工作机制，形成工作合力。严厉打击非法排放、倾倒、收集、贮存、转移、利用或处置危险废物等环境违法犯罪行为，实施生态环境损害赔偿制度。

（七）加强制度、技术、市场和监管体系建设，全面提升保障能力。建立健全固体废物环境管理制度体系。建立部门责任清单，进一步明确各类固体废物产生、收集、贮存、运输、利用、处置等环节的部门职责边界。完善固体废物统计范围、口径、分类和方法。实行环境信息依法披露制度，增强固体废物管理信息透明度。深化固体废物分级分类管理、生产者责任延伸、跨区域处置生态补偿等制度创新，提升综合管理效能。建立健全固体废物环境管理技术标准体系。加快固体废物源头减量、资源化利用和无害化处置技术推广应用，加大领域绿色低碳技术攻关，加强固体废物利用处置技术模式创新。探索废气、废水、固体废物一体化协同治理解决方案。积极引领和参与固体废物相关标准制定，完善固体废物污染控制技术标准与资源化产品标准，推动上下游产业间标准衔接。

建立健全固体废物环境管理市场体系。优化市场营商环境，鼓励各类市场主体参与"无废城市"建设工作。落实有利于固体废物资源化利用和无害化处置的税收、价格、收费政策。探索建立生活垃圾分类计价、计量收费制度。按照合理盈利原则，探索建立以乡镇、村、企业或经纪人为主体的秸秆收集储存体系。鼓励金融机构加大对"无废城市"建设的金融支持力度。加强"无废城市"建设的市场化投融资机制和商业模式探索，深化政银合作，更好发挥社会资本的市场配置作用。提升县级以上人民政府对资源综合利用产品的政府采购支持力度。

建立健全固体废物环境管理监管体系。完善固体废物环境信息管理，打通多部门固体废物相关数据，形成高效监管格局和服务模式。健全环保信用评价体系，推动将工业固体废物重点产生单位和利用处置单位纳入环保信用评价管理。在危险废物经营单位全面推行环境污染责任保险。实施"双随机、一公开"环境监管模式，建立健全环境污染问题发现机制。全面禁止进口"洋垃圾"。加快开展区域内工业固体废物和危险废物治理排污单位排污许可证核发，督促和指导企业全面落实固体废物排污许可事项和管理要求。

三、工作步骤

（一）确定城市名单。市级人民政府提出申请，由省级生态环境部门汇总并会同省级有关部门提出意见后，于2022年2月15日前报送生态环境部。直辖市确定开展"无废城市"建设的城区范围，由直辖市生态环境局会同同级有关部门提出意见后，报送生态环境部。生态环境部会同有关部门，根据各省推荐情况，综合考虑城市基础条件、工作积极性和国家相关重大战略安排等因素，确定开展"无废城市"建设的城市名单。具有重大示范意义的县级行政区、开发区等，可参照"无废城市"建设要求一并推进。

（二）制定印发实施方案。开展"无废城市"建设的城市，参照方案任务和指标体系（见附件），科学编制"十四五"时期"无废城市"建设实施方案。省级生态环境部门会同省级有关部门对本地区城市实施方案编制进行技术指导。相关城市于2022年7月底前印发实施方案，同时报送省级生态环境部门和生态环境部。

（三）稳步推进"无废城市"建设。开展"无废城市"建设的城市，建立专门工作机制，制定责任清单、任务清单和项目清单，逐级细化分解各项任务，明确时间表、路线图，加强工作调度、督导和考核，稳步推进"无废城市"建设。相关省份要组织调配技术力量，建立"无废城市"建设专家库和技术帮扶组，为城市提供全流程跟踪式技术指导。建设期间，每年年底前，相关城市对"无废城市"建设总体情况、主要做法和成效、存在的问题及建议等进行总结，形成总结报告，并于次年1月底前报送省级生态环境部门；省级生态环境部门会同省级有关部门对本地区"无废城市"建设总体情况进行总结，于次年3月底前将总结报告报送生态环境部。生态环境部会同有关部门系统总结成效和经验，把行之有效的创新举措制度化，形成可复制可推广的模式，加强推广应用；研究对"无废城市"建设成效突出或固体废物管理水平提升明显的城市给予激励。

四、保障措施

（一）加强组织领导。生态环境部会同有关部门建立部际协调机制，负责"无废城市"建设各项工作的组织领导和统筹协调，促进政策、资金、技术等相关资源要素集聚，形成工作合力。省级生态环境部门会同省级有关部门建立协调工作机制，切实加强对"无废城市"建设的组织和指导，增进部门间的协调配合，有效推动"无废城市"建设各项工作开展。相关城市根据"无废城市"建设需要，建立相关工作领导体制机制，完善保障措施。

（二）加强政策资金保障。相关城市研究完善政策体系，结合财力统筹安排资金，支持区域固体废物集中处置公共基础设施建设等重点工作。鼓励有条件的城市建立完善多元化投入渠道，充分吸引社会资本加大投入。

（三）强化科技支撑。强化企业创新主体地位，支持企业与高校、科研院所进行产学研合作，加大科技投入，加强人才培育，引导和组织科技人员服务企业，提升企业创新能力。充分发挥国家生态环境科技成果转化平台作用，推动固体废物利用处置技术成果共享与转化。积极开展国际合作与技术交流。

（四）抓好宣传引导。增强全民节约意识、环保意识、生态意识，倡导简约适度、绿色低碳的生活方式，把建设美丽中国转化为全体公民的自觉行动。面向学校、社区、家庭、企业开展生态文明教育，凝聚民心、汇集民智，推动生产生活方式绿色化。积极探索创新宣传方式，增强宣传实效。将绿色生产生活方式等内容纳入有关教育培训体系。鼓励公民和社会组织积极举报环境问题，支持新闻媒体开展舆论监督。

附件："无废城市"建设指标体系（2021年版）

附件

"无废城市"建设指标体系（2021年版）

为指导城市做好"无废城市"建设工作，推动城市大幅度减少固体废物产生量，促进固体废物综合利用，降低固体废物危害性，最大限度降低固体废物填埋量，稳步提升固体废物治理体系和治理能力，制定《"无废城市"建设指标体系（2021年版）》[以下简称《指标体系（2021年版）》]。

《指标体系（2021年版）》以创新、协调、绿色、开放、共享的发展理念为引领，坚持科学性、系统性、可操作性和前瞻性原则，由5个一级指标、17个二级指标和58个三级指标组成（见附表）。

一级指标主要包括固体废物源头减量、资源化利用、最终处置、保障能力、群众获得感等5个方面。

二级指标主要覆盖工业、农业、建筑业、生活领域固体废物的减量化、资源化、无害化，以及制度、技术、市场、监管体系建设与群众获得感等17个方面。

三级指标是对一级指标和二级指标的具体细化和量化，划分为两类：第Ⅰ类为必选指标（标注★），共25项，是各地开展"无废城市"建设均需落实的约束性指标。第Ⅱ类为可选指标，共33项，是各地依据城市类型、特点及任务安排进行选择的指标。各项指标数据主要来源于现有统计调查数据和专项调查数据。此外，各地可结合自身发展定位、发展阶段、资源禀赋、产业结构、经济技术基础等差异性，聚焦减污降碳协同增效，自行设置自选指标。

附表："无废城市"建设指标体系（2021年版）

附表

"无废城市"建设指标体系（2021年版）

序号	一级指标	二级指标	三级指标	指标说明
1	固体废物源头减量	工业源头减量	一般工业固体废物产生强度★	指标解释：指纳入固体废物申报登记范围的工业企业，每万元工业增加值的一般工业固体废物产生量。该指标是用于促进全面降低一般工业固体废物产生强度的综合性指标。 计算方法：一般工业固体废物产生强度＝一般工业固体废物产生量÷工业增加值。 数据来源：市生态环境局、市统计局
2			工业危险废物产生强度★	指标解释：指纳入固体废物申报登记范围的工业企业，每万元工业增加值的工业危险废物产生量。该指标是用于促进全面降低工业危险废物产生强度的综合性指标。 计算方法：工业危险废物产生强度＝工业危险废物产生量÷工业增加值。 数据来源：市生态环境局、市统计局
3			通过清洁生产审核评估工业企业占比★	指标解释：指需开展清洁生产审核评估的工业企业中，按《清洁生产审核评估与验收指南》（环办科技〔2018〕5号）要求通过审核评估的工业企业数量占比。城市应重点抓好钢铁、建材、有色、化工、石化、电力、煤炭等行业清洁生产审核。该指标用于促进企业实施清洁生产，从源头控制资源和能源消耗，提高资源利用效率，削减固体废物产生量，减少进入最终处置环节的固体废物。 计算方法：通过清洁生产审核评估工业企业占比（%）＝通过清洁生产审核评估的工业企业数量÷需开展清洁生产审核评估的工业企业数量×100%。 数据来源：市生态环境局、市发展改革委、市工信局
4			开展绿色工厂建设的企业占比	指标解释：绿色工厂是指按照《绿色工厂评价通则》（GB/T 36132）和相关行业绿色工厂评价导则，实现了用地集约化、原料无害化、生产洁净化、废物资源化、能源低碳化的工厂，包括国家级、省级、市级等各级绿色工厂。该指标用于促进工厂减少有害原材料的使用，提高原材料使用效率和工业固体废物综合利用率。 计算方法：开展绿色工厂建设的企业占比（%）＝开展绿色工厂建设的企业数量÷城市在产企业数量×100%。 数据来源：市工信局
5			开展生态工业园区建设、循环化改造、绿色园区建设的工业园区占比	指标解释：指开展生态工业园区建设、园区循环化改造、绿色园区建设的各级各类工业园区数量。生态工业园区建设、园区循环化改造和绿色园区建设可推动实现区域内物质的循环利用，减少固体废物产生量。该指标用于促进各地对现有工业园区开展改造升级，建成生态工业园区、循环化园区、绿色园区；对新建园区，应按照生态工业园区、循环化园区、绿色园区建设标准开展建设。对拥有省级及以上工业园区的城市，本项为必选指标。 计算方法：开展生态工业园区建设、循环化改造、绿色园区建设的工业园区占比（%）＝开展生态工业园区建设、循环化改造、绿色园区建设的工业园区数量÷城市在产工业园区总数×100%。 数据来源：市生态环境局、市发展改革委、市工信局

续表

序号	一级指标	二级指标	三级指标	指标说明
6		工业源头减量	绿色矿山建成率★	指标解释：指城市新建、在产矿山中完成绿色矿山建设的矿山数量占比。绿色矿山指纳入全国、省级绿色矿山名录的矿山。该指标用于促进降低矿产资源开采过程固体废物产生量和环境影响，提升资源综合利用水平，加快矿业转型与绿色发展。 计算方法：绿色矿山建成率（%）= 完成绿色矿山建设的矿山数量 ÷ 矿山总数量 × 100%。 数据来源：市自然资源局
7			城市重点行业工业企业碳排放强度降低幅度	指标解释：指城市钢铁、建材、有色、化工、石化、电力、煤炭等碳排放重点行业工业企业的碳排放强度相对基准年的降低幅度。该指标用于引领促进钢铁、建材、有色、化工、石化、电力、煤炭等重点行业工业企业不断降低碳排放强度，为城市整体实现碳达峰、碳中和提供重要支撑。 计算方法：城市重点行业工业企业碳排放强度降低幅度（%）=（基准年城市重点行业工业企业碳排放强度 − 评价年城市重点行业工业企业碳排放强度）÷ 基准年城市重点行业工业企业碳排放强度 × 100%。 数据来源：市发展改革委、市工信局、市生态环境局
8	固体废物源头减量	农业源头减量	绿色食品、有机农产品种植推广面积占比	指标解释：指城市绿色食品、有机农产品的种植面积占全市农作物种植面积的比例。绿色食品是根据《绿色食品标志管理办法》许可使用绿色食品标志的安全、优质农产品及相关产品；有机农产品是根据有机农业原则和有机农产品生产方式及标准生产加工，并通过有机食品认证机构认证的农产品。该指标用于促进生态农业、循环农业发展，减少农药化肥使用量，促进种养平衡和农业固体废物综合利用。 计算方法：绿色食品、有机农产品的种植推广面积占比（%）= 绿色食品、有机农产品种植面积 ÷ 农作物种植面积 × 100%（绿色食品、有机农产品重叠面积不重复计算）。 数据来源：市农业农村局
9			畜禽养殖标准化示范场占比	指标解释：指城市畜禽养殖标准化示范场数量占全市畜禽养殖场总数的比例。根据《畜禽养殖标准化示范创建活动工作方案（2018—2025年）》，畜禽养殖标准化示范场是指以标准化、现代化生产为核心，生产高效、环境友好、产品安全、管理先进，具有示范引领作用的畜禽规模养殖场，包括国家级、省级、市级等各级畜禽规模养殖场（含轮牧牧场）。该指标用于促进推广畜禽养殖规模化、规范化发展。 计算方法：畜禽养殖标准化示范场占比（%）= 畜禽养殖标准化示范场数量 ÷ 畜禽养殖场总数 × 100%。 数据来源：市农业农村局
10		建筑业源头减量	绿色建筑占新建建筑的比例★	指标解释：指当年城市新建建筑中绿色建筑面积占比。绿色建筑是指达到《绿色建筑评价标准》（GB/T 50378）或省市级相关标准的建筑。该指标用于促进城市建筑垃圾源头减量，提高建筑节能水平。 计算方法：绿色建筑占新建建筑的比例（%）= 新建绿色建筑面积总和 ÷ 全市新建建筑面积总和 × 100%。 数据来源：市住建局

续表

序号	一级指标	二级指标	三级指标	指标说明
11		建筑业源头减量	装配式建筑占新建建筑的比例	指标解释：指当年城市新建建筑中装配式建筑面积占比。装配式建筑是指用预制部品部件在工地装配而成的建筑。该指标用于促进装配式建筑应用，推动城市建筑垃圾源头减量。 计算方法：装配式建筑占新建建筑的比例（%）= 新建装配式建筑面积 ÷ 全市新建建筑面积总和 × 100%。 数据来源：市住建局
12			生活垃圾清运量★	指标解释：指城市全市域（包括城市和农村）范围内收集和运送到各生活垃圾处理设施的生活垃圾数量。该指标用于促进城市生活垃圾源头减量。 数据来源：市住建局、市城市管理局、市绿化市容局、市农业农村局
13	固体废物源头减量	生活领域源头减量	城市居民小区生活垃圾分类覆盖率	指标解释：指城市城区和县城开展生活垃圾分类收集、分类运输的小区数量占比。该指标用于促进各地实现生活垃圾分类收运系统市区全覆盖。 计算方法：城市居民小区生活垃圾分类覆盖率（%）= 开展生活垃圾分类收运的城市居民小区数量 ÷ 城市居民小区总数 × 100%。 数据来源：市住建局、市发展改革委、市城市管理局、市绿化市容局
14			农村地区生活垃圾分类覆盖率	指标解释：指建制镇、乡和镇乡级特殊区域开展生活垃圾分类收集、分类运输的行政村数量占比。该指标用于促进各地实现生活垃圾分类收运系统乡村全覆盖。 计算方法：农村地区生活垃圾分类覆盖率（%）= 开展生活垃圾分类收运的行政村数量 ÷ 市域范围内行政村总数 × 100%。 数据来源：市农业农村局、市发展改革委、市住建局、市城市管理局、市绿化市容局
15			快递绿色包装使用率	指标解释：指城市寄出的快件（含邮件）中，使用符合《邮件快件包装管理办法》《邮件快件绿色包装规范》及相关标准的绿色包装材料占比。该指标用于促进快递绿色包装的推广应用。 计算方法：快递绿色包装使用率（%）= 快递绿色包装使用量 ÷ 快递包装使用总量 × 100%。 数据来源：市邮政管理局
16	固体废物资源化利用	工业固体废物资源化利用	一般工业固体废物综合利用率★	指标解释：指一般工业固体废物综合利用量与一般工业固体废物产生量（包括综合利用往年贮存量）的比率。城市可根据实际情况，增加具体类别一般工业固体废物综合利用率作为自选指标，如煤矸石综合利用率、粉煤灰综合利用率等。该指标用于促进一般工业固体废物综合利用，减少工业资源、能源消耗。 计算方法：一般工业固体废物综合利用率（%）= 一般工业固体废物综合利用量 ÷（当年一般工业固体废物产生量 + 综合利用往年贮存量）× 100%。 数据来源：市生态环境局
17			工业危险废物综合利用率★	指标解释：指工业危险废物综合利用量与工业危险废物产生量（包括综合利用往年贮存量）的比率。该指标用于促进工业危险废物综合利用，减少工业资源、能源消耗。 计算方法：工业危险废物综合利用率（%）= 工业危险废物综合利用量 ÷（当年工业危险废物产生量 + 综合利用往年贮存量）× 100%。 数据来源：市生态环境局

续表

序号	一级指标	二级指标	三级指标	指标说明
18			秸秆收储运体系覆盖率	指标解释：指城市纳入秸秆收储运体系的行政村占比。该指标用于促进提高秸秆收集水平，有助于推动秸秆的资源化利用。 计算方法：秸秆收储运体系覆盖率（%）=纳入秸秆收储运体系的行政村数量÷市域范围内行政村总数×100%。 数据来源：市农业农村局
19			畜禽粪污收储运体系覆盖率	指标解释：指城市纳入畜禽粪污收储运体系的行政村占比。该指标用于促进提高畜禽粪污收集水平，有助于推动畜禽粪污的资源化利用。 计算方法：畜禽粪污收储运体系覆盖率（%）=纳入畜禽粪污收储运体系的行政村数量÷有畜禽养殖的行政村总数×100%。 数据来源：市农业农村局
20	固体废物资源化利用	农业固体废物资源化利用	秸秆综合利用率★	指标解释：指秸秆肥料化（含还田）、饲料化、基料化、燃料化、原料化利用总量与秸秆可收集资源量（测算）的比率。该指标用于促进秸秆的资源化利用，实现部分替代原生资源。鼓励各地整县推进秸秆综合利用。 计算方法：秸秆综合利用率（%）=秸秆综合利用量÷秸秆可收集资源量（测算）×100%。 数据来源：市农业农村局
21			畜禽粪污综合利用率★	指标解释：指综合利用的畜禽粪污量与畜禽粪污总量的比率。畜禽粪污产生量和综合利用量根据畜禽规模养殖场直联直报信息系统确定。该指标有助于推动畜禽粪污资源化利用。鼓励各地整县推进畜禽粪污资源化利用。 计算方法：畜禽粪污综合利用率（%）=畜禽粪污综合利用量÷畜禽粪污产生总量（测算）×100%。 数据来源：市农业农村局
22			农膜回收率★	指标解释：指农膜回收量占使用量的比例。该指标用于促进提高农膜回收水平。 计算方法：农膜回收率（%）=农膜回收量÷农膜使用量×100%。 数据来源：市农业农村局
23			农药包装废弃物回收率	指标解释：指农药包装废弃物回收量占产生量的比例。该指标用于促进农药包装废弃物回收和集中处置体系建设，保障农业生产安全、农产品质量安全和农业生态环境安全。 计算方法：农药包装废弃物回收率（%）=农药包装废弃物回收量÷农药包装废弃物产生量（测算）×100%。 数据来源：市农业农村局
24			化学农药施用量亩均下降幅度	指标解释：指当年全市域亩均化学农药施用量与基准年相比下降的幅度。该指标用于促进减少化学农药施用量。 计算方法：化学农药施用量亩均下降幅度（%）=（基准年亩均化学农药施用量－评价年亩均化学农药施用量）÷基准年亩均化学农药施用量×100%。 数据来源：市农业农村部门

续表

序号	一级指标	二级指标	三级指标	指标说明
25	固体废物资源化利用	农业固体废物资源化利用	化学肥料施用量亩均下降幅度	指标解释：指当年全市域亩均化学肥料施用量与基准年相比下降的幅度。该指标用于促进减少化学肥料施用量。 计算方法：化学肥料施用量亩均下降幅度（%）=（基准年亩均化学肥料施用量－评价年亩均化学肥料施用量）÷基准年亩均化学肥料施用量×100%。 数据来源：市农业农村部门
26		建筑垃圾资源化利用	建筑垃圾资源化利用率★	指标解释：指该城市建筑垃圾资源化利用量占建筑垃圾产生量的比值。根据《建筑垃圾处理技术标准》（CJJ/T 134—2019），建筑垃圾资源化利用包括土类建筑垃圾用作制砖和道路工程等用原料，废旧混凝土、碎砖瓦等作为再生建材用原料，废沥青作为再生沥青原料，废金属、木材、塑料、纸张、玻璃、橡胶等作为原料直接或再生利用。该指标用于促进建筑垃圾资源化利用，减少资源、能源和其他建筑材料的开采和生产过程产生的碳排放。 计算方法：建筑垃圾资源化利用率＝建筑垃圾资源化利用量÷建筑垃圾产生量（估算）×100%。 数据来源：市住建局、市城市管理局、市绿化市容局
27		生活领域固体废物资源化利用	生活垃圾回收利用率★	指标解释：指未进入生活垃圾焚烧和填埋设施进行处理的可回收物、厨余垃圾的数量占生活垃圾产生量的比例。该指标用于促进提高生活垃圾回收利用水平。 计算方法：生活垃圾回收利用率（%）=生活垃圾回收利用量÷生活垃圾产生量×100%。 数据来源：市住建局、市城市管理局、市绿化市容局
28			再生资源回收量增长率	指标解释：指当年再生资源回收量相对于基准年再生资源回收量的增长率。再生资源类别包括报废机动车、废钢铁、废铜、废铝、废塑料、废纸、废玻璃、废旧轮胎等。该指标用于促进提升再生资源回收利用水平。 计算方法：再生资源回收量增长率（%）=（评价年再生资源回收量－基准年再生资源回收量）÷基准年再生资源回收量×100%。 数据来源：市商务局
29			医疗卫生机构可回收物回收率★	指标解释：指医疗卫生机构可回收物的回收量与可回收物产生量的比率。医疗卫生机构可回收物主要指未经患者血液、体液、排泄物等污染的输液瓶（袋）。该指标用于提高医疗卫生机构可回收物的回收水平。 计算方法：医疗卫生机构可回收物回收＝可回收物的回收量÷可回收物产生量×100%。 数据来源：市卫生健康委、市商务局

续表

序号	一级指标	二级指标	三级指标	指标说明
30	固体废物资源化利用	生活领域固体废物资源化利用	车用动力电池、报废机动车等产品类废物回收体系覆盖率	指标解释：指纳入车用动力电池、报废机动车等回收体系的产品类废物产生单位（汽车销售、维修企业等）数量占产品类废物产生单位总数的比例，该指标用于促进产品类废物的收集回收，有助于提升产品类废物资源化利用水平。 计算方法：车用动力电池、报废机动车等产品类废物回收体系覆盖率（%）= 纳入产品类废物回收体系的产生单位数量 ÷ 产品类废物产生单位总数 ×100%。 数据来源：市发展改革委、市生态环境局、市工信局
31	固体废物最终处置	危险废物处置	工业危险废物填埋处置量下降幅度★	指标解释：指城市工业危险废物填埋处置量与基准年相比下降的幅度。该指标用于促进减少工业危险废物填埋处置量，提高工业危险废物资源化利用水平。 计算方法：工业危险废物填埋处置量下降幅度（%）=（基准年工业危险废物填埋处置量 − 评价年工业危险废物填埋处置量）÷ 基准年工业危险废物填埋处置量 ×100%。 数据来源：市生态环境局
32			医疗废物收集处置体系覆盖率★	指标解释：指城市纳入医疗废物收运管理范围（包括城市和农村地区），并由持有医疗废物经营许可证单位进行处置的医疗卫生机构占比。该指标用于促进提高医疗废物收集处置能力。 计算方法：医疗废物收集处置体系覆盖率（%）= 纳入医疗废物收集处置体系的医疗卫生机构数量 ÷ 医疗卫生机构总数 ×100%。 数据来源：市卫生健康委
33			社会源危险废物收集处置体系覆盖率	指标解释：指纳入危险废物收集处置体系的社会源危险废物产生单位（建设期间可以高校及研究机构实验室、第三方社会检测机构实验室、汽修企业为主）数量占社会源危险废物产生单位总数的比例。该指标用于促进提升社会源危险废物的收集处置能力。 计算方法：社会源危险废物收集处置体系覆盖率（%）= 纳入危险废物收集处置体系的社会源危险废物产生单位数量 ÷ 社会源危险废物产生单位总数 ×100%。 数据来源：涉及社会源危险废物的主管部门
34		一般工业固体废物贮存处置	一般工业固体废物贮存处置量下降幅度★	指标解释：指当年一般工业固体废物贮存处置量与基准年相比下降的幅度。该指标用于促进减少一般工业固体废物贮存处置量。 计算方法：一般工业固体废物贮存处置量下降幅度（%）=（基准年一般工业固体废物贮存处置量 − 评价年一般工业固体废物贮存处置量）÷ 基准年一般工业固体废物贮存处置量 ×100%。 数据来源：市生态环境局
35			完成大宗工业固体废物堆存场所（含尾矿库）综合整治的堆场数量占比	指标解释：指完成综合整治的大宗工业固体废物堆存场所（含尾矿库）占比。大宗工业固体废物指我国各工业领域在生产活动中年产生量在1000万吨以上、对环境和安全影响较大的固体废物，主要包括：尾矿、煤矸石、粉煤灰、冶炼渣、工业副产石膏、赤泥和电石渣等。该指标用于促进大宗工业固体废物堆存场所的规范管理。 计算方法：完成大宗工业固体废物堆存场所（含尾矿库）综合整治的堆场数量占比（%）= 完成大宗工业固体废物堆存场所（含尾矿库）综合整治的堆场数量 ÷ 需要开展综合整治的堆场总数 ×100%。 数据来源：市自然资源局、市生态环境局、市应急管理局

续表

序号	一级指标	二级指标	三级指标	指标说明
36	固体废物最终处置	农业固体废物处置	病死畜禽集中无害化处理率	指标解释：指采取焚烧、化制等工厂化方式统一收集、集中处理的病死畜禽数量占病死畜禽总数的比例。该指标用于促进病死畜禽集中无害化处理。 计算方法：病死畜禽集中无害化处理率（%）= 集中无害化处理的病死畜禽数量 ÷ 病死畜禽总数 ×100%。 数据来源：市农业农村局
37		生活领域固体废物处置	生活垃圾焚烧处理能力占比★	指标解释：指城市全市域（包括城市和农村）范围内生活垃圾焚烧设施无害化处理能力占全部生活垃圾无害化处理能力的比例。该指标用于促进发展以焚烧为主的生活垃圾处理方式，推动有条件的城市实现原生生活垃圾"零填埋"。 计算方法：生活垃圾焚烧处理能力占比（%）= 生活垃圾焚烧设施无害化处理能力 ÷（生活垃圾焚烧设施无害化处理能力 + 生活垃圾卫生填埋场无害化处理能力 + 其他无害化处理设施能力）×100%。 数据来源：市住建局、市农业农村局
38			城镇污水污泥无害化处置率★	指标解释：指无害化处置的城镇污水行泥量与城镇污水污泥总产生量的比率。该指标用于促进城镇污水污泥处理处置设施建设，提升无害化处置水平。 计算方法：城镇污水污泥无害化处置率（%）= 无害化处置的城镇污水污泥量 ÷ 城镇污水污泥总产生量 ×100%。 数据来源：市住建局
39	保障能力	制度体系建设	"无废城市"建设地方性法规、政策性文件及有关规划制定★	指标解释：指城市涉及固体废物减量化、资源化、无害化的地方性法规、政策性文件、有关规划出台情况。该指标用于促进各地制定"无废城市"建设相关的地方性法规或政策性文件，推进相关工作。 数据来源：负责"无废城市"建设的相关部门
40			"无废城市"建设协调机制★	指标解释：指市委市政府牵头组织成立、市委市政府主要领导同志负责，生态环境、发展改革、经信、住建、农业、商务等相关部门共同参与的组织协调机制，以及工作专班、协作机制建设情况。该指标用于促进各地形成"无废城市"建设的有效工作机制。 数据来源：负责"无废城市"建设的相关部门
41			"无废城市"建设成效纳入政绩考核情况	指标解释：指将"无废城市"建设重要指标及成效纳入城市县、区各级政府及其组成部门政绩考核情况。该指标用于促进各地"无废城市"建设相关部门持续高效开展工作。 数据来源：市委组织部门、监察部门
42			开展"无废城市细胞"建设的单位数量（机关企事业单位、饭店商场、集贸市场、社区、村镇）	指标解释：指按照"无废城市"建设要求开展固体废物源头减量和资源化利用工作的机关、企事业单位、饭店、商场、集贸市场、社区、村镇等单位数量（含开展绿色工厂、绿色矿山、绿色园区、绿色商场等绿色创建工作的单位）。各地因地制宜编制"无废城市细胞"行为守则、倡议、标准等，并推动实施。该指标用于促进"无废城市细胞"推广建设，推动实现绿色生活和绿色生产方式。 数据来源：各相关部门

续表

序号	一级指标	二级指标	三级指标	指标说明
43	保障能力	市场体系建设	"无废城市"建设项目投资总额★	指标解释：指"无废城市"建设相关项目资金投入总额。项目资金渠道来源包括中央和地方各级财政资金（含基本建设投资资金和相关专项资金）、地方政府部门自筹资金（指地方政府部门的各种预算外资金以及通过社会筹集的资金）、企业自筹资金、其他资金。该指标用于促进政府有关部门、金融机构、企业加大对"无废城市"建设相关项目的投资。 数据来源：市生态环境局、当地人民银行分支机构、银保监会派出机构或地方金融监管局及相关部门
44			纳入企业环境信用评价范围的固体废物相关企业数量占比	指标解释：指城市纳入环境信用评价的固体废物相关企业占全部固体废物相关企业的比例。固体废物相关企业指固体废物产生企业，以及从事固体废物回收、利用、处置等经营活动的各类企业。该指标用于促进固体废物相关企业开展企业环境信用评价。 计算方法：纳入企业环境信用评价范围的固体废物相关企业数量占比（%）= 纳入环境信用评价的固体废物相关企业数量 ÷ 全部固体废物相关企业数量 ×100%。 数据来源：市生态环境局
45			危险废物经营单位环境污染责任保险覆盖率	指标解释：投保环境污染责任保险的危险废物经营单位数量占危险废物经营单位总数的比例。该指标用于促进危险废物经营单位投保环境污染责任保险。 计算方法：危险废物经营单位环境污染责任保险覆盖率（%）= 投保环境污染责任保险的危险废物经营单位数量 ÷ 危险废物经营单位总数 ×100%。 数据来源：市生态环境局、银保监会派出机构或地方金融监管局
46			"无废城市"绿色贷款余额	指标解释：指银行业金融机构用于支持"无废城市"建设的绿色贷款余额。根据《中国人民银行关于建立绿色贷款专项统计制度的通知》（银发〔2018〕10号）以及《中国人民银行关于修订绿色贷款专项统计制度的通知》（银发〔2019〕326号）建立的绿色贷款专项统计制度，绿色贷款包括支持节能环保产业、清洁生产产业、清洁能源产业、生态环境产业、基础设施绿色升级和绿色服务等的贷款。贷款余额可以反映国内主要银行业金融机构在该领域的贷款规模情况。该指标用于促进相关机构加大对"无废城市"建设的贷款支持力度。 数据来源：当地人民银行分支机构
47			"无废城市"绿色债券存量	指标解释：指银行业金融机构用于支持"无废城市"建设的绿色债券存量。根据《中国人民银行 发展改革委 证监会关于印发〈绿色债券支持项目目录（2021年版）〉的通知》（银发〔2021〕96号），绿色债券是指将募集资金专门用于支持符合规定条件的绿色产业、绿色项目或绿色经济活动，依照法定程序发行并按约定还本付息的有价证券。债券存量可以反映国内主要银行业金融机构在该领域的市场规模情况。该指标用于促进相关机构加大对"无废城市"建设的融资支持力度。 数据来源：市地方金融监管局、当地人民银行分支机构

续表

序号	一级指标	二级指标	三级指标	指标说明
48	保障能力	市场体系建设	政府采购中综合利用产品占比	指标解释：指城市各级人民政府及各有关部门纳入政府采购的综合利用产品价值占政府采购总值的比例。综合利用产品指纳入《国家工业固体废物资源综合利用产品目录》，并按《工业固体废物资源综合利用评价管理暂行办法》要求通过评价的工业固体废物资源综合利用产品。该指标用于促进政府采购综合利用产品。 计算方法：政府采购中综合利用产品占比（%）= 政府采购中综合利用产品价值 ÷ 政府采购总值 ×100%。 数据来源：各相关部门
49		技术体系建设	主要参与制定固体废物资源化、无害化技术标准与规范数量	指标解释：指城市内各机构作为主要完成单位在大宗工业固体废物、农业固体废物、生活垃圾、建筑垃圾、危险废物资源化、无害化等方面参与制定的技术标准与规范的数量。技术标准包括国家标准、行业标准、地方标准和团体标准；规范包括各级技术规范、导则和指南。该指标用于促进固体废物资源化、无害化技术的标准化，有助于促进相关成熟技术在全国范围推广应用。 数据来源：各相关部门
50			固体废物回收利用处置关键技术工艺、设备研发及成果转化	指标解释：指企业、科研单位、高等院校等开展固体废物减量化、资源化、无害化相关关键技术工艺和设备研发及工程应用示范的数量。该指标有助于促进提升固体废物回收利用处置的科技水平。 数据来源：各相关部门
51		监管体系建设	固体废物管理信息化监管情况★	指标解释：指落实新修订《固体废物污染环境防治法》关于信息化建设的相关要求，城市建成覆盖一般工业固体废物、危险废物、生活垃圾、建筑垃圾、农业固体废物管理数据的信息化监管服务系统，通过打通生态环境、住建、农业农村、卫生健康等各部门相关数据，实现全过程信息化追溯相关情况。该指标用于促进城市加强固体废物管理信息系统建设，打通多部门间固体废物管理信息壁垒。 数据来源：各相关部门
52			危险废物规范化管理抽查合格率	指标解释：指参照《危险废物规范化管理指标体系》，对全市域范围内的危险废物产生单位和经营单位进行规范化管理抽查考核评估得到的合格率。该指标用于促进危险废物规范化管理。 数据来源：市生态环境局
53			固体废物环境污染刑事案件立案率★	指标解释：指城市全市域范围内固体废物环境污染刑事案件立案数量占所有固体废物环境污染刑事案件线索数量的比例。该指标反映对固体废物环境污染违法行为的打击力度和工作成效，用于促进加大监管执法力度，震慑和防范固体废物相关违法违规行为。 计算方法：固体废物环境污染刑事案件立案率（%）= 城市全市域范围内固体废物环境污染刑事案件立案数量 ÷ 城市全市域范围内所有固体废物环境污染刑事案件线索数量 ×100%。 数据来源：市公安局、市生态环境局

续表

序号	一级指标	二级指标	三级指标	指标说明
54	保障能力	监管体系建设	涉固体废物信访、投诉、举报案件办结率	指标解释：指城市涉固体废物信访、投诉、举报案件中，经及时调查处理、回复的案件占比。该指标用于促进相关部门做好固体废物信访、投诉、举报案件的应对和处理。 计算方法：涉固体废物信访、投诉、举报案件办结率(%)＝及时调查处理、回复的涉固体废物案件数量÷城市涉固体废物信访、投诉、举报案件数量×100%。 数据来源：市生态环境局
55			固体废物环境污染案件开展生态环境损害赔偿工作的覆盖率	指标解释：指对城市辖区内年度发生的符合生态环境损害赔偿条件的固体废物环境污染案件开展生态环境损害赔偿工作的覆盖率。该指标用于严厉打击固体废物环境违法行为，全面推进实施生态环境损害赔偿制度。 计算方式：固体废物环境污染案件开展生态环境损害赔偿工作的覆盖率＝对年度发生的固体废物环境污染案件开展生态环境损害赔偿工作的数量÷年度发生的符合生态环境损害赔偿条件的固体废物环境污染案件总数×100%。 数据来源：市生态环境局
56	群众获得感	群众获得感	"无废城市"建设宣传教育培训普及率	指标解释：指"无废城市"建设宣传教育培训开展情况，包括通过电视、广播、网络、客户端等方式，对党政机关、学校、企事业单位、社会公众等开展宣传教育培训等的情况；城市固体废物利用处置基础设施向公众开放情况等。该指标用于促进各地加强公众对"无废城市"建设的了解程度。 数据来源：第三方调查
57			政府、企事业单位、非政府环境组织、公众对"无废城市"建设的参与程度	指标解释：指政府、企事业单位、非政府环境组织、公众参与"无废城市"建设的程度，例如参加生活垃圾分类、塑料制品的减量替代、厨余垃圾减量等情况。该指标用于促进各地不断提升"无废城市"建设的全民参与程度。 数据来源：第三方调查
58			公众对"无废城市"建设成效的满意程度★	指标解释：反映公众对所在城市工业固体废物、生活垃圾、建筑垃圾、农业固体废物等固体废物管理现状的满意程度。该指标用于促进各地加大工作力度，提升公众对"无废城市"建设成效的满意程度。 数据来源：第三方调查

注：①★表示必选指标。
②数据来源单位供参考，各地可根据实际情况调整涉及的主管部门。

国家发展改革委等部门
关于印发《促进绿色消费实施方案》的通知

（发改就业〔2022〕107号）

中央和国家机关有关部门、有关直属机构，全国总工会、全国妇联，各省、自治区、直辖市及计划单列市、新疆生产建设兵团发展改革委、工业和信息化主管部门、住房和城乡建设厅（委、管委、局）、商务主管部门、市场监管局（厅、委）、机关事务管理局：

  为深入贯彻落实《中共中央、国务院关于完整准确全面贯彻新发展理念做好碳达峰碳中和工作的意见》和《2030年前碳达峰行动方案》有关要求，根据碳达峰碳中和工作领导小组部署安排，国家发展改革委、工业和信息化部、住房和城乡建设部、商务部、市场监管总局、国管局、中直管理局会同有关部门研究制定了《促进绿色消费实施方案》。现印发给你们，请结合实际，认真抓好贯彻落实。

国家发展改革委
工业和信息化部
住房和城乡建设部
商务部
市场监管总局
国管局
中直管理局
2022年1月18日

促进绿色消费实施方案

绿色消费是各类消费主体在消费活动全过程贯彻绿色低碳理念的消费行为。近年来，我国促进绿色消费工作取得积极进展，绿色消费理念逐步普及，但绿色消费需求仍待激发和释放，一些领域依然存在浪费和不合理消费，促进绿色消费长效机制尚需完善，绿色消费对经济高质量发展的支撑作用有待进一步提升。促进绿色消费是消费领域的一场深刻变革，必须在消费各领域全周期全链条全体系深度融入绿色理念，全面促进消费绿色低碳转型升级，这对贯彻新发展理念、构建新发展格局、推动高质量发展、实现碳达峰碳中和目标具有重要作用，意义十分重大。按照《中共中央、国务院关于完整准确全面贯彻新发展理念做好碳达峰碳中和工作的意见》和《2030年前碳达峰行动方案》有关要求，制定本方案。

一、总体要求

（一）指导思想。以习近平新时代中国特色社会主义思想为指导，全面贯彻党的十九大和十九届历次全会精神，深入贯彻习近平生态文明思想，落实立足新发展阶段、贯彻新发展理念、构建新发展格局的要求，面向碳达峰、碳中和目标，大力发展绿色消费，增强全民节约意识，反对奢侈浪费和过度消费，扩大绿色低碳产品供给和消费，完善有利于促进绿色消费的制度政策体系和体制机制，推进消费结构绿色转型升级，加快形成简约适度、绿色低碳、文明健康的生活方式和消费模式，为推动高质量发展和创造高品质生活提供重要支撑。

（二）工作原则。坚持系统推进。全面推动吃、穿、住、行、用、游等各领域消费绿色转型，统筹兼顾消费与生产、流通、回收、再利用各环节顺畅衔接，强化科技、服务、制度、政策等全方位支撑，实现系统化节约减损和节能降碳。

坚持重点突破。牢牢把握目标导向和问题导向，聚焦消费重点领域、重点产品和主要矛盾、突出问题，加强改革创新、攻坚克难和试点示范，鼓励有条件的地区和行业先行先试、探索经验。

坚持社会共治。充分发挥市场机制作用，更好发挥政府作用，着力调动社会各方面积极性、主动性、创造性，努力形成政府大力促进、企业积极自律、社会全面协同、公众广泛参与的共治格局，凝聚工作合力，形成全社会共同参与的良好风尚。

坚持激励约束并举。紧扣绿色低碳目标，深化完善消费领域相关法律、标准、统计等制度体系，优化创新财政、金融、价格、信用、监管等政策措施，形成有效激励约束机制。

（三）主要目标。到2025年，绿色消费理念深入人心，奢侈浪费得到有效遏制，绿色低碳产品市场占有率大幅提升，重点领域消费绿色转型取得明显成效，绿色消费方式得到普遍推行，绿色低碳循环发展的消费体系初步形成。

到2030年，绿色消费方式成为公众自觉选择，绿色低碳产品成为市场主流，重点领域消费绿色低碳发展模式基本形成，绿色消费制度政策体系和体制机制基本健全。

二、全面促进重点领域消费绿色转型

（四）加快提升食品消费绿色化水平。完善粮食、蔬菜、水果等农产品生产、储存、运输、加工标准，加强节约减损管理，提升加工转化率。大力推广绿色有机食品、农产品。引导消费者树立文明健康的食品消费观念，合理、适度采购、储存、制作食品和点餐、用餐。建立健全餐饮行业相关标准和服务规范，鼓励"种植基地＋中央厨房"等新模式发展，督促餐饮企业、餐饮外卖平台落实好反食品浪费的法律法规和要求，推动餐饮持续向绿色、健康、安全和规模化、标准化、规范化发展。加强对食品生产经营者反食品浪费情况的监督。推动各类机关、企事业单位、学校等建立健全食堂用餐管理制度，制定实施防止食品浪费措施。加强接待、会议、培训等活动的用餐管理，杜绝用餐浪费，机关事业单位要带头落实。深入开展"光盘"等粮食节约行动。推进厨余垃圾回收处置和资源化利用。加强食品绿色消费领域科学研究和平台支撑。把节粮减损、文明餐桌等要求融入市民公约、村规民约、行业规范等。（国家发展改革委、教育部、工业和信息化部、民政部、农业农村部、商务部、国务院国资委、市场监管总局、国家粮食和储备局等部门按职责分工负责）

（五）鼓励推行绿色衣着消费。推广应用绿色纤维制备、高效节能印染、废旧纤维循环利用等装备和技术，提高循环再利用化学纤维等绿色纤维使用比例，提供更多符合绿色低碳要求的服装。推动各类机关、企事业单位、学校等更多采购具有绿色低碳相关认证标识的制服、校服。倡导消费者理性消费，按照实际需要合理、适度购买衣物。规范旧衣公益捐赠，鼓励企业和居民通过慈善组织向有需要的困难群众依法捐赠合适的旧衣物。鼓励单位、小区、服装店等合理布局旧衣回收点，强化再利用。支持开展废旧纺织品服装综合利用示范基地建设。（国家发展改革委、教育部、工业和信息化部、民政部、住房和城乡建设部、商务部、国务院国资委等部门按职责分工负责）

（六）积极推广绿色居住消费。加快发展绿色建造。推动绿色建筑、低碳建筑规模化发展，将节能环保要求纳入老旧小区改造。推进农房节能改造和绿色农房建设。因地制宜推进清洁取暖设施建设改造。全面推广绿色低碳建材，推动建筑材料循环利用，鼓励有条件的地区开展绿色低碳建材下乡活动。大力发展绿色家装。鼓励使用节能灯具、节能环保灶具、节水马桶等节能节水产品。倡导合理控制室内温度、亮度和电器设备使用。持续推进农村地区清洁取暖，提升农村用能电气化水平，加快生物质能、太阳能等可再生能源在农村生活中的应用。（国家发展改革委、工业和信息化部、自然资源部、住房和城乡建设部、农业农村部、市场监管总局、国家能源局等部门按职责分工负责）

（七）大力发展绿色交通消费。大力推广新能源汽车，逐步取消各地新能源车辆购买限制，推动落实免限行、路权等支持政策，加强充换电、新型储能、加氢等配套基础设施建设，积极推进车船用LNG发展。推动开展新能源汽车换电模式应用试点工作，有序开展燃料电池汽车示范应用。深入开展新能源汽车下乡活动，鼓励汽车企业研发推广适合农村居民出行需要、质优价廉、先进适用的新能源汽车，推动健全农村运维服务体系。合理引导消费者购买轻量化、小型化、低排放乘用车。大力推动公共领域车辆电动化，提高城市公交、出租（含网约车）、环卫、城市物流配送、邮政快递、民航机场以及党政机关公务领域等新能源汽车应用占比。深入开展公交都市建设，打造高效衔接、快捷舒适的公共交通服务体系，进一步提高城市公共汽电车、轨道交通出行占比。鼓励建设行人友好型城市，加强行人步道和自行车专用道等城市慢行系统建设。鼓励共享单车规范发展。（国家发展改革委、工业和信息化部、住房和城乡建设部、交通运输部、商务部、市场监管总局、国家能源局、国家邮政局等部门按职责分工负责）

（八）全面促进绿色用品消费。加强绿色低碳产品质量和品牌建设。鼓励引导消费者更换或新购绿色节能家电、环保家具等家居产品。大力推广智能家电，通过优化开关时间、错峰启停，减少非必要耗能，参与电网调峰。推动电商平台和商场、超市等流通企业设立绿色低碳产品销售专区,在大型促销活动中设置绿色低碳产品专场,积极推广绿色低碳产品。鼓励有条件的地区开展节能家电、智能家电下乡行动。大力发展高质量、高技术、高附加值的绿色低碳产品贸易,积极扩大绿色低碳产品进口。推进过度包装治理,推动生产经营者遵守限制商品过度包装的强制性标准,实施减色印刷,逐步实现商品包装绿色化、减量化和循环化。建立健全一次性塑料制品使用、回收情况报告制度,督促指导商品零售场所开办单位、电子商务平台企业、快递企业和外卖企业等落实主体责任。(国家发展改革委、工业和信息化部、商务部、市场监管总局、国家邮政局等部门按职责分工负责)

(九)有序引导文化和旅游领域绿色消费。制定大型活动绿色低碳展演指南,引导优先使用绿色环保型展台、展具和展装,加强绿色照明等节能技术在灯光舞美领域应用,大幅降低活动现场声光电和物品的污染、消耗。完善机场、车站、码头等游客集聚区域与重点景区景点交通转换条件,推进骑行专线、登山步道等建设,鼓励引导游客采取步行、自行车和公共交通等低碳出行方式。将绿色设计、节能管理、绿色服务等理念融入景区运营,降低对资源和环境消耗,实现景区资源高效、循环利用。促进乡村旅游消费健康发展,严格限制林区耕地湿地等占用和过度开发,保护自然碳汇。制定发布绿色旅游消费公约或指南,加强公益宣传,规范引导景区、旅行社、游客等践行绿色旅游消费。(国家发展改革委、自然资源部、生态环境部、交通运输部、商务部、文化和旅游部等部门按职责分工负责)

(十)进一步激发全社会绿色电力消费潜力。落实新增可再生能源和原料用能不纳入能源消费总量控制要求,统筹推动绿色电力交易、绿证交易。引导用户签订绿色电力交易合同,并在中长期交易合同中单列。鼓励行业龙头企业、大型国有企业、跨国公司等消费绿色电力,发挥示范带动作用,推动外向型企业较多、经济承受能力较强的地区逐步提升绿色电力消费比例。加强高耗能企业使用绿色电力的刚性约束,各地可根据实际情况制定高耗能企业电力消费中绿色电力最低占比。各地应组织电网企业定期梳理、公布本地绿色电力时段分布,有序引导用户更多消费绿色电力。在电网保供能力许可的范围内,对消费绿色电力比例较高的用户在实施需求侧管理时优先保障。建立绿色电力交易与可再生能源消纳责任权重挂钩机制,市场化用户通过购买绿色电力或绿证完成可再生能源消纳责任权重。加强与碳排放权交易的衔接,结合全国碳市场相关行业核算报告技术规范的修订完善,研究在排放量核算中将绿色电力相关碳排放量予以扣减的可行性。持续推动智能光伏创新发展,大力推广建筑光伏应用,加快提升居民绿色电力消费占比。(国家发展改革委、工业和信息化部、生态环境部、住房和城乡建设部、国务院国资委、国家能源局等部门按职责分工负责)

(十一)大力推进公共机构消费绿色转型。推动国家机关、事业单位、团体组织类公共机构率先采购使用新能源汽车,新建和既有停车场配备电动汽车充电设施或预留充电设施安装条件。积极推行绿色办公,提高办公设备和资产使用效率,鼓励无纸化办公和双面打印,鼓励使用再生制品。严格执行党政机关厉行节约反对浪费条例,确保各类公务活动规范开支,提高视频会议占比,严格公务用车管理。鼓励和推动文明、节俭举办活动。(国家发展改革委、财政部、住房和城乡建设部、国管局等部门按职责分工负责)

三、强化绿色消费科技和服务支撑

(十二)推广应用先进绿色低碳技术。引导企业提升绿色创新水平,积极研发和引进先进适用的绿色低碳技术，大力推行绿色设计和绿色制造，生产更多符合绿色低碳要求、生态环境友好、应用前景广阔的新产品新设备，扩大绿色低碳产品供给。推广低挥发性有机物含量产品生产、使用。加强低碳零碳负碳技术、智能技术、数字技术等研发推广和转化应用，提升餐饮、居住、交通、物流和商品生产等领域智慧化水平和运行效率。（国家发展改革委、科技部、工业和信息化部、生态环境部、住房和城乡建设部、交通运输部、商务部、国家邮政局等部门按职责分工负责）

（十三）推动产供销全链条衔接畅通。推行涵盖上中下游各主体、产供销各环节的全生命周期绿色供应链制度体系，推动电子商务、商贸流通等绿色创新和转型，带动上游供应商和服务商生产领域绿色化改造，鼓励下游企业、商户和居民自觉开展绿色采购，激发全社会生产和消费绿色低碳产品和服务的内生动力。鼓励国有企业率先推进绿色供应链转型。（国家发展改革委、工业和信息化部、商务部、国务院国资委等部门按职责分工负责）

（十四）加快发展绿色物流配送。积极推广绿色快递包装，引导电商企业、快递企业优先选购使用获得绿色认证的快递包装产品，促进快递包装绿色转型。鼓励企业使用商品和物流一体化包装，更多采用原箱发货，大幅减少物流环节二次包装。推广应用低克重高强度快递包装纸箱、免胶纸箱、可循环配送箱等快递包装新产品，鼓励通过包装结构优化减少填充物使用。加快城乡物流配送体系和快递公共末端设施建设，完善农村配送网络，创新绿色低碳、集约高效的配送模式，大力发展集中配送、共同配送、夜间配送。（国家发展改革委、交通运输部、商务部、市场监管总局、国家邮政局等部门按职责分工负责）

（十五）拓宽闲置资源共享利用和二手交易渠道。有序发展出行、住宿、货运等领域共享经济，鼓励闲置物品共享交换。积极发展二手车经销业务，推动落实全面取消二手车限迁政策，进一步扩大二手车流通。积极发展家电、消费电子产品和服装等二手交易，优化交易环境。允许有条件的地区在社区周边空闲土地或划定的特定空间有序发展旧货市场，鼓励社区定期组织二手商品交易活动，促进辖区内居民家庭闲置物品交易和流通。规范开展二手商品在线交易，加强信用和监管体系建设，完善交易纠纷解决规则。鼓励二手车检测中心、第三方评测实验室等配套发展。（国家发展改革委、公安部、自然资源部、交通运输部、商务部、市场监管总局等部门按职责分工负责）

（十六）构建废旧物资循环利用体系。将废旧物资回收设施、报废机动车回收拆解经营场地等纳入相关规划，保障合理用地需求，统筹推进废旧物资回收网点与生活垃圾分类网点"两网融合"，合理布局、规范建设回收网络体系。放宽废旧物资回收车辆进城、进小区限制并规范管理，保障合理路权。积极推行"互联网＋回收"模式。加强废旧家电、消费电子等耐用消费品回收处理，鼓励家电生产企业开展回收目标责任制行动。因地制宜完善乡村回收网络，推动城乡废旧物资循环利用体系一体化发展。推动再生资源规模化、规范化、清洁化利用，促进再生资源产业集聚发展。加强废弃电器电子产品、报废机动车、报废船舶、废铅蓄电池等拆解利用企业规范管理和环境监管，依法查处违法违规行为。稳步推进"无废城市"建设。（国家发展改革委、工业和信息化部、公安部、自然资源部、生态环境部、住房和城乡建设部、农业农村部、商务部等部门按职责分工负责）

四、建立健全绿色消费制度保障体系

（十七）加快健全法律制度。研究论证绿色消费相关法律法规，倡导遵循减量化、再利用、资源化三原则，清晰界定围绕绿色消费所进行的采购、制造、流通、使用、回收、处理等各环节要求，明确政府、企业、社会组织、消费者等各主体责任义务。推进修订《招标投标法》和《政府采购法》，完善绿色采购政策。（国家发展改革委、工业和信息化部、司法部、财政部、商务部等部门按职责分工负责）

（十八）优化完善标准认证体系。进一步完善并强化绿色低碳产品和服务标准、认证、标识体系，加强与国际标准衔接，大力提升绿色标识产品和绿色服务市场认可度和质量效益。健全绿色能源消费认证标识制度，引导提高绿色能源在居住、交通、公共机构等终端能源消费中的比重。完善绿色设计和绿色制造标准体系，加快节能标准更新升级，提升重点产品能耗限额要求，大力淘汰低能效产品。制定重点行业和产品温室气体排放标准，探索建立重点产品全生命周期碳足迹标准。制修订工业原辅材料和居民消费品挥发性有机物限量标准。完善并落实好水效等"领跑者"制度和标准，引领带动产品和服务持续提升绿色化水平。（国家发展改革委、工业和信息化部、生态环境部、农业农村部、商务部、市场监管总局、国家能源局等部门按职责分工负责）

（十九）探索建立统计监测评价体系。探索建立绿色消费统计制度，加强对绿色消费的数据收集、统计监测和分析预测。研究建立综合与分类相结合的绿色消费指数和评价指标体系，科学评价不同地区、不同领域绿色消费水平和发展变化情况。（国家发展改革委、国家统计局等部门按职责分工负责）

（二十）推动建立绿色消费信息平台。探索搭建专门性的绿色消费指导机构和全国统一的绿色消费信息平台，统筹指导并定期发布绿色低碳产品清单和购买指南，提高绿色低碳产品生产和消费透明度，引导并便利机构、消费者等选择和采购。（国家发展改革委、商务部、市场监管总局等部门按职责分工负责）

五、完善绿色消费激励约束政策

（二十一）增强财政支持精准性。完善政府绿色采购标准，加大绿色低碳产品采购力度，扩大绿色低碳产品采购范围，提升绿色低碳产品在政府采购中的比例。落实和完善资源综合利用税收优惠政策，更好地发挥税收对市场主体绿色低碳发展的促进作用。鼓励有条件的地区对智能家电、绿色建材、节能低碳产品等消费品予以适当补贴或贷款贴息。（国家发展改革委、工业和信息化部、财政部、商务部、税务总局等部门按职责分工负责）

（二十二）加大金融支持力度。引导银行保险机构规范发展绿色消费金融服务，推动消费金融公司绿色业务发展，为生产、销售、购买绿色低碳产品的企业和个人提供金融服务，提升金融服务的覆盖面和便利性。稳步扩大绿色债券发行规模，鼓励金融机构和非金融企业发行绿色债券，更好地为绿色低碳技术产品认证和推广等提供服务支持。鼓励社会资本以市场化方式设立绿色消费相关基金。鼓励开发新能源汽车保险产品，鼓励保险公司为绿色建筑提供保险保障。（国家发展改革委、财政部、人民银行、银保监会、证监会等部门按职责分工负责）

（二十三）充分发挥价格机制作用。进一步完善居民用水、用电、用气阶梯价格制度。完善分时电价政策，有效拉大峰谷价差和浮动幅度，引导用户错峰储能和用电。逐步扩大新能源车和传统燃料车辆使用成本梯度。完善城市公共交通运输价格形成机制，综合考虑城市承载能力、企业运营成本和交通供求状况，建立多层次、差别化的价格体系，增强公共交通吸引力。探索实行有利于缓解城市交通拥堵、有效促进公共交通优先发展的停车收费政策。建立健全餐饮企业厨余垃圾计量收费机制，逐步实行超定额累进加价。建立健全城镇生活垃圾处理收费制度，逐步实行分类计价和计量收费。鼓励有条件的地方建立农村生活污水和生活垃圾处理收费制度。（国家发展改革委牵头，工业和信息化部、生态环境部、住房和城乡建设部、交通运输部、农业农村部、国家能源局等部门按职责分工负责）

（二十四）推广更多市场化激励措施。探索实施全国绿色消费积分制度，鼓励地方结合实际建立本地绿色消费积分制度，以兑换商品、折扣优惠等方式鼓励绿色消费。鼓励各类销售平台制定绿色低碳产品消费激励办法，通过发放绿色消费券、绿色积分、直接补贴、降价降息等方式激励绿色消费。鼓励行业协会、平台企业、制造企业、流通企业等共同发起绿色消费行动计划，推出更丰富的绿色低碳产品和绿色消费场景。鼓励市场主体通过以旧换新、抵押金等方式回收废旧物品。（国家发展改革委、工业和信息化部、商务部、市场监管总局等部门按职责分工负责）

（二十五）强化对违法违规等行为处罚约束。发展针对绿色低碳产品的质量安全责任保障，严厉打击虚标绿色低碳产品行为，有关行政处罚等信息纳入全国信用信息共享平台和国家企业信用信息公示系统。严格依法处罚生产、销售列入淘汰名录的产品、设备行为。完善短视频直播、直播带货等网络直播标准，进一步规范直播行为，严厉打击虚假广告、虚假宣传、数据流量造假等违法违规和不良行为，禁止欺骗、误导消费者消费，遏制诱导消费者过度消费，倡导理性、健康的直播文化。（中央网信办、国家发展改革委、工业和信息化部、商务部、市场监管总局、广电总局等部门按职责分工负责）

六、组织实施

（二十六）加强组织领导。把加强党的全面领导贯穿促进绿色消费各方面和全过程。各地区要切实承担主体责任，结合实际抓紧抓好贯彻落实，不断完善体制机制和政策支持体系。各有关部门要积极按照职能分工加强协同配合，努力形成政策和工作合力，扎实推进各项任务。国家发展改革委要加强统筹协调和督促指导，充分发挥完善促进消费体制机制部际联席会议制度作用，会同相关部门统筹推进本方案组织实施。（国家发展改革委等有关部门按职责分工负责）

（二十七）开展试点示范。组织开展促进绿色消费试点示范工作，鼓励具备条件的重点地区、重点行业、重点企业先行先试、走在前列，积极探索有效模式和有益经验。广泛开展创建节约型机关、绿色家庭、绿色社区、绿色出行等行动。（国家发展改革委、民政部、住房和城乡建设部、交通运输部、国管局、中直管理局、全国妇联等部门按职责分工负责）

（二十八）强化宣传教育。弘扬勤俭节约等中华优秀传统文化，培育全民绿色消费意识和习惯，厚植绿色消费社会文化基础。推进绿色消费宣传教育进机关、进学校、进企业、进社区、进农村、进家庭，引导职工、学生和居民开展节粮、节水、节电、绿色出行、绿色购物等绿色消费实践。综合运用报纸、电视、广播、网络、微博、微信等各类媒介，探索采取群众喜闻乐见的形式，加大绿色消费公益宣传，及时、准确、生动地向社会公众和企业做好政策宣传解读，切实提高政策知晓度。（中央宣传部、国家发展改革委、教育部、民政部、农业农村部、商务部、国务院国资委、市场监管总局、广电总局、国管局、中直管理局、全国总工会、全国妇联等部门按职责分工负责）

（二十九）注重经验推广。及时总结推广各地区各有关部门和市场主体促进绿色消费的好经验好做法,探索编制绿色消费发展年度报告。持续开展全国节能宣传周、全国低碳日、六五环境日等活动,鼓励地方政府和社会机构组织举办以绿色消费为主题的论坛、展览等活动,助力绿色消费理念、经验、政策等的研讨、交流与传播,促进绿色低碳产品和服务推广使用。(国家发展改革委、生态环境部等部门按职责分工负责)

工业和信息化部等 8 部门
关于印发《关于加快推动工业资源综合利用的实施方案》的通知

（工信部联节〔2022〕9号）

各省、自治区、直辖市及计划单列市、新疆生产建设兵团工业和信息化主管部门、发展改革委、科技厅（委、局）、财政厅（局）、自然资源主管部门、生态环境厅（局）、商务主管部门；国家税务总局各省、自治区、直辖市、计划单列市税务局：

现将《关于加快推动工业资源综合利用的实施方案》印发给你们，请认真贯彻落实。

工业和信息化部
国家发展和改革委员会
科学技术部
财政部
自然资源部
生态环境部
商务部
国家税务总局
2022年1月27日

关于加快推动工业资源综合利用的实施方案

工业资源综合利用是构建新发展格局、建设生态文明的重要内容。为贯彻《中华人民共和国固体废物污染环境防治法》，落实《中华人民共和国国民经济和社会发展第十四个五年规划和2035年远景目标纲要》和《"十四五"工业绿色发展规划》，大力推动工业资源综合利用，促进工业高质量发展，制定本方案。

一、总体要求

（一）指导思想。坚持以习近平新时代中国特色社会主义思想为指导，全面贯彻党的十九大和十九届历次全会精神，深入贯彻习近平生态文明思想，立足新发展阶段，完整、准确、全面贯彻新发展理念，构建新发展格局，以技术创新为引领，以供给侧结构性改革为主线，大力推动重点行业工业固废源头减量和规模化高效综合利用，加快推进再生资源高值化循环利用，促进工业资源协同利用，着力提升工业资源利用效率，促进经济社会发展全面绿色转型，助力如期实现碳达峰碳中和目标。

（二）基本原则。坚持统筹发展。围绕资源利用效率提升与工业绿色转型需求，结合工业固废和再生资源产业结构、空间分布特点，统筹构建跨产业协同、上下游协同、区域间协同的工业资源综合利用格局。

坚持问题导向。聚焦重点固废品种和产业链薄弱环节，瞄准工业固废减量化痛点、再生资源高值化难点、工业资源协同利用堵点，精准施策、靶向发力，切实提高工业资源综合利用产业发展的质量和效益。

坚持创新引领。强化企业创新主体地位，拓展产学研用融合通道，着力突破工业固废和再生资源综合利用的关键共性技术，加快先进适用技术装备的产业化应用推广，提高数字化水平，推动政策、管理等体制机制创新。

坚持市场主导。充分发挥市场在资源配置中的决定性作用，更好发挥政府作用，以需求、供给、价格等市场手段为主，以规划、政策等行政手段为辅，激发产废企业、综合利用企业等各类市场主体对固废减量和利用、再生资源增值增效的积极性。

（三）主要目标。到2025年，钢铁、有色、化工等重点行业工业固废产生强度下降，大宗工业固废的综合利用水平显著提升，再生资源行业持续健康发展，工业资源综合利用效率明显提升。力争大宗工业固废综合利用率达到57%，其中，冶炼渣达到73%，工业副产石膏达到73%，赤泥综合利用水平有效提高。主要再生资源品种利用量超过4.8亿吨，其中废钢铁3.2亿吨，废有色金属2000万吨，废纸6000万吨。工业资源综合利用法规政策标准体系日益完善，技术装备水平显著提升，产业集中度和协同发展能力大幅提高，努力构建创新驱动的规模化与高值化并行、产业循环链接明显增强、协同耦合活力显著激发的工业资源综合利用产业生态。

二、工业固废综合利用提质增效工程

（四）推动技术升级降低固废产生强度。加大技术改造力度，推动工业数字化、智能化、绿色化融合发展。推广非高炉炼铁、有色金属短流程冶炼、非硫酸法分解中低品位磷矿、铬盐液相氧化、冷冻硝酸法、尾矿和煤矸石原位井下充填等先进工艺。强化生产过程资源的高效利用、梯级利用和循环利用，降低固废产生强度。鼓励产废企业加强生产过程管理、优化固废处理工艺，提高固废资源品质，降低综合利用难度。

（五）加快工业固废规模化高效利用。推动工业固废按元素价值综合开发利用，加快推进尾矿（共伴生矿）、粉煤灰、煤矸石、冶炼渣、工业副产石膏、赤泥、化工废渣等工业固废在有价组分提取、建材生产、市政设施建设、井下充填、生态修复、土壤治理等领域的规模化利用。着力提升工业固废在生产纤维材料、微晶玻璃、超细化填料、低碳水泥、固废基高性能混凝土、预制件、节能型建筑材料等领域的高值化利用水平。组织开展工业固废资源综合利用评价，推动有条件地区率先实现新增工业固废能用尽用、存量工业固废有序减少。

（六）提升复杂难用固废综合利用能力。针对部分固废成分复杂、有害物质含量多、性质不稳定等问题，分类施策，稳步提高综合利用能力。积极开展钢渣分级分质利用，扩大钢渣在低碳水泥等绿色建材和路基材料中的应用，提升钢渣综合利用规模。加快推动锰渣、镁渣综合利用，鼓励建设锰渣生产活性微粉等规模化利用项目。探索碱渣高效综合利用技术。积极推进气化渣高效综合利用，加大规模化利用技术装备开发力度，建设一批气化渣生产胶凝材料等高效利用项目。

（七）推动磷石膏综合利用量效齐增。推动磷肥生产企业强化过程管理，从源头提高磷石膏可资源化品质。突破磷石膏无害化处理瓶颈，因地制宜制定磷石膏无害化处理方案。加快磷石膏在制硫酸联产水泥和碱性肥料、生产高强石膏粉及其制品等领域的应用。在保证安全环保的前提下，探索磷石膏用于地下采空区充填、道路材料等方面的应用。支持在湖北、四川、贵州、云南等地建设磷石膏规模化高效利用示范工程，鼓励有条件地区推行"以渣定产"。

（八）提高赤泥综合利用水平。按照无害化、资源化原则，攻克赤泥改性分质利用、低成本脱碱等关键技术，推进赤泥在陶粒、新型胶凝材料、装配式建材、道路材料生产和选铁等领域的产业化应用。鼓励山西、山东、河南、广西、贵州、云南等地建设赤泥综合利用示范工程，引领带动赤泥综合利用产业和氧化铝行业绿色协同发展。

（九）优化产业结构推动固废源头减量。严控新增钢铁、电解铝等相关行业产能规模。适时修订限期淘汰产生严重污染环境的工业固废的落后生产工艺设备名录，综合运用环保、节能、质量、安全、技术等措施，依法依规推动落后产能退出。钢铁行业科学有序推进废钢铁先进电炉短流程工艺；有色行业着力提高再生铜、铝、锌等供给；能源（电力、热力）行业稳步扩大水力、风能、太阳能、地热能等清洁能源利用，减少固废产生源。

三、再生资源高效循环利用工程

（十）推进再生资源规范化利用。实施废钢铁、废有色金属、废塑料、废旧轮胎、废纸、废旧动力电池、废旧手机等再生资源综合利用行业规范管理。鼓励大型钢铁、有色金属、造纸、塑料聚合加工等企业与再生资源加工企业合作，建设一体化大型废钢铁、废有色金属、废纸、废塑料等绿色加工配送中心。推动再生资源产业集聚发展，鼓励再生资源领域小微企业入园进区。鼓励废旧纺织品、废玻璃等低值再生资源综合利用。推进电器电子、汽车等产品生产者责任延伸试点，鼓励建立生产企业自建、委托建设、合作共建等多方联动的产品规范化回收体系，提升资源综合利用水平。

（十一）提升再生资源利用价值。加强大数据、区块链等互联网技术在再生资源领域的应用，助力构建线上线下相结合的高效再生资源回收体系。着力延伸再生资源精深加工产业链条，促进钢铁、铜、铝、锌、镍、钴、锂等战略性金属废碎料的高效再生利用，提升再生资源高值化利用水平。有序推进高端智能装备再制造。积极引导符合产品标准的再生原料进口。

（十二）完善废旧动力电池回收利用体系。完善管理制度，强化新能源汽车动力电池全生命周期溯源管理。推动产业链上下游合作共建回收渠道，构建跨区域回收利用体系。推进废旧动力电池在备电、充换电等领域安全梯次应用。在京津冀、长三角、粤港澳大湾区等重点区域建设一批梯次和再生利用示范工程。培育一批梯次和再生利用骨干企业，加大动力电池无损检测、自动化拆解、有价金属高效提取等技术的研发推广力度。

（十三）深化废塑料循环利用。加快废弃饮料瓶、塑料快递包装等产生量大的主要废塑料品种回收利用，培育一批龙头骨干企业，提高产业集中度。推动废塑料高附加值利用。鼓励企业开展废塑料综合利用产品绿色设计认证，提高再生塑料在汽车、电器电子、建筑、纺织等领域的使用比例。科学稳妥推进塑料替代制品应用推广，助力塑料污染治理。

（十四）探索新兴固废综合利用路径。研究制定船舶安全与环境无害化循环利用方案，加强船舶设计、建造、配套、检验、营运以及维修、改造、拆解、利用等全生命周期管理，促进相关企业与机构信息共享，促进船舶废旧材料再生利用。推动废旧光伏组件、风电叶片等新兴固废综合利用技术研发及产业化应用，加大综合利用成套技术设备研发推广力度，探索新兴固废综合利用技术路线。

四、工业资源综合利用能力提升工程

（十五）强化跨产业协同利用。加强产业间合作，促进煤炭开采、冶金、建材、石化化工等产业协同耦合发展，促进固废资源跨产业协同利用。鼓励有条件的地区开展"无废城市"建设，有条件的工业园区和企业创建"无废工业园区""无废企业"，推动固废在地区内、园区内、厂区内的协同循环利用，提高固废就地资源化效率。

（十六）加强跨区域协同利用。在京津冀及周边地区，建设一批全固废胶凝材料示范项目和大型尾矿、废石生产砂石骨料基地。在黄河流域，着力促进煤矸石、粉煤灰等固废通过多式联运跨区域协同利用。在长江经济带，利用水运优势，拓宽磷石膏、锰渣综合利用产品销售半径。在京津冀、长三角、粤港澳大湾区等再生资源产生量大地区，建设一批大型跨区域再生资源回收利用集聚区，构建跨地区跨产业循环链接、耦合共生的绿色化高值化再生资源综合利用产业体系。

（十七）推动工业装置协同处理城镇固废。加快工业装置协同处置技术升级改造，支持水泥、钢铁、火电等工业窑炉以及炼油、煤气化、烧碱等石化化工装置协同处置固体废物。在符合安全环保等前提下，依托现有设备装置基础，因地制宜建设改造一批工业设施协同处理生活垃圾、市政污泥、危险废物、医疗废物等项目，探索形成工业窑炉协同处置固废技术路径及商业模式。

（十八）加强数字化赋能。结合钢铁、石化、建材等重点行业特点，推动新一代信息技术与制造全过程、全要素深度融合，改进产品设计，创新生产工艺，推行精益管理，实现资源利用效率最大化，最大限度减少固废产生。鼓励利用人工智能、大数据、区块链、云计算、工业互联网、5G等数字化技术，加强资源全生命周期管理。围绕工业固废生产建筑材料、再生资源分拣加工、高价值废旧物资精细化拆解等重点领域，突破一批智能制造关键技术。鼓励有能力的大型龙头企业或第三方机构建设行业互联网大数据平台，推动上下游信息共享、资源共享、利益共赢。

（十九）推进关键技术研发示范推广。支持龙头骨干企业与科研院校、行业机构、产业链上下游企业等合作，创建工业资源综合利用创新平台。突破一批复杂难用固废无害化利用、再生资源高效高值化利用、自动化智能化柔性改造等共性关键技术及大型成套装备，推动首台（套）装备示范应用。动态发布工业资源综合利用先进适用工艺技术设备目录，加快先进技术装备推广。

（二十）强化行业标杆引领。深入推进工业资源综合利用基地建设，选择工业固废或再生资源集聚、产业基础良好的地区，新建50家工业资源综合利用基地，探索形成基于区域和固废特点的产业发展路径。培育工业资源综合利用"领跑者"企业、"专精特新"中小企业、制造业单项冠军，带动全行业创新、发展、服务能力提升。

五、保障措施

（二十一）加强组织领导。创新工作方式方法，发挥各级各职能部门的作用，建立责任明确、上下一体、协同推进的工作机制。各地区结合自身条件和特点研究提出适用于本地区的"十四五"工业资源综合利用工作方案，明确目标、任务及措施，加大对重点区域和薄弱环节的指导力度，强化过程监督，

加强政策联动，抓实抓好方案落实。

（二十二）完善法规标准体系。研究制定工业资源综合利用管理办法，鼓励出台地方性法规，建立激励和约束机制。设立工业资源综合利用行业标准化技术组织，加快推进工业资源综合利用产品、评价、检测等标准制修订，强化与下游应用领域标准间的衔接，鼓励制定具有行业引领作用的企业标准。

（二十三）加大政策支持力度。利用现有资金渠道，支持工业资源综合利用项目建设。对符合条件的工业资源综合利用项目给予用地支持。建立工业绿色发展指导目录和项目库，支持符合条件的工业资源综合利用项目纳入项目库。发挥国家产融合作平台作用，开展"补贷保"联动试点，鼓励银行等金融机构按照市场化和商业可持续原则给予工业资源综合利用项目多元化信贷支持，支持符合条件的工业资源综合利用项目申请绿色信贷和发行绿色债券，创新金融产品和服务，完善担保方式。充分发挥社会资本作用，鼓励社会资本出资设立工业资源综合利用产业发展基金。按规定落实资源综合利用增值税、企业所得税和环境保护税等优惠政策。

（二十四）深化合作交流和宣传引导。加强国内外交流合作，推进资源、技术、资金、人才等资源要素向工业资源综合利用产业集聚。创新宣传方式，丰富宣传手段，总结推广一批工业资源综合利用经验做法、典型模式，发挥示范带动作用。提高工业资源综合利用产品的市场接受度，引导促进绿色消费。鼓励利用自媒体、互联网等信息化平台，开展多渠道、多形式宣传培训，努力营造全社会共同参与的良好氛围。

国家发展改革委等部门
关于做好今后一段时间国内化肥保供稳价工作的通知

（发改经贸〔2021〕1351号）

各省、自治区、直辖市及新疆生产建设兵团发展改革委、工业和信息化主管部门、财政厅（局）、生态环境厅（局）、交通运输厅（局）、农业农村厅（局）、商务厅（委）、国资委、海关总署各直属海关、市场监管局（委、厅）、能源局、供销合作社，各铁路局集团公司，国家电网公司、中国石油天然气集团公司、中国石油化工集团公司、中国海洋石油集团有限公司、中远海运集团、国家能源集团、中国中煤能源集团有限公司、中国中化集团公司、中国供销集团公司、中国农业发展集团有限公司：

化肥是关系国家粮食安全的特殊商品，保障化肥供应和价格基本稳定对保护农民种粮积极性、维护国家粮食安全大局具有重要意义。今年以来，受生产成本推动、国际市场传导、社会库存较低等因素综合影响，国内化肥价格明显上行，氮磷钾等主要品种价格与去年同期相比涨幅较大。按照党中央、国务院决策部署，为做好今后一段时间化肥市场供应和价格稳定工作，现就有关事项通知如下：

一、全力保障化肥生产要素供应

各地区、各单位要高度重视化肥生产工作，强化组织协调调度，优先保障化肥企业原料、能源等生产要素供应，并向保障国内市场供应的化肥企业倾斜。国家能源集团、中煤集团要敦促所属煤炭企业，内蒙古、山西、陕西、新疆、四川、贵州、云南等地能源、工业和信息化部门要积极引导本地区煤炭、硫磺、冶炼副产硫酸等重点原材料供应企业，与骨干化肥生产企业签订长协合同，督促提高长协合同兑现率，保障化肥生产企业原材料足量供应和价格稳定。中石油、中石化、中海油等企业要严格履行与化肥生产企业签订的天然气供应合同，在保证民生用气的基础上，采暖季尽量减少对化肥企业中可中断工业用户的压减气量、时间，同时研究建立与化肥生产企业双赢的合作机制。内蒙古、河南、山东、云南等产肥大省电网公司应优先保障化肥生产用电。云南、贵州、湖北等磷矿外运省份，允许符合环保和安全生产要求的企业增加磷矿石产量，保障外省磷肥生产需要。中石油、中石化、中海油要优先保障化肥企业生产用硫磺，保持硫磺价格合理、稳定。

二、提高化肥生产企业产能利用率

各地发展改革、工业和信息化、能源等部门要优先保障产能60万吨/年（实物量）以上重点化肥厂供应国内市场化肥的生产用能指标及能源供应，对存量化肥产能在煤炭消费控制方面给予适当倾斜，新增产能要根据批复产能足额增加煤炭消耗指标，允许化肥企业开足马力生产，所需指标在省级行政区范围内统筹解决。各地生态环境部门要按照《重污染天气重点行业应急减排措施制定技术指南》要求，允许A、B级化肥生产企业按民生保障类企业管理，并在秋冬季重污染天气期间自主减排。贵州、四川等磷石膏"以渣定产"政策涉及的地区，在确保磷肥企业磷石膏年度控制总量不增加的情况下，统筹考虑备肥用肥旺季磷肥生产需要，调整平衡企业月度、季度间新增磷石膏考核指标。相关地方可因地制宜制定磷石膏无害化处理方案，鼓励企业优先采用生态修复等方式对磷石膏加以利用，对无法利用的，允许企业按照国家环境保护标准进行分类贮存或处置。

三、强化储备调节作用

各省级发展改革委要会同财政等相关部门督促指导本地区国家化肥商业储备承储企业，严格按照储备管理办法开展工作；洪涝、台风等自然灾害对农业生产造成重大影响时，加强与国家发展改革委的沟通，及时会同省级农业农村部门按规定申请动用救灾肥储备，保障本地区灾后恢复农业生产用肥需要。有关化肥储备承储企业要根据政府宏观调控部署及时投放钾肥储备，增加市场供应。各省级发展改革委要会同商务、国资、市场监管、供销合作社采取措施，积极鼓励引导本地区化肥生产流通企业保障国内市场供应。针对相关化肥质量问题，各地海关要严格按照最新规定对进出口化肥实施法定检验，对进口化肥给予通关便利。化肥进口企业要充分发挥企业社会责任，积极扩大化肥进口、有序释放库存。

四、全力畅通供应国内的化肥运输配送

各铁路局集团公司要保障供应国内的化肥生产原辅料及成品运输以及国家化肥商业储备承储企业化肥调运需要，着力保障疫情、灾情发生地区化肥铁路运输畅通、装卸正常；严格按照最新通知要求，落实好农用化肥运价优惠政策。对需要使用敞顶箱进行钾肥运输的地区，相关铁路局集团公司要增加敞顶箱配用量，确保散装钾肥运输工作有序完成。各地交通运输部门要保障化肥等农资水路、公路运输通畅，在符合疫情防控规定的情况下，为运输配送车船提供通行便利。航运企业应积极保障进口化肥运输需求。各级供销合作社要充分发挥化肥流通主渠道作用，加大在重点产粮区的运销备肥力度，服务农业生产需要。

五、维护化肥市场流通秩序

各地市场监管部门要严厉查处化肥市场经营者相互串通、操纵市场价格，囤积居奇，捏造、散布涨价信息，哄抬价格等违法行为，重点对钾肥、氮肥等化肥生产、流通企业开展监督检查，依法曝光典型案例，形成有效震慑。各地农业农村部门要做好肥料登记监督抽查工作，会同有关方面深入开展农资打假专项行动，严厉打击掺假使假、标识欺诈等违法行为，维护化肥市场正常生产经营秩序和农民合法权益。各级国资委、供销合作社要指导所属化肥企业保持合理产销、进销价差，鼓励让利于农民。

六、大力推进化肥减量增效

各级农业农村部门、供销合作社要开展农业绿色发展宣传，向农民普及科学施肥知识，倡导有机肥替代化肥，推广测土配方施肥、机械深施、水肥一体化等科学施肥技术和缓控缓释肥料、水溶性肥料等新型高效肥料，积极支持发展肥料统配统施等专业化服务，提升施肥专业化、集约化水平和肥料利用率，推进化肥减量增效。

七、形成化肥调控工作合力

各地方要高度重视化肥生产供应工作，严格按照本通知要求，扎扎实实做好国内化肥保供稳价工作，发挥化肥对保障粮食安全的重要作用。省级发展改革委牵头开展本地区化肥市场保供稳价工作，会同工业和信息化、财政、生态环境、交通运输、农业农村、商务、国资、海关、市场监管、能源、供销、铁路等部门定期或不定期开展会商，分析研判本地区化肥市场供需和价格形势，按照职责分工，主动协调解决化肥生产、运输、销售、使用中遇到的困难和问题，积极采取调控和产销衔接措施，保障本地区化肥市场供应和价格基本稳定。本地区每季度化肥市场形势和已开展的有关工作，各省级发展改革委需于下一季度开始后10个工作日内上报国家发展改革委（经贸司）。

国家发展改革委
工业和信息化部
财政部
生态环境部
交通运输部
农业农村部
商务部
国务院国资委
海关总署
市场监管总局
国家能源局
供销合作总社
中国国家铁路集团有限公司
2021年9月22日

国家发展改革委文件

国家发展改革委办公厅
关于组织开展绿色产业示范基地建设的通知

（发改办环资〔2020〕519号）

各省、自治区、直辖市、新疆生产建设兵团发展改革委：

坚实的产业基础和技术支撑是加强生态文明建设、推动绿色发展、建设美丽中国的重要保障。为搭建绿色发展促进平台，不断提高绿色产业发展水平，现就组织开展绿色产业示范基地建设有关要求通知如下：

一、总体要求

（一）指导思想。以习近平新时代中国特色社会主义思想为指导，全面贯彻党的十九大和十九届二中、三中、四中全会精神，牢固树立新发展理念，以示范引领绿色产业发展为目标，以提高绿色产业规模、质量、效益为重点，以增强绿色产业综合竞争力为核心，选择一批产业园区开展绿色产业示范基地建设，着力推动绿色产业集聚、提升绿色产业竞争力、构建技术创新体系、打造运营服务平台、完善政策体制机制、培育形成绿色产业发展新动能。

（二）工作目标。到2025年，绿色产业示范基地建设取得阶段性进展，培育一批绿色产业龙头企业，基地绿色产业集聚度和综合竞争力明显提高，绿色产业链有效构建，绿色技术创新体系基本建立，基础设施和服务平台智能高效，绿色产业发展的体制机制更加健全，对全国绿色产业发展的引领作用初步显现。

二、重点任务

（一）推动绿色产业集聚。根据《绿色产业指导目录（2019年版）》，进一步明确绿色产业示范基地主导产业，不断提高绿色产业集聚度，扩大绿色产业规模。加快推进原有存量绿色产业转型升级，大力培育绿色产业增量，促进各项生产要素投向绿色产业。

（二）提升绿色产业竞争力。积极培育拥有自主品牌、掌握核心技术、市场占有率高、引领作用强的绿色产业龙头企业，支持符合条件的绿色产业企业上市融资。推进绿色产业链延伸，促进绿色产业基地上下游企业协同发展。挖掘产业关联性，推动企业间物质交换利用、能源梯级利用，提高产业协同效应。

（三）构建技术创新体系。积极构建市场导向的绿色技术创新体系，加强绿色技术和绿色产业协同创新，强化企业创新主体地位，加大对企业绿色技术创新的支持力度，推进"产学研"深度融合。支持龙头企业整合创新资源建立绿色技术创新联合体、绿色技术创新联盟，强化绿色核心技术攻关，促进技术成果转化推广。

（四）打造运营服务平台。强化基础设施共建共享，推动绿色产业示范基地公共基础设施建设。推进土地资源节约集约利用，支持园区探索功能混合布局和复合开发，促进产城融合。积极开展能源托管服务、环境污染第三方治理等模式，推广整体式、全过程服务。提高园区管理信息化、可视化、精准化水平，构建能耗监测与预警、资源智能化管理、污染源全流程管理系统。

（五）完善政策体制机制。围绕绿色产业示范基地建设，创新政府引导产业集聚方式，大力推进绿色产业招商。严格实行产业准入管理，建立绿色招商引资准入门槛。加强对安全、行政、金融、财税等园区管理工作的改革创新，落实好国家和地方支持绿色产业发展的政策措施。加强信息沟通，宣讲绿色产业政策，畅通企业意见诉求渠道。强化专业咨询，聘请第三方研究机构提供智力支持和跟踪辅导。

三、组织方式

（一）推荐条件。拟申请绿色产业示范基地的，应为《中国开发区审核公告目录（2018年版）》中的产业园区，主导产业符合《绿色产业指导目录（2019年版）》规定，近3年来未发生较大及以上生产安全事故、突发环境事件。园区所在地及园区管理机构对开展绿色产业示范基地建设积极性高，有一定条件和基础，有明确的建设思路和目标。

（二）工作程序。

1. 推荐备选基地。围绕上述重点任务，园区所在地、园区管理机构结合园区发展实际需求编制《绿色产业示范基地建设申报书》。省级发展改革委作为汇总申报单位，履行必要审核程序，提出审核意见，按照"好中选优、宁缺毋滥"的原则进行推荐。原则上，各地推荐备选基地不超过3家，于2020年7月31日前将申报材料（一式两份，附电子版光盘）报送国家发展改革委。国家发展改革委将在组织评审后确定第一批绿色产业示范基地并印发名单。

2. 编制建设方案。根据国家发展改革委印发的绿色产业示范基地名单及有关要求，省级发展改革委指导园区所在地、园区管理机构结合园区发展实际需求编制《绿色产业示范基地建设方案》，提出园区功能定位和总体建设思路，明确建设目标，确定重点任务、重大项目、责任分工及保障措施，确保建设方案可量化、可执行、可考核，形成特色鲜明、亮点突出的绿色产业示范基地建设实施路径和政策措施。建设方案编制过程中，国家发展改革委将加强指导，采取适当方式提出意见和建议。建设方案编制完成并履行必要的审批程序后，报送国家发展改革委。

3. 做好建设组织工作。园区所在地、园区管理机构要切实做好绿色产业示范基地建设方案的组织实施工作，要将建设方案中的建设目标、重点任务等纳入当地国民经济和社会发展"十四五"规划，统筹安排好各项工作任务。要对建设方案进行细化分解，制定相应的时间表、路线图，明确责任主体和责任人，提出年度重点任务和进度安排，完善措施、精准发力，确保各项工作落地见效，相关工作要纳入当地政府工作报告中，加强工作督办。

（三）事中事后监管。绿色产业示范基地建设期5年。建设期内，绿色产业示范基地应开展年度总结，形成总结报告，按程序报送国家发展改革委。国家发展改革委将采取第三方评估方式，对基地建设运营情况进行中期和终期评估。依据评估结果，国家发展改革委对工作进展成效显著的基地将加大资金、政策支持力度，对工作进度滞后、建设成效较差的基地将视情况采取督促整改、通报批评等措施，对于评估不达标的基地将及时调整退出。

四、保障措施

（一）加强组织领导。园区管理机构要高度重视示范基地建设工作，切实加大工作力度、加强组织领导，建立工作领导协调机制，统筹研究解决基地建设的重大问题，确保示范工作稳妥有序推进。省级发展改革委要对绿色产业示范基地建设加强指导和管理，对示范基地建设加大支持力度，对建设过程中出现的规划设计、土地保障、项目审批、能评、环评等问题及时予以协调解决，提高示范工作成效。

（二）强化政策支持。国家发展改革委统筹绿色产业示范基地建设的相关政策，积极协调相关部门予以倾斜支持。对列入绿色产业示范基地建设方案内的绿色技术创新服务平台等公共服务及平台等基础设施建设，通过中央预算内投资生态文明建设专项予以适当支持。各地要加大对绿色产业示范基地建设工作的支持力度，在统筹规划、资金支持、用地安排、基础设施建设等方面，对符合相关条件的事项予以优先支持。加大绿色信贷、绿色债券的支持力度，支持绿色产业示范基地开展绿色金融创新。

（三）做好经验推广。园区所在地、园区管理机构要加强对工作进展情况的总结，及时梳理形成有推广价值的经验模式、发展案例和成功做法。省级发展改革委要加强对示范基地建设的动态跟踪，组织好信息上报。国家发展改革委将适时组织开展多种形式的建设经验交流及推广活动，切实发挥示范基地的率先示范作用。

联系人：国家发展改革委环资司　杨　鑫

电话：010-68505172

国家发展改革委办公厅

2020 年 7 月 7 日

国家发展改革委办公厅
关于开展大宗固体废弃物综合利用示范的通知

(发改办环资〔2021〕438号)

各省、自治区、直辖市及计划单列市、新疆生产建设兵团发展改革委：

为贯彻落实《中华人民共和国国民经济和社会发展第十四个五年规划和2035年远景目标纲要》和《关于"十四五"大宗固体废弃物综合利用的指导意见》，进一步提升大宗固体废弃物（以下简称"大宗固废"）综合利用水平，推动资源综合利用产业节能降碳，助力实现碳达峰碳中和，拟开展大宗固废综合利用示范，现就有关事项通知如下。

一、目标和任务

（一）主要目标。到2025年，建设50个大宗固废综合利用示范基地（以下简称"示范基地"），示范基地大宗固废综合利用率达到75%以上，对区域降碳支撑能力显著增强；培育50家综合利用骨干企业（以下简称"骨干企业"），实施示范引领行动，形成较强的创新引领、产业带动和降碳示范效应。

（二）重点任务。

1. 产业布局集聚化。示范基地要综合施策，进一步优化产业空间布局，加大"小散乱污"企业整治力度，推动相关产业向基地集聚，发挥基地的产业集聚和链接效应。鼓励骨干企业遵循市场化原则，通过兼并、重组等多种措施，扩大经营规模，提升市场竞争力，提高产业集中度。

2. 利用方式低碳化。示范基地要着力推动区域内传统产业绿色转型。鼓励企业优化生产工艺流程，选用高效节能设备，减少资源能源投入，发挥大宗固废综合利用对天然矿产资源的替代和对降碳的协同增效作用。

3. 技术装备先进化。示范基地和骨干企业要落实新发展理念，强化科技支撑，主动对标先进标准，选用先进技术装备，提高市场竞争力。鼓励骨干企业开展产学研协同创新，建立多形式的创新联合体，推动先进技术装备的研发和产业化应用。

4. 模式机制创新化。鼓励示范基地和骨干企业创新大宗固废综合利用模式，因地制宜探索完善大宗固废处置利用与生产挂钩等新机制，推动大宗固废跨区域、多产业、多品种协同利用，形成可复制、可推广的大宗固废综合利用典型示范。

5. 运营管理规范化。示范基地主管部门要通过信息化措施，建立大宗固废综合利用台账，强化大宗固废源头减量、过程清洁生产、末端处置利用的全过程管理。骨干企业要加快建立完善大宗固废综合利用的相关标准规范，提高生产运营规范化水平。

二、组织方式

（一）推荐范围和条件。

1. 推荐范围。

示范基地以煤矸石、粉煤灰、尾矿（共伴生矿）、冶炼渣、工业副产石膏、建筑垃圾、农作物秸秆等大宗固废综合利用为主。基地建设以地方自主实施为主要建设方式，原则上不新增建设用地。

骨干企业以具备较强技术研发能力、在大宗固废综合利用技术和模式中有重大创新突破、有较强的行业和区域影响力的企业为主。

2. 推荐条件。

拟推荐的示范基地，应满足以下条件：

（1）符合国家法律法规和产业政策；

（2）符合相关产业、土地、区域和城市规划；

（3）已制定大宗固废综合利用相关规划或实施方案；

（4）建设运营主体明确，大宗固废综合利用率超过 65%；

（5）具有不少于 5 家大宗固废综合利用企业，工艺技术和装备先进，已形成上下游协作配套的综合利用产业体系；

（6）近 3 年未发生重大环保、安全事故。

拟推荐的骨干企业，应满足以下条件：

（1）原则上应以大宗固废综合利用为主营业务的企业，年综合利用产值占企业总产值 60% 以上，综合利用总产值不低于 1 亿元，具有较强的示范、引领作用；

（2）企业在大宗固废综合利用细分领域具有较强的市场竞争力和成长性，掌握关键核心技术；

（3）企业现有产品符合《产业结构调整指导目录（2019 年本）》；

（4）企业近 3 年经济效益较好，信用记录良好；

（5）企业近 3 年来未发生重大安全、环保事故。

已列入 2019 年国家发展改革委、工业和信息化部公布的大宗固体废弃物综合利用基地和工业资源综合利用基地不再推荐。

（二）工作程序。

1. 编制方案。示范基地和骨干企业应结合区域发展实际需要，按照实施方案编制大纲（见附件），编制 3 年建设实施方案，制定相应保障措施。

2. 组织推荐。省级发展改革委作为汇总申报单位，要对备选示范基地和骨干企业履行必要审核程序，提出审核意见，择优推荐。各省级发展改革委于 2021 年 8 月 20 日前，将推荐材料包括省级推荐文件、示范基地或骨干企业建设实施方案和证明材料（一式两份，并附电子版光盘）报送国家发展改革委。各省级发展改革委应当对推荐信息的真实性、合法性和完整性负责。

3. 评审确认。国家发展改革委将对各地报送的示范基地和骨干企业实施方案组织评审并公示确认。根据评审和公示结果，国家发展改革委发布示范基地和骨干企业名单。

（三）中后期监管。省级发展改革委应对示范基地建设和骨干企业培育情况加强指导和管理。建设期满后，省级发展改革委要及时组织评估验收，明确验收结果，并将评估验收情况、建设经验和建设成效报送国家发展改革委。国家发展改革委将对示范基地和骨干企业建设情况进行抽查，对于工作进度滞后、建设成效较差的，将视情况采取督促整改、通报批评等措施，对于评估不达标的，将及时调整退出。

三、保障措施

（一）加强组织领导。示范基地和骨干企业所在地政府要高度重视，统筹解决示范建设中遇到的项目审批、配套政策等问题，确保示范建设工作稳妥有序推进。

（二）强化政策支持。国家发展改革委将利用现有渠道对符合条件的重点支撑项目予以支持。各地要严格按照国家有关规定，落实资源综合利用增值税、所得税、环境保护税等优惠政策，加大对重点建设项目的保障力度。鼓励探索大宗固废综合利用长效机制。

（三）加强经验推广。各地要加强对示范基地和骨干企业建设情况的跟踪，及时总结形成有推广价值的典型经验模式，加大宣传和推广力度，切实发挥示范基地和骨干企业的示范引领作用。

附件（略）

国家发展改革委办公厅
2021 年 5 月 30 日

国家发展改革委办公厅
关于加快推进大宗固体废弃物综合利用示范建设的通知

(发改办环资〔2021〕1045号)

各省、自治区、直辖市及计划单列市、新疆生产建设兵团发展改革委：

为贯彻落实"十四五"规划《纲要》和《关于"十四五"大宗固体废弃物综合利用的指导意见》，我委印发了《关于开展大宗固体废弃物综合利用示范的通知》（发改办环资〔2021〕438号，以下简称《通知》）。经各地发展改革委审核推荐、专家评审、网上公示等程序，确定了40个大宗固体废弃物综合利用示范基地和60家大宗固体废弃物综合利用骨干企业（详细名单见附件）。为加快推进基地建设和骨干企业培育，确保如期完成建设目标任务，进一步提升大宗固体废弃物综合利用水平，推动资源综合利用产业节能降碳，助力实现碳达峰碳中和，现将有关事项通知如下：

一、进一步完善基地和骨干企业实施方案

各地发展改革委要指导2021年确定的示范基地和骨干企业，聚焦《通知》确定的产业布局集聚化、利用方式低碳化、技术装备先进化、模式机制创新化、运营管理规范化等五项重点任务，严格按照实施方案编制大纲，进一步完善2022至2025年建设实施方案，突出节能降碳，明确相关建设目标、重点任务、支撑项目和保障措施，重新核算基准年（2021年）和目标年（2025年）的大宗固体废弃物综合利用量和节能降碳量，省级发展改革委审核并汇总，于2022年3月31日前将实施方案及核算表报送国家发展改革委（纸质版一式两份，并附电子版光盘）。

2019年确定的大宗固体废弃物综合利用基地，要根据建设进度，参照上述要求调整实施方案，适当延长建设期限，由省级发展改革委审核后，于2022年3月31日前将调整后的实施方案及核算表报送国家发展改革委（纸质版一式两份，并附电子版光盘）。

二、加快推进综合利用示范建设

各地要高度重视大宗固体废弃物综合利用示范建设，加大落实推进力度，确保实施方案确定的建设目标如期完成，推动实现"到2025年大宗固废年综合利用量达到40亿吨左右"目标任务。

（一）加快重点项目建设进度。对列入实施方案的重点支撑项目，各实施主体要统筹疫情防控和项目建设工作，加快落实项目建设前期手续，按照国家有关规定加快推进项目建设，坚决遏制"两高"项目盲目发展，确保完成建设任务，达到预期目标。

（二）统筹推进示范建设任务。各基地管理机构及骨干企业，要统筹推进示范建设任务，创新大宗固体废弃物综合利用模式，选用先进技术装备，加强信息化管理，提升市场竞争力，每半年向所在地发展改革委报送建设进展情况。

（三）强化节能降碳示范引领。各基地和骨干企业要以节能降碳为导向，优先使用可再生能源，优

化生产工艺流程,开展节能改造,选用高效节能技术设备,回收利用余压余热余能,提高能效水平,发挥好大宗固体废弃物综合利用替代天然资源的协同降碳作用,形成利废建材行业降碳示范效应。

(四)加强协调指导和管理。各基地和骨干企业所在地发展改革委要落实责任,跟踪基地和骨干企业建设情况,并加强协调指导和管理,完善和落实相关配套政策措施,及时协调解决建设过程中遇到的有关问题。

(五)强化动态监测和督导。省级发展改革委要定期调度基地和骨干企业建设进展情况,对进展缓慢的要及时督导,对实施方案发生重大调整的要及时组织论证,并报送国家发展改革委,原则上调整内容不得影响总体目标和主要任务。

(六)有序组织评估验收。建设期满后,各省级发展改革委要及时组织评估验收,明确验收结果,并将评估验收情况、建设成效和经验及时报送国家发展改革委。

三、加快完善配套政策措施

各地要加大支持政策配套及落实力度,优先支持基地和骨干企业项目建设,确保顺利完成各项建设任务。

(一)加强资金支持。各地要统筹利用资金渠道,加大对基地和骨干企业重点项目建设支持力度,在基础设施建设、配套公共服务项目安排上优先向基地和骨干企业倾斜,引导社会资金积极投入示范项目建设。

(二)落实税收优惠。各地要进一步加强资源综合利用税收优惠政策落实力度,会同税务部门指导企业完善资源综合利用税收减免前期手续,切实落实好资源综合利用企业所得税减免、增值税即征即退等优惠政策。

(三)开辟绿色通道。各地要深化"放管服"改革,优化对基地和骨干企业重点建设项目服务,开辟绿色通道,及时办理基地和骨干企业重点项目用地、立项(核准、备案)、环评、节能审查等审批手续,确保项目建设如期开展。

(四)加强宣传推广。各地要及时总结先进技术、管理经验和典型模式,多渠道、多方式开展宣传推广,扩大基地和骨干企业示范辐射效应,不断壮大大宗固体废弃物综合利用产业。

国家发展改革委将不定期调度基地和骨干企业建设进展情况,并视情况开展现场督查,对建设进度滞后、成效较差、违反规定的,将采取督促整改、通报批评等措施,问题严重的,取消基地和骨干企业资格。

附件:1. 2021年大宗固体废弃物综合利用示范基地名单
      2. 2021年大宗固体废弃物综合利用骨干企业名单

国家发展改革委办公厅
2021年12月27日

附件1

2021年大宗固体废弃物综合利用示范基地名单

序号	省（区、市）	基地名称
1	天津市	天津子牙经济技术开发区
2	河北省	唐山市、宽城满族自治县
3	山西省	阳泉市、河津市、保德县、吕梁市
4	内蒙古自治区	包头市
5	辽宁省	本溪市、铁岭市
6	吉林省	吉林蛟河经济开发区（吉林蛟河天岗石材产业园区）
7	江苏省	高邮市、丰县
8	浙江省	台州市
9	安徽省	宁国经济技术开发区、涡阳县
10	福建省	三明市三元区、罗源湾经济开发区、南平市
11	江西省	赣州高新区、玉山县
12	山东省	泰安市、兰陵县、枣庄市、邹城市
13	河南省	鹤壁市山城区
14	湖北省	钟祥市
15	湖南省	湖南永兴经济开发区
16	广东省	韶关市
17	四川省	攀枝花市（东区、钒钛高新区）、雅安市（汉源工业园区、荥经县）
18	贵州省	息烽县、毕节市、六盘水市、开阳县
19	陕西省	汉中市
20	甘肃省	兰州市红古区、嘉峪关市工业园区、金昌市经济技术开发区
21	新疆维吾尔自治区	奎屯—独山子经济技术开发区
合计		40个

附件2

2021年大宗固体废弃物综合利用骨干企业名单

序号	省（区、市）	骨干企业名称
1	北京市	大唐同舟科技有限公司 北京金隅砂浆有限公司 北新集团建材股份有限公司
2	河北省	唐山冀东水泥三友有限公司 唐山鹤兴废料综合利用科技有限公司 河北鼎星水泥有限公司 涞源县冀恒矿业有限公司 武安市新峰水泥有限责任公司
3	山西省	太原钢铁（集团）粉煤灰综合利用有限公司 山西大地环境资源有限公司 山西山安立德环保科技有限公司 山西能投生物质能开发利用股份有限公司
4	内蒙古自治区	包钢集团节能环保科技产业有限责任公司 内蒙古超牌新材料股份有限公司
5	辽宁省	辽宁佳合鹏程粉体科技有限公司
6	吉林省	亚泰建材集团有限公司
7	上海市	宝武集团环境资源科技有限公司 上海良延环保科技发展有限公司 上海国惠环境科技股份有限公司
8	江苏省	江苏绿和环境科技有限公司 江苏一夫科技股份有限公司 江苏新春兴再生资源有限责任公司 江苏锦明再生资源有限公司 张家港恒昌新型建筑材料有限公司 江苏中信世纪新材料有限公司
9	安徽省	铜陵铜冠建安新型环保材料科技有限公司 铜陵万华禾香板业有限公司 安徽万秀园生态农业集团有限公司 安徽海盾建材有限公司
10	江西省	江西新越沥青有限公司
11	山东省	莱州市金都新型建筑材料有限公司 招远鸿福高科环保科技有限公司 天正浚源环保科技有限公司

续表

序号	省（区、市）	骨干企业名称
12	河南省	河南强耐新材股份有限公司 河南豫光金铅股份有限公司 洛阳北玻硅巢新材料有限公司 洛阳栾川钼业集团股份有限公司 河南万里资源再生有限责任公司
13	湖北省	湖北三迪环保新材有限公司 湖北昌耀新材料股份有限公司 湖北力达环保科技有限公司 武汉光谷蓝焰新能源股份有限公司
14	湖南省	湖南云中再生科技股份有限公司 长沙三树新材料科技有限公司 湖南金凤凰建材家居集成科技有限公司
15	广东省	广东新瑞龙生态建材有限公司 深圳市德润生物质投资有限公司
16	广西壮族自治区	广西力源宝科技有限公司
17	四川省	攀枝花钢城集团有限公司 攀枝花市润泽建材有限公司
18	云南省	云南祥云飞龙再生科技股份有限公司 天龙县铂翠贵金属科技有限公司
19	陕西省	陕西正元实业有限公司 洛南环亚源铜业有限公司
20	甘肃省	窑街煤电集团有限公司 天水众兴菌业科技股份有限公司
21	青海省	青海西部镁业有限公司
22	宁夏回族自治区	石嘴山市益瑞生态科技有限公司
23	新疆生产建设兵团	新疆越隆达再生资源科技有限公司 天伟水泥有限公司
合 计		60家

国家发展改革委 国家能源局关于完善能源绿色低碳转型体制机制和政策措施的意见

（发改能源〔2022〕206号）

各省、自治区、直辖市人民政府，新疆生产建设兵团，国务院有关部门，有关中央企业，有关行业协会：

能源生产和消费相关活动是最主要的二氧化碳排放源，大力推动能源领域碳减排是做好碳达峰碳中和工作，以及加快构建现代能源体系的重要举措。党的十八大以来，各地区、各有关部门围绕能源绿色低碳发展制定了一系列政策措施，推动太阳能、风能、水能、生物质能、地热能等清洁能源开发利用取得了明显成效，但现有的体制机制、政策体系、治理方式等仍然面临一些困难和挑战，难以适应新形势下推进能源绿色低碳转型的需要。为深入贯彻落实《中共中央、国务院关于完整准确全面贯彻新发展理念做好碳达峰碳中和工作的意见》和《2030年前碳达峰行动方案》有关要求，经国务院同意，现就完善能源绿色低碳转型的体制机制和政策措施提出以下意见。

一、总体要求

（一）指导思想。以习近平新时代中国特色社会主义思想为指导，全面贯彻党的十九大和十九届历次全会精神，深入贯彻习近平生态文明思想，坚持稳中求进工作总基调，立足新发展阶段，完整、准确、全面贯彻新发展理念，构建新发展格局，深入推动能源消费革命、供给革命、技术革命、体制革命，全方位加强国际合作，从国情实际出发，统筹发展与安全、稳增长和调结构，深化能源领域体制机制改革创新，加快构建清洁低碳、安全高效的能源体系，促进能源高质量发展和经济社会发展全面绿色转型，为科学有序推动如期实现碳达峰、碳中和目标和建设现代化经济体系提供保障。

（二）基本原则。

——坚持系统观念、统筹推进。加强顶层设计，发挥制度优势，处理好发展和减排、整体和局部、短期和中长期的关系，处理好转型各阶段不同能源品种之间的互补、协调、替代关系，推动煤炭和新能源优化组合，统筹推进全国及各地区能源绿色低碳转型。

——坚持保障安全、有序转型。在保障能源安全的前提下有序推进能源绿色低碳转型，先立后破，坚持全国"一盘棋"，加强转型中的风险识别和管控。在加快形成清洁低碳能源可靠供应能力基础上，逐步对化石能源进行安全可靠替代。

——坚持创新驱动、集约高效。完善能源领域创新体系和激励机制，提升关键核心技术创新能力。贯彻节约优先方针，着力降低单位产出资源消耗和碳排放，增强能源系统运行和资源配置效率，提高经济社会综合效益。加快形成减污降碳的激励约束机制。

——坚持市场主导、政府引导。深化能源领域体制改革，充分发挥市场在资源配置中的决定性作用，构建公平开放、有效竞争的能源市场体系。更好发挥政府作用，在规划引领、政策扶持、市场监管等方面加强引导，营造良好的发展环境。

（三）主要目标。"十四五"时期，基本建立推进能源绿色低碳发展的制度框架，形成比较完善的政策、标准、市场和监管体系，构建以能耗"双控"和非化石能源目标制度为引领的能源绿色低碳转型推进机制。到2030年，基本建立完整的能源绿色低碳发展基本制度和政策体系，形成非化石能源既基本满足能源需求增量又规模化替代化石能源存量、能源安全保障能力得到全面增强的能源生产消费格局。

二、完善国家能源战略和规划实施的协同推进机制

（四）强化能源战略和规划的引导约束作用。以国家能源战略为导向，强化国家能源规划的统领作用，各省（自治区、直辖市）结合国家能源规划部署和当地实际制定本地区能源规划，明确能源绿色低碳转型的目标和任务，在规划编制及实施中加强各能源品种之间、产业链上下游之间、区域之间的协同互济，整体提高能源绿色低碳转型和供应安全保障水平。加强能源规划实施监测评估，健全规划动态调整机制。

（五）建立能源绿色低碳转型监测评价机制。重点监测评价各地区能耗强度、能源消费总量、非化石能源及可再生能源消费比重、能源消费碳排放系数等指标，评估能源绿色低碳转型相关机制、政策的执行情况和实际效果。完善能源绿色低碳发展考核机制，按照国民经济和社会发展规划纲要、年度计划及能源规划等确定的能源相关约束性指标，强化相关考核。鼓励各地区通过区域协作或开展可再生能源电力消纳量交易等方式，满足国家规定的可再生能源消费最低比重等指标要求。

（六）健全能源绿色低碳转型组织协调机制。国家能源委员会统筹协调能源绿色低碳转型相关战略、发展规划、行动方案和政策体系等。建立跨部门、跨区域的能源安全与发展协调机制，协调开展跨省跨区电力、油气等能源输送通道及储备等基础设施和安全体系建设，加强能源领域规划、重大工程与国土空间规划以及生态环境保护等专项规划衔接，及时研究解决实施中的问题。按年度建立能源绿色低碳转型和安全保障重大政策实施、重大工程建设台账，完善督导协调机制。

三、完善引导绿色能源消费的制度和政策体系

（七）完善能耗"双控"和非化石能源目标制度。坚持把节约能源资源放在首位，强化能耗强度降低约束性指标管理，有效增强能源消费总量管理弹性，新增可再生能源和原料用能不纳入能源消费总量控制，合理确定各地区能耗强度降低目标，加强能耗"双控"政策与碳达峰、碳中和目标任务的衔接。逐步建立能源领域碳排放控制机制。制修订重点用能行业单位产品能耗限额强制性国家标准，组织对重点用能企业落实情况进行监督检查。研究制定重点行业、重点产品碳排放核算方法。统筹考虑各地区可再生能源资源状况、开发利用条件和经济发展水平等，将全国可再生能源开发利用中长期总量及最低比重目标科学分解到各省（自治区、直辖市）实施，完善可再生能源电力消纳保障机制。推动地方建立健全用能预算管理制度，探索开展能耗产出效益评价。加强顶层设计和统筹协调，加快建设全国碳排放权交易市场、用能权交易市场、绿色电力交易市场。

（八）建立健全绿色能源消费促进机制。推进统一的绿色产品认证与标识体系建设，建立绿色能源消费认证机制，推动各类社会组织采信认证结果。建立电能替代推广机制，通过完善相关标准等加强对电能替代的技术指导。完善和推广绿色电力证书交易，促进绿色电力消费。鼓励全社会优先使用绿色能源和采购绿色产品及服务，公共机构应当作出表率。各地区应结合本地实际，采用先进能效和绿

色能源消费标准，大力宣传节能及绿色消费理念，深入开展绿色生活创建行动。鼓励有条件的地方开展高水平绿色能源消费示范建设，在全社会倡导节约用能。

（九）完善工业领域绿色能源消费支持政策。引导工业企业开展清洁能源替代，降低单位产品碳排放，鼓励具备条件的企业率先形成低碳、零碳能源消费模式。鼓励建设绿色用能产业园区和企业，发展工业绿色微电网，支持在自有场所开发利用清洁低碳能源，建设分布式清洁能源和智慧能源系统，对余热余压余气等综合利用发电减免交叉补贴和系统备用费，完善支持自发自用分布式清洁能源发电的价格政策。在符合电力规划布局和电网安全运行条件的前提下，鼓励通过创新电力输送及运行方式实现可再生能源电力项目就近向产业园区或企业供电，鼓励产业园区或企业通过电力市场购买绿色电力。鼓励新兴重点用能领域以绿色能源为主满足用能需求并对余热余压余气等进行充分利用。

（十）完善建筑绿色用能和清洁取暖政策。提升建筑节能标准，推动超低能耗建筑、低碳建筑规模化发展，推进和支持既有建筑节能改造，积极推广使用绿色建材，健全建筑能耗限额管理制度。完善建筑可再生能源应用标准，鼓励光伏建筑一体化应用，支持利用太阳能、地热能和生物质能等建设可再生能源建筑供能系统。在具备条件的地区推进供热计量改革和供热设施智能化建设，鼓励按热量收费，鼓励电供暖企业和用户通过电力市场获得低谷时段低价电力，综合运用峰谷电价、居民阶梯电价和输配电价机制等予以支持。落实好支持北方地区农村冬季清洁取暖的供气价格政策。

（十一）完善交通运输领域能源清洁替代政策。推进交通运输绿色低碳转型，优化交通运输结构，推行绿色低碳交通设施装备。推行大容量电气化公共交通和电动、氢能、先进生物液体燃料、天然气等清洁能源交通工具，完善充换电、加氢、加气（LNG）站点布局及服务设施，降低交通运输领域清洁能源用能成本。对交通供能场站布局和建设在土地空间等方面予以支持，开展多能融合交通供能场站建设，推进新能源汽车与电网能量互动试点示范，推动车桩、船岸协同发展。对利用铁路沿线、高速公路服务区等建设新能源设施的，鼓励对同一省级区域内的项目统一规划、统一实施、统一核准（备案）。

四、建立绿色低碳为导向的能源开发利用新机制

（十二）建立清洁低碳能源资源普查和信息共享机制。结合资源禀赋、土地用途、生态保护、国土空间规划等情况，以市（县）级行政区域为基本单元，全面开展全国清洁低碳能源资源详细勘查和综合评价，精准识别可开发清洁低碳能源资源并进行数据整合，完善并动态更新全国清洁低碳能源资源数据库。加强与国土空间基础信息平台的衔接，及时将各类清洁低碳能源资源分布等空间信息纳入同级国土空间基础信息平台和国土空间规划"一张图"，并以适当方式与地方各级政府、企业、行业协会和研究机构等共享。提高可再生能源相关气象观测、资源评价以及预测预报技术能力，为可再生能源资源普查、项目开发和电力系统运行提供支撑。构建国家能源基础信息及共享平台，整合能源全产业链信息，推动能源领域数字经济发展。

（十三）推动构建以清洁低碳能源为主体的能源供应体系。以沙漠、戈壁、荒漠地区为重点，加快推进大型风电、光伏发电基地建设，对区域内现有煤电机组进行升级改造，探索建立送受两端协同为新能源电力输送提供调节的机制，支持新能源电力能建尽建、能并尽并、能发尽发。各地区按照国家能源战略和规划及分领域规划，统筹考虑本地区能源需求和清洁低碳能源资源等情况，在省级能源规划总体框架下，指导并组织制定市（县）级清洁低碳能源开发利用、区域能源供应相关实施方案。各

地区应当统筹考虑本地区能源需求及可开发资源量等，按就近原则优先开发利用本地清洁低碳能源资源，根据需要积极引入区域外的清洁低碳能源，形成优先通过清洁低碳能源满足新增用能需求并逐渐替代存量化石能源的能源生产消费格局。鼓励各地区建设多能互补、就近平衡、以清洁低碳能源为主体的新型能源系统。

（十四）创新农村可再生能源开发利用机制。在农村地区优先支持屋顶分布式光伏发电以及沼气发电等生物质能发电接入电网，电网企业等应当优先收购其发电量。鼓励利用农村地区适宜分散开发风电、光伏发电的土地，探索统一规划、分散布局、农企合作、利益共享的可再生能源项目投资经营模式。鼓励农村集体经济组织依法以土地使用权入股、联营等方式与专业化企业共同投资经营可再生能源发电项目，鼓励金融机构按照市场化、法治化原则为可再生能源发电项目提供融资支持。加大对农村电网建设的支持力度，组织电网企业完善农村电网。加强农村电网技术、运行和电力交易方式创新，支持新能源电力就近交易，为农村公益性和生活用能以及乡村振兴相关产业提供低成本绿色能源。完善规模化沼气、生物天然气、成型燃料等生物质能和地热能开发利用扶持政策和保障机制。

（十五）建立清洁低碳能源开发利用的国土空间管理机制。围绕做好碳达峰碳中和工作，统筹考虑清洁低碳能源开发以及能源输送、储存等基础设施用地用海需求。完善能源项目建设用地分类指导政策，调整优化可再生能源开发用地用海要求，制定利用沙漠、戈壁、荒漠土地建设可再生能源发电工程的土地支持政策，完善核电、抽水蓄能厂（场）址保护制度并在国土空间规划中予以保障，在国土空间规划中统筹考虑输电通道、油气管道走廊用地需求，建立健全土地相关信息共享与协同管理机制。严格依法规范能源开发涉地（涉海）税费征收。符合条件的海上风电等可再生能源项目可按规定申请减免海域使用金。鼓励在风电等新能源开发建设中推广应用节地技术和节地模式。

五、完善新型电力系统建设和运行机制

（十六）加强新型电力系统顶层设计。推动电力来源清洁化和终端能源消费电气化，适应新能源电力发展需要制定新型电力系统发展战略和总体规划，鼓励各类企业等主体积极参与新型电力系统建设。对现有电力系统进行绿色低碳发展适应性评估，在电网架构、电源结构、源网荷储协调、数字化智能化运行控制等方面提升技术和优化系统。加强新型电力系统基础理论研究，推动关键核心技术突破，研究制定新型电力系统相关标准。推动互联网、数字化、智能化技术与电力系统融合发展，推动新技术、新业态、新模式发展，构建智慧能源体系。加强新型电力系统技术体系建设，开展相关技术试点和区域示范。

（十七）完善适应可再生能源局域深度利用和广域输送的电网体系。整体优化输电网络和电力系统运行，提升对可再生能源电力的输送和消纳能力。通过电源配置和运行优化调整尽可能增加存量输电通道输送可再生能源电量，明确最低比重指标并进行考核。统筹布局以送出可再生能源电力为主的大型电力基地，在省级电网及以上范围优化配置调节性资源。完善相关省（自治区、直辖市）政府间协议与电力市场相结合的可再生能源电力输送和消纳协同机制，加强省际、区域间电网互联互通，进一步完善跨省跨区电价形成机制，促进可再生能源在更大范围消纳。大力推进高比例容纳分布式新能源电力的智能配电网建设，鼓励建设源网荷储一体化、多能互补的智慧能源系统和微电网。电网企业应提升新能源电力接纳能力，动态公布经营区域内可接纳新能源电力的容量信息并提供查询服务，依法依规将符合规划和安全生产条件的新能源发电项目和分布式发电项目接入电网，做到应并尽并。

（十八）健全适应新型电力系统的市场机制。建立全国统一电力市场体系，加快电力辅助服务市场建设，推动重点区域电力现货市场试点运行，完善电力中长期、现货和辅助服务交易有机衔接机制，探索容量市场交易机制，深化输配电等重点领域改革，通过市场化方式促进电力绿色低碳发展。完善有利于可再生能源优先利用的电力交易机制，开展绿色电力交易试点，鼓励新能源发电主体与电力用户或售电公司等签订长期购售电协议。支持微电网、分布式电源、储能和负荷聚合商等新兴市场主体独立参与电力交易。积极推进分布式发电市场化交易，支持分布式发电（含电储能、电动车船等）与同一配电网内的电力用户通过电力交易平台就近进行交易，电网企业（含增量配电网企业）提供输电、计量和交易结算等技术支持，完善支持分布式发电市场化交易的价格政策及市场规则。完善支持储能应用的电价政策。

（十九）完善灵活性电源建设和运行机制。全面实施煤电机组灵活性改造，完善煤电机组最小出力技术标准，科学核定煤电机组深度调峰能力；因地制宜建设既满足电力运行调峰需要，又对天然气消费季节差具有调节作用的天然气"双调峰"电站；积极推动流域控制性调节水库建设和常规水电站扩机增容，加快建设抽水蓄能电站，探索中小型抽水蓄能技术应用，推行梯级水电储能；发挥太阳能热发电的调节作用，开展废弃矿井改造储能等新型储能项目研究示范，逐步扩大新型储能应用。全面推进企业自备电厂参与电力系统调节，鼓励工业企业发挥自备电厂调节能力就近利用新能源。完善支持灵活性煤电机组、天然气调峰机组、水电、太阳能热发电和储能等调节性电源运行的价格补偿机制。鼓励新能源发电基地提升自主调节能力，探索一体化参与电力系统运行。完善抽水蓄能、新型储能参与电力市场的机制，更好发挥相关设施调节作用。

（二十）完善电力需求响应机制。推动电力需求响应市场化建设，推动将需求侧可调节资源纳入电力电量平衡，发挥需求侧资源削峰填谷、促进电力供需平衡和适应新能源电力运行的作用。拓宽电力需求响应实施范围，通过多种方式挖掘各类需求侧资源并组织其参与需求响应，支持用户侧储能、电动汽车充电设施、分布式发电等用户侧可调节资源，以及负荷聚合商、虚拟电厂运营商、综合能源服务商等参与电力市场交易和系统运行调节。明确用户侧储能安全发展的标准要求，加强安全监管。加快推进需求响应市场化建设，探索建立以市场为主的需求响应补偿机制。全面调查评价需求响应资源并建立分级分类清单，形成动态的需求响应资源库。

（二十一）探索建立区域综合能源服务机制。探索同一市场主体运营集供电、供热（供冷）、供气于一体的多能互补、多能联供区域综合能源系统，鼓励地方采取招标等竞争性方式选择区域综合能源服务投资经营主体。鼓励增量配电网通过拓展区域内分布式清洁能源、接纳区域外可再生能源等提高清洁能源比重。公共电网企业、燃气供应企业应为综合能源服务运营企业提供可靠能源供应，并做好配套设施运行衔接。鼓励提升智慧能源协同服务水平，强化共性技术的平台化服务及商业模式创新，充分依托已有设施，在确保能源数据信息安全的前提下，加强数据资源开放共享。

六、完善化石能源清洁高效开发利用机制

（二十二）完善煤炭清洁开发利用政策。立足以煤为主的基本国情，按照能源不同发展阶段，发挥好煤炭在能源供应保障中的基础作用。建立煤矿绿色发展长效机制，优化煤炭产能布局，加大煤矿"上大压小、增优汰劣"力度，大力推动煤炭清洁高效利用。制定矿井优化系统支持政策，完善绿色智能煤矿建设标准体系，健全煤矿智能化技术、装备、人才发展支持政策体系。完善煤矸石、矿井水、煤

矿井下抽采瓦斯等资源综合利用及矿区生态治理与修复支持政策,加大力度支持煤矿充填开采技术推广应用,鼓励利用废弃矿区开展新能源及储能项目开发建设。依法依规加快办理绿色智能煤矿等优质产能和保供煤矿的环保、用地、核准、采矿等相关手续。科学评估煤炭企业产量减少和关闭退出的影响,研究完善煤炭企业退出和转型发展以及从业人员安置等扶持政策。

（二十三）完善煤电清洁高效转型政策。在电力安全保供的前提下,统筹协调有序控煤减煤,推动煤电向基础保障性和系统调节性电源并重转型。按照电力系统安全稳定运行和保供需要,加强煤电机组与非化石能源发电、天然气发电及储能的整体协同。推进煤电机组节能提效、超低排放升级改造,根据能源发展和安全保供需要合理建设先进煤电机组。充分挖掘现有大型热电联产企业供热潜力,鼓励在合理供热半径内的存量凝汽式煤电机组实施热电联产改造,在允许燃煤供热的区域鼓励建设燃煤背压供热机组,探索开展煤电机组抽汽蓄能改造。有序推动落后煤电机组关停整合,加大燃煤锅炉淘汰力度。原则上不新增企业燃煤自备电厂,推动燃煤自备机组公平承担社会责任,加大燃煤自备机组节能减排力度。支持利用退役火电机组的既有厂址和相关设施建设新型储能设施或改造为同步调相机。完善火电领域二氧化碳捕集利用与封存技术研发和试验示范项目支持政策。

（二十四）完善油气清洁高效利用机制。提升油气田清洁高效开采能力,推动炼化行业转型升级,加大减污降碳协同力度。完善油气与地热能以及风能、太阳能等能源资源协同开发机制,鼓励油气企业利用自有建设用地发展可再生能源和建设分布式能源设施,在油气田区域内建设多能融合的区域供能系统。持续推动油气管网公平开放并完善接入标准,梳理天然气供气环节并减少供气层级,在满足安全和质量标准等前提下,支持生物燃料乙醇、生物柴油、生物天然气等清洁燃料接入油气管网,探索输气管道掺氢输送、纯氢管道输送、液氢运输等高效输氢方式。鼓励传统加油站、加气站建设油气电氢一体化综合交通能源服务站。加强二氧化碳捕集利用与封存技术推广示范,扩大二氧化碳驱油技术应用,探索利用油气开采形成地下空间封存二氧化碳。

七、健全能源绿色低碳转型安全保供体系

（二十五）健全能源预测预警机制。加强全国以及分级分类的能源生产、供应和消费信息系统建设,建立跨部门跨区域能源安全监测预警机制,各省（自治区、直辖市）要建立区域能源综合监测体系,电网、油气管网及重点能源供应企业要完善经营区域能源供应监测平台并及时向主管部门报送相关信息。加强能源预测预警的监测评估能力建设,建立涵盖能源、应急、气象、水利、地质等部门的极端天气联合应对机制,提高预测预判和灾害防御能力。健全能源供应风险应对机制,完善极端情况下能源供应应急预案和应急状态下的协同调控机制。

（二十六）构建电力系统安全运行和综合防御体系。各类发电机组运行要严格遵守《电网调度管理条例》等法律法规和技术规范,建立煤电机组退出审核机制,承担支持电力系统运行和保供任务的煤电机组未经许可不得退出运行,可根据机组性能和电力系统运行需要经评估后转为应急备用机组。建立各级电力规划安全评估制度,健全各类电源并网技术标准,从源头管控安全风险。完善电力电量平衡管理,制定年度电力系统安全保供方案。建立电力企业与燃料供应企业、管输企业的信息共享与应急联动机制,确保极端情况下能源供应。建立重要输电通道跨部门联防联控机制,提升重要输电通道运行安全保障能力。建立完善负荷中心和特大型城市应急安全保障电源体系。完善电力监控系统安全防控体系,加强电力行业关键信息基础设施安全保护。严格落实地方政府、有关电力企业的电力安全

生产和供应保障主体责任，统筹协调推进电力应急体系建设，强化新型储能设施等安全事故防范和处置能力，提升本质安全水平。健全电力应急保障体系，完善电力应急制度、标准和预案。

（二十七）健全能源供应保障和储备应急体系。统筹能源绿色低碳转型和能源供应安全保障，提高适应经济社会发展以及各种极端情况的能源供应保障能力，优化能源储备设施布局，完善煤电油气供应保障协调机制。加快形成政府储备、企业社会责任储备和生产经营库存有机结合、互为补充，实物储备、产能储备和其他储备方式相结合的石油储备体系。健全煤炭产品、产能储备和应急储备制度，完善应急调峰产能、可调节库存和重点电厂煤炭储备机制，建立以企业为主体、市场化运作的煤炭应急储备体系。建立健全地方政府、供气企业、管输企业、城镇燃气企业各负其责的多层次天然气储气调峰和应急体系。制定煤制油气技术储备支持政策。完善煤炭、石油、天然气产供储销体系，探索建立氢能产供储销体系。按规划积极推动流域龙头水库电站建设，提升水库储能、运行调节和应急调用能力。

八、建立支撑能源绿色低碳转型的科技创新体系

（二十八）建立清洁低碳能源重大科技协同创新体系。建设并发挥好能源领域国家实验室作用，形成以国家战略科技力量为引领、企业为主体、市场为导向、产学研用深度融合的能源技术创新体系，加快突破一批清洁低碳能源关键技术。支持行业龙头企业联合高等院校、科研院所和行业上下游企业共建国家能源领域研发创新平台，推进各类科技力量资源共享和优化配置。围绕能源领域相关基础零部件及元器件、基础软件、基础材料、基础工艺等关键技术开展联合攻关，实施能源重大科技协同创新研究。加强新型储能相关安全技术研发，完善设备设施、规划布局、设计施工、安全运行等方面技术标准规范。

（二十九）建立清洁低碳能源产业链供应链协同创新机制。推动构建以需求端技术进步为导向，产学研用深度融合、上下游协同、供应链协作的清洁低碳能源技术创新促进机制。依托大型新能源基地等重大能源工程，推进上下游企业协同开展先进技术装备研发、制造和应用，通过工程化集成应用形成先进技术及产业化能力。加快纤维素等非粮生物燃料乙醇、生物航空煤油等先进可再生能源燃料关键技术协同攻关及产业化示范。推动能源电子产业高质量发展，促进信息技术及产品与清洁低碳能源融合创新，加快智能光伏创新升级。依托现有基础完善清洁低碳能源技术创新服务平台，推动研发设计、计量测试、检测认证、知识产权服务等科技服务业与清洁低碳能源产业链深度融合。建立清洁低碳能源技术成果评价、转化和推广机制。

（三十）完善能源绿色低碳转型科技创新激励政策。探索以市场化方式吸引社会资本支持资金投入大、研究难度高的战略性清洁低碳能源技术研发和示范项目。采取"揭榜挂帅"等方式组织重大关键技术攻关，完善支持首台（套）先进重大能源技术装备示范应用的政策，推动能源领域重大技术装备推广应用。强化国有能源企业节能低碳相关考核，推动企业加大能源技术创新投入，推广应用新技术，提升技术水平。

九、建立支撑能源绿色低碳转型的财政金融政策保障机制

（三十一）完善支持能源绿色低碳转型的多元化投融资机制。加大对清洁低碳能源项目、能源供应安全保障项目投融资支持力度。通过中央预算内投资统筹支持能源领域对碳减排贡献度高的项目，将

符合条件的重大清洁低碳能源项目纳入地方政府专项债券支持范围。国家绿色发展基金和现有低碳转型相关基金要将清洁低碳能源开发利用、新型电力系统建设、化石能源企业绿色低碳转型等作为重点支持领域。推动清洁低碳能源相关基础设施项目开展市场化投融资，研究将清洁低碳能源项目纳入基础设施领域不动产投资信托基金（REITs）试点范围。中央财政资金进一步向农村能源建设倾斜，利用现有资金渠道支持农村能源供应基础设施建设、北方地区冬季清洁取暖、建筑节能等。

（三十二）完善能源绿色低碳转型的金融支持政策。探索发展清洁低碳能源行业供应链金融。完善清洁低碳能源行业企业贷款审批流程和评级方法，充分考虑相关产业链长期成长性及对碳达峰、碳中和的贡献。创新适应清洁低碳能源特点的绿色金融产品，鼓励符合条件的企业发行碳中和债等绿色债券，引导金融机构加大对具有显著碳减排效益项目的支持；鼓励发行可持续发展挂钩债券等，支持化石能源企业绿色低碳转型。探索推进能源基础信息应用，为金融支持能源绿色低碳转型提供信息服务支撑。鼓励能源企业践行绿色发展理念，充分披露碳排放相关信息。

十、促进能源绿色低碳转型国际合作

（三十三）促进"一带一路"绿色能源合作。鼓励金融产品和服务创新，支持"一带一路"清洁低碳能源开发利用。推进"一带一路"绿色能源务实合作，探索建立清洁低碳能源产业链上下游企业协同发展合作机制。引导企业开展清洁低碳能源领域对外投资，在相关项目开展中注重资源节约、环境保护和安全生产。推动建设能源合作最佳实践项目。依法依规管理碳排放强度高的产品生产、流通和出口。

（三十四）积极推动全球能源治理中绿色低碳转型发展合作。建设和运营好"一带一路"能源合作伙伴关系和国际能源变革论坛等，力争在全球绿色低碳转型进程中发挥更好作用。依托中国—阿盟、中国—非盟、中国—东盟、中国—中东欧、亚太经合组织（APEC）可持续能源中心等合作平台，持续支持可再生能源、电力、核电、氢能等清洁低碳能源相关技术人才合作培养，开展能力建设、政策、规划、标准对接和人才交流。提升与国际能源署（IEA）、国际可再生能源署（IRENA）等国际组织的合作水平，积极参与并引导在联合国、二十国集团（G20）、APEC、金砖国家、上合组织等多边框架下的能源绿色低碳转型合作。

（三十五）充分利用国际要素助力国内能源绿色低碳发展。落实鼓励外商投资产业目录，完善相关支持政策，吸引和引导外资投入清洁低碳能源产业领域。完善鼓励外资融入我国清洁低碳能源产业创新体系的激励机制，严格知识产权保护。加强绿色电力认证国际合作，倡议建立国际绿色电力证书体系，积极引导和参与绿色电力证书核发、计量、交易等国际标准研究制定。推动建立中欧能源技术创新合作平台等清洁低碳能源技术创新国际合作平台，支持跨国企业在华设立清洁低碳能源技术联合研发中心，促进清洁低碳、脱碳无碳领域联合攻关创新与示范应用。

十一、完善能源绿色低碳发展相关治理机制

（三十六）健全能源法律和标准体系。加强能源绿色低碳发展法制建设，修订和完善能源领域法律制度，健全适应碳达峰碳中和工作需要的能源法律制度体系。增强相关法律法规的针对性和有效性，全面清理现行能源领域法律法规中与碳达峰碳中和工作要求不相适应的内容。健全清洁低碳能源相关标准体系，加快研究和制修订清洁高效火电、可再生能源发电、核电、储能、氢能、清洁能源供热以

及新型电力系统等领域技术标准和安全标准。推动太阳能发电、风电等领域标准国际化。鼓励各地区和行业协会、企业等依法制定更加严格的地方标准、行业标准和企业标准。制定能源领域绿色低碳产业指导目录，建立和完善能源绿色低碳转型相关技术标准及相应的碳排放量、碳减排量等核算标准。

（三十七）深化能源领域"放管服"改革。持续推动简政放权，继续下放或取消非必要行政许可事项，进一步优化能源领域营商环境，增强市场主体创新活力。破除制约市场竞争的各类障碍和隐性壁垒，落实市场准入负面清单制度，支持各类市场主体依法平等进入负面清单以外的能源领域。优化清洁低碳能源项目核准和备案流程，简化分布式能源投资项目管理程序。创新综合能源服务项目建设管理机制，鼓励各地区依托全国投资项目在线审批监管平台建立综合能源服务项目多部门联审机制，实行一窗受理、并联审批。

（三十八）加强能源领域监管。加强对能源绿色低碳发展相关能源市场交易、清洁低碳能源利用等监管，维护公平公正的能源市场秩序。稳步推进能源领域自然垄断行业改革，加强对有关企业在规划落实、公平开放、运行调度、服务价格、社会责任等方面的监管。健全对电网、油气管网等自然垄断环节企业的考核机制，重点考核有关企业履行能源供应保障、科技创新、生态环保等职责情况。创新对综合能源服务、新型储能、智慧能源等新产业新业态监管方式。

国家发展改革委
国家能源局
2022 年 1 月 30 日

工业和信息化部文件

工业和信息化部
关于工业副产石膏综合利用的指导意见

(工信部节〔2011〕73号)

各省、自治区、直辖市及计划单列市、新疆生产建设兵团工业和信息化主管部门，相关行业协会，中央企业：

为贯彻十七届五中全会精神，落实节约资源和保护环境基本国策，加快发展循环经济，提高工业副产石膏综合利用水平，促进工业副产石膏综合利用产业发展，提出如下指导意见：

一、充分认识工业副产石膏综合利用的重要意义

工业副产石膏是指工业生产中因化学反应生成的以硫酸钙为主要成分的副产品或废渣，也称化学石膏或工业废石膏。主要包括脱硫石膏、磷石膏、柠檬酸石膏、氟石膏、盐石膏、味精石膏、铜石膏、钛石膏等，其中脱硫石膏和磷石膏的产生量约占全部工业副产石膏总量的85%。

2009年，我国工业副产石膏产生量约1.18亿吨，综合利用率仅为38%。其中，脱硫石膏约4300万吨，综合利用率约56%；磷石膏约5000万吨，综合利用率约20%；其他副产石膏约2500万吨，综合利用率约40%。目前，工业副产石膏累积堆存量已超过3亿吨，其中，脱硫石膏5000万吨以上，磷石膏2亿吨以上。工业副产石膏大量堆存，既占用土地，又浪费资源，含有的酸性及其他有害物质容易对周边环境造成污染，已经成为制约我国燃煤机组烟气脱硫和磷肥企业可持续发展的重要因素。

工业副产石膏经过适当处理，完全可以替代天然石膏。当前，工业副产石膏综合利用主要有两个途径：一是用作水泥缓（调）凝剂，约占工业副产石膏综合利用量的70%；二是生产石膏建材制品，包括纸面石膏板、石膏砌块、石膏空心条板、干混砂浆、石膏砖等。

近年来，尽管我国工业副产石膏的利用途径不断拓宽、规模不断扩大、技术水平不断提高，但随着工业副产石膏产生量的逐年增大，综合利用仍存在一些问题。

一是区域之间不平衡。受地域资源禀赋和经济发展水平影响，不同地区工业副产石膏产生、堆存及综合利用情况差异较大。北京、河北、珠三角及长三角等地区脱硫石膏产生量小、综合利用率高；而山西、内蒙古等燃煤电厂集中的地区脱硫石膏产生量大、综合利用率较低。我国磷矿资源主要集中在云南、贵州、四川、湖北、安徽等地区，决定了我国磷肥工业布局及磷石膏的产生、堆存主要集中在这些地区。受运输半径影响，磷石膏综合利用长期处于较低水平。使用量大的地区供不应求，而产生量集中的地区却大量堆存。

二是工业副产石膏品质不稳定。尽管理论上工业副产石膏品质要高于天然石膏，但由于我国部分燃煤电厂除尘脱硫装置运行效率不高，加之电煤的来源不固定，导致脱硫石膏品质不稳定；由于磷矿资源不同，导致磷石膏含有不同的杂质，品质差异较大。因此，石膏制品企业更愿意使用品质稳定的天然石膏。同时，由于当前我国天然石膏开采成本（包括资源成本和开采成本）较低，也不利于工业

副产石膏替代天然石膏。

三是标准体系不完善。一方面缺乏用于生产不同建材的工业副产石膏标准，不利于工业副产石膏在不同建材领域的应用；另一方面缺乏工业副产石膏综合利用产品相关标准，只能参照其他同类标准，市场认可度低，造成工业副产石膏难以被大规模利用。

四是缺乏共性关键技术。由于缺乏先进的在线质量控制技术，低成本预处理技术及大规模、高附加值利用关键共性技术，制约了工业副产石膏综合利用产业发展。现有的一些成熟的先进适用技术，如副产石膏生产纸面石膏板、石膏砖、石膏砌块、水泥缓凝剂技术等，在部分地区也没有得到很好的推广应用。

开展工业副产石膏综合利用，是落实科学发展观、转变工业经济发展方式、构建资源节约型和环境友好型工业体系的重要措施，也是解决工业副产石膏堆存造成的环境污染和安全隐患的治本之策，各级工业和信息化主管部门和相关企业必须充分认识工业副产石膏综合利用的重要意义，大力推进工业副产石膏综合利用工作。

二、指导思想和目标

（一）指导思想。深入贯彻落实科学发展观，坚持节约资源和保护环境基本国策，以工业副产石膏大规模利用和高附加值利用为方向，以工业副产石膏资源综合利用产业链上下游相关企业为实施主体，健全政策机制，提升技术水平，完善标准体系，提高资源综合利用水平和效率，促进工业副产石膏综合利用产业化发展。

（二）发展目标。到2015年年底，磷石膏综合利用率由2009年的20%提高到40%；脱硫石膏综合利用率由2009年的56%提高到80%；攻克一批具有自主知识产权的重大关键共性技术；建成一批大规模、高附加值利用的产业化示范项目；形成较为完整的工业副产石膏综合利用产品标准体系；引导工业副产石膏综合利用企业向多途径、大规模、高附加值综合利用方向发展。

三、工业副产石膏综合利用重点任务

（一）加快先进适用技术推广应用。鼓励大掺量利用工业副产石膏技术产业化，包括纸面石膏板、石膏基干混砂浆、石膏砌块、石膏砖等。大力推进工业副产石膏用作水泥缓凝剂，鼓励工业副产石膏产生企业对石膏进行预加工。支持改造现有水泥生产喂料系统，推进水泥生产直接利用原状散料工业副产石膏。加快工业副产石膏生产胶凝材料产业化，包括粉刷石膏、腻子石膏、模具石膏和高强石膏粉等。加快磷石膏制硫酸铵技术推广应用。

（二）大力推进先进产能建设。重点鼓励符合以下条件的工业副产石膏综合利用项目建设，包括：全部使用工业副产石膏作为原料，单线能力在3000万平方米及以上的纸面石膏板生产线项目，单线能力在30万平方米及以上的石膏砌块生产线建设或者改造项目，单线能力在10万吨及以上的粉刷石膏、粘结石膏等石膏干混建材生产线建设或者改造项目，单线生产能力在5万吨及以上的高强石膏粉生产线建设项目，单线生产能力在100万吨及以上的建筑石膏粉生产线建设项目；采用经济适用的化学法处理磷石膏，生产其他产品（如硫酸联产水泥、硫酸铵、硫酸钾副产氯化铵等）的建设项目；采用磷石膏作为主要填充材料的井下采空区充填项目。

（三）加快推进集约经营模式。根据工业副产石膏分布和堆存情况，结合工业副产石膏综合利用示范企业和基地建设试点工作，通过政策引导，培育一批工业副产石膏综合利用骨干企业。鼓励专业性的工业副产石膏综合利用企业通过兼并重组等措施，形成工业副产石膏综合利用集约化生产模式。促进建材生产企业与工业副产石膏产生企业合作，重点扶持消纳工业副产石膏能力强、潜力大、见效快的项目，形成若干个在国际上具有市场竞争力的产品品牌和企业品牌。

（四）加强关键共性技术研发。研发脱硫石膏质量在线监测技术和低成本在线调整技术，改进、优化操作工艺，提高脱硫石膏品质的稳定性；加快利用余热余压对工业副产石膏进行烘干、煅烧的先进工艺及大型成套装备的科技攻关；开发超高强 α 石膏粉、石膏晶须、预铸式玻璃纤维增强石膏成型品、高档模具石膏粉等高附加值产品生产技术及装备；开发低能耗磷石膏制硫酸联产水泥、制硫酸钾副产氯化铵等技术；开发低成本、高性能、环保型磷石膏净化技术；加快研发磷石膏转化法生产硫酸钾技术工艺；研发利用低品质磷石膏生产低成本高性能的矿井充填专用胶凝材料；开发利用工业副产石膏改良土壤的关键技术。

四、保障措施

（一）加强组织领导。各级工业和信息化主管部门要切实加强工业副产石膏综合利用工作的组织领导，严格执行国家有关政策措施，加强部门间的协调、配合，落实好国家对工业副产石膏综合利用的鼓励和扶持政策。工业副产石膏集中地区的各级工业和信息化主管部门应在本行政区域经济发展规划的基础上，编制工业副产石膏综合利用专项规划，或在有关规划中对工业副产石膏综合利用提出明确要求，并认真抓好落实，促进工业副产石膏综合利用。

（二）健全标准体系。进一步完善工业副产石膏综合利用标准体系，加快工业副产石膏综合利用产品标准和应用标准制修订工作。充分发挥行业协会、科研院所和专业标准化机构的作用，适时制修订生产建材的脱硫石膏、磷石膏标准；加快工业副产石膏综合利用相关产品标准、检测标准、应用标准制修订，推进建立工业副产石膏综合利用产品检测中心；会同建设主管部门研究制定工业副产石膏综合利用建材产品施工标准或规范；强化标准实施，引导建筑行业提高使用工业副产石膏综合利用产品比重。

（三）加强技术改造。把工业副产石膏综合利用列为企业技术改造项目重点支持范围，加大中央和地方财政资金对工业副产石膏综合利用技术改造支持力度，提升工业副产石膏综合利用技术水平。从源头控制脱硫石膏的产生与排放，加强脱硫装置运行的可靠性管理，强化脱硫系统优化调整，确保脱硫石膏品质的稳定性，为下游综合利用提供保障。

（四）完善配套政策。工业副产石膏产生量集中地区应依法限制天然石膏的开采，提高天然石膏的开采成本和工业副产石膏的堆存处置成本。促进工业副产石膏产生企业与利用企业上下游之间的衔接，保障工业副产石膏利用企业的质量要求。在石膏资源短缺的地区，本着利于综合利用的原则，控制好工业副产石膏价格。完善工业副产石膏用于水泥缓凝剂生产水泥的税收优惠政策，引导企业将工业副产石膏用于水泥缓凝剂。积极制定引导、扩大工业副产石膏应用市场的鼓励政策。有条件的地区应对工业副产石膏综合利用产品使用单位给予适当补贴，引导人们利用和消费工业副产石膏综合利用产品。

（五）建设示范基地。选择工业副产石膏集中的区域建设工业副产石膏综合利用示范基地，探索工业副产石膏综合利用管理模式和有效途径，支持一批工业副产石膏综合利用重点工程项目。推进工业副产石膏综合利用技术进步，提高工业副产石膏综合利用产品附加值，扩大工业副产石膏综合利用产品运输半径，解决工业副产石膏产生、堆存区域集中和综合利用不平衡问题。引导石膏建材企业与工业副产石膏产生企业密切合作，培育一批工业副产石膏综合利用规模化、集约化的龙头企业。充分发挥基地的示范和辐射效应，带动和促进工业副产石膏综合利用。

工业和信息化部

2011年2月21日

工业和信息化部　发展改革委　科技部　财政部　环境保护部关于加强长江经济带工业绿色发展的指导意见

（工信部联节〔2017〕178号）

上海市、江苏省、浙江省、安徽省、江西省、湖北省、湖南省、重庆市、四川省、云南省、贵州省工业和信息化、发展改革、科技、财政、环境保护主管部门：

为贯彻落实党中央、国务院关于长江经济带发展重大战略部署，保护长江流域生态环境，进一步提高工业资源能源利用效率，全面推进绿色制造，减少工业发展对生态环境的影响，实现绿色增长，现提出以下意见：

一、总体要求

深入学习党的十八大和十八届三中、四中、五中、六中全会精神，贯彻新发展理念，落实党中央、国务院关于长江经济带发展的战略部署，按照习近平总书记提出的"共抓大保护，不搞大开发"要求，坚持供给侧结构性改革，坚持生态优先、绿色发展，全面实施中国制造2025，扎实推进《工业绿色发展规划（2016—2020年）》，紧紧围绕改善区域生态环境质量要求，落实地方政府责任，加强工业布局优化和结构调整，以企业为主体，执行最严格环保、水耗、能耗、安全、质量等标准，强化技术创新和政策支持，加快传统制造业绿色化改造升级，不断提高资源能源利用效率和清洁生产水平，引领长江经济带工业绿色发展。

到2020年，长江经济带绿色制造水平明显提升，产业结构和布局更加合理，传统制造业能耗、水耗、污染物排放强度显著下降，清洁生产水平进一步提高，绿色制造体系初步建立。与2015年相比，规模以上企业单位工业增加值能耗下降18%，重点行业主要污染物排放强度下降20%，单位工业增加值用水量下降25%，重点行业水循环利用率明显提升。全面完成长江经济带危险化学品搬迁改造重点项目。一批关键共性绿色制造技术实现产业化应用，打造和培育500家绿色示范工厂、50家绿色示范园区，推广5000种以上绿色产品，绿色制造产业产值达到5万亿元。

二、优化工业布局

（一）完善工业布局规划。落实主体功能区规划，严格按照长江流域、区域资源环境承载能力，加强分类指导，确定工业发展方向和开发强度，构建特色突出、错位发展、互补互进的工业发展新格局。实施长江经济带产业发展市场准入负面清单，明确禁止和限制发展的行业、生产工艺、产品目录。严格控制沿江石油加工、化学原料和化学制品制造、医药制造、化学纤维制造、有色金属、印染、造纸等项目环境风险，进一步明确本地区新建重化工项目到长江岸线的安全防护距离，合理布局生产装置及危险化学品仓储等设施。

（二）改造提升工业园区。严格沿江工业园区项目环境准入，完善园区水处理基础设施建设，强化环境监管体系和环境风险管控，加强安全生产基础能力和防灾减灾能力建设。开展现有化工园区的清理整顿，加大对造纸、电镀、食品、印染等涉水类园区循环化改造力度，对不符合规范要求的园区实施改造提升或依法退出，实现园区绿色循环低碳发展。全面推进新建工业企业向园区集中，强化园区规划管理，依法同步开展规划环评工作，适时开展跟踪评价。严控重化工企业环境风险，重点开展化工园区和涉及危险化学品重大风险功能区区域定量风险评估，科学确定区域风险等级和风险容量，对化工企业聚集区及周边土壤和地下水定期进行监测和评估。推动制革、电镀、印染等企业集中入园管理，建设专业化、清洁化绿色园区。培育、创建和提升一批节能环保安全领域新型工业化产业示范基地，促进园区规范发展和提质增效。

（三）规范工业集约集聚发展。推动沿江城市建成区内现有钢铁、有色金属、造纸、印染、电镀、化学原料药制造、化工等污染较重的企业有序搬迁改造或依法关闭。推动位于城镇人口密集区内，安全、卫生防护距离不能满足相关要求和不符合规划的危险化学品生产企业实施搬迁改造或依法关闭。到2020年，完成47个危险化学品搬迁改造重点项目（见附件1）。新建项目应符合国家法规和相关规范条件要求，企业投资管理、土地供应、节能评估、环境影响评价等要依法履行相关手续。实施最严格的资源能源消耗、环境保护等方面的标准，对重点行业加强规范管理。

（四）引导跨区域产业转移。鼓励沿江省市创新工作方法，强化生态环境约束，建立跨区域的产业转移协调机制。充分发挥国家自主创新示范区、国家高新区的辐射带动作用，创新区域产业合作模式，提升区域创新发展能力。加强产业跨区域转移监督、指导和协调，着力推进统一市场建设，实现上下游区域良性互动。发挥国家产业转移信息服务平台作用，不断完善产业转移信息沟通渠道。认真落实长江经济带产业转移指南（见附件2），依托国家级、省级开发区，有序建设沿江产业发展轴，合理开发沿海产业发展带，重点打造长江三角洲、长江中游、成渝、黔中和滇中等五大城市群产业发展圈，大力培育电子信息产业、高端装备产业、汽车产业、家电产业和纺织服装产业等五大世界级产业集群，形成空间布局合理、区域分工协作、优势互补的产业发展新格局。

（五）严控跨区域转移项目。对造纸、焦化、氮肥、有色金属、印染、化学原料药制造、制革、农药、电镀等产业的跨区域转移进行严格监督，对承接项目的备案或核准，实施最严格的环保、能耗、水耗、安全、用地等标准。严禁国家明令淘汰的落后生产能力和不符合国家产业政策的项目向长江中上游转移。

三、调整产业结构

（六）依法依规淘汰落后和化解过剩产能。结合长江经济带生态环境保护要求及产业发展情况，依据法律法规和环保、质量、安全、能效等综合性标准，淘汰落后产能，化解过剩产能。严禁钢铁、水泥、电解铝、船舶等产能严重过剩行业扩能，不得以任何名义、任何方式核准、备案新增产能项目，做好减量置换，为新兴产业腾出发展空间。严格控制长江中上游磷肥生产规模。严防"地条钢"死灰复燃。加大国家重大工业节能监察力度，重点围绕钢铁、水泥等高耗能行业能耗限额标准落实情况、阶梯电价执行情况开展年度专项监察，对达不到标准的实施限期整改，加快推动无效产能和低效产能尽早退出。

（七）加快重化工企业技术改造。全面落实国家石化、钢铁、有色金属工业"十三五"规划，发挥技术改造对传统产业转型升级的促进作用，加快沿江现有重化工企业生产工艺、设施（装备）改造，改造的标准应高于行业全国平均水平，争取达到全国领先水平。推广节能、节水、清洁生产新技术、新工艺、新装备、新材料，推进石化、钢铁、有色、稀土、装备、危险化学品等重点行业智能工厂、数字车间、数字矿山和智慧园区改造，提升产业绿色化、智能化水平，使沿江重化工企业技术装备和管理水平走在全国前列，引领行业发展。

（八）大力发展智能制造和服务型制造。在长江经济带有一定工作基础、地方政府积极性高的地区，探索建设智能制造示范区，鼓励中下游地区智能制造率先发展，重点支持中上游地区提升智能制造水平。加快在数控机床与机器人、增材制造、智能传感与控制、智能检测与装配、智能物流与仓储等五大领域，突破一批关键技术和核心装备。在流程制造、离散型制造、网络协同制造、大规模个性化定制、远程运维服务等方面，开展试点示范项目建设，制修订一批智能制造标准。大力发展生产性服务业，引导制造业企业延伸服务链条，推动商业模式创新和业态创新。

（九）发展壮大节能环保产业。大力发展长江经济带节能环保产业，在重庆、无锡、成都、长沙、武汉、杭州、盐城、昆明等地重点推动节能环保装备制造业集群化发展，在江苏、上海、重庆等地不断提升节能环保技术研发能力及节能环保服务业水平，在上海临港、合肥、马鞍山和彭州等地加快建设再制造产业集聚区，着力发展航空发动机关键件、工程机械、重型机床等机电产品再制造特色产业。加强节能环保服务公司与工业企业紧密对接，推动企业采用第三方服务模式，壮大节能环保产业。

四、推进传统制造业绿色化改造

（十）大力推进清洁生产。按照《清洁生产促进法》，引导和支持沿江工业企业依法开展清洁生产审核，鼓励探索重点行业企业快速审核和工业园区、集聚区整体审核等新模式，全面提升沿江重点行业和园区清洁生产水平。在沿江有色、磷肥、氮肥、农药、印染、造纸、制革和食品发酵等重点耗水行业，加大清洁生产技术推行方案实施力度，从源头减少水污染。实施中小企业清洁生产水平提升计划，构建"互联网+"清洁生产服务平台，鼓励各地政府购买清洁生产培训、咨询等相关服务，探索免费培训、义务诊断等服务模式，引导中小企业优先实施无费、低费方案，鼓励和支持实施技术改造方案。

（十一）实施能效提升计划。推动长江经济带煤炭消耗量大的城市实施煤炭清洁高效利用行动计划，以焦化、煤化工、工业锅炉、工业炉窑等领域为重点，提升技术装备水平、优化产品结构、加强产业融合，综合提升区域煤炭高效清洁利用水平，实现减煤、控煤、防治大气污染。在钢铁和铝加工产业集聚区，推广电炉钢等短流程工艺和铝液直供。积极推进利用钢铁、化工、有色、建材等行业企业的低品位余热向城镇居民供热，促进产城融合。

（十二）加强资源综合利用。大力推进工业固体废物综合利用，重点推进中上游地区磷石膏、冶炼渣、粉煤灰、酒糟等工业固体废物综合利用，加大中下游地区化工园区废酸废盐等减量化、安全处置和综合利用力度，选择固体废物产生量大、综合利用有一定基础的地区，建设一批工业资源综合利用基地。鼓励地方政府在沿江有条件的城市推动水泥窑协同处置生活垃圾。推进再生资源高效利用和产业发展，严格废旧金属、废塑料、废轮胎等再生资源综合利用企业规范管理，搭建逆向物流体系信息平台。

（十三）开展绿色制造体系建设。在长江经济带沿江城市中，选择工业比重高、代表性强、提升潜力大的城市，结合主导产业，围绕传统制造业绿色化改造、绿色制造体系建设等内容，综合提升城市绿色制造水平，打造一批具有示范带动作用的绿色产品、绿色工厂、绿色园区和绿色供应链。推动长江经济带重点行业领军企业牵头组成联合体，围绕绿色设计平台建设、绿色关键工艺突破、绿色供应链构建，推进系统化绿色改造，在机械、电子、食品、纺织、化工、家电等领域实施一批绿色制造示范项目，引领和带动长江经济带工业绿色发展。

五、加强工业节水和污染防治

（十四）切实提高工业用水效率。在长江流域切实落实节水优先方针，加强企业节水管理，大力推进节水技术改造，推广国家鼓励的工业节水工艺、技术和装备，加快淘汰高耗水落后工艺、技术和装备，控制工业用水总量，提高工业用水效率。开展水效领跑者引领行动，引导和支持工业企业开展水效对标达标活动。强化高耗水行业企业生产过程和工序用水管理，严格执行取水定额国家标准，推动高耗水行业用水效率评估审查。实行最严格水资源管理制度考核，加强对高耗水淘汰目录执行情况的督促检查。

（十五）推进工业水循环利用。大力培育和发展沿江工业水循环利用服务支撑体系，积极推动高耗水工业企业广泛开展水平衡测试，鼓励企业采用合同节水管理、特许经营、委托营运等模式，改进节水技术工艺，强化过程循环和末端回用，提高钢铁、印染、造纸、石化、化工、制革和食品发酵等高耗水行业废水循环利用率。推进非常规水资源的开发利用，支持上海、江苏、浙江沿海工业园区开展海水淡化利用，推动钢铁、有色等企业充分利用城市中水，支持有条件的园区、企业开展雨水集蓄利用。

（十六）加强重点污染物防治。深入实施水、大气、土壤污染防治行动计划，从源头减少工业水、大气及土壤污染物排放。按行业推进固定污染源排污许可证制度实施，依法落实企业治污主体责任，持证排污，按证排污。重点推进沿江干支流及太湖、巢湖、洞庭湖、鄱阳湖周边"十小"企业取缔、"十大"重点行业专项整治、工业集聚区污水管网收集体系和集中处理设施建设并安装自动在线监控装置，规范沿江涉磷企业渣场和尾矿库建设，推进工业企业化学需氧量、氨氮、总氮、总磷全面达标排放。加大燃煤电厂超低排放改造、"散乱污"企业治理、中小燃煤锅炉淘汰、工业领域煤炭高效清洁利用、挥发性有机物削减等工作力度，严控二氧化硫、氮氧化物、烟粉尘、挥发性有机物等污染物排放。加强涉重金属行业污染防控，制定涉重金属重点工业行业清洁生产技术推行方案，鼓励企业采用先进适用生产工艺和技术，减少重金属污染物排放。

六、保障措施

（十七）加强组织领导。长江经济带各级工业和信息化、发展改革、科技、财政、环境保护等主管部门要充分认识工业绿色发展的重大意义，加强组织领导，落实地方政府责任，以企业为主体，充分发挥行业协会、产业联盟等的桥梁纽带作用，切实推动工业绿色发展各项工作的落实。

（十八）强化标准和技术支撑。发挥水耗、能耗、环境、质量、安全，以及绿色产品、绿色工厂、绿色园区、绿色供应链和绿色评价及服务等标准的引领作用，鼓励各地出台最严格的绿色发展标准。加大急需技术装备和产品的创新，推动先进成熟技术的产业化应用和推广，支撑长江经济带工业绿色发展。

（十九）落实支持政策。充分利用现有资金渠道，进一步向长江经济带工业绿色发展、水污染防治等项目倾斜，支持符合条件的企业实施清洁生产技术改造、节水治污、能源利用效率提升、资源综合利用等。落实现有税收、绿色信贷、绿色采购、土地等优惠政策，加快支持企业绿色转型、提质增效。鼓励长江经济带建立地区间、上下游间生态补偿机制，推动上中下游开发地区和生态保护地区进行横向生态补偿，探索区域污染治理新模式。

（二十）加强人才培养和国际交流合作。组织实施绿色制造人才培养计划，加大专业技术人才、经营管理人才的培养力度，完善从研发、转化、生产到管理的人才培养体系。依托长江经济带的产业和区位优势，加强国际合作与交流，鼓励采用境外投资、工程承包、技术合作、装备出口等方式，推动绿色制造和绿色服务率先"走出去"。

（二十一）加大宣传力度。加大绿色理念的传播力度，充分发挥媒体、教育培训机构、行业协会、产业联盟、绿色公益组织的作用，开展多层次、多形式的宣传教育活动，积极传播绿色理念，为长江经济带工业绿色发展营造良好社会氛围。

附件1（略）

附件2（略）

中华人民共和国工业和信息化部公告

（2018 年第 26 号）

为贯彻落实《中华人民共和国固体废物污染环境防治法》《中华人民共和国循环经济促进法》《中华人民共和国清洁生产促进法》《中华人民共和国环境保护税法》《中华人民共和国环境保护税法实施条例》等法律法规，建立科学规范的工业固体废物资源综合利用评价制度，推动工业固体废物资源综合利用，促进工业绿色发展，工业和信息化部制定了《工业固体废物资源综合利用评价管理暂行办法》和《国家工业固体废物资源综合利用产品目录》，现予公告。

附件：1. 工业固体废物资源综合利用评价管理暂行办法
   2. 国家工业固体废物资源综合利用产品目录

工业和信息化部
2018 年 5 月 15 日

附件1

工业固体废物资源综合利用评价管理暂行办法

第一章 总 则

第一条 为促进工业绿色发展，推动工业固体废物资源综合利用，依据《中华人民共和国固体废物污染环境防治法》《中华人民共和国循环经济促进法》《中华人民共和国清洁生产促进法》《中华人民共和国环境保护税法》《中华人民共和国环境保护税法实施条例》等法律法规，制定本办法。

第二条 本办法旨在建立科学规范的工业固体废物资源综合利用评价机制，引导企业积极主动开展工业固体废物资源综合利用。

第三条 在中华人民共和国境内开展工业固体废物资源综合利用评价，适用于本办法。

第四条 本办法所指工业固体废物资源综合利用评价是指对开展工业固体废物资源综合利用的企业所利用的工业固体废物种类、数量进行核定，对综合利用的技术条件和要求进行符合性判定的活动。

第五条 评价工作按照自愿原则，公平、公正、公开地开展评价活动。

第六条 工业和信息化主管部门依据本办法管理工业固体废物资源综合利用评价，促进工业固体废物资源综合利用产业规范化、绿色化、规模化发展。

第七条 开展工业固体废物资源综合利用评价的企业，可依据评价结果，按照《财政部 税务总局 生态环境部关于环境保护税有关问题的通知》和有关规定，申请暂予免征环境保护税，以及减免增值税、所得税等相关产业扶持优惠政策。

第二章 管理机制

第八条 国家建立统一的工业固体废物资源综合利用评价制度，实行统一的国家工业固体废物资源综合利用产品目录（以下简称目录）。

第九条 工业和信息化部负责制定发布目录。通过目录引导企业不断提高资源综合利用技术水平，提升综合利用产品质量，促进绿色生产和绿色消费。

目录包括工业固体废物种类、综合利用产品、综合利用技术条件和要求等内容。工业和信息化部根据工业固体废物资源综合利用技术发展水平、综合利用产品市场应用情况、产品目录的实施情况等适时调整目录。

第十条 工业固体废物资源综合利用评价机构（以下简称评价机构）依据目录开展工业固体废物资源综合利用评价。

第十一条 评价机构是指开展工业固体废物资源综合利用评价的第三方机构。列入推荐名单的评价机构应具备以下条件：

（一）独立法人，在资源综合利用评估、评价、技术服务等相关领域具有一年以上业务经验，熟悉相关产业政策、标准和规范；

（二）从事资源综合利用的专职人员不少于8人，从事专业包括资源、环境、财会等，评价机构人员遵守国家法律法规，有良好的职业道德；

（三）建立严格的管理制度，包括机构管理制度、评价工作规程、评价人员管理制度、专家审议制度等；

（四）与委托评价的单位在产品技术开发、生产、销售等方面不存在利益关系；

（五）省级工业和信息化主管部门规定的其他条件。

第十二条 省级工业和信息化主管部门负责发布评价机构推荐名单，并建立动态调整机制。各地应根据本区域工业固体废物种类和数量，严格评价机构推荐程序，合理确定评价机构数量，并将评价机构推荐名单报工业和信息化部备案。

第十三条 评价机构依据本办法及省级工业和信息化主管部门发布的实施细则等开展工业固体废物资源综合利用评价，出具工业固体废物资源综合利用评价报告。评价机构对评价报告负责，并承担责任，接受监督。

第十四条 工业和信息化部组织成立由行业有关专家组成的工业固体废物资源综合利用技术委员会（以下简称技术委员会）。技术委员会负责协调工业固体废物资源综合利用评价过程中的重大技术问题，提出目录调整建议，对相关标准制定、信息统计等工作提供技术支撑。

第三章 评价程序

第十五条 企业自愿开展工业固体废物资源综合利用评价。

第十六条 开展工业固体废物资源综合利用评价的企业应向评价机构提交以下资料：

（一）企业营业执照复印件；

（二）企业近两年生产经营情况说明（包括但不限于企业基本情况、经营规模、综合利用工业固体废物种类、产品产量、年产值等）；

（三）工业固体废物产生、采购（或接收）、消耗、库存及产品生产、出库、外销的相关报表；

（四）工业固体废物原料掺量证明材料；

（五）产品标准及工艺技术说明；

（六）产品质量检测报告；

（七）质量、环境管理体系，物质计量统计体系等相关管理体系建设情况；

（八）需要的其他证明材料。

第十七条 评价机构对企业提交的资料进行完整性和准确性审查，对企业生产过程与提交资料的一致性进行现场核查，确定综合利用工业固体废物的种类和数量。

第十八条 评价机构的评价内容包括：

（一）企业生产工艺、技术是否符合产业政策、技术规范；

（二）企业综合利用的工业固体废物种类、产品是否符合目录要求；

（三）企业是否建立质量保证体系、环境管理体系；

（四）企业物质计量统计体系建设情况是否满足对工业固体废物资源综合利用量的核算要求；

（五）工业固体废物资源综合利用量的物料衡算过程是否准确；

（六）需要评价的其他情况。

第十九条 评价机构根据资料审查和现场核查情况向企业出具评价报告，作为企业工业固体废物资源综合利用的评价结果。评价报告内容主要包括企业基本情况，工艺技术介绍，计量统计体系建设情况，产品质量控制情况，企业自身产生的工业固体废物分种类的综合利用量、企业接收的工业固体废物分种类的综合利用量及相关的物料衡算过程，存在问题及建议等。

第二十条 列入推荐名单的评价机构应按照相关政策制定并公开工业固体废物资源综合利用评价收费标准。

第二十一条 评价机构应在评价报告完成后三十日内，将评价报告报被评价企业所在地县级以上工业和信息化主管部门备案。县级以上工业和信息化主管部门在其网站上按下列项目予以公布：企业名称、工业固体废物综合利用的种类与数量、综合利用产品名称、评价机构名称。

第四章 监督管理

第二十二条 工业和信息化部负责对全国工业固体废物资源综合利用评价工作进行指导和管理。

第二十三条 省级工业和信息化主管部门负责监督管理本辖区工业固体废物资源综合利用评价工作，依据本办法制定实施细则。

第二十四条 省级工业和信息化主管部门加强对评价机构的监督管理。有下列情况之一的，应从评价机构推荐名单中予以删除：

（一）申请列入评价机构推荐名单时提供虚假资料、信息的；

（二）评价过程中提供虚假资料、信息，造成评价报告严重失实的；

（三）不能保证评价工作质量的；

（四）不接受监督管理的；

（五）其他违背诚实信用原则的。

第二十五条 省级工业和信息化主管部门应建立统一的省级信息管理系统，并逐步接入工业和信息化部信息管理系统。按季度对本辖区综合利用的工业固体废物种类、综合利用量、综合利用产值、减免税额等进行汇总，自季度终了三十日内报工业和信息化部。每年3月31日前将上一年度综合利用情况形成报告报工业和信息化部。

第二十六条 任何组织和个人发现工业固体废物资源综合利用评价中的违法违规行为，有权向当地工业和信息化主管部门或相关部门举报。

第二十七条 对工业固体废物资源综合利用评价活动中的违法行为依照相关法律、行政法规和部门规章等予以处罚。

第五章 附 则

第二十八条 本办法自发布之日起施行。

附件2

国家工业固体废物资源综合利用产品目录

工业固体废物种类	序号	综合利用产品	综合利用技术条件和要求
一、煤矸石	1.1	水泥、水泥熟料	1.煤矸石综合利用符合《煤矸石综合利用管理办法》（2014年修订版）和《煤矸石利用技术导则》（GB/T 29163）的要求； 2.产品符合《通用硅酸盐水泥》（GB 175）、《硅酸盐水泥熟料》（GB/T 21372）等标准； 3.产品符合《建筑材料放射性核素限量》（GB 6566）
	1.2	建筑砂石骨料（含机制砂）	1.煤矸石综合利用符合《煤矸石综合利用管理办法》（2014年修订版）和《煤矸石利用技术导则》（GB/T 29163）的要求； 2.产品符合《建设用砂》（GB/T 14684）、《建设用卵石、碎石》（GB/T 14685）、《混凝土和砂浆用再生细骨料》（GB/T 25176）、《混凝土用再生粗骨料》（GB/T 25177）等标准； 3.产品符合《建筑材料放射性核素限量》（GB 6566）； 4.企业建设符合《机制砂石骨料工厂设计规范》（GB 51186）等要求
	1.3	砖瓦、砌块、陶粒制品、板材、管材（管桩）、混凝土、砂浆、井盖、防火材料、耐火材料（铬砖除外）、保温材料、微晶材料、泡沫陶瓷、高岭土	1.煤矸石综合利用符合《煤矸石综合利用管理办法》（2014年修订版）和《煤矸石利用技术导则》（GB/T 29163）的要求； 2.产品符合《烧结普通砖》（GB/T 5101）、《烧结空心砖和空心砌块》（GB/T 13545）、《烧结保温砖和保温砌块》（GB 26538）、《烧结多孔砖和烧结多孔砌块》（GB 13544）、《烧结装饰砖》（GB/T 32982）、《烧结路面砖》（GB/T 26001）、《建筑用轻质隔墙条板》（GB/T 23451—2009）、《烧结瓦》（GB/T 21149）、《烧结装饰板》（GB/T 30018）、《轻集料及其试验方法》（GB/T 17431.1）、《复合保温砖和复合保温砌块》（GB/T 29060）、《轻集料混凝土小型空心砌块》（GB/T 15229）、《蒸压加气混凝土砌块》（GB 11968）《蒸压加气混凝土板》（GB 15762）、《粉煤灰混凝土小型空心砌块》（JC/T 862）、《混凝土实心砖》（GB/T 21144）、《非承重混凝土空心砖》（GB/T 24492）、《承重混凝土多孔砖》（GB 25779）、《混凝土路面砖》（GB 28635）、《透水路面砖和透水路面板》（GB/T 25993）、《干垒挡土墙用混凝土砌块》（JC/T 2094）、《钢筋陶粒混凝土轻质墙板》（JC/T 2214）、《先张法预应力混凝土管桩》（GB/T 13476）、《预拌混凝土》（GB/T 14902）、《建筑保温砂浆》（GB/T 20473）、《钢纤维混凝土砌块》（GB/T 26537）、《预拌砂浆》（GB/T 25181）、《微晶玻璃陶瓷复合砖》（GB/T 23864）、《外墙外保温泡沫陶瓷》（GB/T 33500）、《烧结保温砖和保温砌块》（GB 26538）、《防火封堵材料》（GB 23864）、《耐磨耐火材料》（GB/T 23294）、《高岭土及其试验方法》（GB/T 14563）等标准； 3.产品符合《建筑材料放射性核素限量》（GB 6566）

续表

工业固体废物种类	序号	综合利用产品	综合利用技术条件和要求
一、煤矸石	1.4	矿（岩）棉	1. 煤矸石综合利用符合《煤矸石综合利用管理办法》（2014年修订版）和《煤矸石利用技术导则》（GB/T 29163）的要求； 2. 产品符合《绝热用岩棉、矿渣棉及其制品》（GB/T 11835）、《建筑用岩棉绝热制品》（GB/T 25975）、《矿物棉装饰吸声板》（GB/T 25998）、《建筑外墙外保温用岩棉制品》（GB/T 25975）、《矿物棉喷涂绝热层》（GB/T 26746）、《吸声板用粒状棉》（JC/T 903）等标准； 3. 产品符合《建筑材料放射性核素限量》（GB 6566）
	1.5	电力、热力	煤矸石综合利用符合《煤矸石综合利用管理办法》（2014年修订版）和《煤矸石利用技术导则》（GB/T 29163）的要求
	1.6	陶瓷及陶瓷制品	1. 煤矸石综合利用符合《煤矸石综合利用管理办法》（2014年修订版）和《煤矸石利用技术导则》（GB/T 29163）的要求； 2. 产品符合《外墙外保温泡沫陶瓷》（GB/T 33500）、《卫生陶瓷》（GB/T 6952）、《陶瓷砖》（GB/T 4100）、《电子元器件结构陶瓷材料》（GB/T 5593）等标准； 3. 建材产品符合《建筑材料放射性核素限量》（GB 6566）
	1.7	土壤调理剂	1. 煤矸石综合利用符合《煤矸石综合利用管理办法》（2014年修订版）和《煤矸石利用技术导则》（GB/T 29163）的要求； 2. 产品符合《土壤调理剂 通用要求》（NY/T 3034）、《高尔夫球场草坪专用肥和土壤调理剂》（HG/T 4136）等标准
	1.8	人工鱼礁	1. 煤矸石综合利用符合《煤矸石综合利用管理办法》（2014年修订版）和《煤矸石利用技术导则》（GB/T 29163）的要求； 2. 产品建设符合《人工鱼礁建设技术规范》
二、尾矿	2.1	金属及非金属精矿	产品符合《铁矿石产品等级的划分》（GB/T 32545）、《铜精矿》（GB/T 31288）的规定，《铁碳铈锕矿-独居石混合精矿》（XB/T 102）、《氟碳铈矿精矿》（XB/T 103）、《独居石精矿》（XB/T 104）、《磷钇矿精矿》（XB/T 105）、《钛精矿》（YS/T 30）、《硫精矿》（YB/T 733）等标准目满足下游企业对产品的成分要求
	2.2	建筑砂石骨料（含机制砂）	1. 铁尾矿砂符合《铁尾矿砂》（GB/T 31288）的规定，其他尾矿砂符合《建设用砂》（GB/T 14684）、《水泥混凝土用机制砂》（JT/T 819）等标准； 2. 产品符合《建筑材料放射性核素限量》（GB 6566）的要求； 3. 企业建设符合《机制砂石骨料工厂设计规范》等标准
	2.3	尾矿微粉	1. 产品符合《用于水泥和混凝土中的铁尾矿粉》（YB/T 4561）等标准； 2. 产品符合《建筑材料放射性核素限量》（GB 6566）

续表

工业固体废物种类	序号	综合利用产品	综合利用技术条件和要求
	2.4	水泥、水泥熟料	1. 产品符合《通用硅酸盐水泥》（GB 175）、《硅酸盐水泥熟料》（GB/T 21372）等标准； 2. 产品符合《建筑材料放射性核素限量》（GB 6566）
二、尾矿	2.5	砖瓦、砌块、陶粒制品、板材、管材（管桩）、混凝土、砂浆、挡土墙砌块、检查井盖、防火材料、耐火材料、保温材料、微晶材料（镁铬砖除外）、保温砖、泡沫陶瓷	1. 产品符合《烧结普通砖》（GB/T 5101）《烧结空心砖和空心砌块》（GB/T 13545）、《普通混凝土小型空心砌块》（GB 8239）《烧结保温砖和保温砌块》（GB 26538）《烧结空心砖和空心砌块》（GB/T 17431.1）《混凝土路面砖》（GB 28635）《复合保温砖和复合保温砌块》（GB/T 29060）《轻集料及其试验方法》（GB/T 17431.1）《混凝土路面砖》（GB 28635）《蒸压灰砂砖》（GB 11945）、《轻骨料地面砖和透水砖》（CJ/T 400）、《植草砖》（NY/T 1253—2006）、《非承重混凝土空心砌块》（GB/T 24492）、《装饰混凝土砌块》（GB/T 24493）、《承重混凝土多孔砖》（GB 25779）、《混凝土路面砖》（GB 28635）、《轻集料混凝土小型空心砌块》（GB 15229）、《粉煤灰混凝土小型空心砌块》（JC/T 862）、《混凝土实心砖》（GB/T 21144）、《透水路面砖和透水路面板》（GB/T 25993）、《干垒挡土墙用混凝土砌块》（JC/T 2094）、《蒸压加气混凝土砌块》（GB 11968）、《装饰混凝土砌块》（GB 15762）、《钢筋陶粒混凝土轻质墙板》（JC/T 2214）、《陶瓷砖》（GB/T 4100）、《陶粒加气混凝土砌块》（Q/SH 0051）、《陶粒滤料》（QB/T 4383）、《水处理用人工陶粒滤料》（CJ/T 299）和《压裂用陶粒支撑剂技术要求》（Q/SH 0051）、《钢筋陶粒混凝土轻质墙板》（JC/T 2214）、《先张法预应力混凝土管桩》（GB/T 13476）、《预拌混凝土》（GB/T 14902）、《预拌砂浆》（GB/T 25181）、《建筑保温砂浆》（GB/T 20473）、《钢纤维混凝土检查井盖》（GB/T 26537）、《防火封堵材料》（GB 23864）、《耐磨耐火材料》（GB/T 23294）《微晶玻璃陶瓷复合砖》（JC/T 994）《外墙外保温泡沫陶瓷》（GB/T 33500）等标准； 2. 产品符合《建筑材料放射性核素限量》（GB 6566）
	2.6	陶瓷及其制品	1. 产品符合《外墙外保温泡沫陶瓷》（GB/T 33500）、《卫生陶瓷》（GB/T 6952）、《陶瓷砖》（GB/T 4100）、《电子元器件结构陶瓷材料》（GB/T 5593）等标准； 2. 建材产品符合《建筑材料放射性核素限量》（GB 6566）
	2.7	矿（岩）棉	1. 产品符合《绝热用岩棉、矿渣棉及其制品》（GB/T 11835）、《建筑用岩棉绝热制品》（GB/T 19686）、《矿物棉装饰吸声板》（GB/T 25998）《建筑外墙外保温用岩棉制品》（GB/T 25975）、《矿物棉喷涂绝热层》（GB/T 26746）、《吸声板用粒状棉》（JC/T 903）等标准； 2. 建材产品符合《建筑材料放射性核素限量》（GB 6566）
	2.8	人工鱼礁	产品符合《人工鱼礁建设技术规范》
	2.9	土壤调理剂	产品符合《土壤调理剂通用要求》（NY/T 3034）、《高尔夫球场草坪专用肥和土壤调理剂》（HG/T 4136）等标准

- 196 -

续表

工业固体废物种类	序号	综合利用产品	综合利用技术条件和要求
三、冶炼渣（不含危险废物）	3.1	金属精矿	产品符合《铁矿石产品等级的划分》（GB/T 32545）、《转底炉法冶金尘泥金属化球团》（YB/T 4272）、《锰系铁合金粉尘冷压复合球团技术规范》（YB/T 433）、《烧结用磁选渣钢粉》（GB/T 32787）、《钢铁工业含铁尘泥回收利用技术规范》（GB/T 28292）、《铜精矿》（YS/T 318）、《银精矿》（YS/T 802—2009）、《冶金炉料用钢渣》（YB/T 30897）、《氟碳铈矿-独居石混合精矿》（XB/T 102）、《氟碳铈矿精矿》（XB/T 103）、《独居石精矿》（XB/T 104）、《磷钇矿精矿》（XB/T 105）、《钴精矿》（YS/T 301）等标准且满足下游企业对产品的成分要求
	3.2	金属	产品符合《冶炼用精选粒铁》（GB/T 30899）、《钢铁工业含铁尘泥回收及利用技术规范》（GB/T 28292）、《转底炉法冶金粗锌粉》（YB/T 4271）、《锌锭》（GB/T 470）、《锌粉》（GB/T 6890）、《锭锭》（GB/T 4135）、《金属锗》（YS/T 257）、《金属铼》（GB/T 15677）、《金属钕》（GB/T 31978）、《金属铜》（GB/T 9967）、《金属铜》（GB/T 15071）、《金属铈》（GB/T 19395）、《金属铱》（GB/T 20893）、《金属钇》（GB/T 20892）、《金属钇》（XB/T 212）、《金属钇》（XB/T 218）等标准且满足下游企业对产品的成分要求
	3.3	金属合金	产品符合《冰铜》（YS/T 921）、《粗铜》（YS/T 70）、《铜铜镓硒合金》（YS/T 1155）、《稀土硅铁合金》（GB/T 4137）、《镨钕铁合金》（GB/T 20892）、《铈镁合金》（GB/T 5240）、《铈镁合金》（GB/T 29915）、《钕镁合金》（GB/T 28400）、《钆铁合金》（GB/T 26414）、《镝铁合金》（GB/T 26415）、《钇镁合金》（GB/T 29657）、《钇铝合金》（XB/T 403）等标准且满足下游企业对产品的成分要求
	3.4	金属化合物	产品符合《直接法氧化锌》（GB/T 3494）、《氧化铝》（GB/T 24487）、《氧化铈》（GB/T 4154）、《氧化钕》（GB/T 4155）、《氧化镨》（GB/T 5239）、《氧化钕》（GB/T 5240）、《碳酸铈》（GB/T 16661）、《氟化镨钕》（GB/T 23590）、《镨钕氧化物》（GB/T 31965）、《氟化钕》（XB/T 214）、《氟化铈》（XB/T 219）、《氟化镨钕》（XB/T 222）、《氟化镧》（XB/T 223）、《氢氧化铈》（XB/T 223）等标准且满足下游企业对产品的成分要求
	3.5	矿渣粉、矿物掺合料	1. 原料符合《矿物掺合料应用技术规范》（GB/T 51003）、《用于水泥和混凝土中的粒化高炉矿渣》（GB/T 18046）、《用于水泥中的粒化高炉矿渣粉》（GB/T 033）、《用于水泥和混凝土中的精炼渣粉》（GB/T 33813）、《道路用钢渣》（GB/T 25824）、《用于水泥中的钢渣粉》（GB/T 20491）、《钢渣复合料》（GB/T 28294）、《用于水泥和混凝土中的硅锰渣粉》（GB/T 28293）、《钢渣混合料路面基层施工技术规程》（YB/T 4184）、《用于水泥和混凝土中的硅锰渣粉》（YB/T 4229）等标准； 2. 产品符合《建筑材料放射性核素限量》（GB 6566）
	3.6	建筑砂石骨料（含机制砂）	1. 产品符合《建设用砂》（GB/T 14684）、《用于混凝土中的高炉水淬矿渣砂技术规程》（YB/T 4405）等标准； 2. 企业建设应符合《机制砂石骨料工厂设计规范》等标准。

- 197 -

续表

工业固体废物种类	序号	综合利用产品	综合利用技术条件和要求
三、冶炼渣（不含危险废物）	3.7	水泥、水泥熟料	1. 产品符合《钢渣硅酸盐水泥》（GB 13590）、《通用硅酸盐水泥》（GB 175）、《硅酸盐水泥熟料》（GB/T 21372）、《低热钢渣硅酸盐水泥》（JC/T 1082）、《砌筑水泥》（JC/T 1090）及其他水泥产品等标准； 2. 钢渣作为原料应满足《用于水泥中的钢渣》（YB/T 022）； 3. 产品符合《建筑材料放射性核素限量》（GB 6566）； 4. 水泥生产满足《水泥窑协同处置固体废物技术规范》（GB 30760）的要求
	3.8	矿（岩）棉	1. 产品符合《绝热用岩棉、矿渣棉及其制品》（GB/T 11835）、《建筑用岩棉绝热制品》（GB/T 19686）、《矿物棉装饰吸声板》（GB/T 25998）、《建筑外墙外保温用岩棉制品》（GB/T 25975）、《矿物棉喷涂绝热层》（JC/T 26746）、《吸声板用粒状棉》（JC/T 903）等标准； 2. 产品符合《建筑材料放射性核素限量》（GB 6566）
	3.9	砖瓦、砌块、陶粒制品、板材、管材（管桩）、混凝土、矿物掺合料、砂浆、井盖、耐火材料、防火材料（镁铬砖和除尘保温材料、微晶材料、泡沫陶瓷	1. 产品符合《烧结普通砖》（GB/T 5101）、《烧结保温砖和砌块》（GB 26538）、《混凝土实心砖》（GB/T 21144）、《非承重混凝土空心砖》（GB/T 24492）、《装饰混凝土砌块》（GB/T 24493）、《承重混凝土多孔砖》（GB 25779）、《混凝土路面砖》（GB 28635）、《透水路面砖和透水路面板》（GB/T 25993）、《烧结空心砖和空心砌块》（GB/T 13545）、《烧结多孔砖和多孔砌块》（GB 13544）、《蒸压灰砂砖》（QB/T 4383）、《陶粒加气混凝土砌块》（JG/T 504）、《建筑用轻质隔墙条板》（GB/T 23451）、《蒸压泡沫混凝土砖和砌块》（GB/T 29062）、《轻集料及其试验方法》（GB/T 17431.1）、《复合保温砖和复合保温砌块》（GB/T 29060）、《轻集料混凝土小型空心砌块》（GB 15229）、《粉煤灰混凝土小型空心砌块》（JC/T 862）、《装饰混凝土砌块》（GB 11968）、《蒸压加气混凝土板》（GB/T 15762）、《陶粒滤料》（CJ/T 299）、《压裂用陶粒支撑剂技术要求》（Q/SH 0051）、《建筑用轻骨料混凝土轻质墙板》（GB/T 23451）、《水处理用人工陶粒滤料》（CJ/T 2214）、《先张法预应力混凝土管桩》（GB/T 13476）、《预拌混凝土》（GB/T 14902）、《矿物掺合料应用技术规范》（GB/T 51003）、《预拌砂浆》（GB/T 25181）、《建筑砂浆》（GB 20473）、《陶瓷砖》（GB/T 4100）、《钢纤维混凝土检查井盖》（GB/T 26537）、《防火封堵材料》（GB 23864）、《耐磨耐火材料》（GB/T 33500）、《纤维增强水泥外墙装饰挂板》（JC/T 2085）、《微晶玻璃陶瓷复合板》（JC/T 994）、《外墙外保温泡沫陶瓷》、《泡沫混凝土》（GB/T 24763）、《外墙外保温抹面砂浆和粘结用砂浆》（JC/T 24764）、《钢渣复合料》（GB/T 28294）、《混凝土用高炉重矿渣碎石》（YB/T 4178）、《普通预拌砂浆用钢渣砂》（YB/T 4201）、《混凝土多孔砖和路面砖用钢渣》（YB/T 4228）等标准； 3. 产品符合《建筑材料放射性核素限量》（GB 6566）
	3.10	烧结熔剂、烟气脱硫剂	产品符合《钢渣应用技术要求》（GB/T 32546）、《烧结熔剂用高钙脱硫渣》（GB/T 24184）等标准

续表

工业固体废物种类	序号	综合利用产品	综合利用技术条件和要求
四、粉煤灰（不含危险废物）	4.1	粉煤灰超细粉、矿物掺合料	粉煤灰超细粉符合《用于水泥和混凝土中的粉煤灰》（GB/T 51003）、《矿物掺合料应用技术规范》（GB/T 51003）
	4.2	水泥、水泥熟料	1.产品符合《通用硅酸盐水泥》（GB 175）、《硅酸盐水泥熟料》（GB/T 21372）及其他水泥产品等标准； 2.产品符合《建筑材料放射性核素限量》（GB 6566）
	4.3	砖瓦、砌块、陶粒制品、板材、管材（管桩）、混凝土、砂浆、矿物掺合料、检查井盖（镁铬砖除外）、耐火保温材料、微晶材料、防火材料	1.原料符合《硅酸盐建筑制品用粉煤灰》（JC/T 409）； 2.产品符合《烧结空心砖和空心砌块》（GB/T 13545）、《烧结多孔砖和多孔砌块》（GB/T 13544）、《混凝土实心砖》（GB/T 21144）、《非承重混凝土空心砖》（GB/T 24492）、《装饰混凝土砖》（GB/T 24493）、《承重混凝土多孔砖》（GB 25779）、《普通混凝土小型砌块》（GB/T 8239）、《蒸压加气混凝土砌块》（GB 11968）、《蒸压加气混凝土板》（GB 15762）、《轻集料混凝土小型空心砌块》（GB/T 15229）、《轻集料混凝土及其试验方法》（GB/T 17431.1）、《复合保温砖和复合保温砌块》（GB/T 29060）、《轻集料混凝土砌块和混凝土砖砌筑砂浆》（JC/T 862）、《装饰混凝土砌块》（JC/T 641）、《混凝土和砌块（砖）砌体用灌孔混凝土》（JC 861）、《粉煤灰混凝土小型空心砌块》（JC/T 862）、《混凝土路面砖》（GB 28635）、《透水路面砖和透水路面板》（GB/T 25993）、《干垒挡土墙用混凝土砌块》（JC/T 2094）、《钢筋混凝土轻质墙板》（JC/T 2214）、《先张法预应力混凝土管桩》（GB/T 13476）、《预拌混凝土》（GB/T 14902）、《钢纤维混凝土》（GB/T 25181）、《建筑墙体用砂浆》（GB/T 20473）、《预拌砂浆》（GB/T 25181）、《烧结保温砖和保温砌块》（GB/T 51003）、《防火封堵材料》（GB 23864）、《耐磨耐火材料》、《矿物掺合料应用技术规范》（GB/T 23294）、《纤维增强水泥外墙装饰挂板》（JC/T 2085）、《蒸压粉煤灰砖》（JC/T 239）等标准； 3.产品符合《建筑材料放射性核素限量》（GB 6566）
	4.4	氧化铝	产品符合《氧化铝》（GB/T 24487）
	4.5	氧化铁	产品符合《工业氧化铁》（HG/T 2574）
	4.6	金属、金属氧化物、稀土	产品符合《银锭》（GB/T 4135）、《氧化铝》（GB/T 24487）等标准项目满足下游企业对产品的成分要求
	4.7	陶瓷及其制品	1.产品符合《外墙外保温泡沫陶瓷》（GB/T 33500）、《卫生陶瓷》（GB/T 6952）、《陶瓷砖》（GB/T 4100）、《电子元器件结构陶瓷材料》（GB/T 5593）等标准； 2.产品符合《建筑材料放射性核素限量》（GB 6566）
	4.8	白炭黑（填料）	产品符合《煤基橡胶填料技术条件》（MT/T 804）

- 199 -

续表

工业固体废物种类	序号	综合利用产品	综合利用技术条件和要求
四、粉煤灰（不含危险废物）	4.9	合成分子筛	产品符合《沸石分子筛动态二氧化碳吸附的测定》（HG/T 2691）
	4.10	粉煤灰复合高温陶瓷涂层	产品符合《热喷涂陶瓷涂层技术条件》（JB/T 77032）
	4.11	玻化微珠及其制品	1. 产品符合《膨胀玻化微珠》（JC/T 1042）、《膨胀玻化微珠保温隔热砂浆》（GB/T 26000）、《膨胀玻化微珠保温隔热轻质砂浆》（JG/T 283）、《工程用中空玻璃微珠保温材料》（JC/T 517）、《玻化微珠保温隔热砂浆应用技术规程》（JC/T 2164）等标准； 2. 产品符合《建筑材料放射性核素限量》（GB 6566）
	4.12	水处理剂，燃煤烟气净化剂	产品符合《水处理剂用铝酸钙》（GB/T 29341）、《水处理剂 聚氯化铝》（GB/T 22627）、《水处理剂 氯化铝》（HG/T 3541）、《燃煤烟气脱硝技术装备》（GB/T 21509）等标准
	4.13	水玻璃	产品符合《砂型铸造用水玻璃》（JB/T 8835）
	4.14	氢氧化铝	产品符合《氢氧化铝》（GB/T 4294）
	4.15	土壤调理剂	产品符合《土壤调理剂通用要求》（NY/T 3034）
五、炉渣（不含危险废物）	5.1	水泥	1. 产品符合《通用硅酸盐水泥》（GB 175）、《硅酸盐水泥熟料》（GB/T 21372）及其他水泥产品等标准； 2. 产品符合《建筑材料放射性核素限量》（GB 6566）
	5.2	矿物掺合料	1. 产品符合《用于水泥和混凝土中的粉煤灰》（GB 1596）或《矿物掺合料应用技术规范》（GB/T 51003）； 2. 产品符合《建筑材料放射性核素限量》（GB 6566）
	5.3	建筑轻骨料	1. 产品符合《轻集料及其试验方法》（GB/T 17431.1）； 2. 产品符合《建筑材料放射性核素限量》（GB 6566）
	5.4	砖瓦、砌块、陶粒制品、陶粒、砌砖（管材、管桩、检查井盖）、板材、砂浆、混凝土、道路护栏、防火材料、耐火砖材料（镁铬砖除外）、保温材料、微晶材料、晶玻陶瓷泡沫陶瓷	1. 原料符合《硅酸盐建筑制品用粉煤灰》（JC/T 409）； 2. 产品符合《烧结普通砖》（GB/T 5101）、《烧结空心砖和空心砌块》（GB/T 13545）、《普通混凝土小型砌块》（GB/T 8239）、《轻集料混凝土小型空心砌块》（GB/T 15229）、《粉煤灰混凝土小型空心砌块》（JC/T 862）、《轻集料混凝土实心砖》（GB/T 29060）、《轻集料混凝土小型空心砖》（GB/T 21144）、《非承重混凝土空心砖》（GB 25779）、《混凝土路面砖》（JC/T 446）、《装饰混凝土砖》（JC/T 641）、《混凝土多孔砖》（GB 24493）、《承重混凝土多孔砖》（GB 25779）、《混凝土路面砖》（GB 28635）、《透水路面砖和透水路面板》（GB/T 25993）、《蒸压加气混凝土砌块》（GB 11968）、《蒸压加气混凝土板》（GB/T 15762）、《干垒挡土墙用混凝土砌块》（JC/T 2094）、《钢筋混凝土轻质墙板》（JC/T 2214）、《先张法预应力混凝土管桩》（GB/T 13476）、《预拌砂浆》（GB/T 25181）、《建筑保温砂浆》（GB/T 20473）、《钢纤维混凝土》（JC/T 14902）、《预拌砂浆》（GB/T 25181）、《蒸压保温砖》（JC/T 23294）、《烧结保温砖和保温砌块》（GB/T 26537）、《防火封堵材料》（GB 23864）、《耐磨耐火陶瓷》（JC/T 994）、《外墙外保温泡沫陶瓷》（GB/T 33500）、《蒸压粉煤灰砖》（JC/T 239）等标准； 3. 产品符合《建筑材料放射性核素限量》（GB 6566）

续表

工业固体废物种类	序号	综合利用产品	综合利用技术条件和要求
五、炉渣（不含危险废物）	5.5	矿（岩）棉	1.产品符合《绝热用岩棉、矿渣棉及其制品》（GB/T 11835）或《建筑绝热用玻璃棉制品》（GB/T 17795）等标准； 2.产品符合《建筑材料放射性核素限量》（GB 6566）
	5.6	滤料	产品符合《水处理用滤料》（CJ/T 43）
六、其他工业固体废物（不含危险废物）	6.1 工业副产石膏（不含危险废物）	6.1.1	水泥、水泥熟料	1.原料符合《用于水泥中的工业副产石膏》（GB/T 21371）； 2.产品符合《通用硅酸盐水泥》（GB 175）、《海工硅酸盐水泥》（GB/T 31289）及其他水泥产品等标准； 3.产品符合《建筑材料放射性核素限量》（GB 65660）
		6.1.2	建筑石膏及制品	1.产品符合《建筑石膏》（GB/T 9776）、《纸面石膏板》（GB/T 9775）、《装饰石膏板》（GB/T 9775）、《石膏空心条板》（JC/T 799）、《装饰石膏板》（JC/T 829）、《石膏刨花板》（LY/T 1598）、《复合保温石膏板》（JC/T 2077）、《石膏砌块》（GB/T 23627）、《抹灰石膏》（GB/T 28627）、《粘结石膏》（JC/T 1025）、《嵌缝石膏》（JC/T 2075）、《石膏装饰条》（JC/T 2078）、《石膏饰面砖》（JC/T 24508）、《广场用陶瓷砖》（GB/T 23458）、《活动地板基材用石膏纤维板》（LY/T 2372）、《木塑装饰板》（GB/T 24508）、《装饰纸面石膏板》（JC/T 997）、《吸声用穿孔石膏板》（JC/T 803）等标准； 2.产品符合《建筑材料放射性核素限量》（GB 6566）
		6.1.3	石膏模具、石膏芯模、陶瓷模用石膏粉	产品符合《卫生陶瓷生产用石膏模具》（JC/T 2119）、《首饰精密加工石膏模具》（QB/T 4723）、《现浇混凝土空心结构成孔芯模》（JG/T 352）、《陶瓷模用石膏粉》（QB/T 1639）等标准
		6.1.4	α型高强石膏粉及其制品	1.产品符合《α型高强石膏》（JC/T 2038）、《石膏基自流平砂浆》（JC/T 1023）、《卫生陶瓷生产用石膏模具》（JC/T 2119）、《建筑石膏》（GB/T 9776）、《纸面石膏板》（GB/T 9775）、《装饰石膏板》（JC/T 799）、《石膏空心条板》（JC/T 829）、《石膏刨花板》（LY/T 1598）、《复合保温石膏板》（JC/T 2077）、《石膏装饰条》（JC/T 2078）、《石膏砌块》（GB/T 28627）、《抹灰石膏》（JC/T 1025）、《嵌缝石膏》（LY/T 2372）、《木塑装饰板》（JC/T 2075）、《石膏饰面条》（GB/T 24508）、《活动地板基材用石膏纤维板》（LY/T 2372）、《预制混凝土剪力墙外墙板》（15G365-1）、《预制混凝土剪力墙内墙板》（15G365-2）、《预制混凝土剪力墙板》（GB/T 23451）、《建筑用轻质隔墙条板》（GB/T 23451）等标准； 2.产品符合《建筑材料放射性核素限量》（GB 6566）
		6.1.5	装配式墙板	1.产品符合《预制混凝土剪力墙外墙板》（15G365-1）、《预制混凝土剪力墙内墙板》（15G365-2）（16J110-2、16G333）、《建筑用轻质隔墙条板》（GB/T 23451）等标准； 2.产品符合《建筑材料放射性核素限量》（GB 6566）
		6.1.6	轻质隔热砖	1.产品符合《建筑材料及制品燃烧性能分级》（GB 8624）； 2.产品符合《建筑材料放射性核素限量》（GB 6566）

续表

工业固体废物种类	序号	综合利用产品	综合利用技术条件和要求
6.1 工业副产石膏（不含危险废物）	6.1.7	水泥添加剂（含水泥缓凝剂、水泥速凝剂等）	产品符合《建筑材料放射性核素限量》（GB 6566）
	6.1.8	活动地板基材用石膏纤维板	1. 产品符合《活动地板基材用石膏纤维板》（LY/T 2372）标准； 2. 产品符合《建筑材料放射性核素限量》（GB 6566）
	6.1.9	工业硫酸、硫酸铵	1. 原料符合《烟气脱硫石膏》（JC/T 2074）标准； 2. 产品符合《工业硫酸》（GB/T 534）、《硫酸铵》（GB 535）等标准
	6.1.10	土壤调理剂	产品符合《土壤调理剂 通用要求》（NY/T 3034）标准
	6.1.11	抗旱石	产品符合《农林保水剂》（NY 886）标准
六、其他工业固体废物 6.2 赤泥、水泥（不含危险废物）	6.2.1	砖瓦、砌块、陶粒、板材、混凝土管材（管桩）、砂浆、井盖、防火材料、耐火材料（镁铬砖除外）保温材料、矿（岩）棉、微晶陶瓷、泡沫陶瓷	1. 产品符合《烧结普通砖》（GB/T 5101）、《烧结空心砖和空心砌块》（GB/T 13545）、《普通混凝土小型砌块》（GB/T 8239）、《钢筋陶粒混凝土轻质墙板》（JC/T 2214）、《陶粒滤料》（QB/T 4383）、《水处理用人工陶粒滤料》（CJ/T 299）和《压裂用陶粒支撑剂技术要求》（Q/SH 0051）、《建筑保温砂浆》（GB/T 20473）、《钢纤维混凝土检查井盖》（GB/T 26537）、《微晶玻璃陶瓷复合砖》（JC/T 994）、《外墙外保温泡沫陶瓷》（GB/T 33500）等标准；《先张法预应力混凝土管桩》（GB/T 13476）、《预拌混凝土》（GB/T 14902）、《预拌砂浆》（GB/T 25181）、《建筑保温砂浆》（GB/T 20473）、《钢纤维混凝土检查井盖》（GB/T 26537）、《烧结保温砖和保温砌块》（GB/T 26538）、《微晶玻璃陶瓷复合砖》（JC/T 994）、《外墙外保温泡沫陶瓷》（GB/T 33500）等标准； 2. 建材产品符合《建筑材料放射性核素限量》（GB 6566）
	6.2.2	陶瓷及陶瓷制品	1. 产品符合《外墙外保温泡沫陶瓷》（GB/T 33500）、《卫生陶瓷》（GB/T 6952）、《陶瓷砖》（GB/T 4100）、《陶瓷砖》（GB/T 4100）、《电子元器件结构用陶瓷瓷材料》（GB/T 5593）、《陶瓷砖》（GB/T 4100）、《陶粒加气混凝土砌块》（JG/T 504）等标准； 2. 产品符合《建筑材料放射性核素限量》（GB 6566）
	6.2.3	土壤调理剂	产品符合《土壤调理剂 通用要求》（NY/T 3034）等标准
	6.2.4	铁、铌、钪、钛	1. 赤泥选铁产品符合《赤泥中精选高铁砂矿技术规范》（YS/T 787）的要求； 2. 金属产品符合《冶炼用精选粒铁》（GB/T 30899）、《金属钪》（GB/T 6896）、《铌条》（GB/T 16476）等标准目满足下游企业对产品的成分要求
	6.2.5	脱硫剂、水处理剂、塑料填料	产品符合《燃煤烟气脱硝技术装备》（GB/T 21509）、《硅酸盐水泥熟料》（GB/T 21372）及其他水泥产品等标准；产品符合《水处理剂 聚氯化铝》（GB/T 22627）、《塑料填料》（JB 5209）等标准
	6.2.6	水泥、水泥熟料	1. 产品符合《通用硅酸条水泥》（GB 175）、《硅酸盐水泥熟料》（GB/T 21372）及其他水泥产品等标准； 2. 产品符合《建筑材料放射性核素限量》（GB 6566）

续表

工业固体废物种类		序号	综合利用产品	综合利用技术条件和要求
六、其他工业固体废物	6.3 废石	6.3.1	建筑砂石骨料（含机制砂）、加气混凝土	1. 产品符合《建设用卵石、碎石》（GB/T 14685）、《建设用砂》（GB/T 14684）、《蒸压加气混凝土砌块》（GB 11968）、《蒸压加气混凝土板》（GB/T 15762）等标准； 2. 产品符合《建筑材料放射性核素限量》（GB 6566） 3. 企业建设符合《机制砂石骨料工厂设计规范》（GB 51186）等要求
		6.3.2	合成石材	1. 产品符合《人造石》（JC/T 908）等标准； 2. 产品符合《建筑材料放射性核素限量》（GB 6566）
		6.3.3	水泥、水泥熟料	1. 产品符合《通用硅酸盐水泥》（GB 175）、《硅酸盐水泥熟料》（GB/T 21372）及其他水泥产品等标准； 2. 建材产品符合《建筑材料放射性核素限量》（GB 6566）
	6.4 化工废渣（不含危险废物）	6.4.1	水泥、水泥熟料	1. 产品符合《通用硅酸盐水泥》（GB 175）、《硅酸盐水泥熟料》（GB/T 21372）、《磷渣硅酸盐水泥》（JC/T 740）及其他水泥产品等标准； 2. 产品符合《建筑材料放射性核素限量》（GB 6566）
		6.4.2	银、盐、锌、碱、聚乙烯醇、硫氰酸钠、硝酸盐、铁盐、铬盐、磺酸、乙二酸、乙酸钠、盐酸、黏合剂、甘油、香兰素、工业磷酸、硫酸	产品符合《银锭》（GB/T 4135）、《工业无水硫酸钠》（GB/T 6009）、《锌粉》（GB/T 6890）、《聚乙烯醇水溶短纤维》（GB/T 30101）、《工业硫氰酸钠》（GB/T 10500）、《锌锭》（GB/T 470）、《工业硝酸》（HG/T 2967）、《工业硝酸浓硝酸》（GB/T 337.1）、《工业用冰乙酸（GB/T 1628）、《化学试剂 无水乙酸钠》（GB/T 694）、《工业用合成盐酸》（GB/T 320）、《工业酒精》（GB/T 394.1）、《甘油》（GB/T 13206）、《工业磷酸》（GB/T 2091）、《硫酸》（GB/T 534）等标准
	6.5 煤泥	6.5.1	电力、热力	煤泥综合利用符合《煤矸石综合利用管理办法》（2014年修订版）和《煤矸石利用技术导则》（GB/T 29163）对煤矸石利用产品的成分要求
	6.6 废催化剂	6.6.1	金属	产品符合《高纯铈》（GB/T 26018）、《铑粉》（GB/T 1421）等标准且满足下游企业对产品的成分要求
		6.6.2	金属化合物	产品符合《氧化铈》（GB/T 4154）、《氧化钕》（GB/T 4155）、《碳酸钠》（GB/T 16661）、《硝酸钠》（XB/T 219）等标准且满足下游企业对产品的成分要求

续表

工业固体废物种类	序号	综合利用产品	综合利用技术条件和要求
6.7 废磁性材料（不含危险废物）	6.7.1	金属	产品符合《金属镨》（GB/T 19395）、《金属钐》（GB/T 2968）、《金属铕》（GB/T 15071）等标准目满足下游企业对产品的成分要求
	6.7.2	金属合金	产品符合《错钕合金》（GB/T 20892）、《镝铁合金》（GB/T 26415）等标准目满足下游企业对产品的成分要求
6.8 陶瓷工业废料	6.8.1	轻质陶瓷砖、混凝土砖	产品符合《轻质陶瓷砖》（JC/T 1095）、《混凝土路面砖》（GB 28635）、《透水路面砖和透水路面板》（GB/T 25993）、《蒸压加气混凝土砌块》（GB 11968、《蒸压加气混凝土板》（GB 15762）等标准
六、其他工业固体废物	6.9 铸造废砂		
	6.9.1	再生砂、覆膜砂	产品符合《铸造用再生硅砂》（GB/T 26659）、《铸造用覆膜砂》（JB/T 8583）等标准
	6.9.2	水泥修合料	1. 产品符合《矿物修合料应用技术规范》（GB/T 51003）； 2. 产品符合《建筑材料放射性核素限量》（GB 6566）
6.10 玻璃纤维废丝	610.1	陶瓷釉料	1. 产品符合《卫生陶瓷》（GB/T 6952）、《陶瓷砖》（GB/T 100）等标准； 2. 产品符合《建筑材料放射性核素限量》（GB 6566）
	6.10.2	汽车保温毛毡制品	产品符合《工业用毛毡》（FZ/T 25001）
6.11 医药行业废渣（不含危险废物）	6.11.1	肥料	产品符合《生物有机肥》（NY 884）、《农用微生物菌剂》（GB 20287）、《有机肥料》（NY 525）
		工业硫酸镁	产品符合《工业硫酸镁》（HG/T 2680）
		工业氯化镁	产品符合《工业氯化镁》（QB/T 2605）
	6.11.2	工业水合碱式碳酸铜	产品符合《工业水合碱式碳酸镁》（HG/T 2959）
		工业轻质氧化镁	产品符合《工业轻质氧化镁》（HG/T 2573）
		工业氯化钠	产品符合《工业盐》（GB 5462）

备注：

1. 目录中涉及的概念和定义：

① 工业固体废物，指在工业生产活动中产生的丧失原有利用价值或者虽未丧失利用价值但被抛弃或者放弃的固态、半固态和置于容器中的气态的物品、物质以及法律、行

- 204 -

政法规规定纳入固体废物管理的物品、物质。

②煤矸石，指煤矿在开拓掘进、采煤和煤炭洗选等生产过程中排出的固体废物。

③尾矿，指矿石磨细、选取有价组分后排出的固体废物。

④冶炼渣，指在金属冶炼过程中产生的固体废物，主要包括高炉渣、电炉渣、铁合金炉渣、有色金属及其他金属冶炼过程产生的固体废物。

⑤粉煤灰，指在燃煤锅炉和窑炉的烟道中对烟气进行收尘处理所收捕的细粒状固体废物。

⑥炉渣，指从燃煤锅炉和窑炉炉底排出的固体废物。

⑦工业副产石膏，指在工业生产过程中产生的以二水硫酸钙或其他硫酸钙类物质为主要成分的固体废物，主要包括脱硫石膏、磷石膏、氟石膏、钛石膏、柠檬酸石膏、废石膏模、废石膏制品等。

⑧赤泥，指制铝工业提取氧化铝时排出的固体废物。

⑨废石，指非煤矿山在开拓和采矿、加工过程中产生的固体废物。

⑩化工废渣，指化学工业生产过程中产生的各种固体和泥浆状废物，包括化工生产过程中产生的不合格的产品、不能出售的副产品、反应釜底料、滤饼渣、废催化剂等，如硫酸渣、碱渣（白泥）、电石渣、磷矿煅烧渣、含氰废渣、黄磷渣、铬渣、盐泥、总溶剂渣、硫磺渣、含钒废渣、磷肥渣、柠檬酸渣等。

2. 表中"综合利用技术条件和要求"中列出的为综合利用产品应符合的相应国家、行业标准、团体标准；没有国家、行业标准的，应符合相应的地方、行业标准、团体标准。

有关省份文件

贵州省

贵州省人民政府
关于加快磷石膏资源综合利用的意见

(黔府发〔2018〕10号)

各市、自治州人民政府，贵安新区管委会，各县（市、区、特区）人民政府，省政府各部门、各直属机构：

为深入贯彻落实党的十九大精神和习近平总书记在贵州省代表团重要讲话精神，坚决守好发展和生态两条底线，大力推进全省磷石膏资源综合利用，促进磷化工产业绿色、创新、集约、高效发展，提出以下意见。

一、总体要求

（一）指导思想。以习近平新时代中国特色社会主义思想为指导，牢固树立新发展理念，切实抓好中央环境保护督察反馈问题整改，坚持政府引导、企业主体，实行政策激励、机制倒逼，促进全省磷化工生产企业加快技术改造升级，从源头削减磷石膏产生量，加大市场推广力度，推进磷石膏资源综合利用，促进磷化工产业绿色发展、转型发展，为我省深入实施大生态战略行动、加快建设国家生态文明试验区奠定坚实基础。

（二）主要目标。2018年，全面实施磷石膏"以用定产"，实现磷石膏产消平衡，争取新增堆存量为零。2019年起，力争实现磷石膏消大于产，且每年消纳磷石膏量按照不低于10%的增速递增，直至全省磷石膏堆存量全部消纳完毕。到2020年，攻克一批不产生磷石膏的重大关键技术并尽快实现产业化，建成一批大规模、高附加值的磷石膏资源综合利用示范项目，磷石膏资源综合利用产业链基本形成，磷石膏资源综合利用规模和水平大幅提升。

二、重点任务

（一）全面实施"以用定产"。按照"谁排渣谁治理，谁利用谁受益"原则，将磷石膏产生企业消纳磷石膏情况与磷酸等产品生产挂钩，倒逼企业加快磷石膏资源综合利用，加快绿色化升级改造步伐，确保全省磷石膏新增堆存量为零，并逐年消纳已有存量。市、县两级人民政府督促指导辖区内磷石膏产生企业逐个制订磷石膏产生和消纳计划，确保磷石膏消纳量大于新产生量，并在此基础上制订本地区磷石膏产消平衡年度计划。环境保护部门加强对磷石膏排放的日常监管，按年度组织核查，核查结果作为年终目标考核的依据。〔责任单位：各市（州）人民政府，贵安新区管委会，各县（市、区、特区）人民政府；省经济和信息化委、省环境保护厅、省国资委〕

（二）严控传统磷肥产能规模。进一步加强对磷化工生产企业的行业监管，严格落实国家和省相关法律法规和政策标准，推动能耗、环保、质量、安全达不到标准和生产不合格产品的磷肥产能依法依规淘汰退出。结合工业绿色发展和化解过剩产能相关要求，严格审查传统磷肥新建、技改项目，积极开发新型肥料产品，原则上不再新建或扩建肥料级湿法磷酸及配套的磷铵装置。〔责任单位：省经济和信息化委、省发展改革委、省环境保护厅、省质监局、省安全监管局；各市（州）人民政府，贵安新区管委会，各县（市、区、特区）人民政府〕

（三）推动磷化工产业转型升级。加快编制我省磷化工产业转型升级方案、磷化工产业中长期发展规划，进一步优化磷化工产业发展路径和布局。依托"千企改造"工程，在经济可行、技术可靠的前提下，鼓励和支持企业对传统磷化工生产工艺和设备进行绿色化改造升级，从源头上减少磷石膏产生。开展湿法磷酸工艺技术流程再造，积极推广使用二水-半水法、半水-二水法等先进工艺，提高磷石膏整体品质。鼓励磷石膏产生企业进行磷石膏预加工，为磷石膏资源综合利用提供价廉质优的原料。大力发展精细磷酸盐产品、精细磷制品和贵重伴生元素制品以及市场需求好的绿色磷化工新型产品，进一步提高磷化工产业的经济、社会和生态效益。〔责任单位：省经济和信息化委、省发展改革委、省科技厅；各市（州）人民政府，贵安新区管委会，各县（市、区、特区）人民政府〕

（四）加快磷石膏资源综合利用产品技术研发。鼓励企业与科研机构合作，研发和推广不产生或少产生磷石膏的新技术、新工艺，打造一批国家级、省级企业技术中心和技术创新示范企业等。开展磷石膏资源综合利用关键共性技术系统攻关，研制磷石膏资源综合利用高附加值产品及生产设备，大力开发利用磷石膏质量在线监测和控制技术、磷石膏净化技术、磷石膏改良土壤技术、磷石膏路基注浆加固材料技术等。加强磷石膏矿井充填专用胶凝材料第三方跟踪评测，在环保安全达标前提下积极推广应用。〔责任单位：省经济和信息化委、省科技厅、省农委、省交通运输厅、省住房城乡建设厅、省发展改革委、省环境保护厅；各市（州）人民政府，贵安新区管委会，各县（市、区、特区）人民政府〕

（五）深入实施磷石膏资源综合利用项目建设。加快推进磷石膏资源综合利用规模化和产业化，建成一批以磷石膏为原料的建筑粉体系列材料、建筑墙体及装饰系列材料、胶凝系列材料等项目，积极培育磷石膏新型建筑建材基地。重点鼓励符合以下条件的磷石膏资源综合利用项目建设：使用磷石膏作为主要原料，单线能力在3000万平方米及以上的纸面石膏板生产线项目，单线能力在30万平方米及以上的石膏大板、条板、砌块生产线建设或者改造项目，单线能力在10万吨及以上的粉刷石膏、粘结石膏等石膏干混建材生产线建设或者改造项目，单线生产能力在5万吨及以上的高强石膏粉生产线建设项目，单线生产能力在100万吨及以上的建筑石膏粉生产线建设项目；采用经济适用的化学法处理磷石膏，生产硫酸联产水泥等其他产品的建设项目；采用磷石膏作为主要填充材料的井下采空区充填项目和磷石膏路基材料项目；磷石膏代替天然石膏生产土壤改良剂项目等。〔责任单位：省经济和信息化委、省发展改革委、省住房城乡建设厅、省交通运输厅、省农委；各市（州）人民政府，贵安新区管委会，各县（市、区、特区）人民政府〕

（六）建立完善磷石膏建材产品和应用标准体系。加快编制磷石膏建材产品和应用地方标准，强化产品质量标准和工程建设标准之间的衔接。尽快建立完善覆盖设计、施工、验收和使用维护全过程的磷石膏建材工程建设标准规范体系，编制磷石膏建材应用计价依据，发布磷石膏建材造价信息。充分发挥磷石膏建材生产企业、行业协会、科研院所和专业机构的作用，强化测试评价及检测手段，严格质量，保障安全，促进磷石膏新材料、新技术、新工艺的推广应用，拓宽磷石膏建材应用范围。〔责任单位：省住房城乡建设厅、省质监局、省安全监管局、省交通运输厅；各市（州）人民政府，贵安新区管委会，各县（市、区、特区）人民政府〕

（七）加大磷石膏资源综合利用产品推广应用力度。各地要积极研究并尽快出台加强磷石膏资源综合利用产品推广应用的政策措施，在市政工程建设、交通建设、政府保障性住房建设、移民搬迁和村寨改造等政府性工程建设中，大力推广使用符合质量标准和使用条件的磷石膏资源综合利用产品，并把磷石膏资源综合利用产品纳入政府采购系列产品。积极推广应用磷石膏板材、磷石膏砌块、磷石膏复合材料、磷石膏建筑装饰材料和装配式磷石膏复合建材产品等，打造一批磷石膏资源综合利用产品使用示范工程和项目。积极开拓磷石膏土壤改良剂省内外市场。推动磷石膏等工业副产石膏替代天然石膏。在国家、省规定禁止使用实心黏土砖、实心页岩砖、黏土墙体材料制品的城镇规划区范围内，新建、改建、扩建的建设工程项目应当使用新型墙体材料。禁止在贵阳市、黔南州县级及以上城市城区现场搅拌混凝土和砂浆，为推广使用石膏基预拌砂浆系列产品腾出市场空间和环境空间。〔责任单位：各市（州）人民政府，贵安新区管委会，各县（市、区、特区）人民政府；省住房城乡建设厅、省交通运输厅、省科技厅、省发展改革委、省经济和信息化委、省农委、省水库和生态移民局〕

（八）加强磷石膏库综合管理。按照《贵州省一般工业固体废物贮存、处置场污染控制标准》《贵州省一般工业固体废物贮存、处置场工程防渗系统施工、环境监理及验收规范》等标准规定，切实强化对现有磷石膏库的规范改造和管理，严防磷石膏渗漏带来的环境风险。落实企业主体责任，建立健全磷石膏库安全生产责任制和各项安全生产规章制度，严格按照设计堆放，强化在线监测监管，加大隐患排查治理力度，确保磷石膏库安全运行。原则上不再新建、扩建磷石膏库。严厉打击违法违规处置磷石膏等行为。〔责任单位：各市（州）人民政府，贵安新区管委会，各县（市、区、特区）人民政府；省环境保护厅、省安全监管局〕

三、政策措施

（一）加大资金支持。省级财政通过统筹一般公共预算、国有资本经营预算及部门现有专项资金，分三年共计安排资金10亿元，建立磷石膏资源综合利用专项封闭运行资金池，主要用于支持贵州开磷控股（集团）有限责任公司、瓮福（集团）有限责任公司等重点磷化工生产企业实施绿色化升级改造和磷石膏资源综合利用产业化项目。从2018年起，贵阳市连续三年每年分别安排不低于1.5亿元专项资金，黔南州连续三年每年分别安排不低于0.8亿元专项资金，省经济和信息化委、省住房城乡建设厅、省环境保护厅、省科技厅等部门和其他市（州）、贵安新区也要安排一定资金，用于支持磷化工产业绿色发展和磷石膏资源综合利用。指导企业用好用足"贵工贷""贵园信贷通"等金融产品，将磷石膏资源综合利用企业纳入绿色企业范畴，给予绿色金融政策支持。〔责任单位：省财政厅、省政府金融办、省经济和信息化委、省住房城乡建设厅、省环境保护厅、省科技厅、省国资委；各市（州）人民政府，贵安新区管委会，各县（市、区、特区）人民政府〕

（二）落实税收政策。积极争取国家支持，将磷石膏资源综合利用新产品纳入财政部、国家税务总局发布的《资源综合利用产品和劳务增值税优惠目录》，将目录中磷石膏资源综合利用产品的技术标准和相关条件单独表述并调整优化使用比例，提高磷石膏利用率，严格落实目录中有关磷石膏资源综合利用的增值税、所得税优惠政策。〔责任单位：省财政厅、省国税局、省地税局；各市（州）人民政府，贵安新区管委会，各县（市、区、特区）人民政府〕

（三）鼓励技术创新。鼓励磷化工生产企业开展绿色生产和磷石膏资源综合利用方面的科技研发，对有自主知识产权的科研成果转化投入市场后，相关金融机构和产业发展基金按项目规模给予贷款和参股支持。鼓励磷石膏综合利用企业创建技术中心，对当年认定的国家级、省级企业技术中心分别给予100万元、50万元的一次性奖励。对磷石膏产生企业实施的重大转型升级工艺改造项目，可按规定给予贴息或补贴支持。〔责任单位：省科技厅、省经济和信息化委、省财政厅、省国资委；各市（州）人民政府，贵安新区管委会，各县（市、区、特区）人民政府〕

（四）加强综合支持。省住房城乡建设厅牵头对全省磷石膏建材产品市场容量情况进行调查，制定全省磷石膏建材制品的推广应用方案并负责组织实施。省投资促进局会同省经济和信息化委、省住房城乡建设厅将磷石膏综合利用项目纳入招商引资项目库，加大对相关产业的招商引资力度。各级发展改革、国土资源、环境保护等部门要为磷石膏资源综合利用项目开辟"绿色通道"，在项目备案、土地、环评、生产许可等行政审批、许可上给予支持。加强人才引进和专业技术人员培训，为磷石膏资源综合利用产品开发和推广应用提供支撑。充分发挥行业协会、学会和中介组织的作用，及时了解企业需求，为企业提供产业发展的新政策、新技术、新产品和市场动态等信息与技术服务。积极搭建磷石膏产用企业联合发展平台，鼓励磷石膏产用企业通过兼并重组、协同开发等方式广泛开展合作。〔责任单位：省住房城乡建设厅、省投资促进局、省发展改革委、省经济和信息化委、省环境保护厅、省国土资源厅、省国资委；各市（州）人民政府，贵安新区管委会，各县（市、区、特区）人民政府〕

四、组织实施

（一）强化组织领导。成立贵州省推进磷石膏资源综合利用工作领导小组（名单见附件），负责统筹协调和全面推进全省磷石膏资源综合利用相关工作，下达年度目标任务，审定地方政府的工作方案和计划，对各地工作推进和落实情况进行指导、督促、检查。领导小组下设办公室，办公室设在省经济和信息化委，负责领导小组日常工作。相关市、县两级人民政府建立相应的领导机构和工作机构，将推进磷石膏"以用定产"和资源综合利用工作纳入本级政府重点工作内容，制定具体工作方案并组织实施。〔责任单位：省经济和信息化委；各市（州）人民政府，贵安新区管委会，各县（市、区、特区）人民政府〕

（二）落实推进责任。省人民政府与各市（州）人民政府、贵安新区管委会，市级人民政府与县级人民政府，省国资委与贵州开磷控股（集团）有限责任公司、瓮福（集团）有限责任公司，其他相关企业与所在地地方政府分别签订目标责任书，层层压实责任。贵阳市、黔南州人民政府要制订本地区磷石膏产消平衡年度计划，其他市（州）人民政府要制订本地区磷石膏资源综合利用产品年度推广应用计划，于每年1月底前上报领导小组办公室，领导小组办公室汇总并报领导小组审核确认后下发实施。严格落实磷石膏产生企业主体责任，磷石膏产生企业要在当地政府的指导和监督下，制订切实可行的磷石膏资源综合利用实施方案并抓好落实。将贵州开磷控股（集团）有限责任公司、瓮福（集团）有限责任公司"以用定产"工作纳入省国资委监管企业负责人经营业绩目标考核范围，实施激励约束。〔责任单位：省经济和信息化委、省国资委；各市（州）人民政府，贵安新区管委会，各县（市、区、特区）人民政府〕

（三）强化考评督导。各市（州）人民政府，贵安新区管委会要定期向领导小组办公室通报工作推进情况，向社会公示企业磷石膏产生和消纳情况，并设立监督举报电话接受社会监督。领导小组办公室要会同省有关单位，组建专项督查考评小组，定期到各地、各企业督促检查工作推进落实情况，及时将有关情况报告领导小组。〔责任单位：省经济和信息化委；各市（州）人民政府，贵安新区管委会，各县（市、区、特区）人民政府〕

（四）强化宣传引导。充分利用广播、电视、报刊等传统新闻媒体及"两微一端"等新兴媒体资源，加强磷石膏资源综合利用产品无害化、环保化知识的普及和教育，及时总结和推广磷石膏资源综合利用工作取得的成功经验和做法，通过典型示范宣传促进磷石膏资源综合利用产品的普及推广。〔责任单位：省经济和信息化委、省住房城乡建设厅、省环境保护厅、省发展改革委、省科技厅；各市（州）人民政府，贵安新区管委会，各县（市、区、特区）人民政府〕

附件：贵州省推进磷石膏资源综合利用工作领导小组名单

贵州省推进磷石膏资源综合利用工作领导小组及办公室

2018年4月4日

附件

贵州省推进磷石膏资源综合利用工作领导小组名单

组　　长：陶长海（副省长）
副组长：陈　勇（省政府办公厅副主任）
　　　　何　刚（省经济和信息化委主任）
　　　　陈　晏（贵阳市市长）
　　　　吴胜华（黔南州州长）
成　　员：徐元志（省发展改革委副主任）
　　　　秦水介（省科技厅副厅长）
　　　　周仕飞（省经济和信息化委副主任）
　　　　徐　荣（省经济和信息化委副巡视员）
　　　　王　瑰（省财政厅副厅长）
　　　　王赤兵（省国土资源厅副厅长）
　　　　苗智会（省环境保护厅副厅长）
　　　　周宏文（省住房城乡建设厅副厅长）
　　　　韩剑波（省交通运输厅副厅长）
　　　　向青云（省农委总经济师）
　　　　朱继明（省国资委副主任）
　　　　张林军（省地税局副局长）
　　　　刘　勇（省质监局副巡视员）
　　　　张珍强（省水库和生态移民局副局长）
　　　　李钢平（省安全监管局总工程师）
　　　　杨春富（省投资促进局副局长）
　　　　马林波（省政府金融办副主任）
　　　　黎伦和（省国税局总审计师）
　　　　鲁成军（遵义市副市长）
　　　　李恒超（六盘水市副市长）
　　　　张本强（安顺市委常委、市委政法委书记）
　　　　丁翊强（毕节市副市长）
　　　　杨同光（铜仁市副市长）
　　　　陈应勇（黔东南州副州长）
　　　　周　舟（黔西南州副州长）
　　　　骆　伟（贵安新区管委会主任助理）

贵州省推进磷石膏资源综合利用工作领导小组及办公室均不刻制印章，对外正式行文由省经济和信息化委代章。

贵州省人民政府
关于《贵州省深化磷污染防治专项行动方案》的批复

(黔府函〔2022〕29号)

省生态环境厅：

你厅《关于报请批准实施〈贵州省深化磷污染防治专项行动方案〉的请示》（黔环呈〔2022〕30号）收悉。经研究，现批复如下：

一、原则同意《贵州省深化磷污染防治专项行动方案》，由你厅印发并认真组织实施，按规定做好公开及政策解读工作。

二、在方案实施过程中，要坚持以习近平新时代中国特色社会主义思想为指导，深入贯彻落实习近平生态文明思想和习近平总书记视察贵州重要讲话精神，深入实施大生态战略行动，深化打好磷污染防治攻坚战，巩固提升乌江、清水江等重要流域（区域）水环境质量，筑牢长江上游生态安全屏障，奋力在生态文明建设上出新绩。

三、你厅要会同有关部门和贵阳市、遵义市、毕节市、黔南州人民政府，切实加强组织领导，明确目标任务分工，建立工作调度机制，不断深化磷污染防治，并适时将工作推进情况按程序报省人民政府。

四、你厅要会同有关部门抓紧建立健全方案实施的监督检查和评估机制，定期对方案实施情况进行检查和评估，针对方案实施中出现的问题及时研究提出对策措施。对经评估或者因其他原因确需对方案进行修订的，要及时提出修订方案，按程序进行调整和修订。

贵州省人民政府
2022年3月24日

贵州省深化磷污染防治专项行动方案

为深入实施大生态战略行动，进一步巩固和提升磷污染防治攻坚成效，着力推进磷化工行业企业高质量发展，奋力在生态文明建设上出新绩，特制定本行动方案。

一、总体要求

（一）指导思想。以习近平新时代中国特色社会主义思想为指导，深入贯彻落实习近平生态文明思想和习近平总书记视察贵州重要讲话精神。按照省委、省政府关于加强长江流域水生态保护和修复工作部署和要求，深入推进磷化工行业企业污染治理，巩固提升乌江、清水江等重点流域（区域）水环境质量，筑牢长江上游生态安全屏障。

（二）主要目标。自2021年起，经过三年深化磷矿、磷化工（磷肥、含磷农药及黄磷制造等）企业和磷石膏库（以下简称"三磷"）污染整治，三磷企业污染治理设施出水水体中总磷浓度稳定达到特别排放限值，磷污染治理体系逐步完善。乌江主要支流洋水河、瓮安河、息烽河及清水江主要支流重安江水体中总磷进一步削减，乌江、清水江干流水质优良比例稳定达到100%。

（三）重点区域范围。乌江流域息烽县、开阳县、瓮安县、织金县；清水江流域福泉市。

二、主要任务

（一）优化产业布局。依托矿产资源和现有产业格局，打造磷化工产业集群，重点推进开阳—息烽、瓮安—福泉磷化工产业集聚区建设，积极推进织金磷化工产业集聚区建设。围绕磷化工上下游产业延长磷化工产业链，推动磷化工产业链上下游企业在集聚区建设。支持贵州磷化（集团）做精、做大、做强，努力打造为全球具备重要影响力的磷化工领军企业。〔省工业和信息化厅、省国资委、省发展改革委按职责分工负责，有关市〈州〉及县（市、区）政府具体落实，以下均需地方政府落实，不再列出〕

（二）推动产业升级改造。利用国内外先进工艺技术和装备改造提升现有生产装置，利用半水、二水-半水磷酸工艺技术改造现有二水法生产装置，提升磷酸的生产技术水平，节能降耗，提高磷、氟回收率和磷石膏品质。推进磷化工产业精细化，合理开发利用磷矿资源，提升氟硅碘等磷矿共（伴）生资源利用比重。提高精细磷酸盐、磷系阻燃剂、表面活性剂、抗氧化剂等湿法净化磷酸精深加工产品比重。（省工业和信息化厅、省科技厅、省国资委按职责分工负责）

（三）严格落实"以渣定产"。以制酸、磷石膏建材和井下充填为三大主攻方向，加快优化磷石膏综合利用结构，推动磷石膏规模化、高值化、产业化利用。以磷化集团、金正大、胜威凯洋等企业为重点，在息烽、开阳、福泉、瓮安着力实施一批磷石膏生产硫酸联产水泥（氧化钙）项目。加强磷石膏在建材方面综合利用推广，持续推进建筑石膏、高强石膏、无水石膏、净化石膏等基础粉体材料项目。继续实施磷石膏无废害充填，扩大充填应用范围，有序拓展磷石膏在生态修复、土壤改良、填料助剂等领域的利用。持续推进磷石膏无害化、资源化等技术研究攻关，研制磷石膏资源综合利用高附加值产品及生产设备，降低磷石膏综合利用产品成本和提高产品质量，增强产品竞争优势，提升磷石膏综合利用水平。推动磷化集团研究磷石膏改性技术，从源头上控制磷污染，从根本上防范磷石膏渣场渗

漏环境风险。（省工业和信息化厅、省生态环境厅、省科技厅、省发展改革委、省住房城乡建设厅、省财政厅按职责分工负责）

（四）严格执行环境准入。按照"三线一单"分区管控要求，严格执行环境管理和生态环境准入，实施产业准入负面清单制度，严控黄磷新增产能，在乌江干流1千米范围内禁止新建、扩建磷矿、磷化工项目及园区。推动落后产能退出，引导工艺技术相对落后、资源开采效率较低的中小型磷矿逐步退出，磷矿新建、改扩建最小规模不低于30万吨/年。（省生态环境厅、省工业和信息化厅按职责分工负责）

（五）深化磷化工企业综合整治。推进磷化工企业厂区环境综合治理。积极推进涉磷企业实施污水收集管网"暗改明"，完善厂区、污水池、污水沟、雨污分流系统等防渗措施，实施厂区初期雨水收集和治理。严格排污许可管理，落实依证排污，持续推进磷化工企业外排废水总磷浓度稳定达到特别排放限值。着力开展黄磷尾气综合整治，采取发电等措施实现黄磷尾气回收综合利用，严防黄磷尾气"点天灯"。重点解决黄磷企业废气无组织排放，完善含磷原料及废渣等物料贮存场所防渗措施，推动黄磷产业实现绿色发展。（省生态环境厅牵头）

（六）深化磷矿综合整治。加强瓮安河及支流泉飞河、洋水河磷矿厂区污水处理设施建设，推进磷矿矿井污水处理设施提标改造，强化运行管理，加强监测预警和诊断评估。强化矿山企业场地面源污染治理，完善矿井水或矿坑积水、弃渣（土）场或尾矿库淋溶水、地坪冲水收集设施，强化废水回用。对外排含磷废水的重点排污单位，设置排污口在线监测装置，加强对总磷等污染物环境监管，执行特别排放限值排放。矿山生产区内储矿场所设置围挡或者防风抑尘网、场地进行硬化，设置喷淋管线；矿山生产区外储矿场所设置半封闭式结构并配备喷淋管线，防止含磷废水污染环境。加强道路运输监管，运输磷石膏（渣）、磷矿车辆采取加盖篷布等方式，防止运输过程中抛撒、遗漏造成二次污染。（省生态环境厅、省交通运输厅按职责分工负责）

（七）深化磷石膏渣场综合整治。持续推进磷石膏渣场整治，建设和完善截洪沟、渗滤液收集池和应急池等，逐步解决磷石膏渣场收集、排洪、清污不分流等问题。督促贵州磷化集团2022年4月底前完成交椅山磷石膏堆场老调节池防渗治理项目建设。（省生态环境厅牵头）

（八）深化含磷废水治理。加强磷化集团交椅山、独田—摆纪，西洋实业大坡等磷石膏渣场末端治理设施运行监管，督促磷化集团、西洋实业等企业对原有设施进行升级改造，最大限度挖掘已建设施处理潜力。补齐应急处理设施短板，加快推进34号泉眼汛期溢流含磷废水治理（黄金桥隧洞溢流），2022年4月底前建成投运7000立方米/时黄金桥污水应急处理设施工程，确保汛期无含磷废水溢流。开展瓮安河支流雍阳河地下水环境状况调查评估和引流工程，实施雷打岩工业污水处理厂应急能力提升工程，确保瓮安河天文断面水质稳定达标。开展光洞河流域环境问题排查整治，实施光洞河地下水调查，对历史遗留工矿区开展生态修复，逐步解决历史遗留问题。2022年年底前完成雷打岩及光洞河地下水调查，2023年根据调查情况推进治理和生态修复。（省生态环境厅、省自然资源厅、省国资委，贵州磷化集团按职责分工负责）

（九）强化治污设施安全度汛。强化磷化集团乌江34号泉眼、清水江发财洞含磷废水处理设施运行监管，认真落实设施运行日常调度机制。加强34号泉眼区域降雨量和水文情况监测，在保证大坝和防汛安全的前提下，科学合理优化构皮滩、乌江渡水电站运行调度，强化汛期34号泉眼废水处理设施的运行管理。强化建成后的凤山水库运行调度，保障凤山水库生态流量下泄保证率，满足下游河道生态需水要求。督导磷化集团加强含磷废水处理设施运维，加大马尾槽渣场源头水回抽量用于厂区生产工艺用水，最大限度降低乌江 34 号泉眼污染负荷。（省生态环境厅、省水利厅、省国资委、省气象局，贵州乌江水电开发有限责任公司、贵州磷化集团按职责分工负责）

三、保障措施

（一）认真落实责任。有关市（州）和县（市、区）以及有关企业是本行动方案实施的责任主体。为确保责任落实到位，要加强组织领导，要切实落实生态环境保护"党政同责、一岗双责"，成立工作专班，统筹推进深化磷污染防治专项行动方案有关工作，并将本方案确定的目标、任务、项目等纳入工作计划，确保措施、资金、责任"三落实"。

（二）强化调度督导。省直有关部门要按照"挂图作战、挂牌督战、挂账销号"工作部署和要求，建立调度工作机制，定期对有关工作进展情况进行调度，并建立台账。适时开展现场督查督办，发现问题及时协调调查处理。

（三）严格责任追究。本行动方案完成情况纳入省生态环境保护督察，同时纳入深化污染防治攻坚战考核，对履职不到位、责任不落实，有关工作推进不力、进展缓慢的进行预警、通报、约谈，实施挂牌督办，并将追究相关人员责任。

附件：贵州省深化磷污染防治专项行动方案主要项目（任务）清单

附件

贵州省深化磷污染防治专项行动方案主要项目（任务）清单

1. 推进开阳—息烽、瓮安—福泉磷化工产业集聚区建设，积极推进织金磷化工产业集聚区建设。（督导单位（下同）：省工业和信息化厅、省国资委、省发展改革委，责任单位：有关市（州）及县（市、区）政府）

2. 推动产业升级改造。利用国内外先进工艺技术和装备改造提升现有生产装置，利用半水、二水－半水磷酸工艺技术改造现有二水法生产装置，提升磷酸的生产技术水平，节能降耗，提高磷、氟回收率和磷石膏品质。（督导单位：省工业和信息化厅、省科技厅、省国资委，责任单位：有关市（州）及县（市、区）政府和相关企业）

3. 推进磷化工产业精细化，合理开发利用磷矿资源。（督导单位：省工业和信息化厅、省科技厅、省国资委，责任单位：有关市（州）及县（市、区）政府和相关企业）

4. 加快提升磷石膏利用能力和水平。（督导单位：省工业和信息化厅、省生态环境厅、省发展改革委、省住房城乡建设厅、省财政厅责任单位：有关市（州）及县（市、区）政府和相关企业）

5. 持续推进磷石膏无害化、资源化等技术研究攻关。（督导单位：省科技厅，责任单位：有关市（州）及县（市、区）政府）

6. 督促磷化集团研究磷石膏改性技术，从源头上控制磷污染，从根本上防范磷石膏渣场渗漏环境风险。（督导单位：省生态环境厅、省工业和信息化厅，责任单位：有关市（州）及县（市、区）政府和贵州磷化集团）

7. 实施产业准入负面清单制度，严控黄磷新增产能，在乌江干流1千米范围内禁止新建、扩建磷矿、磷化工项目及园区。（督导单位：省生态环境厅、省工业和信息化厅，责任单位：有关市（州）及县（市、区）政府）

8. 引导工艺技术相对落后、资源开采效率较低的中小型磷矿逐步退出。（督导单位：省工业和信息化厅、省生态环境厅，责任单位：有关市（州）及县（市、区）政府）

9. 积极推进涉磷企业实施污水收集管网"暗改明"，完善厂区、污水池、污水沟、雨污分流系统等防渗措施，实施厂区初期雨水收集和治理。（督导单位：省生态环境厅，责任单位：有关市（州）及县（市、区）政府和相关企业）

10. 采取发电等措施实现黄磷尾气回收综合利用，完善含磷原料及废渣等物料贮存场所防渗措施。（督导单位：省生态环境厅，责任单位：有关市（州）及县（市、区）政府和相关企业）

11. 加强瓮安河、洋水河磷矿厂区污水处理设施建设，推进磷矿矿井污水处理设施提标改造。（督导单位：省生态环境厅，责任单位：有关市（州）及县（市、区）政府和相关企业）

12. 强化矿山企业场地面源污染治理和废水回用。（督导单位：省生态环境厅，责任单位：有关市（州）及县（市、区）政府和相关企业）

13. 对外排含磷废水的重点排污单位，设置排污口在线监测装置。（督导单位：省生态环境厅，责任单位：有关市（州）及县（市、区）政府）

14. 矿山生产区内储矿场所设置围挡或者防风抑尘网、场地进行硬化，设置喷淋管线；矿山生产区外储矿场所设置半封闭式结构并配备喷淋管线。(督导单位:省生态环境厅,责任单位:有关市(州)及县(市、区)政府和相关企业)

15. 加强道路运输监管,运输磷石膏(渣)、磷矿车辆采取加盖篷布等方式,防止运输过程中抛撒、遗漏造成二次污染。(督导单位:省交通运输厅,责任单位:有关市(州)及县(市、区)政府)

16. 完成交椅山磷石膏堆场老调节池防渗治理项目建设。(督导单位:省生态环境厅,责任单位:有关市(州)及县(市、区)政府和贵州磷化集团)

17. 加强磷化集团交椅山、独田—摆纪,西洋实业大坡等磷石膏渣场末端治理设施运行监管,督促磷化集团、西洋实业等企业对原有设施进行升级改造。(督导单位:省生态环境厅,责任单位:有关市(州)及县(市、区)政府和相关企业)

18. 建成投运7000立方米/时黄金桥污水应急处理设施工程。(督导单位:省生态环境厅,责任单位:有关市(州)及县(市、区)政府和贵州磷化集团)

19. 开展瓮安县雍阳河流域地下水环境状况调查评估和引流工程。(督导单位:省生态环境厅,责任单位:有关市(州)及县(市、区)政府)

20. 实施雷打岩工业污水处理厂应急能力提升工程。(督导单位:省生态环境厅,责任单位:有关市(州)及县(市、区)政府)

21. 开展光洞河流域环境问题排查整治。(督导单位:省生态环境厅,责任单位:有关市(州)及县(市、区)政府)

22. 加强乌江流域雨水情监测,科学合理优化构皮滩、乌江渡水电站运行调度,强化汛期34号泉眼废水处理设施的运行管理。(督导单位:生态环境厅、省水利厅、省国资委、省气象局,责任单位:有关市(州)及县(市、区)政府和贵州乌江水电开发有限责任公司、贵州磷化集团)

23. 强化建成后的凤山水库生态流量调度。(督导单位:省水利厅,责任单位:有关市(州)及县(市、区)政府)

24. 督导磷化集团加强含磷废水处理设施运维,加大马尾槽渣场源头水回抽量用于厂区生产工艺用水。(督导单位:生态环境厅,责任单位:有关市(州)及县(市、区)政府和贵州磷化集团)

关于印发《贵州省磷石膏资源综合利用工作考核方案（试行）》的通知

（黔磷石膏利用办〔2018〕4号）

省推进磷石膏资源综合利用工作领导小组成员单位：

《贵州省磷石膏资源综合利用工作考核方案（试行）》已经省推进磷石膏资源综合利用工作领导小组审核同意，现印发你们，请准照执行。

附件：《贵州省磷石膏资源化综合利用工作考核方案》

贵州省推进磷石膏资源利用综合利用工作领导小组办公室

2018年10月22日

附件

贵州省磷石膏资源综合利用工作考核方案（试行）

为认真贯彻落实《省人民政府关于加快磷石膏资源综合利用的意见》（黔府发〔2018〕10号），促进磷化工产业绿色、创新、集约、高效发展，切实做好磷石膏资源综合利用工作，制定本方案。

一、考核目的

坚持目标导向、问题导向和结果导向，遵循客观公正、突出重点、注重实效的原则，对磷石膏资源综合利用工作开展情况与工作结果进行综合评价，进一步落实省直有关部门综合管理和市（州）政府属地管理责任，切实改进工作薄弱环节，提高磷石膏资源综合利用规模和水平。

二、考核范围

省发展改革委、省科技厅、省经济和信息化委、省财政厅、省环境保护厅、省住房城乡建设厅、省交通运输厅、省农委、省国资委、省质监局、省安全监管局。

贵阳市人民政府、黔南州人民政府。

三、考核内容

按照黔府发〔2018〕10号文件，综合确定年度考核内容，具体内容见附件。

四、考核组织

（一）省直有关部门的考核工作，由省推进磷石膏资源综合利用工作领导小组办公室牵头，领导小组成员单位派人参加、交叉考核，根据考核内容与评分细则进行综合考评。

（二）贵阳市人民政府、黔南州人民政府的考核工作，由省推进磷石膏资源综合利用工作领导小组办公室负责，省发展改革委、省科技厅、省财政厅、省环境保护厅、省住房城乡建设厅、省交通运输厅、省国资委、省安全监管局等单位参加，组建考核工作组进行综合考评。

五、考核步骤

省直有关部门对照《考核内容及评分细则》，于第二年2月底前将自查报告及相关印证材料，送省推进磷石膏资源综合利用工作领导小组办公室进行综合考评。对市（州）的考核工作按照以下步骤进行：

（一）自查评分。考核地区对照《考核内容及评分细则》，对磷石膏资源综合利用工作进行全面自查及自评打分，于第二年3月底前将自查报告送省推进磷石膏资源综合利用工作领导小组办公室。

（二）第三方评估。省推进磷石膏资源综合利用工作领导小组办公室会同省环境环保厅，委托第三方机构，于第二年3月底前对贵阳市、黔南州磷石膏消纳工作完成情况进行综合评估。两地要积极配合评估工作，全面无误地提供相关佐证材料，为实地考察等提供方便。

（三）实地检查。省推进磷石膏资源综合利用工作领导小组办公室组织考核工作组，于第二年4月底前赴贵阳市、黔南州，通过现场检查、听取汇报、核查资料等方式，全面核实了解有关情况，对考核内容进行逐项评分。

（四）综合评价。根据日常工作、自查评分、第三方评估和实地检查情况，省推进磷石膏资源综合利用工作领导小组办公室汇总形成考核报告及考核结果，于第二年4月底前报省推进磷石膏资源综合利用工作领导小组审定。

六、考核结果运用

考核结果由省推进磷石膏资源综合利用工作领导小组办公室向各市（州）人民政府、贵安新区管委会及省直有关部门进行通报，并根据考核结果，提出下一年度被考核地区磷酸等产品生产量的指导意见。对年度考核不合格（低于60分）的地区和相关部门，提请省推进磷石膏资源综合利用工作领导小组组长约谈市（州）人民政府及省直相关部门有关负责人，提出整改意见。

附件：1.省直相关部门考核内容及评分细则
    2.磷石膏产生地区考核内容及评分细则

附件 1

省直相关部门考核内容及评分细则

考核单位	考核内容及评分细则	考核分值
省发展改革委	1. 严格审查传统磷肥新建项目，未经省政府同意批复新建湿法磷酸及配套的磷铵装置不得分	70
	2. 派员参加年度对市（州）、贵安新区磷石膏资源综合利用考核工作。未参加不得分	20
	3. 按要求报送相关信息和资料，少报、迟报 1 次扣 2 分	10
省科技厅	1. 积极支持和鼓励企业与科研机构合作，研发和推广不产生或少产生磷石膏的新技术、新工艺。未组织开展该项工作不得分	30
	2. 组织开展磷石膏资源综合利用关键共性技术系统攻关，研制磷石膏资源综合利用高附加值产品及生产设备，大力开发利用磷石膏质量在线监测和控制技术、磷石膏净化技术、磷石膏改良土壤技术、磷石膏路基注浆加固材料技术等。未组织开展该项工作不得分	20
	3. 安排一定资金，用于支持磷化工产业绿色发展和磷石膏资源综合利用。未安排资金不得分	20
	4. 派员参加年度对市（州）、贵安新区磷石膏资源综合利用考核工作。未参加不得分	20
	5. 按要求报送相关信息和资料，少报、迟报 1 次扣 2 分	10
省经济和信息化委	1. 严格审查传统磷肥技改项目，未经省政府同意批复扩建湿法磷酸及配套的磷铵装置不得分	20
	2. 加强对磷化工生产企业的行业监管，严格落实国家和省相关法律法规和政策标准，推动能耗、环保、质量、安全达不到标准和生产不合格产品的磷肥产能依法依规淘汰退出。未完成省下达淘汰任务的不得分	20
	3. 编制完成《贵州省磷化工转型升级方案》《贵州省化工行业中长期发展战略研究》并组织实施。未编制不得分	20
	4. 印发贵州省磷石膏"以渣定产"工作方案并组织实施。未下发工作方案不得分	10
	5. 安排一定资金，用于支持磷化工产业绿色发展和磷石膏资源综合利用。未安排资金不得分	10
	6. 牵头开展对市（州）、贵安新区磷石膏资源综合利用考核工作。未开展不得分	10
	7. 按要求报送相关信息和资料，少报、迟报 1 次扣 2 分	10
省财政厅	1. 省级财政通过统筹一般公共预算、国有资本经营预算及部门现有专项资金，分三年共计安排资金 10 亿元，建立磷石膏资源综合利用专项封闭运行资金池。根据报批通过后的资金使用方案按进度拨付	40
	2. 积极争取国家支持，将磷石膏资源综合利用新产品纳入财政部、国家税务总局发布的《资源综合利用产品和劳务增值税优惠目录》。未开展该项工作不得分	30
	3. 派员参加年度对市（州）、贵安新区磷石膏资源综合利用考核工作。未参加不得分	20
	4. 按要求报送相关信息和资料，少报、迟报 1 次扣 2 分	10

续表

考核单位	考核内容及评分细则	考核分值
省环境保护厅	1. 加强对磷石膏排放的日常监管，按年度组织核查，次年2月底前提供核查数据。未按要求组织年度核查不得分	20
	2. 组织开展磷石膏矿井充填专用胶凝材料第三方跟踪评测。未开展不得分	10
	3. 原则上不再新建、扩建磷石膏库。未经省政府同意批复新建或扩建磷石膏库不得分	10
	4. 强化对现有磷石膏库的规范管理，严防磷石膏渗涌带来的环境风险。未开展该项工作不得分	10
	5. 开展磷石膏违法违规处置专项行动。未开展该项工作不得分	10
	6. 安排一定资金，用于支持磷化工产业绿色发展和磷石膏资源综合利用。未安排资金不得分	10
	7. 派员参加年度对市（州）、贵安新区磷石膏资源综合利用考核工作。未参加不得分	20
	8. 按要求报送相关信息和资料，少报、迟报1次扣2分	10
省住房城乡建设厅	1. 建立完善覆盖设计、施工、验收和使用维护全过程的磷石膏建材工程标准规范体系。未建立标准体系不得分	10
	2. 编制磷石膏建材应用计价依据，发布磷石膏建材造价信息。未编制计价依据扣10分，未发布磷石膏建材造价信息扣10分	20
	3. 积极推广应用磷石膏板材、磷石膏砌块、磷石膏复合材料、磷石膏建筑装饰材料和装配式磷石膏复合建材产品等，建设一批磷石膏资源综合利用产品使用示范工程和项目。未安排推广应用工作扣10分，未建设示范工程和项目扣10分	20
	4. 安排一定资金，用于支持磷化工产业绿色发展和磷石膏资源综合利用。未安排资金不得分	10
	5. 开展全省磷石膏建材产品市场容量情况调查。未形成调查分析报告不得分	10
	6. 派员参加年度对市（州）、贵安新区磷石膏资源综合利用考核工作。未参加不得分	20
	7. 按要求报送相关信息和资料，少报、迟报1次扣2分	10
省交通运输厅	1. 在交通建设项目中，大力推广使用磷石膏资源综合利用产品。未组织推广利用不得分	35
	2. 积极参与研发磷石膏路基注浆加固材料技术。未参与不得分	35
	3. 派员参加年度对市（州）、贵安新区磷石膏资源综合利用考核工作。未参加不得分	20
	4. 按要求报送相关信息和资料，少报、迟报1次扣2分	10
省农委	1. 积极参与研发磷石膏改良土壤技术。未参与不得分	35
	2. 积极开拓磷石膏土壤改良剂省内外市场。未开展不得分	35
	3. 派员参加年度对市（州）、贵安新区磷石膏资源综合利用考核工作。未参加不得分	20
	4. 按要求报送相关信息和资料，少报、迟报1次扣2分	10
省国资委	1. 督促磷石膏产生企业制订磷石膏资源综合利用实施方案。监管企业少1户制定综合利用实施方案扣10分	30
	2. 对贵州开磷控股（集团）有限责任公司、瓮福（集团）有限责任公司"以渣定产"工作实行业绩目标考核。未开展工作不得分	30
	3. 派员参加年度对市（州）、贵安新区磷石膏资源综合利用考核工作。未参加不得分	20
	4. 督促指导企业完成省磷石膏资源综合利用资金绩效目标任务	10
	5. 按要求报送相关信息和资料，少报、迟报1次扣2分	10

续表

考核单位	考核内容及评分细则	考核分值
省质监局	1. 指导磷石膏建材产品质量标准编制工作，按职责做好磷石膏建材产品质量标准申报的批准立项、审查、发布等相关工作	70
	2. 派员参加年度对市（州）、贵安新区磷石膏资源综合利用考核工作。未参加不得分	20
	3. 按要求报送相关信息和资料，少报、迟报1次扣2分	10
省安全监管局	1. 督促企业落实主体责任，建立健全磷石膏库安全生产责任制和各项安全生产规章制度，严格按照设计堆放，强化在线监测监管，加大隐患排查治理力度，确保磷石膏库安全运行。未开展工作不得分	70
	2. 派员参加年度对市（州）、贵安新区磷石膏资源综合利用考核工作。未参加不得分	20
	3. 按要求报送相关信息和资料，少报、迟报1次扣2分	10

考核说明：提供开展相关工作的通知、方案、总结等材料，或出台的政策措施文件进行佐证。

附件 2

磷石膏产生地区考核内容及评分细则

考核内容	考核指标	评分细则	考核分值	备注
工作目标完成情况	产消平衡	1. 完成《贵州省磷石膏资源综合利用目标责任书》确定的消纳本辖区磷化工企业当年磷石膏总量任务。每低于目标值1个百分点扣0.5分，扣完为止。 2. 本辖区磷化工企业磷石膏产生总量不得高于当年消纳任务总量。每高于目标值1个百分点扣0.5分，扣完为止。	45	磷石膏产生量由省环境保护厅核查确定；消纳量由第三方机构评估确定
重点工作开展情况	组织领导	1. 建立本地磷石膏资源综合利用工作推进机构，得1分；制定工作实施方案，得2分。 2. 市（州）人民政府负责同志每年至少主持召开2次会议专题研究磷石膏资源综合利用工作，得4分，少召开1次扣2分。 3. 督促指导本辖区产渣企业逐个制订磷石膏产消平衡年度计划，并承诺未完成计划任务将主动停产整顿，直至完成消纳任务，得10分。少1个企业扣2分，扣完为止。 4. 按照省推进磷石膏资源综合利用工作领导小组办公室的要求，及时报送有关材料和报表，得3分。少报1次扣1分，迟报1次扣0.5分。 5. 督促指导本辖区企业完成省磷石膏资源综合利用资金绩效目标任务。完成任务得5分，未完成，按其完成情况相应扣分。	25	
	政策支持	1. 每年安排不低于《贵州省磷石膏资源综合利用目标责任书》确定的资金总量，专项用于支持本市磷石膏综合利用企业技术改造及磷石膏产品市场推广应用，得10分，每低于目标值1个百分点扣0.5分，扣完为止。 2. 积极支持本辖区磷石膏资源综合利用企业拓展市场，将产品销售到其他地区，制定激励政策并落实，得10分。未制定政策扣10分，未落实扣5分。	20	
重点工作开展情况	日常监管	1. 按季度调度磷石膏产消平衡工作进展，及时汇总情况报省推进磷石膏资源综合利用工作领导小组办公室，得4分，少1次扣1分。 2. 每年至少开展两次工作督导，深入企业现场检查磷石膏产消平衡工作推进情况，帮助企业解决面临的困难和问题，得6分，少1次扣3分。	10	
	其他项目	1. 加大磷石膏综合利用项目招商引资力度，加快磷石膏综合利用项目建设。每新引进1户到位资金2000万元以上的磷石膏综合利用企业加1分；每新增1户磷石膏综合利用规模企业加2分。累计加分不超过10分。 2. 辖区内磷石膏产生企业、利用企业污染治理设施不正常运行或排放不达标，被省级以上生态环境部门查处的，1件次扣5分。 3. 发生特别重大、重大磷石膏污染突发事件的，当年度考核直接评定为不合格		

关于做好 2019 年磷石膏"以用定产"工作的通知

(黔磷石膏利用办〔2019〕2 号)

省推进磷石膏资源综合利用工作领导小组有关成员单位：

根据《关于加快磷石膏资源综合利用的意见》(黔府发〔2018〕10 号)和《贵州省磷石膏"以用定产"工作方案》(黔磷石膏利用办〔2018〕1 号)有关要求，扎实做好 2019 年磷石膏"以用定产"工作，加快推动全省现代化工千亿级产业实现高质量发展。现将有关要求通知如下：

一、认真做好 2018 年磷石膏消纳量统计核定工作。贵阳市、黔南州要及时完成 2018 年度磷石膏消纳量核定统计工作，以消纳的磷石膏干基量进行核算，填写《贵州省 2018 年磷石膏消纳情况表》，并将消纳情况于 2019 年 2 月 27 日前报送省推进磷石膏资源综合利用工作领导小组办公室(以下简称领导小组办公室)。报送的磷石膏消纳情况报告中应包含核算的方法、依据及消纳途径等内容。

二、做好 2019 年度磷石膏消纳和推广应用计划。按照黔府发〔2018〕10 号文件有关要求，自 2019 年起，全省磷石膏实现"产销平衡"，新增堆存量为零。贵阳市、黔南州人民政府要根据文件要求和 2018 年磷石膏消纳完成情况，制订本地区 2019 年度磷石膏产销平衡计划和磷石膏产生企业磷酸产品生产计划，经逐级审核后于 2019 年 3 月 15 日前报领导小组办公室。领导小组办公室将组织有关部门或委托第三方机构对报送情况进行核实认定，经省推进磷石膏资源综合利用工作领导小组审核确认后下发实施。

三、贵阳市、黔南州要继续做好磷石膏产生、消纳及推广应用工作台账工作，于每月 10 日前将工作推进情况及月工作台账报领导小组办公室，领导小组办公室将结合报送情况适时向社会公开发布磷石膏产生、消纳及推广应用和企业落实整改的情况。

四、领导小组办公室将定期组织专项督查考评小组，对各市(州)、贵安新区落实"以用定产"工作情况进行考核评估，并将有关情况报省推进磷石膏资源综合利用工作领导小组审核确定。

五、省国资委要按照部门分工要求，督促开磷集团、瓮福集团及时将 2018 年度磷石膏消纳情况报送属地政府，并指导企业做好 2019 年磷石膏"以用定产"相关工作。

特此通知。

贵州省推进磷石膏资源综合利用工作领导小组办公室
2019 年 2 月 22 日

省住房城乡建设厅等七部门
关于印发《贵州省磷石膏建材推广应用工作方案》的通知

(黔建科通〔2018〕276号)

各市、自治州人民政府,贵安新区管委会,各县(市、区、特区)人民政府,省政府各部门、各直属机构:

为贯彻落实省委、省政府"以渣定产"重要部署,根据《省人民政府关于加快磷石膏资源综合利用的意见》(黔府发〔2018〕10号)要求,省住房城乡建设厅牵头组织制定了《贵州省磷石膏建材推广应用工作方案》(详见附件),经省人民政府同意,发给你们,请结合实际认真贯彻实施。

贵州省住房和城乡建设厅

贵州省经济和信息化委员会

贵州省发展和改革委员会

贵州省财政厅

贵州省商务厅

贵州省工商行政管理局

贵州省质量技术监督局

2018年8月21日

附件

贵州省磷石膏建材推广应用工作方案

为认真贯彻《省人民政府关于加快磷石膏资源综合利用的意见》（黔府发〔2018〕10号），全面实施磷石膏"以渣定产"，加速推进磷石膏建材在我省建设工程推广应用工作，特制定本工作方案

一、指导思想

以习近平新时代中国特色社会主义思想为指导，深入贯彻习近平生态文明思想，牢固树立新发展理念，紧紧围绕省委、省政府确定的"以渣定产"工作目标，坚持政府引导、市场主体，在市场配置和供需平衡基础上，强制和鼓励并举，提高磷石膏建材工程应用量，实现建设行业和磷化工产业共赢发展。

二、工作目标

2018年实施供应能力提升、完善标准体系、开展行业大培训、实施示范试点四大任务，夯实磷石膏推广应用工作基础；2019年实施磷石膏建材重点推广，规模化推广应用磷石膏建材，使建筑行业成为消纳磷石膏的重要途径之一；2020年及以后，形成磷石膏建材推广应用常态化，建筑行业成为消纳磷石膏的主要途径之一。

三、重点任务

（一）加大磷石膏建材产品市场供应。建成一批以磷石膏为原料的建筑粉体系列材料、建筑墙体及装饰系列材料、胶凝系列材料等项目，积极培育磷石膏新型建筑建材基地。磷石膏产生企业应为磷石膏综合利用提供便利，鼓励社会力量开展磷石膏综合利用。磷石膏建材生产企业积极通过技术改造升级，完善规格品种，增强工程配套应用能力，提高磷石膏建材产品质量和产量，满足全省磷石膏建材制品推广工作需要。各地县级以上人民政府应切实做好招商引资工作，积极支持磷石膏建材生产项目落地，合理布点，降低磷石膏建材运输半径。〔责任单位：省经济和信息化委、省发展改革委、省投资促进局、省国土厅、省住房城乡建设厅；各市（州）人民政府、贵安新区管委会，各县（市、区、特区）人民政府〕

（二）实施建筑抹灰石膏重点推广。全省新建、改建、扩建和修缮房屋建筑重点推广使用以磷石膏建筑石膏粉为主要原料的建筑内墙抹灰石膏（建筑防水、防潮功能部位除外），采取以替代促进推广应用的方式，由省住房城乡建设厅依据法律法规授权制定建筑抹灰材料限制或禁止使用技术目录，并向社会公布，加快实现建筑抹灰石膏普及应用。（责任单位：省住房城乡建设厅）

（三）实施替代天然石膏建材重点推广。为保护和节约资源，加快推进磷石膏综合利用，全省逐步实施磷石膏建材等工业副产石膏建材替代天然石膏建材。以磷石膏建筑石膏粉体材料为主要原料内墙隔板（砌块、砖）、纸面石膏板、干混砂浆等建材逐步替代相应天然石膏建材。建设、质监、工商按照各自职责分别在生产、流通和使用领域进行监督检查。（责任单位：省住房城乡建设厅、省质监局、省工商局）

（四）实施磷石膏建材重点地区推广。贵阳市、黔南州应加快推进磷石膏建材推广应用工作，制定

高于全省要求的磷石膏建材推广方案并率先组织实施。与开阳、息烽、福泉距离较近的其他市（州）所属市（县）应积极开展磷石膏建材推广应用。鼓励其他市（州）因地制宜加快磷石膏建材推广应用。〔责任单位：各市（州）人民政府、贵安新区管委会，各县（市、区、特区）人民政府〕

（五）实施磷石膏建材推广示范引领。按照政府带头、企业自主原则，逐步提高磷石膏建材应用比重。自2018年10月1日起，新建、扩建、改建和修缮政府投资的国家机关、教育、卫生、文化、体育、交通等公共建筑的内隔墙、内墙抹灰、屋面抹灰及石膏吊顶应采用以磷石膏建筑石膏粉为主要原料的磷石膏建材（防水、防潮功能部位除外）。鼓励政府保障性住房、移民搬迁和村寨改造住房以及社会投资建设项目开展磷石膏建材推广应用示范工程建设。〔责任单位：各市（州）人民政府、贵安新区管委会，各县（市、区、特区）人民政府；省住房城乡建设厅、省教育厅、省交通运输厅、省体育局、省卫生计生委、省文化厅〕

（六）实施新型磷石膏建材技术推广试点。支持装配式混凝土空间网格盒式结构等新型磷石膏建材应用技术开展工程应用试点，在试点基础上，纳入磷石膏建材推广应用目录，编制相应工程建设地方标准，加快拓展磷石膏建材应用领域。（责任单位：贵阳市、黔南州人民政府）

（七）积极开拓磷石膏建材省外市场。支持建筑石膏粉、抹灰石膏、粘结石膏、纸面石膏板等受运距限制较小的磷石膏建材生产企业积极开拓省外市场，扩大我省磷石膏建材产业影响力，提高知名度。积极支持上述建材品种申报国家工程建设推广应用项目，争取列入全国建设新技术推广应用目录。（责任单位：省住房城乡建设厅、省经济和信息化委、省商务厅；贵阳市、黔南州人民政府）

四、保障措施

（一）加强组织领导。在贵州省推进磷石膏资源综合利用工作领导小组领导下成立全省磷石膏建材推广协调工作组，成员由各责任单位组成。建立协调工作机制，重点在工作层面、操作层面、执行层面加强统筹协调，有序推动工作。建立风险防控机制，及时掌握市场价格变动和供需情况，及时化解政策实施风险（责任单位：省住房城乡建设厅及各成员单位）

（二）落实鼓励政策。从省磷石膏资源综合利用专项封闭运行资金池中安排一定资金支持磷石膏建材推广应用。贵阳市、黔南州也要从专项资金中安排一定资金支持磷石膏建材推广应用。鼓励设计单位、施工单位在设计和施工中优先使用新型磷石膏建材。在住房城乡建设领域开展的工程评奖、评优活动中，将磷石膏建材采用情况作为参评或获奖的条件之一（责任单位：省住房城乡建设厅、省经济和信息化委、省财政厅；贵阳市、黔南州人民政府）

（三）强化技术支撑。组织编制全省磷石膏建材推广应用目录，指导全省磷石膏建材推广。对现行磷石膏建材工程应用技术标准进行梳理、提升和完善，组织编制《贵州省石膏基建筑材料应用统一技术规程》；支持编制新型磷石膏建材应用工程建设地方标准；建立和完善工程建设标准、标准设计、工法三位一体的推广应用标准体系。组织编制磷石膏建材应用补充定额，发布磷石膏建材应用造价信息。（责任单位：省住房城乡建设厅）

（四）加强质量监督。按照"双随机一公开"要求，在磷石膏建材生产、流通、应用领域开展质量监督抽查，及时查处生产、销售和使用不合格磷石膏建材行为。严把磷石膏建材施工现场入场复检关口，严防不合格磷石膏建材流入施工现场使用，确保工程建设质量和人民健康安全（责任单位：省住房城乡建设厅、省质监局、省工商局）

（五）开展行业大培训。制订全省建设行业大培训计划。按照属地原则，开展工程技术人员磷石膏建材应用标准规范培训，提高全省工程技术人员对磷石膏建材认识，掌握设计和应用方法。开展建筑工人施工工法培训和施工技能培训，使建筑工人熟悉掌握磷石膏建材施工工艺和方法，确保施工进度和质量。〔责任单位：省住房城乡建设厅；各市（州）人民政府、贵安新区管委会，各县（市、区、特区）人民政府〕

（六）建立磷石膏建材应用量统计核算制度。磷石膏建材应用量统计责任要落实到磷石膏建材生产、使用环节。要开展核算和统计，汇总数据逐级上报。各产品质量检测机构要将磷石膏建材原材料配比纳入检测报告。〔责任单位：各市（州）人民政府、贵安新区管委会，各县（市、区、特区）人民政府、省质量技术监督局〕

（七）加强考核评价。将磷石膏建材推广责任纳入省人民政府与各市（州）人民政府、贵安新区管委会，市级人民政府与县级人民政府，省国资委与贵州开磷控股（集团）有限责任公司、瓮福（集团）有限责任公司，其他相关企业与所在地地方政府分别签订目标责任书。组建磷石膏建材推广专项督查考评小组，定期到各地、各企业督促检查工作推进落实情况，及时将有关情况报告领导小组。〔责任单位：省住房和城乡建设厅；各市（州）人民政府、贵安新区管委会，各县（市、区、特区）人民政府〕

（八）加强宣传引导。充分利用广播、电视、报刊等传统新闻媒体及"两微一端"等新兴媒体资源，加强磷石膏建材无害化、环保化知识的普及和教育，及时总结和推广磷石膏建材推广工作取得的成功经验和做法，通过典型示范宣传促进磷石膏建材的普及推广。〔责任单位：省住房城乡建设厅；各市（州）人民政府，贵安新区管委会，各县（市、区、特区）人民政府〕

贵州省住房和城乡建设厅
关于开展贵州省磷石膏建材应用试点示范工作的通知

(黔建科通〔2019〕43号)

各市(州)住房和城乡建设局,黔南州规划建设委员会,贵安新区建设规划局,仁怀市、威宁县住房和城乡建设局,各有关单位:

为贯彻落实省委、省政府"以渣定产"重要部署,按照《省人民政府关于加快磷石膏综合利用的通知》(黔府发〔2018〕10号)和《省住房城乡建设厅等七部门关于印发贵州省磷石膏建材推广应用工作方案的通知》(黔建科通〔2018〕276号)要求,决定在全省开展磷石膏建材应用试点示范工作,现将有关事项通知如下:

一、充分认识开展试点示范的重要意义

"以渣定产"是省委、省政府贯彻落实习近平生态文明思想的重大举措,省政府将磷石膏建材推广应用作为磷石膏消纳的三大主攻方向之一,对实现"以渣定产"目标具有举足轻重的作用。开展试点示范是做好磷石膏建材推广应用已经明确的重点任务,也是实现磷石膏建材推广应用目标的重要"抓手"。通过试点示范的引领和带动作用,进一步放大政策效应,形成磷石膏建材推广应用的有效模式,促进磷石膏建材大规模推广应用,确保实现"以渣定产"目标任务。

二、试点示范的申请条件、申请程序和审核确认

(一)申请条件

1.建设工程项目采用的磷石膏建材列入《贵州省住房城乡建设领域"十三五"推广应用技术目录》,单一建筑部位磷石膏建材替代其他建筑材料的应用量达到90%以上,可带动磷石膏建材大量推广应用的,可以申报为示范项目。

2.建设工程项目采用的磷石膏建材尚未列入《贵州省住房城乡建设领域"十三五"推广应用技术目录》,但符合建设工程技术政策发展方向,具备自主创新特点、技术可行、应用前景广阔,经探索试验总结后,能够拓展应用范围,带动磷石膏建材大量推广使用的,可以申报为试点项目。

3.建设工程项目同时采用列入和未列入《贵州省住房城乡建设领域"十三五"推广应用技术目录》磷石膏建材的,第一类情况:未列入推广目录磷石膏建材用于项目临时设施建造或应用量较小的,按示范项目申报;第二类情况:未列入推广目录的磷石膏建材用于项目永久性设施或墙体建造的,按照试点项目申报。

(二)申报对象

1.申报主体:建设工程项目的建设单位。提倡建设、设计、施工单位和磷石膏建材生产企业等各方责任主体多方或共同联合申请。

2.申报客体：建设工程项目在贵州省行政区域内，所应用的磷石膏建材原料来源为本省磷石膏资源，符合工程建设程序的在建工程项目。

（三）申报程序。申报单位应填写《贵州省磷石膏建材应用试点示范项目申报表》，同时提交以下附件资料，示范项目向县级人民政府建设行政主管部门提出申请，试点项目向省住建厅提出申请：

1.建设单位使用磷石膏建材品种、数量承诺书；

2.磷石膏应用实施方案，包括工程概况、技术来源、实施措施、风险分析、进度计划与安排等；

3.相关工程设计文件佐证材料（经施工图设计文件审查合格）。

（四）审核确认。示范项目审核确认：县级人民政府建设行政主管部门对收到的申请进行审查，审查合格的确认为县级示范项目，其中推广应用量大的优秀项目推荐为市（州）示范项目；市（州）建设行政主管部门审查合格的，确认为市（州）级示范项目，并从中择优推荐为省级示范项目。

试点项目审核确认：为避免将不成熟或处于验证阶段的磷石膏建材大量用于工程建设项目，试点项目统一由省住建厅审核确认。

试点示范项目随时受理，集中公布。试点示范项目奖补政策另行通知。

三、开展试点示范的工作要求

（一）认真摸清底数。各地建设行政主管部门要对辖区内在建和拟开工项目进行摸底，查清项目建设规模、进度、拟完工时间和磷石膏建材应用计划。

（二）做好发动宣传。各地建设行政主管部门要抓住建设单位、设计单位这两个推广应用关键环节，大力宣传磷石膏建材推广应用政策和要求，引导建设单位、设计单位积极采用磷石膏建材。

（三）制订计划清单。在摸清底数和做好发动宣传的基础上，各地建设行政主管部门要根据项目进度（当年能够完成磷石膏建材应用），制订年度试点示范项目计划清单（附件）。其中2019年度试点示范项目计划清单由各市（州）建设行政主管部门汇总后于2019年2月20日前报送我厅建筑节能与科技处（以后下一年度计划清单请于当年12月31日前报送省厅）。

（四）做好服务工作。各地建设行政主管部门务必以高效务实的工作作风做好磷石膏建材推广试点示范工作。对可能涉及的施工图设计文件变更等事项，要积极主动上门做好服务，压缩办结时间，不得因此延误工程项目建设进度。

附件（略）

贵州省住房和城乡建设厅
2019年1月16日

关于印发贵州省工业及省属国有企业绿色发展基金管理办法的通知

黔工信规划〔2019〕6号

各有关单位和企业：

为推进贵州省工业及省属国有企业绿色发展基金快速运营，制定了《贵州省工业及省属国有企业绿色发展基金管理办法》，现印发给你们。

贵州省工业和信息化厅
贵州省财政厅
贵州省国有资产监督管理委员会
2019年6月25日

贵州省工业及省属国有企业绿色发展基金管理办法

第一章 总 则

第一条 为做大做强工业企业，推动产业转型升级和省属国有工业企业发展，夯实工业发展基础，促进实体经济发展。根据《中共中央国务院关于深化投融资体制改革的意见》《贵州省人民政府办公厅关于创新财政专项资金支持产业发展使用方式的意见》《省人民政府办公厅关于印发〈贵州省促进产业投资基金加快发展的意见〉和〈贵州省产业投资基金管理暂行办法〉的通知》等文件精神，依据《省经济和信息化委 省发展和改革委 省财政厅关于印发贵州省工业及省属国有企业绿色发展基金方案的通知》（黔经信办〔2018〕23号），设立贵州省工业及省属国有企业绿色发展基金（以下简称"工业及国企基金"）。为促进本基金持续健康运行，根据《中华人民共和国公司法》等法律法规，制定本办法。

第二章 基金的出资与设立

第二条 工业及国企基金设立原则。工业及国企基金设立遵循"政府引导、政策指导、市场运作、风险可控"的原则。政府通过财政性资金出资、明确投资方向、划定投资范围、提供增信服务等方式引导和鼓励社会资本促进省内工业和信息化项目及国有企业的发展，不向其他出资人承诺投资本金不受损失，不承诺最低收益，不形成政府债务。基金按照"整体设计、分期募集、封闭运行"的总体思路实施。

第三条　工业及国企基金组织形式。省人民政府授权省工业和信息化厅（以下简称"省工信厅"）作为出资人，委托贵州省黔晟国有资产经营有限责任公司（以下简称"省黔晟国资公司"）作为出资人代表。工业及国企基金采用公司制形式，根据需要可参股子基金。

第四条　工业及国企基金规模及出资方式。初步设立工业及国企基金总规模300亿元，由省工业和信息化发展专项资金、省本级国有资本经营预算、省属国有企业和社会资本定向募集四部分组成。其中，省工业和信息化发展专项资金安排40亿元、省本级国有资本经营预算安排10亿元注入工业及国企基金，分五年到位。

第五条　工业及国企基金期限。本基金存续期限原则上不超过10年，存续期满后，由投资决策委员会成员单位视项目推进情况报省人民政府决定是否延长存续期限。

第三章　基金管理人

第六条　工业及国企基金管理人。由省黔晟国资公司明确贵州黔晟股权投资基金管理有限公司作为基金管理人。

第七条　基金管理人应从业务流程控制、授权控制、募集控制、财产分离、防范利益冲突、投资控制、托管控制、外包控制、信息系统控制和会计系统控制等具体方面进行规范管理，具体要求包括但不限于以下要点：

（一）基金管理人募集基金，应设置有效机制，切实保障募集结算资金安全；基金管理人应当建立合格投资者适当性制度；

（二）基金管理人应当建立完善的财产分离制度，基金财产与基金管理人固有财产之间、不同基金财产之间、基金财产和其他财产之间要实行独立运作，分别核算；

（三）基金管理人应建立健全相关机制，防范管理的各基金之间的利益输送和利益冲突，公平对待管理的各基金，保护投资者利益；

（四）基金管理人自行承担信息技术和会计核算等职能，应建立相应的信息系统和会计系统，保证信息系统和会计系统等的顺利运行；

（五）基金管理人应当建立基金的投资业务规则，保证投资严格按照法律法规规定。

第四章　基金的项目投资管理与风险控制

第八条　工业及国企基金投资对象。工业及国企基金100%投资于贵州省域内具有发展前景、成长性好的优质工业企业及省属国有企业。支持"十大千亿级工业产业"及"千企改造""千企引进"工程项目建设，优化国有企业产业布局及战略重组，推动企业改革发展、结构调整、转型升级。根据《中共贵州省委　贵州省人民政府印发〈关于进一步促进民营经济发展的政策措施〉的通知》（黔党发〔2018〕29号）的要求，支持符合国家产业政策并具备较好投资前景的优质民营企业，推动民营经济高质量发展。

第九条　工业及国企基金投资模式。工业及国企基金采用"股权投资、债权投资、股债结合、投贷联动"等投资模式，以债权投资为主，投资于具有较好投资前景的优质企业，改善投资企业的财务结构，充实投资企业的流动性。

第十条 投资决策

（一）设立投资决策委员会。在省政府领导下，对工业及国企基金投资活动的管理、控制、运营、退出等作出审议及决策。建立投资决策委员会议事规则。投资决策委员会由省工信厅、省国资委、省财政厅、省黔晟国资公司等相关负责人共同组成。投资决策委员会可根据项目投资对象情况由省工信厅或省国资委作为主召集人：

1. 投资对象为省国资委监管企业所涉项目，由省国资委作为投资决策委员会主召集人；

2. 除上款以外的项目投资时，由省工信厅作为投资决策委员会主召集人。

（二）投资决策委员会实行票决制，投资决策委员会会议应全体委员出席方可举行，如本人无法出席，须签订授权委托书，委托他人代行投票权。每名委员享有一票的票决权，会议作出的决议须经出席委员过半数通过。

（三）设立风险控制委员会。基金管理人应设立风险控制委员会，审核项目投资风险，完善风控措施，为投资决策委员会提供关于项目投资风险控制的客观意见。风险控制委员会以行业专家为主，风控细则由基金管理人制定。

（四）项目投资管理及决策。基金管理人根据企业申报的项目，组织尽职调查，项目尽职调查情况报风险控制委员会审议，将审议结果报投资决策委员会，由投资决策委员会作出具体投资决定。

（五）工业及国企基金投资决策委员会办公室。成立工业及国企基金投资决策委员会办公室（以下简称投决会办公室），成员由省工信厅、省国资委、省财政厅、省黔晟国资公司、黔晟基金公司等相关人员构成。投决会办公室设在省工信厅，主要负责确定工业及国企基金扶持方向和支持重点，做好产业项目的征集、汇总和筛选，指导产业项目前期工作，协调解决重点产业项目建设中遇到的资金困难和问题，筹备召集基金投资决策会议，监督并检查基金管理人的履职尽职情况及其他日常管理工作。

第十一条 基金投资限制

基金原则上不得从事以下业务：

（一）从事融资担保以外的担保、抵押等业务；

（二）投资二级市场股票、期货、房地产、证券投资基金、信托产品、非保本型理财产品、保险计划及其他金融衍生品；

（三）向第三方提供赞助、捐赠（经批准的公益性捐赠除外）；

（四）吸收或变向吸收存款；

（五）发行信托或集合理财产品募集资金；

（六）其他国家法律法规禁止从事的业务。

第五章 基金的托管或监管

第十二条 工业及国企基金由省工信厅会同省财政厅、省国资委共同在具有托管或监管资质的银行中确定托管或监管银行。按照法律法规的规定及托管协议等有关文件约定，工业及国企基金托管或监管银行应对工业及国企基金履行安全保管财产、办理清算交割、复核审查资产净值、开展投资监督、召集基金份额持有人大会等职责。

第十三条 工业及国企基金的托管或监管机构必须履行以下职责：

（一）安全保管基金财产；

（二）对照规定开设基金财产的资金账户；

（三）对所托管的不同基金财产分别设置账户，确保基金财产的完整与独立；

（四）保存基金托管业务活动有关的档案资料；

（五）按照托管协议等有关文件的约定，根据基金管理人的投资指令，及时办理清算、交割事宜；

（六）按时编制并向基金提供年度托管报告；

（七）按照规定监督基金管理人的投资运作；

（八）托管或监管协议约定的其他职责。

第十四条 募集资金必须进行规范管理。基金管理人对基金所投企业资金进行监督，确保资金不被挪用。

第十五条 募集资金使用要坚持"审慎、安全、有偿、规范"原则，认真做好事前调研、风险预测、事中监测、科学调度、事后分析等工作，实现资金使用效益最大化。

第十六条 工业及国企基金每月向投决会成员单位报送投资工作开展情况和资金使用情况。省工信厅、省国资委、省财政厅共同对工业及国企基金开展绩效评价。

第六章 基金的费用管理、预期收益与收益分配

第十七条 工业及国企基金的估值：本基金投资的项目由基金管理人按照产业基金相关指引进行估值。

（一）工业及国企基金原则上管理年费分为：国有企业及财政性资金部分按实投金额的0.1%/年收取；社会定向募集资金部分按实投金额（不含银行信贷资金）的0.3%/年收取。资金年化综合成本基本控制在7%左右。

（二）工业及国企基金投资收益在支付管理费、托管费、中介服务费及其他相关税费后，再向各投资者分配利润，各投资者之间的具体分配比例按照公司章程或相关合同的约定执行。

第七章 基金退出方式

第十八条 本基金投资的项目根据投资方式，可通过上市退出、并购退出、协议退出及其他方式退出。

（一）上市退出。工业及国企基金在被投企业上市后，择机于资本市场退出工业及国企基金所持有的股份。

（二）并购退出。工业及国企基金在适当时机将所持被投资企业股份出售给行业领先企业，实现退出。

（三）协议退出。由工业及国企基金投资企业或其控股股东，或符合要求的第三方通过事先约定的协议，在回购条件触发时，按协议约定的价格回购工业及国企基金持有的股权或基金份额实现退出。

（四）其他方式退出。工业及国企基金投入企业后，在符合相关法规及协议、约定等前提下，顺应市场变化及企业发展需求，在适当的时机选择其他有效的退出机制，实现退出。

第八章 风险补偿金的设立与计提

第十九条 建立工业及国企基金风险补偿资金。建立工业及国企基金风险补偿资金，设立专户进行核算管理，委托工业及国企基金公司管理及运营。风险补偿资金的资金来源为财政性资金、财政性

资金投资收益、财政性资金存款利息、风险补偿资金利息收入、工业及国企基金净收益（扣除基金运作成本和税费）。对按规定决策程序及流程投资的项目出现风险产生损失，风险补偿资金为工业及国企基金提供补偿。

第九章　尽职免责与责任追究

第二十条　建立健全尽职免责机制。投放项目符合下述流程的不予追究责任，包括基金公司尽职调查项目经风险控制委员会审核并报投资决策委员会表决同意投放的项目、省委省政府纪要及省领导明确同意投放的项目。

各级有关部门、单位及其工作人员在工业及国企基金投放工作中存在滥用职权、玩忽职守、徇私舞弊等违法违纪行为的，按照《中华人民共和国预算法》《中华人民共和国公务员法》《中华人民共和国行政监察法》《财政违法行为处罚处分条例》等国家有关规定追究相应责任；涉嫌犯罪的，移送司法机关处理。

第十章　附　　则

第二十一条　本管理办法由省工业和信息化厅、省财政厅、省国有资产监督管理委员会负责解释。

第二十二条　本管理办法从发布之日起执行。

关于公布贵州省第一批磷石膏建材推广应用建筑示范项目的通知

(黔建科字〔2018〕856号)

各市（州）住房城乡建设局，黔南州城乡建设和规划委员会，贵安新区规划建设管理局，仁怀市、威宁县住房和城乡建设局，其他各有关单位：

为认真贯彻落实"以渣定产"，加快推动磷石膏建材在我省建筑工程的应用，根据经省人民政府同意，由省住房城乡建设厅等七部门联合印发的《关于印发〈贵州省磷石膏建材推广应用工作方案〉的通知》（黔建科通〔2018〕276号）的要求，经我厅遴选，确定贵州省第一批磷石膏建材推广应用建筑示范项目（名单见附件），现予以公布，并将有关事项通知如下：

一、各级住房和城乡建设主管部门要按照省委、省政府"以渣定产"工作总体要求，做好示范项目的组织、协调、保障和监管工作，大力培育和鼓励本地工程项目积极申报示范项目，推动磷石膏建材在建筑工程中大量应用。

二、各示范项目承担单位要认真做好示范项目建设，确保工程质量，按照计划进度完成示范项目任务，项目完成后，及时总结示范项目建设经验，并将实施情况报我厅建筑节能与科技处。

贵州省住房和城乡建设厅

2018年12月3日

附件

2018年度贵州省第一批磷石膏建材推广应用建筑示范项目

序号	建设项目名称	建设地点	建设单位	设计单位	施工单位
1	贵阳市观山湖区"观山开磷城"项目	贵阳市	贵州开磷房地产开发有限公司	华东建筑设计研究院有限公司	贵州开磷建设集团有限公司
2	息烽开磷城E区、E1-E4-E6-E9栋项目	息烽县	贵州开磷房地产开发有限公司	贵州省建筑设计研究院有限公司	贵州开磷建设集团有限公司
3	息烽塑料包装厂综合业务用房	息烽县	息烽县建设投资公司	贵阳开磷建筑设计院	开磷建设集团有限公司
4	罗甸县边阳镇移民安置房项目	罗甸县	罗甸县移民局	贵阳市建筑设计院有限公司	贵州建工集团第四建设公司罗甸分公司
5	福泉乐岗移民安置房项目	福泉市	福泉市水库与生态移民局	深圳市建筑设计研究总院有限公司	福泉第一建筑工程公司
6	都匀市"滨江·御品"项目	都匀市	贵州匀峰房产开发有限公司	待确定	贵州建工集团总承包公司
7	福泉紫云台商品房项目	福泉市	贵州峰景置业有限公司	贵阳市建筑设计院有限公司	福泉市第一建筑安装工程公司
8	福泉综合医院业务综合楼项目	福泉市	福泉市卫计局	待确定	待确定
9	福泉幸福家园房开项目	福泉市	福泉市福润集团	待确定	待确定
10	福泉2018年龙昌棚户区改造项目	福泉市	福泉市住建局	待确定	待确定
11	福泉2018年金山棚户区改造项目	福泉市	福泉市住建局	待确定	待确定
12	福泉龙昌镇车管所	福泉市	福泉市福润集团	待确定	待确定

贵州省住房和城乡建设厅
关于进一步贯彻《水污染防治行动计划》《贵州省民用建筑节能条例》和《关于加快磷石膏资源综合利用的意见》的通知

（黔建设字〔2019〕270号）

各市（州）住房城乡建设局、贵安新区规划建设局，各工程设计质量监督站，各建设单位、设计企业：

为贯彻落实国务院《水污染防治行动计划》（国发〔2015〕17号）、《贵州省水污染防治行动计划工作方案的通知》（黔府发〔2015〕3号）、《贵州省民用建筑节能条例》《省人民政府关于加快磷石膏资源综合利用的意见》（黔府发〔2018〕10号）及省住房城乡建设厅《关于加强中水设施建设管理的通知》（黔建设通〔2016〕392号）、《关于进一步加强磷石膏建材推广应用工作的通知》（黔建科通〔2019〕47号）等文件规定，现将有关事项通知如下：

一、单体建筑面积超过二万平方米的新建公共建筑，应安装建筑中水设施，设计企业应在施工图设计中严格落实现行《建筑中水设计规范》（GB 50336）相关要求。

二、贵州省新建民用建筑应按《民用建筑绿色设计规范》进行施工图设计，施工图设计文件中应有绿色设计专篇。设计单位应按相应的评价标准进行自评分数和星级，建设单位送审时应将设计单位的自评表同时送审。

三、2018年8月省住房和城乡建设厅等七部门印发了《贵州省磷石膏建材推广应用工作方案》，规定2018年10月1日起新建、扩建、改建和修缮政府投资的国家机关、教育、卫生、文化、体育、交通等公共建筑的内隔墙、内墙抹灰、屋面抹灰及石膏吊顶应采用以磷石膏建筑石膏粉为主要原料的磷石膏建材（建筑防水、防潮功能部位除外），各有关单位应严格执行。

四、自2019年8月1日起，房屋建筑室内内墙、顶棚抹灰工程不得使用水泥抹灰砂浆，应采用抹灰石膏砂浆代替。但建筑外墙以及具有防水、防潮功能要求的部位可以使用水泥抹灰砂浆。

五、政府投资的国家机关、学校、医院、博物馆、科技馆、体育馆等建筑和保障性住房、城市综合体、大型公共建筑，没有达到绿色建筑标准的项目，设计审查不予通过。

施工图设计文件中没有绿色设计专篇和设计单位的自评表，工程设计质量监督站应责令补齐资料后再进行审查。

经审查达到绿色建筑标准的项目，审查合格证书中应注明绿色建筑等级。

六、各工程设计质量监督站应按照本通知规定的内容进行施工图设计文件审查，严格把关。

贵州省住房和城乡建设厅
2019年8月6日

关于印发贵州省住房城乡建设领域"十三五"推广应用和限制、禁止使用技术目录(第一批)的通知

(黔建科通〔2018〕303号)

各市(州)住房和城乡建设局,黔南州城乡建设和规划委员会、贵安新区规划建设管理局,仁怀市、威宁县住房和城乡建设局,各有关单位:

为贯彻落实《贵州省人民政府关于加快磷石膏资源综合利用的意见》(黔府发〔2018〕10号),按照经省人民政府同意由省住房城乡建设厅等七部门联合印发的《关于印发〈贵州省磷石膏建材推广应用工作方案〉的通知》(黔建科通〔2018〕276号)的要求,依据《贵州省民用建筑节能条例》和《建设领域新技术推广管理规定》(建设部令第109号),在广泛征集技术提案基础上,我厅组织编制《贵州省住房城乡建设领域"十三五"推广应用和限制、禁止使用技术目录(第一批)》(以下简称《技术目录》,详见附件)。并将有关事项通知如下:

一、各地住房城乡建设主管部门要按照《关于印发〈贵州省磷石膏建材推广应用工作方案〉的通知》(黔建科通〔2018〕276号)要求,采取切实有效措施,加强宣传引导,大力推进《技术目录》所列磷石膏建材在住房城乡建设领域的推广应用。

二、各地设计、施工、房地产开发、监理、质量、安全、施工图审查、验收等工程建设各方责任主体要尽快了解并准确把握《技术目录》的内容和技术要求,并在工程实践中积极主动推广应用《技术目录》所列磷石膏建材,确保《技术目录》有效实施。

三、施工图设计文件审查机构、工程监理单位和工程质量安全监督机构应依法将《技术目录》中的限制和禁止使用技术列为审查内容。任何单位和个人不得在工程建设中违规选用和使用明令限制和禁止使用的技术。

四、各地磷石膏建材生产企业要加强质量管理和控制,确保为工程建设项目提供优质可靠的《技术目录》所列磷石膏建材产品;对未列入《技术目录》的产品,要加快技术研究开发,在工程试点成功后及时提出技术提案,纳入《技术目录》。

附件(略)

贵州省住房和城乡建设厅
2018年10月8日

关于发布贵州省住房城乡建设领域"十三五"推广应用和限制、禁止使用技术目录(第二批)的公告

(黔建科通〔2020〕65号)

各市(州)住房和城乡建设局,贵安新区住房和城乡建设局,各有关单位:

为加快推进我省建设领域科技进步,培育引导建设技术发展,强化建设领域推广应用新技术新产品的指导和限制、禁止使用技术与产品的管理,按照《贵州省民用建筑节能条例》和《建设领域新技术推广管理规定》(建设部令第109号),在广泛征集技术提案基础上,我厅组织编制《贵州省住房城乡建设领域"十三五"推广应用和限制、禁止使用技术目录(第二批)》。现予公告,请遵照执行。

贵州省住房和城乡建设厅

2020年7月13日

省财政厅 省工业和信息化厅 省住房城乡建设厅
关于印发《贵州省磷石膏资源综合利用资金管理办法》的通知

(黔财工〔2021〕88号)

各市(州)财政局、工业和信息化主管部门、住房和城乡建设主管部门,有关企业:

为大力推动磷石膏资源综合利用,规范财政资金管理,提高资金使用效益,按照《中华人民共和国预算法》《中共贵州省委 贵州省人民政府关于全面实施预算绩效管理的实施意见》及《贵州省磷石膏资源综合利用资金实施方案》等规定,现将《贵州省磷石膏资源综合利用资金管理办法》印发给你们,请遵照执行。

附件:贵州省磷石膏资源综合利用资金管理办法

贵州省财政厅
贵州省工业和信息化厅
贵州省住房和城乡建设厅
2021年7月5日

附件

贵州省磷石膏资源综合利用资金管理办法

第一章 总 则

第一条 为加强和规范贵州省磷石膏资源综合利用资金的管理，提高资金使用绩效，大力推动磷石膏资源综合利用，根据《中华人民共和国预算法》《中共贵州省委 贵州省人民政府关于实施工业倍增行动奋力实现工业大突破的意见》《省人民政府关于加快磷石膏资源综合利用的意见》及财政资金管理等有关规定，现结合我省实际，制定本办法。

第二条 本办法所称贵州省磷石膏资源综合利用资金（以下简称"资金"），是指由省级财政预算安排，专项用于支持贵州省磷石膏资源综合利用的奖补资金。

第三条 资金管理和使用应当符合以下原则：

（一）坚持落实企业主体责任。坚决贯彻党中央、国务院和省委、省政府决策部署，持续推进磷化工企业"以渣定产"，按照"谁排渣谁治理，谁利用谁受益"的原则，倒逼企业落实主体责任，加大磷石膏资源综合利用。

（二）坚持高质量综合利用。按照资源化、规模化、产业化要求，推动磷石膏资源综合利用，巩固提升磷石膏资源综合利用水平。

（三）坚持公平公开公正。按照科学合理、突出重点、奖补结合、择优扶持的原则，优化项目申报程序和承诺绩效目标公示，接受社会监督，确保资金使用公开透明。

（四）坚持绩效管理。实施全过程预算绩效管理，开展跟踪问效、绩效评价等工作，强化资金监管，充分发挥资金效益。

第四条 市、县地方政府可根据当地实际情况对磷石膏资源综合利用给予适当补助，具体标准和补助办法由地方政府自行确定。贵阳市、黔南州等磷石膏产生地区要落实属地责任，对磷石膏综合利用予以资金支持，与省级支持政策形成有效联动互补。

第二章 职责分工

第五条 资金由财政部门、工业和信息化主管部门、住房和城乡建设主管部门按照职责共同管理。财政部门负责资金的预算管理，会同工业和信息化、住房和城乡建设主管部门按规定做好资金的下达拨付工作，监督资金的使用。工业和信息化、住房和城乡建设主管部门负责组织资金项目的申报、审核、调度和监督检查，发布资金申报指南，开展全过程绩效管理。

第三章 资金支持范围和奖补标准

第六条 资金以项目法分配为主，也可采用项目法和因素法相结合等方法分配，原则上采取后奖补为主，也可采取预拨加清算方式进行。奖补资金以年度预算安排为限。

第七条 资金的支持范围及标准。

（一）磷石膏综合利用项目建设。支持对象为以磷石膏为原料生产符合标准的产品的综合利用项目。重点支持资源化、规模化和产业化的磷石膏综合利用项目建设。根据项目建成后形成的年利用磷石膏（干基，下同）能力实施以奖代补。奖补标准为：原则上按年利用磷石膏量每吨奖补20元。

（二）磷石膏综合利用产品生产。支持对象为以利用磷石膏（或磷建筑石膏粉）为原料，生产相关产品的综合利用企业。根据磷石膏利用量实施以奖代补。具体标准如下：

1. 磷建筑石膏粉（不含中间产品）、制酸及化学利用、改性磷石膏胶凝材料（充填），以及利用磷石膏（或磷建筑石膏粉）生产建材制品等，奖补标准为：年利用磷石膏量10万吨（含）~200万吨（含），每吨奖补10元；年利用磷石膏量200万吨以上的，每吨奖补15元。

2. 磷石膏水泥缓凝剂（添加剂、外加剂），以及水泥生产直接利用磷石膏或利用磷石膏水泥缓凝剂（添加剂、外加剂）的，奖补标准为：年利用磷石膏量1万吨（含）以上的，每吨奖补5元。

（三）磷石膏建材制品推广应用。奖励磷石膏建材制品推广应用。在贵州省应用磷石膏建材建设工程项目的单位，根据磷石膏建材中磷石膏利用量给予奖补，奖补标准为：年利用磷石膏量300吨（含）以上的，每吨奖补30元。

（四）其他事项。支持磷石膏资源化综合技术创新、标准编制、培训、绩效评价、考查评估等。

省人民政府批准从磷石膏资源化综合利用资金中列支的其他事项，采取一事一议的方式实施。

第八条 资金不得用于下列支出：

（一）行政事业机构开支和人员经费；

（二）各种奖金、津贴和福利支出；

（三）用于平衡本级预算支出；

（四）其他与资金使用范围不相符的支出。

第四章 资金申报及管理

第九条 省工业和信息化厅、省住房城乡建设厅根据本办法编制资金申报指南，确定资金支持方向和重点，明确申报条件、申报程序和申报要求，并分别下达申报通知。

第十条 资金申报主体应同时满足以下条件：

（一）在我省行政区域内依法登记注册；

（二）具有独立的法人资格，财务管理制度健全，会计信息完整，纳税信用和银行信用等社会信用良好；

（三）申报项目符合国家宏观经济政策、产业政策、行业发展规划和地区发展规划以及资金支持范围。

第十一条 项目实行属地申报制，由项目实施单位向所在地工业和信息化主管部门、住房和城乡建设主管部门提出申请。

市（州）、县（市、区、特区）工业和信息化主管部门、住房和城乡建设主管部门负责组织项目申报和审核工作，对申报材料的合规性、完整性负责，并会同同级财政部门按程序逐级上报。项目实施单位对申报材料的真实性、准确性、完整性负责。

第十二条 省工业和信息化厅、省住房城乡建设厅分别会同省有关部门和单位，根据市（州）上报材料及省直单位申报材料，组织专家或聘请第三方机构进行项目评审工作。聘请第三方中介服务机构开展评审的，应严格按照《中华人民共和国政府采购法》《省人民政府办公厅关于政府向社会力量购买服务的实施意见》及《贵州省省级政府采购预算管理办法》等有关规定，合法合规进行。

第十三条　省工业和信息化厅、省住房城乡建设厅根据市（州）申报、专家评审等，确定拟支持项目，除涉及保密要求的内容外，按规定向社会公示。

第五章　预算执行

第十四条　省财政厅根据省工业和信息厅、省住房城乡建设厅提出的资金分配方案，会同省工业和信息化厅、省住房城乡建设厅，及时下达预算，严格按照国库集中支付有关规定使用资金，将资金支付给最终收款人，任何部门不得截留、滞留和挪用。

第十五条　资金必须落实专款专用管理规定，当年预算，当年使用，原则上不得结转次年使用。省对市县转移支付资金在市县尚未分配并结转两年以上的，通过上下级结算收回省级财政总预算，国家和省另有规定的，从其规定。

第十六条　企业收到磷石膏资源综合利用资金，应根据《企业财务通则》《企业会计准则》等财务会计制度的有关规定进行财务处理。

第六章　预算绩效管理

第十七条　工业和信息化主管部门、住房和城乡建设主管部门按规定对资金实施全过程预算绩效管理，各级有关部门及磷石膏资源综合利用企业要牢固树立"花钱必问效、无效必问责"的预算绩效管理意识，认真开展事前项目绩效评估，强化绩效目标管理，做好绩效运行监控和绩效评价，并加强绩效评价结果应用，提高财政资金使用效益。

第十八条　各级各有关部门要严格落实预算绩效目标实现程度和预算执行进度"双监控"，动态掌握政策和项目实施进展情况，加强绩效目标完成印证资料收集、整理工作。

第七章　风险控制

第十九条　各级各部门要严格按照《中华人民共和国预算法》《贵州省省级财政专项资金管理办法》要求，加强对资金的管理、使用和监督，确保专款专用，严禁挤占和挪用；不得无故滞留资金、拖延拨款。

第二十条　第三方中介服务机构在资金申报、评审、绩效管理等有关工作中提供服务的，应当履行规定程序，独立客观发表意见，对其开展相关工作所出具报告的真实性负责。

第二十一条　财政部门、工业和信息化主管部门、住房和城乡建设主管部门应当加强资金信息公开工作，自觉接受社会监督。除涉密事项外，应当按照职责分工，向社会公开资金政策、项目申报指南、资金分配结果和绩效管理信息等。

第八章　监督问责

第二十二条　涉及资金安排使用的各部门均应自觉接受审计、纪检监察、财政监督，不得拒绝或阻碍正常的监督检查。凡违反本办法规定，弄虚作假，骗取、截留、挤占、挪用专项资金的，第三方中介机构出具不实报告的，在资金分配、使用管理中存在违反规定分配使用或其他滥用职权、玩忽职守、徇私舞弊等违法违纪行为的，按照《中华人民共和国预算法》《中华人民共和国公务员法》《中华人民共和国监察法》《财政违法行为处罚处分条例》等有关法律法规予以处理，触犯法律的依法追究相应法律责任。

第九章 附 则

第二十三条 省级不再采用债权投资模式支持磷石膏资源综合利用项目建设。原《贵州省磷石膏资源综合利用专项资金实施方案》（黔工信节〔2019〕7号）中采用债权投资模式支持磷石膏资源综合利用项目建设的资金，收回后上缴省级财政。

第二十四条 本办法由省财政厅、省工业和信息化厅、省住房城乡建设厅按职责分工负责解释。

第二十五条 本办法自印发之日起执行，执行期限至2025年12月31日，在政策实施期内有效。期满后根据省委、省政府工作部署及政策实施情况、工作需要及绩效评估情况确定是否继续实施和延迟期限。《贵州省磷石膏资源综合利用资金实施方案》（黔工信节〔2019〕7号）同时废止。

省住房城乡建设厅
关于印发磷石膏资源综合利用专项资金申报指南的通知

（黔建科字〔2021〕126号）

各市（州）、县（市、区）住房和城乡建设局、贵安新区住房和城乡建设局，各有关单位：

根据《省财政厅省工业和信息化厅 省住房和城乡建设厅关于印发〈贵州省磷石膏资源综合利用资金管理办法〉的通知》（黔财工〔2021〕88号），为大力推动磷石膏建材推广应用，提高资金使用绩效，规范资金管理，省住房城乡建设厅制定了《磷石膏资源综合利用资金申报指南》，现印发给你们，请遵照执行。

一、经费来源：贵州省磷石膏资源综合利用专项封闭运行资金。

二、补助标准：奖励磷石膏建材制品推广应用。在贵州省应用磷石膏建材建设工程项目的单位，根据磷石膏建材中磷石膏利用量给予奖补，奖补标准为：年利用磷石膏量300吨（含）以上的，每吨奖补30元。

三、申报条件：

（一）申请单位原则为项目建设单位或项目总承包单位。施工单位申请的，施工合同应约定其负责材料采购。以上单位应具有独立法人资格。

（二）项目已经实施且使用磷石膏建材的分部、分项工程验收合格。

四、申请材料

（一）《磷石膏资源综合利用专项资金申请表》（附表1）

（二）建设单位对申报材料真实性承诺（附表2）

（三）磷石膏建材型式检验报告（报告中应包含磷石膏建材生产主要原材料配比测定数据）（复印件）

（四）磷石膏建材采购发票（复印件）

（五）磷石膏建材应用相应分部、分项工程验收合格文件（复印件）

五、申报程序

（一）由于是年度拨付，且为财政专项资金，申请单位按照项目隶属关系，8月30日前向项目所在县（市、区）住房城乡建设局提交申请材料，受理申请事项的县（市、区）住房城乡建设局收到申请后，核查申请材料（复印件）与原件一致性，对工程项目中磷石膏建材产品利用量进行实地核查，并签署意见，县（市、区）将所辖县（市、区）项目汇总（附表3）及单个项目申报表。经单位分管领导批准，将申请材料报送市（州）、贵安新区住房和城乡建设局。

（二）各市（州）、贵安新区住房和城乡建设局对申请材料复核汇总，并填写附表3。将单个项目申报表以及附表3于9月15日前上报省住房城乡建设厅建筑节能与科技处。

六、资金拨付程序

资金采取专项补贴形式发放。申报成功后，原则上建设单位和施工单位奖补比例为 5：5。

七、监督管理

（一）申请单位应当如实申报，对申请材料的真实性负责，并作出书面承诺。若复核发现数据造假的，该申请单位三年内不得以任何形式进行资金申报补助。申请单位收到资金后，应当按照国家财务会计制度的有关规定进行处理，自觉接受监督检查，确保实现绩效目标。

（二）按照"谁组织、谁申报、谁负责"的原则，各县（市、区、特区）住房城乡建设局审查申报材料、核实磷石膏资源综合利用情况，并按程序上报。市（州）住房城乡建设局复核后会同财政部门统一汇总上报。

（三）受理申请事项的县（市、区）住房和城乡建设局应当认真核实申报材料数据，核对计算方法的准确性，核查实际应用情况，及时将资金拨付给申请单位，加强对资金使用情况的监督检查。各市（州）住房城乡建设局就申报材料对数据填报和计算方法准确性进行复核、做好汇总报送工作，及时将资金划拨受理申请事项的住房城乡建设局，加强对辖区项目资金使用情况监督检查。

（四）各级财政部门、工信部门会同同级住房和城乡建设部门按职责分工加强专项资金使用管理情况的监督检查和绩效评价工作。对于截留、挤占、挪用、骗取专项资金等违法行为，一经查实，财政部门将收回全部专项资金，并按照《中华人民共和国预算法》《财政违法行为处罚处分条例》（国务院第 427 号令）等有关法律法规追究法律责任。

附表（略）

贵州省住房和城乡建设厅
2021 年 7 月 24 日

省工业和信息化厅
关于印发《贵州省"十四五"大宗工业固体废物综合利用规划》的通知

（黔工信节能〔2021〕90号）

各市（州）工业和信息化主管部门、贵阳市生态环境局，厅机关各处（室）：

为推进我省大宗工业固体废弃物资源综合利用，促进综合利用产业高质量发展，依据国务院《2030年前碳达峰行动方案》《关于"十四五"大宗固体废弃物综合利用的指导意见》《贵州省国民经济和社会发展第十四个五年规划和二〇三五年远景目标纲要》等有关文件精神，我们编制了《贵州省"十四五"大宗工业固体废物综合利用规划》。现印发给你们，请结合实际认真贯彻实施。

附件：贵州省"十四五"大宗工业固体废物综合利用规划

贵州省工业和信息化厅

2021年11月2日

附件

贵州省"十四五"大宗工业固体废物综合利用规划

一、大宗工业固体废物综合利用现状

"十三五"时期，在省委、省政府的坚强领导下，我省加大对大宗工业固体废物综合利用力度，不断创新综合利用体制机制，夯实了大宗工业固体废物综合利用产业发展基础，大宗工业固体废物综合利用发展环境不断向好，利用途径不断拓展、利用规模持续扩大、利用水平进一步提高，基本完成了《贵州省"十三五"大宗工业固体废物综合利用规划》确定的目标和任务，为全省工业经济绿色低碳和高质量发展做出了重要贡献。

——综合利用技术进一步突破。按先试点、后示范、再推广的原则，优化技术创新和成果转化模式，推动研发应用了一批用量大、成本低、效益好、技术先进的大宗工业固体废物综合利用技术与装备。磷石膏井下充填、半水石膏自胶凝材料治理地质灾害及充填技术得到有效应用，磷石膏制建筑石膏粉、高温石膏粉、α高强石膏粉等技术，利用水泥窑协同处置工业固体废物、生活垃圾（污泥、飞灰）等试点示范工程在全国领先。磷石膏生产装配式墙板、磷石膏制酸、煤矸石生产陶粒、粉煤灰生产超细纤维纸浆板、萤石选矿废渣生产蒸压砖、磷石膏大掺量生产加气混凝土砌块等技术获得重大突破。

——综合利用产业链基本形成。围绕大宗工业固体废物的主要产生地，突出地域特点、行业特点、技术特点，建成了磷石膏制建材、制酸、充填胶凝材料，脱硫石膏制喷涂石膏，煤矸石发电，酒糟循环利用等一批大宗工业固体废物资源综合利用项目，初步构建起大宗工业固体废物综合利用产业链和产业集群，带动产业融合发展。在开阳县、息烽县、瓮安县、福泉市形成了以磷石膏、黄磷渣综合利用为主导的集聚区，瓮安县、福泉市列入国家工业资源综合利用基地；在七星关区、盘州市、水城区形成了以煤矸石、粉煤灰综合利用为主导的集聚区。

——综合利用规模稳步扩大。"十三五"时期，据估算全省大宗工业固废综合利用总量约30600万吨，比"十二五"时期增加8600万吨，2020年综合利用率约67.1%，比2015年提高6.3个百分点。大宗工业固体废物综合利用领域进一步拓展，在水泥、混凝土及制品、新型墙体材料等传统建材行业得到广泛利用，同时在能源、公路建设、井下充填、塌陷区治理、活性有机肥料、土地整治和复耕、复垦、复绿、环境修复等多个领域得到不断延伸和拓展。"十三五"期间，全省有1178家·次利废企业依法获得国家资源综合利用税收减免优惠，累计退税33.84亿元。针对磷石膏利用这一世界性难题，率先实施磷化工企业"以渣定产"，形成磷石膏建材、充填、制酸三大利用途径，2020年实现全省磷石膏当年"产消平衡"。

表1 "十三五"期间全省大宗工业固体废物综合利用情况

年份	产生量（万吨）	利用量（万吨）	综合利用率（%）	备注
2016年	7753.01	4529.77	58.10	
2017年	9352.99	5200.61	54.70	

续表

年份	产生量（万吨）	利用量（万吨）	综合利用率（%）	备注
2018年	10549.80	7010.68	64.60	
2019年	11125.97	7247.36	63.60	
2020年	9516（预测值）	6609（预测值）	67.1（预测值）	
合 计	约48298（预测值）	约30600（预测值）		

注：数据来源于贵州统计年鉴。

——生态社会效益显著。"十三五"时期，我省大宗工业固体废物综合利用实现产值1000亿元以上，创造就业岗位约12万个，减少堆存占用土地超过1.63万亩。大宗工业固体废物综合利用已经成为全省煤炭、火电、化工、有色金属、冶金、采矿等行业转型升级、降本增效、延伸产业链、培育经济增长点、提高环境友好度的重要途径，成为贵州工业守好发展和生态两条底线的重要抓手。

二、面临的形势和问题

受资源禀赋、能源结构、发展阶段等因素影响，我省大宗工业固体废物仍面临产生量大、综合利用关键技术尚需突破、综合利用产品附加值不高的严峻局势。"十四五"是我国积极应对气候变化，实现碳达峰、碳中和目标的关键期和窗口期，也是我省实现新型工业化、构建高质量现代工业体系和高质量建设国家生态文明试验区的关键五年，在保持经济平稳较快增长的同时，对大宗工业固体废物综合利用提出了更高的要求。

——习近平总书记视察贵州重要讲话精神提出更高要求。贵州是长江、珠江上游重要的生态屏障，保护好生态环境非常重要。习近平总书记嘱托贵州"牢牢守好发展与生态两条底线"，2021年春节前夕视察贵州时，又提出了"在生态文明建设上出新绩"的重要指示。推动大宗工业固体废物综合利用，提升资源利用效率，加快实现产业生态化、生态产业化，是贯彻落实新发展理念，坚决守好发展和生态两条底线的具体体现。

——经济社会绿色转型对综合利用提出更高要求。党的十九届五中全会作出"促进经济社会发展全面绿色转型"的重大部署，对未来中长期生态文明建设提出了更高要求，明确了实现碳达峰、碳中和目标的时间节点；国务院《2030年前碳达峰行动方案》将"循环经济助力降碳行动"列入"碳达峰十大行动"，明确提出到2025年，全国大宗固废年利用量达到40亿吨左右，到2030年，年利用量达到45亿吨左右。推动大宗工业固体废物综合利用，加快构建绿色低碳循环发展的工业经济体系，是贵州走以生态优先、绿色发展为导向的高质量发展新路子，实现绿色转型的关键举措。

——实施工业倍增行动对综合利用提出更高要求。"十四五"期间，全省将坚定不移实施工业强省战略，大力实施工业倍增行动，到2025年，力争全省工业总产值突破2.8万亿元，年均增长10%以上。我省资源能源消费量和大宗工业固体废物产生量仍将保持刚性增长，预计2025年全省大宗工业固体废物产生量将从2020年的约1亿吨增加到1.3亿吨以上，对破解资源环境和降碳约束难题，带来了更大的挑战。

我省大宗工业固体废物综合利用主要面临以下问题：

一是企业主体责任落实不到位。产废企业自觉履行环境保护、清洁生产等主体责任意识不强，缺乏主动开展资源综合利用的积极性，对固体废物源头减量化、降低有害杂质和资源综合利用投入不足。

二是耦合协同水平不高。大宗工业固体废物综合利用企业与产废企业、企业与开发区、各个开发区间耦合协同能力不足。产废企业自身缺乏有效的循环利用手段，与下游利废企业的联动机制不完善，未形成顺捷、高效的循环利用产业链。

三是技术支撑能力不足。大宗工业固体废物综合利用尚存在诸多技术瓶颈，基础性、前瞻性技术研发投入不足；电解锰渣、赤泥综合利用技术还需攻关突破，石膏建材高质化应用有待提升；缺乏不产废、少产废的生产技术，特别是缺乏综合利用产品标准、规范，制约了综合利用产业高质量发展。

四是利用途径单一。我省大宗工业固体废物综合利用主要是作为原料用于水泥、混凝土及制品、墙体材料等传统建材行业，利用途径较为单一，在其他领域尚未开发出规模化和高值化利废产品，难以满足工业倍增对大宗工业固体废物综合利用的需求，综合利用途径需进一步拓展。

三、总体要求

（一）总体思路

坚持以习近平新时代中国特色社会主义思想为指导，深入贯彻落实习近平总书记生态文明思想和视察贵州重要讲话精神，立足新发展阶段，完整、准确、全面贯彻新发展理念，融入新发展格局，以高质量发展为统领，按照贵州省委、省政府的部署，围绕十大工业产业发展，以"减排、降害、增效"为目标，以推动大宗工业固体废物综合利用产业绿色发展为核心，坚持创新引领、示范带动、分类施策，深入开展循环经济助力降碳行动，强化科技攻关、源头管控、过程控制、协同处置，培育扶持一批带动性、示范性综合利用骨干企业，创建工业资源综合利用基地，全面提高大宗工业固体废物综合利用效率，为推进全省新型工业化，助力工业大突破，加快实现工业绿色低碳转型、高质量发展提供有力支撑。

（二）发展原则

坚持政府引导。发挥政府引导作用，强化资源节约，健全有利于促进全省大宗工业固体废物综合利用的长效激励机制，优化资金、政策支持，调动企业参与大宗工业固体废物综合利用的积极性，增强综合利用企业持续发展的内生动力。

坚持市场主导。以市场为导向，充分发挥市场在资源配置中的决定性作用，强化企业主体地位，引导企业加大绿色投资，增加绿色供给，激发绿色需求，加快发展工业固体废物综合利用产业。

坚持企业主体。严格落实企业主体责任，坚持"谁排渣谁治理，谁利用谁受益"原则，有效降低大宗工业固体废物排放强度，推行大宗工业固体废物综合利用全过程管理，协同推进产废、利废各环节规范发展。

坚持创新驱动。强化创新引领，围绕规模化与高值利用，突破大宗工业固体废物综合利用技术瓶颈，加快先进适用技术推广应用，加强示范引领，培育大宗工业固体废物综合利用新模式，进一步扩大综合利用规模。

坚持源头管控。强化产废企业综合利用力度，强制"两高"企业实施清洁生产，从源头减少固体废物排放；以末端高值利用为导向，倒逼产渣企业改进和提升工艺技术，减少有害杂质排放。

（三）主要目标

到2025年，全省大宗工业固体废物综合利用能力显著提升，利用规模不断扩大，全省大宗工业固体废物综合利用量比 2020 年增加 2490 万吨左右，力争大宗工业固体废物综合利用率达到 70%。综合利用技术标准体系进一步完善，创新能力显著增强，大宗工业固体废物综合利用关键瓶颈技术取得重大突破；产业间融合共生、区域间协同发展的新业态、新模式基本形成。绿色化、规模化工业资源综合利用基地和骨干企业示范引领作用显著增强，形成一批综合利用绿色设计产品、绿色工厂和绿色工业园区，绿色发展水平持续提升，综合利用效率大幅提高。

四、重点领域

（一）工业副产石膏（磷石膏、脱硫石膏）

——发展方向

1. 磷石膏。聚焦乌江流域、清水江流域"涉磷"生态保护红线，深入实施磷化工企业"以渣定产"。在磷石膏排放量大的地区和企业，以磷石膏建材、井下充填和制酸三大主攻方向，加快优化磷石膏综合利用结构，推动磷石膏规模化、高值化、产业化利用。实施一批建筑石膏、高强石膏、无水石膏、净化石膏等基础粉体材料项目，磷石膏生产硫酸联产水泥（氧化钙）项目，科学推进磷石膏无废害充填，扩大充填应用范围，有序拓展磷石膏在生态修复、土壤改良、填料助剂等领域的利用。健全完善磷石膏产品质量标准和应用技术规程，强化产品质量标准和工程应用规程的紧密衔接。到 2025 年，磷石膏增量产消平衡成果更加巩固，并逐步有序消纳存量。

2. 脱硫石膏。推进火电、化工、冶金等重点领域绿色低碳转型，不断改进、优化生产工艺技术，提高脱硫石膏品质，推行脱硫石膏灰（渣）分类排放（堆存），降低杂质含量，促进脱硫石膏绿色、高值、高效利用；重点发展高强石膏粉、喷涂石膏、自流平石膏、纸面石膏板、模具石膏、石膏晶须等高附加值产品，积极开发应用于化工、环保、农业等领域的石膏填充助剂。

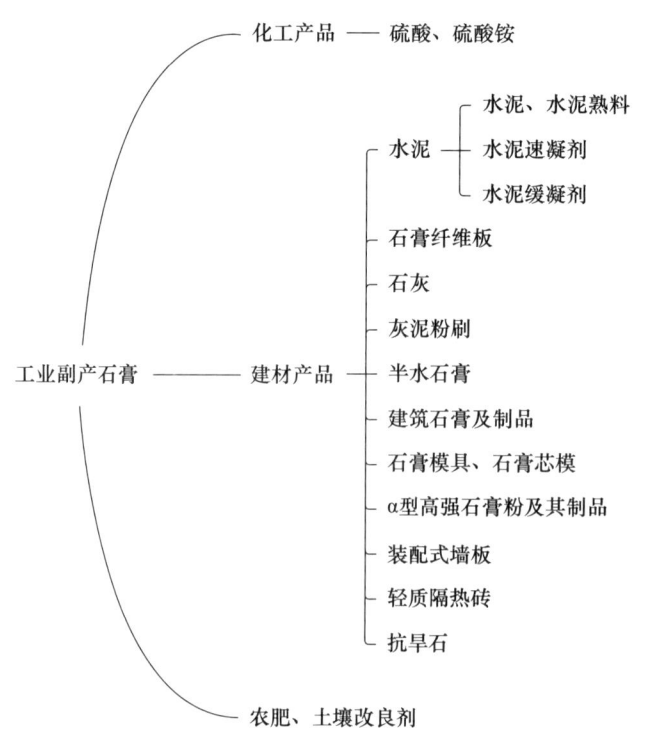

图 1 工业副产石膏综合利用主要途径

——重点推广技术

1. 磷石膏。积极推进磷石膏净化提纯，利用水泥窑生产高性能石膏粉、磷石膏基高端装饰建材、磷石膏低温转晶制备 α 高强石膏、α 石膏制塑料填料、磷石膏制备石膏晶须、磷石膏制硫酸联产水泥（氧化钙）等技术。

2. 脱硫石膏。推广利用余热余压对脱硫石膏进行烘干、煅烧的先进工艺及大型成套装备；推动超高强石膏粉、石膏晶须、预铸式玻璃纤维增强石膏、高档模具石膏粉等高附加值产品生产技术以及安全环保的土壤改良剂技术、矿井充填技术的应用。

（二）粉煤灰

——发展方向。推进六盘水、毕节等粉煤灰集中产区相关企业粉煤灰分选加工技术改造，提升粉煤灰品质和附加值，推进区域物流基础设施和数据信息平台建设，降低物流成本，促进粉煤灰由产排集聚区向规模化应用集聚区低成本输出。

进一步扩大粉煤灰在建材行业的综合利用，重点拓展在高性能混凝土、轻质高强新型墙板和墙体、装配式建筑部品部件等新型建材领域的应用。加强"气化渣"（残余热值较高的粉煤灰）、循环流化床锅炉渣、低活性粉煤灰、"高钙固硫粉煤灰"等难利用粉煤灰技术攻关和产业化应用研发。积极探索粉煤灰在木塑制品、矿井充填、农业、化工、环保等领域高值、大规模应用途径。

——重点推广技术。重点推广应用粉煤灰大掺量制混凝土路面材料，粉煤灰提取碳粉、玻璃微珠，粉煤灰矿井充填，粉煤灰低能耗超细化及改性，粉煤灰大掺量制轻质保温墙体材料，粉煤灰制超细高活性集料，粉煤灰制陶粒，粉煤灰制木塑制品填料等技术。

（三）煤矸石

——发展方向。围绕煤矸石高值、规模化利用目标，以煤矸石充填、煤矸石生产建筑材料、煤矸石发电为重点，鼓励煤炭采掘企业延伸产业链，配套建设煤矸石再洗选系统，对煤矸石分级、分值综合利用，无热值煤矸石用于加工路基材料、井下充填材料或建筑砂石骨料，低热值煤矸石用于生产烧结墙体材料，高热值煤矸石用于电厂发电。

——重点推广技术。重点推广煤矸石低成本分选、煤矸石井下充填置换、塌陷区治理、煤矸石生产烧结墙体材料和烧结陶粒等新型建筑材料、煤矸石生产偏高岭土、煤矸石生产硅酸铝纤维、煤矸石土地复垦复耕、煤矸石山生态环境修复等技术。

（四）冶炼废渣

——发展方向。推进铁合金渣、钢渣等冶炼废渣产排企业绿色转型升级，鼓励从冶炼废渣中回收稀有稀散和稀贵金属等有价组分，提高生产端资源利用效率。提高冶炼废渣在水泥、混凝土及制品、新型墙体材料、矿渣微晶玻璃等领域的掺配量，扩大在建材行业的利用。鼓励冶炼废渣无害化处置后用于路基材料和采矿井下充填材料，拓展利用途径。

——重点推广技术。含重金属冶炼渣无害化处置、冶炼渣低能耗破碎磁选和超细粉磨、钢渣生产高强度等级水泥、钢渣生产微膨胀型充填采矿专用胶凝材料、铅电解阳极泥中提取金银的火法和湿法工艺、锌渣提银、高钛高炉渣提钛、矿渣复合微粉、锌浸出渣中提取铟等技术。

（五）尾矿

——发展方向。围绕磷尾矿、铝矾土尾矿、黄金尾矿、锰尾矿、重晶石尾矿、石材尾矿等推动绿色矿山建设，强化源头减排；鼓励开展尾矿有价元素、伴生矿物高效分离提取和资源化利用，提高资

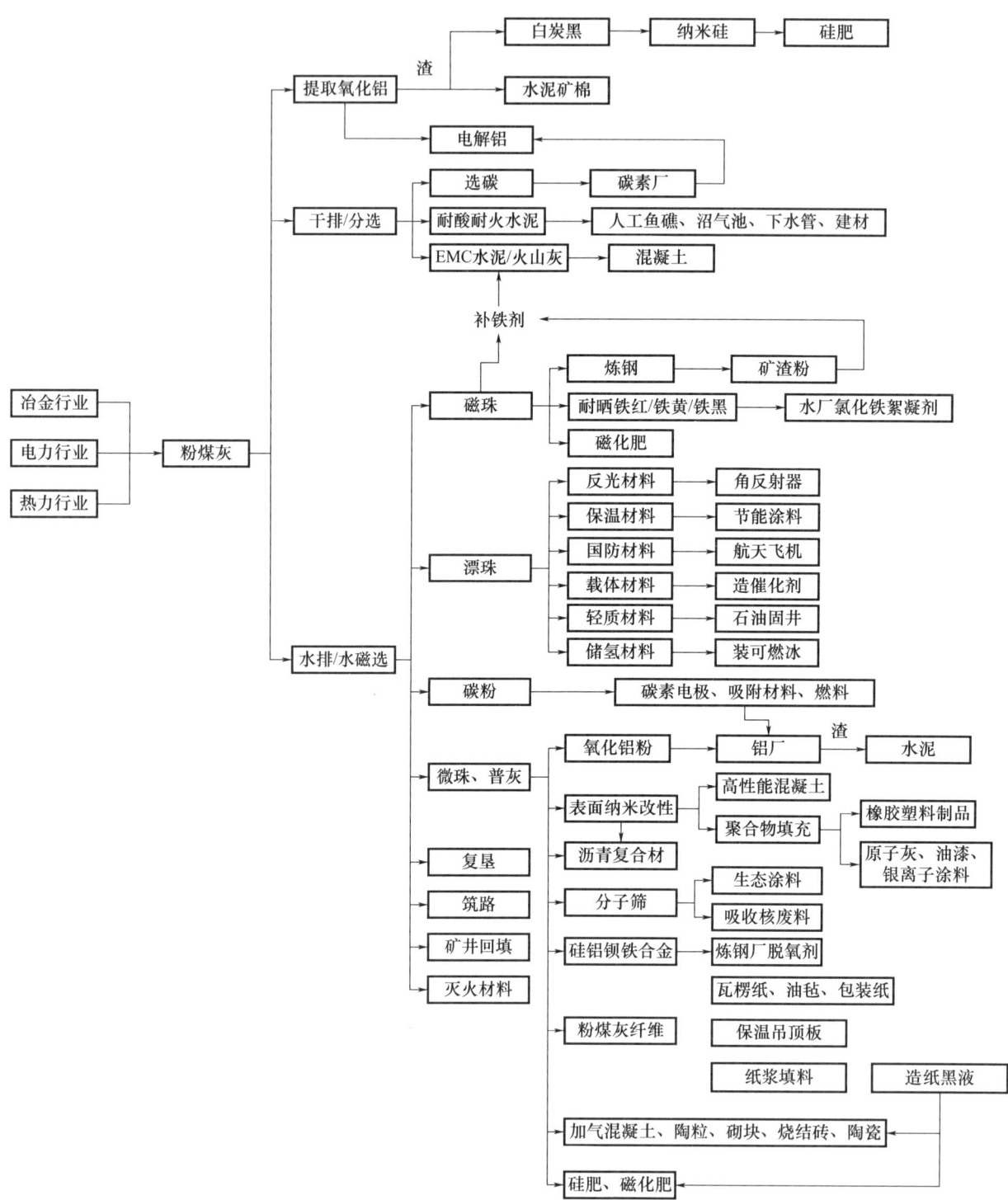

图 2 粉煤灰综合利用途径

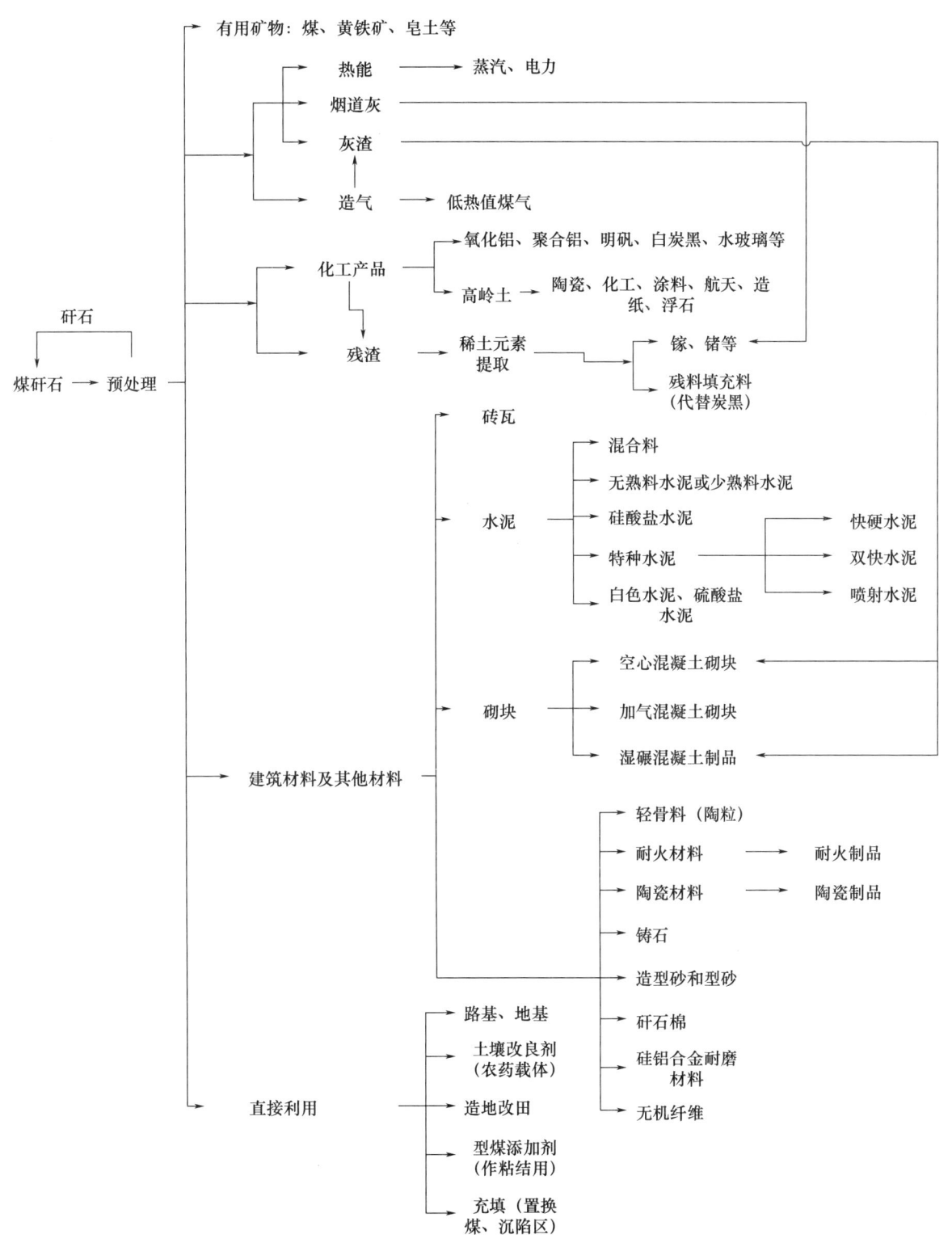

图 3 煤矸石综合利用途径

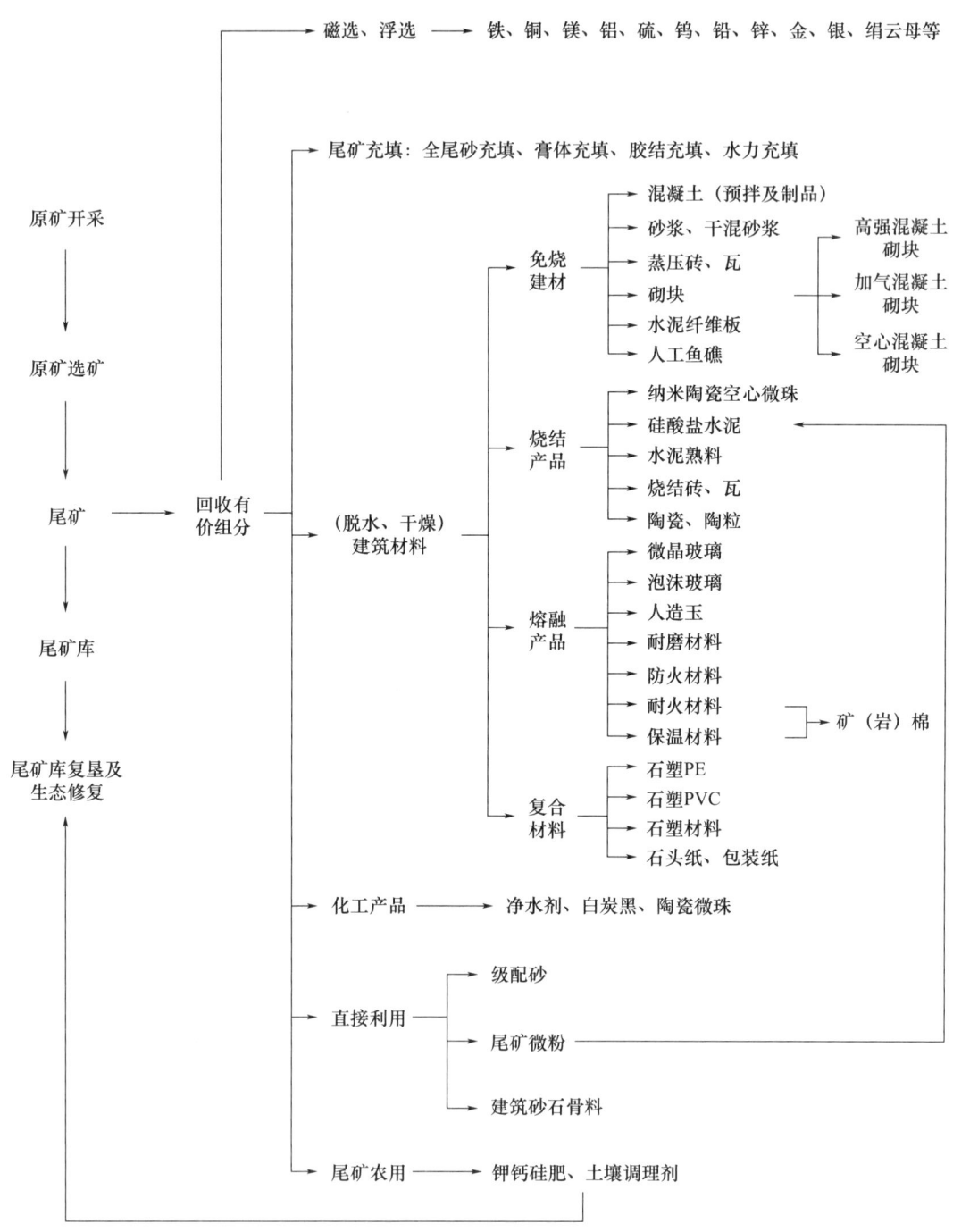

图 4 尾矿综合利用途径

源产出率。鼓励尾矿替代机制砂石生产绿色建材、井下充填、塌陷区治理、农业复耕复垦、矿山环境修复、石漠化生态治理等大规模综合利用。

——重点推广技术。重点推广尾矿低能耗再磨再选技术，铅、锌、银等复杂尾矿清洁综合利用，尾矿贵金属提取，尾矿无害化井下充填，富硅尾矿制备超高强结构材料，尾矿生产微晶玻璃，尾矿生产水泥、墙体材料、高品质再生骨料、高品质透水砖等技术。

（六）酒糟

——发展方向。围绕打造世界级酱香型白酒产业基地核心区，聚焦赤水河流域酱香白酒生态环境保护，强化重点白酒企业升级改造和酒糟综合利用。提高技术装备水平、推行清洁高效生产，提高出酒率、降低酒糟产生量。支持优质白酒产区建设酒糟收储和清运系统，助力酒糟综合利用。大力扶持利用酒糟生产蛋白饲料、饲料添加剂、食用菌、微生物制剂、有机肥等产品，重点实施一批酒糟规模化高效利用项目，延长产业链，提高产品附加值，实现酒糟"吃干榨净"。

——重点推广技术。重点推广酒糟生产燃气、有机肥、饲料、饲料添加剂、微生物制剂，酒糟生产食醋，酒糟发电等技术。

（七）赤泥

——发展方向。重点推进氧化铝行业清洁生产，开展降碱增效行动，推行碱回收，促进赤泥减量化、无害化和资源化。推动赤泥无害化排放标准制定和实施，推进赤泥中镓、钪等稀贵金属回收利用，研发降低赤泥放射性技术。突破赤泥规模化、产业化利用关键技术瓶颈，推动赤泥综合利用项目实施。

——研发推广技术。以赤泥低成本脱碱后综合利用为重点，探索赤泥综合利用途径，重点开展赤泥提取碱金属、赤泥制备路基固结材料技术、赤泥生产室外非封闭环境新型建筑材料技术、赤泥制备环境修复材料技术、赤泥生产陶瓷复合材料技术、赤泥低温烧制技术、预处理综合利用等共性关键技术研发与应用。

（八）电解锰渣

——发展方向。重点围绕松桃"锰三角"电解锰渣治理，强化源头减量化，降低单位金属锰产废量；强化过程控制、末端处理和循环利用等促进电解锰渣减排、降害。在金属锰行业开展强制清洁生产审核，促进企业转型升级；针对电解锰渣中锰离子、重金属离子、可溶性盐等有害杂质，推动电解锰渣无害化排放标准制定和实施，促使电解锰渣无害化处置，有效降低环境污染风险。推动硫化渣、电解阳极渣分类排放（堆存），为综合利用创造条件。推进电解锰渣资源综合利用关键共性技术攻关，力争电解锰渣在生产水泥调凝剂、混合材、高性能混凝土掺合料、新型墙体材料等行业低成本产业化技术上取得突破。

——研发推广技术。重点研发和推广电解锰渣无害化处置技术，电解锰渣生产水泥调凝剂、混合材、混凝土掺合料、新型墙体材料等综合利用产业化技术。

（九）其他

以安全、环保为优先，积极推动其他固体废物综合利用和无害化处置。

——发展方向。对于生活垃圾、生活污泥、垃圾焚烧飞灰（危废）等严格按照相关要求，鼓励采用水泥窑进行协同处置。鼓励利用中药渣、废菌棒、废建筑模板、绿化渣等生产生物质燃料。

对于氰浸渣、钡渣、铅锌渣等危险废物，应按照国家和省危险废物法律法规进行专业化管理和安

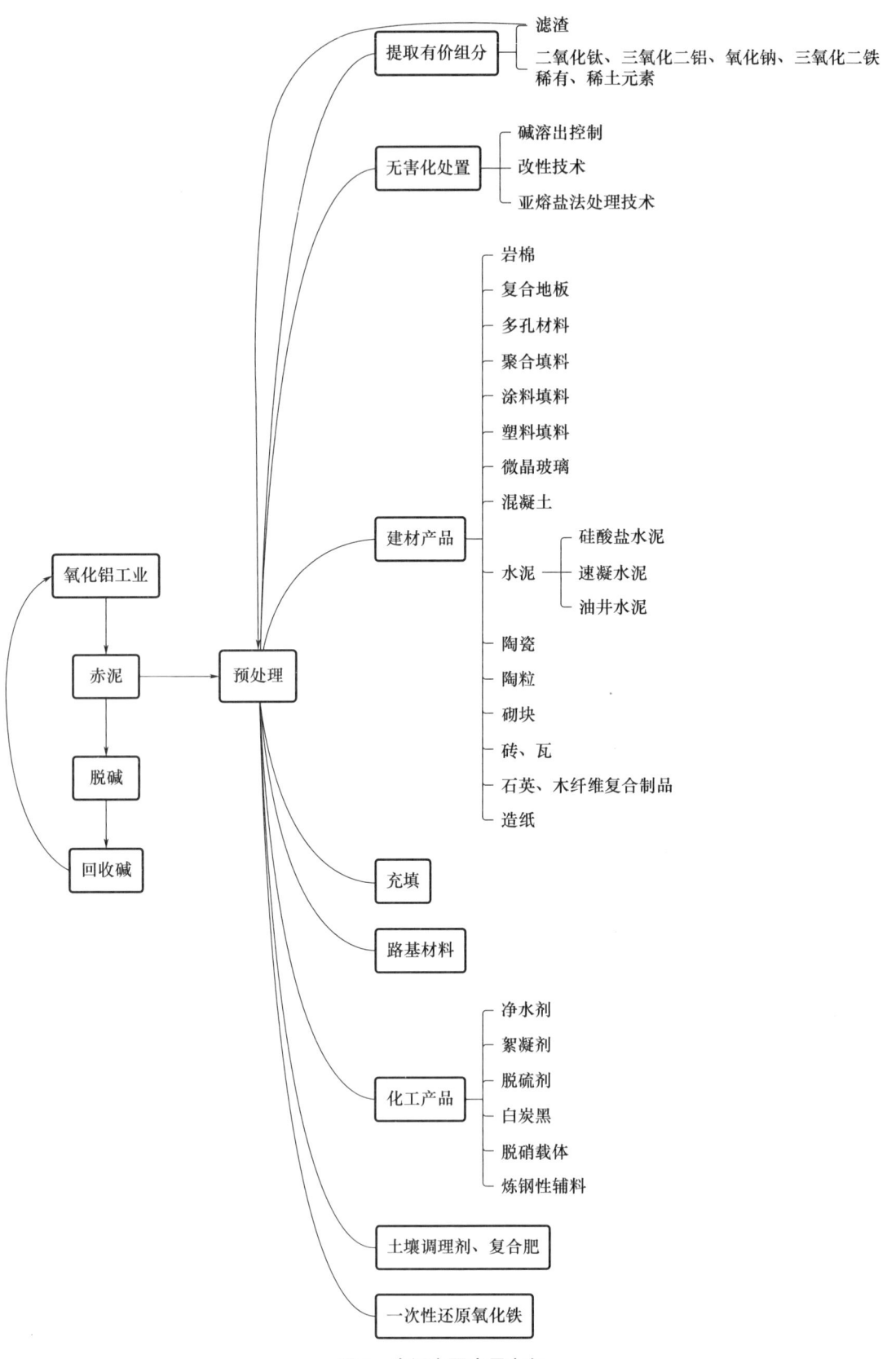

图 5 赤泥主要应用方向

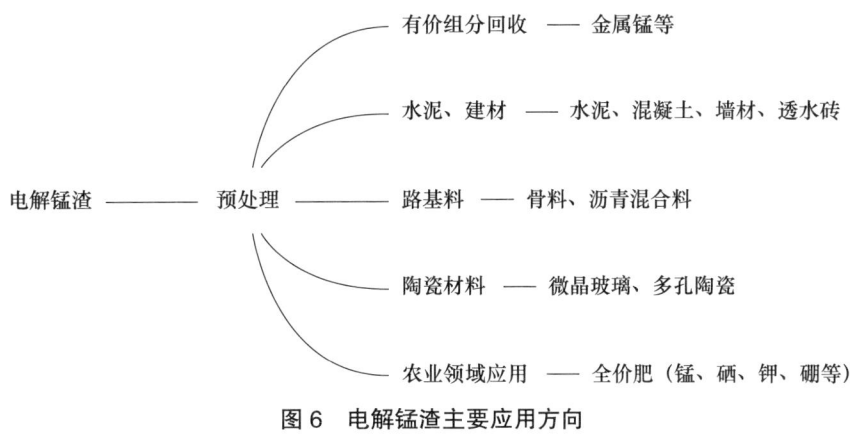

图 6 电解锰渣主要应用方向

全处置；鼓励产废企业开展清洁生产，采用低毒害或无毒害固废生产工艺替代传统工艺。对危险废物进行综合利用须获得相关管理部门授权。

——研发推广技术。研发中药渣、废菌棒、绿化废渣等掺烧轻质墙体材料工艺技术及装备，推广应用水泥窑、烧结砖瓦隧道窑协同处置污泥、固体废物工艺技术。

五、主要任务

（一）加强综合利用创新能力建设

针对大宗工业固体废物综合利用难点、堵点，鼓励产废企业和建材等关联行业耦合联动，大力推进大宗工业固体废物利用。在混凝土及制品行业开展"尾矿+再生骨料+再生混凝土"生产混凝土及制品试点；在烧结制品行业开展"尾矿泥+煤矸石+粉煤灰"多种固体废物协同利用试点；鼓励在装配式部品部件领域开展"尾矿废石+粉煤灰+工业副产石膏"生产装配式部品部件试点；鼓励和支持各地因地制宜推动大宗工业固体废物多产业、多品种协同利用，形成可复制、可推广的大宗工业固体废物综合利用发展新模式。

强化创新体系建设，增强工业企业自主创新能力。强化企业创新主体地位，鼓励和支持企业建设一批引领行业发展、技术水平占据行业制高点的技术中心、技术创新示范企业等创新和服务平台。打造一批面向工业固体废物综合利用行业的科研开发平台、协同创新平台、试验检测平台、应用推广平台和公共服务平台。

依托贵州大数据优势，引导和鼓励煤炭、火电、化工等重点行业的龙头企业，加快新一代信息技术融合应用，提升大宗工业固体废物综合利用信息化管理水平。

（二）强化综合利用关键技术攻关

依托国家和贵州省科技创新平台，充分发挥贵州省工业固体废弃物综合利用工程技术研究中心等省级专业研发平台优势，积极引入国内外高校、科研机构等专业团队，建设产业技术创新联盟等产、学、研、用基础平台。

加强新技术、新产品、新工艺、新装备的科技研发，攻克一批制约大宗工业固体废物综合利用效率提升的关键瓶颈技术。分类施策，对粉煤灰、酒糟、冶炼废渣等综合利用率较高的工业固体废物，重点研发推广附加值高、固体废物利用量大的新产品；对赤泥、电解锰渣等难利用固体废物，重点组织无害化、规模化共性关键产业化技术的研发和攻关，探索制定赤泥、电解锰渣无害化标准。对磷石膏，重点拓宽磷石膏利用途径,提高磷石膏产品附加值。支持产废企业建立技术研发机构,加大关键技术研发投入力度,重点突破源头减量、过程减害与高效综合利用关键技术。

(三)大力培育综合利用示范企业

加强大宗工业固体废物综合利用示范企业培育,在煤矸石、粉煤灰、尾矿、冶炼废渣、工业副产石膏等大宗工业固体废物综合利用重点领域,培育一批具有较强上下游产业带动能力、拥有核心技术且市场占有率较高的综合利用骨干企业。支持骨干企业开展大宗工业固体废物绿色、高效、规模化综合利用示范项目建设,发挥带动引领作用。

(四)积极创建工业资源综合利用基地

聚焦全省煤炭、火电、冶金、化工等重点产废行业,以新型建材产业为重要抓手,集中支持、配套发展,形成骨干企业支撑的综合利用产业集群。深入推进福泉、瓮安两个国家级工业资源综合利用基地建设,以龙头综合利用骨干企业为依托,打造一批工业固体废物资源综合利用示范工程,积极创建国家级工业资源综合利用基地。

(五)持续推进综合利用绿色发展

1.推动产废行业绿色转型,实现源头减量

在磷化工、氧化铝、电解锰等行业开展清洁生产,实施绿色化改造,利用能耗、环保、质量、安全等综合标准依法依规推动落后产能淘汰;鼓励产废企业渣场和开发区公共渣场开展工业固体废物分类分级排放堆存试点,推行大宗工业固体废物无害化处置。

鼓励磷肥生产企业利用国内外先进工艺技术和装备对现有工艺装备进行技术改造,提升磷酸的生产技术水平,提高磷、氟回收率,降低磷石膏产生量、提高磷石膏品质。提升电解锰渣、赤泥、磷石膏等复杂难用大宗工业固体废物净化处理水平,降低有害、难利用杂质含量,提升资源利用水平和利废产品质量。

围绕碳达峰、碳中和目标,积极推进火电行业通过淘汰落后产能、节能改造、能效提升行动等措施,不断降低单位发电煤耗,减少粉煤灰、脱硫石膏产生量。

2.推动利废行业绿色生产,强化过程控制

持续提升综合利用企业生产规模和技术装备水平,依法依规、科学有序,消纳大宗工业固体废物。鼓励利废企业开展清洁生产、资源综合利用评价,推动重点利废行业实行规范管理,积极创建国家级省级绿色工厂、绿色设计产品和绿色工业园区,促进综合利用产业规范化、绿色化、规模化发展。建立和完善绿色建材产品认证机制,鼓励利废建材产品开展绿色标识认证。推动贵州省绿色建材采购供应数据库和信息平台建设,将利废产品及时入库,纳入政府采供清单,促进利废产品在绿色建筑工程中的推广应用。

(六)促进跨行业跨区域协同处置利用

围绕乡村振兴、大数据、大生态三大战略,鼓励多产业协同利用。推进大宗工业固体废物综合利用产业与上游煤炭、火电、化工等产业协同发展,与下游建材、建筑、农业、生态等领域深度融合,开创全产业链、多途径综合利用新局面。支持有条件的地区、行业和企业开展工业炉(窑)协同处置固体废物。推动行业、地区和相关企业联动,促进跨区域协同利用机制的形成。在大宗固体废物集聚区域、乌江流域沿线,推进"公铁水联运"的区域协同运输模式,强化资源配置,推动大宗工业固体废物跨行业跨区域协同处置利用。

六、保障措施

（一）强化统筹推进

依据国家和省相关政策、法律法规，督促指导大宗工业固体废物产生企业和利用企业切实履行好相关责任和义务。鼓励和指导有条件的地区和企业制定大宗工业固体废物综合利用发展规划或实施方案，建立健全大宗工业固体废物综合利用目标责任评价考核制度，将目标、措施和任务进行分解落实。充分发挥行业协会、专业平台、大专院校、科研院所的桥梁纽带作用，推动重点领域大宗工业固体废物综合利用。

（二）落实政策扶持

认真落实国家资源综合利用的相关优惠政策，鼓励企业开展资源综合利用评价，支持符合条件的企业申办减免税优惠，支持资源综合利用新产品开发、新技术研制和推广及技术改造、重点示范工程项目建设。各级发展改革、自然资源、生态环境等部门对发展前景良好、市场竞争力强的大宗工业固体废物综合利用企业开辟"绿色通道"，在项目备案、土地、环评、生产许可等行政审批、许可上给予支持。推动在市政、交通、保障性住房、移民搬迁和乡村基础设施等政府性工程建设中，优先推广应用符合标准的利废产品。

（三）加大资金投入

积极争取国家财政资金支持，用好用足省级专项资金，引导社会资本向综合利用产业流动。建立风险补偿机制，指导企业合理使用新型工业化基金、生态环保基金等，将大宗工业固体废物综合利用企业纳入绿色企业范畴，给予绿色金融政策支持。鼓励各级地方政府对大宗工业固体废物关键技术科技研发和利用给予资金支持。充分利用资本市场，鼓励大宗工业固体废物综合利用企业通过债券产品、上市融资等方式，提高直接融资比重，支持社会资本以市场化方式参与、知识产权作价入股等方式参与项目实施，为大宗工业固体废物综合利用企业筹融资提供便利条件。

（四）强化人才队伍建设

围绕大宗工业固体废物综合利用，培养和引进一批跨行业和跨学科的综合利用技术和管理方面的专业人才。围绕绿色工业园区建设，培养引进一批促进用地集约化、原料无害化、废物资源化、能源低碳化方面的专业技术人才。围绕绿色工厂建设，培育一批绿色生产和绿色管理团队。围绕工业清洁生产和节能降耗，培养引进一批节能、降污、减排、节水等方面的专业技术人才。

（五）加强宣传培训

充分利用广播、电视、报刊等传统新闻媒体及"两微一端"等新兴媒体资源，积极宣传资源综合利用政策和重大意义，提高全民节约资源和保护环境的意识，倡导绿色生产与绿色消费方式。通过大宗工业固体废物综合利用示范企业和典型案例，普及综合利用产品无害化、环保化相关知识，促进利废产品应用推广，营造全社会共同参与资源综合利用的良好氛围。分层次开展资源综合利用培训，提高政府部门、企事业单位、服务机构的管理水平、服务水平。

附件

生态环境专篇

一、概况

"十四五"时期,随着推进新型工业化、实施工业倍增行动、奋力实现工业大突破等重大决策部署的深入实施,全省工业经济规模将持续扩大,煤炭、火电、化工、基础材料等优势产业产生的煤矸石、粉煤灰、工业副产石膏、赤泥、电解锰渣、磷尾矿等工业固体废物总量也随之增加,对全省生态环境构成严峻挑战。

开展大宗工业固体废物综合利用是助推工业活动造成的环境污染治理和安全隐患整治的重要手段,是落实《2030年前碳达峰行动方案》,开展循环经济助力降碳行动,实现"双碳目标"推动全省工业经济绿色、低碳发展的重要组成部分,是落实《中华人民共和国固体废物污染环境防治法》的具体行动。

"十四五"时期,大宗工业固体废物综合利用主要途径是作为再生资源用于建材、矿井充填、化学原料、土地整治、复耕复绿、环境修复等行业和领域。因此,应按照相关行业和领域的环境保护政策、法规、标准、规范等要求,确保废气、噪声、废水、废渣等污染物达标排放,避免二次污染;并严格实施建设项目环境评价和污染物排放许可证管理,持续提升综合利用项目和运营企业的技术装备和环境保护水平,促进综合利用产业规范、可持续、高质量发展。

二、生态保护依据的法律法规

(一)《中华人民共和国环境保护法》
(二)《中华人民共和国大气污染防治法》
(三)《中华人民共和国水污染防治法》
(四)《中华人民共和国环境噪声污染防治法》
(五)《中华人民共和国固体废物污染环境防治法》
(六)《中华人民共和国清洁生产促进法》
(七)《中华人民共和国循环经济促进法》

三、规划实施过程产生的环境影响

(一)大气环境影响:主要是工业炉(窑)烟气、烟尘、臭气、生产扬尘等对大气环境的影响;
(二)水环境影响:主要是生产废水;
(三)声环境影响:主要是设备噪声与交通运输噪声;
(四)固体废物影响:主要是一般工业固体废弃物。

四、预防或减缓不良环境影响的措施

(一)合理布局减少区域生态环境影响

《规划》根据大宗工业固体废物禀赋特点,围绕产废企业布局,集聚发展,根据贵州省政府"三线一单"管控要求，在地质公园、风景名胜区、森林公园、湿地公园、世界自然遗产地、自然保护区、生态保护红线、贵州省水源地等生态环境敏感区禁止工业类综合利用项目建设和实施。《规划》根据生态保护要求，在开发区等重点管控单元进行产业集聚发展布局，创建一批省级大宗工业固废综合利用示范基地和国家级工业资源综合利用示范基地。合理的空间布局有利于生态环境保护并促进综合利用产业集聚化和规模化发展。

（二）过程控制强化生态环境保护

《规划》提出，推进大宗工业固废综合利用绿色发展，依法依规、科学有序消纳工业固体废物，积极开展清洁生产，严格执行污染物排放标准和区域总量控制目标，完善环境保护措施，加强监测和管理；通过源头预防、过程控制和末端治理等综合措施保护环境，促进综合利用产业规范、健康、可持续发展。《规划》强化了生产过程控制，促进了大宗工业固体废物综合利用环境保护的全流程管理，有利于落实全过程环境污染防治责任，提高综合利用产业生态环境保护水平，具体措施如下。

1. 大气污染防治措施

加大现有综合利用企业技术改造的力度，依法依规淘汰效率低下工业炉（窑），建设完善大气污染治理设施，推行清洁生产，提升企业大气污染防治能力，减少大气污染物排放。

积极推进天然气、太阳能、沼气等清洁能源的使用，改变燃料结构，提高炉（窑）能源利用效率，减少烟气、烟尘排放。

2. 水污染防治措施

以饮用水源保护为重点，饮用水源保护区内禁止设立工业类综合利用项目，已经存在的企业要及时迁出。

综合利用项目或企业的生产废水及生活污水应按照相关环保标准要求达标排放。

3. 噪声污染防治措施

使用低噪声设备，合理安排布局，加强隔声、降噪等环保工程建设，逐步淘汰高噪声设备。

4. 固体废物污染防治措施

《规划》的实施有助于缓解与消除大宗工业固体废物对环境的不良影响。拟通过水泥、预拌混凝土、墙体材料等建材行业，大量消纳粉煤灰、工业副产石膏等固体废物。通过发电对煤矸石进行综合利用，通过生产生物质燃料、饲料、有机肥料等对酒糟进行综合利用，通过制烧结砖、高温好氧发酵后生产苗圃化肥、水泥窑协同处置等对城市生活污泥进行综合利用。

对于利废企业生产过程中产生的半成品、不合格品等固体废物，利废企业应全部回收利用，不外排。

（三）其他环保措施

严格执行国家产业政策，积极采用先进的工艺技术和装备，减少利废环节污染物排放。严禁建设国家明令禁止的项目，严禁采用国家明令禁止的落后工艺和设备，严格执行环境保护相关政策法规。

在大宗工业固体废物消纳量大的预拌混凝土、砂石、墙体材料行业分别按照《贵州省预拌混凝土行业规范条件》《贵州省机制砂石行业规范条件》《贵州省墙体材料行业规范条件》进行项目备案、建设和生产运行管理，确保行业规范、有序、可持续发展。鼓励有条件的地区和企业工业炉（窑）实施"煤改气"，减少烟尘和温室气体排放。积极推进大宗工业固体废物绿色运输，鼓励粉体固废使用密闭、专用运输设备和车辆，加强大宗工业固体废物运输全过程管理。

贵阳市人民政府办公厅
关于印发《贵阳市磷石膏资源综合利用十条措施（2018—2020）（试行）》的通知

（筑府办发〔2018〕29号）

各区、市、县人民政府，高新开发区、经济技术开发区、贵阳综合保税区、贵州双龙航空港经济区管委会，市政府各工作部门，市各直属事业单位，市管企业：

《贵阳市磷石膏资源综合利用十条措施（2018—2020）（试行）》已经市人民政府研究同意，现印发给你们，请遵照执行。

2018年7月6日

（此件公开发布）

贵阳市磷石膏资源综合利用十条措施（2018—2020）（试行）

为认真贯彻落实省委、省政府关于磷石膏"以渣定产"决策部署，推进全市磷石膏资源综合利用，根据《省人民政府关于加快磷石膏资源综合利用的意见》（黔府发〔2018〕10号）文件要求，制定本措施。

第一条 设立贵阳市磷石膏资源综合利用高新技术产业引导基金，基金总规模5亿元。主要投资方向：一是不产生或少产生磷石膏排放的磷化工产业新建或绿色改造项目；二是贵阳市磷石膏资源综合利用产业新建或绿色改造项目。

第二条 建立贵阳市磷石膏资源综合利用产业扶持资金，资金总规模1.5亿元。主要扶持方向：一是贵阳市磷石膏资源综合利用企业和项目；二是贵阳市磷石膏资源综合利用产品的宣传、推广和应用。

第三条 鼓励社会资本投资磷石膏资源综合利用新建或技改项目。一是对实际投资金额在500万元（含500万元）以上的新建或技改项目，给予一次性6%的项目资金奖励，最高不超过200万元。二是对项目所获得银行贷款的利息总额给予不超过80%的贷款贴息，单个项目贴息总额不超过200万元。同一个项目不能同时申报奖励和贴息。三是实际投资金额在1亿元以上的新建或技改项目按照"一事一议"的方式给予支持。

第四条 实施产品补贴。补贴对象为直接利用磷石膏生产建筑石膏粉、水泥缓凝剂、预拌砂浆等工业产品的生产企业。年利用磷石膏（干基）5万吨及以上的，在申请获得省工业和信息化发展专项资金补贴基础上，原则上按照 8 元 / 吨实施跟补；年利用磷石膏（干基）5000 吨以上 5 万吨以下的，原则上按照 6 元 / 吨实施补贴。

第五条 实施运输补贴。对外销的利用本地磷石膏生产的产品，年运输产品折算磷石膏量在 1 万吨及以上的，根据销售区域不同，对磷石膏产品生产企业进行补贴，市域外省域内原则上给予 4 元 / 吨补贴，省域外原则上给予 8 元 / 吨补贴。

第六条 鼓励科技创新。建立贵阳市磷石膏资源综合利用科技专项资金。重点扶持磷石膏资源综合利用重点实验室、技术中心等创新机构建设，开展关键共性技术攻关、科技成果转化等。

对新认定的国家地方联合工程研究中心（工程实验室），给予 500 万元的一次性资助；对新认定的国家级和省级重点实验室（工程技术研究中心），分别给予 500 万元、100 万元的一次性资助；对新认定的国家级、省级企业技术中心，分别给予 500 万元、100 万元的一次性资助。对磷石膏相关科研成果，获得国家知识产权局授予发明专利的，每件给予 4500 元资助。

第七条 实施品牌激励。对磷石膏资源综合利用本地企业，其综合利用产品荣获国家级、省级奖项或品牌认定的，分别给予企业 50 万元、10 万元的一次性奖励。对磷石膏资源综合利用本地企业，获得中国质量奖、贵州省省长质量奖的，分别给予企业 50 万元、30 万元奖励；获得国家级、省级质量认定称号的，分别给予企业 50 万元、10 万元的一次性奖励。对本地企业主持制定、参与制定磷石膏资源综合利用相关国家标准并获得国家认定后，每条标准分别给予 20 万元、10 万元的一次性奖励。对本地企业主持制定、参与制定磷石膏资源综合利用相关贵州省地方标准并获得省认定后，每条标准分别给予 10 万元、5 万元的一次性奖励。

第八条 实施生产场所租用补贴。对租用生产场所生产磷石膏资源综合利用产品的企业，第一年租金（不含宿舍）按照实际租金的 80% 给予补贴，下一年起租金按 50% 给予补贴，每平方米补贴标准最高不超过 10 元。同一个项目年补贴金额不超过 20 万元，连续补贴不超过 3 年。

第九条 优化融资环境。引导和鼓励银行业金融机构加大对磷石膏资源综合利用企业的信贷支持力度，积极发挥"筑信贷""筑保贷"和贵阳市中小微企业转贷应急资金的作用，助推磷石膏资源综合利用企业发展。

第十条 加强综合支持。各级各部门要为磷石膏资源综合利用项目开辟"绿色通道"，在项目备案、土地、环评、规划、生产许可等行政审批、许可上给予重点支持。加强市场引导，制定贵阳市磷石膏建材制品的推广应用方案并组织实施。将磷石膏资源综合利用项目纳入各级招商引资项目库，加大对相关产业的招商引资力度。加强人才引进和专业技术人员培训，为磷石膏资源综合利用产品开发和推广应用提供支撑。

2018 年 1 月 1 日起消纳的磷石膏产品或开工的新建（技改）项目，可申请上述奖励、补贴、贴息等。申报省工业和信息化专项资金奖励和补贴的项目和产品，可同时申报本资金。

本试行措施自发布之日起执行，由贵阳市磷石膏资源综合利用领导小组办公室负责解释。

贵阳市人民政府办公厅

2018 年 7 月 11 日

黔南州人民政府办公室关于印发《黔南州"以用定产"推动磷化工产业转型升级实施方案》的通知

（黔南府办发〔2018〕14号）

各县（市）人民政府，都匀经济开发区管委会，州有关部门：

《黔南州"以用定产"推动磷化工产业转型升级实施方案》已经州委、州政府同意，现印发你们，请遵照执行。

黔南州人民政府办公室
2018年3月22日

黔南州"以用定产"推动磷化工产业转型升级实施方案

为落实好磷石膏"以用定产"，推进我州磷化工产业质量变革、效率变革、动力变革取得新进步，守好发展和生态两条底线，实现可持续发展，保持特色优势地位，做大产业，做强企业，特制定本方案。

一、总体目标

——生态文明建设取得新成就。2018年实现磷石膏产消平衡，2019年起在实现磷石膏增量为零的基础上，实现不低于10%的速度消减存量。黄磷生产企业的副产物泥磷、磷渣、磷铁和尾气等综合利用率达到100%；到2020年，攻克一批磷石膏减量化的前沿技术并基本实现产业化，建成一批规模大、附加值高的磷石膏资源综合利用示范项目，磷石膏资源综合利用产业链基本形成，磷石膏资源综合利用规模和水平较大幅度提升。

——产业规模稳步壮大。力争到2020年，全州磷化工产业工业总产值达到500亿元，增加值达到100亿元，年均增长12%以上。

——产品质量进一步提高，品种进一步丰富和优化。黄磷生产企业运用新技术改善生产工艺，提质量、上规模、降消耗。湿法磷酸下游布局更加合理，从传统的磷肥路线转移到"酸-肥-盐"结合的路线上来；湿法磷酸净化的规模优势得到有效发挥，磷酸品质基本满足下游各种档次磷酸盐加工需求。

——磷化工产业技术装备水平、节能降耗水平、安全和环境保护水平等普遍提升。全州磷资源的可持续使用和硫资源的循环利用水平得到进一步提高，中低品位磷矿资源得到进一步开发利用，入选磷矿品位下降2~4个百分点，磷矿中的伴生资源基本得到回收加工合理利用。企业技术创新和自主研发能力增强，形成以创新驱动为主的产业发展态势。

二、强化产业绿色发展

按照"谁排渣谁治理，谁利用谁受益"的原则，贯彻落实磷石膏"以用定产"，将磷石膏产生企业消纳磷石膏情况与磷酸等产品生产挂钩，促进企业加快磷石膏资源综合利用，加快绿色化升级改造步伐，确保全州磷石膏新增堆存量为零，并逐年消纳已有存量。支持瓮福（集团）有限责任公司（以下简称瓮福集团）、金正大诺泰尔化学有限公司（以下简称金正大）、贵州川恒化工股份有限公司（以下简称川恒化工）等企业以水泥缓凝剂、纸面石膏板、磷石膏砌块、石膏模盒等产品为重点，自建项目或与建材企业合作消纳磷石膏。积极研究和推广磷石膏化学转化制硫酸、硫酸钾、联产水泥等技术，推进川恒化工"磷石膏＋尾矿＋石灰"充填矿洞等技术的研发和应用，有效解决地质灾害和磷石膏堆存问题，大幅度提高磷石膏资源综合利用率。（牵头单位：州环境保护局；责任单位：州发展改革委、州科技产权局、州工业信息化委、州建委，福泉市、瓮安县人民政府）

三、优化提升六大基地

——磷石膏资源综合利用示范基地。支持贵州正霸新材料科技有限公司、贵州泰福石膏有限公司、贵州福泉蓝图住宅产业化有限公司等企业围绕瓮福集团副产磷石膏开发建筑材料。以金正大"贵州省磷化工清洁生产工程技术研究中心"为重点，围绕磷石膏和磷尾矿的综合利用，开展磷石膏与不溶性钾资源生产硅钙钾镁肥技术、磷石膏制备高效水泥缓凝剂技术、磷矿尾矿活化技术等方向的研究及产业化应用推广工作。支持省级科技重大专项"磷石膏产业化高效利用关键技术研究与应用"项目按计划实施。（牵头单位：州工业信息化委；责任单位：州发展改革委、州科技产权局、州环境保护局，福泉市、瓮安县人民政府）

——磷化工研发实验基地。提升州内高校服务产业发展的能力，加强黔南师院贵州省磷化工工艺重点实验室（磷石膏复合材料工程研究中心）建设，充分发挥科研团队仪器设备的作用，做好磷石膏综合利用新技术、中低品位磷矿资源利用技术、磷矿伴生元素的综合利用技术、精细磷酸盐新产品研发以及磷化工生产过程中分析检测技术改进和优化，助推我州磷化工产业科学发展。以金正大省级企业技术中心、贵州省磷化工清洁生产工程技术研究中心、贵州省磷钾养分高效利用工程研究中心等三个省级研发平台，以及黔南州支持组建的磷矿资源与土壤改良工程技术研究中心，中国无机盐工业协会授予的无机盐工业协会瓮安研究中心等作为基础，致力于磷、钾养分高效利用的关键共性技术研发活动，开展新型湿法磷酸生产技术、新型高效水溶性肥料生产工艺、土壤酸化改良应用、作物养分需求规律、水肥一体化施用技术等方向的研究及应用推广，实现磷化工的跨界转型。（牵头单位：州科技产权局；责任单位：州发展改革委、州工业信息化委、州环境保护局，福泉市、瓮安县人民政府）

——黄磷生产基地。以瓮安龙马磷业有限公司、瓮安天一矿业有限公司、瓮安县成功磷化有限公司等为主体，建设瓮安青坑黄磷产业生产基地。加快川东化工项目建设，完善贵州瓮福黄磷有限公司及贵州省福泉华鑫化工有限责任公司的配套设施。将黔南打造成为全省及全国重要的黄磷生产加工基地，以及高端黄磷与黄磷精细化工产业集聚区。（牵头单位：州工业信息化委；责任单位：州发展改革委、州环境保护局、州商务粮食局，福泉市、瓮安县人民政府）

——阻燃剂产研基地。以贵州源翼磷系新材料公司（以下简称源翼公司）与中科院宁波材料所联合创建的"磷系阻燃剂工程技术研发中心"联合工程实验室，以及与四川大学、贵州大学等建立的长期合作关系和技术储备为依托，建设黔南州磷系阻燃剂产研基地。通过研发阻燃剂产业链上的DOPO衍生物新产品，进一步拓展精细磷化工产品领域，将其中技术可靠、效益明显的项目产业化，不断延伸产业链，促进我州磷系阻燃剂快速发展。（牵头单位：州工业信息化委；责任单位：州发展改革委、州科技产权局、州环境保护局，瓮安县人民政府）

——磷系能源材料基地。以瓮福集团为主体，建设磷系能源材料基地。重点推进电池级无水磷酸铁和磷酸铁锂项目建设和扩能、六氟磷酸锂、三元前驱体项目，废旧锂电池回收项目建设。（牵头单位：州工业信息化委；责任单位：州发展改革委、州科技产权局、州环境保护局，福泉市、瓮安县人民政府）

——食品级磷酸盐及复配基地。依托贵州瓮福剑峰化工股份有限公司（以下简称剑峰化工）全省唯一的食品级磷酸盐生产装置，重点开发食品级磷酸盐复配技术，到2020年达到6万吨/年多品种食品级磷酸盐和6万吨/年复配食品级磷酸盐的能力。（牵头单位：州工业信息化委；责任单位：州发展改革委、州科技产权局、州环境保护局，福泉市人民政府）

四、优化升级产品结构

——严控传统磷肥产能增长。严格落实国家和省相关法律法规，推动能耗、环保、质量、安全达不到标准和生产不合格产品的磷肥产能依法依规淘汰退出。严格审查传统磷肥新建、技改项目，原则上不再新建或扩建湿法磷酸及配套的磷铵装置。（牵头单位：州工业信息化委；责任单位：州发展改革委、州环境保护局、州市场监管局、州安全监管局，福泉市、瓮安县人民政府）

——大力发展新型肥料。利用基础肥料生产条件发展市场前景较好的新型肥料，如水溶肥、专用肥、特种肥、有机-无机复合肥等多种功能性肥料。解决湿法磷酸用途比较单一的问题，实现"酸-肥-盐"结合，提高单位P2O5价值贡献；利用好湿法磷酸净化的规模优势和技术优势，尽可能满足下游各种档次磷酸盐加工对磷酸品质的需求，鼓励研发磷酸（盐）生产新技术。（牵头单位：州工业信息化委；责任单位：州发展改革委、州环境保护局、州市场监管局、州安全监管局，福泉市、瓮安县人民政府）

——提高黄磷副产物综合利用率。运用新技术改善生产工艺，推进黄磷生产企业提质量、上规模、降消耗，黄磷生产企业的副产物综合利用率达到100%，开发热法酸下游"高精尖"产品；利用热法酸或湿法酸净化发展工业级、饲料级、食品级、电子级磷酸盐产业，形成多用途的精细化、功能化、高端化和专用化磷酸盐产业体系。（牵头单位：州工业信息化委；责任单位：州发展改革委、州环境保护局、州市场监管局、州安全监管局，福泉市、瓮安县人民政府）

——提高磷矿伴生资源利用率。利用磷矿中伴生的氟资源发展产品系列广泛、市场前景好的氟化工产业体系；巩固和提升湿法酸生产回收碘的技术，研发其他工艺中碘的回收技术，同时注重碘的深加工，特别是向医药用碘方向发展；利用磷矿中伴生的硅资源发展硅化工产业。大力发展以源翼公司为重点的磷系高端阻燃剂生产，以剑峰化工为重点的食品级磷系添加剂生产。（牵头单位：州工业信息化委；责任单位：州发展改革委、州环境保护局、州市场监管局、州安全监管局，福泉市、瓮安县人民政府）

——积极发展为新能源配套的系列磷酸盐电极材料。利用黔南磷酸生产热法湿法兼备的优势，发展其他功能型磷酸盐产品。如工业清洗、防腐、水处理、表面活性、线性光学材料、螯合剂、干燥剂、耐火材料等。（牵头单位：州工业信息化委；责任单位：州发展改革委、州环境保护局、州市场监管局、州安全监管局，福泉市、瓮安县人民政府）

五、提升装备工艺水平

优化磷化工产业发展布局和路径。依托"千企改造"工程，在经济可行、技术可靠的前提下，鼓励和支持企业对传统磷化工生产工艺和设备进行绿色化改造升级，从源头上减少磷石膏产生。利用半水-二水法磷酸工艺技术改造现有二水法磷酸装置，提高半水法、半水-二水法、二水-半水法湿法磷酸生产工艺技术在磷酸生产中的应用比例，提升行业磷回收率、氟回收率和节能降耗整体水平，降低磷石膏中磷、氟含量，提高磷石膏品质。鼓励磷石膏产生企业进行磷石膏预加工，为磷石膏资源综合利用提供价廉质优的原料。大力发展精细磷酸盐产品、精细磷制品和贵重伴生元素制品以及市场需求好的绿色磷化工新型产品，提高磷化工产业经济效益。采用先进技术改造现有装置，提高磷酸生产中氟的逸出率和回收率，获得氟资源的同时减少氟对环境的污染。以提高化肥利用率为目标，大力推广质量稳定、绿色环保、肥效高、成本低廉的新型肥料品种生产和施用技术。推广磷石膏无害化预处理技术及生产新型石膏建材产品技术，推广化学法分解磷石膏等战略性技术和装备，不断提高磷石膏综合利用的质量和数量。推广利用黄磷企业尾气生产钙镁磷肥或"CO"系列产品。利用其他的节能、节水、减排、资源回收利用等技术装备改造现有的装置，提升技术装备水平。（牵头单位：州工业信息化委；责任单位：州发展改革委、州科技产权局、州环境保护局，福泉市、瓮安县人民政府）

六、培育发展创新体系

——强化磷石膏资源综合利用研发。鼓励企业与科研机构合作，打造一批国家级、省级企业技术中心和技术创新示范企业。加快磷石膏资源综合利用产品技术研发，研发和推广不产生或少产生磷石膏的新技术、新工艺，开展磷石膏资源综合利用关键共性技术系统攻关，大力开发磷石膏资源综合利用高附加值产品及生产设备，开发利用磷石膏质量在线监测和控制技术、磷石膏净化技术、磷石膏改良土壤技术等。加强磷石膏矿井充填专用胶凝材料第三方跟踪评测，在环保安全达标前提下推广应用。（牵头单位：州科技产权局；责任单位：州发展改革委、州工业信息化委、州环境保护局，福泉市、瓮安县人民政府）

——强化新技术应用。支持先进高效、磷回收率高、氟回收率高的湿法磷酸萃取、过滤、浓缩，磷石膏结晶等工艺技术装备；节水节电节能综合利用技术的应用技术；高端精细磷酸盐生产技术，重点是战略新兴产业所需的高端、专用化的精细磷酸盐和磷化物生产技术，如医药、航空航天、水处理等领域所需的磷化学品等；支持伴生资源及废弃物高端加工利用技术，特别是伴生资源中氟、硅、碘等的高端产品生产技术的创新和研发，改变我州当前伴生资源的利用尚处于初级加工利用阶段为主的状况。开发新型肥料品种、新型肥料配方、各种作物专用肥料品种、高端特种肥料品种等；促进利用黄磷尾气代替焦炭生产钙镁磷钾肥新技术研发与产业化应用。按照精细化、高端化、专用化、绿色化的原则，开发新的磷酸盐品种以及为我国高端和新兴产业发展所配套的新型磷酸盐产品和升级换代产品等。开发新型高端的伴生资源深加工利用产品。（牵头单位：州科技产权局；责任单位：州发展改革委、州工业信息化委、州环境保护局，福泉市、瓮安县人民政府）

七、强化组织领导保障

成立黔南州推进磷石膏资源综合利用工作领导小组（以下简称领导小组），由州人民政府相关领导任组长，州直有关部门、各县（市）人民政府分管负责同志为成员。领导小组负责统筹全州磷石膏资源综合利用工作，下达目标任务，审定县级政府的工作方案和计划，对各县（市）工作开展和落实情况进行指导、督促、检查、考核。领导小组办公室设在州工业信息化委，负责领导小组日常工作。福泉市、瓮安县人民政府建立相应的领导机构和工作机构，将推进磷石膏"以用定产"和资源综合利用工作纳入本级政府重点工作内容，制定具体工作方案并组织实施。州人民政府与福泉市、瓮安县人民政府，福泉市、瓮安县人民政府与辖区磷石膏产生企业分别签订目标责任书，层层压实责任。福泉市、瓮安县人民政府要制定订县（市）磷石膏产消平衡年度计划，其他县（市）人民政府要制订本地区磷石膏资源综合利用产品年度推广应用计划，并采取措施完成年度目标。〔牵头单位：州工业信息化委；责任单位：州发展改革委、州科技产权局、州财政局、州国土资源局、州环境保护局、州建委、州交通运输局、州农委、州市场监管局、州安全监管局、州对外协作局、州政府金融办、州国税局、州地税局，各县（市）人民政府〕

八、加大资金支持力度

2018年起，连续三年每年分别安排8000万元磷石膏资源综合利用专项资金，用于支持我州磷化工产业绿色发展和磷石膏资源综合利用。其中州财政每年安排4000万元，福泉市每年安排3200万元，瓮安县每年安排800万元。领导小组办公室负责州级资金的安排和使用，研究制订资金补贴方案，鼓励企业加大在磷化工绿色化改造、资源综合利用产品研发及工艺改进、项目建设和市场拓展等方面的力度，加快消纳利用磷石膏。指导企业用好用足"贵工贷""贵园信贷通"等金融产品，将磷石膏资源综合利用企业纳入绿色企业范畴，给予绿色金融政策支持。严格落实财政部、国家税务总局发布的《资源综合利用产品和劳务增值税优惠目录》中有关磷石膏资源综合利用的增值税、所得税优惠政策。（牵头单位：州工业信息化委；责任单位：州财政局、州环境保护局、州建委、州交通运输局、州政府金融办、州银监局、州地税局、州国税局，福泉市、瓮安县人民政府）

九、加强产品推广应用

城乡建设和规划部门要加快摸清全州磷石膏建材产品体系（包含产品质量体系）、价格体系、供应保障、市场容量等情况，及时制定加强磷石膏资源综合利用产品推广应用方案并组织实施，大力推广使用符合质量标准和使用条件的磷石膏资源综合利用产品，把磷石膏资源综合利用产品纳入政府采购系列产品，积极推广应用磷石膏板材、磷石膏砌块、磷石膏复合材料、磷石膏建筑装饰材料和装配式磷石膏复合建材产品，打造一批磷石膏资源综合利用产品使用示范工程和项目，力争2019年起全州市政工程建设项目、交通建设项目、政府保障性住房建设、移民搬迁项目和村寨改造工程等政府性工程建设中，磷石膏资源综合利用产品在同类产品的占比达到60%以上，其中福泉市达到70%以上。积极开拓磷石膏土壤改良剂州内外市场。在国家、省规定的城镇规划区范围内禁止使用实心黏土砖作为非承重墙体材料。禁止在县城城区现场搅拌混凝土和砂浆，为推广使用石膏基预拌砂浆系列产品腾出市场空间和环境空间。〔牵头单位：州建委；责任单位：州发展改革委、州交通运输局、州农委，各县

（市）人民政府］

十、加强产用运耗监测

加强对磷石膏的日常监管。环保部门每月对企业磷石膏产生、存储和去向进行统计，工信部门每月对磷石膏资源综合利用企业的生产和利用情况进行统计，住建部门每月对各县（市）使用磷石膏资源综合利用产品的情况进行统计。福泉市、瓮安县人民政府要组织对本级环保、工信部门的统计结果进行核查。领导小组办公室、州环境保护局要设立监督举报电话，接受社会监督和举报。领导小组办公室要会同有关单位，组建专项督查小组，每季度到各县（市）和相关企业督促检查工作推进落实情况，及时将有关情况报告领导小组。［牵头单位：州环境保护局；责任单位：州工业信息化委，州建委，各县（市）人民政府］

十一、强化舆论宣传引导

充分利用广播、电视、报刊、网络等新闻媒体，加强磷石膏资源综合利用产品无害化、环保化知识的普及和教育，及时总结和推广磷石膏资源综合利用工作取得的成功经验和做法，召开磷石膏建材示范推广现场会，通过典型示范宣传促进磷石膏资源综合利用产品的普及推广。加大对磷化工行业转型升级典型的宣传，增强社会对黔南磷化工绿色发展、高质量发展的认识。2018—2020年每年在省级以上媒体获得正面报道3次以上。［牵头单位：州文广新局；责任单位：州发展改革委、州科技产权局、州工业信息化委、州环境保护局、州建委、黔南日报社、黔南电视台，各县（市）人民政府］

贵州省经信委
关于《省人民政府关于加快磷石膏资源综合利用的意见》政策解读

(2018年9月)

为深入贯彻落实党的十九大精神和习近平总书记在贵州省代表团重要讲话精神，坚决守好发展和生态两条底线，大力推进全省磷石膏资源综合利用，促进磷化工产业绿色、创新、集约、高效发展，省人民政府印发了《省人民政府关于加快磷石膏资源综合利用的意见》（黔府发〔2018〕10号，以下简称《磷石膏意见》）。现将文件涉及的相关内容解读如下：

一、《磷石膏意见》的出台背景

贵州磷化工产业起步于1958年，是全国最早的三大磷化工基地（开阳、襄阳、昆阳）之一，依托丰富的磷矿资源，经过多年发展，已建成较为完备的磷化工产业体系，成为我省经济发展的重要支柱产业，也是全国重要的磷及磷化工生产基地。开磷集团、瓮福集团成为具有较强影响力和竞争力的龙头骨干企业，技术装备、研发能力和资源利用水平等都走在全国前列。我省和全国其他省份一样，主要采用硫酸法湿法磷酸工艺生产高浓度复合肥，工艺成熟、操作稳定、生产成本低、适用性广，特别是硫酸法湿法磷酸工艺对处理中低品位磷矿石具有一定的优势，生产的高浓度磷复肥为国家粮食安全做出了巨大贡献。

硫酸法湿法磷酸副产磷石膏的资源综合利用是世界性难题，全球磷石膏有效利用率仅为5%，国内在30%左右，主要以堆存为主。据调查，2017年，贵州全省产生磷石膏1376万吨，实际利用量738.4万吨（含井下填充），利用率为53.6%。尽管高于全国平均水平，但是，磷石膏堆存所带来的环境风险和安全风险，直接威胁乌江、清水江流域的生态环境安全，与我省建设国家生态文明示范区要求有较大差距。为此，贵州省委、省政府高度重视，认真贯彻落实习近平生态文明思想，从建设国家生态文明试验区，保护乌江、清水江生态环境安全的大局出发，在全国率先提出磷石膏"以渣定产"（同"以用定产"），出台了《磷石膏意见》。

二、《磷石膏意见》的主要内容

《磷石膏意见》作为全省加快磷石膏资源综合利用的综合性指导文件，全面贯彻了党的十九大精神，以习近平新时代中国特色社会主义思想为指导，牢固树立新发展理念，切实抓好中央环境保护督察反馈问题整改，坚持政府引导、企业主体，实行政策激励、机制倒逼，促进全省磷化工生产企业加快技术改造升级，从源头削减磷石膏产生量，加大市场推广力度，推进磷石膏资源综合利用，促进磷化工产业绿色发展、转型发展，为我省深入实施大生态战略行动、加快建设国家生态文明试验区奠定坚实基础。

（一）制定了磷石膏资源综合利用的主要目标。2018年，全面实施磷石膏"以渣定产"，实现磷石膏产消平衡，争取新增堆存量为零。2019年起，力争实现磷石膏消大于产，且每年消纳磷石膏量按照不低于10%的增速递增，直至全省磷石膏堆存量全部消纳完毕。到2020年，攻克一批不产生磷石膏的重大关键技术并尽快实现产业化，建成一批大规模、高附加值的磷石膏资源综合利用示范项目，磷石膏资源综合利用产业链基本形成，磷石膏资源综合利用规模和水平大幅提升。

（二）明确了磷石膏资源综合利用的重点任务。围绕磷石膏产生、利用、推广等环节提出八项重点任务：

一是全面实施"以用定产"。强化磷化工企业的主体责任和社会责任，倒逼企业加快磷石膏资源综合利用和绿色化升级改造步伐，减排与利用并举。

二是严控传统磷肥产能规模。加强行业监管，严格落实国家产业政策，依法依规淘汰落后磷肥产能。

三是推动磷化工产业转型升级。依托"千企改造"工程，鼓励和支持企业对传统磷化工生产工艺和设备进行绿色化改造升级。

四是加快磷石膏资源综合利用产品技术研发。开展磷石膏资源综合利用关键共性技术系统攻关，大力开发磷石膏资源综合利用高附加值产品及生产设备。

五是深入实施磷石膏资源综合利用项目建设。加快推进磷石膏综合利用规模化和产业化，明确重点鼓励项目建设方向，重点鼓励建设一批磷石膏综合利用项目。

六是建立完善磷石膏建材产品和应用标准体系。建立完善覆盖设计、施工、验收和使用维护全过程的磷石膏建材工程建设标准规范体系。

七是加大磷石膏资源综合利用产品推广应用力度。在政府性工程建设中大力推广使用符合质量标准和使用条件的磷石膏资源综合利用产品。

八是加强磷石膏库综合管理。强化磷石膏库按国家标准进行规范化管理。

（三）配套了磷石膏资源综合利用的政策措施。

一是在资金支持方面。省级财政通过统筹一般公共预算、国有资本经营预算及部门现有专项资金，分三年共计安排资金10亿元，建立磷石膏资源综合利用专项封闭运行资金池，主要用于支持贵州开磷控股（集团）有限责任公司、瓮福（集团）有限责任公司等重点磷化工生产企业实施绿色化升级改造和磷石膏资源综合利用产业化项目。从2018年起，贵阳市连续三年每年分别安排不低于1.5亿元专项资金，黔南州连续三年每年分别安排不低于0.8亿元专项资金，省经济和信息化委、省住房城乡建设厅、省环境保护厅、省科技厅等部门和其他市（州），贵安新区也要安排一定资金，用于支持磷化工产业绿色发展和磷石膏资源综合利用。指导企业用好用足"贵工贷""贵园信贷通"等金融产品，将磷石膏资源综合利用企业纳入绿色企业范畴，给予绿色金融政策支持。

二是在税收支持方面。积极争取国家支持，将磷石膏资源综合利用新产品纳入财政部、国家税务总局发布的《资源综合利用产品和劳务增值税优惠目录》，将目录中磷石膏资源综合利用产品的技术标准和相关条件单独表述并调整优化使用比例，提高磷石膏利用率，严格落实目录中有关磷石膏资源综合利用的增值税、所得税优惠政策。

三是在技术创新支持方面。鼓励磷化工生产企业开展绿色生产和磷石膏资源综合利用方面的科技研发，对有自主知识产权的科研成果转化投入市场后，相关金融机构和产业发展基金按项目规模给予贷款和参股支持。鼓励磷石膏综合利用企业创建技术中心，对当年认定的国家级、省级企业技术中心分别给予100万元、50万元的一次性奖励。对磷石膏产生企业实施的重大转型升级工艺改造项目，可按规定给予贴息或补贴支持。凡是符合《国家企业技术中心认定管理办法》《贵州省企业技术中心认定管理办法》有关规定的磷石膏综合利用企业，均可按规定积极向省发展改革委、省经济和信息化委分别申报。

四是在其他综合支持方面。省住房城乡建设厅牵头对全省磷石膏建材产品市场容量情况进行调查，制定全省磷石膏建材制品的推广应用方案并负责组织实施。省投资促进局会同省经济和信息化委、省住房城乡建设厅将磷石膏综合利用项目纳入招商引资项目库，加大对相关产业的招商引资力度，在土地、税收、财政、金融、人才引进、项目服务等方面均可享受省级招商引资优惠政策。各级发展改革、国土资源、环境保护等部门为磷石膏资源综合利用项目开辟"绿色通道"，在项目备案、土地、环评、生产许可等行政审批、许可上给予支持。加强人才引进和专业技术人员培训，为磷石膏资源综合利用产品开发和推广应用提供支撑。充分发挥行业协会、学会和中介组织的作用，及时了解企业需求，为企业提供产业发展的新政策、新技术、新产品和市场动态等信息与技术服务。积极搭建磷石膏产用企业联合发展平台，鼓励磷石膏产用企业通过兼并重组、协同开发等方式广泛开展合作。

（四）强化了磷石膏资源综合利用的组织实施。主要通过强化组织领导、落实推进责任、强化考核督导和强化宣传引导进行组织实施。

三、《磷石膏意见》的最大亮点

《磷石膏意见》的最大亮点就是在全国率先提出磷石膏"以渣定产"。按照"谁排渣谁治理，谁利用谁受益"原则，将磷石膏产生企业消纳磷石膏情况与磷酸等产品生产挂钩，倒逼企业加快磷石膏资源综合利用，加快绿色化升级改造步伐，确保全省磷石膏新增堆存量为零，并逐年消纳已有存量。磷石膏"以渣定产"是推进磷石膏资源综合利用的关键，是完成目标任务的重要工作。这一重要举措，充分体现了省委、省政府加快磷石膏资源综合利用、解决磷石膏污染治理的坚定信心和决心。

贵州省黔南州人民政府办公室
关于印发《黔南州支持磷石膏资源综合利用奖补方案》的通知

（黔南府办函〔2022〕23号）

各县（市）人民政府，州政府各部门、各直属机构：

《黔南州支持磷石膏资源综合利用奖补方案》已经州人民政府研究同意，现印发给你们，请认真抓好贯彻落实。

黔南州人民政府办公室

2022年4月2日

黔南州支持磷石膏资源综合利用奖补方案

为全面落实省委、省政府磷石膏"以渣定产"决策部署，大力推进磷石膏资源综合利用，实现磷石膏产消平衡，结合《省财政厅省工业和信息化厅省住房城乡建设厅关于印发〈贵州省磷石膏资源综合利用资金管理办法〉的通知》（黔财工〔2021〕88号）精神，特制定本方案。

一、定义

本方案所称磷石膏，是指黔南州境内磷化工企业生产伴生的工业副产物。磷石膏综合利用产品，是指黔南州境内利用磷石膏作为生产原料的产品。新型石膏建材，是特指由磷石膏为原料生产的石膏建材产品。磷石膏消纳利用奖补资金（以下简称奖补资金），是指州和县（市）财政安排的专项用于支持磷石膏消纳利用的奖补资金。

二、奖补范围

在黔南州注册并综合利用和处置黔南州磷石膏的企业，建设磷石膏综合利用项目、推广应用新型石膏建材以及进行磷石膏相关技术研发的单位。

三、资金来源

全州2021至2023年每年安排4000万元专项资金，用于磷石膏消纳利用奖补，其中：州级专项资金2000万元，由州工业信息化局会同州财政局负责管理；福泉市财政安排1600万元专项资金，瓮安县财政安排400万元专项资金。

四、奖补原则

分级负责，共同承担，综合利用，分类支持，重在引导。

五、奖补事项及标准

（一）磷石膏资源综合利用奖补标准。

1. 利用磷石膏生产符合相关标准的建材产品的奖补。对利用磷石膏生产建材（不含水泥缓凝剂）的企业，按磷石膏实际消耗量（干基，以下相同）给予 15 元 / 吨奖补；企业将新型石膏建材产品销售往省内州外的增加 5 元 / 吨奖补，销售往省外的增加 10 元 / 吨奖补。

2. 利用磷石膏生产水泥缓凝剂、建筑石膏粉的奖补。对州内利用磷石膏作为缓凝剂生产水泥的企业，按磷石膏实际消耗量给予 12 元 / 吨奖补；利用磷石膏生产水泥缓凝剂或建筑石膏粉并销售往省内州外的企业，按磷石膏实际消耗量给予 17 元 / 吨奖补，销售往省外的企业，按磷石膏实际消耗量给予 22 元 / 吨奖补。

3. 化学法利用磷石膏生产产品的奖补。通过化学工艺路线循环利用磷石膏生产其他产品的企业，根据磷石膏实际利用量给予 15 元 / 吨奖补。

4. 未列入本方案的磷石膏资源综合利用途径的奖补标准。本政策执行期间，未在上述奖补范围的新利用途径，由企业向州工业和信息化局申请，州工业和信息化局组织审核后视情况"一事一议"进行奖补。

（二）磷石膏（充填）胶凝材料奖补标准。对利用磷石膏生产（充填）胶凝材料的企业，根据实际消耗磷石膏量按 3 元 / 吨给予奖补。

（三）磷石膏综合利用产品使用奖补标准。对与磷石膏占比超过 40% 的新型石膏建材生产企业或其他企业签订购销合同，年购买州内新型石膏建材产品在 300 吨及以上的州内工程项目施工单位或业主单位，按购买产品的磷石膏实际消耗量给予 15 元 / 吨的奖补。

（四）新型石膏建材产品应用示范项目奖补标准。州内新型石膏建材产品应用示范项目，在 15 元 / 吨的磷石膏综合利用产品使用奖补基础上，按购买产品的磷石膏实际消耗量，增加 5 元 / 吨奖补。

（五）招商引资及技改奖补标准。2021 年 1 月 1 日以后新建的磷石膏资源综合利用项目，磷石膏产生企业实施与磷石膏直接相关的重大转型升级工艺改造项目，对磷石膏相关科研成果进行转化的新建或技改项目，按项目实际投资（不含土地购置费用）的 6% 对企业进行奖励（最高不超过 200 万元）。

（六）研发奖励标准。鼓励州内企业及科研机构开展磷石膏综合利用研发创新，并将研发成果产业化运用。以企业或科研机构为主体申报的与磷石膏利用相关项目在当年获国家科技部门立项的，从奖励资金中给予 50 万元研发经费；获省级科技部门立项的，给予 30 万元；获州级科技部门立项的，给予 20 万元。

以上奖补，根据消纳的磷石膏来源，研发项目根据项目单位所在地（研发单位是州级机构的，根据合作企业所在地），分别由州、福泉市或瓮安县按 1：1 进行奖补。

对项目建设的奖补，项目所在地为福泉市、瓮安县的，按照州、县 1：1 原则进行奖补。项目所在地为福泉市、瓮安县以外其他州内县（市）的，奖补资金由州级资金安排。州内其他政策对项目建设的支持力度优于本政策的，按照"政策从优、不重复奖补"原则执行。

如专项资金不足以支付奖补资金时，根据资金申报情况按比例调整奖补标准。

六、奖补申报

州工业和信息化局在次年一季度制定《磷石膏消纳利用奖补专项资金申报指南》，明确上年度磷石膏消纳利用奖补资金申报的相关事宜并组织申报兑现。企业自愿申请，根据属地管理原则，各县（市）工信部门作为申报牵头单位，负责指导帮助本县（市）企业申报。

（一）生产磷石膏资源综合利用产品的企业（以下相同）报请企业所在地县级工信部门核定利用量；企业所在地县级工信部门同时负责核定该企业州（省）外销售量；

（二）生产磷石膏（充填）胶凝材料的企业报请企业所在地工信部门核定消纳量；

（三）州内使用新型石膏建材（不含水泥缓凝剂）的企业，可向项目所在地住建部门申报，也可由该建材生产企业协助统一向生产企业所在地住建部门申报；

（四）磷石膏水泥缓凝剂的奖补由州内水泥生产企业向企业所在地县级工信部门申报，按磷石膏来源对应匹配资金；销售到州外的，由州内缓凝剂生产企业根据所使用磷石膏来源分别向福泉市或瓮安县工信部门申报；

（五）招商引资和技改项目奖励，项目竣工投产后向所在地县级工信部门申报；

（六）研发项目根据企业所在地向福泉市或瓮安县科技部门申报；有磷石膏资金申报的县（市），由县级工信和（或）住建、科技部门会同财政部门汇总本区域的申报材料，进行复审并制订奖励资金安排计划报黔南州推进磷石膏资源综合利用工作领导小组办公室审定，领导小组办公室委托有资质的第三方机构对申报材料进行审核。

七、工作要求

享受奖补的磷石膏综合利用产品生产和使用企业应向用户让利，加大市场推广力度，扩大磷石膏综合利用产品的市场占有率。相关企业应加大磷石膏综合利用的研发，提高磷石膏产品的质量技术水平，扩大磷石膏综合利用的范围。

八、附则

（一）申报资金总量超过4000万元时，按比例缩小奖补标准。

（二）对按照《黔南州支持磷石膏资源综合利用奖补方案》（黔南府办函〔2020〕55号）已进行奖补的，不再重复奖补。

（三）《黔南州工业和信息化委员会黔南州财政局关于印发黔南州磷石膏资源综合利用专项资金管理暂行办法的通知》（黔南工信〔2018〕129号）中涉及本方案内容的一并调整，并以本方案现行版为准。

（四）本方案自发布之日起施行，奖补期限为2021年1月1日至2023年12月31日。2020年9月18日州人民政府办公室印发的《黔南州支持磷石膏资源综合利用奖补方案》（黔南府办函〔2020〕55号）同时废止。

（五）本方案由州工业和信息化局负责解释。

黔南州工信局解读：黔南州支持磷石膏资源综合利用奖补方案

《黔南州支持磷石膏消纳利用补贴方案（试行）》

发布机构：黔南州人民政府办公室	生成日期：2022-04-27
文　　号：黔南府办函〔2022〕23号	是否有效：是
名　　称：黔南州工信局解读：黔南州支持磷石膏资源综合利用奖补方案	

一、文件出台背景

为深入推进磷石膏资源综合利用，推动磷化工产业转型升级，2018年3月16日我州制定印发了《黔南州支持磷石膏消纳利用补贴方案（试行）》（以下简称"试行方案"），自2018年起三年内每年州、县两级统筹安排专项资金，对全州磷石膏资源综合利用进行奖补。2020年，为减轻疫情冲击及经济持续下行对经济的影响，加大为企业纾难解困力度，激发市场主体活力，州政府组织对《试行方案》进行修改完善，该方案于2020年9月8日印发，执行期1年，于2020年12月31日停止执行。

为进一步推动我州磷石膏资源综合利用，帮助企业降低成本。我州于2022年4月2日印发了《黔南州支持磷石膏资源综合利用奖补方案》，继续对磷石膏资源综合利用进行奖补。

二、文件依据

1.《贵州省磷石膏资源综合利用资金管理办法》（黔财工〔2021〕88号）

2.《黔南州支持磷石膏消纳利用补贴方案（试行）》

三、文件执行范围和期限

1. 执行期限：2021年—2023年

2. 执行范围：在黔南州注册并综合利用和处置黔南州磷石膏的企业，房建设磷石膏综合利用项目、推广应用新型石膏建材以及进行磷石膏相关技术研发的单位。

湖北省

湖北省人民政府
关于印发《湖北省城市建设绿色发展三年行动方案》的通知

（鄂政发〔2017〕67号）

各市、州、县人民政府，省政府各部门：

现将《湖北省城市建设绿色发展三年行动方案》印发给你们，请认真贯彻执行。

湖北省人民政府
2017年12月31日

湖北省城市建设绿色发展三年行动方案

为贯彻落实党的十九大精神和中央城市工作会议精神，顺应新时代城市建设工作要求和人民群众日益增长的美好生活需要，集中力量、突出重点，扎扎实实办一批贴近人民群众需求的大事、实事，补上城市建设绿色发展中的"短板"，推动解决城市建设绿色发展不平衡不充分的问题，省政府决定在全省开展城市建设绿色发展补"短板"三年行动。特拟定如下工作方案。

一、总体要求

坚持以习近平新时代中国特色社会主义思想为指导，认真贯彻落实党的十九大精神、习近平总书记关于城市工作系列重要论述和中央城市工作会议精神，从我省城市建设阶段性特征出发，坚持以人民为中心，以人民群众对美好生活的向往为导向，强化"生命共同体"理念，着眼于人与自然和谐共生，以解决具体问题为提质提效的着力点，集中力量破解一批事关城市建设绿色发展的突出问题，整治"城市病"，践行新理念，扎扎实实补上城市建设绿色发展短板，推动城市建设转型升级。

二、行动目标

通过三年努力，全省城市（含各市州城区、直管市城区、神农架林区松柏镇、县城，下同）复杂水环境得到有效治理，大气环境质量得到有效改善，各类废弃物得到收集和处置，海绵城市理念和综合管廊建设在新区建设和老城改造中得到广泛应用，所有城市人均绿地面积全部达标，公共厕所按标准全部布局到位且管理规范，公共文化设施按标准配套并得到合理利用，所有城市历史文化建筑全部实行清单管理，绿色建筑和装配式建筑得到较大面积推广，城市面貌发生重大改观，城市建设走上集约、节约、生态发展的轨道。

三、重点任务

（一）统筹推进城市水环境治理。建立从"源头到龙头"的全流程饮用水安全保障体系，所有城市饮用水水源地保护达到国家规定标准，建成一个以上备用水源；存在安全隐患的二次供水设施得到改造；城市公共供水普及率每年稳定在98%以上，水质100%达标，县（市、区）城市饮用水安全状况信息每季度向社会公布。每年完成地下老旧管网改造20%以上，公共供水管网漏损率控制在10%以内。大力实施雨污分流，全力推进截污纳管，城市生活污水处理率95%以上，达到国家标准要求。城市建成区生活污水全收集、全处理，基本消除黑臭水体。城区所有湖泊均要有专项保护规划和一河（湖）一策，实施红线蓝线管控，河湖面积不缩小，水质不下降，防洪能力不降低。统筹考虑河、湖、岸、植物、生物等生态要素，防涝、治污、生态一起抓。以水定城、以水定产，实施城市节水综合改造，创建节水型城市。对城市易涝点的雨水口和排水管渠进行改造，城市排涝能力比2017年提高30%以上，实现"小雨不积水、大雨不内涝"。

（二）着力加强废弃物处理处置。到2020年，城市生活垃圾实现全收集、全处理，力争做到全过程网上监测，无害化处理率达到98%。大力推行垃圾分类，试点地方生活垃圾回收利用率达到35%以上，其他地方达到20%以上。城市污泥无害化处理处置率地级市达到90%，县级市达到75%，县城达到60%以上。加强餐厨油烟集中治理，政府机关、公共设施、酒店宾馆、小餐饮集中点餐厨油烟做到集中收集处理，新建小区要将油烟集中处理设施建设要求纳入规划条件，严格控制露天烧烤场地，对环境影响严重的要及时整改。市、州、直管市城市餐厨垃圾合理利用和处理率达到70%以上，垃圾焚烧发电厂市、州、直管市全覆盖，各市、州、直管市都要建成建筑垃圾资源化利用处理设施。落实建筑施工扬尘防治责任制，达到建筑施工扬尘防治标准。

（三）大力推进海绵城市和综合管廊建设。把海绵城市建设指标纳入规划条件和项目审查环节，严格落实到位。新编城市规划要全面落实海绵城市建设指标。系统开展江河、湖泊、湿地等水体生态修复，积极推进水系连通流动，因地制宜建设湿地公园、雨水花园等海绵绿地，推进老旧公园提质改造。到2020年，城市建成区20%以上的面积达到海绵城市的要求和标准。完成地下管线普查，建立综合管理信息系统。制订各专业管线年度建设计划，并与道路建设同步实施，杜绝"马路拉链"现象。编制综合管廊专项规划，推进地下空间"多规合一"。城市新区、各类园区、成片开发区域的新建道路要根据功能需求，同步建设地下综合管廊。2020年，城市新区新建道路综合管廊配建率30%以上，城市道路综合管廊配建率2%以上。

（四）加快绿色交通体系建设。提倡"公交+慢行"出行模式。推行"窄马路、密路网"的城市道路布局理念，着力提高支路网密度，加强道路微循环，城市建成区路网密度达到规划要求。改善各类交通方式的换乘衔接，公交车覆盖半径适应城市需求，城市公共交通、步行、自行车等绿色出行分担率提高10%以上。打造连续成网的慢行系统，新建主次干道必须设置独立的非机动车道，老城区通过改造升级，实现非机动车出行的连续性。加快停车设施建设，各地2018年要编制完成停车专项规划和分年度实施计划，2020年完成规划建设任务。停车场充电桩配置率10%以上。

（五）提升园林绿地建设水平。划定城市生态保护红线、永久基本农田、城镇开发边界三条控制线，推动城市集约节约发展。优化城市绿地布局，留出城市风道、绿廊，构建完整连贯的绿地系统，实现"300米见绿、500米见园"，城市公园绿地500米服务半径覆盖率达到85%，人均公园绿地面积设市城市不少于 14.6 平方米，县城不少于 11.4 平方米，老城区人均公园绿地面积不少于 5 平方米，建成区绿地率达到 39% 以上。设市城市至少建成一个具有一定规模，水、气、电等设施齐备，功能完善的防灾避险公园。城市的受损山体、水体、工矿废弃地、垃圾填埋场得到有效修复。

（六）加强公共厕所规划建设。按照"全面规划、合理布局、改建并重、卫生适用、方便群众、水厕为主、有利排运"的原则，进行公厕规划建设，着力解决城市如厕难题。按老城区 800 米、新区 500 米服务半径，实现公厕全覆盖。老城区可通过新建、附建和公共设施开放共享等方式，解决公厕不足问题。新区按环卫设施专项规划全部实施落地。中心城区公厕全部达到国家 A 级标准，公厕环境清洁卫生、设施设备良好，管理做到规范化、标准化。城市道路应设置明显的公厕标识指引系统，推广建设城市公厕智能引导系统，解决找厕难题。

（七）优化公共文体等设施配套。建设 15 分钟社区生活圈，依托社区邻里建设，配套完善公共文化体育设施。社区周边步行 15 分钟范围内，有小学、幼儿园、社区卫生、基层文化体育设施和菜市场。城市图书馆、博物馆、体育馆等大型公共设施免费向群众开放，并利用"互联网+"提高城市公共设施使用效率。城市老旧小区改造率 50% 以上，配套完善水、电、气、管网、路灯等基础设施。

（八）强力推进智慧城市建设。充分利用现代信息技术，推动城市功能、空间的共享，推进城市智慧生活。打造智慧城建，市政基础设施监管平台实现全覆盖，智慧市政基础设施占基础设施投资比例达 1% 以上。打造智慧交通，建成城市公共交通诱导、智慧停车系统，提高通行效率。打造智慧服务，每个城市都要建立涵盖社保、公交、金融、医疗、旅游、水电气缴费等范围的市民一卡通（一卡通内容各城市可根据各自情况自行增减），并逐步整合到手机端使用。促进共享经济发展，打造智慧政务，涉民服务和审批通过网上办理的比例大幅提高。探索建立市民信用等级管理，将市民遵守城市建设、管理法律法规和公共秩序的情况纳入信用体系。

（九）加强城市特色风貌塑造。完成总体城市设计和重点地区城市设计，将城市设计要求纳入规划条件和设计方案审查环节。加强城市历史文化挖掘，划定特色风貌街区或者历史文化街区，编制相应的保护规划，逐步修复完善，打造成城市的特色名片。开展历史建筑普查并向社会公布，明确责任单位、责任人员，严格保护，合理利用。加强荆楚派建筑风格应用，重大公共建筑应体现地域特征和时代风貌。着力治理城市环境容貌。2020 年，城市建成区违法建设得到全面处理，形成长效管控机制，坚决遏制新增违法建设。治理管线乱拉乱牵，2020 年，城区主要街道蜘蛛网式架空线全部规整，新建道路（除工业园区外）、主次干道、历史街区、重点地区 10kV 以下的强电和弱电全部入地，建有地下综合管廊的街道，管线必须入廊。治理乱停乱靠，重点整治机动车占用非机动车道、盲道行为，保持盲道连续性。治理乱贴乱画，消除城市小广告，规范城区广告电招。治理城市老旧空间，背街小巷实现道路硬化、路灯亮化、环境整洁化。

（十）大力发展绿色建筑和装配式建筑。全面推进绿色建筑行动。2020 年，绿色建筑占新建建筑比例达到 50%，新建建筑能效比 2015 年提高 20%。设市城市建设 1 个以上绿色生态城区。大力发展装配式建筑，2020 年，装配式建筑占新建建筑的比例达到国家要求，各设市城市编制完成装配式建筑发展规划。加快推进装配式建筑全装修成品交房，装配化装修。

鼓励各地采取政府与社会资本合作（PPP）模式，引导投资的供给侧结构性改革，引导社会资本进入城市建设的民生领域、绿色发展项目。同时要加大宣传力度，广泛发动群众，创造条件，借助"互联网+"共享城市公共基础设施提供的服务，提高各类公共基础设施使用的效率。

四、推进措施

（一）量化细化标准。省住建厅牵头，对城市建设绿色发展三年行动涉及的重点任务，按照城市规模逐项制定可量化、可操作的验收标准。

（二）制定工作方案。各市、州、县对照标准开展评估，找出差距，制定三年行动计划的具体实施方案、年度项目清单，明确责任人和工作要求、完成时限，经市政府常务会讨论通过后，向全社会公布，报省住建厅备案。

（三）加强考核督办。省政府每年召开全省城市建设绿色发展现场推进会和总结表彰会。由省住建厅牵头，年中开展1~2次专项督查；制定百分制考评办法，每年由省对市（州）、市（州）对县（市、区）实行分级考核，结果报省委、省政府，全省统一排名通报，并在省主要媒体公布。

（四）建立奖惩机制。将城市建设绿色发展工作考核排名结果运用到党政领导班子和领导干部年度考核评价中，增加考核权重和分值，与干部提拔使用挂钩。省财政安排专项奖补资金，对排名靠前的20个城市给予奖补。对推进不力、未完成年度工作任务的城市政府领导实施约谈问责。

五、组织保障

（一）加强组织领导。省政府成立全省城市建设绿色发展三年行动指挥部，建立省长领衔、分管副省长主抓、部门齐抓共管的工作推进机制。指挥部办公室设在省住建厅，承担业务指导和验收考核工作。省直相关部门立足职责，加强协调配合，上下联动，合力推进实施。

（二）明确主体责任。各市、州、县人民政府是实施城市绿色发展三年行动的责任主体，要切实加强领导，成立相应的工作机构，统筹协调，全面推进各项工作。

（三）有序推进实施。省财政采取专项债券、金融机构采取绿色金融等方式，支持地方城市建设绿色发展项目。各县（市、区）要认真研究制定城市绿色发展三年行动方案和年度实施计划，将年度计划实施项目纳入每年的城建计划。

（四）强化舆论引导。各县（市、区）要加大宣传引导，充分调动群众参与城市绿色发展的积极性和创造性，推动基础设施共谋共建共享，提高市民综合素质和城市文明程度。

湖北省人民政府
关于印发《湖北省固体废物污染治理工作方案》的通知

各市、州、县人民政府，省政府各部门：

现将《湖北省固体废物污染治理工作方案》印发给你们，请认真贯彻执行。

湖北省人民政府
2018年6月8日

湖北省固体废物污染治理工作方案

一、目标任务

全面摸清我省固体废物（危险废物、医疗废物、一般工业固体废物、生活垃圾）的存量和污染现状，查清固体废物产生、贮存、转移、处置等基本情况，推进我省固体废物申报登记工作，厘清我省固体废物非法转移产业链条，分析控制固体废物非法转移倾倒的监管漏洞和薄弱环节，强化环境监管执法，依法严厉打击各类"污染转移"行为，构建固体废物污染防治长效机制，坚决打赢固体废物污染防治攻坚战。

二、工作措施

（一）全面清查，认真查漏补缺。

1.重点区域存量排查。结合生态环境部"清废行动2018"对我省固体废物存量排查情况督察发现的问题，以沿江、沿河、沿湖等区域为重点，包括沿岸码头等临时堆放点和沿岸废弃宕口，再次组织拉网式清查。充分利用卫星遥感技术、无人机侦察等科技手段，全面查漏补缺，形成点位排查清单。（责任单位：各市、州人民政府，省水利厅、省环保厅）

对点位排查清单进行鉴别分类，确定重点监管点位。对以危险废物、医疗废物为主要成分的，监管所有的堆放、贮存、倾倒和填埋点；对以一般工业固体废物为主要成分的，重点监管质量在100吨以上的堆放、贮存、倾倒和填埋点，形成一般工业固体废物重点监管点位清单；对以生活垃圾为主要成分的，重点监管500立方米以上的堆放、贮存、倾倒和填埋点，形成生活垃圾重点监管点位清单。（责任单位：各市、州人民政府，省环保厅、省住建厅、省卫生计生委）

2.源头及处置能力排查。结合生态环境部"清废行动2018"对我省督察发现的问题，各市、州人民政府要整合力量,深入乡镇、社区、企业一线,对辖区内所有涉及固体废物产生、处置的企事业单位进行拉网式清查,认真核实数据,全面查漏补缺,扎实开展"回头看",彻底查清固体废物产生、贮存、转移、处置等基本情况,督促危险废物(含医疗废物)、一般工业固体废物产生单位在湖北省危险废物监管物联网系统申报登记有关情况。

(1)危险废物源头和处置能力排查。环保部门负责建立本辖区危险废物产生单位清单,核实各单位危险废物的产生量、类别、贮存、流向等情况,形成危险废物产源清单;负责核实辖区内危险废物处置利用单位建设和运行情况,形成危险废物处置能力清单。(责任单位:各市、州人民政府,省环保厅)

(2)医疗废物源头和处置能力排查。卫生计生部门负责建立本辖区医院、诊所及医疗科研机构等单位清单,核实各单位医疗废物的产生量、类别、贮存、流向等情况,形成产源清单,并通报同级环保部门;环保部门负责核实各医疗单位的申报管理、转移、处理处置等情况,医疗废物集中处理处置单位等环保处置设施建设和运行情况,并汇总产源清单,形成医疗废物排查清单。(责任单位:各市、州人民政府,省卫生计生委、省环保厅)

(3)一般工业固体废物源头和处置能力排查。经信部门负责本辖区一般工业固体废物综合利用量的全面排查,按企业、按类别形成工业固体废物综合利用清单及情况汇总表,并通报同级环保部门;住建部门负责本辖区城镇污水集中处理设施和工业园区集中污水处理设施的污泥产生量、贮存、流向等情况的全面排查,重点排查未在规定地点临时堆存污泥的点位,以及污泥集中处理处置单位等环保处置设施建设和运行情况,形成污泥产源、处置清单和重点监管源清单,并及时通报同级环保部门;环保部门排查全省一般工业固体废物的产生量、类别、贮存、流向等情况,一般工业固体废物集中处理处置单位等环保处置设施建设和运行情况,以及企业在一般工业固体废物污染防治方面的守法情况,综合经信、住建部门的排查清单,形成一般工业固体废物源头、处置排查清单。(责任单位:各市、州人民政府,省经信委、省住建厅、省环保厅)

(4)生活垃圾源头和处置能力排查。住建部门负责本辖区生活垃圾的全面排查,重点排查未在规定地点临时堆存生活垃圾、污泥的点位,以及生活垃圾、污泥集中处理处置单位等环保处置设施建设和运行情况,形成生活垃圾(以乡镇为单位)、污泥产源清单和重点监管源清单,并及时通报同级环保部门。(责任单位:各市、州人民政府,省住建厅)

3.运输排查。交通运输部门全面排查本辖区散杂码头装卸危险废物、水上转移危险废物以及公路运输危险废物情况;长江航务管理局负责长江干流转移危险废物排查。(责任单位:各市、州人民政府,省交通运输厅)

(二)全面落实生态环境部"清废行动2018"问题整改。

各市、州人民政府要落实环境保护主体责任,形成齐抓共管的工作合力,全面完成生态环境部"清废行动2018"交办问题整改。尤其是对生态环境部挂牌督办我省的36个问题,各市、州人民政府要牵头建立问题、责任、整改、销号四个清单,严格落实整改方案,采取"一案一策",实行"挂号销号",做到整改一件、验收一件、销号一件。整改方案和整改落实情况要及时通过当地主要新闻媒体向社会公开。对已销号的交办件,各地要督促相关责任主管部门不定期进行"回头看",重点检查整治措施是否落实到位、整治是否取得实效、长效管理机制是否建立完善,坚决防止问题反弹。

(三)排查整治情况"回头看"。

省人民政府将适时组织对生态环境部挂牌督办问题整改及固体废物非法倾倒和堆存点全面排查整

治情况进行"回头看",对因不作为、乱作为、慢作为导致整改进展缓慢、任务落实不到位的,或存在故意瞒报、弄虚作假行为的,要约谈市、州人民政府负责同志,严肃追究有关人员责任。

（四）构建固体废物污染防治长效机制。

各市、州人民政府要高度重视固体废物污染防治工作,积极研究控制固体废物污染防治的政策、日常监管及应急处置措施,构建固体废物污染防治长效机制,切实保障生态环境安全。

三、时间安排

（一）各市、州人民政府认真落实"清废行动2018"问题整改方案,于6月30日前报送整改落实情况。

（二）各市、州水利和环保部门于2018年8月20日前形成《重点区域存量排查阶段性总结报告》,由各市、州水利部门牵头,联合环保部门分别上报省水利厅、省环保厅和同级人民政府。报告应涵盖"排查基本情况、重点监管点位情况、存在问题和下一步工作措施"等内容。

（三）各市、州环保部门于2018年10月20日前形成《危险废物源头及处置能力排查阶段性总结报告》,由各市、州环保部门上报省环保厅和同级人民政府。报告应涵盖"排查基本情况、危险废物管理情况、危险废物处理处置单位等环保设施建设和运行情况、存在问题和下一步工作措施"等内容。

（四）各市、州卫生计生和环保部门于2018年10月20日前形成《医疗废物源头及处置能力排查阶段性总结报告》,由各市、州环保部门牵头,联合卫生计生部门分别上报省卫生计生委、省环保厅和同级人民政府。报告应涵盖"排查基本情况、医疗废物管理情况、医疗废物集中处理处置单位等环保处置设施建设和运行情况、存在问题和下一步工作措施"等内容。

（五）各市、州环保和经信部门于2018年10月20日前形成《一般工业固体废物源头及处置能力排查阶段性总结报告》,由各市、州环保部门牵头,联合经信部门分别上报省环保厅、省经信委和同级人民政府。报告应涵盖"排查基本情况、工业固体废物管理情况、工业固体废物集中处理处置单位等环保处置设施建设和运行情况、存在问题和下一步工作措施"等内容。

（六）各市、州住建和环保部门于2018年10月20日前形成《城镇及工业园区污水处理厂污泥源头及处置能力排查阶段性总结报告》和《生活垃圾源头和处置能力排查阶段性总结报告》,由各市、州住建部门牵头,联合环保部门分别上报省住建厅、省环保厅和同级人民政府。报告应涵盖"排查基本情况、生活垃圾或污泥管理情况、集中处理处置单位等环保处置设施建设和运行情况、存在问题和下一步工作措施"等内容。

（七）各市、州人民政府于2018年12月31日前制定辖区固体废物污染防治管理制度,明确固体废物污染防治责任,建立部门联动协调机制,明确日常监管措施及应急处置措施。

四、相关要求

（一）周密组织安排。各市、州人民政府要切实落实主体责任,加强组织领导,明确职责分工,认真落实本方案。按照属地管辖原则,全面清查长江干流、主要支流和重点湖泊排查范围内的固体废物倾倒现状,摸清辖区范围内固体废物产出、监管状况及非法转移的产业链,厘清控制固体废物非法转移倾倒存在的监管漏洞和薄弱环节,实事求是分析存在问题,提出整改方案,做到边查边改、立行立改、限期整改。严格监管跨省污染转移。对源头排查中发现固体废物和危险废物未依法进行申报登记的单位,要督促其在湖北省危险废物监管物联网上依法依规登记。

（二）加大执法力度。各市、州人民政府要设立固体废物非法倾倒、填埋举报热线，建立跨部门、跨区域执法协作机制，及时查处举报和排查过程中发现的固体废物环境违法情况，其他行政违法情况及时移交城管等部门查处，涉嫌环境犯罪的及时移送公安机关侦办。对妨碍排查以及环境行政执法，情节严重构成犯罪的，依法追究刑事责任。

（三）加强信息公开。各市、州人民政府要充分运用报刊、电视、网络等平台，做好固废大排查行动的跟踪报道，及时公开生态环境部交办问题整改和固体废物环境违法案件查处情况，保障广大人民群众的知情权和参与权。强化舆情跟踪，做好舆论引导。对整改不力、问题突出的地区和部门，加大曝光力度，动员全社会参与监督。

省人民政府办公厅
关于印发《支持全省沿江化工产业转型升级实施意见》的通知

(鄂政办发〔2018〕83号)

各市、州、县人民政府,省政府各部门:

《支持全省沿江化工产业转型升级实施意见》已经省人民政府同意,现印发给你们,请认真贯彻执行。

湖北省人民政府办公厅
2018年12月17日

支持全省沿江化工产业转型升级实施意见

为贯彻落实《省人民政府关于印发沿江化工企业关改搬转等湖北长江大保护十大标志性战役相关工作方案的通知》(鄂政发〔2018〕24号)、《省人民政府办公厅关于印发湖北省危险化学品生产企业搬迁改造实施方案的通知》(鄂政办发〔2017〕102号)精神,全力打好湖北长江大保护沿江化工企业关改搬转标志性战役和危险化学品生产企业搬迁改造攻坚战,加快推进全省沿江化工产业转型升级和高质量发展,提出如下意见:

一、稳步推进沿江化工企业关改搬转

(一)细化实化沿江化工企业关改搬转实施方案。明确全省沿江化工产业关改搬转的时间表、路线图。坚持按照产品高端化、生产集约化、产业绿色化的要求,围绕促进全省沿江化工企业安全环保达标升级、化工企业入园集群发展和化工产业提档升级,稳步推进全省沿江化工企业关改搬转。(完成时限:2018年12月底前。责任单位:省经信厅、省发展改革委、省科技厅、省财政厅、省自然资源厅、省住建厅、省生态环境厅、省应急管理厅、省市场监督管理局)

(二)高质量推进化工园区建设。制定湖北省化工园区确认指导意见,明确化工园区规划布局、申请设立、调规扩容、改造提升和规范化建设的土地供应、产业规划、基础设施建设、安全环保认定条件及认定程序,高标准高质量推进化工园区建设。对符合土地利用总体规划和城市总体规划、承接园区具备调规扩容条件的化工园区,可按照相关规定和法定程序,申请设立和适当扩大承接园区规模,以满足沿江化工企业搬迁入园需求。(完成时限:2018年12月底前。责任单位:省发展改革委、省经信厅、省自然资源厅、省住建厅、省生态环境厅、省应急管理厅)

二、加大财税政策支持力度

（三）完善省级财政支持政策。省级财政每年统筹安排 2 亿元沿江化工企业关改搬转专项资金，制定专项资金使用管理实施细则，采用以奖代补方式拨付各有关市州政府统筹使用，集中用于支持沿江化工企业关改搬转工作。（完成时限：每年 12 月底前。责任单位：省财政厅、省经信厅）

（四）加大传统产业转型升级专项资金支持。将化工企业搬迁改造、新产品开发、智能制造、绿色制造、两化融合、创新平台建设和隐形冠军培育等重点领域纳入省级传统产业转型升级等专项资金支持范围并予以重点倾斜。积极争取国家相关专项资金支持。（责任单位：省财政厅、省经信厅、省发展改革委、省科技厅）

（五）加强税收政策支持。列入《湖北省沿江化工企业关改搬转任务清单》《湖北省危险化学品生产企业搬迁改造任务清单》的企业，可享受运营前 3 年新增地方财政收入返还企业和去产能调结构政策、停产停业关闭企业免征房产税城镇土地使用税的政策。实施政策性搬迁改造企业在搬迁改造期间发生的搬迁收入和搬迁支出，可暂不计入当期应纳税所得额，在完成搬迁的年度对搬迁收入和支出进行汇总清算，具体办法按《企业政策性搬迁所得税管理办法》执行。（责任单位：省财政厅、省税务局）

三、加大金融政策支持力度

（六）加大政府债券支持。省财政在安排政府债券时向有化工企业关改搬转任务的市（县、区）予以倾斜，由相关市（县、区）统筹用于园区基础设施建设，支持沿江化工企业搬迁改造和化工产业转型升级项目建设。（责任单位：省财政厅）

（七）建立沿江化工产业转型升级专项基金。省级股权投资引导基金等政府投资基金专门设立不少于 50 亿元化工产业转型升级专项子基金，重点支持沿江化工企业关改搬转和产业转型升级建设项目。（完成时限：2019 年 6 月底前。责任单位：省财政厅）

（八）拓宽企业融资渠道。银行业金融机构要积极支持全省长江经济带绿色发展和产业转型升级工作，积极参与绿色技改相关银政企对接活动，加大对沿江化工企业关改搬转项目信贷支持。支持符合条件的化工企业通过发行企业债、公司债、中期票据和短期融资券等方式募集搬迁改造资金，鼓励社会资本参与搬迁、改造和转产化工企业改制重组和相关基础设施建设，合理引导金融租赁公司和融资租赁公司依法依规参与化工企业关改搬转工作。（责任单位：湖北银保监管局、人行武汉分行）

四、加强土地政策支持

（九）保障搬迁改造项目土地供应。制定鼓励沿江化工产业转型升级的土地供应政策，对符合产业转型升级方向的新搬迁改造化工企业项目建设用地实行应保尽保，对落后化工产能用地严格准入限制。国土资源部门在下达年度新增建设用地计划指标时，应向化工搬迁改造企业承接地适当倾斜，对符合产业转型升级方向的搬迁改造化工项目优先安排用地指标，全力保障搬迁改造项目土地供应。（责任单位：省自然资源厅）

（十）支持腾退土地转化利用。对因搬迁改造、关闭退出被收回原国有土地使用权的化工企业，经批准可采取协议出让方式，按土地使用标准为其安排同类用途用地。搬迁改造企业腾退的土地，属于划拨用地的，可以依法转让或由当地政府收回，当地政府收回原划拨土地使用权后的土地出让收入，可按规定通过预算安排支付破产企业职工安置费用；属于工业用地的，可由当地政府收储或由企业依法报批改变用途后自主开发。对搬迁改造、关闭退出企业腾退的工业用地，在符合城乡规划的前提下，可用于转产发展第三产业。各地收取的土地出让收入，可按规定通过预算安排用于职工安置和债务处理。（责任单位：各市州人民政府）

五、妥善化解各类风险

（十一）加强土地污染风险管控和治理修复。落实企业污染防治主体责任，督促和引导企业加强腾退土地污染风险管控和治理修复，防止发生二次污染和次生突发环境事件。按照湖北省节约集约示范省创建和严格保护耕地的要求，根据对土壤造成严重污染需搬迁或关闭的企业名录、土壤污染高风险行业企业名录等污染地块名录及开发利用负面清单，加强企业腾退土地利用准入管理，合理确定企业腾退土地中污染地块的土地利用。强化土壤空间布局管控，明确污染地块再开发利用必须符合规划用途的土壤环境质量要求。（责任单位：省生态环境厅、省自然资源厅）

（十二）有效防范和化解各类金融风险。妥善处理沿江化工企业关改搬转企业债务和银行不良资产，落实金融机构呆账核销的财税政策，支持金融机构加大抵债资产处置力度。（责任单位：湖北银保监管局、省财政厅、省税务局、省地方金融监管局）

（十三）妥善解决职工分流安置问题。坚持企业主体责任与地方组织、社会保障相结合，制定转岗再就业服务，开展职业培训政策措施，妥善解决沿江化工企业关改搬转职工分流安置问题。对技术先进、市场前景好、暂时经营困难的企业，可与工会或职工依法采取协商薪酬、灵活工时等方式稳定现有岗位。对不裁员或少裁员的企业，按规定享受稳岗补贴。支持企业通过转型转产、多种经营、主辅分离、辅业改制、培训转岗等方式，多渠道分流安置富余人员。对拟分流安置人员在100人以上的化工企业举办专场招聘活动，对依法与企业解除、终止劳动合同的失业人员，要及时办理失业登记，免费提供就业指导、职业介绍、政策咨询等服务，纳入当地就业创业政策扶持体系。对失业人员和长期停产职工，开展转岗培训或技能提升培训，按规定给予职业培训补贴，对符合条件的失业人员，按规定享受失业保险待遇。（责任单位：省人社厅、省国资委、省经信厅）

六、强化安全环保监管

（十四）加强安全生产管理。树立"规划先行、本质安全、应急高效、综合治理"的发展理念，制定湖北省化工行业高质量安全发展指导意见，建立健全化工行业高质量安全发展责任体系，提高化工行业安全发展、创新发展水平。督促企业依法开展关改搬转项目安全评价，对正在实施关改搬转的企业加大安全生产监督检查力度，确保企业关改搬转过程不发生安全事故，不遗留安全隐患。（责任单位：省应急管理厅）

（十五）加强环保管理。督促沿江化工企业依法开展关改搬转项目环境影响评价，确保项目建成投产后满足环保标准要求。对正在实施关改搬转的化工企业加大监督检查力度，加强企业停产前及停产过程中的环保监管，切实做好企业停产后的环保处置，确保企业关改搬转过程不发生环保事故，不遗留环保隐患。（责任单位：省生态环境厅）

七、加快推进磷石膏资源综合利用

（十六）加强磷石膏堆存监管。加强磷石膏生产、堆放、存储监督管理，严格落实"三防"措施，有效防止环境污染，保障安全生产。（完成时限：2019年6月底前。责任单位：省生态环境厅、省应急管理厅、省住建厅、省自然资源厅）

（十七）加快推进磷石膏资源综合利用。制定鼓励磷石膏资源综合利用政策措施，为磷石膏资源综合利用提供技术支撑和财税政策支持。支持开发生产水泥缓凝剂、胶凝材料、土壤调理剂及建筑石膏砖（瓦、板、粉）等磷石膏资源综合利用产品，加快制定磷石膏资源综合利用产品生产与应用技术标准，积极开展装配式混凝土空间网格盒式结构等新型石膏建材产品工程化推广应用试点示范。支持将磷石膏综合利用项目增补纳入国家资源综合利用增值税优惠目录，对企业以磷石膏等废渣为原料生产砖（瓦）、砌砖、墙板类产品、石膏类制品以及商品粉煤灰取得的收入，且产品原料70%以上来自磷石膏等资源的，减按90%计入收入总额。（完成时限：2019年6月底前。责任单位：省经信厅、省财政厅、省住建厅、省市场监督管理局、省税务局）

省委办公厅　省政府办公厅
关于印发《关于加强磷石膏综合治理促进磷化工产业高质量发展的意见》的通知

各市、州、县党委和人民政府，省军区党委，省委各部委，省级国家机关各委办厅局，各人民团体：

《关于加强磷石膏综合治理促进磷化工产业高质量发展的意见》已经省委、省政府同意，现印发给你们，请结合实际认真贯彻执行。

中共湖北省委办公厅　湖北省人民政府办公厅
2021 年 12 月 12 日

关于加强磷石膏综合治理促进磷化工产业高质量发展的意见

为切实抓好中央生态环境保护督察通报问题整改，正确处理保护与发展的关系，加强磷石膏综合治理，促进全省磷化工产业高质量发展，提出如下意见。

一、指导思想

深入学习贯彻习近平生态文明思想、习近平总书记考察湖北和考察长江经济带发展重要讲话精神，坚持政府引导、企业主体、市场导向，坚持系统思维、统筹施策、奖罚分明，坚持促进发展和监管规范两手抓、两手硬，实施系统化治理、集群化布局、绿色化转型、高端化发展，从磷化工全产业链前端、中端、末端共同发力，利用经济杠杆、机制倒逼，聚焦创新引领、重点突破，走出符合湖北实际的磷石膏综合治理、系统治理、协同治理新路，实现磷化工全产业链高质量发展，为长江经济带绿色发展做出新的贡献。

二、主要目标

按照"控制增量、消化存量、逐步平衡"的原则，加强磷石膏综合治理，到 2025 年底，新产生的磷石膏全部实现无害化处理，综合利用率达到国家规定要求，实现产、消（磷石膏综合利用及安全堆存）动态平衡。加快推进磷化工产品结构调整和企业的兼并重组，打造一批具有国际影响力的磷化工领军企业，创建全国精细磷化工及磷系新材料生产基地、国家重要磷复肥生产基地和国家级磷化工产业集群。

三、推进磷石膏系统化治理

（一）推动产、消动态平衡。压实企业主体责任，前端坚持"谁采矿谁治理"，加强磷矿开采管理，推动磷矿资源向磷化工龙头企业集中；中端坚持集群化布局、绿色化转型、高端化发展，促进磷化工产业高质量发展；末端坚持"谁排渣谁治理，谁利用谁受益"。加强磷矿的流向管理，将磷矿采选、磷矿供应与磷石膏产生企业的磷酸生产、磷石膏无害化处理、磷石膏综合利用、磷石膏库安全环保监管等挂钩，促进企业优化生产工艺、加大技术投入、节约集约用地用矿，推进磷石膏源头减量。建好用好磷矿及磷石膏信息化平台，实现磷矿采选、供应，磷石膏产生、流向、堆存、利用、处置等信息全程监控和可追溯、可查询。（责任单位：省经信厅、省自然资源厅、省发改委、省生态环境斤、省应急厅，相关市、县）

（二）加强磷矿开采管理。严格源头管控，合理确定全省磷矿采矿权总数、开采总量。推进磷矿"采、选、加"一体化，将年度开采指标向大中型磷矿和磷化工龙头企业集中、向高端产能集聚。鼓励企业贫富兼采，推广新型选矿工艺，支持磷矿企业开展坑口物理选矿，推行梯级开发利用磷矿资源，实行坑口高效送矿、尾矿及时回填，加大中低品位磷矿利用，提升磷资源综合利用效率。加快磷矿绿色转型升级，加强矿山安全生产、环境保护和生态修复，严格监督落实矿山废水废渣排放及土地复垦方案，积极创建绿色矿山。（责任单位：省自然资源厅、省经信厅、省发改委、省生态环境厅、省应急厅，相关市、县）

（三）推广绿色先进工艺。推广半水-二水法、二水-半水法等磷酸生产绿色先进工艺，提高磷资源回收率，有效降低磷石膏中有害杂质，提升磷石膏品质，减少磷石膏产生量。促进工业互联网、大数据、云计算、人工智能等新技术与磷酸生产工艺技术深度融合，提升生产效率、产品质量和智能化水平，降低消耗、减少排放，实现绿色生产。（责任单位：省经信厅、省发改委，相关市、县）

（四）全面推行磷石膏无害化处理。所有湿法磷酸生产企业必须配套建设磷石膏无害化处理设施，到2025年年底，新产生的磷石膏全部实施无害化处理，达到国家和省相关标准要求，从根本上消除磷石膏堆存安全环保风险。鼓励和支持现有库存磷石膏的企业配套建设无害化处理设施，逐步消纳现有库存磷石膏。（责任单位：省经信厅、省发改委、省生态环境厅、省应急厅，相关市、县）

（五）推进磷石膏资源综合利用。加快建立健全磷石膏制品及应用标准体系，积极对接相关产品质量标准与工程建设规范，推动将磷石膏综合利用产品纳入绿色建材产品认证范围，落实政府绿色采购政策。在满足设计、技术规范和使用功能要求的情况下，省直有关部门、各地要大力推进磷石膏综合利用产品在水泥生产、市政建设、道路交通、建筑工程和乡村振兴等领域的推广应用，建设一批规模大、附加值高的磷石膏综合利用产业化示范项目。（责任单位：省住建厅、省交通运输厅、省农业农村厅、省乡村振兴局、省经信厅、省发改委、省财政厅、省生态环境厅、省科技厅、省市场监管局，各市、州、县）

（六）严格执行磷石膏库选址、建设、堆存收税（费）和监管制度

坚持科学化选址和标准化建设。强化属地政府的管理责任和企业主体责任。实施磷石膏库总数动态平衡，新建磷石膏库必须严格执行"三个一律"（在长江干流岸线三公里范围内和重要支流岸线一公里范围内一律不得新建、改建、扩建磷石膏库；在风景名胜区、自然保护区、饮用水源保护区内一律不得新建磷石膏库；在工矿企业、大型水源地、重要铁路和公路、水产基地、大型居民区上游一公里范围内一律不得新建磷石膏库）。严格执行土地集约节约使用、地质灾害危险性评估、环境影响评价和安全、环保设施"三同时"等审批制度，切实做到防渗涌、防扬尘、防地质灾害、防安全事故。

1. **依法依规对磷石膏堆存征税。**根据《中华人民共和国环境保护税法》《中华人民共和国环境保护

税法实施条例》和《湖北省城镇土地使用税实施办法》等有关法律法规和规定，依法依规对磷石膏库占用土地征收耕地占用税和土地使用税、对堆存磷石膏按标准收取环境保护税。

2.切实加强磷石膏库安全监管。严格执行磷石膏库安全环保标准和规定，实施磷石膏库安全环保设施改造升级。加大磷石膏库的风险隐患排查治理力度，强化在线监测监管，严防磷石膏库渗涌带来的安全环保风险。对已闭库的磷石膏库，按照国家相关法律法规严格监管。（责任单位：省应急厅、省生态环境厅、省自然资源厅、省发改委、省财政厅、省税务局，相关市、县）

四、推动磷化工全产业链高质量发展

（一）推动集群化布局，提高综合实力。围绕做强做大磷化工产业，引导将磷矿资源向磷化工龙头企业集中、向高端产能集聚，提高产业集中度。依法依规对没有采矿权、产品中低端、排放较高且磷石膏综合治理能力差的"小散乱污"企业实施淘汰退出。鼓励企业强强联合成立特大型、综合性、跨行业的企业集团，培育发展更多"专精特新"磷化工企业，发挥龙头企业带动作用，推动磷化工产业链上下游协同发展、集聚发展，拉长产业链，强化创新链，力争省内前5家磷肥企业产能集中度达到70%以上，形成一批具有国际竞争力的行业领军企业。（责任单位：省发改委、省经信厅、省政府国资委、省生态环境厅、省应急厅、省市场监管局，各市、州、县）

（二）加快绿色化转型，激发发展动能。支持磷化工企业应用节水、节能、降耗等先进工艺技术和装备开展新一轮技术改造，积极引导磷化工企业应用先进数控技术、工业机器人等智能化装备，创建智能示范车间、智能工厂。支持化工园区加强信息化基础设施建设，打造智慧化工园区，创建国家新型工业化产业基地。推动磷化工绿色制造体系建设，鼓励磷化工企业通过技术创新、装备改良、系统优化，实现能源高效利用和清洁生产，打造一批具有示范带动作用的绿色产品、绿色供应链、绿色工厂和绿色园区。（责任单位：省经信厅、省发改委、省生态环境厅、省科技厅、省市场监管局，各市、州、县）

（三）突出高端化发展，提升产业层级。坚持完善以企业为主体、市场为导向、产学研相结合的技术创新体系。实施产业技术攻关，集中力量突破一批制约产业高质量发展的重大关键技术与装备，推动磷化工产业向新能源材料、微电子材料、光电子信息材料、特种阻燃材料、黑磷纳米材料及生命健康领域突破性发展，实现产业高端、产品高质、产出高效。引导支持磷化工企业开发具有特种功能和专用性的精细磷化工产品，重点发展电子级化学品、磷系药品、食品级磷酸盐、新型功能肥料、高效低毒农药等，推动磷化工产业链向价值链高端跃升。（责任单位：省科技厅、省发改委、省经信厅，各市、州、县）

五、加大政策扶持力度

（一）加大关键技术创新扶持。重点支持研发新型磷矿选矿工艺及装备技术、中低品位磷矿资源开发利用、清洁生产技术改造、湿法磷酸深度净化技术、磷石膏大量化应用技术、磷石膏无害化处理技术等，通过揭榜挂帅、协同攻关等方式，对取得重大突破的工艺、技术、装备并实现产业化的实施重奖，切实提升磷化工产业基础高级化、产业链现代化水平。建立以优势磷化工企业为主体的产学研用协同创新体系，支持湖北三峡实验室、长江资源循环利用及装备创新中心等一批创新平台建设，积极培育打造一批国家级、省级磷石膏资源综合利用创新中心和试点示范平台，力争突破磷石膏无害化处理、

规模化利用瓶颈。（责任单位：省科技厅、省经信厅、省发改委、省财政厅，各市、州、县）

（二）加大财税金融支持。省级财政每年统筹专项资金1亿元，宜昌、襄阳、荆门、黄冈、荆州、孝感等地方财政每年合计按不低于1∶1比例配套安排专项资金，专项用于支持磷化工高质量发展、磷石膏资源综合利用和创新平台建设，依法依规执行磷化工高质量发展及磷石膏综合利用的税收政策。

1. 支持磷化工高质量发展。对开展以智能化升级、集群化发展、服务化延伸、绿色化转型、安全化管控等为重点的磷化工技术改造项目，按其设备购置额的一定比例给予奖补。

2. 支持磷石膏无害化处理设施建设。对投资新建年无害化处理磷石膏100万吨以上的项目，自开工之日起两年内建成投产，按其设备购置额的一定比例给予奖补。

3. 坚持"谁利用谁受益"原则，对磷石膏综合利用企业实施激励政策。具体标准为：（1）对使用磷石膏作为缓凝剂的水泥生产企业，按每吨5元给予奖补；（2）对使用磷石膏作为路基材料的施工企业，按每吨10元给予奖补；（3）对使用磷石膏制作系列砂浆、石膏砌块（板）、石膏模盒、粉刷石膏、建筑磷石膏粉、纸面石膏板、石膏条板、石膏装饰材料等建筑材料生产企业，按每吨10元给予奖补；（4）对使用磷石膏制硫酸副产水泥企业，按每吨10元给予奖补，水泥产能指标执行国家相关鼓励政策。

4. 支持创新平台建设。支持创建国家级、省级磷石膏资源综合利用创新中心和试点平台，对创建成功的，分别给予不超过1000万元、500万元的奖补。

5. 支持技术标准体系建设。支持磷石膏制品及应用标准制定，每主导制定1个磷石膏综合利用产品技术规范或团体标准、地方标准的，给予50万元奖补；每主导或参与制定1个磷石膏综合利用产品国家标准的，给予100万元奖补。

6. 加大金融支持力度。将磷化工产业发展纳入绿色金融、绿色信贷予以支持。充分利用长江经济带产业基金、省级股权投资引导基金、地方产业发展基金等政府性投资基金，支持磷化工产业高质量发展。（责任单位：省财政厅、省经信厅、省发改委、省地方金融监管局、省税务局、人行武汉分行，各市、州、县）

六、强化组织保障

省委、省政府加强对磷石膏综合治理和促进磷化工产业高质量发展工作的组织领导，负责统筹协调和全面推进。将其纳入省委、省政府年度督查计划，建立专项督查考评机制，构建可考核、能量化、动态性的考核评价体系，传导压力、鞭策后进、推动落实。省经信厅承担日常工作的组织协调，省直相关部门按照职责分工，建机制、抓实效，创造性推进工作，用改革的办法攻坚克难，加大执法力度，强力推进工作落地落实，切实做好中央生态环境保护督察通报问题整改落实。

各级党委和政府要扛牢属地责任，切实履职尽责，推动工作落实。相关企业要切实担负主体责任，强化生态环境保护意识，自觉履行社会责任，建立健全磷石膏产生、收集、贮存、运输、利用、处置全过程的污染环境防治责任制度，建立磷石膏管理台账，采取有效措施，防治或减少磷石膏对环境的污染，对所造成的环境污染依法依规承担责任。

湖北省发改委办公室关于加快推进大宗固废综合利用示范建设的通知

(鄂发改办环资〔2022〕2号)

各市、州、直管市、神农架林区发改委：

接《国家发展改革委办公厅关于加快推进大宗固体废弃物综合利用示范建设的通知》（发改办环资〔2021〕1045号），钟祥市纳入2021年全国大宗固废综合利用示范基地名单，湖北三迪环保新材有限公司、湖北昌耀新材料股份有限公司、湖北力达环保科技有限公司、武汉光谷蓝焰新能源股份有限公司等4家企业纳入2021年全国大宗固废综合利用骨干企业名单。为加快推进基地建设和骨干企业培育，进一步提升大宗固废综合利用水平，助力实现碳达峰碳中和，现将有关事项通知如下。

一、进一步完善建设实施方案

按照《国家发展改革委办公厅关于开展大宗固体废弃物综合利用示范的通知》（发改办环资〔2021〕438号）要求，到2025年，全国示范基地大宗固废综合利用率达到75%以上；综合利用骨干企业，通过实施示范引领行动，形成较强的创新引领、产业带动和降碳示范效应。2021年和2019年我省已入选的四个示范基地和四个骨干企业，应聚焦产业布局集聚化、利用方式低碳化、技术装备先进化、模式机制创新化、运营管理规范化等重点任务，突出节能降碳，明确相关建设目标、重点任务、支撑项目和保障措施，重新核算基准年（2021年）和目标年（2025年）的大宗固废综合利用量和节能降碳量，进一步完善2022至2025年建设实施方案，于3月15日前将实施方案及核算表（纸质版一式三份，并附电子版光盘）报送省发改委（环资处）。

2019年确定的大宗固废综合利用基地，根据建设进度，参照上述要求调整实施方案，适当延长建设期限，由所在地市发改委审核后，于3月15日前将调整后的实施方案及核算表（纸质版一式三份，并附电子版光盘）报送省发改委（环资处）。

二、加快推进综合利用示范建设

各地要高度重视大宗固废综合利用示范建设，加大落实推进力度，确保实施方案确定的建设目标如期完成。

（一）加快重点项目建设进度。对列入实施方案的重点支撑项目，各实施主体要统筹疫情防控和项目建设工作，加快落实项目建设前期手续，坚决遏制"两高"项目盲目发展，加快推进项目建设，确保完成建设任务。

（二）统筹推进示范建设工作。各基地管理机构及骨干企业，要统筹推进示范建设工作，创新大宗固废综合利用模式，选用先进技术装备，加强信息化管理，提升市场竞争力，每半年向所在地市发改委报送建设进展情况。

（三）强化节能降碳示范引领。各基地和骨干企业要以节能降碳为导向，优化生产工艺流程，开展节能改造，提高能效水平，发挥好大宗固废综合利用的协同降碳作用，形成节能降碳示范效应。

（四）加强协调指导和管理。各基地和骨干企业所在地市发改委要落实责任，跟踪基地和骨干企业建设情况，并加强协调指导和管理，完善和落实相关配套政策措施，及时协调解决建设过程中遇到的有关问题。

（五）强化动态监测和督导。省发改委将定期调度基地和骨干企业建设进展情况，对进展缓慢的进行提醒，所在地市发改委对实施方案发生重大调整的要及时组织论证，并报送省发改委（环资处），原则上调整内容不得影响总体目标和主要任务。

（六）有序组织评估验收。建设期满后，省发改委将及时组织评估验收，并将评估验收情况、建设成效及时报送国家发改委。

三、加快完善配套政策措施

各地要加大支持政策配套及落实力度，优先支持基地和骨干企业项目建设，确保顺利完成各项建设任务。

（一）加强资金支持。各地要统筹利用资金渠道，加大对基地和骨干企业重点项目建设支持力度，在基础设施建设、配套公共服务项目安排上优先向基地和骨干企业倾斜，引导社会资金积极投入示范项目建设。

（二）落实税收优惠。各地要进一步加强资源综合利用税收优惠政策落实力度，会同税务部门指导企业完善资源综合利用税收减免前期手续，切实落实好资源综合利用企业所得税减免、增值税即征即退等优惠政策。

（三）开辟绿色通道。各地要深化"放管服"改革，优化对基地和骨干企业重点建设项目服务，开辟绿色通道，及时办理基地和骨干企业重点项目用地、核准、备案、环评、节能审查等审批手续，确保项目建设如期开展。

（四）加强宣传推广。各地要及时总结，多渠道、多方式开展宣传推广，扩大基地和骨干企业示范辐射效应，不断壮大大宗固废综合利用产业。

湖北省发展和改革委员会办公室
2022 年 1 月 10 日

关于印发《湖北省新型墙材推广应用实施方案》的通知

(鄂建文〔2017〕67号)

各市、州、直管市、神农架林区住建委：

根据国家《新型墙材推广应用行动方案》《湖北省"十三五"建筑节能与绿色建筑发展规划》和有关文件精神，省住建厅组织编制了《湖北省新型墙材推广应用实施方案》。现印发你们，请结合实际，认真组织实施。

附件：湖北省新型墙材推广应用实施方案

湖北省住房和城乡建设厅
2017年11月3日

湖北省新型墙材推广应用实施方案

推广应用新型墙体材料，是节省土地、节约能源、综合利用固体废弃物、改善建筑功能的客观要求，是推进建筑节能和绿色建筑发展的有效手段，是落实新发展理念，加快生态文明建设的重要体现，对于实施节能减排战略，积极应对气候变化，推动我省"两型社会"建设，实现绿色发展具有重要的现实意义和深远的战略意义。根据国家发展改革委办公厅、工业和信息化部办公厅《新型墙材推广应用行动方案》(发改办环资〔2017〕212号)、住房城乡建设部《建筑节能与绿色建筑发展"十三五"规划》(建科〔2017〕53号)和《湖北省住房和城乡建设事业"十三五"规划纲要》(鄂政发〔2016〕77号)、《湖北省"十三五"建筑节能与绿色建筑发展规划》(鄂建墙〔2017〕3号)，结合我省新型墙材行业发展实际，制定本方案。

一、总体要求

（一）指导思想。以党的十九大精神为指导，牢固树立和贯彻创新、协调、绿色、开放、共享发展理念，认真落实国家和省新型墙材推广应用要求，紧紧围绕"建成支点、走在前列"总目标，以科技创新、管理创新和商业模式创新为支撑，以政策法规、技术标准和体制机制建设为保障，以转变发展方式、推动技术进步、优化产业结构、深化乡镇"禁实"、推广绿色建材、推动行业自律、净化市场环境为重点，促进新型墙材产业健康发展，确保我省墙材革新目标的顺利实现。

（二）基本原则。坚持创新驱动。建立以企业为主体的创新体系，鼓励和支持企业开展科技创新，创造和满足建筑技术日益发展的新需求；推动和扶持企业开展产品增值服务、产业链延伸和"互联网+"

融合，实施产品创新、管理创新和商业模式创新，拓展行业发展空间，提高企业运行效率和市场竞争力。

坚持绿色发展。鼓励企业走高效、清洁、低碳、循环的绿色发展道路。大力推进能效提升，促进企业降本增效，加快实现节约发展；扎实推进清洁生产，大幅减少污染物和温室气体排放，积极促进低碳转型。加强资源综合利用，大幅度提高资源利用效率，持续推动循环发展。

坚持结构优化。加快推进技术进步，扶持企业采用先进技术改造提升现有生产线，实现向清洁生产和智能制造的转型；坚决淘汰落后产能，提高产能利用率；大力发展高端产品、高附加值产品和新需求产品，减少中低端产品比例；引导企业开展联合或兼并重组，培育龙头骨干企业和产业基地，实现集约化和规模化发展。

坚持政策引导。积极发挥政府调控作用，完善绿色建材推广应用的扶持政策；加强产业政策引导，支持企业创新、绿色发展，防止盲目发展和低水平重复建设；充分发挥政府在"禁实"工作中的主导作用，加强相关部门的协调，深入推进乡镇"禁实"和农村新型墙材推广应用工作。

坚持依法监管。认真贯彻落实国家法律法规和产业政策，严格执行环保、能耗、质量、安全等相关技术标准，依法依规推进墙材行业清洁生产、化解过剩产能等重点难点工作；充分发挥行业协会的协调作用和社会舆论的宣传监督作用，营造守法自律、公平竞争、优胜劣汰的良好市场环境。

（三）发展目标。

1.新型墙材产业结构明显优化。到"十三五"期末，新型墙体材料产业集中度和整体竞争力显著提高；新型墙材生产企业生产技术与装备自动化水平显著提升；产品结构进一步优化，产品质量明显提高；全省新型墙材生产比例达到90%以上。

2.绿色建材快速发展。建立绿色建材信息发布平台，到"十三五"期末，绿色建材在新建建筑中的应用比例达到40%；在全省打造一批绿色建材生产示范基地。

3.墙材应用技术水平不断提升。新型干法薄砂浆施工工艺在墙体工程中的应用比例显著提高；预制装配式墙体（板）部品部件在新建建筑中的应用比例达到15%以上。

4.乡镇"禁实"深入推进。在巩固城市和重点镇"禁实"成果的基础上，到"十三五"期末，全省新增100个"禁实"达标乡镇。

二、主要任务

（一）推进创新发展。

1.加强新型建筑围护结构体系研究开发。推动装配式混凝土结构、钢结构建筑围护结构体系创新，大力发展预制构件（包括预制混凝土外墙挂板、预制混凝土剪力墙板、蒸压加气混凝土墙板、复合保温墙板、叠合楼板、楼梯阳台等）、整体厨卫等建筑部品部件，重点支持建筑部品部件的通用化、标准化、模块化、系列化产业示范。

加强与低能耗建筑相配套的墙体保温材料和系统集成技术研发，发展安全可靠、节能环保、保温防火、施工便利、使用寿命长的墙体保温系统及自保温墙体材料，重点支持高性能蒸压加气混凝土墙体自保温系统、结构保温装饰一体化墙体系统及其他新型外墙保温系统的发展，培育一批创新型企业和人才队伍。

2.推动新型墙体工程应用技术及配套材料创新。加强墙材行业与建筑业融合，开展新型墙体系统集成技术和新型墙材施工工艺、施工机具、配套材料的研发，提高产品附加值，促进生产型制造向服务型制造转变。重点发展各类装配式建筑墙材的吊装设备、装配机具、高性能防水嵌缝密封材料、配套专用砂浆等新装备、新材料，加快墙体工程干法薄砂浆砌筑抹灰工艺技术的推广应用，逐步淘汰落后的湿法厚砂浆施工工艺。

3. 发展智能制造。引导墙材企业提高信息化、自动化水平，重点加强生产过程的信息化管理，推广应用在线检测监测技术和智能控制技术，开展机器代人试点，提高墙材行业智能制造水平。

4. 推进管理信息系统升级换代。推动信息技术与企业管理深度融合，完善并集成企业运营、生产经营管理信息系统，实现企业管理信息系统升级换代。深化电子商务应用，融合建筑信息模型（BIM）、二维码、云计算、移动通信等信息技术，建立墙材可追溯信息管理系统，提高生产信息化、物流信息化和供应链协同水平。

（二）推进绿色发展。

1. 推进节能提效。把优化墙材产品结构和能源消费结构作为节能的重要途径，加强节能评估审查和后评价，进一步提高能耗、环保等准入门槛，严格控制高耗能产品的产能扩张；加快发展能耗低、污染少的先进制造工艺和新兴产品；鼓励具备条件的企业实施煤改气或可再生能源替代化石能源，推进能源消费结构转型。

全面推进现有企业节能技术改造，重点推进原料破碎粉磨、挤出成型、高压压制成型等大功率用电设备和蒸汽锅炉、烧成窑炉等重点用煤设备的能效提升；鼓励先进节能技术的集成优化运用，加快高耗能产品工艺革新，普及余热余压等低品位能源的循环利用。

加强节能监管，定期开展能源计量审查、能源审计、能效诊断和对标，发掘节能潜力；组织开展强制性能耗、能效标准贯标，淘汰落后用能设备，构建能效提升长效机制。

2. 推进清洁生产。围绕重点污染源开展清洁生产技术改造，推广清洁高效制造工艺，减少制造过程的污染物和温室气体排放。重点开展烧结墙材大气污染物排放达标行动，全面实施燃煤窑炉的烟气脱硫脱氮除尘技术应用；对蒸压硅酸盐制品生产用燃煤蒸汽锅炉实施烟气脱硫脱氮除尘技术改造，鼓励具备条件的企业采用天然气和生物质能源替代化石能源。提高用水效率，推进水资源循环利用，重点开展蒸压釜冷凝水等生产废水处理回用。引导企业在生产过程中使用无毒无害原料，减少有毒有害原料使用，从源头削减或避免污染物的产生。加强监督管理，督促生产企业按照污染排放限额标准和能耗限额标准组织生产，对达不到国家标准要求的责令停产整改，不能整改达标的予以淘汰。

3. 强化资源综合利用。以高值化、规模化、集约化利用为目标，加强资源综合利用技术和工艺研发，大力推进尾矿、工业废渣、建筑垃圾和农林废弃物等生产新型墙体材料。在全省各大中城市，以旧建筑拆除再利用和垃圾处理为重点，扩大再生建材生产，实现资源循环利用。在宜昌、荆门、襄阳、孝感等地建设磷石膏基墙材产品生产示范基地，进一步提高磷石膏消纳量和产品质量。

（三）加快结构优化。

1. 淘汰落后产能。严格执行国家产业政策和强制性技术标准，制订限制、淘汰的墙材生产技术、工艺和设备目录，积极运用环保、能耗、技术、工艺、质量、安全等标准，依法淘汰落后产能。逐步淘汰烧结墙材轮窑生产工艺、蒸压硅酸盐砖盘转式杠杆加压成型工艺和年产量10万立方米以下蒸压加气混凝土生产线，禁止城镇建设工程使用烧结黏土砖。

2. 推进技术进步。一是严格控制新增产能，强化产业政策和规划引导，保证新增产能的技术先进性和布局合理性，重点发展年生产能力20万平方米及以上的预制装配式墙板（体）生产线、年生产能力 20 万平方米及以上的蒸压加气混凝土板材生产线、年生产能力 3000 万平方米及以上的纸面石膏板生产线、年生产能力 800 万平方米及以上纤维增强硅酸钙板生产线、年生产能力 20 万立方米及以上的蒸压加气混凝土砌块生产线、年生产能力 6000 万标准砖及以上的蒸压硅酸盐砖生产线。二是加强现有墙材企业技术改造，提高生产工艺和技术装备水平。在蒸压加气混凝土生产领域，推广高精度电子计量配料系统、4.2 米及以上高精度切割机、自动控温蒸压养护、自动掰板机、成品自动打包系统（具备带套、托板、标识）等工艺技术装备；在蒸压硅酸盐砖生产领域，推广高精度电子计量配料、大吨位全自动液压成型机（工称压力 8000kN 及以上）、自动码卸坯等自动化生产线和自动控温蒸压养护等工艺技术装备；在烧结墙材生产领域，推广原料精细化处理（陈化、均化）、自动计量配料、55 型及以上真空挤出成型机、自动切条切坯机、自动码卸坯、4.6 米以上断面自动控温焙烧隧道窑、余热干燥、成品自动打包系统等工艺技术装备。

3. 提升产品档次。加大科技投入，提高新产品开发和创新能力，研究开发适用于建筑产业化和绿色建筑所需的节能环保、轻质高强、绿色安全的新型墙材产品，提高产品档次和附加值，积极培育知名品牌，提高市场影响力和竞争力。重点发展满足建筑工业化需求的内外墙板、叠合楼板、楼梯阳台、整体厨卫等新型预制构件，大力推广满足低能耗建筑需求的高性能蒸压加气混凝土砌块与板材、石膏砌块与板材、烧结保温砌块、混凝土保温砌块、复合保温墙板等新型产品。

4. 推动集约经营。引导企业走集约化、规模化和可持续发展之路。扶持市场竞争力强、影响力大的企业通过相互联合、兼并重组等方式向规模化、集团化方向发展，形成一批具有资源优势、技术优势、品牌优势、产品优势、管理优势、文化优势的新型墙材龙头骨干企业，发挥其技术创新、成果转化、技术推广、市场引领等方面的带动作用，进一步提高产业集中度和行业竞争力，推动新型墙体材料产业向生产规模化、管理现代化、装备自动化、产品标准化发展，支持绿色建材示范基地建设。

（四）推广绿色建材。

1. 开展绿色建材评价标识。建立健全完善绿色建材评价标识制度，完善绿色建材评价技术标准体系；加强绿色建材评价机构和人员管理，保证评价结果公平公正；建立全省绿色建材标识产品信息发布平台，发布绿色建材评价标识、试点示范等信息，普及绿色建材知识；构建绿色建材信息采集和数据共享制度，建立绿色建材产品动态管理目录。

2. 促进绿色建材推广应用。以绿色建筑为载体，大力推广应用安全可靠、节能环保、施工便利、轻质高强的绿色建材。着力构建绿色建材选用机制，疏通建筑工程绿色建材选用通道。完善激励机制，引导绿色消费，将绿色建材评价标识信息纳入政府采购、招投标、融资授信等环节的采信系统，鼓励建设单位、设计单位及总承包单位优先采用绿色建材；加强绿色建材应用研究，完善产品标准和工程应用标准，实施工程应用示范，指导建筑业和消费者规范使用绿色建材；加强行业自律，建设公开公平、开放有序的绿色建材市场；强化监督管理，实现绿色建材产品质量可追溯，增强消费信心。到"十三五"期末，全省绿色建材在新建建筑中的应用比例达到 40% 以上。

（五）深化乡镇"禁实"。

1. 深入开展乡镇"禁实"。在巩固县及以上城市和 111 个重点镇"禁实"成果的基础上，完成全省新增 100 个乡镇"禁实"达标工作。充分发挥乡镇政府的主导作用，采取得力措施，做好有关黏土砖厂的关闭工作，严格控制烧结黏土砖产量；加强镇区建筑工程监督管理，禁止使用烧结黏土砖。

2. 推动农村地区新型墙材应用。积极参与村庄规划设计和农房设计，结合我省"美丽乡村"建设、绿色农房建设、农村风貌改造及危旧房改造的需要，编制农村绿色建材产品目录，引导各地因地制宜生产和使用绿色建材。重点推广与新型农村建筑结构体系相配套的轻型保温砌块、预制部品部件、节能门窗等绿色建材产品，提高农房防灾减灾能力。开展新型墙材下乡服务，建设农村建房新型墙材应用省级示范项目，形成可借鉴、可复制、可推广的示范项目30个以上，促进农村新型墙体材料应用。

三、保障措施

（一）加强组织领导，落实目标责任。充分发挥省、市、县各级建筑节能与墙材革新领导小组的领导和组织协调作用，进一步加强组织领导，完善部门协调工作机制，明确职责分工，形成工作合力。继续将墙材革新目标纳入各级政府建筑节能和节能减排工作考核指标体系，对"十三五"目标任务进行层层分解，逐项落实到各市（州）、县（区）、镇政府及相关部门。加强目标责任管理，组织开展不定期检查和督察，落实工作进度；实施年度目标责任考核，对考核结果公开通报，鼓励先进、鞭策后进，保证工作目标落到实处。

（二）健全法规制度，加大政策扶持。加紧修订《湖北省推广应用新型墙体材料管理规定》，进一步完善墙材革新机构、绿色建材评价标识、新型墙材认定等管理制度。研究制定财税、价格等相关政策，推动绿色建材生产和消费，加大对绿色建材科研开发、推广应用、标准体系建设等的支持力度。实行绿色建材推广应用目录管理制度，研究推行绿色建材采购合同示范文本和采购应用信息报告制度，构建集产品生产、采购交易、工程应用和监督管理于一体的"互联网＋绿色建材"的管理服务体系。

（三）依托科技支撑，完善标准体系。以市场需求为导向，依托大专院校、科研院所、墙材企业、建筑设计、施工单位和科技管理等部门，构建"产、学、研、用"相结合的行业技术联盟，推动共性、关键技术的研发与产业化项目示范；支持龙头骨干企业创建技术中心、工程中心和重点实验室，完善墙材行业公共研发、技术转化、检验认证等平台，提高技术创新能力；完善墙材行业生产与建筑应用相关单位之间的联合机制，形成建筑设计、工程建设的上下游连接与互动，促进墙材产品推广应用。加强新型墙材标准体系建设，提高新型墙材及配套产品标准、应用图集、施工验收规程等的技术水平。支持行业技术联盟研究制定，促进绿色建材、装配式墙材部品、自保温墙体材料等新型墙材的生产和应用。

（四）加强能力建设，提升管理水平。建立健全省、市、县三级职责明确、运转高效的墙材革新工作机构和工作制度，进一步完善管理、监督、服务"三位一体"的工作机制。加强工作机构干部队伍建设，保证机构稳定、人员充实；强化人员培训，培养一批高水平的专业人才，提升技术、管理和服务能力；进一步完善"全省建筑节能与墙体材料革新信息管理系统"的建设与应用，健全统计信息管理制度和省、市、县三级统计网络体系，提高墙材革新管理信息化水平；完善激励与约束机制，落实工程建设各方主体推广应用绿色建材的责任。

（五）强化综合协调，严格依法监管。严格执行环保、节能、质量、安全等方面的法律法规和技术标准，组织相关部门联合执法，形成合力。加强新建项目审查力度，严格控制新增产能，杜绝高能耗、低水平重复建设；加强对墙材企业单位产品能耗限额标准和大气污染排放标准执行情况的监督检查，依法处理违反强制性节能标准的行为，推进墙材行业清洁生产和淘汰落后产能。加大墙材产品质量抽检力度，对产品质量不达标的，依法责令整改并予以通报；严格安全生产监督执法，依法查处不具备安全生产条件的生产企业。

（六）推动诚信建设，完善行业治理。大力推动行业诚信体系建设，研究建立基于互联网的信息共享模式的诚信管理信息系统；完善诚信激励和失信惩戒机制，建立黑名单制度，及时公布企业不良记录"黑名单"信息，提高失信成本。充分发挥行业协会的作用，完善行规行约，加强行业自律，引导企业遵规守法、规范经营、诚实守信、公平竞争，营造良好的市场环境；支持行业协会发挥熟悉行业、贴近企业的优势，反映企业诉求，反馈政策落实情况，提出行业规划、产业政策、行业标准等政策建议；完善社会监督体系，充分发挥新闻媒体及互联网的舆论导向和监督作用，积极宣传墙材革新政策法规、优秀企业和先进事迹，曝光不良企业和行为，营造诚实守信的社会舆论氛围。

中共宜昌市委 宜昌市人民政府
关于化工产业专项整治及转型升级的意见

（宜发〔2017〕15号）

为切实解决全市化工行业存在的突出问题，促进化工产业转型升级，根据《国家发展改革委、环境保护部关于加强长江黄金水道环境污染防控治理的指导意见》（发改环资〔2016〕370号）和《中共湖北省委、湖北省人民政府关于印发〈湖北长江大保护九大行动方案〉的通知》（鄂发〔2017〕21号）精神，提出如下意见。

一、总体要求

（一）指导思想。坚定不移贯彻落实习近平总书记"把修复长江生态环境摆在压倒性位置，共抓大保护，不搞大开发"重要指示精神，坚持生态优先、绿色发展，以改善生态环境质量为核心，以资源环境承载能力为基础，以国家产业政策和市场为导向，以提高生态环保水平和资源综合利用效率为重点，全面深化化工行业供给侧结构性改革，全面优化化工产业区域布局，全面整治化工企业"高消耗、高污染、高危险、低水平、低质效"问题，以壮士断腕的决心推进化工产业转型升级，着力提升化工产业发展质效和可持续发展能力。

（二）基本原则。坚持生态优先、绿色发展。以高度的政治责任感和历史使命感，把修复长江生态环境摆在压倒性位置，推进化工产业转型升级、绿色发展。

坚持问题导向、规划引领。着力解决人民群众反映最突出、最强烈的现实问题，统筹规划好全市化工产业发展的战略布局。

坚持标本兼治、依法实施。以国家产业政策、安全环保标准、生态保护红线管控要求等为依据，扎实开展专项整治，依法依规推进不符合条件的企业关停并转搬，为化工产业转型升级和可持续发展争取新的空间。

坚持政企联动、合力推进。充分发挥各地各部门职能作用，充分调动化工企业参与专项整治的积极性，形成推动专项整治的强大合力。

（三）工作目标。对现有化工园区实行分类整治。枝江循环化工园区、宜都循环化工园区为"优化提升区"，猇亭、当阳坝陵、远安万里、兴山白沙河及刘草坡为"控制发展区"，枝江开元、当阳岩屋庙、远安荷花及西化、夷陵区鸦鹊岭等化工产业聚集区为"整治关停区"，其他地区一律为"禁止发展区"。通过专项整治，优化空间布局，调整产业结构，引导化工产业向精细化、高端化、绿色化方向发展。力争通过3年努力，基本建成产业布局合理、技术管理先进、比较优势明显的现代化工产业转型发展示范基地。

2017年年底以前，中央环保督察反馈的突出化工问题整改到位；沿江化工企业关停20家以上；对不符合产业发展政策和安全环保要求的化工企业限期整改或严格依法关停。

2018年年底以前，完成人口密集区危险化学品生产企业搬迁工作。

2019年年底以前，长江及其支流岸线1公里范围内、饮用水水源保护区范围内的化工企业装置坚决依法关停或搬离；"整治关停区"符合入园标准的化工企业搬迁进入宜都、枝江园区，不符合标准的依法关停或转产。

2020年，全市化工产业单位增加值能耗、二氧化碳排放量分别比2015年下降20%和24%；化学需氧量、氨氮、二氧化硫、氮氧化物和挥发性有机物五项主要污染物排放量分别比2015年下降18%、18%、30%、30%和20%。

二、重点任务

（一）严格管控产业空间布局。根据区域环境承载能力和土地用途管制要求，着眼改善生态环境、优化产业结构，科学合理布局化工产业。高标准规划建设两个"优化提升区"，即枝江循环化工园区（含姚家港工业园和田家河片区部分区域）和宜都循环化工园区。完善园区安全环保等基础设施，加快园区内现有企业升级改造，引导园区外企业搬迁入园，促进化工产业集群集约发展。制定并严格执行化工企业入园标准，现有企业经限期改造仍达不到入园标准的必须关闭或搬迁转产，严禁不符合条件的企业进入"优化提升区"。"控制发展区"须严格控制化工规模和排放总量，支持现有企业在等量或减量替代的前提下改造升级，实现安全环保达标和清洁生产。依法推进"整治关停区"内化工企业转产或搬离。其他区域严禁发展化工项目。

（二）严格执行产业发展政策。坚定不移推进化工产业供给侧结构性改革，逐步降低传统化工产品比重，整体提升化工产业创新能力。严格执行国家《产业结构调整指导目录（2011年本）》（2013年修正，以下简称《调整目录》）。市发改、经信部门抓紧研究制定《宜昌市化工产业投资项目负面清单》（以下简称《负面清单》）。从本意见下发之日起，各县市区政府及发改、经信部门一律不批新的化工园区，一律不批"优化提升区"外新建、扩建化工项目，一律不批列入国家《调整目录》的淘汰、限制类项目，一律不批《负面清单》内的项目。对国家《调整目录》规定应淘汰的落后生产工艺装备和落后产品，无批建手续或批建手续不全、建批不符的非法企业，以及未在规定期限内按要求整改或搬迁的企业，坚决依法依规予以取缔和关停。

（三）严格落实生态环保要求。坚守"三线一单"，以生态保护红线、环境质量底线、资源利用上线和环境准入负面清单为手段，开展现有园区环境影响跟踪评价，确保发展不超载、底线不突破、质量不下降。执行最严格的单位产品能耗水耗地耗限额、污染物排放标准和生态保护红线、水体水质等管控规定，依法制定并认真执行更加严格的地方标准。对环境质量不达标的区域，一律实行限批限产；对项目地址不符合生态保护红线管控要求和自然保护区、集中式饮用水源地管理规定的，一律搬迁或关停；对超标超总量排污、单位产品能耗水耗地耗超标、环保"三同时"执行不到位以及存在其他环境违法行为的，一律限产或停产整治；对未按要求整治到位的，一律依法依规予以取缔和关停。企业生产废水必须自行处理达标后排入园区集中污水处理设施，一个化工园区原则上只保留一个废水总排口。

（四）严格落实安全生产条件。建立健全化工园区安全风险分级管控和隐患排查治理双重预防机制，对未经许可或超越许可范围生产、经营、储存、使用、处置危险化学品的，与周边居民区和重要公用建筑、铁路、高速公路安全距离等不符合相关国家标准、行业标准规定的，生产装置长期停车和装置重启存在不可控安全问题的，被公安消防部门认定有重大火灾隐患且在整改期限内未完成整改的，以及其他具有安全生产监督管理职责的部门认定有重大事故隐患经停产停业整治后仍不具备安全生产条件的,坚决依法依规予以取缔和关停。

(五)严格规范磷矿开采管理。加大绿色矿山和生态矿区建设力度,严格控制磷矿开采总量,以磷矿开采减量促进化工产业减能和资源利用效率提升。整合关闭生产能力在15万吨/年以下的磷矿企业,不得新建产能在50万吨/年以下的磷矿企业,禁止现有企业扩大生产规模,严厉打击违法开采行为。坚持"以加定采",将全市磷矿采矿权控制在40个以内,磷矿年开采总量控制在1000万吨以内。由市国土资源局会同市经信委,每年将磷矿开采量合理分解到相关县市区。鼓励采选利用中低品位磷矿。优化磷矿资源配置,促进产销对接,优先满足采选加一体化企业生产需要,推动磷矿资源向高端产能集聚。加强矿山环境保护和生态修复,严格监督落实矿山废水废渣排放及土地复垦方案。制定出台磷矿绿色生态开发准入标准,积极打造矿产资源综合利用示范基地。

(六)严格防范磷石膏环境污染。加强磷化工环境污染全产业链治理。强化对现有磷石膏堆场的管控,对安全环保不达标的一律停产整改;对整改仍不达标的一律停止使用;对已达到设计库容的堆场一律闭库,不准扩建或延长使用年限。化工"优化提升区"统一规划建设专业标准化的磷石膏堆场,其他区域不再批准新建磷石膏堆场。积极探索磷石膏第三方治理,研究出台磷石膏堆场有偿使用制度。建立健全激励机制,采取以奖代补方式支持企业研究运用磷石膏利用新技术,力争在磷石膏处理和综合利用上实现重大突破。鼓励在城市公用工程、市政基础设施等领域推广使用磷石膏综合利用产品,逐步消化磷石膏存量,合理控制磷石膏增量。

(七)支持化工产业向高端发展。市发改、经信部门要抓紧修编《宜昌磷产业发展总体规划》,编制《专业化工园区规划》,坚持一手抓淘汰落后产能和化解过剩产能,一手抓传统化工转型升级和精细化工产能培育,引导化工产业向高端发展。市政府统筹安排宜昌化工产业转型升级引导基金,通过股权投资的方式支持化工园区进园企业技术改造、装备升级等。依靠现有产业基础和磷资源条件,重点发展新型化肥、专用精细化学品、化工新材料、节能环保等产业。支持化肥企业向精细化工和新材料产业转型,全面推进新型功能材料、先进结构材料、高性能复合材料、生物化工新产品、生物基新材料等开发应用。瞄准国防军工、汽车、电气、新能源等领域的高端需求,大力拓展智能制造及光电信息市场领域,向电子化学品和功能材料方向突破性发展。支持有条件的企业向现代服务业转型发展。

(八)支持化工园区提档升级。积极引导枝江、宜都两个"优化提升区"错位发展,加快形成各具特色的上下游一体化循环经济产业链。按照绿色发展、循环经济理念规范园区建设,加快建设和改造提升园区供水、供电、供热、专业危险化学品处置、污水处理、废弃物处置以及公共管廊、公共事故应急池等基础设施,尽快实现原料互供、资源共享、用地集约和"三废"集中治理。开展智慧化工园区试点示范建设,高起点建设安全、环保、应急一体化管理平台,对企业排放、用电等情况进行在线监测,实现智慧监管。加大安全投入,利用自动化、智能化设备改造生产线,全面提升本质安全水平。深入推进长江岸线非法码头专项整治,严格控制新建码头,2017年年底以前,彻底取缔非法码头,危化品码头和储罐实现规范运行管理,全市码头全面达到安全、环保、防洪等标准要求。加快实施长江岸线绿化美化工程。

三、保障措施

(一)加强组织协调领导。成立宜昌市化工产业专项整治及转型升级工作领导小组,由市委市政府主要领导任组长、分管副市长任副组长、有关县市区（含宜昌高新区，下同）政府和市直相关部门主要负责人为成员，负责研究审定工作方案、督促检查工作进度、协调落实有关政策等工作。领导小组办公室设在市经信委，承担领导小组的日常工作和综合协调任务。有关县市区也要成立相应的组织机构。

（二）落实行业监管责任。领导小组各成员单位要按照职责分工，强化行业监管，建立"问题清单"，督促限期整改，并按月向领导小组办公室报告有关情况。发改、经信部门重点加强项目投资备案、产业政策审查、化工园区及化工企业规范化管理等工作；环保部门负责牵头拟订化工产业环境保护和节能减排地方标准，加强环评审批管理，强化日常监管；安监部门重点加强安全风险管控，强化安全隐患排查治理；公安部门重点推进化工企业治安消防标准化管理，加大涉嫌环保犯罪侦办力度，提高突发事件应急处置能力；其他各有关部门按照职责分工，切实履行职责，形成监管合力。

（三）强化属地管理责任。化工产业专项整治及转型升级工作实行属地负责。各有关县市区党政主要负责人负总责、政府分管负责人具体负责。市政府出台全市化工产业专项整治及转型升级"三年行动方案"，明确工作任务，落实具体责任。各县市区必须按照全市统一部署，迅速研究制定推进辖区内化工产业专项整治及转型升级的实施方案，落实问题整改清单和时间表、线路图，加大化工行业日常监管和对违法违规企业的查处力度，确保高标准按期完成辖区内化工产业专项整治及转型升级任务。

（四）压实企业主体责任。全市化工企业要提高认识，积极主动开展问题排查和治理整改工作。企业证照不全或发生重大安全环保事故的，一律停产整治；整治不达标的一律不得复工和申领换发安全生产、排放污染物等许可证。对拒不落实全市专项整治统一部署的企业、偷排或超限排放污染物的企业、未履行主体责任导致发生安全环保事故的企业及相关责任人，要严肃责任追究，情节严重的纳入社会信用"黑名单"管理；企业主要负责人对重大、特别重大安全生产事故负有责任的，终身不得担任本行业生产经营单位的主要负责人；构成犯罪的，依法追究刑事责任。

（五）完善配套政策措施。有关县市区和市直相关部门要研究制定推进落实本意见的产业扶持、土地利用、职工安置等配套政策，综合运用行政、经济、法律等多种手段，促进化工产业转型升级。积极支持实施搬迁的化工企业向上争取项目、资金、政策等扶持。鼓励企业搬出地和搬入地县市区政府加强区域合作，发展"飞地经济"。积极探索实施排污权、碳排放权、产能使用权交易。

（六）严肃执纪监督问责。各级纪检监察部门、组织部门和目标管理部门要将推进化工产业专项整治和转型升级纳入执纪问责、履职尽责考核、目标管理综合考评的重要内容，对工作推进不力、未按期完成整治任务以及隐报瞒报有关情况的责任人，纵容、包庇非法从事化工生产经营活动的责任人，违法违规审批化工项目和核发相关证照的责任人，以及存在其他违纪违法行为和违反本意见要求的责任人，依纪依法严肃追责问责。公安部门要依法严厉打击专项整治行动中的各类违法行为。市委办公室和市政府办公室要加强督查并定期通报有关情况。

（七）加强舆论引导和舆情监测。充分发挥各类新闻媒体作用，加大宣传力度，定期公布重点区域环境质量指标和查处违法违规企业情况，宣传转型升级的成功案例。广泛征集社情民意，及时澄清认识误区，着力营造政府监管、社会监督、企业自律、百姓满意的良好氛围。加强网络舆情监测，及时发现并稳妥处置相关负面舆情。加强对化工企业安全生产、环境保护等法律法规宣传，保护守法企业投资积极性，提振化工产业转型升级信心。各地各相关部门必须在本意见下发15日内制定具体实施方案，推动工作落实。凡以前规定与本意见不一致的，按本意见执行。

宜昌市人民政府办公室
关于促进磷石膏综合利用的意见

(宜府办发〔2018〕40号)

各县市区人民政府，市政府各部门、各直属机构：

为促进我市工业副产磷石膏综合利用，根据《工业和信息化部关于工业副产石膏综合利用的指导意见》（工信部节〔2011〕73号）和《中共宜昌市委 宜昌市人民政府关于化工产业专项整治及转型升级的意见》（宜发〔2017〕15号）精神，提出如下意见。

一、建立磷石膏综合利用奖补共担机制

（一）加大资金支持力度。市政府设立2000万元化工产业磷石膏综合利用补助资金，有工业副产磷石膏的县市区（含宜昌高新区，下同）给予配套资金支持。对利用我市磷石膏资源生产符合相关标准工业产品的企业，按实际消纳磷石膏量（干基）给予补助。副产磷石膏的县市区按照市级补助金额的50%给予配套补助，对跨县市区域综合利用的，由磷石膏来源地属地政府配套补助。相关企业贮存或者处置磷石膏不符合国家和地方环境保护标准的，应当依法缴纳环境保护税。市级化工产业磷石膏综合利用补助资金管理办法由市经信委、市财政局另行研究制定，相关县市区制定配套资金管理办法。

二、支持企业加大磷石膏综合利用

（二）加强生产要素保障。对磷石膏综合利用企业在水、电、气等要素配套方面予以重点保障，并优先纳入大用户用电直接交易予以支持。对磷石膏综合利用企业优先安排生产调度资金。

（三）支持开拓市场。全面落实市住建委等5部门《关于在建设领域推广应用磷石膏综合利用产品的通知》（宜市住建文〔2017〕111号）精神。相关部门要加强磷石膏综合利用产品的宣传、推广应用工作。对推广应用以磷石膏为主要原料的制品（产品）的工程项目和项目单位，给予适当奖励支持，具体办法由市住建委牵头制定，经市政府同意后发布实施。

鼓励支持企业参加各类展会，由政府部门组织参加的国内各类相关专业展会，由同级政府按展位费的100%给予最高不超过10万元的补助。积极支持企业参加境外各类相关专业展会。

（四）落实税收支持政策。根据《财政部 国家税务总局关于印发〈资源综合利用产品和劳务增值税优惠目录〉的通知》（财税〔2015〕78号）精神，对于生产砖瓦、砌块、陶粒、墙板、管材（管桩）、混凝土、砂浆、磷石膏改性球、磷石膏粉、磷石膏晶须等产品，其原料70%以上来自废渣（包括全部或部分磷石膏在内）的企业，以及生产42.5及以上等级水泥的原料20%以上、其他水泥和水泥熟料的原料40%以上来自废渣（包括全部或部分磷石膏在内）的企业，可享受增值税即征即退70%的优惠政策。

对于原料70%以上来自废渣（包括全部或者部分磷石膏在内）生产砖瓦、砌块、墙板类产品、石膏类制品等产品取得的收入，在计算应纳税所得额时，减按90%计入当年收入总额。对于磷石膏综合

利用企业购置并实际使用《环境保护专用设备企业所得税优惠目录》《节能节水专用设备企业所得税优惠目录》和《安全生产专用设备企业所得税优惠目录》规定的环境保护、节能节水和安全生产等专用设备的，该专用设备投资额的 10% 可以从企业当年的应纳税额中抵免，当年不足抵免的，可以在以后 5 个纳税年度结转抵免。磷石膏综合利用企业符合国家需要重点扶持的高新技术企业条件的，减按 15% 的税率征收企业所得税。磷石膏综合利用企业开发新技术、新产品、新工艺发生的研究开发费用，可以在计算应纳税所得额时加计扣除。

三、支持磷石膏综合利用创新成果转化

（五）支持先进技术研发和转化应用。科技部门将磷石膏综合利用列为"重大科技专项"，引导关键技术攻关。对采用经济适用的化学法处理磷石膏，开发低能耗磷石膏制硫酸联产水泥、制硫酸钾副产氯化铵等技术；利用低品质磷石膏生产低成本高性能的矿井充填专用胶凝材料，利用原状磷石膏开发低熟料磷石膏矿渣水泥及混凝土制品、与装配式建筑结合成效显著的；开发超高强 α 石膏粉、石膏晶须、预铸式玻璃纤维增强石膏成型品、高档模具石膏粉等高附加值产品生产技术及装备的，在传统产业转型升级专项资金上予以重点支持。

（六）支持制造业创新中心建设。支持市级化工固废循环产业制造业创新中心建设，促进黑磷产业链、磷石膏和磷尾矿综合利用等重点领域前沿技术和关键共性技术的研发。对获批国家制造业创新中心的，市财政一次性补助建设经费 500 万元。

（七）支持企业技术中心建设。鼓励磷石膏综合利用企业创建技术中心，开展低成本、高性能、环保型磷石膏综合利用技术的研究、试验与推广。对当年认定的国家级、省级企业技术中心及市级工程技术中心，分别给予 250 万元、20 万元、10 万元的一次性奖励。

（八）提供产品检验检测优惠服务。三峡检验检测中心成立磷石膏综合利用产品专门检验检测机构，建立绿色通道，为磷石膏综合利用先进技术研发和成果转化提供技术支撑，为磷石膏综合利用产品提供优惠检验检测服务。

四、支持涉磷化工企业减量化和绿色清洁生产

（九）支持企业改造升级。支持磷化工企业开发利用热法磷酸、半水法湿法磷酸工艺技术，提高磷石膏利用水平，降低综合利用成本。磷化工企业清洁生产项目全部纳入市级重点技术改造项目库，对符合市传统产业转型升级专项资金管理办法要求的项目给予重点支持；对实际投资达到 5000 万元以上的，给予不超过 200 万元的投资补贴。

（十）支持磷资源利用减量升级。鼓励企业生产利用磷矿减量化，调整产品和工艺，减少磷酸生产量和磷石膏副产量。鼓励企业节约集约利用磷矿资源，提高磷转化率和资源利用效率，减少污染物排放。对于生产利用磷资源减量化的企业，根据减量规模，对其新上项目在生产调度资金、传统产业转型升级专项资金安排上予以重点支持。

五、强化企业主体责任

（十一）建立约束机制。建立磷石膏综合利用水平与企业磷矿资源配置规模相挂钩的约束机制。以 2017 年涉磷企业磷石膏综合利用量为基数，利用率每提高 1 个百分点，按其折算对应的磷矿资源量适

当增配资源规模。

（十二）规范磷石膏堆场建设管理。磷石膏副产企业要严格履行磷石膏堆场规范建设和管理责任。各级安全监管部门按照《尾矿库安全监督管理规定》（国家安全监管总局令第38号）、《磷石膏库安全技术规程》（AQ 2059—2016）的相关要求，加强磷石膏库安全监管工作。新建磷石膏堆场试行第三方企业化运营管理，各方协商有偿使用服务办法。安全监管、环境保护等部门要加强磷石膏库安全环保设施"三同时"监管，以及日常运行的监督管理，并将运行管理情况纳入化工产业专项整治及转型升级考核范围。

（十三）鼓励免费提供磷石膏。磷石膏副产企业向磷石膏综合利用单位提供磷石膏，应免予收费。鼓励磷石膏副产企业对磷石膏进行脱水等初级加工，根据加工成本和质量，由磷石膏副产、使用单位双方商定是否收费及收费标准；磷石膏副产企业应当根据运输距离酌情给予一定运输补贴。研究支持磷石膏无害化处理充填井下采空区，建设安全、环保、绿色矿山。

（十四）建立企业专项基金。磷石膏副产企业应当每年从销售收入中预提不低于1%的技术开发费，建立磷石膏专项奖补基金，用于磷石膏等废物综合利用项目的奖励或补贴。

宜昌市人民政府办公室
2018年4月14日

宜昌市人民政府办公室
关于加强磷石膏建材推广应用工作的通知

(宜府办发〔2020〕25号)

各县市区人民政府，市政府各部门、各直属机构：

根据《中共宜昌市委 宜昌市人民政府关于化工产业专项整治及转型升级的意见》(宜发〔2017〕15号)、《市人民政府办公室关于印发宜昌市磷石膏综合利用三年行动计划(2018—2020年)的通知》(宜府办发〔2018〕39号)等文件精神，为切实加强磷石膏建材推广应用工作，经市人民政府同意，现就有关事项通知如下。

一、指导思想

以习近平新时代中国特色社会主义思想为指导，深入贯彻落实习近平总书记视察湖北、考察长江重要讲话精神，按照市委市政府关于化工产业转型升级的决策部署，坚持政府引导、市场主导、示范先行、逐步替代的原则，在市场配置和供需平衡的基础上，实行强制和鼓励并举，提高磷石膏建材的工程应用量，实现建设行业和磷化工产业共赢、高质量发展。

二、工作目标

加快推进磷石膏建材研发、生产和供应，强化技术攻关，实施试点示范，分类分区域推进磷石膏建材产品应用，开展环境影响评价。在房建、公路、市政、水利、园林等建设领域规模化消耗磷石膏，逐步提升应用比例，实现磷石膏建材推广应用常态化。

三、重点任务

(一)加强产品市场供应。建成一批以改性磷石膏为原料的建筑粉体系列材料、装配式石膏条板等建筑墙体及装饰系列材料、胶凝系列材料等项目，积极培育磷石膏新型建材产业基地。通过技术改造升级，完善规格品种，提高质量产量。积极支持磷石膏建材生产项目落地，合理布点，缩小磷石膏建材运输半径。加大磷石膏净化除杂关键共性技术、大掺量改性磷石膏路基填筑材料技术攻关。(责任单位：市经信局、市发改委、市科技局)

(二)加快完善标准规范。制定并发布房建、公路、市政、水利、园林等领域磷石膏产品、工程应用相关标准。鼓励具备相应能力的学会、协会等率先制定磷石膏产品及工程应用团体标准。在标准规范正式发布之前，组织行业专家加强技术指导、把关和论证。(责任单位：市市场监管局、市住建局、市交通运输局、市城管委、市水利和湖泊局、市林业和园林局)

(三)强化产品质量监管。按照"双随机一公开"要求，在磷石膏建材生产、流通、应用环节开展质量监督抽查，及时查处生产、销售和使用不合格磷石膏建材行为。指导企业丰富产品种类，提升产品质量，增强工程应用配套能力及服务能力。严把磷石膏建材施工现场入场复检关口，严防不合格磷石膏建材入场使用，确保工程建设质量和人民生命健康安全。发布磷石膏建材推广应用目录，加快拓展磷石膏建材应用领域。（责任单位：市市场监管局、市住建局）

（四）强化企业主体责任。磷石膏建材推广应用工作涉及循环经济和全产业链绿色发展，上下游一体化联动是制胜关键。全市副产磷石膏的化工企业应强化主体责任，落实"磷石膏是产品"的理念，主动与磷石膏建材生产企业、建筑施工单位结成攻关对子，以满足下游生产、应用要求为目标，加大磷石膏的规模化、无害化净化除杂工艺改造，努力提供高品质、低成本的磷石膏原料。组建宜昌市磷石膏综合利用产业协会（联盟），拓展产业链，积极开拓外部市场，维护公平竞争的市场秩序。（责任单位：宜都市、枝江市、当阳市、远安县、夷陵区、猇亭区人民政府，市经信局）

（五）加快重点地区推广。宜都市、枝江市、当阳市、远安县、夷陵区、猇亭区等磷石膏产生地应落实属地责任，率先加大磷石膏建材推广应用工作力度，每年应各开展2个以上投资额大于3000万元的项目示范。其他县市区要因地制宜推广应用磷石膏建材。（责任单位：各县市区人民政府、宜昌高新区管委会）

（六）实施示范工程引领。自2020年6月10日起，全市房建、公路、市政、水利、园林领域工程项目应采用磷石膏水泥混凝土路缘石、生态护坡、透水砖、综合管廊等制品。市住建、交通、水利和湖泊、林业和园林等部门，宜昌城建控股集团、宜昌国投控股集团、宜昌高投控股集团、宜昌交旅发展集团等投资平台，每年要各实施1~2个投资额大于3000万元的示范项目。市城管部门要在市政道路、排水、桥梁、隧道等设施的维修工程中大力应用磷石膏建材产品。（责任单位：市住建局、市交通运输局、市城管委、市水利和湖泊局、市林业和园林局、市发改委、宜昌城建控股集团、宜昌国投控股集团、宜昌高投控股集团、宜昌交旅发展集团）

（七）大力推广成熟产品。按照政府引导、企业自主的原则，逐步提高磷石膏建材应用比重。自2020年6月10日起，采取以替代促进推广的方式，宜昌城区及各县市区主城区新建、扩建、改建的房屋工程项目，限制水泥抹灰砂浆用于建筑内墙、外墙内侧和顶棚抹灰工程，全面推广磷石膏砂浆；政府投资的国家机关、教育、卫生、康养、文化、体育、交通等公共建筑的内隔墙及石膏吊顶应采用磷石膏建材（防水、防潮功能部分除外）。鼓励政府保障性住房、老旧小区改造以及社会投资建设项目应用磷石膏建材产品。推广装配式石膏条板、石膏基自流平砂浆等新型磷石膏建材应用技术，开展工程应用试点。积极争取将磷石膏建材产品纳入全省住建领域"十四五"推广应用技术和产品目录。（责任单位：市住建局、市发改委、各县市区人民政府、宜昌高新区管委会、宜昌城建控股集团、宜昌国投控股集团、宜昌高投控股集团、宜昌交旅发展集团）

（八）加快道路工程试验。立足规模化消耗，在公路和市政项目中推进磷石膏水稳层应用，研究将改性磷石膏及其混合料用作公路路基填筑材料，加快磷石膏水稳层试点示范，选定试验道路先行先试。在此基础上，编制磷石膏工程应用技术标准，加快关键技术攻关。2020—2022年，交通、住建部门每年应各确定不少于3公里的项目开展试验，形成试验结论，并逐步加大应用比重。（责任单位：市交通运输局、市住建局）

（九）开展环境影响监测。全市分区域开展磷石膏建材产品及应用项目的环境影响监测。开展原状磷石膏建材产品性能和环保指标检测摸底工作，选取已应用磷石膏产品的房建、道路、园林、水利等代表性项目，开展全过程跟踪监测，及时共享检测数据和结论。（责任单位：市生态环境局、市市场监

管局、市住建局）

四、保障措施

（一）加强组织领导。市化工产业专项整治及转型升级工作领导小组负责统筹推进全市磷石膏综合利用工作。领导小组下设磷石膏建材推广协调工作组，由分管副市长任组长，有关县市区政府、市直相关部门和政府投资平台相关负责同志为成员，负责建立协调工作机制，在顶层设计、政策落实、市场监管等方面加强统筹协调，及时掌握市场信息，有效化解政策实施风险。工作组办公室设在市住建局。（责任单位：市住建局、市经信局、市发改委、市财政局、市市场监管局、市生态环境局、市交通运输局、市城管委、市水利和湖泊局、市林业和园林局，宜都市、枝江市、当阳市、远安县、夷陵区、猇亭区人民政府，宜昌城建控股集团、宜昌国投控股集团、宜昌高投控股集团、宜昌交旅发展集团）

（二）落实激励政策。积极推动省级层面出台关于磷石膏综合利用的政策措施，争取三峡集团长江大保护基金和省级专项资金支持。在宜昌市磷石膏综合利用补助资金中明确专项资金，对应用磷石膏产品的工程项目进行奖补。（责任单位：市经信局、市财政局）

（三）明确部门职责。在项目初步设计审批环节，将磷石膏建材产品应用及投资纳入审查内容。在项目招投标环节，对设计、施工投标文件明确使用磷石膏建材的，招标文件评标标准可给予适当加分。加强设计审查、施工及验收监管，设计文件已明确使用磷石膏建材的工程项目不允许变更材料，组织磷石膏建材应用示范项目评选和奖励补助申报，将磷石膏建材应用情况作为住建领域相关评奖评优活动参评或获奖的优先条件之一。将磷石膏建材应用纳入建设、设计、施工、装饰装修企业的信用管理。各级各部门要为磷石膏建材应用项目开辟"绿色通道"，在项目备案、用地和规划、环评、施工许可等行政审批上给予支持。（责任单位：市发改委、市自然资源和规划局、市住建局、市生态环境局、市审计局、市政务服务和大数据管理局、市公共资源交易中心，各县市区人民政府，宜昌高新区管委会）

（四）开展宣传培训。加大对国家、省、市关于磷石膏建材政策信息的宣传力度，组织推介磷石膏建材产品和示范项目，营造全社会关心支持磷石膏建材推广应用的良好环境。开展建筑工人磷石膏建材施工工法和施工技能培训。有针对性地宣传普及磷石膏建材产品无害化、环保化知识。（责任单位：市经信局、市住建局、市生态环境局，各县市区人民政府，宜昌高新区管委会）

（五）实施监督考核。加大磷石膏建材推广应用工作监督考核力度，定期对磷石膏建材推广协调工作组各成员单位工作落实情况进行通报，及时将有关情况报告市化工产业专项整治及转型升级工作领导小组。（责任单位：市经信局、市住建局）

宜昌市人民政府办公室
2021年6月12日

（此件公开发布）

宜昌市住房和城乡建设委
关于印发《宜昌市建设领域磷石膏综合利用奖励办法（试行）》的通知

（2018年12月4日）

各县市区住建局、高新区建管办、葛洲坝基地管理局、各有关单位：

根据《关于促进磷石膏综合利用的意见》（宜府办发〔2018〕40号）文件要求，结合我市实际，市住建委制定了《宜昌市建设领域磷石膏综合利用奖励办法（试行）》，现印发给你们，请遵照执行。

宜昌市住房和城乡建设委员会
2018年12月4日

宜昌市建设领域磷石膏综合利用奖励办法（试行）

为贯彻落实《宜昌市人民政府关于化工产业专项整治及转型升级的意见》（宜发〔2017〕15号）、《关于促进磷石膏综合利用的意见》（宜府办发〔2018〕40号）和《关于在建设领域推广应用磷石膏综合利用产品的通知》（〔2017〕111号）精神，加快推进建设领域磷石膏综合利用，支持企业研究磷石膏新技术，研发新产品，结合我市实际，制定《宜昌市建设领域磷石膏综合利用奖励办法（试行）》。

一、在招投标环节，采用综合评估法招标的项目，招标人可以在招标文件中规定，将磷石膏制品（产品）应用纳入评标内容。政府投资项目要带头采用技术可行的磷石膏制品（产品），鼓励社会投资项目采用技术可行的磷石膏制品（产品）。

二、按照《关于印发〈宜昌市磷石膏综合利用补助资金管理暂行办法〉的通知》（宜市财规〔2018〕1号）的有关规定，对利用我市磷石膏资源，生产符合相关标准的工业产品，在我市注册的生产企业，按实际消纳磷石膏量给予补助。

三、按照《宜昌市建筑市场信用管理办法》（宜市住建规〔2018〕1号），将磷石膏制品（产品）生产企业纳入建筑节能产品生产企业诚信管理，同步享受各项加分政策。

四、将磷石膏制品（产品）应用纳入建设、设计、施工、装饰装修企业的信用管理。对在工程项目中应用磷石膏制品（产品），取得较好示范推广效果的企业，住建部门可予以通报表扬。

五、鼓励施工企业、装饰装修企业应用磷石膏制品（产品）。对采用了《宜昌市建设领域磷石膏综合利用产品目录》中产品的项目，具有一定示范效应的，在工程评优、新技术示范认定等方面优先考虑。被评为"省级科技示范工程"的，对施工企业在信用加分6分的基础上再加2分；被评为"市级新技术应用示范工程"的，对施工企业在信用加分3分的基础上再加2分。获得"省建筑装饰工程奖"的，对装饰装修企业在信用加分10分的基础上再加2分；获得"市建筑装饰工程奖"的，对装饰装修企业在信用加分3分的基础上再加2分。

六、为磷石膏综合利用项目报建开辟绿色通道。对磷石膏综合利用项目，积极争取创建省、市级示范，并争取各类资金奖励和荣誉。对典型案例和先进经验，在工程观摩等活动中进行专题展示。

七、积极宣传磷石膏制品（产品）特点优势、政策措施，借助电视、报纸等媒体力量提升社会公众对磷石膏制品（产品）的认知和接受度，积极引导消费趋势，促进磷石膏制品（产品）在建设领域规模化应用。

八、本通知自发布之日起执行。若有新规定，从其规定。

宜昌市人民政府办公厅关于印发《宜昌市磷石膏综合利用三年行动计划（2018—2020年）》的通知

（宜府办发〔2018〕39号）

各县市区人民政府，市政府各部门、各直属机构：

《宜昌市磷石膏综合利用三年行动计划（2018—2020年）》已经市人民政府同意，现印发给你们，请结合实际，认真组织实施。

宜昌市人民政府办公室
2018年4月14日

宜昌市磷石膏综合利用三年行动计划（2018—2020年）

为加快推进全市磷石膏专项整治及综合利用工作，根据有关法律法规和政策规定，结合实际，制定本行动计划。

一、指导思想

坚持以习近平新时代中国特色社会主义思想为指导，全面贯彻落实党的十九大精神，牢固树立新发展理念，围绕推进工业经济质量变革、效率变革、动力变革总目标和磷产业减量化、资源化、循环化发展总要求，利用法律约束、政策激励和市场调节手段，大力培育磷石膏综合利用企业主体，加快磷石膏综合利用产业化步伐，提高产业技术水平、绿色制造水平，促进全市磷精细化工产业高质量发展。

二、工作目标

用3年左右的时间，建成一批规模大、附加值高的磷石膏综合利用产业化示范项目，研发一批具有自主知识产权的重大关键共性技术，培育壮大一批磷石膏综合利用骨干企业。建立健全依法监管、政府引导、企业主体、创新驱动、市场运作的体制机制和较为完善的政策支撑体系。

2018年，磷石膏副产量比2017年下降5%（全市产量控制在1180万吨以内），当年综合利用率不低于40%（全市约470万吨）。

2019年，磷石膏副产量比2018年下降10%，当年综合利用率不低于50%（全市约530万吨）。

2020年，磷石膏副产量比2019年下降15%，当年综合利用率不低于65%（全市约590万吨）。

三、主要任务

（一）严格行业准入标准，强化依法监督管理。

1. 严格行业准入标准。严格执行国家《产业结构调整指导目录（2011年本，2013年修正）》和《市人民政府办公室关于印发宜昌市化工产业项目入园指南的通知》（宜府办发〔2018〕6号）有关规定，一律不批"优化提升区"外新（扩）建化工项目，一律不批淘汰（限制）类项目，一律不批负面清单内的项目。

2. 严格入园企业整治。加快"优化提升区"内现有企业升级改造，引导园区外达标企业搬迁入园。对"控制发展区"内现有企业严格控制产业规模和排放总量，支持在等量或减量替代的前提下改造升级。依法推进"整治关停区"内化工企业关转搬，加快淘汰落后产能。

3. 严格落实生态环保和安全生产要求。严肃查处环境违法违规行为，抓好磷石膏污染防治工作，对违法处置磷石膏的，一律限产或停产整治；对未按要求整治到位的，一律依法依规关停。认真做好危险化学品管理工作，对不符合相关国家安全标准、行业安全标准的，经停产停业整治后仍不具备安全生产条件的，坚决依法关停。

（二）压实企业主体责任，加强利用能力建设。

1. 明确主体责任。按照"谁污染、谁治理，谁破坏、谁恢复"的原则，磷石膏副产企业要承担消纳利用磷石膏的主体责任。磷石膏副产企业与专业化磷石膏综合利用企业签订磷石膏消纳协议，年度实际消纳磷石膏视同磷石膏副产企业综合利用磷石膏。

2. 提高综合利用水平。企业要加大资金投入，加强技术攻关，加快新产品研发，加强市场开拓，减少磷石膏副产量、磷石膏含磷量，提高磷石膏的利用率和磷资源的回收率，全面推进大规模利用磷石膏技术产业化，提高企业对磷石膏的综合利用水平。

3. 加强磷石膏库管理。企业要加强磷石膏库建设、维护和管理，确保达到安全环保标准。有关部门要认真履行对磷石膏库的监督管理职责，对经安全环保评价不达标的一律责令停产整改，对整改后仍不达标的一律停止使用，对实际库存已达设计库容的磷石膏库一律进行闭库，不准扩建或延长使用年限。在化工"优化提升区"统一规划建设磷石膏库，试行第三方企业化运营管理模式。

（三）加大科技创新力度，提高产业化发展水平。

1. 加快先进适用技术推广应用。支持研发推广改进型磷石膏制硫酸等化学法处理技术、利用磷石膏改良土壤的关键技术，加快利用余热余压对磷石膏烘干、煅烧等先进工艺技术的应用，鼓励磷石膏副产企业进行无害化预处理并纳入成本预算。加大企业技术改造力度，提高技术装备水平，提高磷资源利用率，优化产品结构，实现绿色发展，促进安全生产。

2. 加强产学研合作。创新产学研合作机制，持续推动协同创新，主动对接省内外高校、科研院所开展多种形式产学研合作交流，促进科技成果就近、及时转化。创新信息和技术资源共享机制，完善技术转移服务体系，促进科技资源在企业间合理流动和应用。加快产业结构重组，促进骨干企业壮大，增强企业承载科技成果转化的能力。

3. 搭建公共研发平台。筹备成立"宜昌市化工固废循环产业制造业创新中心"，采取"公司＋联盟"模式运行，集中力量实施黑磷产业链、磷石膏和磷尾矿综合利用等重点领域前沿技术研发计划。加快建设国家磷产品质量监督检验中心（湖北）。

（四）强化政策引导，完善激励约束机制。

1. 坚持规划引领。严格执行《市人民政府办公室关于印发宜昌市化工产业绿色发展规划（2017—2025年）的通知》（宜府办发〔2018〕3号），严控产业空间布局，明确产业发展方向和路径，坚持"过程评估、奖惩并举"的原则，强化调控引导，将磷资源、产能向优势企业集中，实现循环利用、绿色发展。

2. 完善财政激励政策。用足用好2000万元市级化工产业磷石膏综合利用补助资金，相关县市区（含宜昌高新区，下同）给予配套资金支持。宜昌传统产业转型升级专项资金等积极支持磷石膏综合利用项目。对磷石膏综合利用水平较高的企业优先保障生产要素、安排生产调度资金。支持磷资源利用减量化企业新上项目。

3. 落实税收优惠政策。根据《财政部 国家税务总局关于印发〈资源综合利用产品和劳务增值税优惠目录〉的通知》（财税〔2015〕78号）、《财政部 国家税务总局关于新型墙体材料增值税政策的通知》（财税〔2015〕73号）和《财政部 国家税务总局关于执行资源综合利用企业所得税优惠目录有关问题的通知》（财税〔2008〕47号）等精神，落实磷石膏综合利用产品增值税即征即退70%、新型墙体材料享受增值税即征即退和所得税依法减免等优惠政策。

（五）着力加强市场开拓，打造综合利用体系。

1. 培育壮大龙头企业。根据全市磷石膏副产企业分布和磷石膏堆存情况，积极引进培育一批磷石膏综合利用骨干企业，促进建材生产企业与磷石膏副产企业合作，重点扶持消纳能力强、潜力大、见效快的项目，努力打造在国内外市场具有竞争力的产品品牌和企业品牌。

2. 加快建设领域推广使用。全面落实市住建委等5部门《关于在建设领域推广应用磷石膏综合利用产品的通知》（宜市住建文〔2017〕111号）精神，培育磷石膏综合利用产品市场，鼓励在城市公用工程、市政基础设施等领域推广使用磷石膏综合利用产品。指导企业研究制定磷石膏综合利用建材产品施工标准、规范，加快推进产品在工程实践中的试验应用。加强产品全方位宣传推介，服务示范工程项目建设。

3. 推进专业化开发利用。坚持专业化发展战略，发挥科研机构、产学联盟、专业化综合利用企业的作用，鼓励专业性磷石膏综合利用企业通过兼并重组等实现磷石膏综合利用集约化生产。

四、组织实施

（一）加强组织领导。宜昌市化工产业专项整治及转型升级工作领导小组统筹协调推进全市磷石膏综合利用工作。有关县市区和相关市直部门要切实加强组织领导，注重协调配合，落实好国家、省、市对磷石膏综合利用的鼓励和扶持政策。

（二）明确责任分工。市直有关部门按照职责分工，切实履行职责，形成监管合力。磷石膏综合利用工作实行属地负责，各有关县市区党政主要负责同志负总责，政府分管负责同志具体负责。

（三）严格目标考核。各级目标管理部门要将推进磷石膏综合利用纳入目标管理综合考评的重要内容。磷石膏副产企业与所在县市区主管部门签订年度目标责任书，并报送磷石膏年度产消计划、月度产消情况。

（四）狠抓督办落实。有关县市区政府要组织开展经常性监督检查，确保按进度高标准完成磷石膏综合利用任务。市委督查室、市政府督查室加强督促检查，及时跟踪工作进展，对工作措施不到位、工作进展缓慢的进行通报，并按有关规定追究责任。

宜昌市住房和城乡建设局关于发布《宜昌市建设领域磷石膏综合利用产品目录（第三批）》的通知

各相关企业：

为进一步落实《关于在建设领域推广应用磷石膏综合利用产品的通知》（宜市住建文〔2017〕111号）要求，加大对磷石膏综合利用产品的推广力度，根据企业申报和评选甄别情况，现将《宜昌市建设领域磷石膏综合利用产品目录（第三批）》予以发布。本目录自发布之日起生效，有效期截止2022年6月4日。

附件：宜昌市建设领域磷石膏综合利用产品目录（第三批）

宜昌市住房和城乡建设局
2020年6月4日

附件

宜昌市建设领域磷石膏综合利用产品目录（第三批）

序号	目录编号	产品名称	适用范围	执行标准	生产单位
1	JL-16	磷石膏路面砖	主要用于市政工程道路建设工程、园林绿化工程等	GB 28635—2012 JC/T 2391—2017	宜昌益通鹏程新型墙体材料有限公司
2	JL-17	磷石膏路缘石	主要用于市政工程道路建设工程、园林绿化工程等	JC/T 899—2016 JC/T 2391—2017	宜昌益通鹏程新型墙体材料有限公司
3	JL-18	磷石膏基自流平砂浆	主要用于房屋建筑地面铺设、精找平	JC/T 1023—2007 JGJ/T 175—2018	湖北力达环保科技有限公司

宜昌市住房和城乡建设局
关于印发《宜昌市磷石膏基混凝土制品应用技术导则（试行）》和《宜昌市磷石膏建筑材料应用技术导则（试行）》的通知

各县市区住建局、高新区建管办，各有关单位：

为贯彻落实市人民政府《关于加强磷石膏建材推广应用工作的通知》（宜府办发〔2020〕25号）要求，切实加强磷石膏建材推广应用，进一步统一磷石膏基混凝土制品、磷石膏建材产品工程应用的基本要求，确保工程质量，根据国家和省有关规范标准，我局组织制定了《宜昌市磷石膏基混凝土制品应用技术导则（试行）》和《宜昌市磷石膏建筑材料应用技术导则（试行）》，并经局长办公会讨论通过，现予以印发。本导则自2020年12月1日起实施，试行期1年，请遵照执行。

宜昌市住房和城乡建设局
2020年12月1日

宜昌市经济和信息化局
关于《2020年度宜昌市磷石膏综合利用奖补资金支持企业名单》公示

按照《宜昌市磷石膏综合利用补助资金管理暂行办法》（宜市财〔2018〕1号）和《2020年度宜昌市磷石膏综合利用奖补资金支持管理办法》等要求，市经信局、市财政局、市住建局、市市场监督管理局、市科技局联合印发《关于组织开展2020年宜昌市磷石膏综合利用奖补资金申报工作的通知》，经信部门牵头负责对磷石膏综合利用量、新建投产磷石膏综合利用生产线设备投资、应用本市磷石膏水泥缓凝剂产品等三个方面进行认定。

经过各县市区经信部门组织企业申报并初审，第三方咨询机构实施现场核查，专家评审会认定，形成《2020年度宜昌市磷石膏综合利用奖补资金支持企业名单》，现予以公示。公示期为2021年5月18日至5月23日，欢迎社会各界在公示期内提出建议意见。

附件：2020年度宜昌市磷石膏综合利用奖补资金支持企业名单

宜昌市经济和信息化局
2021年5月18日

附件

2020年度宜昌市磷石膏综合利用奖补资金支持企业名单

一、磷石膏综合利用企业（20家）

1. 湖北楚星化工股份有限公司（宜都市）
2. 宜昌鄂中生态工程有限公司（宜都市）
3. 湖北力达环保科技有限公司（宜都市）
4. 湖北兴兴环保科技有限公司（宜都市）
5. 湖北贵利信新型建材有限公司（宜都市）
6. 湖北华睿生态科技有限公司（宜都市）
7. 宜都楚韵建材科技有限公司（宜都市）
8. 湖北三宏新型建材科技有限公司（枝江市）
9. 湖北三迪环保新材料有限公司（枝江市）
10. 湖北田鑫建材有限公司（当阳市）
11. 湖北昌耀新材料股份有限公司（夷陵区）
12. 宜昌益通鹏程新型墙体材料有限公司（夷陵区）
13. 湖北龙齐国优科技有限公司（夷陵区）
14. 湖北龙齐昱荣科技有限公司（夷陵区）
15. 宜昌归宏建材有限公司（夷陵区）
16. 宜昌益智建材有限责任公司（伍家岗区）
17. 宜昌新洋丰肥业有限公司（猇亭区）
18. 湖北宜化肥业有限公司（猇亭区）
19. 湖北远固新型建材科技有限公司（高新区）
20. 湖北宏畅科技有限公司（高新区）

二、新建投产磷石膏综合利用生产线设备投资企业（7家）

1. 湖北力达环保科技有限公司（宜都市）
2. 湖北兴兴环保科技有限公司（宜都市）
3. 湖北三宏新型建材科技有限公司（枝江市）
4. 湖北田鑫建材有限公司（当阳市）
5. 三峡昌耀管廊建设有限公司（夷陵区）
6. 湖北磷隆新材料科技有限公司（夷陵区）
7. 宜昌新洋丰肥业有限公司（猇亭区）

三、应用本市磷石膏水泥缓凝剂企业（5家）

1. 华新水泥（宜昌）有限公司（宜都市）
2. 葛洲坝当阳水泥有限公司（当阳市）
3. 宜昌花林水泥有限公司（远安县）
4. 华新水泥（秭归）有限公司（秭归县）
5. 华新水泥（长阳）有限公司（长阳土家族自治县）

宜都市人民政府办公室
关于印发《宜都市加快推进磷石膏综合利用实施方案》的通知

各乡（镇）人民政府，陆城街道办事处，松宜矿区、宜都高新技术产业园区管委会，市政府各部门：

《宜都市加快推进磷石膏综合利用实施方案》已经市人民政府同意，现印发给你们，请认真贯彻实施。

宜都市人民政府办公室
2019 年 9 月 25 日

宜都市加快推进磷石膏综合利用实施方案

一、指导思想

以习近平新时代中国特色社会主义思想为指导，牢固树立"创新、协调、绿色、开放、共享"五大发展理念，加快推进全市磷石膏综合利用工作，促进磷石膏资源集约化、产业化、绿色化综合利用。

二、工作目标

大力推进磷石膏资源综合利用，推动磷石膏资源综合利用产品的开发和推广应用，加大磷石膏消纳利用力度，2019 年磷石膏综合利用率达到 30%，2020 年磷石膏综合利用率达到 40%。

三、工作措施

（一）严格管控磷石膏新增数量。严格落实国家、省、宜昌市相关法律法规，加强行业监管，推动磷化工企业能耗、环保、质量、安全达标。严格审查传统磷化工新建、技改项目准入条件，未经批准不再新建、扩建磷铵装置。

（二）有力推动综合利用企业改造升级。鼓励支持磷石膏综合利用企业对设备改造升级，引进先进技术、设备，延伸拓展磷石膏综合利用产品。推进先进产能建设，重点支持鼓励使用石膏粉作为主要原料的纸面石膏板、石膏砌块、抹灰石膏、水泥缓凝剂、保温板、装配式建材等项目建设及改造升级。对符合传统产业转型升级专项资金管理办法要求的项目，在技改资金上给予重点支持。

（三）严格执行综合利用产品相关标准。严格执行国家磷石膏建材产品生产、造价、设计、施工、验收等相关规定及宜昌市《磷石膏及其综合利用产品质量标准》（DB4205/T 063—2019），充分发挥磷石膏建材生产企业、行业协会、科研院所和专业机构作用，强化测试评价及检测手段，确保产品符合标准，达到产品质量和工程建设要求，有效促进产品应用。

（四）加快推进综合利用项目建设。加快推进泰山石膏、兴兴环保、新洋丰肥业磷石膏综合利用项目建设，力争尽快建成投产，发挥效益，确保到2020年利用磷石膏综合利用能力达到367万吨。对新上投资达到5000万元以上的磷石膏综合利用项目，市政府实行"一事一议"给予支持。

（五）加快推进综合利用产品应用。认真落实《宜昌市委、市政府关于化工产业专项整治及转型升级的意见》（宜发〔2017〕15号）、宜昌市住建委等五部门《关于在建设领域推广应用磷石膏综合利用产品的通知》（宜市住建文〔2017〕111号）精神，由住建部门制定全市推广利用磷石膏综合利用产品的相关政策，促进其在工程领域的应用。各部门要落实推广应用责任，多方联动、协调配合、合力推进，积极搭建交流合作平台，努力开拓市场，推动磷石膏综合利用产品在我市房屋建筑、市政、园林、绿化、水利、交通等工程建设领域的应用。在政府性投资的国家机关、教育、卫生、文化、体育、交通等新建、扩建、改建和修缮的公共建筑工程建设中，优先使用合格的磷石膏综合利用产品，发挥示范引领作用。

四、政策支持

（一）资金支持政策。按照《关于印发〈宜昌市磷石膏综合利用补助资金管理暂行办法〉的通知》（宜市财规〔2018〕1号）的要求，对在我市注册、利用我市磷石膏资源生产符合相关标准工业产品的企业，按实际消纳磷石膏量（干基）给予向上申报争取补助，我市按照宜昌市级补助金额的50%给予配套补助。

（二）税收支持政策。根据《财政部 国家税务总局关于印发〈资源综合利用产品和劳务增值税优惠目录〉的通知》（财税〔2015〕78号）、《财政部 国家税务总局关于新型墙体材料增值税政策的通知》（财税〔2015〕73号）和《财政部 国家税务总局关于执行资源综合利用企业所得税优惠目录有关问题的通知》（财税〔2008〕47号）等精神，落实磷石膏综合利用产品增值税优惠政策、新型墙体材料享受增值税和所得税优惠政策。

（三）交通运输政策。为降低磷石膏综合利用产品运输成本，减轻企业负担，促进企业开拓市外销售市场，对经过三江收费站的磷石膏产品运输车辆实行绿色通行。

（四）创新支持政策。鼓励、支持磷石膏综合利用企业创新驱动发展，按照《宜都市创新驱动发展实施办法》（都文〔2018〕28号）的规定，从"强化创新创业主体培育、保障科学技术投入、推进创新创业平台和创新能力建设、强化知识产权发展战略、加快产业转型升级、鼓励支持企业科技研发和成果转化、大力培育和引进高端技术人才、加大科学普及力度、大力实施乡村振兴战略，推进科技扶贫、全面推进科技金融创新"等方面对符合条件的磷石膏综合利用企业进行奖励、支持。

（五）要素保障政策。将磷石膏综合利用项目纳入享受招商引资政策范围，磷石膏综合利用企业优先享受直购电、直供气等生产要素保障优惠政策。行政审批部门为磷石膏综合利用项目建设开辟"绿色通道"，在项目备案、用地审批、环境评价、生产许可等方面给予重点支持。

（六）应用鼓励政策。在建设领域落实《宜昌市建设领域磷石膏综合利用奖励办法（试行）》，在招投标环节，采用综合评估法招标的项目，招标人可以在招标文件中规定，将磷石膏制品（产品）应用纳入评标内容。政府投资项目要带头采用合格的磷石膏制品（产品），鼓励社会投资项目采用合格的磷石膏制品（产品）。按照《宜昌市建筑市场信用管理办法》，将磷石膏制品（产品）生产企业纳入建筑节能产品生产企业诚信管理，同步享受各项加分政策。将磷石膏制品（产品）应用纳入建设、设计、施工、装饰装修企业的信用管理，对在工程项目中应用磷石膏制品（产品）、取得较好示范推广效果的企业，由住建部门予以通报表扬。鼓励施工企业、装饰装修企业应用磷石膏制品（产品），对采用了《宜昌市建设领域磷石膏综合利用产品目录》中产品的项目，具有一定示范效应的，在工程评优、新技术示范认定等方面优先考虑，并纳入信用管理。

五、相关要求

（一）加强组织领导。成立宜都市磷石膏综合利用推进工作领导小组，由市政府常务副市长陈道坤任组长、副市长龙顶泉任副组长，市直相关部门、各乡（镇）、街道、高新园区管委会、松宜矿区主要负责人为成员。领导小组办公室设在市经商局，由许文忠同志兼任办公室主任，负责统筹协调日常工作。工作推进期间，若成员单位领导发生变动，由继任领导自行接任，不再另行发文。各成员单位要切实增强政治意识、社会责任意识，按照职责分工抓好落实，形成工作合力，全面推进磷石膏综合利用工作。

（二）推进工作落实。按照"谁副产、谁消纳"的原则，压紧压实各磷石膏副产企业综合利用的主体责任，倒逼企业主动消纳副产的磷石膏，守住生态和发展两条底线。坚持发挥政府引导作用，充分发挥法律法规约束作用和政策措施的推动作用，加强部门协同，形成监管合力，确保推进工作落地见效。市委市政府督查室要加强督促检查，及时跟踪工作进展，对工作不落实、推进不力、流于形式、不担当不作为等问题移交市纪委监委等部门处理。

（三）强化宣传引导。及时总结和推广磷石膏资源综合利用工作取得的成功经验和做法，通过典型示范宣传促进磷石膏资源综合利用产品的普及推广，努力营造全社会关心、支持和参与磷石膏建材推广应用工作的良好氛围。积极搭建政企沟通桥梁，鼓励企业抱团发展、优势互补，增强磷石膏综合利用产品市场竞争力，促进可持续发展。

荆门市人民政府
关于印发《荆门市支持磷石膏综合利用政策措施》的通知

(荆政发〔2021〕7号)

各县、市、区人民政府，漳河新区，屈家岭管理区，荆门高新区，大柴湖开发区，市政府各部门：

现将《荆门市支持磷石膏综合利用政策措施》印发给你们，请结合实际，认真贯彻执行。

荆门市人民政府
2021年5月21日

荆门市支持磷石膏综合利用政策措施

为促进我市磷石膏综合利用，根据《工业和信息化部关于工业副产石膏综合利用的指导意见》(工信部节〔2011〕73号)、《荆门市推进化工产业转型升级实施方案》(荆工文〔2020〕7号)有关精神，结合实际，特制定本政策措施。

第一条 总体原则和目标。按照"控制增量、消化存量、逐步平衡"的原则，坚持"以用定产"，依法对磷石膏利用率不达标的企业实施停产、限产措施。新建、扩建磷铵项目，项目自身应当具备磷石膏处置能力。到2025年，全市引进和培育年综合利用磷石膏30万吨以上的企业5~10家。

第二条 设立专项资金。市政府设立磷石膏综合利用专项资金，每年根据测算纳入年度预算，用于支持辖区磷石膏新建、扩建项目以及磷石膏综合利用技术引进、磷石膏综合利用产品推广应用。

第三条 鼓励企业新建项目。各地、各有关部门要开辟新建、扩建磷石膏综合利用项目"绿色通道"。磷石膏综合利用新建、扩建项目应当享受当地招商引资优惠政策。对磷石膏综合利用企业在水、电、天然气等要素配套方面予以重点保障和倾斜；符合电力市场化交易条件的，直接纳入电力市场化交易。将磷石膏综合利用项目纳入各级重大项目库，积极争取国家、省政策支持。

对新建、扩建的以磷石膏(含磷石膏粉)为主要原料的综合利用项目，从开工之日起3年内建成投产，且固定资产投资(不含土地)超过500万元的，按固定资产投资额(不含土地)的5%予以补助，最高不超过500万元。

第四条 实施利用补贴政策。对磷石膏综合利用企业每年消纳的本地磷石膏，由相关县(市、区)财政予以补助，具体补助标准及方式由县(市、区)自行制定。全市范围内跨县(市、区)销售磷石膏的，由磷石膏产生企业所在地县级政府对接收利用企业予以补助。

第五条 鼓励技术引进。鼓励企业积极引进磷石膏综合利用技术发明专利，对首次引进且项目建成投产运行的，每项发明专利给予 30 万元奖励，单个项目最高不超过 100 万元。对企业自主研发的磷石膏综合利用技术发明专利，且项目建成并投入运行的，单个专利给予 50 万元奖励，最高不超过 100 万元。以上政策可叠加享受。

鼓励支持企业参加各类展会、产销对接会。由政府部门组织参加的国内国际各类相关专业展会，由企业所在地县级政府对其展位费据实给予补助。

第六条 优先推广使用磷石膏产品。市住建、市场监管、交通运输、水利湖泊等部门要及时发布磷石膏综合利用产品目录、造价、质量标准等信息。对磷石膏综合利用企业生产符合标准、经主管部门备案的产品，依法纳入政府采购计划范围，在政府投资的房屋建筑、市政工程、保障性住房、园林绿化、水利工程、道路交通、土壤改良等领域，率先推广使用磷石膏综合利用产品。在城乡建设领域开展的工程质量评优活动中，将磷石膏建材产品使用情况作为参评依据之一。

对直接利用本地磷石膏（含磷石膏粉）生产销售磷石膏综合利用产品的，按照销售收入的 3% 予以奖励，销往市外的按照 4% 予以奖励，具体计算公式为，销售收入 × 产品中磷石膏含量百分比 × 3%（市外 4%）。单个企业每个财务年度最高奖励不超过 200 万元。奖励拨付至生产单位后，由生产单位全额补贴给采购单位。政府投资工程不纳入补贴范围。

第七条 实施税收优惠政策。严格落实《财政部 国家税务总局关于印发〈资源综合利用产品和劳务增值税优惠目录〉的通知》（财税〔2015〕78 号）有关税收、财政政策。对于磷石膏综合利用企业购置并实际使用《环境保护专用设备企业所得税优惠目录》《节能节水专用设备企业所得税优惠目录》和《安全生产专用设备企业所得税优惠目录》规定的环境保护、节能节水和安全生产等专用设备的，该专用设备投资额的 10% 可从企业当年应纳税额中抵免，当年不足抵免的，可在以后 5 个纳税年度结转抵免。

第八条 加大金融支持力度。建立健全多渠道资金支持磷石膏综合利用政策体系。引导全市金融机构对符合条件的磷石膏综合利用企业予以优先支持。推动汉江产业基金通过股权投资方式，支持磷石膏综合利用项目建设。

第九条 及时兑现政策。以上政策实行一年一兑现。除有明确补贴来源的，其余由市、县两级分担，其中，市级与东宝区、荆门高新区·掇刀区、漳河新区按照 5∶5 的比例分担；市级与其余县（市、区）按照 4∶6 的比例分担。已享受市级其他资金支持项目不再享受本政策支持。

第十条 加强组织领导和资金监管。在全市推进化工产业转型升级领导小组的统一领导下开展磷石膏综合利用工作，每年从专项资金中列支 100 万元工作经费，由领导小组办公室用于磷石膏综合利用产品宣传推广。加大资金监管力度，对弄虚作假、骗奖骗补的单位，及时收回奖补资金，取消该单位以后年度政策享受资格，并按规定追究法律责任。

本政策措施由市经信局负责解释。

本政策措施自印发之日起施行，有效期 5 年。

钟祥市磷石膏"以用定产"工作推进方案（征求意见稿）

（2019年3月）

为贯彻落实党的十九大精神和习近平总书记视察湖北重要讲话精神，守好发展和生态两条底线，积极开展磷石膏"以用定产"工作，提高磷石膏资源综合利用率，促进我市磷化工产业绿色、集约、高效发展，特制定本方案。

一、指导思想

以习近平新时代中国特色社会主义思想为指引，牢固树立"创新、协调、绿色、开放、共享"的发展理念，守牢发展和生态两条底线，切实抓好工业领域结构性改革，加强技术改造升级，加大磷石膏资源综合利用力度，推进磷石膏资源产业化、绿色化、高效化综合利用，促进磷化工产业更好更快发展。

二、工作原则

——坚持生态优先、机制倒逼。把生态环境保护放在优先位置，按照"谁排渣谁治理，谁利用谁受益"的基本要求，发挥法律法规和政策措施工作推进作用，倒逼企业主动消纳产生的磷石膏，促进企业发展循环可持续，确保守住生态和发展两条底线。

——坚持政府推动、企业负责。全力构建磷石膏利用消纳的政策体系，充分发挥政策调控作用，注重多领域多部门推动协作，进一步强化企业主体责任，落实工作推进措施，共同推进工业又好又快发展。

——坚持过程控制、动态管理。强化对"以用定产"工作的过程监管，将消纳计划、消纳情况、项目建设等纳入过程监管范围，实行动态管理、监察，及时修正和督促工作按计划目标实施。

三、工作目标

2019年，全面实施磷石膏"以用定产"，磷石膏当年产生量综合利用率2019年达到25%，2020年达到35%，以后逐年加大存量消纳力度。到2021年，引进一大批磷石膏综合利用企业，建成一批大规模、高附加值的磷石膏资源综合利用示范项目，磷石膏资源综合利用产业链基本形成，磷石膏资源综合利用规模和水平大幅提升。通过"以用定产"政策实施，推进磷化工企业转型升级，衍生培育壮大磷石膏利用产业。

四、工作任务

（一）加快推进磷石膏综合利用项目建设。加快实施磷石膏资源综合利用项目建设，鼓励符合发展方向的磷石膏资源综合利用项目建设。深度挖掘现有企业潜力，在春祥化工、新居乐建材、楚钟新型建材、世宇新型建材、葛洲坝水泥等现有利用项目上下功夫，促进企业满负荷生产。加快现有项目建设进度，继续推进沃裕新型材料半水石膏批量生产，楚钟珍珠岩及年产3000万平方矿棉板项目投产，推动大生、鄂中纸面石膏板项目开工建设。推动意向项目落地，重点围绕力达环保、华磷科技磷石膏综合利用项目，做实项目推进工作。（牵头单位：市经信局；责任单位：市发改局、胡集镇、双河镇、磷矿镇）

（二）加快磷石膏利用企业引进培育。大力推广集团招商、以商招商等方式，将招商专班，特别是精细磷化工招商专班的工作重点落实到磷石膏利用产业引进上，充分利用财政支持、税收优惠、土地扶持、环保等要素鼓励和倒逼磷石膏产生企业积极配套磷石膏综合利用产业。围绕全市丰富磷石膏资源的大规模、高值化利用，聚焦世界建材500强、国内资源利用50强，着力引进一批有实力的磷石膏综合利用企业落户，力争到2021年引进5个以上磷石膏利用项目。（牵头单位：市招商局；责任单位：市发改局、市经信局、市国土局、市环保局、各招商专班）

（三）做好磷石膏"以用定产"政策落实。从磷石膏"产、运、用、耗、研"方面着手，一方面积极引导磷石膏产生企业建立完善内部激励机制，以企业为主体，支持磷石膏利用企业和项目建设；另一方面积极做好全市磷石膏利用优惠政策的宣传和执行，全力做好相关项目建设和使用情况的检查，让磷石膏消纳企业和相关研发成果能够最大限度享受优惠政策。（牵头单位：市经信局；责任单位：市财政局，市环保局，市住建局，市交通运输局，市工商局，大峪口、洋丰中磷、鄂中生态公司等）

（四）推动磷石膏制品的推广应用。在磷石膏制品的应用上，采取行政支持、政策激励等手段加以推广，在市政工程、政府保障性住房、交通工程、移民搬迁等政府性工程中，大力推广使用符合质量标准和使用条件的磷石膏资源综合利用产品，限制并逐步禁止天然石膏、黏土等材料开采与使用，多方面入手从而加快磷石膏制品的消耗和推广。[责任单位：市住建局、市交通运输局、市发改局、各乡镇（场库、街道等）]

（五）加强对磷石膏综合利用监管。全面实施磷石膏"以用定产"，按照"谁排渣谁治理，谁利用谁受益"的原则，将磷石膏生产企业消纳磷石膏情况与磷酸等产品生产挂钩，严格控制磷矿资源开展规模、强度。对不能实现磷石膏产消对接及逐步减少新增堆存量的生产企业，对其新增产能项目，环保、案件、发改、行政审批部门等不得批准相关报告及核准备案。倒逼企业加大磷石膏无害化处理和资源化综合利用力度，逐步实现磷石膏新增堆存量逐年减少、产消基本平衡、消大于产。同时认真核实磷石膏利用企业和项目生产建设情况，对生产和建设情况不实，甚至有意套取资金补贴的企业进行停业停建整顿，并追究相关责任，确保磷石膏利用有理有序进行。（牵头单位：市环保局；责任单位：市发改局、市经信局、市安监局、胡集镇、双河镇、磷矿镇）

（六）优化升级工艺技术，减少磷石膏排放。优化升级磷化工产业发展，促进磷资源的高效提取，降低磷石膏的排放量，从源头建立"以渣定产"长效机制。鼓励支持企业实施二水改半水工艺提升磷石膏资源品质。推动磷化工由"肥料"向"材料"方向转型，减少磷渣排放量，构建"做大总量、增强质量、减少废量"与"以渣定产"协调发展体系。（牵头单位：市经信局；责任单位：市发改局、市环保局、胡集镇、双河镇、磷矿镇）

（七）促进磷石膏利用的技术创新。鼓励磷石膏综合利用企业创建各类省级、国家级技术研发创新平台，并按有关政策予以奖励补助。开展磷石膏综合利用关键共性技术系统攻关，研发推广磷石膏资源综合利用高附加值产品及生产设备，大力开发利用磷石膏质量在线监测和控制技术、磷石膏净化技术、磷石膏改良土壤技术、磷石膏生产绿色建材技术、磷石膏路基注浆加固材料技术、磷石膏矿井充填技术等。鼓励指导大峪口、鄂中生态、新洋丰中磷等企业，用技术将磷石膏变废为宝并形成新产业，指导帮助鄂中生态、大生化工、春祥化工、新居乐建材、楚钟新型建材、世宇新型建材、葛洲坝水泥等企业进行技术改造和扩大生产，鼓励磷石膏土壤改良剂等新兴建材领域的技术研发及应用，增强企业自身创新能力，有力提升技术和产品输出，提高磷石膏综合利用能力。（牵头单位：市科技局；责任单位：市发改局、市经信局、胡集镇、双河镇、磷矿镇）

（八）促进磷石膏利用衍生企业培育。以磷石膏"以用定产"政策实施为机遇，着力做好衍生新型建材产业培育工作力度，规划建设磷石膏新型建材产业园，聚集磷石膏利用项目，通过磷石膏缓凝剂、磷石膏砌块、磷石膏板材、高品质磷石膏粉状体等项目实施，进一步做大磷石膏建材产业规模。另外，依据磷石膏及制品规模大的优势，做好物流产业的培育，提升物流产业发展水平。（牵头单位：市经信局；责任单位：市发改局、市环保局、市国土局、市住建局、胡集镇、双河镇、磷矿镇）

（九）推进"以用定产"促传统产业转型升级。通过"以用定产"政策的深入实施严格控制湿法工艺路线规模，进一步做大热法路线产品规模。为高端磷酸盐发展提供更多战略选择，实施"二改半"，提升湿法磷酸品质，大力发展精细磷酸盐产品、精细制品，提高磷化工企业经济效益，助推磷化工企业转型升级、提质增效。（牵头单位：市经信局；责任单位：市发改局、市科技局、胡集镇、双河镇、磷矿镇）

五、保障措施

（一）强化组织保障。成立钟祥市磷石膏"以用定产"工作推进领导小组，由市长担任组长、分管副市长任副组长，市直有关部门、胡集镇、双河镇、磷矿镇主要负责人及磷石膏产生利用企业为成员。领导小组负责统筹全市磷石膏资源综合利用与推广各项工作开展和落实情况进行指导、督促、检查、问责，领导小组办公室设在钟祥市经济和信息化局，负责领导小组日常工作。

（二）强化责任落实。由市政府与所有磷石膏产生企业签订目标责任书，同时围绕磷石膏"以用定产"推动工作方案内容，督促指导磷石膏生产企业逐个制订磷石膏产生和消纳计划，并在此基础上制订全市磷石膏产消年度计划，消纳方案以月为单位提出目标和措施，确保工作有序开展和管理目标具体化。

（三）强化协作沟通。开展磷石膏"以用定产"工作，经信、环保、住建等部门要加强协作沟通，其中，市经信局要按要求做好利用情况的统计检查，市环保局要做好产生磷石膏企业情况检查，市住建要做好利用磷石膏制品的使用检查。电力、供排水等部门对未能如期完成消纳任务拒不执行停产要求的进行停电停水等。同时，实行季度例会制度，主要通报各季度"以用定产"安排工作情况、存在问题、工作措施等。

（四）强化要素保障。设立地方财政专项补助资金，对磷石膏综合利用按照实际利用量2元/吨给予补助，支持推进钟祥市磷石膏资源综合利用及产业化项目建设。对磷石膏"以用定产"项目土地实行优先保障，确保项目优先落地。经信、发改、环保、住建等部门也要积极兑现相关优惠政策，并为项目建设相关手续办理提供高效便捷服务。

（五）强化督促考核。各部门、企业定期向领导小组办公室通报工作推进情况，向社会公示企业磷石膏产生和消纳情况，设立监督举报电话，接受监督和举报。领导小组办公室要会同有关单位，组建专项督查小组，定期不定期到各企业督促检查工作推进落实情况，及时将督查情况报告领导小组。年度实施工作考核，兑现"以用定产"政策。

（六）强化宣传引导。充分利用广播、电视、报刊、网络等新闻媒体，加强磷石膏产品无害化、环保化知识的普及和教育，及时总结和推广磷石膏资源综合利用工作取得的成功经验和做法，通过典型示范宣传促进磷石膏产品的普及推广。

荆门市东宝区人民政府办公室关于印发《东宝区磷石膏"以用定产"实施方案》的通知

(东政办发〔2019〕8号)

各乡镇人民政府、街道办事处，东宝工业园管委会，区直有关单位：

《东宝区磷石膏"以用定产"实施方案》已经区人民政府同意，现印发给你们，请认真组织实施。

荆门市东宝区人民政府办公室

2019年4月30日

东宝区磷石膏"以用定产"实施方案

根据《区人民政府关于印发东宝区磷化工综合治理转型升级实施方案和加快推进磷石膏综合利用实施方案的通知》（东政发〔2018〕9号）文件精神，为提高我区磷石膏资源综合利用率，促进磷化工产业绿色、集约、高效发展，特制定本方案。

一、指导思想

以习近平新时代中国特色社会主义思想为指导，牢固树立新发展理念，守牢发展和生态两条底线，坚持政府引导、企业主体，按照"谁排渣谁治理，谁利用谁受益"的原则，实行政策激励和倒逼机制，全力构建磷石膏利用消纳的政策体系和监管机制，推进磷石膏资源产业化、绿色化、高效化综合利用，促进磷化工产业转型升级和高质量发展。

二、工作目标

将磷石膏产生企业消纳磷石膏情况与磷酸、磷铵等产品的生产量挂钩，倒逼企业加快磷石膏综合利用，建立完善磷石膏"以用定产"工作机制（以下简称"以用定产"）。2019年全面实施磷石膏"以用定产"，力争磷石膏当年产生量综合利用率达到30%，以后逐年提高，争取在2025年实现产消基本平衡；从2025年起，力争磷石膏消大于产，且磷石膏消纳量逐年递增，直至全区磷石膏堆存量全部消纳完毕。

三、工作原则

——坚持生态优先、机制倒逼。把生态环境保护放在优先位置，按照"谁排渣谁治理,谁利用谁受益"

的原则，发挥法律法规和政策措施推进作用，倒逼企业主动消纳产生的磷石膏，促进企业循环可持续发展，确保守住生态和发展两条底线。

——坚持政府推动、企业负责。全力构建磷石膏利用消纳的政策体系，充分发挥政策调控作用，注重多领域多部门推动协作，进一步强化企业主体责任，落实工作推进措施，共同推进磷化工高质量发展。

——坚持过程控制、动态管理。强化对"以用定产"工作的过程监管，将消纳计划、消纳情况、项目建设等纳入过程监管范围，实行动态管理、监督，及时修正和督促按计划目标实施。

四、工作步骤

（一）调查摸底（2019年2月底前）。由石桥驿镇政府负责，开展全面排查，准确摸清上年度企业磷石膏产生、消纳、堆存及磷石膏资源综合利用等基本情况，报区磷石膏综合利用工作专班办公室（设在区经信局，以下简称工作专班办公室）。工作专班办公室组织相关单位，必要时委托第三方机构对企业产生及利用情况进行核实认定，作为考核奖励及下达目标任务的依据。（责任单位：区经信局、区环保局、区应急管理局、石桥驿镇）

（二）落实计划（2019年3月底前）。工作专班办公室组织相关单位研究制定全区磷石膏"以用定产"年度总体目标，报区政府审定后分解落实。各磷石膏产生企业需明确磷石膏消纳途径、方向及数量，科学制定、及时报送年度磷石膏产生和消纳计划，区磷石膏综合利用工作专班对该计划研究审定后，指导监督企业按计划实施。（责任单位：工作专班办公室、各磷石膏产出及利用企业）

（三）跟踪督办（2019年4月至12月）。各企业要建立磷石膏产生、消纳及利用工作台账，包括：产品销售合同、磷石膏采购合同、产品销售增值税发票、磷石膏采购增值税发票、磷石膏进出厂过磅单、产品检验报告（企业申请的所有规格产品）、运输发票等，以及其他能够证明磷石膏消纳利用数量的证明材料，每月10日前将上月磷石膏产生、消纳利用情况经石桥驿镇政府审核后报工作专班办公室。工作专班办公室每季度对企业磷石膏产生、消纳利用情况进行检查，并通报相关情况。（责任单位：工作专班办公室、石桥驿镇、各磷石膏产出及利用企业）

（四）考核评估（2020年1月底前）。工作专班办公室组织专项考核组，对企业落实"以用定产"工作情况进行考核评估。按照"以用定产"工作机制，将考核结果作为制定磷石膏产生企业下年度生产磷酸、磷铵等产品及申报磷石膏综合利用专项补贴资金的依据。（责任单位：区磷石膏综合利用工作专班成员单位）

（五）兑现奖惩。根据考核评估结果，按照目标完成情况兑现有关政策。

1.对未完成上年度消纳目标的企业，执行以下政策：

（1）将企业磷石膏消纳利用情况与磷酸、磷铵等产品的生产量挂钩。对未完成当年利用目标的企业，按照每生产1吨磷酸产生4吨磷石膏（或每生产1吨磷铵产生2吨磷石膏）的比例，确定企业下年度磷酸或磷铵产品的生产量，企业达到该生产量后必须停产。（责任单位：区经信局、区发改局、区环保局、区应急管理局、石桥驿镇、各磷石膏产出企业）

（2）依据《环境保护税税目税额表》征收环境保护税。对未完成当年利用目标的企业，环保部门负责核定磷石膏污染整治达标情况，应急管理部门负责核定磷石膏规范堆存情况，经信部门负责核定磷石膏综合利用量，税务部门负责按照25元/吨的标准对企业未完成磷石膏利用计划的部分组织征收环境保护税。企业按规定缴纳环境保护税后经工作专班核定并批准后，才可恢复磷酸、磷铵等产品的相应产量。（责任单位：区税务局、区环保局、区应急管理局、区经信局、东宝国土分局、石桥驿镇、各磷石膏产出企业）

2. 对完成上年度消纳目标的企业，执行以下政策：

（1）可按企业实际产能生产磷酸、磷铵等产品。

（2）享受各级支持现有企业发展的有关优惠政策。

3. 对磷石膏利用的企业，执行以下政策：

（1）对东宝辖区内利用本地磷石膏生产建材（含路基材料等，但不含水泥缓凝剂）的企业，以及通过化学工艺路线循环利用本地磷石膏生产其他产品的企业，按磷石膏实际利用量给予补贴：不超过10万吨/年的按2元/吨补贴；10万吨/年（含）至30万吨/年的按3元/吨补贴；超过30万吨/年的，对超出部分按4元/吨给予补贴。（责任单位：区经信局、区财政局、区环保局、区住建局、区交通运输局、区应急管理局、石桥驿镇）

（2）对东宝辖区内利用磷石膏作为水泥缓凝剂和矿洞填充材料的企业，按磷石膏实际利用量给予补贴：不超过30万吨/年的按2元/吨补贴；超过30万吨/年的，对超出部分按3元/吨给予补贴。（责任单位：区经信局、区财政局、区环保局、区应急管理局、东宝国土分局、石桥驿镇）

（3）对将本地磷石膏销往辖区外的，按磷石膏实际销售量给予磷石膏产生企业运输补贴，由其兑现给销售企业或个人：不超过10万吨/年的按2元/吨补贴；超过10万吨/年的，对超出部分按3元/吨给予补贴。（责任单位：区经信局、区财政局、区环保局、区应急管理局、区交通运输局、石桥驿镇）。

以上奖补政策不重复计算。

五、保障措施

（一）强化组织领导。区磷石膏综合利用工作专班负责统筹全区磷石膏综合利用工作，对"以用定产"工作开展和落实情况进行指导、督促、检查。

（二）强化协作配合。各相关部门要加强协作沟通，区经信局要负责做好统筹协调，区环保局要做好磷石膏产生、消纳、储存处置情况监管，区应急管理局要做好磷石膏渣场安全监督检查。电力、供水等部门对未能如期完成消纳任务、拒不执行停产要求的企业采取停电停水措施。实行季度例会制度，通报"以用定产"工作情况、工作措施，及时发现并解决存在问题。

（三）强化要素保障。设立区磷石膏利用专项资金，纳入财政预算，用于磷石膏综合利用奖励补助和磷石膏项目建设优惠政策支持。优先保障磷石膏综合利用项目土地指标，确保项目优先落地。经信、发改、环保、住建等部门要积极兑现相关优惠政策，并为项目建设相关手续办理提供高效便捷服务。

（四）强化督促考核。各相关部门、企业定期向区磷石膏综合利用工作专班办公室报告工作推进情况，向社会公示企业磷石膏产生和消纳情况，接受监督和举报。工作专班办公室要会同有关单位，组建专项督查小组，定期或不定期到各企业督促检查。

（五）强化宣传引导。充分利用广播电视、"两微"、网络等新闻媒体，加强磷石膏综合利用产品无害化、环保化知识的普及和教育，及时总结和推广磷石膏综合利用工作的成功经验和做法，促进磷石膏综合利用工作顺利推进。

襄阳市人民政府办公室
关于《支持磷石膏综合利用的意见》的通知

(襄政办发〔2019〕10号)

各县(市、区)人民政府、开发区管委会,市政府各部门:

为促进磷石膏的综合利用,根据《工业和信息化部关于工业副产石膏综合利用的指导意见》(工信部节〔2011〕73号)的有关精神,特制定支持磷石膏综合利用的意见如下:

第一条 市政府每年设立磷石膏综合利用专项资金3000万元,并纳入年度预算,用于支持磷石膏综合利用企业使用区域内的磷石膏新建、改建、扩建项目和磷石膏综合利用产品研发、技术创新、品牌培育、推广应用等。对当年超预算部分,先从财政预支,下年度再追补预算。

第二条 按照"控制增量、消化存量、逐步平衡"的原则,计划引进、培育年综合利用磷石膏30万吨以上企业5至10家,用5年左右时间实现磷石膏产用基本平衡,用10年左右时间消化库存磷石膏。

第三条 建立加快磷石膏综合利用的倒逼机制,从源头控制磷石膏增量。以2018年副产磷石膏量为基数,副产磷石膏量只减不增。严控磷化工产能,对新建、改建、扩建磷化工项目要严格实施产能减量或等量置换(国家和省制定新、改、扩建磷化工项目产能置换政策后实施)。新建的磷化工项目必须具备自身处置磷石膏的能力。市区磷化工企业要加快转型升级步伐,按照省沿江化工企业关改搬转专项战役的要求全部进入化工工业园区。从2023年起依法不再批准新建磷石膏堆场。磷化工企业严禁在生产区域堆放磷石膏(有符合标准的堆场除外)。

第四条 支持磷石膏综合利用项目建设。各级各部门要建立磷石膏综合利用新建、改建、扩建项目"绿色通道",在项目备案、融资、土地、环评、规划、能评、生产许可、技术创新、人才培养引进等方面予以优先安排和重点支持。对磷石膏综合利用企业在水、电、天然气等要素配套方面予以重点保障,并优先纳入大用户用电直接交易予以支持。将磷石膏综合利用项目纳入各级重大项目库,积极争取国家、省政策支持。

对投资新建年消纳磷石膏(干基,不计算脱硫石膏)30万吨(含30万吨)以上(用燃煤的工业窑炉项目,必须达到超净排放标准)的磷石膏综合利用项目,从开工之日起三年内建成投产,按投资总额(不含土地)的15%予以补助,最高不超过2500万元;对磷石膏综合利用企业和磷石膏副产磷化工企业通过清洁化改造,引进先进工艺,减少磷酸生产量和磷石膏副产量,一年内投资额达到200万元(含200万元)以上,已竣工的技术改造项目,按15%予以补助,最高不超过300万元。

第五条 鼓励技术创新和品牌建设。鼓励磷石膏综合利用企业和科研机构开展磷石膏综合利用关键共性技术系统攻关,研发磷石膏综合利用高附加值产品及生产设备,研究、试验、推广磷石膏综合利用技术和设备。对磷石膏综合利用领域的关键技术、关键工艺、关键设备等开展科研攻关,每年筛选若干课题,在国内外进行招标,对中标项目支持50万元。

对当年认定的国家级、省级企业技术中心,按《襄阳市人民政府关于全面提升区域创新能力加快推进国家创新型城市建设的实施意见》（襄政发〔2016〕21号）文件规定予以奖励；磷石膏综合利用获得国家发明专利，专利产品实现成果转化的，按照《襄阳市人民政府关于加强专利工作加快推进知识产权强市的意见》（襄政发〔2017〕19号）文件规定予以奖励；对磷石膏综合利用企业（含科研院所）开展磷石膏研发，有省级以上认定研发成果并得到推广的，按照《省政府办公厅关于印发湖北省激励企业开展研究开发活动暂行办法的通知》（鄂政办发〔2017〕6号）文件规定予以奖励；对磷石膏产品获得"中国驰名商标"和企业组织或参与制定磷石膏综合利用产品国家标准、行业标准的，按照《中共襄阳市委　襄阳市人民政府关于加快工业经济实现倍增目标的意见》（襄发〔2017〕15号）文件规定予以支持。

鼓励支持企业参加各类展会，由政府部门组织参加的国内和国际各类相关专业展会，由同级政府对其展位费据实给予补助。

第六条　优先推广使用磷石膏产品。对磷石膏综合利用企业生产符合国家标准、行业标准、地方标准、团体标准和企业标准，经过主管部门备案的产品，住房和城乡建设局、交通运输局、城市管理执法委员会、水利和湖泊局、自然资源和规划局等部门依法纳入政府采购计划范围，提倡在房屋建筑、市政工程、保障性住房、园林绿化、水利工程、道路交通、土壤改良等领域推广使用，逐步提高磷石膏综合利用产品的比例。鼓励各设计单位、施工单位、工程建设单位在设计和施工中优先使用磷石膏建材产品；在城乡建设领域开展的工程质量评优活动中，将磷石膏建材产品使用情况作为参评依据之一，定期不定期发布磷石膏建材产品的价格信息。住房和城乡建设局、交通运输局、城市管理执法委员会、水利和湖泊局、自然资源和规划局等部门根据自身职能制定推广利用细则。

对使用磷石膏产品的重点单位予以奖励。以2018年综合利用磷石膏和销售磷石膏产品为基数，对在我市房屋建筑、市政工程、园林绿化、水利工程、道路交通、土壤改良等领域新增推广使用500万元以上（含500万元，下同）的使用单位，按采购价给予3%的奖励，每个财务年度最高限额为500万元；对磷石膏产品销往省外新增500万元及以上的采购单位，超出部分按产品销售额的5%奖励，每个财务年度最高限额为500万元。

第七条　实行差别奖励政策。对年消纳市区企业10万吨以上（包含本数）20万吨以下（不含本数，下同）的磷石膏综合利用企业，按年实际利用量3元/吨给予奖励。计算公式：奖励金额（元）=消纳磷石膏量（万吨）×3元/吨；对年消纳市区企业20万吨以上30万吨以下的磷石膏综合利用企业，以前一档为基础，加上年实际增量4元/吨给予奖励，计算公式：奖励金额（元）=20万吨×3元/吨+［消纳磷石膏量（万吨）-20万吨］×4元/吨；对年消纳市区企业30万吨以上50万吨以下的磷石膏综合利用企业，以前两档为基础，加上年实际增量5元/吨给予奖励。计算公式：奖励金额（元）=20万吨×3元/吨+10万吨×4元/吨+［消纳磷石膏量（万吨）-30万吨］×5元/吨；对年消纳市区企业50万吨以上的磷石膏综合利用企业，以前三档为基础，加上年实际增量6元/吨给予奖励。计算公式：奖励金额（元）=20万吨×3元/吨+10万吨×4元/吨+20万吨×5元/吨+［消纳磷石膏量（万吨）-50万吨］×6元/吨。

第八条　确保各项税收优惠政策落实。兑现《财政部　国家税务总局关于印发〈资源综合利用产品和劳务增值税优惠目录〉的通知》（财税〔2015〕78号）相关税收、财政政策措施。对于磷石膏综合利用企业购置并实际使用《环境保护专用设备企业所得税优惠目录》《节能节水专用设备企业所得税优惠目录》和《安全生产专用设备企业所得税优惠目录》规定的环境保护、节能节水和安全生产等专用设备的，该专用设备投资额的10%可以从企业当年的应纳税额中抵免，当年不足抵免的，可以在以后5个纳税年度结转抵免。

第九条 建立多渠道资金支持磷石膏产业综合利用政策体系。引导全市金融机构对符合条件的磷石膏综合利用企业予以优先支持。推动汉江产业基金通过股权投资支持磷石膏综合利用项目建设。

第十条 余家湖保康工业园的磷石膏综合利用企业、项目符合本意见的，视同城区企业享受支持政策。对有磷石膏综合利用的县（市、区），奖励资金按照现行财政体制兑现；对磷石膏综合利用工作做得比较突出的县（市、区）奖励300万元工作经费。

第十一条 实行一年一兑现政策，本意见所有支持政策可叠加享受。已享受本政策支持的不再享受《中共襄阳市委 襄阳市人民政府关于加快工业经济实现倍增目标的意见》（襄发〔2017〕15号）相关政策（本意见有明确规定的除外）。

第十二条 加强组织领导，加大监管力度。在政策实施过程中各责任单位要强化监管；对弄虚作假、骗奖骗补的单位，在收回奖补资金的同时取消该单位以后年度政策支持资格，并按规定追究法律责任。

本意见自印发之日起施行，期限5年。本意见由市经信局负责解释，并会同有关部门另行制定实施细则。

襄阳市人民政府办公室

2019年4月15日

襄阳市 2020 年磷石膏综合利用专项资金政策兑现企业公示

经市政府批准，市经信局组织开展了 2020 年磷石膏综合利用专项资金政策兑现项目工作。经报批启动、组织申报、要件审查、专家评审、现场核查、抽查复核、会商测算、党组研究、市政府审定等程序，按政策对 2 家企业（4 个项目）进行补助，现予以公示。公示期为 2020 年 12 月 21 日至 2020 年 12 月 27 日，如有异议，请及时将相关情况反映至市经信局，反映情况要实事求是、真实有据，并提供联系方式以便反馈。

联系电话：0710-3256071；邮箱：zhcybgs@163.com

附件：2020 年磷石膏综合利用项目企业名单

襄阳市经济和信息化局

2020 年 12 月 21 日

附件

2020年磷石膏综合利用项目企业名单

序号	企业名称	所在地	项目名称	测算资金核实数	拟兑现资金（万元）		
					补贴金额	市财政补贴比例	市财政政策补贴
1	湖北丰利化工有限责任公司	余家湖保康工业园	水硬性磷石膏道路基层材料及系列产品项目	1389.68万元	208.45	40%	83.38
2			消纳磷石膏	23.2281万吨	72.91	40%	29.164
3	泰山石膏（襄阳）有限公司	余家湖保康工业园	年产800万高档装饰板及技改项目	230.11万元	34.51	40%	13.804
4			消纳磷石膏	11.0963万吨	33.29	40%	13.316
合计					349.16		139.664

襄阳市经信局等 12 个部门联合发文
关于支持磷石膏综合利用的实施细则

（2020 年 6 月 2 日）

【襄阳政府网消息】2020 年 6 月 2 日，襄阳市经信局等 12 个部门制定了《关于支持磷石膏综合利用的实施细则》，明确了支持范围对象、消纳磷石膏的认定等内容，以支持和促进磷石膏的综合利用。

2019 年，襄阳市政府办公室制定了《关于支持磷石膏综合利用的意见》，市政府每年设立磷石膏综合利用专项资金 3000 万元。并计划引进、培育年综合利用磷石膏 30 万吨以上企业 5 至 10 家，用 5 年左右实现磷石膏产用基本平衡，用 10 年左右消化库存磷石膏。

此次制定的实施细则是对《意见》中有关内容的细化补充，包括具体支持政策及计算办法，资金申报、评审、核查、审批、拨付相关要求，部门职责分工和有关要求等。

《细则》更加明确了支持对象范围。明确了支持对象范围主要指符合相关要求，在襄阳市注册和纳税，具有独立法人资格，具有健全的财务管理机构和制度，资产及经营状况良好的磷石膏综合利用企业、磷石膏产品使用单位、副产磷石膏企业、科研机构。

磷石膏产品是指以磷石膏为主要原料，可单独或与其他材料复合，制备成各类建筑材料或制品。如纸面磷石膏板、磷石膏装饰板，磷石膏砌块、磷石膏隔墙板、磷石膏粉、磷石膏砂浆、自流平磷石膏砂浆、粉刷磷石膏砂浆、磷石膏腻子，以磷石膏为原料的水泥缓凝剂，以磷石膏为原料的路基材料等。利用天然石膏、脱水石膏，对磷石膏进行填埋、治理、绿化等不予支持。明确了消纳磷石膏量的认定。磷石膏综合利用企业消纳量以磷石膏副产企业出厂磅码单、本企业入库单和生产车间领料单（磷石膏出库单）为依据。磷石膏产品消纳磷石膏量以国家标准计算为依据。

新建项目须具备征地（含租赁土地）、项目备案、环评、安评、规划许可、建筑许可、项目竣工验收等手续。技改项目须具备项目备案、环评、安评、项目竣工验收等手续。产品研发、技术创新、品牌培育、推广应用等须具有县级以上的专业机构出具的成果证明。

根据规定，磷石膏综合利用工作做得比较突出的县（市、区），应具备三项条件之一：当年引进或建设至少一年消纳磷石膏 30 万吨（含 30 万吨）以上的磷石膏综合利用项目，并建成投产的；年综合利用磷石膏 30 万吨以上的；企业通过技术进步对传统磷化工生产工艺和设备进行绿色化改造升级，从源头上减少磷石膏副产量 30 万吨以上的。

此外，细则还对具体支持政策及计算方法、资金申报和评审等环节进行了细化说明。

襄阳市住房和城乡建设局
关于加快推进我市建筑垃圾再生利用产品和磷石膏建材产品推广应用的通知

(襄住建〔2021〕94号)

各县(市、区)住建局、局属相关单位、相关企业:

为加强我市建筑垃圾再生利用产品和磷石膏建材的推广和应用,依据《湖北省民用建筑节能条例》《湖北省城市建设绿色发展三年行动方案》《襄阳市城市建筑垃圾治理条例》和《市人民政府关于支持磷石膏综合利用的意见》(襄政办发〔2019〕10号)规定要求,结合我市实际,就进一步加快推进建筑垃圾再生利用产品和磷石膏建材工作通知如下:

一、总体要求

(一)指导思想。深入贯彻习近平生态文明思想和绿色、循环、低碳发展理念,以循环经济发展为指导,建立"统筹规划、合理布局、政府引导、行业主管、属地管理、社会参与"的建筑垃圾管理体系和逐年减少全市磷石膏堆存量,以提高建筑垃圾和磷石膏再生产品推广和应用为目标,进一步加强我市建筑垃圾和磷石膏建材管理,提高我市城市建筑垃圾资源化利用率和磷石膏综合利用率,促进资源节约型、环境友好型社会建设。

(二)推广范围。全市住宅、公共建筑、工业建筑、市政工程、公路工程、停车场、景观工程等项目,在满足设计、技术规范和使用功能要求的情况下,优先使用建筑垃圾再生和磷石膏建材产品。尤其是建设项目范围内的构造物,包括墙面、地面、道路和停车场、基础垫层、围墙、管井、管沟、挡土坡、隔墙、吊顶等,应优先采用该类产品。

(三)产品认定。经认定的建筑垃圾再生利用产品和磷石膏建材产品,根据《湖北省民用建筑节能条例》要求,符合国家标准或建筑行业标准,且有省级以上建材机构检测合格证,均可纳入襄阳市绿色建材推广目录、政府采购目录,可作为建筑节能技术产品进行推广宣传。

二、主要任务

(一)做好源头减量控制工作。鼓励推广和应用建筑信息模型应用、绿色建筑、低能耗建筑、装配式建筑等新标准、新技术、新材料、新工艺,促进建筑垃圾的源头减量。建设单位应当贯彻标准化、模块化的设计理念,提高建筑物的耐久性,实现建筑构配件可替换、可维修,采取绿色施工有关技术规范开展施工活动、减少建筑材料的消耗和建筑垃圾的产生。

(二)积极推动建筑垃圾再生利用产品和磷石膏产品的绿色发展。按照国家和行业相关标准,对再生利用产品进行建筑技术产品应用认定和绿色建材评价。结合我市城市建设实际,将符合要求的建筑垃圾再生产品和磷石膏产品纳入襄阳市建筑节能技术产品和绿色建材推广目录、政府工程采购目录并及时发布，加大推广应用力度。

（三）强化再生利用产品推广应用。

1. 政府投资工程加大建筑垃圾再生产品和磷石膏产品今年推广应用力度。将建筑垃圾再生产品和磷石膏产品列入绿色建材目录、政府采购目录，促进再生产品规模化使用。设计单位在建设工程的设计中，凡是可以利用建筑垃圾再生产品和磷石膏产品的必须采用。施工单位未按设计使用建筑垃圾再生产品和磷石膏产品的，不予办理竣工备案；凡政府投资建设项目，可使用建筑垃圾再生产品和磷石膏产品的，使用比例达到50%以上，由社会资金投资的建设项目使用再生产品和磷石膏产品的比例达到30%以上；在办理开工许可证时对上述比例进行审查，不达标的不予批复。由政府投资项目的房屋建筑非承重墙体、砌筑围墙、人行道、广场、城市道路、河道、公园、室外绿化停车场等市政工程，凡属建筑垃圾的再生产品和磷石膏产品能够满足设计规范要求的，必须采用再生产品。在保证建筑质量和相关要求的前提下，任何部门、单位不得以任何理由拒绝采用建筑垃圾综合利用产品和磷石膏产品。从2021年6月开始，采取以替代促进推广的方式，逐步限制传统水泥抹灰砂浆在建筑内墙、外墙内侧和顶棚抹灰工程，全面推广轻质抹灰石膏砂浆；逐步限制传统黄砂水泥用于建筑室内找平，全面推广石膏基自流平砂浆。

2. 建立我市建筑垃圾再生产品和磷石膏产品生产企业档案，生产企业不得采用列入国家淘汰名录的技术、工艺和设备进行生产，不得以其他原料代替建筑垃圾生产建筑垃圾资源化利用产品和磷石膏产品。

3. 申报省级以上（含省级）优质工程、绿色建筑工程、省级建筑安全标准化示范项目、文明工地等建设项目，优先推荐使用建筑垃圾再生产品和磷石膏产品的项目。

4. 在装配式建筑评价标准中，把利用建筑垃圾再生和磷石膏建材产品纳入装配率计算范围，计算方法写入计算规则，提升其产品在装配式建筑中的比重。在磷石膏利用专项基金中拿出部分支持磷石膏利用研发。

三、保障措施

（一）加强组织领导。各县市区要做好建筑垃圾再生利用产品和磷石膏建材的推广和应用的组织、协调、监管工作，强化责任意识，加强工作指导，形成有效的管理机制。

（二）加快科技创新。鼓励高等院校、科研机构、建筑垃圾资源化利用企业、磷石膏建材生产企业开展研究和技术合作，发挥协同创新作用，促进建筑垃圾资源化利用和磷石膏建材技术研究与成果转化，积极打造绿色、低碳、智慧、创新的建筑垃圾资源化利用产业基地，提升建筑垃圾资源化利用行业发展水平。

（三）加强施工监管。市建设工程造价管理站要定期发布建筑垃圾再生产品和磷石膏产品市场指导价；市住建局派驻市行政服务中心窗口要在项目报建时对建设项目使用建筑垃圾再生产品和磷石膏产品进行把关，对未按要求使用建筑垃圾再生产品和磷石膏产品的建设项目不予报建；市勘察设计处要对设计单位和图审单位定期进行检查，对设计单位未按要求优先采用建筑垃圾再生产品和磷石膏产品设计图审的单位予以通报，并责令其改正；市墙体材料革新与建筑节能办公室要掌握了解建筑垃圾再生产品和磷石膏产品的国家标准、行业标准、地方标准等，对进入工地的产品分品种、分批次要求生产企业提供质量检测报告，并对其产品进行取样检测，对不合格产品一律不允许进入建材市场，确保工程质量；市建设工程质量监督站要将建筑垃圾再生产品和磷石膏产品推广应用情况作为工程竣工验收备案资料之一。对有使用比例要求而未能达标的政府投资项目，不符合推广应用政策的，应作出相关处理决定并落实整改后方可验收备案。

市住建委 市经信委 市水利局 市交通局 市城管委关于在建设领域推广应用磷石膏综合利用产品的通知

（宜市住建文〔2017〕111号）

各县市区住建局、经信局、水利（水电、农林水）局、交通局、城管局、高新区建管办，各相关单位：

为贯彻落实《市委 市政府关于化工产业专项整治及转型升级的意见》（宜发〔2017〕15号）等文件精神，促进我市磷化工产业绿色转型发展，现将建设领域推广应用磷石膏综合利用产品的有关要求通知如下：

一、高度重视磷石膏综合利用产品推广应用工作

磷化工是我市重要支柱产业，为推动宜昌经济社会发展做出了较大贡献。近年来，磷化工的主要副产品磷石膏污染环境、危害安全的风险不断加大，引起社会广泛关注，成为磷化工转型升级和改善环境的重要课题。开展磷石膏资源化利用，推广应用磷石膏综合利用产品，是贯彻落实习近平总书记"共抓大保护，不搞大开发"指示精神、实施沿江化工产业转型升级战略的重要任务和具体举措，对改善城市生态环境、促进循环经济发展、助推"强大优美"现代化特大城市建设具有重要推动作用。

各地各有关部门要高度重视推广应用磷石膏综合利用产品工作，迅速把思想和行动统一到市委市政府的决策部署和上级主管部门的工作要求上来，敢于改革创新，以强烈的责任感和时代担当，以"抓铁有痕、踏石留印"的工作作风，切实把这项工作落到实处，确保建设领域磷石膏综合利用产品应用推得开、稳得住、可持续取得良好的环境经济和社会效益。

二、明确磷石膏综合利用产品推广应用的主要任务

磷石膏作为主要原材料，可单独或与其他材料复合，制备得到各类建筑材料或制品，广泛应用于房屋建筑、市政、园林绿化、水利、交通等工程建设领域。

（一）房屋建筑工程。可推广应用石膏基自流平砂浆、粉刷砂浆、砌筑砂浆、粘结石膏、石膏腻子、纸面石膏板、防火材料等磷石膏综合利用产品，产品应符合《建筑石膏》（GB/T 9776）、《石膏基自流平砂浆》（JC/T1023）、《粘结石膏》（JC/T1025）、《抹灰石膏》（GB/T 28627）和《纸面石膏板》（GB/T 9775）等标准的相关要求。

（二）市政工程。可推广应用磷石膏混凝土路缘石、路面砖等综合利用产品，产品应分别符合《混凝土路缘石》（JC/T 899）和《混凝土路面砖》（GB 28635）标准要求。

（三）园林绿化工程。可推广应用磷石膏混凝土花盘、栏杆、植草砖、路面砖、六菱砖等综合利用

产品。

（四）水利工程。可推广应用磷石膏混凝土生态护坡、挡土墙等综合利用产品在河道整治、边坡治理等水利工程。

（五）交通工程。可试点应用磷石膏基胶凝材料稳定土或稳定碎石作为加固软路基的材料，也可作为公路的路基垫层进行试点应用。

用于生产各类建筑材料的磷石膏应符合《磷石膏》（GB/T 23456）标准要求；用于生产各类磷石膏胶凝材料基混凝土（以下简称磷石膏混凝土）制品的混凝土应符合《制品用过硫磷石膏矿渣水泥混凝土》（JC/T 2391）标准要求。

三、落实磷石膏综合利用产品推广应用的责任

在建设领域推广应用磷石膏综合利用产品是一项综合性系统工程，各地各有关部门要多方联动、协调配合、合力推进，共同落实好有关责任。

（一）生产企业要落实好主体责任。磷石膏综合利用产品生产企业要加强与高校、科研院所的对接合作，加快最新研发成果的可应用产品转化。要推进产品在工程实践中的试验应用，根据应用效果逐步优化产品参数，提高产品质量。要及时归纳总结应用经验，编制相关的企业标准。要推广服务好示范工程项目，强化产品市场应用的宣传推介。

（二）住建部门要履行好牵头责任。各地住建部门要组织开展磷石膏建材利用新技术研究，指导企业研发生产新产品、制定企业标准；与经信部门对接编制建设领域磷石膏综合利用产品目录；完善磷石膏综合利用产品信息价；组织相关设计单位开展磷石膏综合利用产品研讨，引导设计单位优先选用磷石膏综合利用产品；将磷石膏综合利用产品的应用纳入建设工程企业信用信息管理办法，鼓励参建各方积极使用磷石膏综合利用产品；组织对磷石膏综合利用产品进行质量检测；鼓励在城市公用工程、市政基础工程、园林绿化工程中优先使用磷石膏综合利用产品，在建筑装饰装修中使用时注意严格执行相应建筑规范及标准的要求，加强施工质量监管。

（三）交通、水利、城管等部门要落实好相关责任。交通部门要组织开展磷石膏在路基路面中的应用试点研究，水利部门要组织开展磷石膏产品在河道边坡中的应用研究，城管部门要统筹磷石膏产品应用相关监督管理工作并在市政设施维护和园林绿化项目中优先使用磷石膏综合利用产品。经济部门要积极扶持磷石膏产品生产企业做大做强。各部门牵头组织制定相关领域的技术标准，组织引导公路、水利、市政、园林等设计单位优先选用磷石膏综合利用产品，加强施工质量监管。

四、保障措施

（一）加强组织领导。要强化部门联动，由市住建委牵头建立工作联席会议制度，及时解决问题、总结经验，确保推广工作高效有序推进，务求实际成效。

（二）强化示范引领。要广泛开展试点，在政府性投资项目中优先使用成熟的磷石膏综合利用产品，发挥示范引领作用。在非国有资金投资项目等项目中积极推广应用成熟的磷石膏综合利用产品。

（三）加强宣传引导。要充分发挥舆论的导向与监督作用，通过媒体，广泛开展形式多样的宣传工作，加快磷石膏综合利用产品的普及推广，促进我市磷化工产业持续健康发展。

各地各有关部门在执行本通知的过程中，发现问题应及时上报上级主管部门。

宜昌市住房和城乡建设委员会
宜昌市经济和信息化委员会
宜昌市水利水电局
宜昌市交通运输局
宜昌市城市管理委员会
2017年12月25日

云南省

云南省生态环境厅
关于印发《云南省固体废物污染治理攻坚战实施方案》的通知

（云环发〔2018〕46号）

各州、市人民政府，省直各委、办、厅、局：

经省人民政府同意，现将《云南省固体废物污染治理攻坚战实施方案》印发给你们，请认真贯彻执行。

云南省生态环境厅

2019年1月2日

云南省固体废物污染治理攻坚战实施方案

根据《中共云南省委 云南省人民政府关于全面加强生态环境保护坚决打好污染防治攻坚战的实施意见》（云发〔2018〕16号）精神和全省生态环境保护大会的安排部署，为进一步加强固体废物污染治理，制定本方案。

一、总体要求

（一）指导思想

以习近平新时代中国特色社会主义思想为指导，全面贯彻党的十九大和十九届二中、三中全会精神，牢固树立绿水青山就是金山银山的理念，坚持生态优先、绿色发展，按照打好污染防治攻坚战的总体要求，以摸清底数、全面整治、提升能力、健全机制为重点，加快补齐固体废物污染治理短板，助力最美丽省份建设。

（二）基本原则

——问题导向，突出重点。以影响人居环境和农产品安全的突出环境问题为导向，突出重点区域、重点行业，全面开展排查整治，深入推进固体废物处置减量化、资源化、无害化。

——强化监管，严控风险。加强固体废物全过程规范化监管，坚决打击涉固体废物的违法行为，有效防控环境风险。

——完善机制，压实责任。健全固体废物治理的联动监管机制，全面夯实省级部门的主管责任和州市主体责任。

（三）主要目标

到2020年，实现固体废物全过程监管，重点行业重点重金属排放量比2013年下降12%，工业固体废物综合利用率力争达到 56% 以上，城镇生活垃圾无害化处理率达到 97% 左右，州、市政府所在地城市污水处理厂污泥无害化处理处置率达到 90% 以上，乡镇和村庄生活垃圾基本实现全收集全处理。

（四）治理重点

重点区域：九大高原湖泊、六大水系等流域，11 个国家重金属污染防控重点区域，耕地重金属污染问题突出区域，在产或历史遗留有色金属采选业和冶炼业、重化工企业集中区域，重金属污染物超标区域。

重点行业：重有色金属矿（含伴生矿）采选业（铜、铅锌、镍钴、锡、锑、金和汞矿采选业等）、重有色金属冶炼业（铜、铅锌、镍钴、锡、锑、金和汞冶炼等）、铅蓄电池制造业、化学原料及化学制品制造业（电石法聚氯乙烯行业、铬盐制造业、硫精矿制酸等）、电镀行业。

二、主要任务

（一）开展固体废物大排查

1. 开展涉重金属重点行业企业排查。2019 年 1 月底前，制定全口径涉重金属重点行业企业、污染源排查、污染源整治"三张清单"，实行动态管理。开展涉重金属重点行业企业排查，查清重点行业企业重金属污染物产生及排放情况，建立全口径涉重金属重点行业企业清单。突出重点区域和重点行业，聚焦涉镉等重金属重点行业企业，排查土壤超标点位方圆 5 公里范围内所有涉镉等重金属重点行业企业污染源，建立污染源排查清单。对污染源排查清单中在产企业、关停搬迁和历史遗留涉镉等重金属重点行业企业，逐一开展现场检查，建立污染源整治清单。（省生态环境厅牵头，省发展改革委、工业和信息化厅、农业农村厅等部门配合，各州、市人民政府负责落实。以下均需各州、市人民 政府落实，不再列出）

2. 开展工业固体废物及堆存场所排查。2019 年 1 月底前，完成尾矿、煤矸石、工业副产石膏、粉煤灰、赤泥、冶炼渣、电石渣、铬渣、砷渣，以及脱硫、脱硝、除尘产生的工业固体废物（含历史遗留固体废物）及堆存场所排查，制定工业固体废物（含历史遗留固体废物）治理方案和堆存场所环境整治方案。（省生态环境厅牵头，省发展改革委、工业和信息化厅等部门配合）

3. 开展非正规垃圾堆放点排查。以县为单位组织开展各类非正规垃圾堆放点排查，确保所有非正规垃圾堆放点的信息录入全国非正规垃圾堆放点排查信息系统，"一点一策"制定整治方案，挂账销号、逐一整治。（省住房城乡建设厅牵头，省生态环境厅、农业农村厅、水利厅等部门配合）

4. 开展固体废物处置能力调查评估。对固体废物处置设施的规划、建设和运行情况进行全面调查，准确分析固体废物产生量，科学评估固体废物处置能力。（省发展改革委、工业和信息化厅、生态环境厅、住房城乡建设厅、农业农村厅、卫生健康委按职责分工负责）

（二）实施固体废物大整治

5. 实施重金属污染物重点整治。根据涉重金属重点行业企业污染源整治清单，按计划实施整治。建立企事业单位重金属污染物排放总量控制制度。将重金属减排目标任务分解落实到有关涉重金属重点行业企业，分类提出淘汰落后产能、工艺提升改造、污染治理设施完善、实行特别排放限值、清洁生产技术改造等减排措施。将涉重金属重点行业企业减排目标和管理要求纳入排污许可证管理，实现排污许可证核发与重金属减排工作有效衔接。加快曲靖、楚雄、红河、文山等州、市历史遗留重金属废渣处置工作。（省生态环境厅牵头，省发展改革委、工业和信息化厅、农业农村厅等部门配合）

6. 实施工业固体废物综合整治。全面推进工业固体废物及堆存场所环境整治，重点对中央环境保护督察"回头看"反馈意见、"长江经济带固体废物大排查行动""打击固体废物环境违法行为专项行动"和"清废行动2018"等指出的涉固体废物问题"一点一策"制定整改方案，限期完成整治工作。到2020年年底，完成工业固体废物及堆存场所环境整治。（省发展改革委、工业和信息化厅、生态环境厅牵头，省公安厅、住房城乡建设厅、交通运输厅、水利厅等部门配合）

7. 实施非正规垃圾堆放点全面整治。2019年年底前，完成60%以上整治任务，确保县级及以上集中式饮用水水源保护区、群众反映强烈的非正规垃圾堆放点整治任务完成。2020年年底前，基本完成整治任务，遏制城镇垃圾、工业固体废物违法违规向农村地区转移。（省住房城乡建设厅牵头，省生态环境厅、农业农村厅、水利厅等部门配合）

（三）着力提升固体废物集中处置能力

8. 统筹规划建设固体废物处置设施。将固体废物集中处置设施纳入污染防治基础设施建设，科学规划布局，加大资金投入，保障建设用地，加快建设步伐，补足处置能力缺口。鼓励"无废城市"建设试点。（省工业和信息化厅、生态环境厅、住房城乡建设厅、农业农村厅、卫生健康委牵头，省发展改革委、财政厅、自然资源厅、应急管理厅等部门配合）

9. 规范工业固体废物和危险废物处置。进一步加强工业固体废物和堆存场所环境监管，有效防范固体废物对环境造成污染，安全分类存放和处置，防止发生安全事故。升级改造现有危险废物处理处置设施，确保稳定运行，对处置能力不足的，鼓励新增处置能力。鼓励具备处置危险废物能力的规模化企业依法依规开展危险废物处置。实施医疗废物焚烧设施提标改造工程，提升医疗废物集中处置设施处置能力和服务水平，完善医疗废物收运体系，确保乡村医疗废物安全处置。2020年年底前，实现危险废物产生量与处置能力基本平衡。（省工业和信息化厅、生态环境厅、卫生健康委按职责分工负责）

10. 推进生活垃圾无害化处置。加快完善县级及以上生活垃圾集中处置设施，大力推广高标准"邻利型"垃圾焚烧设施，鼓励区域共建共享，提高垃圾无害化处置能力。提升改造垃圾中转站，配置污染防治设施，有效降低对周边区域的环境影响。根据乡镇和村庄布局、经济条件等因素，因地制宜采用不同的生活垃圾收运处置模式，配齐垃圾收运处置设施设备，推广应用成熟的垃圾处理技术。加快建立村庄保洁制度和农村垃圾收费机制。大力推进城镇污水处理厂污泥、城市餐厨废弃物、建筑垃圾无害化处置。（省住房城乡建设厅牵头，省发展改革委、科技厅、生态环境厅等部门配合）

（四）建立健全固体废物污染防治长效机制

11. 严控源头产生量。优化产业结构，按照长江经济带产业发展市场准入负面清单制定禁止和限制发展的行业、生产工艺、产品等目录，坚决淘汰不符合产业政策的落后生产工艺和装备，加快冶炼等行业生产工艺提升改造，延伸重点行业产业链，强化资源高效利用和精深加工，全面减少固体废物产生量。严格执行年度计划，逐步淘汰落后产能、压减过剩产能。严格项目环境准入，新建和改扩建有关项目要配套建设固体废物减量化和安全化处置措施，并与主体工程同步设计、同步施工、同步投产使用，涉重金属重点行业建设项目实行重点重金属污染物排放"减量置换"或"等量替换"。大力推进生活垃圾分类回收利用，建立分类投放、收集、运输、处理的生活垃圾收运处理系统。2020年年底前，昆明市主城区基本实现生活垃圾分类收集处置,其他州、市政府所在地初步建成垃圾分类收运处理系统。（省发展改革委、工业和信息化厅、生态环境厅、住房城乡建设厅按职责分工负责）

12. 加大固体废物综合利用水平。推进共伴生矿、低品位矿、尾矿和工业"三废"综合利用，提高大宗工业固体废物、废旧塑料等综合利用水平。开展工业固体废物综合利用基地建设试点，在昆明、曲靖、红河、文山、玉溪等州、市建设煤矸石、尾矿、赤泥、磷石膏、冶炼废渣、脱硫石膏等工业固体废物综合利用和资源再生利用示范工程。推广新型回收模式，完善再生资源回收体系，推进废铅酸蓄电池、废矿物油等危险废物以及废弃电器电子产品等固体废物的规范化收集利用。2020年年底前，培育一批工业固体废物综合利用骨干企业、再生资源利用产业基地和园区。（省工业和信息化厅、商务厅牵头，省发展改革委、科技厅、自然资源厅、生态环境厅等部门配合）

加快实施循环农业示范工程和农业废弃物资源化利用示范工程。建立农膜回收奖惩机制，加强废弃农膜回收利用，推广使用可降解的农膜。建立健全农药包装等农业生产活动产生的废弃物回收处理制度。鼓励秸秆肥料化、饲料化、基料化、原料化和燃料化利用。建设畜禽粪污处理利用设施，促进畜禽养殖废弃物综合利用。2020年年底前，30%以上的产粮油大县和所有蔬菜产业重点县实现农药包装废弃物回收处理，95%以上的规模化养殖场配套建成粪污处理设施。（省农业农村厅牵头，省科技厅、生态环境厅、商务厅等部门配合）

13. 提高固体废物监管水平。加大对固体废物产生、收运、贮存、利用和处置全过程监管，持续开展打击固体废物非法转移和倾倒、走私洋垃圾等专项行动，严厉查处涉固体废物的违法犯罪行为，全力做好非法入境固体废物的无害化处置工作。落实固体废物监管经费和装备，强化人员业务培训，加强固体废物监管能力建设，提高危险废物鉴别和应急处置水平。完善信息共享和联动执法机制，整合各部门数据，建立固体废物基础数据库和信息化管理平台，提升固体废物信息化监管水平。（省工业和信息化厅、公安厅、财政厅、生态环境厅、交通运输厅、商务厅、卫生健康委、昆明海关按职责分工负责）

三、保障措施

（一）加强组织领导。在省委、省政府和省环境污染防治工作领导小组的领导下，由固体废物污染治理攻坚战专项小组统筹负责全省固体废物污染治理工作。专项小组办公室设在省生态环境厅，承担专项小组日常工作，落实专项小组决定事项；研究提出固体废物污染治理省级有关部门责任清单；每月调度一次工作进展情况，督促协调各地、有关部门抓好落实。

（二）落实工作责任。强化党政同责、一岗双责，各州、市对本行政区域固体废物污染治理负总责，要结合实际，于2019年2月底前制定固体废物污染治理攻坚战实施细则，明确工作目标、工作内容和具体措施，制定责任清单，把任务分解落实到有关部门。省级有关部门要加强统筹协调，按省级部门责任清单和职责分工抓好各项工作的推进和落实。

（三）加大资金支持。落实资金投入与污染防治攻坚任务相匹配的要求，各州、市要加大财政支持力度，创新资金投入方式，引导社会资本进入固体废物治理领域。落实固体废物处置税收优惠和财政补贴政策。依法依规调整垃圾处理收费标准，加大垃圾处理费收缴力度，严格征收使用管理。继续加大对涉重点重金属固体废物资源化利用技术和项目以及回收利用体系建设的财政资金扶持力度。积极争取国家项目资金支持，主动协调政策性银行、开发性银行等金融机构对固体废物污染治理提供综合金融服务。

（四）加强宣传教育。利用多种手段，加强固体废物污染治理宣传教育，普及固体废物污染防治知识，做好法律法规政策解读，积极营造全民参与治理的良好氛围。提高公众和社会组织参与的积极性，鼓励举报固体废物非法转移、倾倒、处置等问题。加大典型案件曝光力度，集中开展警示教育。

安宁市人民政府办公室关于印发《安宁市加快磷石膏资源综合利用实施意见》的通知

各有关单位：

《安宁市加快磷石膏资源综合利用实施意见》已经安宁市六届人民政府第42次常务会研究通过，现印发给你们，请认真贯彻实施。

安宁市人民政府办公室
2019年1月16日

安宁市加快磷石膏资源综合利用实施意见

为贯彻落实党的十九大精神，守好发展和生态两条底线，深入实施大生态战略行动，大力推进磷石膏资源综合利用，促进磷化工产业绿色、创新、集约、高效发展，特制定本实施意见。

一、指导思想

以习近平新时代中国特色社会主义思想为指引，牢固树立"创新、协调、绿色、开放、共享"五大发展理念，守牢发展和生态两条底线，加强技术改造，加大磷石膏资源综合利用力度，从源头上摸索新工艺削减磷石膏产生量，逐步消纳已堆存的磷石膏，推进磷石膏资源集约化、产业化、绿色化综合利用，促进磷化工产业更好更快发展。

二、组织保障

成立安宁市推进磷石膏资源综合利用工作领导小组：

组　　　长：	武春禄	市委常委、市政府常务副市长
常务副组长：	孙　凯	市委常委、市政府副市长
副　组　长：	田建宏	安宁工业园区管委会主任
成　　　员：	洪开才	市工信局党委书记
	张纪辉	市发展和改革局局长
	刘黎安	市财政局局长
	徐春华	市国土资源局副局长
	唐　宽	市环境保护局局长

刘劲松　市住房和城乡建设局局长

王星云　市交通运输局局长

姚京伟　市市场监督管理局

王学林　市安全生产监督管理局局长

姚　瑶　市税务局局长

周　亮　市投资促进局负责人

王洪良　连然街道办事处主任

马　玲　金方街道办事处主任

李　新　八街街道办事处主任

陶春阳　县街街道办事处主任

陈建华　青龙街道办事处主任

杨晓东　草铺街道办事处主任

叶　华　禄脿街道办事处主任

李　琦　温泉街道办事处主任

唐志雄　太平新城街道办事处主任

领导小组办公室设在市工信局，办公室主任由市工信局局长兼任。领导小组负责统筹全市磷石膏资源综合利用与推广目标任务分解计划，对相关街道工作开展和落实情况进行指导、督促、检查、问责。工作开展期间，若领导小组成员发生工作变动，由新任领导自行接任，不再另行发文。

三、基本原则

——坚持生态优先、机制倒逼。把生态环境保护放在优先位置，按照"谁排渣谁治理，谁利用谁受益"的基本要求，建立磷石膏产消平衡长效机制，倒逼企业主动消纳产生的磷石膏，促进优胜劣汰，确保守住生态和发展两条底线。

——坚持政府推动、企业主体。充分发挥法律法规的约束作用和政策措施的推进作用，强化责任意识，落实企业主体责任，完善监管机制，加强部门协同，创新方式方法，形成监管合力，确保落实到位。

——坚持过程控制、疏堵结合。建立健全政府引导、企业主体、社会参与、分级实施的协调推进机制，从源头上控制、全过程监管、多途径推进，形成疏堵结合、统筹推进的工作格局。

四、工作目标

2019—2024 年，逐步实施磷石膏"以用定产"，实现磷石膏产消平衡，2019 年新增磷石膏综合利用率达到 5%；2020 年新增磷石膏综合利用率达到 10%；2021 年新增磷石膏综合利用率达到 20%；2022 年新增磷石膏综合利用率达到 50%；2023 年新增磷石膏综合利用率达到 70%；2024 年新增磷石膏综合利用率达到 100%；新增堆存量为零。

2025 年起，在实现磷石膏新增堆存量为零的基础上，磷石膏存量按每年 10% 以上逐年递减，并逐年加大存量消纳力度。

到 2023 年，攻克一批不产生磷石膏的重大关键技术并尽快实现产业化，建成一批大规模、高附加值的磷石膏资源综合利用示范项目，磷石膏资源综合利用产业链基本形成，磷石膏资源综合利用规模和水平大幅提升。

五、重点任务

（一）逐步实施"以用定产"。按照"谁排渣谁治理，谁利用谁受益"的原则，将磷石膏产生企业消纳磷石膏与磷酸等产品生产挂钩，倒逼企业加快磷石膏资源综合利用和绿色化升级改造步伐，确保磷石膏新增堆存量逐步消耗直至为零，并逐年消纳已有存量。2019年起，领导小组办公室督促指导辖区内磷石膏产生企业逐个制订磷石膏产生和消纳计划，并在此基础上制订本市磷石膏产消平衡年度计划，每年年底进行评估验收，以工信局核定的磷石膏新增堆存量为依据，对未按年度计划完成磷石膏消纳目标任务的企业，勒令停产，实施整改，直至完成磷石膏消纳任务，方可恢复生产。

牵头单位：市工信局

责任单位：市发改局、市环保局、县街街道办事处、温泉街道办事处、青龙街道办事处、草铺街道办事处、禄胠街道办事处、工业园区管委会

（二）严控传统磷肥产能增长。加强行业监管，严格落实国家和省相关法律法规，推动能耗、环保、质量、安全达不到标准和生产不合格产品的磷肥产能依法依规淘汰退出。严格审查传统磷化工新建、技改项目的准入条件（规范）。未经市政府批准，不再新建或扩建湿法磷酸及配套的磷铵装置。

牵头单位：市发改局

责任单位：市工信局、市国土资源局、市环保局、市市场监督管理局、市安监局、各街道办事处、工业园区管委会

（三）加快磷化工产业转型升级。加快编制我市磷化工产业转型升级方案、磷化工产业中长期产业发展规划，优化磷化工产业发展路径和布局。依托安宁市磷石膏技术应用中心加强对磷化工技术的研究，鼓励和支持企业对传统磷化工生产工艺和设备进行绿色化改造升级，从源头上减少磷石膏产生。加大湿法磷酸工艺技术改造，积极推广使用二水-半水法或半水-二水法磷酸工艺，提高磷石膏品质。鼓励磷石膏产生企业进行磷石膏预加工，为磷石膏综合利用提供优质原料。大力发展精细磷酸盐产品、精细磷制品和贵重伴生元素制品以及市场需求好的绿色磷化工新型产品，提高磷化工产业经济效益。

牵头单位：市工信局

责任单位：各街道办事处、工业园区管委会

（四）加快磷石膏综合利用产品技术研发。在行业指导下，依托安宁市磷石膏技术应用中心加强对磷石膏利用技术的研究；同时鼓励企业与科研机构合作，研发和推广不产生或少产生磷石膏的新技术、新工艺，打造一批国家级、省级企业技术中心和技术创新示范企业等。开展磷石膏资源综合利用关键共性技术系统攻关，大力开发磷石膏资源综合利用高附加值产品及生产设备，开发利用磷石膏质量在线监测和控制技术、磷石膏净化技术、磷石膏改良土壤技术、磷石膏路基注浆加固材料技术等。在环保安全达标前提下推广应用。

牵头单位：市工信局

责任单位：市环保局，市住建局，各街道办事处、工业园区管委会

（五）加快推进磷石膏综合利用项目建设。加快推进磷石膏综合利用规模化和产业化，建成一批以磷石膏为原料，在建筑工程、道路交通、市政和农林业等方面的综合利用项目。并尽快规划建设磷石

膏综合利用基地。重点鼓励符合以下条件的磷石膏综合利用项目建设：使用磷石膏作为主要原料，生产能力在 30 万平方米及以上的石膏砌块生产线建设或者改造项目；单线能力在 10 万吨及以上的粉刷石膏、粘结石膏等石膏干混建材生产线建设或者改造项目；单线生产能力在 5 万吨及以上的高强石膏粉生产线建设项目；单线生产能力在 20 万吨及以上的建筑石膏粉生产线建设项目。采用经济适用的工艺处理磷石膏，生产其他产品（如硫酸联产水泥等）的建设项目；通过与水泥厂沟通交流，扩大水泥缓凝剂的添加使用技术，适当在运输半径范围内增加项目；采用磷石膏生产路基材料项目；研究磷石膏土壤改良剂项目，从方向上引导磷石膏代替天然石膏、脱硫石膏相关技术项目。

牵头单位：市发改局

责任单位：市工信局，市住建局，市交运局，各街道办事处、工业园区管委会

（六）严格执行磷石膏产品标准体系。严格执行国家磷石膏建材产品生产、造价、设计、施工、验收等产品标准和使用规范。充分发挥磷石膏建材生产企业、行业协会、科研院所和专业机构的作用，强化测试评价及检测手段，杜绝质量、安全问题，促进磷石膏新材料、新技术、新工艺的推广应用，拓宽磷石膏建材应用范围。

牵头单位：市市场监督管理局

责任单位：市住建局，市交运局，各街道办事处、工业园区管委会

（七）加强磷石膏渣场管理。切实强化现有磷石膏渣场管理，严防磷石膏渗漏带来的环境风险。建立健全磷石膏库安全生产责任制和各项安全生产规章制度，强化在线监测监管，加大隐患排查治理力度，确保磷石膏库安全运行。不再新建、扩建磷石膏渣场。严厉打击违法违规处置磷石膏等行为。

牵头单位：市安监局

责任单位：市环保局，市国土资源局，各街道办事处、工业园区管委会

六、加大政策支持

（一）加大资金支持。市财政每年安排专项资金，用于鼓励磷石膏利用企业和磷石膏产品使用企业；安宁市注册的磷石膏利用企业可连续 5 年享受市政府的专项补助资金，磷石膏利用企业第一年利用磷石膏每 5 万吨奖励 5 万元，第二年利用磷石膏每 5 万吨奖励 4 万元，第三年及以后利用磷石膏每 5 万吨奖励 3 万元；磷石膏产品使用企业年使用以安宁市当地磷石膏为主要原料的产品（折合吨）每 10 万吨产品奖励 5 万元，每年单个企业单项奖励不得超过 50 万元。

牵头单位：市工信局

责任单位：市财政局，市住建局，相关街道办事处、工业园区管委会

（二）落实税收政策。符合享受财政部、国家税务总局发布的《资源综合利用产品和劳务增值税优惠目录》（财税〔2015〕78 号）的磷石膏资源综合利用条件的，可享受增值税即征即退优惠政策。

牵头单位：市税务局

责任单位：市发改局、市工信局、市财政局、市国土资源局、市环保局、市住建局、工业园区管委会

（三）加大技术创新和转型升级项目支持。利用市财政每年安排专项资金鼓励开展磷石膏科技研发，充分发挥已在安宁市注册成立并开展磷石膏综合利用业务的非营利性科研机构、民办非企业单位，以及其他非营利性社会组织的作用，每年安排 30 万元用于安宁市磷石膏资源化学成分分析和磷石膏原

料等级测试，每年6月及12月分别提交两份化学成分和磷石膏原料等级报告。在开展针对安宁市磷石膏综合利用研究项目过程中，优先安排项目课题。按项目规模给予每个研究项目10万元~30万元的资金扶持。对近三年落户当地从事磷石膏研究的企、事业单位申请并获得的磷石膏国家专利给予奖励。其中：对实用新型专利一次奖励1万元；对发明专利一次奖励3万元。对企业自主研发、生产的磷石膏煅烧试验生产线一次奖励15万元；对有自主知识产权的科研成果，科研成果转换投入市场认可后，按项目规模给予50万元~100万元的补贴支持。对磷石膏产生企业实施的重大转型升级工艺改造项目可给予最高100万元补贴支持。

牵头单位：市工信局

责任单位：市发改局，市财政局，相关街道办事处、工业园区管委会

（四）其他支持。将磷石膏综合利用项目纳入招商引资项目库，加大对相关产业的招商引资力度。发改局、国土资源局、环境保护局等行政审批部门要为磷石膏综合利用项目开辟"绿色通道"，在项目备案、土地、环评、生产许可等行政审批、许可上给予支持。充分发挥行业协会、磷石膏技术应用中心和中介组织的作用，积极搭建磷石膏产用企业联合发展平台，鼓励磷石膏产用企业通过兼并重组、协同开发等方式广泛开展合作。

牵头单位：市投资促进局

责任单位：市发改局，市工信局，市国土资源局，市环保局，各街道办事处、工业园区管委会

七、工作要求

（一）强化责任落实。由领导小组办公室制订磷石膏产消平衡年度计划，于每年1月份报领导小组审核确认后，下发实施；市政府与相关街道办事处签订目标责任书，街道办事处与相关企业分别签订目标责任书，层层压实责任。

（二）强化督促考核。将推进磷石膏综合利用工作纳入年度目标考核；相关街道办事处要定期向领导小组办公室通报工作推进情况。领导小组办公室要会同有关单位组建专项督查小组，定期不定期到各企业督促检查工作推进落实情况，及时将督查情况报告领导小组。

（三）强化宣传引导。充分利用广播、电视、报刊、网络等新闻媒体，加强磷石膏产品无害化、环保化知识的普及和教育，及时总结和推广磷石膏资源综合利用工作取得的成功经验和做法，通过典型示范宣传促进磷石膏产品的普及推广。加强人才引进和专业技术人员培训，为磷石膏产品开发、推广应用提供支撑。充分发挥安宁市磷石膏技术应用中心、行业协会和中介组织的作用，及时了解企业需求，为企业提供产业发展的新政策、新技术、新产品和市场动态等信息与技术服务。

《安宁市加快磷石膏资源综合利用实施意见》有效期执行期为2019年1月1日至2025年12月31日；由市工信局负责解释。

安宁市人民政府办公室
关于印发《安宁市工业资源综合利用基地建设实施方案》的通知

(安政办〔2020〕63号)

各有关部门:

《安宁市工业资源综合利用基地建设实施方案》已经市六届人民政府第84次常务会议研究同意,现印发给你们,请认真遵照执行。

安宁市人民政府
2020年10月10日

安宁市工业资源综合利用基地建设实施方案

为坚决打好污染防治攻坚战,按照《国家发展改革委办公厅 工业和信息化部办公厅关于推进大宗固体废弃物综合利用产业集聚发展的通知》(发改办环资〔2019〕44号)等有关文件精神,我市工业资源综合利用基地被成功列入国家发展改革委员会、工业和信息化部发布的第二批工业资源综合利用基地名单。为进一步加快推进我市工业资源综合利用基地建设,不断提升资源综合利用水平,结合前期制定的《安宁市加快磷石膏资源综合利用实施意见》,特制定本实施方案。

一、总体要求

(一)指导思想

以习近平新时代中国特色社会主义思想为指导,全面贯彻党的十九大和十九届二中、三中、四中全会精神,牢固树立"两山"理念,坚持生态优先、绿色发展,坚持"政府导向、政策支撑、项目合理、资源整合、循环利用、创新驱动"模式,推进循环经济发展,实现工业经济持续健康发展,构建新型工业体系。同时,以企业为主体,实行政策激励、机制倒逼,促进企业加快技术升级改造,从源头削减固废产生量。加大市场推广力度,推进工业废固资源综合利用,变"固废包袱"为"资源优势",不断提高资源综合利用水平。

(二)基本原则

坚持政府引导与市场主导相结合。坚决贯彻节约资源和环境保护的基本国策,通过政策引导、税收优惠、资金资助等途径,积极引导工业资源综合利用。充分发挥市场配置资源决定性作用,充分发挥企业的主体作用,促进大宗固体废弃物资源化利用成为企业降低成本、提高效益、持续发展的内生动力。

坚持产业聚集与招商引资相结合。通过规划和建设工业资源综合利用基地，聚集一批磷石膏、冶金渣综合利用的企业；通过加大招商引资力度，引进一批技术水平优、资源化利用率高、产品市场前景好的企业和项目，不断提高工业资源综合利用水平。

坚持抓住重点与兼顾其他相结合。以抓好磷石膏、冶金渣资源利用为重点，加快推进云天化天安化工、祥丰集团公司磷石膏综合利用，推进武钢集团昆明钢铁股份公司安宁公司、云南敬业钢铁公司钢渣综合利用。同时，兼顾市域范围内其他化工、冶金等行业企业，统筹推进工业资源综合利用。

坚持创新驱动与成果应用相结合。坚持创新工业资源综合利用的渠道和方式，鼓励企业通过自主创新，研发一批新技术、新工艺、新装备、新产品。积极推广应用国内外、省内外创新成果，进一步提升工业资源综合利用水平。

（三）工作目标

通过建设工业资源综合利用基地，在工业固体废弃物综合利用重要领域引进和建成一批具有带动效应的示范项目，突破一批化工渣（工业副产石膏）、冶金渣、粉煤灰、工业废弃料（炉渣、废旧耐火材料）、尾矿等工业固体废弃物综合利用的关键技术，形成一批技术装备水平高、工业固体废弃物利用率高的规模化工业固体废弃物综合利用企业，使以化工渣（工业副产石膏）、冶金渣、粉煤灰、工业废弃料（炉渣、废旧耐火材料）、尾矿为主体的工业固体废弃物成为我市可持续发展的重要资源。通过三至五年建设周期，把我市工业资源综合利用基地建设成为特色鲜明、优势突出、水平先进、规模较大、经济效益、环境效益和社会效益显著的绿色循环经济工业园区。到2022年，基地工业资源年综合利用总量达到1100万吨以上，综合利用率85%以上。化工渣（磷石膏和脱硫石膏）利用量达570万吨、冶金渣利用量达250万吨、粉煤灰利用量达60万吨、尾矿利用量达140万吨、工业废弃料利用量达80万吨。综合利用基地年产值超过11亿元。

二、组织领导

成立安宁市工业资源综合利用基地建设领导小组，具体组成如下：

组　　长：毕绍刚　市委副书记、市政府市长
副组长：武春禄　工业园区管委会主任
　　　　张宏斌　市委常委、市政府常务副市长
　　　　孙　凯　市委常委、市政府副市长、工业园区管委会副主任
　　　　张纪辉　市政府副市长、工业园区管委会副主任
成　员：周　亮　市政府办公室主任
　　　　李　忠　市发展和改革局局长
　　　　查春来　市工业和科学技术信息化局局长
　　　　姚　瑶　市财政局局长
　　　　杨志国　市人力资源和社会保障局局长
　　　　王　群　市自然资源局局长
　　　　陶春阳　昆明市生态环境局安宁分局局长
　　　　刘劲松　市住房和城乡建设局局长

吕　方　市交通运输局局长

张明波　市水务局局长

陈顺华　市应急管理局局长

叶　华　市市场监督管理局局长

苏晓喆　市林业和草原局局长

李剑锋　市税务局副局长（主持工作）

马良兵　连然街道办事处主任

杨晓东　草铺街道办事处主任

陈　刚　禄脿街道办事处主任

李　鲲　青龙街道办事处副主任（主持工作）

苏　伟　工业园区规划建设局局长

赵志华　工业园区招商服务中心主任

杨云光　人民银行安宁支行行长

丁　红　市工科信局副科级干部

领导小组负责统筹推进工业资源综合利用基地建设，研究有关重大问题和重要工作安排，指导督促市级有关部门、所涉及街道和工业园区工作，协调工作中的重大事项。领导小组下设办公室，设在市工业和科学技术信息化局，办公室主任由查春来同志兼任，主要承担领导小组日常工作，及时协调解决有关问题，以及领导小组交办的相关工作。

领导小组成员如有变动，由继任者自行接替，不再另行发文。

三、重点任务

（一）建立工业资源综合利用长效机制

研究制定有效推动工业资源综合利用的产业政策、财税政策和金融政策，搭建相应的平台，形成工业资源综合利用长效机制。

牵头单位：市工科信局

责任单位：市发改局、税务局、财政局、住建局、生态环境分局、自然资源局、工业园区管委会

（二）实现大宗固体废弃物增量和存量总和负增长

编制安宁市石油化工、钢铁、磷盐化工中长期产业发展规划及安宁市工业固废综合利用总体规划，优化产业发展路径和布局，加快产业转型升级，坚持源头"减量化"。加强磷石膏、钢渣等工业固废处理应用技术研究，及时推广运用新技术、新工艺，拓宽磷石膏、钢渣应用途径，为大规模消纳磷石膏、钢渣创造条件。新产生的固体废弃物必须进行资源化利用，逐步实现存量固体废弃物的处置。按照"谁排渣谁治理，谁利用谁受益"的原则，逐步实施磷石膏"以用定产"，实现磷石膏产消平衡，其中：2020年新增磷石膏综合利用率达10%；2021年新增磷石膏综合利用率达20%；2022年新增磷石膏综合利用率达50%；2023年新增磷石膏综合利用率达70%；2024年新增磷石膏综合利用率达100%；新增堆存量为零。

牵头单位：市工科信局

责任单位：市发改局、自然资源局、住建局、市场监督管理局、生态环境分局、应急管理局、工

业园区管委会

（三）实现多元化布局与聚集式发展

加大招商引资力度，使更多工业资源综合利用企业及项目，特别是以磷石膏和钢渣综合利用为主的项目落地。在磷化工、钢铁及建材等传统制造业间开展横向链接，建立跨行业的循环经济产业链。

牵头单位：工业园区管委会

责任单位：市发改局、工科信局、自然资源局、生态环境分局，青龙、草铺、禄脿街道办事处

（四）实现工业资源综合利用技术新突破

充分发挥好市域范围内现有专家的作用，引进市域外专家来我市开展研究开发、成果推广应用、创新创业，打造工业资源综合利用的专家人才高地。充分发挥企业在技术创新中的主体作用，鼓励企业在磷石膏、钢渣等综合利用新技术、新产品、中试、工业试验和首批次产业化方面发挥主导作用，加快科技成果转化和推广应用。建设4~5个企业技术创新中心，培育2~3个工业资源综合利用重点实验室，打造工业资源综合利用技术创新平台。打破磷化工、钢铁、建材等行业间的技术壁垒，广泛联合高校、科研机构、企业等各类创新主体，研发拥有自主知识产权的磷石膏、钢渣等综合利用新技术、新工艺，形成跨行业的技术集成，聚集大量创新人才，形成集政、产、学、研、用于一体的区域性创新绿色循环经济产业园。

责任单位：市工科信局

配合单位：市发改局、人社局、住建局、生态环境分局、工业园区管委会

（五）加快推进工业固废综合利用项目

做好资源综合利用基地规划建设，加大道路、天然气、电力、水等基地基础配套，及时协调解决基地内资源综合利用项目推进建设中的困难和问题，确保项目按期开工建设、竣工验收、投产达产，不断提高基地内大宗工业固体废物综合利用水平。

责任单位：工业园区管委会

配合单位：市发改局、工科信局、自然资源局、生态环境分局、应急管理局，青龙、草铺、禄脿街道办事处

（六）加大力度推广产品应用

编制磷石膏建材推广应用工作方案，加速推进磷石膏建材在建设工程中的推广应用工作。

责任单位：市住建局

配合单位：市发改局、工科信局、市场监督管理局

四、任务分工

市工科信局：负责拟订工业固体废弃物综合利用实施方案，研究提出资源综合利用目标、任务、重点领域和政策措施，研究安宁市鼓励工业固体废物综合利用产业优惠政策。打造工业固体废物大数据库和资源共享开放门户平台，建立资源综合利用统计、考核制度，将工业废弃物的排放量、综合利用量、综合利用率等主要指标列入定期综合统计。加强资源综合利用先进适用技术的推广应用，培育一批综合利用示范企业。

市生态环境分局：负责辖区企业工业固体废弃物产生量、利用量、处置量数据统计，工业固体废弃物利用处置建设项目环境影响评价审批。加强环境执法监管，监督企业工业固体废物规范利用处置，

防止工业固体废弃物污染环境。

市发改局：负责指导工业资源综合利用基地建设，协调推进资源综合利用项目的招商、立项等工作。

市税务局：负责研究和实施税费减免优惠政策，鼓励企业使用循环再生资源、开展资源节约和废弃物循环利用、生产再生资源产品、综合利用资源，以税费优惠政策引导循环经济发展；对实施工业固体废物综合利用的企业、项目落实相关税费优惠。

市财政局：负责设立工业资源综合利用基地建设专项资金，用于扶持工业资源综合利用基地项目建设及对磷石膏资源综合利用企业技术研发、工艺技改、磷石膏使用、产品推广进行奖补。

市住建局：负责加强新型墙体材料推广运用，从建筑设计标准、建筑材料标准、建筑节能、施工规范和要求等方面，引导企业开展工业固体废物利用研究开发、生产新型墙体材料，并积极组织推广使用。

工业园区管委会：负责工业资源综合利用基地总体规划和建设，引进和推进工业资源综合利用项目建设（项目见附件），做好项目水电路气等基础配套，确保项目顺利投产。

其他有关部门要在各自的职责范围内积极支持好工业固体废物综合利用，促进全市循环经济发展。

五、政策措施

（一）税收优惠

符合享受《财政部 国家税务总局关于印发〈资源综合利用产品和劳务增值税优惠目录〉的通知》（财税〔2015〕78号）、《财政部 税务总局关于资源综合利用增值税政策的公告》（财政部 税务总局公告2019年第90号）的固体废物资源综合利用条件的，可享受增值税即征即退优惠政策。按照《财政部 税务总局 生态环境部关于环境保护税有关问题的通知》（财税〔2018〕23号），符合国家工业和信息化部制定的工业固体废物综合利用评价管理规范的固体废物综合利用量，可以从应税固体废物的产生量中扣除。销售自产资源综合利用产品收入减计90%计入企业所得税应税收入总额。

牵头单位：市税务局、财政局

责任单位：市工科信局、生态环境分局、工业园区管委会，青龙、草铺、禄脿街道办事处

（二）信贷支持

通过制定鼓励开展工业固体废弃物综合利用政策，加大信贷支持力度，引导金融机构信贷资金流向。各类金融机构要对促进循环经济发展的重点项目给予金融支持，向废弃物处理企业提供中长期优惠利率贷款等。对开展工业固体废弃物综合利用的企业，在项目资本金构成比例上可以适当放宽。将基地内工业资源综合利用企业纳入绿色企业范畴，给予绿色金融政策支持。

牵头单位：市财政局、金融办

责任单位：市工科信局、市生态环境分局、工业园区管委会、人行安宁支行

（三）鼓励技术创新

鼓励工业资源综合利用企业创建技术中心，对当年认定的国家级、省级企业技术中心分别给予100万元、50万元的一次性奖励。对工业资源相关科研成果获得国家知识产权局授权的发明专利，每件给予奖励30000元；获得国家知识产权局授权的实用新型专利（职务发明），昆明市级每件给予奖励10000元。

牵头单位：市工科信局

责任单位：市市场监督管理局、工业园区管委会

（四）鼓励磷石膏综合利用项目落地实施

《安宁市工业资源综合利用基地建设实施方案》执行以后，新建的磷石膏资源综合利用项目、磷石膏生产企业实施与磷石膏直接相关的重大转型升级工艺改造项目、对磷石膏相关科研成果进行转化的新建或技改项目，根据项目实际投资（不含土地购置费用），按实际投资的1%对企业进行补助，最高不超过200万元。

重点支持符合以下条件的项目：企业对传统磷化工生产工艺和设备进行绿色化改造升级，从源头上减少磷石膏产生的项目；使用磷石膏作为主要原料，单线能力在3000万平方米及以上的纸面石膏板生产线项目，单线能力在30万平方米及以上的石膏砌块生产线建设或者改造项目，单线能力在10万吨及以上粉刷石膏、粘结石膏等石膏干混建材生产线建设或者改造项目，单线生产能力在5万吨及以上的高强石膏粉生产线建设项目，单线生产能力在100万吨及以上的建筑石膏粉生产线建设项目；采用经济适用的化学法处理磷石膏，生产硫酸联产水泥等其他产品建设项目。

牵头单位：市工科信局

责任单位：市财政局、发改局、生态环境分局、工业园区管委会

（五）磷石膏资源综合利用产品补助

市财政每年安排专项资金，用于鼓励磷石膏利用企业和磷石膏产品使用企业；在安宁市注册的磷石膏利用企业可连续5年享受市政府的专项补助资金，磷石膏利用企业第一年利用磷石膏每5万吨奖励5万元，第二年利用磷石膏每5万吨奖励4万元，第三年及以后利用磷石膏每5万吨奖励3万元；磷石膏产品使用企业年使用以安宁市当地磷石膏为主要原料的产品（折合吨）每10万吨产品奖励5万元，每年单个企业单项奖励不得超过50万元。

牵头单位：市工科信局

责任单位：市财政局、住建局、统计局、市场监督管理局、生态环境分局、税务局、工业园区管委会，青龙、草铺、禄脿街道办事处

（六）磷石膏综合利用产品使用补助

1. 对与磷石膏建材（产品中磷石膏占比超过70%）生产企业签订购销合同，年购买产品折磷石膏量在1000吨及以上的施工、业主单位或经销企业，按购买产品的磷石膏实际使用量给予5元/吨的补贴。

2. 对使用磷石膏水泥缓凝剂的水泥企业，按磷石膏实际使用量给予3.5元/吨的补贴。

牵头单位：市工科信局

责任单位：市财政局、住建局、统计局、市场监督管理局、税务局、工业园区管委会，各街道办事处

（七）其他支持

将工业资源综合利用项目纳入招商引资项目库，加大对相关产业的招商引资力度。有关行政审批部门要为工业资源综合利用项目开辟"绿色通道"，在项目立项、土地、环评、施工许可、生产许可等方面给予支持。

牵头单位：市发改局

责任单位：市工科信局、自然资源局、生态环境分局、住建局、工业园区管委会，各街道办事处

六、工作要求

(一)加强组织领导,强化责任落实

工业资源综合利用基地建设领导小组各成员单位要将推进工业资源综合利用纳入重点工作内容,制定具体工作方案并组织实施。要结合各自职能,主动研究制定相应工作措施,积极争取上级配套政策措施支持工业资源综合利用基地建设,合力推进工作。

(二)加大政策支持,强化项目落地

各成员单位要认真贯彻落实国家资源节约与综合利用的相关优惠政策,充分调动企业开展工业资源综合利用的积极性,鼓励企业开展资源综合利用认定工作,对获得资源综合利用认定的项目、产品,并符合享受有关的税收优惠政策条件的企业,应给予税收优惠享受,促进工业资源综合利用水平的提高。要强化项目落地,在规划、土地等方面对重点项目进行倾斜,在土地、环保指标上优先安排。市财政每年安排专项资金,用于鼓励工业资源综合利用项目建设、奖补磷石膏利用企业和磷石膏产品使用企业。

(三)强化监督检查,加大工作力度

领导小组各成员单位根据职责分工,于每月 25 日前向市领导小组办公室报送工作进展情况。领导小组办公室要加强对安宁市工业资源综合利用基地建设的监督检查、跟踪分析和通报,定期组织督查和指导工作,对出现的新情况、新问题深入调查研究,及时提出解决办法。对未按要求完成工业资源综合利用基地建设任务目标的企业,扣减直至取消相关补助。

本方案从发文之日起执行,至 2024 年 12 月 31 日截止。具体由市工业和科学技术信息化局负责解释。

附件:安宁市工业资源综合利用基地建设重点项目

附件

安宁市工业资源综合利用基地建设重点项目

项目1：100万吨/年磷石膏制水泥缓凝剂及建筑石膏粉项目
建设单位：云南吉麟科技有限公司
合作单位：云南天安化工有限公司
建设时间：2020年2月至2020年12月
年处理磷石膏：项目建成后，设计年处理磷石膏100万吨。

项目2：90万吨/年高温石膏粉及系列建材项目（一期45万吨/年、二期45万吨/年）
建设单位：云南天安化工有限公司
建设时间：2020年10月至2021年12月（一期）
年处理磷石膏：项目建成后，设计年处理磷石膏90万吨。

项目3：200万吨/年磷石膏综合利用项目
建设单位：云南祥丰环保科技有限公司
建设时间：2020年9月至2021年12月
年处理磷石膏：项目建成后，设计年处理磷石膏200万吨。

项目4：钢渣综合利用项目
建设单位：武钢集团昆明钢铁有限公司
建设时间：2020年6月至2021年12月
年处理钢渣：项目建成后，设计年处理钢渣35万吨。

项目5：50万吨磷石膏综合利用项目
建设单位：云南省炜鑫实业有限公司
建设时间：2020年6月至2021年6月

项目6：综合利用建设年产5万吨高碱玻璃棉生产项目
建设单位：安宁汇德商贸有限公司
建设时间：2020年12月至2021年12月

项目7：环保型矿渣、超细粉及水泥添加剂生产项目
建设单位：云南清荣投资有限公司
建设时间：2020年12月至2021年12月

项目 8：磷石膏综合利用产业园（子项目 1：10 万吨 / 年磷石膏制酸项目）
建设单位：云南天安化工有限公司
合作单位：浙江大学云南省化工设计院
建设时间：2020 年 4 月至 2021 年 12 月
年处理磷石膏：项目建成后，设计年处理磷石膏 10 万吨。

项目 9：磷石膏产业园项目一期 200 万吨、二期 100 万吨磷石膏综合利用项目
建设单位：云南坤炬科技有限公司
建设时间：2021 年 6 月至 2022 年 12 月（一期）

项目 10：年产 60 万吨干粉砂浆及 20 万吨磷石膏砂浆项目
建设单位：云南冬仁新型建材有限公司
建设时间：2020 年 12 月至 2021 年 12 月

项目 11：10 万吨磷石膏循环流化床还原焙烧综合利用项目示范装置项目
建设单位：云南兴磷环保科技股份有限公司
建设时间：2020 年 12 月至 2021 年 12 月

项目 12：工业炉窑废旧高温材料综合回收利用
建设单位：云南濮耐昆钢高温材料有限公司
建设时间：2020 年 12 月至 2021 年 12 月
年处理废旧高温材料：设计年处理 12 万吨。

项目 13：80 万吨钢渣制水泥掺合剂项目
建设单位：云南联鑫工贸有限公司
建设时间：2020 年 2 月至 2020 年 12 月

项目 14：120 万吨钢渣制水泥掺合剂项目
建设单位：云南龙坤工贸有限公司
建设时间：2020 年 6 月至 2020 年 12 月

关于印发《安宁工业园区落实中央环保督察整改要求切实做好磷石膏建材推广应用工作方案》的通知

（安园区通〔2022〕5号）

园区各部门，青龙、草铺、禄脿街道办事处：

《安宁工业园区落实中央环保督察整改要求切实做好磷石膏建材推广应用工作方案》已经安宁工业园区管委会2022年第4次主任办公会议研究同意，现印发给你们，请结合工作实际认真抓好贯彻落实。

安宁工业园区管理委员会
2022年3月30日

安宁工业园区落实中央环保督察整改要求切实做好磷石膏建材推广应用工作方案

为进一步贯彻落实中央环保督察整改要求，结合云南省工信厅、省生态环境厅、省住建厅指导意见，落实《安宁市工业资源综合利用基地建设实施方案》有关要求。推动和支持磷化、绿色新能源电池产业健康优质发展，确保发挥工业园区引导和示范主体功能，带头推进磷石膏建材在园区工程建设领域推广应用，特制定本工作方案。

一、坚决落实、带头示范、园区扎实做好磷石膏建材及相关制品在园区推广应用

自2022年起，安宁工业园区区域范围的在建、新建政府性投资工程中能使用磷石膏建材的部分（如墙隔板、石膏砌块、路沿石、水稳层抹灰砂浆、强弱电力管网、井盖、水箅、排污管网、石膏吊顶等）一律带头使用磷石膏建材及相关制品，确保能用尽用。

落实事项责任人：

安宁工业园区管委会副主任　　　　苏　伟
安宁工业园区投资开发有限公司董事长　吴　晗

二、源头设计，整体推进，全流程引导示范推广

安宁工业园区内的在建、新建政府性投资工程，应当要求要求设计单位在设计中必须把磷石膏建材产品纳入设计范围，严格把关。在开展设计方案审查时，将是否使用磷石膏新材料作为审查要件，

对未按要求设计使用磷石膏建材的项目，应督促建设单位及相关设计单位按要求进行设计变更。

落实事项责任人：

安宁工业园区管委会副主任　　唐志雄

安宁工业园区规划建设局局长　张　辉

三、明确计划、定期通报，严格督查落实到位

（一）安宁工业园区投资开发有限公司应作好每个项目磷石膏建材产品年度应用量计划，分年度汇总确定工业园区磷石膏建材产品应用量；要高度重视磷石膏建材推广应用工作，压实工作责任，将磷石膏建材产品年度应用量下达到对应项目；要强化日常监管，督促辖区内建筑施工项目全面落实产品替代，确保通知精神执行率达100%，提高磷石膏抹灰砂浆利用量，对符合使用条件而未使用的项目、环节、行为，要督促及时整改到位。

园区规划建设局及园区投资开发有限公司每季度应对承建的政府性投资项目的磷石膏建材使用情况（种类、用量等）进行统计，并在每季度向园区及督察组进行报送，同时将认定结果在园区范围内进行公示。

落实事项责任人：

安宁工业园区规划建设局局长　　　　张　辉

安宁工业园区投资开发有限公司董事长　吴　晗

（二）安宁工业园区带头率先推广磷石膏材料使用情况纳入督查督办事项，以督查促落实、促成效。园区督察组每季度对规划建设局及投资公司上报的磷石膏建材使用情况进行核查，并对核查结果在园区内进行通报，同时设置不定期抽查制度，对发现的磷石膏建材应用不用、敷衍塞责、工作推进不力的情况进行追责、问责。

落实事项责任人：

安宁工业园区管委会三级调研员　陈洪勇

安宁工业园区管委会督察组组长　保卫宏

四、加大宣传、积极引导，鼓励园区企业和其他项目优先使用磷石膏新材料。

（一）积极鼓励和引导园区内的其他企业在同等情况下优先使用磷石膏建材进行项目建设，形成更大推广应用成效，同时对使用磷石膏建材制品用量较多的企业，优先将其列入到年底工信企业奖励名单对其进行奖励。

落实事项责任人：

安宁工业园区规划建设局局长　张　辉

安宁工业园区招商服务中心　　赵志华

（二）工业园区管委会各行政主管部门要组织建设单位、设计单位、施工单位吃透通知精神，把握内涵，确保政策知晓率达100%；要加大磷石膏政策的宣传力度，通过树立典型促进磷石膏建材产品的普及推广，引导建设单位、设计单位积极采用磷石膏建材产品，普及磷石膏产品在群众中的认知度，培育社会绿色消费理念。

落实事项责任人：
安宁工业园区规划建设局局长　张　辉
安宁工业园区经济发展局局长　段庆云

安宁工业园区管理委员会党群综合办公室
2022年3月30日印发

四川省

四川省经济和信息化委员会
关于印发《关于推进工业固体废物综合利用工作方案（2017—2020年）》的通知

（川经信环资〔2017〕207号）

各市（州）经济和信息化委：

为贯彻落实《中共四川省委关于推进绿色发展建设美丽四川的决定》，深入推进我省工业固体废物综合利用工作，提升我省工业固体废物综合利用水平和效益，我委制定了《关于推进工业固体废物综合利用工作方案（2017—2020年）》，现印发你们，请认真组织实施。

特此通知。

四川省经济和信息化委员会
2017年6月20日

关于推进工业固体废物综合利用工作方案（2017—2020年）

为贯彻落实《中共四川省委关于推进绿色发展建设美丽四川的决定》，深入推进我省工业固体废物（以下简称"工业固废"）综合利用工作，提升我省工业固废综合利用水平和效益，特制定本方案。

一、指导思想

认真贯彻落实党中央、国务院和省委、省政府关于绿色发展、生态文明建设的一系列安排部署，坚持"减量化、再利用、资源化"的原则，摸清和掌握我省工业固废产生的基本情况。运用先进的工艺设备技术和管理运行机制，切实解决我省工业固废存在的污染环境、利用水平低、管理体制机制不畅等各种问题，推进我省构建系统化、集成化的工业固废综合利用模式。切实减少资源消耗、提高资源产出效率，加快我省工业结构调整和转型升级，推动生态环境进一步改善，提升企业经济和社会效益。

二、基本原则

（一）坚持"减量化、再利用、资源化"的原则。在资源开采、生产消耗、废物产生、消费等环节，逐步完善和延伸产业链条，建立工业固废资源化、循环化综合利用体系，实现工业固废最大限度的转化和利用。

（二）探索工业固废系统集成综合利用。积极推进企业上下游之间完整对接，促进产业园区、多个企业实施工业固废综合利用整体系统集成方案，整体处理工业固废。

（三）着力创新驱动示范引领。积极推动工业固废技术研发、工艺创新和综合利用设备产业化利用。积极开展工业固废综合利用新模式、新机制的示范引领和推广运用。

（四）构建政府引导企业主体市场化运营的方式。加强政策引导、资金扶持，落实企业固废处置和综合利用的主体责任，以市场需求和环保要求为导向，积极实施工业固废综合利用项目，推进建立工业固废综合利用和管理长效机制。

三、总体目标

以冶炼废渣、炉渣、煤矸石、磷石膏、污泥、尾矿等我省大宗工业固废综合利用作为重点，加强分类施策和政策资金引导，选择30～40个企业、10～15个园区，制订工业固废综合利用方案，实施一批工业固废综合利用示范项目，打造工业固废综合利用和高效利用的产业模式，确保实现2020年一般工业固废综合利用率比2015年提高8个百分点，促进环境和经济协调可持续发展。

四、工作安排

（一）摸清我省工业固废现状。（2017年10月前）

组织开展工业固废现状调查工作，依托相关技术服务机构开展全省工业固废现状调查，通过检查企业清洁生产审核、评估情况及资源综合利用税收优惠落实情况，全面梳理重点园区、重点企业、重点行业工业固废产生环节、种类、产生量、综合利用和处置量，提出减少工业固废产生、加快工业固废转化、集中综合利用的技术方案和建议。

（二）制订四川省2017—2020年工业固废综合利用指导意见。（2017年12月前）

在摸清我省工业固废现状的基础上，以提高我省大宗工业固废综合利用率为目标，以循环高效利用为重点，坚持统筹规划、因地制宜和源头减量的原则，以市场为导向，以产业园区为依托，以企业为主体，制订工业固废综合利用指导意见，落实国家和省的相关工作部署，指导和推进全省工业固废综合利用工作。

（三）开展循环发展引领行动。（2017—2020年）

落实国家16部委《循环发展引领行动》，加快工业绿色制造系统集成，推进生态（绿色）设计示范，推动工业固废综合利用技术装备研发、工艺创新，发布一批工业资源综合利用先进适用技术装备目录，加快资源综合利用先进适用技术装备推广应用，推进企业循环式生产、园区循环式发展、产业循环式组合，发展资源循环利用产业。推动固废综合利用系统集成，对电子电器、建材、化工等行业，采取全产业链打捆方式引进第三方进行整体式设计、模块化建设、一体化运营，实现工业固废的专业、高效治理及全寿命周期管理。

（四）推进资源综合利用示范。（2017—2020年）

推进攀枝花市全国区域工业绿色转型发展试点和资源综合利用试点基地建设、达州市经开区国家循环经济园区建设、彭州市航空动力产业功能区机电产品再制造试点建设，支持各地开展一批省级资源综合利用示范园区、示范企业、示范工程，突出示范效应，发挥引领作用，推进电子电器、汽车部件、轮胎、钢铁、塑料等再生利用，大力发展循环利用产业。

（五）实施一批企业和园区工业固废综合利用项目。（2018—2020年）

大力发展工业绿色制造技术，支持企业和园区开展循环化改造、完善产业链，在重点区域、重点行业选择一批工业固废量大的企业和园区，编制工业固废综合利用方案，实施一批工业固废综合利用项目，发挥试点示范作用，鼓励引领企业和园区提高固废综合利用水平，实现环境和企业效益同步提升。

五、推进措施

（一）积极发挥财政资金的引导作用，统筹使用省级工业发展资金，鼓励企业开展循环生产，引导工业企业开展资源综合利用工作。

（二）落实资源综合利用税收优惠政策，支持将钒钛矿料等资源利用品类列入《资源综合利用税收优惠目录》，扶持高附加值钒钛铁精矿渣的再生利用。

（三）推动组建跨区域全产业链的工业固废产业联盟，助推企业间在技术、资金、资源等方面形成协同效应。探索由政府引导、社会资本和企业参与的工业固废资源化综合利用PPP方式。

（四）探索建立生产者责任延伸制度。在电子电器领域探索建立生产者延伸责任制度，由生产者在销售时预交处置费用，形成工业固废综合利用基金，促进工业固废综合利用企业定点定期回收和综合利用。

（五）加强监督管理，严格行业准入标准，禁止高污染项目落地，继续推动落后和过剩产能退出，进一步加强产业政策、能耗、环保、质量、安全等执法监督和查处力度，倒逼企业进行绿色技术改造，减少固废的产生，提高固废综合利用率。

四川省住房和城乡建设厅
关于印发《2020年全省推进装配式建筑发展工作要点》的通知

(川建建发〔2020〕34号)

各市(州)住房城乡建设行政主管部门:

为贯彻落实《四川省人民政府办公厅关于推动四川建筑业高质量发展的实施意见》(川办发〔2019〕54号),深入实施装配式建筑发展三年行动计划,加快推广新型建造方式,促进建筑业结构调整和转型升级,提升建筑业发展质量和效益,我厅制定了《2020年全省推进装配式建筑发展工作要点》,现印发给你们,请结合实际制订具体工作计划,认真推动实施。

附件:2020年全省推进装配式建筑发展工作要点

四川省住房和城乡建设厅
2020年3月5日

附件

2020年全省推进装配式建筑发展工作要点

一、总体思路

全面贯彻《四川省人民政府办公厅关于推动四川建筑业高质量发展的实施意见》（川办发〔2019〕54号），落实全省住房城乡建设工作会议精神，深入实施装配式建筑发展三年行动计划，积极开展钢结构装配式住宅建设试点，稳步推进装配式装修。进一步健全技术标准体系，加强装配式通用部品部件标准化建设。创新监管方式，积极推行工程总承包，加大装配式建筑推广应用，持续推动装配式建筑发展，加快形成装配式建筑发展的市场机制和环境。

二、目标任务

2020年，全省新开工装配式建筑4600万m^2。成都3000万m^2、广安120万m^2、乐山120万m^2、眉山120万m^2、绵阳120万m^2、宜宾120万m^2、泸州80万m^2、凉山80万m^2、德阳80万m^2、内江80万m^2；其他市（州）在年度新建建筑中明确一定比例的装配式建筑，单体建筑装配率不得低于30%。钢结构装配式住宅建设试点城市开工建设1～2个钢结构装配式住宅示范项目。全省新增10个省级装配式建筑产业基地。

三、重点工作

（一）强化政策引领。加大政策创新支持力度，加强与发展改革、自然资源等部门协调协作，根据土地供应、规划设计、投资建设等情况，完善装配式建筑发展专项规划和年度目标，建立发展装配式建筑约束与激励机制，推动各项政策措施落地。鼓励企业开展装配式建筑技术研发，支持企业实施技术改造，实现技术和产品转型、升级、换代，为企业参与装配式建筑项目建设创造条件。有条件地区要创建装配式建筑产业园区，打造装配式建筑产业集群，促进全产业链发展。培育集设计、部品部件生产、施工于一体的装配式建筑龙头骨干企业。

（二）完善技术标准。修订《四川省装配式建筑装配率计算细则（试行）》，编制《四川省装配式建筑围护结构节点构造标准设计图集》《四川省钢结构装配式农房标准设计图集》《四川省装配式混凝土结构建筑工程施工图设计文件审查要点》。推进装配式建筑部品部件标准化，开展梁、柱、墙等主体结构部品部件标准化研究，提升部品部件工业化生产供给能力，降低工程建造成本。鼓励和支持社会组织、企业参与标准编制，推动川渝两省市装配式建筑标准互认通用，增强标准有效供给。推进建筑信息技术与装配式建筑建设各环节深度融合，完善装配式建筑工程计价定额，及时发布相关部品部件价格信息。

（三）开展钢结构装配式住宅建设试点。按照《四川省钢结构装配式住宅建设试点工作实施方案》要求，做好全国钢结构装配式住宅建设试点，成都、绵阳、宜宾、广安、甘孜、凉山6个试点市（州）要确定钢结构装配式住宅建设示范项目，在人才公寓、租赁住房和农村住房建设项目中推行钢结构装配式住宅，引导商品住宅建设项目采用钢结构装配式建造方式。加强节点连接、抗裂隔声、露梁露柱、消防性能、结构耐久性等共性关键问题研究，开展钢结构装配式住宅造价研究，探索建立成熟的钢结构装配式住宅建设体系，形成可推广试点经验，加快住宅建设方式改革。

（四）推动全产业链协同发展。引导设计、施工、生产、装饰装修及高校、科研等企事业单位组建钢结构装配式住宅建设产业联盟，编制产业联盟发展规划，建立健全产业联盟工作机制，增强联盟对产业支撑力度。加强轻质隔墙、节能门窗、智能家居等绿色建材与装配式建筑上下游产业企业协同合作力度，促进装配式建筑全产业链发展。支持产业联盟、行业协会开展经验交流、技术创新、行业自律、人才培养、交流合作，推广应用新技术、新材料、新产品。

（五）推广应用装配式装修。按照全装修成品交房要求，开展装配式装修项目试点示范，逐步提高商品住宅全装修覆盖率。推行建筑主体结构、设备管线、装饰装修一体化设计和建造，协同施工、同步验收，实现主体结构和装修工程的全系统装配化，推动整体厨房卫生间、集成化设备管线、智能化设施等全产业链深度融合发展。加强装配式装修材料质量安全、绿色环保有效管控，提升装配式装修水平和质量。

（六）创新监管方式。制定《四川省装配式建筑建设项目全过程管控办法》，明确装配式建筑建设、设计、施工、生产、监理建设主体责任和要求。推动装配式建筑部品部件生产质量保障能力评估认定，提升部品部件生产企业产品质量保障能力建设和现代化管理水平。鼓励装配式建筑采用工程总承包模式。加强装配式建筑质量安全监管，强化施工过程质量管控，建立全过程质量追溯制度，开展装配式建筑质量安全专项检查。

（七）提升装配式建筑发展水平。成都、广安、乐山、眉山、西昌5个试点城市和具备一定条件的市（州）要进一步加大推广力度，政府投资保障房、人才公寓、学校医院、办公楼、停车场等工程项目装配率提高到50%以上，其他城市要有突破性发展。开展试点城市示范项目评估，组织全省装配率50%以上的装配式混凝土建筑和钢结构装配式住宅建设示范项目申报评估，总结推广先进经验和做法，组织开展示范项目现场观摩学习，加大示范项目和龙头骨干企业宣传力度。

（八）加大人才培养。补充和调整全省装配式建筑专家库。加快培养装配式建筑管理人才、专业技术人才和产业工人队伍。支持有条件的企业、职业技术院校、行业协会建立装配式建筑技术实训基地，开展专业技能培训，组织开展装配式建筑职业技能竞赛。鼓励科研、设计、生产、施工单位及个人技术创新，加强新技术、新工艺、新材料研发，进一步提升装配式建筑从业人员技术能力。

2020年全省推进装配式建筑发展任务分工

序号	工作内容	责任单位	完成时限
1	制定《四川省装配式建筑建设项目全过程管控办法》	建筑管理处	2020年6月
2	修订《四川省装配式建筑装配率计算细则（试行）》	建筑管理处	2020年9月
3	组织全省装配式建筑职业技能竞赛	建筑管理处 人事教育处	2020年10月
4	加强装配式建筑质量安全监督管理	工程质量安全监管处 省质量安全总站	全年
5	开展装配式建筑工程设计质量检查，编制《四川省装配式混凝土结构建筑工程施工图设计文件审查要点》	勘察设计与科学技术处	全年
6	推动钢结构装配式等新型农村住房建设	村镇建设处	全年

续表

序号	工作内容	责任单位	完成时限
7	进一步推动装配式公共厕所建设	城市建设与管理处	全年
8	加强装配式建筑招投标活动指导	省招投标总站	全年
9	发布装配式部品部件市场价格信息，完善装配式装修计价定额项目	省造价总站	全年
10	编制《四川省装配式建筑围护结构节点构造标准设计图集》《四川省钢结构装配式农房标准设计图集》	省标办	全年

德阳市人民政府办公室关于印发《加快推进磷石膏综合利用工作的实施意见》的通知

各县（市、区）人民政府、德阳经济技术开发区管委会、德阳高新技术产业开发区管委会，市级各部门：

为深入贯彻落实绿色发展的新理念、新思想、新战略，推进生态文明建设，促进循环经济发展，加快推进我市磷石膏综合利用工作，经市政府八届十次常务会议审议通过，特制定本实施意见。

一、指导思想

全面贯彻落实习近平总书记系列重要讲话精神，认真落实党中央、国务院、省委、省政府和市委关于绿色发展的各项决策部署，坚持节约资源和保护环境的基本国策，以磷石膏大规模利用和高附加值利用为方向，以磷石膏资源综合利用产业链上下游相关企业为实施主体，全面提高综合利用水平和效率，促进磷石膏综合利用产业化发展。

二、工作目标

磷石膏是生产高浓度磷复肥时伴生的一种工业副产石膏，由于受历史原因和生产水平制约影响，目前我市磷石膏堆存总量已超过3000万立方米。2016年，我市涉磷企业新增磷石膏综合利用率为53.7%，计划到2018年达到100%，实现"产消平衡"，并逐步消纳存量。引导磷石膏综合利用向多途径、大规模、高附加值方向发展，形成多元化产业格局。攻克一批具有自主知识产权的重大关键共性技术；建成一批大规模、高附加值利用的产业化示范项目；培育壮大10～15个磷石膏综合利用骨干企业。

三、发展方向

（一）加快推广先进适用技术

鼓励大规模利用磷石膏生产包括纸面石膏板、石膏基干混砂浆、石膏砌块、石膏砖等技术产业化。有序推进工业磷石膏用作水泥缓凝剂，鼓励磷石膏产生企业进行预加工。支持改造现有水泥生产喂料系统，推进水泥生产直接利用原状散料磷石膏。加快磷石膏生产包括粉刷石膏、腻子石膏、模具石膏和高强石膏粉等胶凝材料技术产业化和磷石膏制硫酸技术推广应用。

（二）大力推进先进产能建设

重点鼓励符合以下条件的磷石膏综合利用项目建设：使用磷石膏作为主要原料，单线能力在3000万平方米及以上的纸面石膏板生产线项目，单线能力在30万平方米及以上的石膏砌块生产线建设或者改造项目，单线能力在10万吨及以上的粉刷石膏、粘结石膏等石膏干混建材生产线建设或者改造项目，单线生产能力在5万吨及以上的高强石膏粉生产线建设项目，单线生产能力在100万吨及以上的建筑石膏粉生产线建设项目；采用经济适用的化学法处理磷石膏，生产其他产品（如硫酸联产水泥等）的建设项目；采用磷石膏作为主要填充材料的井下采空区充填项目。

（三）加快推进集约经营模式

根据分布和堆存情况，结合综合利用示范企业和基地建设试点工作，通过政策引导，培育一批磷石膏综合利用骨干企业。鼓励专业性的磷石膏综合利用企业通过兼并重组等进行集约化生产。促进建材生产企业与磷石膏产生企业合作，重点扶持消纳能力强、潜力大、见效快的项目，努力打造在国内外市场具有竞争力的产品品牌和企业品牌。

（四）加强研发关键共性技术

加快利用余热余压对磷石膏进行烘干、煅烧的先进工艺及大型成套装备的科技攻关；开发超高强α石膏粉、石膏晶须、预铸式玻璃纤维增强石膏成型品、高档模具石膏粉等高附加值产品生产技术及装备；开发低能耗磷石膏制硫酸联产水泥等技术；开发低成本、高性能、环保型磷石膏净化技术；研发利用低品质磷石膏生产低成本、高性能的矿井充填专用胶凝材料；开发利用磷石膏改良土壤的关键技术。

四、政策措施

（一）资金支持

鼓励磷石膏综合利用企业加大投资，新建生产线和技术改造，按照建设项目固定资产投资额5%给予最高不超过200万元的补助。

市财政设立磷石膏综合利用专项资金300万元，并纳入年度预算。对磷石膏综合利用按照每年实际利用量1元/吨给予支持，由市财政和企业所在县（市、区）、德阳经开区、德阳高新区按4：6比例兑现。

（二）税收政策

根据财政部、国家税务总局《关于印发〈资源综合利用产品和劳务增值税优惠目录〉的通知》（财税〔2015〕78号）文件，明确提出生产以下产品可享受增值税即征即退70%优惠政策：

1.砖瓦（不含烧结普通砖）、砌块、陶粒、墙板、管材（管桩）、混凝土、砂浆、道路井盖、道路护栏、防火材料、耐火材料（镁铬砖除外）、保温材料、矿（岩）棉、微晶玻璃、U型玻璃，原料70%以上来自废渣（包括全部或部分磷石膏在内）；

2.42.5及以上等级水泥的原料20%以上、其他水泥和水泥熟料的原料40%以上来自废渣（包括全部或部分磷石膏在内）。

（三）技术创新

鼓励磷石膏综合利用企业创建技术中心，对当年认定的国家级、省级、市级企业技术中心分别给予30万元、12万元、6万元的一次性奖励。

（四）绿色发展

鼓励企业开展清洁生产，对主动开展清洁生产审核、节能评估、能源审计等节能节水工作的企业给予5万元的一次性补助。

（五）要素保障

磷石膏综合利用企业优先享受直购电、直供气等生产要素保障优惠政策，并对磷石膏综合利用企业优先安排应急转贷资金。

（六）市场开拓

鼓励开拓磷石膏制品应用市场。由政府组织参加的国内外各类展会，按展位费的100%给予最高不超过10万元的补助。由企业自行参加的国内外各类展会，国内展会按展位费的80%给予最高不超过5万元的补助、国外展会按展位费的50%给予最高不超过10万元的补助。

五、保障措施

（一）加强组织领导

成立德阳市磷石膏综合利用工作推进领导小组，定期召开领导小组会议，明确职责、分工合作，协调推进磷石膏综合利用工作，领导小组办公室设在市经信委。

（二）实施目标管理

市政府与相关县（市、区）政府、德阳经开区管委会、德阳高新区管委会签订年度目标责任书。各县（市、区）、德阳经开区、德阳高新区按照年度目标任务，切实抓好辖区内磷石膏综合利用工作。市级各有关部门各司其职，确保按时保质完成目标任务。

磷石膏产出企业与所在县（市、区）、德阳经开区、德阳高新区主管部门签订年度目标责任书，并报送磷石膏年度产消平衡计划、月度产消情况。当地县（市、区）政府、德阳经开区管委会、德阳高新区管委会组织开展定期、不定期检查，按进度严格执行产消平衡计划。

（三）强化督查监督

将磷石膏产生及利用情况纳入综合监测管理平台，实现动态监测，适时启动预警调节机制。各有关单位要制订具体目标和工作计划，积极推进磷石膏综合利用各项工作，每季度报送工作进展情况。市目标督查室、市监察局要加强督促检查，及时跟踪工作进展，对工作措施不到位、工作进展缓慢的进行通报，并按有关规定追究责任。

（四）推进平台建设

充分调动企业积极性，引导成立磷石膏综合利用协会或产业联盟，搭建政企沟通桥梁。鼓励企业抱团发展、优势互补，并引入上下游产业以及科研、金融、展销等专业服务机构，增强磷石膏综合利用产品市场竞争力，促进可持续发展。

（五）鼓励市场应用

积极鼓励应用磷石膏制品，加大市场开拓力度。加强磷石膏制品的宣传，提高社会认同度。将磷石膏制品纳入政府采购目录，优先用于公共设施建设，并对设计、使用磷石膏制品的相关单位给予奖补。

六、其他事项

本实施意见自发文30日起施行，由德阳市经济和信息化委员会负责解释，有效期为5年。

德阳市人民政府办公室
2017年7月12日

什邡市经济和信息化局
关于印发《什邡市磷石膏产消平衡和综合利用实施方案》的通知

(什经信〔2016〕123号)

各镇（街道、经开区）、市级相关部门、市属相关企业：

根据《中共德阳市委办公室、德阳市人民政府办公室关于印发〈德阳市贯彻落实四川省环境保护督察组督察反馈意见整改方案〉的通知》（德委办发〔2016〕8号）等文件精神，为扎实推进我市磷石膏污染整治和综合利用工作，切实减少工业发展对我市自然生态环境的不良影响，结合我市磷化工产业发展现状，经市委、市政府研究，制定《什邡市磷石膏产消平衡和综合利用实施方案》，现印发给你们，请遵照执行。

什邡市经济和信息化局
2016年12月12日

什邡市磷石膏产消平衡和综合利用实施方案

为深入贯彻落实国家、省、市关于绿色发展的新理念、新思想、新战略，推进我市生态文明建设，促进循环经济发展，改善现有磷石膏堆场存在的污染问题，实现磷化工产业废弃物的资源化、产业化、高质化利用，制定本实施方案。

一、重要意义

由于我市磷化工产业发展历史原因，目前，我市磷石膏堆存量超过2000万吨，而磷石膏的综合利用工作尚处于起步阶段。由于当前磷石膏综合利用技术尚未取得突破性进展，难以进行规模化生产，产、消量严重不等导致磷石膏存量不断加大。大量磷石膏的堆存在浪费土地资源的同时，对周边环境和水源造成污染，是我市污染治理工作的重点和难点。

目前，我市磷化工企业每年产生磷石膏120万吨左右，而磷石膏综合利用量110万吨左右，尚未达到产消平衡。开展磷石膏以消定产，严格控制磷石膏产出，做到无新增量，推进磷石膏综合利用，逐步消化存量，是解决我市磷石膏堆存造成的环境污染和安全隐患的治本之策。相关企业必须充分认识磷石膏产消平衡和综合利用的重要意义，大力推进磷石膏产消平衡和综合利用工作。

二、指导思想

认真落实党中央、国务院决策部署，坚持节约资源和保护环境基本国策，坚持以人为本，依法推进，以防治污染为前提，以加强管理为手段，以科技创新为支撑，以磷石膏大规模利用和高附加值利用为方向，以消耗量确定产出量，严控磷石膏增量，逐步消化磷石膏存量。健全政策机制，提升技术水平，完善磷石膏综合利用产品的标准体系，加大支持力度，大力推广国内外先进实用技术，提高资源综合利用水平和效率，促进磷石膏综合利用产业化发展，全力消除环境隐患。

三、工作目标

我市磷化工企业实行以消定产，即以磷石膏的消耗量确定产出量，企业每年磷石膏的产出量不得大于消耗量，全市磷石膏综合利用率达到100%，实现磷石膏"零增量"，并逐步消化目前堆存的磷石膏存量。逐步关闭淘汰现有利用磷矿石作为原料的生产企业（线），建成1～2个磷石膏综合利用骨干企业和示范项目。建立磷石膏综合利用长效机制，形成多途径、大用量、高附加值、清洁经济的磷石膏综合利用多元化产业格局。全市磷石膏堆场得到有效治理，磷石膏污染隐患实现有效管控。

四、主要目的

减少磷化工企业固体废弃物的排放，保护我市良好自然生态环境。

五、适用范围

本办法适用于什邡市境内所有产生磷石膏的生产企业。目前共有4家：四川宏达股份有限公司、四川鋈峰实业有限公司、四川蓝剑农化有限公司、川恒生态科技有限公司。

六、具体措施

（一）实施目标管理

各企业要建立企业磷石膏月报产出、使用台账制度，严格以用定产，以磷石膏消化量为控制上限，确定企业的生产量。每年12月底向市经信局报送第二年磷石膏预计产生量和消耗量（附件1）；每月5日前向市经信局报送上月磷石膏的产生量和消耗量（附件2）。

（二）落实优惠政策

积极引导磷化工企业加快结构调整和转型升级，鼓励磷石膏综合利用企业加大项目投资、新增生产能力，优先给予项目补助资金支持，优先给予资源综合利用等税收优惠，优先给予生产要素保障；加强磷石膏制品生产企业的品牌建设，鼓励其不断提升产品档次、拓展产品市场；积极引导本地市场磷石膏制品应用，在政府投资的项目建设中使用磷石膏制品，对使用磷石膏制品量较大的建设项目按比例给予补助或奖励。

本办法从2017年1月1日起实行。

附件（略）

绵竹市磷石膏综合利用领导小组办公室
关于印发《绵竹市磷石膏"产消平衡"限产方案》的通知

(竹磷石膏综合利用办发〔2018〕16号)

新市镇、拱星镇、绵竹市高新区、德阿园及市级相关部门：

为认真落实《德阳市磷石膏"产消平衡"限产方案》，经绵竹市磷石膏综合利用领导小组会议研究通过《绵竹市磷石膏"产消平衡"限产方案》，现将方案印发你们，请结合实际认真组织实施。

绵竹市磷石膏"产消平衡"限产工作领导小组办公室

2018年12月29日

绵竹市磷石膏"产消平衡"限产方案

为深入贯彻落实绿色发展理念，切实抓好中央、省环保督察反馈问题整改，促进全市新增磷石膏实现"产消平衡"，并逐步消纳历史存量。按照《禁止环保"一刀切"工作意见》《四川省落实中央第五环境保护督察组督察反馈意见整改方案》《德阳市磷石膏"产消平衡"限产方案》，特制定本方案。

一、基本原则

坚持生态优先、机制倒逼，确保守住生态和发展两条底线。坚持政府推动、企业负责，落实工作推进措施。坚持过程控制，实行动态管理，将限产工作落到实处。

二、工作目标

坚决贯彻上级要求，全面落实全域和单个企业的"排用平衡"。

三、工作任务

(一)限产范围

对未达到"产消平衡"的磷石膏产出企业，实施限产措施。

(二)限产原则

对磷石膏产出企业实行"以用定产"，按磷石膏的消耗量确定企业生产规模（企业本年综合利用量可累计核算）。

（三）限产时间

按月执行。磷石膏产出企业当月未达到"产消平衡"，次月起实施限产措施。具体安排为每月 8 日前核定一月磷石膏排放量、综合利用量和综合利用率，10 日至月底执行限产措施。

（四）限产措施

1. 磷石膏产出企业综合利用率 90% ～ 100%（含 90%），在上月生产的磷产品产量基础上，压减 10%；

2. 磷石膏产出企业综合利用率 80% ～ 90%（含 80%），在上月生产的磷产品产量基础上，压减 20%；

3. 磷石膏产出企业综合利用率 70% ～ 80%（含 70%），在上月生产的磷产品产量基础上，压减 30%；

4. 磷石膏产出企业综合利用率 60% ～ 70%（含 60%），在上月生产的磷产品产量基础上，压减 40%；

5. 磷石膏产出企业综合利用率 50% ～ 60%（含 50%），在上月生产的磷产品产量基础上，压减 50%；

6. 磷石膏产出企业综合利用率低于 50%，责令企业停产整改。整改达到"产消平衡"，经绵竹市磷石膏产出企业"产消平衡"限产工作领导小组组织验收批准后恢复生产。

全市磷石膏排放企业产生的磷石膏要全部消纳，不能全部消纳的，要加快磷石膏综合利用项目建设，并可采取"购买服务"的方式，与其他县（市、区）利用企业签订合作协议，解决"产消平衡"问题。达到"产消平衡"的企业，要主动加强技术攻关，全面提升磷石膏综合利用水平，逐步消纳历史存量。

2018 年四川龙蟒磷化工有限公司及德阳昊华清平磷矿有限公司未实现"产消平衡"。四川龙蟒磷化工有限公司从 2019 年起实施限产措施；德阳昊华清平磷矿有限公司于 2018 年 8 月停产，如果复产，从复产之日起执行限产措施。

四、工作要求

（一）强化责任落实。为实现 2019 年"产消平衡"，绵竹市市委、市人民政府成立以分管领导为组长、副组长，相关单位为成员的绵竹市磷石膏产出企业"产消平衡"限产工作领导小组（见附件1），负责严格执行限产措施，安排专人负责督促落实，相关部门依照法律法规，对限产措施"不落实、慢落实、假落实"的磷石膏产出企业依法处置，确保限产措施执行到位。

市经科局：负责收集磷石膏排放企业每月磷石膏排放量、综合利用量和综合利用率，建立台账，委托专业机构核实磷石膏排放企业每月磷石膏排放量、综合利用量和综合利用率。

市环保局：负责依据市经科局核实的磷石膏排放企业每月磷石膏排放量、综合利用量和综合利用率，对限产企业下达限产措施，并组织实施。

市安监局：负责加大磷化工企业特别是限产企业的安全生产工作，重点监控危化品生产情况。对未达到和落实安全生产标准的企业，责令其进行停产整改。

市高新区及德阿园：负责按环保局下达限产措施督促企业进行落实，严格控制辖区内限产磷石膏排放企业每月按量生产。

市群工局：负责磷化工限产企业信访接访工作，妥善处理限产期间的各项矛盾。

新市镇、拱星镇人民政府：负责磷化工限产企业限产期间的安全稳定工作，防止出现群体性事件。

（二）强化信息报送。领导小组办公室要实时、准确掌握磷石膏产出、利用情况及限产情况，每月10日前汇总上月限产措施执行情况，填写《2019年×—×月绵竹市磷石膏"产消平衡"台账》（见附件2），《绵竹市2019年磷石膏综合利用限产情况表》（见附件3），上报德阳市磷石膏"产消平衡"综合利用工作推进领导小组办公室备案。

（三）强化督察考核。绵竹市磷石膏产出企业"产消平衡"限产工作领导小组办公室将定期、不定期开展专项督察，对限产措施执行不力、进展缓慢的单位及企业及时通报，并上报纪检监查部门，按规定对相关人员追责问责。

附件1：绵竹市磷石膏产出企业"产消平衡"限产工作领导小组

附件2、3（略）

附件1

绵竹市磷石膏产出企业"产消平衡"限产工作领导小组

为有效开展绵竹市磷石膏"产消平衡"限产工作,特成立绵竹市磷石膏产出企业"产消平衡"限产工作领导小组,小组成员名单如下:

组　长：黄　勇　市委常委、总工会主席
副组长：曾学武　市人民政府副市长
　　　　石　磊　市人民政府副市长
成　员：钟定鹏　市委办副主任、市委群工部部长、信访局局长
　　　　梁中旭　市高新区管委会主任
　　　　陈善勇　德阿园管委会主任
　　　　张正富　市经科局局长
　　　　胡　敏　市环保局局长
　　　　胡凌飞　市安监局局长
　　　　任　刚　新市镇党委书记
　　　　杨和安　拱星镇党委书记
　　　　陈　骁　市经科局总经济师
　　　　刘阳刚　市环保局副局长
　　　　付大军　市安监局副局长

领导小组办公室设在市经科局,由总经济师陈骁担任办公室主任,技改环资股股长张波担任办公室副主任,负责领导小组日常工作。

重庆市

重庆市人民代表大会常务委员会
关于重庆市环境保护税其他固体废物具体范围的决定

重庆市五届人大常委会第十一次会议通过
（2019年8月6日）

在2019年7月19日举行的重庆市五届人大常委会第十一次会议上，《重庆市人民代表大会常务委员会关于重庆市环境保护税其他固体废物具体范围的决定》（以下简称《决定》）获表决通过。

《决定》显示，为了保护和改善环境，减少污染物排放，推进生态文明建设，根据《中华人民共和国环境保护税法》《中华人民共和国环境保护税法实施条例》的规定，综合考虑其他固体废物的环境危害程度、税收征管工作基础等情况，作如下决定：《中华人民共和国环境保护税法》所附《环境保护税税目税额表》所称其他固体废物的具体范围包括：脱硫石膏、磷石膏、赤泥、工业污泥。

上述具体范围自2020年1月1日起施行。

重庆市南川区人民政府办公室关于印发《南川区加快磷石膏综合利用工作方案》的通知

(南川府办发〔2018〕68号)

各乡镇人民政府、街道办事处，区政府各部门，有关单位：

经区政府同意，现将《南川区加快磷石膏综合利用工作方案》印发给你们，请认真遵照执行。

重庆市南川区人民政府办公室
2018年7月31日

南川区加快磷石膏综合利用工作方案

为深入贯彻落实绿色发展的新理念、新思想、新战略，推进生态文明建设，促进循环经济发展，加快推进我区磷石膏综合利用工作，特制定本方案。

一、指导思想

全面贯彻党的十九大精神，深化落实习近平总书记对重庆提出的"两点"定位、"两地""两高"目标和"四个扎实"要求，积极担负起生态文明建设政治责任，对标对表中央决策部署和市委、市政府工作要求，加快推进磷石膏资源综合利用，切实改善大溪河流域的水生态环境。

二、工作目标

通过政策引导和扶持，以技术引进、招商引资、产品推广等为主抓手，切实引导本地区存量磷石膏消耗利用。尽快建成一批规模大、消耗快的磷石膏资源综合利用示范项目，力争在5年内将本地区存量磷石膏固废全部消耗完毕。

三、重点任务

（一）加快推广磷石膏资源综合利用先进适用技术。鼓励大规模利用磷石膏固废，生产纸面石膏板、石膏基干混砂浆、石膏砌块、石膏砖等产品。有序推进工业磷石膏用作水泥缓凝剂，鼓励磷石膏产生企业进行预加工。支持改造现有水泥生产喂料系统，推进水泥生产直接利用原状散料磷石膏。加快磷石膏生产包括粉刷石膏、腻子石膏、模具石膏和高强石膏粉等胶凝材料技术产业化和磷石膏制硫酸技术推广应用。

（二）加大磷石膏资源综合利用项目招商引资。通过招商引资重点引进符合以下条件的磷石膏资源综合利用项目：使用磷石膏作为主要原料，单线能力在3000万平方米及以上纸面石膏板生产线项目，单线能力在30万平方米及以上石膏大板、条板、砌块生产线建设或者改造项目，单线能力在10万吨及以上粉刷石膏、粘结石膏等石膏干混建材生产线建设或者改造项目，单线生产能力在5万吨及以上的高强石膏粉生产线建设项目，单线生产能力在100万吨及以上的建筑石膏粉生产线建设项目。

（三）加大磷石膏资源综合利用产品推广应用力度。积极鼓励应用磷石膏制品，加强磷石膏制品的宣传，提高社会认同度。积极推广应用磷石膏板材、磷石膏砌块、磷石膏复合材料、磷石膏建筑装饰材料和装配式磷石膏复合建材产品。在同等条件下，区内工程建设应率先使用磷石膏为原材料的建材产品，特别是在重点项目、市政工程、交通工程、保障性住房等政府性工程建设中，应大力使用磷石膏资源综合利用产品。

四、政策措施

（一）资金支持。鼓励企业消化利用磷石膏废渣，不再收取磷石膏"装车费"，在旧堆场磷石膏废渣全部消纳之前，区财政每年预算安排250万元，用于污水治理；鼓励磷石膏综合利用企业加大投资，新建生产线和技术改造，扩大磷石膏综合利用规模，区发展改革委、经济信息委、环保局等部门要积极帮助企业申报上级专项资金；对符合条件的磷石膏综合利用企业优先安排转贷、助保贷等金融支持。

（二）税收政策。严格执行《财政部、国家税务总局关于印发〈资源综合利用产品和劳务增值税优惠目录〉的通知》（财税〔2015〕78号）精神，以下产品可享受增值税即征即退70%优惠政策：砖瓦（不含烧结普通砖瓦）、砌块、陶粒、墙板、管材（管桩）、混凝土、砂浆、道路井盖、道路护栏、防火材料、耐火材料（镁铬砖除外）、保温材料、矿（岩）棉、微晶玻璃、U型玻璃，原料70%以上来自废渣（包括全部或部分磷石膏在内）；42.5及以上等级水泥的原料20%以上、其他水泥和水泥熟料的原料40%以上来自废渣（包括全部或部分磷石膏在内）。

（三）技术创新。鼓励磷石膏综合利用企业创建技术中心，对当年认定的国家级、市级企业技术中心分别给予30万元、10万元的一次性奖励。

（四）要素保障。磷石膏综合利用企业优先享受水、电、气等生产要素保障优惠政策。

（五）综合支持。为磷石膏资源综合利用项目开辟"绿色通道"，在项目备案、土地、环评、生产许可等行政审批、许可上给予支持。加强人才引进和专业技术人员培训，为磷石膏资源综合利用产品开发和推广应用提供支撑。积极搭建磷石膏产用企业联合发展平台，鼓励磷石膏产用企业通过兼并重组、协同开发等方式广泛开展合作。

五、保障措施

（一）加强组织领导。成立南川区磷石膏综合利用工作推进领导小组，定期召开领导小组会议，明确职责、分工合作，协调推进磷石膏综合利用工作。领导小组办公室设在区工业园区管委会，负责领导小组日常工作。

（二）推进平台建设。充分调动企业积极性，引导成立磷石膏综合利用协会或产业联盟，搭建政企沟通桥梁。鼓励企业抱团发展、优势互补，并引入上下游产业以及科研、金融、展销等专业服务机构，增强磷石膏综合利用产品市场竞争力，促进可持续发展。

（三）强化宣传引导。充分利用广播、电视、报刊等传统新闻媒体及"两微一端"等新兴媒体资源，加强磷石膏资源综合利用产品无害化、环保化知识的普及和教育，及时总结和推广磷石膏资源综合利用工作取得的成功经验和做法，通过典型示范宣传促进磷石膏资源综合利用产品的普及推广。

山东省

山东省经济和信息化委员会　山东省人民政府节约能源办公室
关于加快资源综合利用产业发展的意见

（2021年11月9日）

为了深入贯彻科学发展观，进一步落实党的十七届五中全会和省九届十一次全体会议精神，加快资源综合利用产业发展，促进资源节约型和环境友好型社会建设，根据省政府的要求，结合我省实际，提出如下意见。

一、加快资源综合利用产业发展的重要意义

党的十七届五中全会指出，加强矿产资源综合利用，鼓励产业废物循环利用，推进资源再生利用产业化。发展资源综合利用产业，是转变经济发展方式的重要举措，是建设资源节约型和环境友好型社会的重要内容，对于推进节能减排、提高经济效益、实现可持续发展都具有重要的意义。

"十一五"期间，我省认真贯彻落实国家鼓励和扶持资源综合利用产业发展的政策，先后制定出台了《山东省资源综合利用认定实施细则》等一系列政策措施，加强资源综合利用管理，加大技术创新力度，加快产品结构调整步伐，全省资源综合利用产业取得了长足发展。2010年，全省资源综合利用企业共利用工业固体废物5290.1万吨，"十一五"期间年均增长8.9%；利用废气203.9亿立方米，年均增长28.1%；利用废水1286.1万吨，年均增长14.5%。实现销售收入357亿元，年均增长13.6%；税金24.3亿元，年均增长14.4%；利润37亿元，年均增长12.8%。但是，我省资源综合利用产业发展也存在一些问题和不足：企业工艺技术装备水平相对落后，资源利用效率有待提高；产品附加值相对较低，市场竞争能力有待增强；资金投入相对较少，资源综合利用的广度和深度有待增加。

各级资源综合利用主管部门和广大企事业单位一定要充分认识加快资源综合利用产业发展的重要意义，增强紧迫感和责任感，发挥主动性和创造性，拓宽资源综合利用领域，提高资源综合利用水平，做大做强资源综合利用产业，促进经济社会可持续发展。

二、发展资源综合利用产业的指导思想、原则和目标

（一）指导思想

深入贯彻落实科学发展观，认真执行节约资源基本国策，以企业为主体，以市场为导向，以提高资源综合利用率为核心，加强政策引导，加快技术进步，加大利用范围，突出重点，抓住关键，全面推进，努力提高全省资源综合利用产业发展水平。

（二）基本原则

1. 坚持高效利用原则。加强矿产资源综合利用，鼓励产业废物循环利用，推进资源再生利用，提高资源利用率。

2. 坚持经济可行原则。充分发挥市场配置资源的基础性作用，把开展资源综合利用与企业发展相

结合，与污染防治相结合，与经济效益、社会效益相结合。

3. 坚持技术促进原则。鼓励技术创新，提高研发能力，加快先进适用技术的推广应用，通过技术提升带动产业水平提升，合理延长产业链，提高综合利用产品附加值。

4. 坚持生产、生活废弃物并重原则。一手抓好以工业"三废"为主的生产废弃物综合利用，一手抓好以生活垃圾为主的居民生活废弃物综合利用，丰富资源综合利用内涵，拓宽资源综合利用外延。

5. 坚持政策激励原则。落实国家鼓励资源综合利用产业发展的政策措施，完善地方性法规，调动好、保护好、发挥好企业开展资源综合利用工作的积极性。

（三）主要目标

到2015年，形成一批具有一定规模、技术装备水平较高、资源利用率高、废物排放量少的综合利用企业，建成较为完善的、具有较高水平的资源综合利用产业体系。全省资源综合利用企业达到1000家，工业固体废物综合利用率达到85%。

三、发展资源综合利用产业的主要任务

发展资源综合利用产业，要着力实施"456"工程。即主要抓好工业"三废"综合利用、矿产资源综合利用、再生资源综合利用和农林废弃物综合利用等"四大领域"，大宗工业固体废物综合利用技术、共伴生矿和尾矿综合利用技术、"城市矿产"回收利用技术、垃圾回收利用技术和农林废弃物综合利用技术等"五大技术"，大宗工业固体废物综合利用项目、尾矿综合利用项目、垃圾回收利用项目、废液综合利用项目、主要再生资源综合利用项目、农业废弃物和木材综合利用项目等"六大项目"。

（一）四大领域

1. 工业"三废"综合利用。加大煤矸石、粉煤灰、冶炼废渣、化工废渣和工业副产石膏等大宗工业固废的综合利用，鼓励铬渣的综合利用。发展造纸、食品酿造、印染、皮革、化工、纺织、农畜产品加工等行业废液的资源化利用，推进工业废水循环利用，扩大再生水应用。加快对焦炉、高炉、转炉煤气及炼油各种放散气体等进行回收和资源化利用，积极开展工业窑炉的余热发电和热的分级利用。

2. 矿产资源综合利用。加大对中低品位矿的资源综合利用，积极推进煤系共伴生矿产资源的综合开发利用。抓好金属矿山挖潜改造，综合开发利用共伴生有价金属。探索开展黄金尾矿、选铁尾矿、氧化铝赤泥等综合利用，减少占地和环境污染。

3. 再生资源综合利用。鼓励开展废旧金属、废旧家电、废旧电池、废旧轮胎、废旧衣物、废塑料、废玻璃等回收和利用，加快推进建筑垃圾处理利用，积极探索生活垃圾和餐厨垃圾回收利用，大力开展机动车零部件、轮胎、工程机械、机床、矿山设备等再制造。

4. 农林废弃物综合利用。推进农业废弃物（包括秸秆、农膜、畜禽粪便等）、农产品加工副产品、林木"三剩物"（采伐、造材及加工剩余物）、次小薪材等资源化利用，发展代木产品和生物质能源等。

（二）五大技术

1. 大宗工业固体废物综合利用技术。推广煤矸石和煤泥发电技术，煤矸石生产建筑材料、充填采矿塌陷区、采空区和露天矿坑技术，粉煤灰生产水泥、砌块、陶粒技术，碱渣、炉渣、钢渣在建材产品中应用技术，脱硫石膏、磷石膏制水泥缓凝剂、纸面石膏板技术等。研发煤矸石等低热值燃料电厂锅炉高效除尘、脱硫、灰渣干法输送、存储及利用新技术，脱硫石膏免煅烧制干混砂浆新技术等。

2. 共伴生矿和尾矿综合利用技术。推广煤系耐火黏土、膨润土和石墨综合利用技术，尾矿有价金属综合回收利用技术等。研发尾矿干堆技术和尾矿高效浓缩工艺及设备，黄金尾矿、铁尾矿、氧化铝赤泥制建材综合利用新技术等。

3. "城市矿产"回收利用技术。推广采用机械化手段对废旧汽车、废旧船舶、废旧家电等机械设备的拆解和利用技术，黄杂铜直接生产高精度板、带、管技术，废旧电池机械化拆解、破碎分选、回收处理塑料壳、有价金属技术，废旧橡胶常温粉碎、湿法粉碎、冷冻粉碎等生产精细胶粉技术，高浓筛选、漂白、揉搓、处理废旧报纸等需脱墨的纸张技术，利用废旧聚酯瓶生产聚酯切片技术，废玻璃作为原料生产平板玻璃、瓶罐器皿等玻璃制品直接再利用技术，利用废旧涤纶及锦纶纤维生产再生纤维技术等。研发混堆状废线材加工处理技术、废易拉罐等优质废铝的保级利用技术、大型废纸和废纸板制浆技术及成套设备等。

4. 垃圾回收利用技术。推广改性沥青混合料再生道路材料技术，城市垃圾好氧堆肥、生产沼气、发电技术，新型干法水泥窑处理可燃生活废弃物技术，餐厨垃圾分类生产饲料、有机肥技术等。研发城市生活垃圾、污泥高效焚烧和烟气处理技术，城市污泥生产有机肥料、烧结砖技术，建筑垃圾减量化控制技术及建筑垃圾再生材料在建筑工程中应用的成套技术等。

5. 农林废弃物综合利用技术。推广利用废弃木质材料生产低甲醛或无甲醛人造板技术，利用农作物剩余物造纸、生产人造板、加工固体成型燃料、以及气化（沼气）技术，畜禽粪便生产沼气技术，沼渣生产优质高效肥料技术等。研发秸秆沼气规模化工程技术、秸秆纤维素生产燃料乙醇技术、虾蟹壳等废弃物生产相关生物制品技术等。

（三）六大项目

1. 大宗工业固体废物综合利用项目。以煤矸石、粉煤灰和工业副产石膏等为重点，抓好产生量大、存放量大、资源化潜力大的大宗固体废物综合利用。

（1）煤矸石。重点支持兖矿集团有限公司、新汶矿业集团有限责任公司等企业，建设利用煤矸石生产新型墙体建材和矿区复垦工程。搞好煤矸石综合利用电厂技术改造，加快淘汰落后工艺和设备。

（2）粉煤灰。重点支持山东山水水泥集团有限公司、淄博鑫亚环保科技有限公司等企业，开发粉煤灰利用新技术，发展规模化和产品多元化的利废建材企业。

（3）工业副产石膏。重点支持山东泰和东新股份有限公司、山东丞华建材科技有限公司等企业，加快利用脱硫石膏、磷石膏、氟石膏等工业副产石膏生产建材产品。

2. 尾矿综合利用项目。以黄金尾矿、铁尾矿、氧化铝赤泥等为重点，研发推广尾矿综合利用新技术，努力实现矿山绿色开采。

（1）黄金尾矿。重点支持山东黄金集团有限公司、山东国大黄金股份有限公司等企业，加大对黄金尾矿综合利用技术研发，扩大尾矿利用范围，提高产品档次。

（2）铁尾矿。重点支持莱芜钢铁集团有限公司等企业，搞好铁尾矿等黑金属尾矿的综合利用，推广铁尾矿的充填和再选新技术，研发生产水泥等建材产品新技术。

（3）氧化铝赤泥。重点支持中国铝业股份有限公司山东分公司、信发集团和核工业烟台同兴实业有限公司等企业，加大赤泥综合利用新技术研发，加快科研成果转化，攻克赤泥综合利用难关。

3. 垃圾回收利用项目。以建筑垃圾、餐厨垃圾和生活垃圾等为重点，开辟垃圾资源化利用新途径。

（1）建筑垃圾。重点支持潍坊三建滨海建筑材料有限公司等企业，加快推广建筑垃圾综合利用的工艺技术，加大建筑垃圾制砖成套设备研发和制造能力。

（2）餐厨垃圾。重点支持济南、青岛、潍坊等市，学习借鉴北京、宁波等城市餐厨垃圾回收利用方面的先进工艺技术和管理方法，加快试点示范工程建设，逐步推广。

（3）生活垃圾。重点支持山东十方环保能源股份有限公司、淄博鲁中水泥有限公司等企业，探索开展生活垃圾、污水处理厂污泥、工业危废等制水泥，尽快把水泥工厂建成处理固体废物的综合利用企业；引进、消化吸收生活垃圾发电、堆肥、生产饲料等新技术，实现垃圾处理无害化、资源化。

4. 废液综合利用项目。以工业废液和生活污水为重点，研究开发利用新技术，推广适用成熟技术，提高水资源利用率。

（1）矿井水。重点支持采矿企业，大力开展矿井水深度加工利用。

（2）工业废水。重点支持冶金、化工、造纸等高耗水行业企业，加大技术改造力度，逐步实现工业废水零排放。

（3）生活污水。重点支持城市污水处理厂等企业，加大资金投入，搞好污水多级处理，最大限度地生产再生水。

5. 主要再生资源综合利用项目。以生活废弃物为重点，加快再生资源产业化项目建设，培育一批骨干企业，扶持一批再生资源加工利用示范园区，鼓励再生资源进园区加工经营，提高再生资源加工利用规模和水平。

（1）再生金属。重点支持山东金升有色集团有限公司等企业，加快推进再生铜和铅、废钢铁炼钢等项目建设。

（2）废旧家电。重点支持青岛新天地公司和烟台绿环再生资源有限公司等企业，建立健全废旧家电回收利用体系。

（3）废旧轮胎。重点支持三角（威海）华达轮胎复新有限公司、青岛天盾橡胶有限公司等企业，抓好用废旧轮胎生产胶粉、翻新等项目建设。

（4）废塑料。重点支持龙福环能科技股份有限公司等企业，促进废塑料资源化利用上规模、技术上水平、产品上档次。

（5）废玻璃。重点支持山东省药用玻璃股份有限公司等企业，回收社会生活中产生的废玻璃，推进废玻璃综合利用产业化。

（6）废旧电池。学习借鉴武汉等城市废旧电池回收利用的经验做法，以电动自行车和汽车废旧电池、家电废旧电池为重点，有计划、有步骤地搞好废旧电池的回收利用。

6. 农业废弃物和木材综合利用项目。重点开展林木"三剩物"及次小薪材等资源化利用，发展木基复合材料和经济合理的代木产品，开发利用生物质能源。

（1）林木"三剩物"及次小薪材。重点支持山东晨鸣板材有限责任公司等企业，加快实施林木"三剩物"及次小薪材、速生材等资源化利用项目。

（2）农作物秸秆。重点支持山东泉林纸业有限责任公司、国能单县生物质发电有限公司等企业，发展秸秆造纸、秸秆发电、秸秆还田及生产人造板等项目。

（3）畜禽粪便。重点支持山东民和牧业股份有限公司、济南佳宝乳业有限公司等企业，大力发展畜禽粪便生产沼气示范工程。

四、保障措施

（一）加大政策扶持力度。认真贯彻落实国家鼓励和扶持资源综合利用产业发展的政策措施，进一步完善和实施资源综合利用认定制度，更好地促进资源综合利用产业发展。加大对资源综合利用重点项目的扶持力度，将重大资源综合利用科研与技术开发项目优先列入科技计划。研究制定餐厨垃圾回收和利用相关政策措施，规范、引导餐厨垃圾回收利用行业健康发展。探索建立再生资源回收处理成本补偿制度，推进再生资源的再利用。加快建立资源综合利用专项资金，扶持资源综合利用的产业发展、科学研究、教育培训和表彰奖励。

（二）加强规划指导。充分发挥规划的引导调控作用，做到立足当前、着眼长远、合理布局、有序建设。各级资源综合利用主管部门应根据实际情况，认真落实指导意见，加快编制本地区、本部门的资源综合利用发展规划，按照规划重点和保障措施的要求，科学组织、分类指导、抓好落实，确保规划目标如期实现。

（三）增强自主创新能力。加快建立以企业为主体的技术创新体系，加大产、学、研联合，积极引进和消化吸收国外发展资源综合利用产业的新技术，促进资源综合利用科技成果的产业化。组织筛选一批资源综合利用的先进适用技术进行示范，加快新技术、新工艺、新产品、新设备的推广应用。建立资源综合利用技术服务机构，搭建信息平台，积极开展信息咨询、技术推广、宣传培训等服务。

（四）开展试点示范。总结资源综合利用的先进典型和经验，及时组织交流和推广。组织开展建筑垃圾、餐厨垃圾等回收利用试点示范工作，鼓励和扶持企业开展资源综合利用工作。建立健全试点情况督查制度，对试点工作组织进行评估和监督检查，对项目及时进行验收。组织开展创建资源综合利用示范工程、示范企业和示范园区活动，发挥典型的示范和引导作用。

（五）强化宣传教育。充分利用电视、广播、报刊等新闻媒体，广泛开展多层次、多形式的舆论宣传和科普教育，加大对发展资源综合利用的法律法规、方针政策宣传力度，及时报道先进典型。发挥协会等中介机构的技术指导和服务作用，开展资源综合利用宣传和技术咨询等。引导全社会树立正确的消费观，鼓励使用资源综合利用产品，逐步推行垃圾分类回收和利用，减少一次性产品的生产和使用，形成节约资源和保护环境的生活方式和消费模式。

（六）加强组织领导。资源综合利用是一项系统工程，涉及国民经济和社会发展的各个领域，需要有关部门的协调配合、共同推动。各级资源综合利用主管部门要会同有关部门认真落实国家的优惠政策，建立健全有效的协调工作机制，加强资源综合利用的监督和管理，防范废弃物利用产生二次污染。要明确目标、强化责任、细化措施，做到层层有责任，逐级抓落实，扎扎实实地推进资源综合利用产业的发展。

山东省工业和信息化厅
关于印发《山东省工业固体废物资源综合利用评价管理实施细则》的通知

(鲁工信循〔2018〕14号)

各市经济和信息化委，有关评价机构：

为推动工业固体废物资源综合利用，促进全省工业绿色发展，根据工业和信息化部《工业固体废物资源综合利用评价管理暂行办法》(2018年第26号公告)，省工业和信息化厅制定了《山东省工业固体废物资源综合利用评价管理实施细则》，现印发给你们，请遵照执行。

山东省工业和信息化厅
2018年11月9日

山东省工业固体废物资源综合利用评价管理实施细则

第一章 总 则

第一条 为推动全省工业固体废物资源综合利用，促进工业绿色发展，依据工业和信息化部《工业固体废物资源综合利用评价管理暂行办法》(2018年第26号公告)，制定本实施细则。

第二条 在山东省境内开展工业固体废物资源综合利用评价工作，适用于本细则。

第三条 本细则所指工业固体废物资源综合利用评价是指对开展工业固体废物资源综合利用的企业所利用的工业固体废物种类、数量进行核定，对综合利用的技术条件和要求进行符合性判定的活动。

第四条 评价工作按照自愿原则，公平、公正、公开地开展评价活动。

第五条 各市、县（区）级工业和信息化主管部门依据本细则管理本区域内工业固体废物资源综合利用评价，促进工业固体废物资源综合利用产业规范化、绿色化、规模化发展。

第六条 开展工业固体废物资源综合利用评价的企业，可依据评价结果，按照有关规定申请暂予免征环境保护税，以及享受减免增值税、所得税等相关产业扶持优惠政策。

第二章 机构管理

第七条 工业固体废物资源综合利用评价机构（以下简称评价机构），是指开展工业固体废物资源综合利用评价的第三方机构。列入省工业和信息化厅推荐名单的评价机构应具备以下条件：

（一）在山东省境内注册登记或在省内有分支机构并独立核算的法人单位，注册资金不低于 200 万元。

（二）在资源综合利用评估、评价、技术服务等相关领域具有三年以上业务经验，熟悉相关产业政策、标准和规范。近三年内从事目录内相关工业固体废物资源综合利用评估、评价、技术服务业绩不低于 3 项。

（三）从事资源综合利用的专职人员不少于 8 人，其中高级技术职称人员不少于 2 人，从事专业包括资源、环境、财会等，评价机构人员遵守国家法律法规，有良好的职业道德。评价机构与所从事资源综合利用的专职人员依法签订劳动合同并缴纳社会保险。

（四）建有严格的管理制度，包括机构管理制度、评价工作规程、评价人员管理制度、专家审议制度等。

（五）与委托评价的单位在产品技术开发、生产、销售等方面不存在利益关系。

（六）具有开展业务活动所需的固定办公场所、设备设施条件。有开展业务所需的资金和经费保障。

（七）遵纪守法，诚实求信，保守企业秘密，近三年内无违法违规等不良记录。

（八）具备开展评价所需的其他条件。

第八条　省工业和信息化厅根据评价工作需要，不定期组织评价机构的推荐工作。符合条件的机构可向单位所在地的市工业和信息化主管部门提交申请材料，市工业和信息化主管部门初审后，将合格的机构择优推荐至省工业和信息化厅。

第九条　省工业和信息化厅负责发布评价机构推荐名单。根据全省工业固体废物种类和数量，合理确定评价机构数量，将审核合格的评价机构在省工业和信息化厅官网公示 5 个工作日后，无异议的向社会推荐，并将评价机构推荐名单上报工业和信息化部备案。

第十条　建立动态调整机制。评价机构推荐名单采用年审制。评价机构应于每年 2 月底前将上一年度工作总结和业绩报告等材料，经所在地的市工业和信息化管理部门审核后，报省工业和信息化厅。省工业和信息化厅对年审合格的机构予以保留，不合格的予以删除，并及时在官网上公布。

第三章　评价管理

第十一条　评价机构依据国家有关法律、法规、标准和本细则，对照《国家工业固体废物资源综合利用产品目录》，独立开展工业固体废物资源综合利用评价工作，形成评价结果，出具评价报告。评价机构对评价报告负责，并承担责任，接受监督。

第十二条　列入省推荐名单的评价机构应按照相关政策制定并公开工业固体废物资源综合利用评价收费标准。

第十三条　企业自愿开展工业固体废物资源综合利用评价，自主选择评价机构，鼓励优先选择省推荐名单中的评价机构。

第十四条　省工业和信息化厅根据全省资源综合利用实际情况，制定《山东省工业固体废物资源综合利用评价实施指南》，对评价工作原则、评价工作流程、评价报告、评价活动监督等实施过程进行规范，加强评价活动的标准化运作。

第十五条　开展工业固体废物资源综合利用评价的企业应向评价机构提交以下资料：

（一）企业营业执照复印件；

（二）企业近两年生产经营情况说明（包括但不限于企业基本情况、经营规模、综合利用工业固体废物种类、产品产量、年产值等）；

（三）工业固体废物产生、采购（或接收）、消耗、库存及产品生产、出库、外销的相关报表；

（四）工业固体废物原料掺量证明材料；

（五）产品标准及工艺技术说明；

（六）产品质量检测报告；

（七）质量、环境管理体系，物质计量和统计体系等相关管理体系建设情况；

（八）需要的其他证明材料。

第十六条　评价机构对企业提交的资料进行完整性和准确性审查，对企业生产过程与提交资料的一致性进行现场核查，确定综合利用工业固体废物的种类和数量。

第十七条　评价机构的评价内容包括：

（一）企业生产工艺、技术是否符合产业政策、技术规范；

（二）企业综合利用的工业固体废物种类、产品是否符合目录要求；

（三）企业是否建立质量保证体系、环境管理体系；

（四）企业物质计量统计体系建设情况是否满足对工业固体废物资源综合利用量的核算要求；

（五）工业固体废物资源综合利用量的物料衡算过程是否准确；

（六）需要评价的其他情况。

第十八条　评价机构根据资料审查和现场核查情况向企业出具评价报告。评价报告内容主要包括企业基本情况，工艺技术介绍，计量统计体系建设情况，产品质量控制情况，企业自身产生的工业固体废物分种类的综合利用量、企业接收的工业固体废物分种类的综合利用量及相关的物料衡算过程，存在问题及建议等。

第十九条　评价机构应在评价报告完成后的三十日内，将评价报告报被评价企业所在地市工业和信息化主管部门备案。市工业和信息化主管部门备案材料需保存五年以上。

第四章　监督管理

第二十条　建立随机抽查制度。省工业和信息化厅定期或不定期地组织对评价机构和各市相关企业进行抽查。抽查可以由相关部门、技术机构组成的专家组或者委托第四方机构进行。

第二十一条　省工业和信息化厅加强对评价机构的监督管理。有下列情况之一的，从评价机构推荐名单中予以删除，被删除的机构三年内不再受理其再次申报：

（一）申请列入评价机构推荐名单时提供虚假资料、信息的；

（二）评价过程中使用虚假资料、信息，造成评价报告严重失实的，或将评价的全部或部分过程外包的；

（三）不能保证评价工作质量，或评价工作质量低劣的；

（四）不接受监督管理，不报送年度工作报告的；

（五）审核年度内未开展评价工作的；

（六）其他违背诚实信用原则的。

第二十二条　市工业和信息化主管部门负责指导并监督本辖区工业固体废物资源综合利用评价工

作，对其上报的评价机构实施监督管理。

第二十三条 市工业和信息化主管部门按季度对本辖区综合利用评价报告备案情况，工业固体废物种类、综合利用量、综合利用产值、减免税额等进行整理汇总，自季度终了十五日内上报省工业和信息化厅。每年 3 月 15 日前将上一年度综合利用情况形成报告报省工业和信息化厅。

县级以上工业和信息化主管部门在其网站上对评价报告中下列项目予以公布：企业名称、工业固体废物综合利用的种类与数量、综合利用产品名称、评价机构名称。

第二十四条 任何组织和个人发现工业固体废物资源综合利用评价中的违法违规行为，有权向当地工业和信息化主管部门或相关部门举报。

第二十五条 对工业固体废物资源综合利用评价活动中的违法行为依照相关法律、行政法规和部门规章等予以处罚。

第五章 附 则

第二十六条 本细则由山东省工业和信息化厅负责解释。

第二十七条 本细则自 2018 年 11 月 9 日起施行，有效期至 2023 年 11 月 8 日。

（2018 年 11 月 9 日印发）

安徽省

安徽省人民政府
关于建立固体废物污染防控长效机制的意见

各市、县人民政府，省政府各部门、各直属机构：

为全面加强固体废物全过程监督管理，压实污染防控责任，依法查处、严厉打击环境违法行为，促进固体废物产生、贮存、运输、利用、处置等单位守法自律，根据《安徽省环境保护条例》《安徽省实施〈中华人民共和国固体废物污染环境防治法〉办法》《安徽省生态环境保护工作职责（试行）》等有关规定，按照"控源头、奖举报、查输运、堵落地、严打击、重追责"的总体思路，现就建立健全固体废物污染防控长效机制提出如下意见。

一、加强源头管控

（一）加强固体废物监管能力建设。推进固体废物监管能力建设，建立覆盖省、市、县三级的固体废物信息管理系统，对涉固体废物单位实施申报登记管理制度，逐步实行固体废物信息化监管，提高固体废物监管水平。（牵头单位：省环保部门，配合单位：省经济和信息化、财政、住房城乡建设、卫生计生等部门）

（二）建立涉固体废物单位清单。开展专项调查，梳理固体废物产生、贮存、运输、利用、处置单位情况，全面掌握固体废物信息，建立清单并实行动态更新。（牵头单位：省环保部门，配合单位：省经济和信息化、住房城乡建设、省卫生计生等部门）

（三）建立申报登记制度。实行危险废物和工业固体废物产生、贮存、运输、利用、处置全过程申报登记，督促有关单位在信息化管理平台如实申报固体废物信息，并及时动态更新。运用产排污系数、物料衡算等方法，加强对申报登记数据质量的审核，对虚报、瞒报、漏报、不报的，依法查处。（牵头单位：省环保部门，配合单位：省教育、经济和信息化、住房城乡建设、卫生计生等部门）

（四）严格固体废物转移管理。固体废物跨省贮存、处置应当依法履行审批程序，未经省级环保部门批准的不得转移；省内跨区域贮存、处置的，按照《安徽省实施〈中华人民共和国固体废物污染环境防治法〉办法》有关规定实施。危险废物跨省转移应当履行审批程序，未经省级环保部门批准的不得转移。严格落实利用危险废物外省转入限额，禁止外省危险废物转入我省焚烧、干化、物化、填埋。工业固体废物跨省、市、县（以下简称"跨地区"）转移利用，应当在所在地设区市或县级环保部门申报登记，登记内容包括工业固体废物种类、数量、转运方式以及产生单位和利用单位的合同、生产工艺等，环保部门要加强现场检查。（牵头单位：省环保部门，配合单位：省交通运输部门等）

（五）推进固体废物减量化。对固体废物产生量大、危害性大以及难以利用处置的项目，严格项目准入，从严实施环境影响评价。鼓励现有固体废物产生量大的企业开展清洁生产审核、技术改造和资源化利用，降低有毒有害物质的使用，减少固体废物的产生。产生、贮存、利用、处置固体废物的建设项目，必须遵守建设项目环境保护管理规定，建设符合环境保护标准的固体废物贮存、处置场所和

设施。（省发展改革、经济和信息化、环保等部门按工作职责负责）

（六）提高固体废物综合利用水平。加强固体废物利用、处置能力建设，鼓励社会资本参与，积极支持固体废物减量化、资源化、无害化技术研发，提高固体废物综合利用水平。（省发展改革、经济和信息化、环保、科技等部门按工作职责负责）

二、实行有奖举报

（一）畅通举报渠道。鼓励公众通过来信、网络、12345、12369电话等方式举报我省境内发生的涉危险废物、工业固体废物方面的环境违法行为，加强社会监督，形成全社会防控格局，确保我省环境安全。（省环保部门负责）

（二）完善举报奖励办法。修订《安徽省环境违法行为有奖举报办法》，增加涉危险废物、工业固体废物方面环境违法行为的有关举报奖励条款，提高奖励标准，激发举报动力，营造全社会联防联控环境违法行为氛围。（牵头单位：省环保部门，配合单位：省财政部门）

（三）落实奖励制度。环保部门根据举报线索查处的环境违法行为，按规定给予举报人奖励。奖励经费由同级财政部门在环保部门年度预算中予以保障。（各市人民政府，省财政、省环保等部门按工作职责负责）

三、强化输运查验

（一）建立省内通航水域港口码头清单管理制度。将符合港口总体规划及有关技术标准，依法取得经营资格从事港口经营活动的组织和个人列入清单管理，并进行动态调整，全面掌握港口码头经营人、码头泊位数、泊位等级、码头吞吐能力等基本信息，持续清理取缔无证经营码头。（牵头单位：省交通运输部门，配合单位：省发展改革、水利等部门）

（二）建立港口码头固体废物装卸监管制度。船舶装运货物到达港口，船舶承运人应将货物运单和所载货物来源、种类、吨位、收货人等信息，向到达港港口码头经营人报港报备。港口码头经营人接到船舶承运人报备信息后，应安排人员上船核对所报货物种类与船舶实际承运的货物是否一致，若船舶疑似装运固体废物，应核实环保部门固体废物跨省转移审批文件或工业固体废物跨地区转移利用申报登记材料。港口码头经营人在船舶到港报港核查或装卸作业时发现疑似固体废物，且没有环保部门审批文件或申报登记材料的，应立即向所在地环保、港航管理部门报告；正在装卸作业的，应立即停止作业，待环保部门现场核实后方可作业。港口所在地县级港航管理部门接到港口经营人疑似固体废物报告后，应立即将疑似固体废物情况报告所在地县级政府环保、公安部门和上级港航管理部门。市级港航管理部门接到疑似固体废物报告后，应在1小时内书面报告市环保、公安部门，同时抄报省港航管理局，省港航管理局立即报告省交通运输部门和环保部门。各级港航管理部门应建立疑似固体废物装卸作业日报制度，积极配合所在地环保、公安部门开展打击涉及固体废物环境违法犯罪行为。（牵头单位：省交通运输部门，配合单位：省环保部门等）

（三）加强省际运输管控。省界周边市、县政府应组织公安、交通、林业、水利等部门，在省界道路、水路不定期开展巡查检查，充分利用省界公安检查站、公路超限超载检测站、林业检查站、船闸等站点，加强对跨省从事固体废物运输车辆、船舶的检查，严防固体废物非法流入我省。各高速公路经营单位在省际收费口发现非法从事固体废物运输的，要立即向当地环保和交通运输等部门报告。各级海事管理机构要加强对监管水域过往船舶的监督检查，对疑似载运固体废物的运输船舶逢船必检，及时准确掌握过往船舶载货信息，并做好船名、进出港时间、货物名称等信息的台账记录，发现有违法转移、倾倒行为的，要立即报告环保、公安部门。港口所在地政府要不定期组织公安、交通运输等部门，对进出港道路进行巡查，严厉查处非法运输固体废物行为。各级道路运输管理机构要加强对辖区内道路货物运输企业的监管，督促运输企业合法规范运输，严禁通过短途接驳方式从事港口码头固体废物非法运输。督促货物运输企业切实承担主体责任，及时掌握营运车辆运输动态，加强对驾驶人员的宣传教育，严禁承接固体废物非法转移业务。（牵头单位：省交通运输部门，配合单位：省公安、环保、水利、林业等部门）

四、严堵非法落地

（一）建立健全四级环境监管网格。按照行政区域边界划分，建立健全市、县、乡镇（街道）、村（社区）四级环境监管网格。工业园区要建立独立网格，按照管理权限，纳入同级网格管理。各级网格由一名政府负责人担任网格长，实行网格长负责制。上级网格负责指导和监督下一级网格工作。（省环保部门负责）

（二）明确各级网格监管责任。市级网格负责部署、调度本网格固体废物环境管理工作，组织相关责任部门依法查处、严厉打击固体废物污染环境违法行为，防范和化解固体废物污染环境风险，每季度向省环境保护委员会办公室报告本网格固体废物排查和案件查处情况。县级网格负责制定乡镇（街道）网格的日常巡查方案，明确巡查对象、巡查路线、巡查频次等要求，督促乡镇（街道）网格认真落实，每月向市级网格报告本网格固体废物排查和案件查处情况。乡镇（街道）、村（社区）网格负责对本网格进行巡查，及时发现、制止、上报固体废物环境违法行为，每月向上级网格报告本网格固体废物排查情况。工业园区网格负责本网格固体废物问题排查、整改工作，配合上级依法查处固体废物污染环境违法行为，每月报告本网格固体废物排查和案件查处情况。各级网格将工业园区、工业集聚区、尾矿库、固体废物堆场、城郊结合区域、江河湖库沿岸、码头、林地、山坳、道路两旁等列入本网格重点巡查对象，及时上报巡查信息。（牵头单位：省环保部门，配合单位：省住房城乡建设、国土资源、农业、水利、林业、安全监管等部门）

（三）规范办理程序。各级网格发现本级网格问题线索或接到下一级网格上报的问题线索后，应在第一时间移交本级相关责任部门处理。相关责任部门应安排人员在规定时限内到达现场，进行调查、核实、取证、处理，及时反馈处理结果。需要多部门联合处理的，由牵头部门组织协调。各级网格要对收到的问题线索进行全过程记录和跟踪督办。（省环保部门负责）

（四）实行固体废物排查"四联签"清单制度。对排查发现的问题，各级网格长逐级签字上报；未发现问题的，实行零报告。落实排查责任制，实行"谁排查谁负责，谁签字谁负责"。（省环保部门负责）

（五）发挥河长制、湖长制、林长制作用。实施河长制、湖长制、林长制区域的相关责任部门，负责相应河段、湖泊、林地范围内的固体废物巡查，及时发现、制止固体废物环境违法行为，并向上级报告，及时移交问题线索，配合做好查处工作。（省环保、水利、林业等部门按工作职责负责）

五、严打犯罪行为

（一）规范案件受理。公安机关充分发挥职能作用，提高对固体废物污染环境犯罪线索的发现、核查能力，第一时间采取有效措施开展核查，涉嫌犯罪的，及时依法立案侦查。公安机关对环保部门移送的涉嫌犯罪案件，应依法依规及时接受、迅速审查、立案侦查。移送材料不全或证据不充分的，应书面告知环保部门及时补正或补充调查，环保部门应当及时提供侦办案件需要的环境监测数据或技术支持。环保部门出具的初步检测鉴定意见，可以作为立案依据。环保部门调查固体废物污染环境违法案件并通知公安机关，公安机关根据工作需要提前介入，依法履职、配合调查。发生突发环境应急事件的，公安机关在党委、政府统一领导下，与环保等部门密切配合，及时进行处置。（牵头单位：省公安部门，配合单位：省环保部门等）

（二）强化案件侦办。公安机关打击固体废物污染环境犯罪采取专案侦查模式，由公安机关负责人统一指挥，多警联动、合成作战、聚力攻坚、快侦快破，属地县级公安机关及时受理立案、市级公安机关全力指导侦查。团伙性、系列性、跨地域等重大复杂犯罪案件由市级以上公安机关提级侦办。强化溯源追查，围绕源头、中介、运输、倾倒、处置等环节全面侦查取证、深挖扩线，对参与犯罪行为的组织者、经营者、实施者、获利者等所起的作用均要查清查实查透，必要时异地用警、驻点清剿，坚决摧毁犯罪网络、斩断利益链条、严惩犯罪分子，案件侦办中发现的失职渎职行为应当依法依规移交有关机关处理。实行固体废物污染环境犯罪案件"逐级申报、层级挂牌、上级指定"挂牌督办制度，对重大复杂、影响较大的案件，省公安部门根据工作需要，会同省环保部门等提请省检察院联合挂牌督办，或者申请公安部挂牌督办。（牵头单位：省公安部门，配合单位：省环保部门、省检察院、省高院等）

（三）强化办案协作。全省公安机关加强办案协作，牢固树立"一盘棋"思想，在线索核查、调查取证、网上追逃、抓捕人员、案件移交、信息共享等方面强化协作配合，形成"全警联动、通力协作、整体作战"的严打格局。根据工作需要，污染环境犯罪案件涉及外省线索的，由省公安部门申请公安部统一协调或发起集群战役；涉及本省内跨市域线索的，由省公安部门负责协调，涉案地公安机关积极核查。环保部门在环境执法和日常监管中发现的固体废物污染环境案件，如涉嫌违反治安管理规定或涉嫌环境污染犯罪的，应当及时移送同级公安机关依法处理。对重大案件，可商请检察机关支持，帮助侦查取证，并积极开展环境公益诉讼，维护社会公众的环境利益。（牵头单位：省公安部门，配合单位：省环保部门、省检察院等）

六、严肃责任追究

（一）严格问责程序。依据《安徽省党政领导干部生态环境损害责任追究实施细则（试行）》和有关制度规定，制定固体废物污染防控工作量化问责办法。按照职责分工依法依规进行调查，根据履行职责不力、失职失责的具体情形，提出问责建议，按照干部管理权限移送有关监察机关和组织人事部门追究责任，结果按照有关规定向社会公开。（牵头单位：省环保部门，配合单位：省监委、省委组织部等）

（二）压实部门责任。负有固体废物监督管理职责的部门，根据各自职责开展固体废物监督管理工作。对本部门职责范围内发生的固体废物违法行为，未及时查处的，按程序对相关责任人实施问责。（省有关部门按工作职责负责）

（三）坚持从严问责。对未履行职责，或者履行职责不到位，导致分管区域内出现固体废物污染事件的；在固体废物监督管理工作中弄虚作假，或者因工作不严不实，造成严重社会影响的；因固体废物监督管理工作出现问题,被环保主管部门挂牌督办,或者挂牌督办逾期(经批准延期的除外)未摘牌的;上级交办的固体废物突出环境问题未按照要求完成整改的,从严问责。(牵头单位:省环保部门,配合单位:省监委、省委组织部等)

各市人民政府、省有关部门要结合实际,制定具体实施办法。

安徽省人民政府

2018 年 6 月 19 日

广东省

广东省环境保护厅 广东省工业和信息化厅关于加强工业固体废物污染防治工作的指导意见

(粤环发〔2018〕10号)

各地级以上市环保局、深圳市人居环境委员会、工业和信息化主管部门：

广东作为经济大省，产业门类和工业企业众多，工业固体废物产生量大，固体废物污染防治任务繁重，也极为紧迫。为加强工业固体废物污染防治，强化工业企业规范固体废物的处理处置管理，坚决打好固体废物污染防治攻坚战，扶持实体经济发展，遵照省委省政府的工作部署，现就加强全省工业固体废物污染防治工作，提出如下指导意见：

一、充分认识加强固体废物污染防治工作的重要性

固体废物污染防治是生态环境保护工作的重要领域，是改善生态环境质量的重要环节，是保障人民群众环境权益的重要举措。加强固体废物污染防治是贯彻习近平生态文明思想、推进美丽广东建设的必然要求，是扭转当前固体废物违法倾倒案件频发现状的客观需要，也是改善环境质量、维护生态环境安全的有效手段。加强工业固体废物处理处置是党的十九大要求着力解决的突出环境问题之一，对于决胜全面建成小康社会，打好污染防治攻坚战具有重要意义。各地、各有关部门要以中央环保督察"回头看"和固体废物专项督察为契机，进一步统一思想，提高认识，准确把握固体废物防治的新形势和新要求，切实增强做好工业固体废物污染防治工作的责任感、紧迫感和使命感，严格落实责任、强化监督管理、增加资金投入，依法严厉打击各类固体废物非法转移行为，大力提升固体废物污染防治能力，以环保倒逼产业转型升级，推动广东经济高质量发展，努力建设美丽广东。

二、切实加强企业固体废物污染防治工作

（一）落实工业企业防治污染的主体责任。

产生和使用固体废物的工业企业，必须依法承担污染防治的主体责任。《中华人民共和国固体废物污染环境防治法》第五条规定：国家对固体废物污染环境防治实行污染者依法负责的原则。产品的生产者、销售者、进口者、使用者对其产生的固体废物依法承担污染防治责任。产生、利用和处置固体废物的工业企业必须依法履行分类管理制、申报登记制、规范贮存制、转移合同制，确保守法经营、安全处置、规范管理。

（二）明晰工业固体废物的类别。

工业固体废物，是指在工业生产活动中产生的固体废物。参照《一般工业固体废物贮存、处置场污染控制标准》（GB 18599—2001），一般工业固体废物是指未被列入《国家危险废物名录》或者根据国家规定的GB 5085鉴别标准和GB 5086及GB/T 15555鉴别方法判定不具有危险特性的工业固体废物。按照《环境统计报表制度》中的指标解释，一般工业固体废物包括冶炼废渣、粉煤灰、炉渣、煤矸石、

尾矿、脱硫石膏、污泥等主要类别以及其他废物。

（三）自觉履行固体废物申报登记制度。

认真落实《中华人民共和国固体废物污染环境防治法》第三十二条规定：国家实行工业固体废物申报登记制度。产生工业固体废物的单位必须按照国务院环境保护行政主管部门的规定，向所在地县级以上地方人民政府环境保护行政主管部门提供工业固体废物的种类、产生量、流向、贮存、处置等有关资料。

一般工业固体废物产生单位必须如实申报正常作业条件下工业固体废物的种类、产生量、流向、贮存、利用、处置状况等有关资料，以及执行有关法律、法规的真实情况，不得隐瞒不报或者虚报、谎报。一般工业固体废物产生单位应于每年3月1日前网上申报登记上一年度的信息，通过省固体废物管理信息平台依法申报固体废物的种类、产生量、流向、交接、贮存、利用、处置情况；年产生、利用、处置量100吨及以上的，应于每季度的10日前网上申报登记上一季度的信息。申报企业要签署承诺书，依法向县级环保部门申报登记信息，确保申报数据的真实性、准确性和完整性。

（四）严格落实工业企业从源头减少固体废物产生量。

根据《中华人民共和国固体废物污染环境防治法》《中华人民共和国清洁生产促进法》，工业企业对其产生的所有工业固体废物，应当在充分考虑自身经济、技术条件的基础上，对固体废物实行充分回收和合理利用。应加强技术改造，通过开展绿色供应链管理、清洁生产等方法，实施原料替代、工业固体废物减量化工艺改造等措施，对生产过程中产生的废物进行综合利用或者循环使用，促进工业企业从源头减量。

（五）规范固体废物贮存设施或场所。

一般工业固体废物贮存或处置，应符合《一般工业固体废物贮存、处置场污染控制标准》（GB 18599—2001）有关要求。一般工业固体废物的贮存设施、场所必须采取防扬散、防流失、防渗漏或者其他防止污染环境的措施，必须符合国家环境保护标准，并对未处理的固体废物做出妥善处理，安全存放。对暂时不利用或者不能回收利用的一般工业固体废物，必须配套建设防雨淋、防渗漏、易识别等符合环境保护标准和管理要求的贮存设施或场所，以及足够的流转空间，按国家环境保护的技术和管理要求，有专人看管，建立便于核查的进、出物料的台账记录和固体废物明细表。

（六）鼓励有条件的企业自建设施。

鼓励有条件的企业自建固体废物利用处置设施。其中年产5000吨及以上一般工业固体废物的单位、各类工业园区或工业集中区，鼓励配套建设综合利用项目进行消纳。建设产生固体废物的项目以及建设贮存、利用、处置固体废物的项目，必须依法进行环境影响评价，并遵守国家有关建设项目环境保护管理的规定。

（七）依法处理处置固体废物。

根据《广东省环境保护条例》第三十七条规定，固体废物产生者不能自行利用或者处置的，应当提供给符合环境保护要求的企业利用或者处置。企业委托外单位进行利用或无害化处置的，必须签订合同委托处置，并明确各自的法律责任，由产废单位交给具有处理处置相应固体废物能力的单位处理处置，不得非法交易、非法转移、随意倾倒。受委托者应依据国家法律法规的规定和合同约定防治固体废物污染环境，并承担相应法律责任。委托者应当对受委托者进行延伸检查，保证受委托者的运输、利用、处置行为符合国家法律法规的规定和合同要求。要建立转移、利用、处置台账，如实记录转移、接收、处置等情况，规范保存台账信息。

一般工业固体废物送往垃圾填埋场或焚烧厂处置的，还需满足《生活垃圾填埋场污染控制标准》（GB 16889—2008）或《生活垃圾焚烧污染控制标准（GB 18485—2014）规定的入场条件或要求。

（八）加强运输监管。

承担一般固体废物转移运输单位必须按规定和要求，完善工业固体废物运输企业、车辆、人员的准入制度，承运责任制度和分类管理制度，运输工业固体废物的车辆、船舶等，应按要求采用封闭运输工具、配备定位系统、加装视频监控设备和电子锁等转移监管设施；如实记录各类工业固体废物的种类、数量、去向，实时登记废物出入库、交接、流转等情况，建立健全各项固体废物管理制度，严格落实二次污染防治措施。有条件时应将车辆GPS信息与当地交通运输部门、环保部门联网，自觉接受监督。

（九）完善视频监控管理。

参照原环境保护部办公厅《关于加快重点行业重点地区的重点排污单位自动监控工作的通知》（环办环监〔2017〕61号）的要求，一般工业固体废物年产生、利用量达100吨及以上的产生单位以及所有处置（填埋、焚烧）单位，应在装卸点、贮存场所、处置点、废物出入厂门口安装视频监控设施并与全省固废管理信息平台联网，规范保存信息，实现废物流转信息"可追溯"。所有处置单位和年产5000吨及以上工业固体废物的产生单位应在2019年6月底前率先全面完成视频监控设施安装并与环保部门联网。

（十）规范转移审批管理。

一般工业固体废物转移出省外进行贮存、处置的工业企业，应依法向省级环境保护行政主管部门提出申请，由省级环境保护行政主管部门商洽接受地的省级环境保护行政主管部门同意，方可转移工业固体废物。

三、强化服务意识，增强监管与服务能力

各地要深化认识"放管服"改革的重大意义，积极营造有利于推进固体废物污染防治工作的舆论氛围，引导绿色生产和绿色消费，推进工业绿色发展，支持产业园区循环化改造、资源循环利用技术示范推广，培育资源综合利用骨干企业，加强对企业的监管与服务能力，严厉打击违法行为，推进企业绿色发展。鼓励工业企业之间建立联盟，达成共建共享的合作共识，减少相互间交易成本，稳定供求关系，共享收益，提高竞争力，实现合作共赢。

（一）统筹谋划环保基础设施建设。

各地应组织建设服务于本地区工业固体废物的专门无害化处置设施；造纸、印染、制革等工业集中的区域，应配套建设服务本地区工业企业固体废物集中处置需求的环保基础设施。各市、县（区）环保部门应积极支持和指导企业开展自建固体废物处置设施，鼓励社会各类主体投资建设、经营固体废物集中处置设施。

为确保区域产业稳定、安全、持续健康的发展，各地必须配套建设区域环保基础设施。各市、县（区）政府要结合本地实际，根据辖区内工业固体废物产出特征，按照原则上本地化处置利用的要求，科学合理地引导各类废物流向，统筹规划布局各类废物利用处置设施建设，确保本辖区固体废物利用处置能力能够满足实际需求，切实解决处置出路难问题。鼓励各地推进以骨干企业为主导的市场化运作模式，

积极利用社会资本、先进技术和管理经验，因地制宜选择先进适用、成熟可靠、符合节约集约用地的无害化处理处置技术，打造一批具有示范带动作用的能源资源综合利用基地和产业链，着力提高大宗工业固体废物循环利用水平。

（二）建立健全激励机制。

一是做好相关优惠税收政策的指导与服务。落实资源综合利用税收政策，按照财政部、国家税务总局《关于印发〈资源综合利用产品和劳务增值税优惠目录〉的通知》（财税〔2015〕78号）要求，对纳税人销售自产的资源综合利用产品和提供资源综合利用劳务，符合《资源综合利用产品和劳务增值税优惠目录》规定的综合利用资源名称、综合利用产品和劳务名称、技术标准等相关条件，按规定比例享受增值税即征即退政策。

开展工业固体废物综合利用评价。按照工业和信息化部《工业固体废物资源综合利用评价管理办法》（2018年第26号公告），鼓励企业开展工业固体废物资源综合利用评价，通过第三方评价机构的客观评价，确定综合利用工业固体废物种类和数量，企业依据评价结果，按照《财政部、税务总局、生态环境部关于环境保护税有关问题的通知》（财税〔2018〕23号）和相关税收规定，申请享受相关税收优惠政策。

二是健全环境信用评价体系，促进企业诚信守法。将工业固体废物重点产生单位和利用处置单位全部纳入环境信用评价管理，并公布评价结果，主动接受社会监督，对固体废物利用处置等违法失信企业要将其违法信息归集至全国信用信息共享平台，并在国家企业信用信息公示系统和"信用中国"网站公示，开展联合惩戒，实现"一处违法、处处受限"。

三是逐步完善工业固体废物处置企业的退出机制，对不按要求处置固体废物、日常管理不规范或存在违法违规行为的，各市、县（区）政府及职能部门要及时依法依规严肃查处；对涉嫌犯罪的要及时移送公安机关。

（三）积极引导先进技术及产业政策。

一是推广应用资源综合利用先进适用技术。按照工业和信息化部《国家工业资源综合利用先进适用技术装备目录》（2017年第40号公告）指引，鼓励企业推广应用工业固废综合利用先进适用技术装备，提升工业固体废物综合利用水平，提高资源利用效率，推进工业绿色发展。

二是实施园区循环化改造，促进工业园区固体废物综合利用。各地各园区应按照循环经济理念，遵循"减量化、资源化、再利用"原则，结合工业园区产业特点，实施园区循环化改造，引入产业链工业副产物交换利用项目、工业固废综合利用项目，实施绿色清洁生产，打造循环经济产业链，消纳园区企业生产过程中产生的工业固体废物，促进园区废弃资源的高效利用和循环利用。

三是加强城市矿产、资源循环利用基地、水泥窑协同处置等示范引领，促进工业综合利用。加强工业固体废物综合利用，消纳工业生产过程中产生的固体废物，按照发展改革委、工业和信息化部推进城市矿产、资源循环利用基地、水泥窑协同处置等试点示范建设要求，通过试点示范建设，促进粉煤灰、冶炼废渣、尾矿、工业副产品等大宗工业固体废物规模化再生利用，形成较好规模效益；同时，打造废弃物资源化利用深加工产业链，提升产品附加值，实现良好的经济效益。对于具有热电厂或水泥窑生产线的地市，鼓励协同处置本辖区印染、造纸、污水处理厂等各类污泥以及低价值、无利用途径的一般工业固体废物，实现污泥无害化、资源化处置。

四是加强资源综合利用行业规范公告管理。通过加强综合利用行业规范公告管理引导，促进固体废物综合利用企业规范建设，提升资源综合利用技术和管理水平，促进行业企业健康持续发展。根据工业和信息化部行业企业规范条件建设要求，相关综合利用行业企业按照项目设立和布局、生产经营规模、资源综合利用和能耗、工艺与装备、环境保护、安全生产、产品质量与职业培训等方面相关要求规范建设，推动企业规范生产、经营，提升对资源综合利用技术和管理水平，促进行业集聚化、规模化、规范化发展。

（四）健全严格监管与执法联动机制。

各地、各职能部门要增强大局意识和协作意识，认真落实属地监管责任，强化责任担当，密切协作配合，努力形成上下联动、齐抓共管、合力推进的工作格局。针对非法倾倒、处置等环节，各县（区）、镇必须落实村、社区等基层组织的第一责任人，做到第一时间发现、第一时间报告，涉及跨行政区的，必须向上一级行政主管部门报告。各市、县(区)环保部门要督促工业企业落实企业主体责任，依法依规，严格按照工业固体废物技术标准规范要求进行规范管理。

环保部门要切实履行统一监管责任，加强对企业的日常监管，对发现无规范贮存场所、无申报登记或不如实申报登记的要下达限期整改的通知，并监督落实；对非法转移、处置、倾倒固体废物的要依法严肃查处，对涉嫌环境犯罪的，要及时移交公安机关立案查处，并为公安机关侦查办案提供技术支持；对符合生态环境赔偿范围的，及时组织开展生态环境损害赔偿相关工作。工业和信息化部门对粉煤灰、冶炼废渣、脱硫石膏等大宗固体废物的综合利用进行指导，提高固体废物的资源化利用水平。

四、加大宣传力度，发挥公众参与

大力宣传工业固体废物污染防治的重要意义，积极倡导绿色生产方式，促进固体废物源头减量和综合利用。加强固体废物污染防治信息发布，完善发布内容和发布要求。完善举报奖励机制，畅通信访举报渠道，支持公众、社会团体、媒体等监督举报涉及固体废物的违法行为。及时公开并报道一批固体废物领域典型违法犯罪案例，保持对非法转移倾倒行为的威慑和高压态势。发挥新闻媒体的正面引导作用，积极营造有利于固体废物污染防治的舆论氛围。

本《指导意见》自2018年12月1日起施行，有效期三年。

广西壮族自治区

广西壮族自治区人民政府
广西主要大宗工业固废综合利用实施方案

（2020年3月）

为贯彻落实《中华人民共和国循环经济促进法》《中华人民共和国环境保护法》《"十三五"节能减排综合工作方案》，深入践行绿色发展理念，保障我区工业的绿色发展，着力解决环境保护问题，稳步推进工业固体废物综合利用水平，根据《中共广西壮族自治区委员会 广西壮族自治区人民政府关于推动工业高质量发展的决定》等，结合广西主要大宗工业固体废物产生及综合利用现状，制定本实施方案。

一、主要大宗工业固体废物综合利用现状

（一）主要大宗工业固体废物产生情况

广西14个设区市334家主要产生大宗工业固体废物企业中，固废种类以冶炼渣、赤泥、尾矿、石材加工废料、粉煤灰、工业副产石膏为主，历年总堆存量约为2亿吨。初步统计2018年产生量分别约为1350万吨、1200万吨、1100万吨、175万吨、600万吨、250万吨，占全部工业固体废物产生量的75%以上。其中柳州市、防城港市、北海市、玉林市以冶炼废渣为主，百色市以赤泥和尾矿为主，河池市以冶炼废渣和尾矿为主。

（二）主要大宗工业固体废物综合利用情况

据调查，2018年广西主要大宗工业固体废物产生量约4675万吨，综合利用量约2620万吨，主要大宗工业固体废物综合利用率约为56%；冶炼渣、粉煤灰、工业副产石膏的综合利用率大于90%。

广西有着得天独厚的区位优势和资源优势，随着广西北部湾经济区发展规划、珠江—西江经济带发展规划、左右江革命老区振兴规划的实施，在未来一段时期，钢铁、有色、石化等资源型产业仍有较为充分的发展空间，钢铁、有色生产产能稳步增长，与此同时，工业固体废物的产生量稳步增长，将会对环境和生态安全造成极大的挑战，加快实施工业固废综合利用和处置工程，对于贯彻落实资源节约和环境保护的基本国策，促进广西工业高质量发展具有十分重要的意义。

（三）存在的主要问题

1.技术层次不高，综合利用效益低。

广西主要大宗工业固体废物综合利用存在许多技术瓶颈，缺乏大规模、高附加值利用且具有带动效应的重大技术和装备；固体废物产生地域与利用地域区间跨度大，工业固体废物综合利用项目投入大、能耗高、产品附加值低，地区之间发展不均衡，产业链联系不紧密，制约了综合利用产业向广度推进。

2.利用途径单一，产业链条不完整。

一是工业固废虽然品种多，但利用途径单一，主要用作水泥、混凝土、砖等建筑材料的生产原材料；

二是工业固废虽然组分多样，但产业链条不完整，大部分以提炼主要金属为首要目标，有价组分

回收不充分；

三是工业固废从产生收集、技术开发、工程设计、项目融资到管理运营等服务体系不健全，制约了综合利用产业链条纵深发展。

3. 要素配置不优，产业模式创新不足。

一是创新资源聚焦不够。工业固废产生企业、综合利用企业、科研院所和大专院校等产学研机构联系不紧密，各类科技创新平台管理分散，导致综合利用关键和共性技术研发进展缓慢，标准体系不健全，检验及评估方法不完善，对固体废物资源综合利用支撑能力不足。

二是产业模式创新不足。固废产生企业和综合利用企业之间产业协同能力差，缺乏深度开发固废利用价值的合作意愿和动力，仅仅出于社会和环保责任的需要简单将固废推向市场，商业模式单一；固废产生企业和综合利用企业在地理空间上呈离散型分布，产业链条整合不足，专业性或综合性循环利用园区或基地不多，产业集聚度不高。

三是政策支撑能力不足。缺少对大宗工业固体废物综合利用的强制性要求和针对性奖惩措施，企业缺乏利用大宗工业固体废物的压力与动力；现有财税政策支持力度不够，一些工业固体废物综合利用新产品尚未列入税收优惠目录，尚未建立大宗工业固体废物综合利用专项资金。

二、指导思想、基本原则、总体目标

（一）指导思想

全面贯彻党的十九大精神，按照生态文明建设的总体要求，以集聚化、产业化、市场化、生态化为导向，以提高工业固体废物综合利用率为核心，以建设重点工程和试点示范为支撑，着力技术创新和制度创新，探索大宗工业固体废物区域整体协同解决方案，推动大宗工业固体废物由"低效、低值、分散利用"向"高效、高值、规模利用"转变，带动资源综合利用水平的全面提升，推动自治区经济高质量可持续发展。

（二）基本原则

坚持政府引导与市场主导相结合。坚持节约资源和环境保护的基本国策，充分发挥市场配置资源的决定性作用，促使大宗固体废物综合利用成为企业降低成本、提高效益、持续发展的内生动力。

坚持源头减量与综合利用相结合。通过优化设计、科学管理，从源头减少固体废物产生量；通过提高品质、扩大品种和拓展应用领域，提高资源综合利用水平，不断增加大宗固体废物利用量，最终实现大宗固体废物增量和存量总和的负增长。

坚持创新驱动与政策激励相结合。创新驱动，鼓励技术创新与模式创新，攻克关键技术、加强平台建设、促进技术集成、推广产业示范。完善政策，研究制定有效推动资源综合利用的产业政策、财税政策和金融政策等。

坚持规模发展和重点企业扶持相结合。鼓励大掺量、规模化利用，扶持大型骨干企业，积极拓展综合利用方式，通过多渠道、多途径利用，力争做到"吃干榨尽"。

坚持重点突破与因地制宜相结合。重点突破产生大宗固体废物的重点行业和领域；从技术、标准、政策和管理等多个方面，因地制宜，研究和推动大宗固体废物综合利用产业发展。

（三）总体目标

以冶炼渣、赤泥、尾矿、石材加工废料、粉煤灰、工业副产石膏等广西大宗工业固体废物综合利用为重点，加强分类施策和政策资金引导，打造工业固废高效综合利用产业新模式，建设大宗工业固体废物资源综合利用生产性服务平台，探索建设一批具有示范和引领作用的综合利用产业基地及项目，形成多途径、高附加值的综合利用发展新格局。

到2021年，主要大宗工业固废综合利用率比2018年提高5个百分点；培育5个以上综合利用示范基地（园区）和20家以上骨干企业，资源循环利用产业突破1000亿元；在大宗固废综合利用关键和共性技术上取得新突破，形成一批拥有自主知识产权的综合利用技术及重大技术装备。

三、主要任务

（一）冶炼渣

目前，广西主要的冶炼渣包括钢渣水渣、有色金属渣（铜渣、锌渣、铅渣、锡渣、镍渣）、锰渣（电解锰渣）、少量电石渣等，主要分布在柳州、贵港、河池、防城港、北海、玉林、桂林等市。2018年，冶炼渣产生量约1350万吨，综合利用量约为1225万吨，综合利用率91%。预计2021年产生量约1850万吨。目前，冶炼渣的主要处理工艺有水泥生产工艺、矿渣微粉生产工艺、全自动砌块成型工艺及其他新型墙体材料生产工艺等。

1.目标任务

积极推动高炉渣、钢渣及尾渣深度研究、分级利用、优质优用和规模化利用。推动有色冶金渣提取有用组分整体利用、含重金属冶金渣无害化处理及深度综合利用；推广技术先进、能耗低、耗渣量大、附加值高的产品，全面实现钢渣"零排放"和有色冶金渣清洁化利用，强化龙头企业支撑，拓宽综合利用方向，重点研发和应用3～5项先进关键共性技术，培育5家以上综合利用骨干企业；完善以冶炼渣综合利用为核心的循环经济产业链，建设3个以上综合利用园区基地或园区。到2021年，冶炼渣综合利用率达到92%。

（责任落实单位：柳州、贵港、河池、防城港、北海、玉林、桂林等市工信局，督查指导处室：节能处、原材料处、科技处、园区处）

2.技术应用及推广

在钢铁行业中，重点研发和应用精炼钢渣、矿热炉渣生产活化超细微粉技术；重点应用和推广钢渣自解及稳定化技术、钢渣微粉和钢铁渣复合微粉应用技术，推进钢铁渣在路基材料及建筑材料中的应用。

在湿法冶炼锰企业中，应用和推广锰尾渣永磁综合分选及利用技术；电解锰渣制备水泥缓凝剂、水泥混凝土掺合料、蒸压砖、路基材料等资源化利用技术。

在有色金属行业中，重点研发和应用冶炼渣重金属离子固化等无害化处理和综合利用技术；重点应用和推广冶炼渣多元素回收与无害化利用技术，实现有色冶炼渣清洁高附加值综合利用。

3.重点工程建设

以高炉水渣、精炼钢渣、矿热炉渣无害化治理和综合利用为重点，推进钢渣综合利用企业与冶炼企业深度合作，在柳州、贵港、防城港、北海等市的钢铁生产企业重点配套建设矿渣微粉生产、含铁金属颗粒回收、路基材料和建筑掺材生产项目，重点培育北海、防城港2个以钢铁废渣无害化治理和综合利用为主的综合利用园区或基地，实现新增综合利用能力650万吨，新建钢铁生产线需配套建设相应的综合利用项目，实现钢渣"零排放"及存量总和负增长。

以有色金属冶炼渣多金属回收和无害化治理为重点，发挥行业龙头企业带头作用，在河池、防城港、崇左等市重点建设以铅锌锑铜火法和湿法冶炼渣为原料，综合回收锌铅铜铁银铟等有价金属项目，高质量高标准建设河池有色金属大宗固废综合利用基地；在玉林市以含镍废渣为原料重点建设塑性混凝土、砌块等新型建材项目；以梧州循环经济产业园区为着力点，重点打造再生铜、再生铝、再生铅、再生锌等循环经济产业链，形成稳定的废物利用和资源再生能力，支持梧州循环经济产业园区打造国家级大宗固废综合利用产业集聚基地。实现新增年处理有色金属冶炼渣能力350万吨，其中综合利用能力150万吨，实现有色冶炼渣清洁化利用。

充分挖掘冶炼渣产生量与存量综合利用能力差额，持续推进存量综合利用能力挖潜改造，进一步加强冶炼渣产生企业与综合利用企业之间的沟通协作，鼓励和引导龙头企业带头消纳中小企业冶炼渣，充分发挥资源综合利用企业协同处理能力。

（二）赤泥

赤泥是广西产生量最大的工业固体废物，主要集中产生在百色市。2018年赤泥产生量约1200万吨，综合利用量约110万吨，综合利用率9%，预计2021年产生量约1500万吨。目前，赤泥的减量化处理技术主要有赤泥磁选铁技术、离子交换树脂提镓技术；缺乏大规模综合利用技术，仅有少部分赤泥用作建材生产辅料。受资源品位低、利用成本高、经济效益差、利用技术缺乏等问题制约，目前赤泥主要采用堆存覆土的处置方式。

1. 目标任务

鼓励企业从源头消减赤泥的产生量，综合提取多种有价金属组分。以低成本规模化消纳赤泥为重点，推进产、学、研联合攻关，开展赤泥预处理深度综合利用共性技术研发，应用和推广2～3项先进适用技术，培育2～3家赤泥深度综合利用骨干企业，形成多途径、高附加值赤泥综合利用发展格局。到2021年，赤泥综合利用量达到215万吨/年，综合利用率达到14%。

（责任落实单位：百色、防城港等市工信局，督查指导处室：节能处、原材料处、科技处）

2. 技术应用及推广

重点研究和应用赤泥低成本脱碱技术、还原提铁技术、综合提取多种有价组分技术、零排放清洁生产氧化铝技术；重点应用和推广高铁赤泥及赤泥铁精矿选铁技术，赤泥生产水泥、路基固结材料、工业窑炉用耐火保温材料等一批先进技术。

3. 重点工程建设

以赤泥深度磁选、综合回收多种有价金属组分、生产建筑材料为重点，新建氧化铝生产线需配套建设赤泥深度磁选项目。在百色市重点建设赤泥深度磁选项目，综合回收镓、钪、钛等有价金属项目，碳热还原生产合金材料项目，水泥生产线协同处置赤泥项目，新增100万吨/年赤泥综合利用能力。

（三）尾矿

广西尾矿类型主要是锰、铅、锌、锡、锑、铝土尾矿，分布在河池、百色等市。2018年，尾矿产生量约1100万吨，综合利用量约为340万吨，综合利用率31%。考虑到采矿新技术的应用和相关产能增长，预计2021年尾矿产生量保持在1100万吨左右，综合利用途径主要有采空区回填和尾矿制砖等方式。由于尾矿含有多种残余的有色金属、硫化矿物、氧化矿物和硅酸盐类矿物，综合利用难度高、综合利用率低，目前主要以堆存形式处理。

1. 目标任务

以尾矿有价金属组分高效提取、建材生产、尾矿充填、生态修复为重点，开发和应用2～3项重大共性关键技术，建设3个以上尾矿综合利用项目，培育2家以上骨干企业。到2021年，新增80万吨/年尾矿综合利用能力，尾矿综合利用率提升至34%以上。

（责任落实单位：河池、百色等市工信局，督查指导处室：节能处、原材料处、科技处）

2. 技术应用及推广

重点研究和应用铅、锌、锡、金、铜等复杂尾矿综合回收有价金属及尾矿充填等清洁综合利用关键技术，基于生物技术的金属矿山尾砂库复垦技术，以及尾矿胶结充填用新型胶凝材料规模化生产技术。重点应用和推广钒钛磁铁矿选铁尾矿回收钛铁技术，尾矿生产混凝土、砂浆、砌块及装配式建材技术，全尾矿砂结构流体胶结充填技术。

3. 重点工程建设

以铅、锌、锡、锑等尾矿的无害化治理和综合利用为重点，推进多金属尾矿综合回收利用、尾矿库综合治理开发、尾砂胶结充填等工程建设。在河池等市重点建设尾矿无害化浮选综合回收铅、锌、银、铟等多金属示范项目；在河池、来宾等市建设全尾矿胶结充填、尾矿干排干堆充填项目。新增80万吨/年尾矿综合利用能力。

（四）废石

广西主要的石材加工废料包括大理石、花岗岩、人造岗石等加工过程中产生的边角料及废渣，分布在贺州、梧州、桂林等市。2018年，石材加工废料产生量约175万吨，综合利用量约为140万吨，综合利用率80%。预计2021年石材加工废料产生量约为355万吨。目前主要利用的途径有生产碳酸钙粉体材料、替代部分钙质原料生产水泥、作为路基材料及建筑材料等。

1. 目标任务

以分类回收、综合利用为重点，加强政府引导，因地制宜拓宽市场化消纳渠道和消纳能力。围绕规模化和高质化综合利用，重点推广2～3项综合利用技术，培育10家以上综合利用骨干企业。到2021年，实现350多万吨/年石材加工废料综合利用能力，考虑综合利用企业实际运营情况，石材加工废料综合利用率可提升至96%以上。

（责任落实单位：贺州、梧州、桂林等市工信局，督查指导处室：节能处、原材料处、科技处）

2. 技术应用及推广

研究和应用石材加工废料在水泥、玻璃、陶瓷等生产中的综合利用技术；重点应用和推广大荒料开采技术，利用石材加工废料生产人造岗石、碳酸钙粉体、混凝土骨料以及市政、水利、交通工程用路沿石、生态砖等技术。

3. 重点工程建设

以水泥、陶瓷、混凝土、预拌砂浆等建材生产企业和市政、交通、水利等工程施工企业为依托，推进石材加工废料大规模和高值化集中综合利用，在梧州市、贺州市建设石材加工废料综合利用重点项目和园区，实现350多万吨/年石材加工废料综合利用能力。

（五）粉煤灰

粉煤灰的产生集中在火电厂和大型工矿企业的动力锅炉上，主要分布在百色、防城港、钦州等市。2018年，粉煤灰产生量约600万吨，综合利用量约为570万吨，综合利用率95%，预计2021年粉煤灰产生量约为650万吨。粉煤灰是生产水泥、混凝土等建材产品的优质原材料，应用领域广泛，但由于粉煤灰产生和使用的区域分布不匹配、交易信息不对称等原因，粉煤灰得不到最大化利用。

1. 目标任务

进一步加强粉煤灰产生企业与综合利用企业之间的合作，到2021年，粉煤灰基本实现完全利用。

（责任落实单位：百色、防城港、钦州、南宁等市工信局，督查指导处室：节能处、能源处、科技处）

2. 技术应用及推广

研发和应用粉煤灰制备高强度发泡陶瓷材料技术，继续推广粉煤灰制混凝土、砌块、陶粒等利废建材生产技术。

3. 重点工程

以生产粉煤灰混凝土、砌块、陶粒以及装配式建筑板材等为重点，建设2~3个粉煤灰综合利用示范项目，新增年消纳工业粉煤灰110万吨的高附加值产品生产线，考虑综合利用企业实际运营情况，粉煤灰综合利用率可提升至98%以上。推进工业园区集中供热工程建设，从源头减少粉煤灰的产生量。

（六）工业副产石膏

广西的工业副产石膏包括脱硫石膏、磷石膏、钛石膏等，主要分布在百色、防城港、梧州、来宾等市。2018年，工业副产石膏产生量约250万吨，综合利用量约为235万吨，综合利用率为94%。考虑新型脱硫技术应用及相关产能增长，预计2021年工业副产石膏产生量保持在250万吨左右。目前，工业副产石膏主要用作水泥缓凝剂和石膏建材。

1. 目标任务

以大掺量综合利用工业副产石膏生产纸面石膏板、石膏砌块（板）、石膏模具等石膏新型建材产品为重点，建设2~3个工业副产石膏综合利用示范项目。同步推广新型脱硫技术，实现生产源头减量。到2021年，实现250万吨/年工业副产石膏综合利用能力，考虑综合利用企业实际运营情况，工业副产石膏综合利用率提升至96%左右。

（责任落实单位：百色、防城港、梧州、来宾等市工信局，督查指导处室：节能处、轻纺处、科技处）

2. 技术应用及推广

开发和应用离子液脱硫生产硫酸、工业废酸真空浓缩、复合胺法烟气脱硫等新型脱硫技术，从源头上削减脱硫石膏的产生量。重点应用和推广化学法处理磷石膏技术及工业副产石膏制备高强石膏技术，以及超高强石膏粉、石膏晶须、预铸式玻璃纤维增强石膏成型品、高档模具石膏粉等高附加值产品生产技术及装备。

3. 重点工程建设

以生产源头减量为重点，建设1~2个新型脱硫示范项目。以工业副产石膏综合利用为重点，建设2~3个工业副产石膏生产纸面石膏板、高强石膏粉等示范项目。实现250万吨/年工业副产石膏综合利用能力。

四、保障措施

（一）加强组织实施

各地市要结合实际制定本地区工业固体废物综合利用实施方案，与自治区实施方案做好衔接，针对重点工程重点项目制定路线图和时间节点，落实保障措施和责任人；自治区工信厅建立工业固废综合利用季报制度，通报工作进度、交流工作经验，根据工作需要，组织评价考核，适时将目标任务完成情况纳入各地市节能减排目标责任评价考核体系和绩效考评指标体系。

（二）建立联动机制

各级工信部门要建立工作联动机制，推动相关职能部门落实责任，形成齐抓共管的工作格局。要加强与环保、税务部门的联系沟通，推动大宗工业固废综合利用评价机制建立；要加强与科技部门的联系沟通，推动大宗工业固废综合利用新技术的研发、引进和应用推广；要加强与财政部门的联系沟通，推动落实重点工程重点项目的资金扶持政策；要加强与投资促进部门的联系沟通，吸引区外发展前景较好的大宗工业固废综合利用项目入桂；要加强与发改、土地、规划等部门的联系沟通，推动重点工程重点项目前期和立项审批工作；要加强与市场监管部门的联系沟通，推动大宗工业固废综合利用相关标准体系建立。

（三）落实扶持政策

建立科学规范的工业固体废物资源综合利用评价机制，落实工业固体废物资源综合利用暂予免征环境保护税，以及减免增值税、所得税等相关产业扶持优惠政策。统筹工业和信息化发展专项资金、政府投资引导基金、工业高质量发展基金、工业新兴产业融资担保基金，通过直接股权投资、设立子基金、补助、贴息、事后奖补、融资担保等方式支持工业固废综合利用重点工程重点项目。

对工业固废综合利用重大工程建设项目，实行"一事一议"制度，研究和落实区别化扶持政策。利用广西科工联席会议制度平台，统筹创新资源，支持工业固废综合利用关键和共性技术研发和成果转化，推荐符合条件的项目申报广西科技计划项目。优先推荐工业固废综合利用效益突出的企业申报国家绿色制造系统集成项目专项资金和绿色制造体系建设示范。落实工业企业"零土地"技术改造项目审批方式改革政策，鼓励固废综合利用企业在经批准的原工业用地范围内进行新建、改建、扩建项目，简化项目审批手续。

（四）创新发展模式

组建工业固废综合利用产业联盟，建设常态化的产学研协作机制，加快科技创新与成果转化。打破行业和空间界限，集成产业链，重点培育以工业固废综合利用为核心功能的产业集群、产业基地和循环化园区。鼓励有环境风险的大宗工业固废由传统治理模式向无害化低值化综合利用模式转变，防止治理成本高于综合利用成本，切实减轻企业负担和消除污染隐患。针对工业固废综合利用以砌块、墙材、路面基材、掺材等低值建筑材料为主要产品的特点，明确属地责任，探索制定以PPP等新型合作模式推动政府建设工程优先采取就地消纳政策。

（五）完善管理体系

落实生产者责任延伸制度，在生产过程中大力推进产品生态设计、循环利用和清洁生产，实现源头减量减排。积极发挥行业协会和中介组织作用，建立工业固废数据统计制度，及时掌握和分析大宗工业固废综合利用产生和利用趋势，强化督促指导。研究完善大宗工业固体废物综合利用标准体系，发挥综合利用产品和应用标准的支撑作用，推动和规范产业发展；制修订综合利用设备、工艺、产品质量等相关行业技术标准；加强部门之间的沟通、协调，促进大宗工业固体废物综合利用产品标准和建筑标准、施工规范等上下游产业标准之间的衔接，解决大宗工业固体废物综合利用产品应用的标准瓶颈问题。探索建设工业固废资源综合利用信息管理平台，发布产品展示、市场需求、成果转化、技术推广等服务信息，进一步激活市场配置资源的决定性作用。

河北省

河北省土壤污染防治工作领导小组办公室关于印发《河北省工业固体废物堆存场所环境整治方案（2018—2020年）》的通知

（冀土领办〔2018〕18号）

各市（含定州、辛集市）人民政府，雄安新区管委会：

为做好全省工业固体废物堆存场所隐患排查整治，切实防控环境污染风险，按照国家13部委制定的《土壤污染防治行动计划实施情况评估考核规定（试行）》（环土壤〔2018〕41号）相关工作要求，制定了《河北省工业固体废物堆存场所环境整治方案（2018—2020年）》，现印发给你们，请认真贯彻执行。

联系人：省生态环境厅土壤处

　　　　郝凤兰（0311-87803573　hbstrc@163.com）

　　　　省固体废物管理中心

　　　　吴荣霞（0311-87803818　hbggzx@163.com）

河北省土壤污染防治工作领导小组办公室

2018年12月13日

河北省工业固体废物堆存场所环境整治方案（2018—2020年）

为认真贯彻落实国务院《土壤污染防治行动计划》（国发〔2016〕31号）、省政府《河北省"净土行动"土壤污染防治工作方案》（冀政发〔2017〕3号）和国家13部委《土壤污染防治行动计划实施情况评估考核规定（试行）》（环土壤〔2018〕41号），加强全省工业固体废物堆存场所隐患排查整治工作，切实防控环境污染风险，结合我省实际，制定本方案。

一、总体要求

深入贯彻中央、国务院和省委、省政府关于全面加强生态环境保护坚决打好污染防治攻坚战的系列决策部署，以改善土壤环境质量为核心，坚持目标导向和问题导向，通过全面排查、依法治理、科技支撑、严肃问责等综合措施，加快固体废物堆存场所环境整治，推动固体废物堆存场所全面达标，促进土壤环境质量持续改善。

二、工作任务

（一）全面排查工业固体废物堆放场所环境隐患。摸清我省工业固体废物（尾矿、煤矸石、工业副产石膏、粉煤灰、赤泥、冶炼渣、电石渣、铬渣、砷渣，以及脱硫、脱硝、除尘产生的固体废物）堆存（贮存）场所底数（以下简称"堆存场所"），核查堆存场所"防扬散、防流失、防渗漏"设施情况，按照《一般工业固体废物贮存、处置场污染控制标准》（GB 18599—2001）和《危险废物贮存污染控制标准》（GB 18597—2001）相关要求，列出问题场所清单。

（二）整治不符合标准的堆存场所。对存在问题和隐患的堆存场所，按照相关标准逐一制定整治方案；对不符合标准要求的，要限期进行整治，完善"防扬散、防流失、防渗漏"设施，并进行验收。

（三）督促企业落实固体废物申报登记制度。2019年1月起，全省所有产生工业固体废物的单位，通过河北省固体废物动态信息管理平台，定期申报工业固废种类、产生量、流向、处置、贮存等有关资料。

三、实施步骤

（一）全面排查阶段（2019年2月底前）。各市根据生态环境、发展改革、工业和信息化等部门提供的相关材料，详细核查本辖区工业固体废物的贮存场所和堆存场所，以县（市、区）为单位，列出辖区贮存场所和堆存场所名单（附表1）；对照相关标准进行现场排查（附表2、附表3），筛选"三防"措施不到位，以及存在土壤和地下水污染隐患的问题堆场名单（附表4）。2019年3月10日前，将附表1和附表4汇总情况，经市政府审定后，反馈至省生态环境厅。

（二）制定整治方案阶段（2019年4月底前）。对排查发现存在问题和隐患的堆存场所，按照谁产生、谁治理的原则，由责任主体单位制定环境整治方案，完善"防扬散、防流失、防渗漏"措施，并报所在地生态环境部门备案。无法找到责任单位的，由当地人民政府负责治理。根据整治方案完善附表4相关内容，2019年5月10日前，经市政府审定后，反馈至省生态环境厅。

（三）综合整治阶段（2020年9月底前）。各市按照边查边改、立查立改的原则，督促责任主体单位于2019年9月底前完成整治任务。对情况复杂、整治工程量较大的，由当地政府确定限期治理时间，最晚不得超过2020年9月底前。整治任务完成后，由市政府组织相关单位成立核查组，对整治任务进行逐项验收。对未按标准和时限要求完成整治任务的，依据相关法律法规予以处理处罚。结合整治验收情况，及时完善附表4相关内容，每季度第一个月的10日前，经市政府审定后，反馈至省生态环境厅。

根据各市工作进展情况，由省生态环境厅会同相关部门，适时对各地整治任务完成情况进行抽查。对排查不彻底、工作进展慢、整治标准低的，予以曝光、通报。

四、保障措施

（一）加强组织领导。各级政府及相关部门要充分认识固体废物污染防治工作的重要性。市、县（市、区）政府是实施责任主体，要结合辖区实际制定细化落实方案，加强工作组织领导，加强工作推进协调，明确责任单位、责任人和时间节点，确保辖区非法堆存工业固体废物场所（点）依法、规范、安全处置利用。省生态环境、发展改革、工业和信息化等部门按照"环土壤〔2018〕41号"通知要求，做好工作督导和技术指导。

（二）加强工作宣传。各市、县（区）要充分利用报刊、广播电视、网络等各类媒体，及时公开工作进展情况，接受社会监督。公开内容包括：堆存场所名单、责任单位、整治方案、整治进度、整治结果等情况。遇到重大情况、问题，随时上报。

（三）严格追责问效。各市政府要定期督导检查本地工作落实和推进情况，对重点区域和复杂情况、问题，要建立台账、挂账督办、限期完成。省级巡查抽查情况，纳入对各市土壤污染防治工作年度评估内容。对组织不力、进度慢、成效差的地区，将予以通报批评、公开约谈，对问题突出、造成工作损失或事故的，严肃追究责任。

附件（略）